I0625228

Allon Ti Biag

Allon Ti Biag

Walo A Dekada A Panagdaliasat

Lorenzo Garcia Tabin Sr.

ARPress
ILLUMINATING IDEAS.
EMPOWERING VOICES

Copyright © 2024 by Lorenzo Garcia Tabin Sr.

All rights reserved. No part of this publication may be reproduced, distributed, or transmitted in any form or by any means, including photocopying, recording, or other electronic or mechanical methods, without the prior written permission of the copyright owner and the publisher, except in the case of brief quotations embodied in critical reviews and certain other noncommercial uses permitted by copyright law. For permission requests, write to the publisher, addressed "Attention: Permissions Coordinator," at the address below.

ARPress
45 Dan Road Suite 5
Canton MA 02021
Hotline: 1(888) 821 0229
Fax: 1(508) 545 7580

Ordering Information:
Quantity sales. Special discounts are available on quantity purchases by corporations, associations, and others. For details, contact the publisher at the address above.

Printed in the United States of America.

ISBN 13:   Paperback   979-8-89356-102-9
            eBook   979-8-89356-103-6

Library of Congress Control Number: 2024902695

DAGITI LINAONNA

Dagiti agkasimpungalan a
Lorenzo ken Sinamar

Tubo ti San Juan (Lapog), Ilocos Sur,
Philippines, impatarus ni LGT Ti
Libro ni Mormon, Ti Doktrina ken
Katulagan, Ti Perlas a Kapatgan ken dadduma pay a pagbasaan ti The Church of
Jesus Christ of Latter-day Saints. Isu pay ti nagipatarus iti Iluko kadagiti mensahe
dagiti General Authorities iti uneg ti 1998-2020, ken maysa kadagiti agin-
interpret kadagiti mensahe dagiti dadaulo ti nasao a simbaan iti mamindua iti
makatawen a Sapasap a Komperensiada. Adu ti nagsasaadanna iti nasao a simbaan,
a pakaibilangan ti Stake President ti Marikina Philippines Stake, Sealer iti Manila
Philippines Temple ken Jordan River Utah Temple. Sangapulo-ket-lima ti nasuratna
a nobela, adu a sarita, daniw, ken salaysay ti naipablaak iti Bannawag, Rimat, TMI
Journal, Asia Philippines Leader, Philippines Inquirer ti California; immawat iti
nadumaduma a gunggona a pakairamanan ti UMPIL Award a kangatuan a maited
iti mannurat a Filipino, Pedro Bucaneg Award a kangatuan a maited iti mannurat
nga Ilokano, Palanca, ETTI, GRAAFIL, RFAAFIL, ken dadduma pay. Naipaayan
iti Lifetime membership ti GUMIL Metro Manila gapu iti panagpresidentena
iti gunglo. Binukelda kada Aurelio Solver Agcaoili, PHD, ken dagidi Sinamar
A. Robianes Tabin, T. Gabriel Tugade, ken Cristino I. Inay, Sr. ti TMI Global
(Guild of Ilocano Writers Global). Nagturpos iti AB Journalism idiay Manuel L.
Quezon University ken MA Literature idiay University of the Philippines Diliman.
Immuna a librona ti Pakpakawan, Berde! ken 21 a Sarita. Nagbuliganda iti daydi
kaingungotna a Sinamar dagiti libroda a Woven Strands of Roses/Naabel a Linabag
ti Rosas, a nakaurnongan dagiti suransuratda, ken Wellspring of Foresight/Ubbog
ti Sirmata, a nakaurnongan dagiti 32 a napili a saritada. Insarunona nga inlibro
ti Behold, I Am, Jesus Crisostomo: Playwright/Adtoy, Siak, ni Jesus Crisostomo:
Dramaturgo, a nangabak iti pasalip ti ETTI iti nobela. Naaddaanda iti pito a bunga:

Lorimar*, Loumarie Linglingay, Arvin Salaknib*, Lorenzo II, Naomi, Sinamar II
ken Marlo Bagnos.

KAPATGAN A DATON

Irapinko daytoy ladawanmi ken ni ingungotek unay a Sinamar a naala dua nga aldaw sakbay ti ipapanawna, nga agpaay a pammasingked iti di marubsi a pammategko kenkuana. Inkarik idi isursuratko daytoy nga isagutko kenkuana. Uray no awanen, saan a naumag daydi a kari ket adtoy a yangadko ti awan umartap a pammateg! "Adtoyen, Ma, daytoy *Allon ti Biag: Walo a Dekada a Panagdaliasat* a nakaablan dagiti amin nga arapaap ken panagsakripisiota. Agyamanak iti panangkibinmo kaniak a nagdaliasat ken nangsaranget iti adu a pannubok iti uneg ti limapulo-ket-uppat a tawen, uppat a bulan ken uppat nga aldaw."

Idatonko met kadagiti lima a bungami ken ti pamiliada: Loumarie Linglingay ken dagiti bungana a Brigham ken Bridget ken daydi Glicerio a kasimpungalanna; Lorenzo II; Naomi ken dagiti bungana a LeGrand Aron Nathanael ken Lindsay Jan Miona ken ni Richard Hansen a kaingungotna; Sinamar II ken Nathan Tolman a kabuligna iti biag ken da Gabriel Arvin ken Serena a bungada; ken da Marlo Bagnos ken Marcella ken dagiti bungada a Lorimar Enos, Enoka Ethan, ken Job Enzo.

Idatonko pay kadagidi bungami a Lorimar ken Arvin Salaknib, dagidi dadakkelko a Clemente ken Crispina, dagidi kakabsatko a Jose, Fernandita ken Milagrina; ken daydi Tessie ken Maria. Kasta met kadagidi katugangak a Rafael Robianes ken Elena Alos.

Kasta metten kadagiti kakabsatko ken papamiliada: Herman ken

Mirriam, Violy, Sadiri Honorio ken Angelita, Mercy/Jun, Moray/David, Mildred/Cory, ken ni nanangda a Norma, ken aminen a pamiliada.

Iramanko metten dagiti ipagko a Milagring, Grace, ken Salvacion ken dagiti pamiliada.

Ken aminen nga agsumbangir a kakabagian a di nainaganan.

Pakasaritaantayo daytoy ket nasayaat unay no maaddaankayo iti kopia ta daytoy laeng ti mabalinko nga idaton kadakayo. A pakalaglagipanyo iti pulitayo.

Adayoakon ngem malaglagipkayo amin. Napategkayo amin kaniak!—**LORENZO GARCIA TABIN, SR.**

JNTRODUKSJON:

Basaen nga Umuna

"ALLON TI BIAG" ti paulo daydi daniwko nga immuna a nagparang iti panid ti Bannawag idi Disiembre 10, 1962. No kasano ti kadakkel ti kaipapananna iti biagko, sumangkadakkel pay ti nagbalin nga akem daydi Apo Juan S. P. Hidalgo, Jr. a nasingsinged nga awaganmi iti Manong Jun, nga idi agangay inawaganmi a tallo kada Komapdre Prescillano N. Bermudez ken daydi Komapdre Cristino Iloreta Inay, Sr. iti **Idolo.**

Kinuyognak daydi Manong Jun a napan nangsingir iti sangapulo a pisos a bayad ti nasao a daniw, sa dimmawat idiay sirkulasion iti kopia ti Bannawag nga intedna kaniak. Addada pay la idi idiay Soler St. Sta. Cruz, Manila.

"Ania ti makitam a biddut?" dinamagna.

Ania koma ti ammok ket aglaglagto ti pusok? Ti la pingaw ti N iti apeliedok ti naitudok!

Diak impagpagarup a nagbalin a simbulo ti biagko daydi a daniw—lumned-tumpaw iti kaadu dagiti pannubok, ken ti la nakaipalpalladawak...

Simmaruno ti saritak a *No Di Agunget ti Akin-aywan* a rimmuar iti Benneg Dagiti Agdadamo a Mannurat idi Marso 4, 1963. Nayam-ammoak kadagiti agbasbasa, a puon ti nangap-apalan kaniak daydi Sinamar. Dina la ammo a dandani ti la naganko ti di nagusugosan iti kakasla mata ti nuang a tugot ti Mongol.

Awanen ti malagipko kadagidi kaduak a nangrugi iti daydi a benneg. Sisiak sa ti napatanorna a nabati a sitatakder pay laeng agpapan ita!

Kaslaak la nabulosan nga alsado, kinanayonkon ti nagisumitir iti sarita. Ni Guillermo R. Andaya (Amor pay la idi) ti nangipasaan kaniak

V

daydi Manong Jun, ta isu idi ti agigiggem iti sarita. Kinanayonna met ti nagisubli kadagiti manuskritok! Maikasangapulo nga insumitirko daydi *Ni Apong Sabel* a kakaisuna a nakalusot. Agosto 5, 1963 idi rimmuar.

"Napintas daytoy saritam!" kinunana ketdi. Ket inulit-ulitko a binasa, pangpennekko no ania ti pagpintasanna!

Umis-isemak a kasla bagtit. Ha-ha, mannuratakon!

Kinanayonko ti nagpaspasiar idiay Bannawag. Kanayon nga adda madandanonko a mannurat, kas ken ni Edilberto H. Angco. Nakitkitak pay idiay dagidi Segundo La. Foronda ken Leonardo Q. Belen. Uray dagidi beterano a Dr. Hermogenes F. Belen, Atty. Benjamin M. Pascual (mapagsinnukatko ti inisialda a P ken M iti kanagnaganna a nobelista iti Tagalog), ken Dr. Marcelino A. Foronda. Adda pay dagidi babbalasang a Fely Abril, Crescencia de la Rosa ken dadduma pay.

Mairana no dadduma a *break time* dagiti empleado. Daydi Manong Jun Hidalgo ti kanayon a mabutbotan ti bolsana ta paggugustona met ti mangawis kadagiti sangaili a mannurat. Open pay idi dagidi mannurat a sumrek-rummuar iti editorial. Saan la a mapan makimerienda ti panggepmi—rantaenmi ti ipadawatda a kopia ti Bannawag. Ay, diak gimmatgatang iti kopiak idi ta pagpagnaek la ti nagbaetan ti Soler ken Evangelista!

Ket wen, a! Nagbagasak ti Bannawag, ta idi naammuak a mabalin a singiren ti bayad ti sinurat uray di pay rimrimmuar, yarasaaskon no mabalin nga agsingirak. Uray sa met no di koma mabalin nga ipablaak, ritokarendan ket balbalinendan tapno matulonganda ti nakakaasi a mannurat!

Ken siguro, ammon ti Bannawag ti matalekna. Isu pay ketdin ti mangted iti topiko a suraten. Inikkannak pay daydi Manong Jun iti *illustration* a yaramidak iti estoriana.

Idi kuan, nagarapaapak. Agsuratak met iti nobela! *Ti Imetda nga Impierno* daydi immuna. Kinuestionaran daydi Tang David Campañano ti ispeling ti Pupoy—Popoy kano koma. Nagbalin a trilohiana dagidi *Ramut ti Sinamar ken Agus. Heavy drama* dagidi. *Daydi Impierno* ti nangiturong kaniak iti Paraiso, ta dinakon pinalusposan daydi Sinamar—oy, pasensiakan, Ma, uray ta agpayso met! Ti Bannawag ti immuna a nangpakasar kadakami. Adda ditoy ti pakabuklanna.

Idi kuan, napaliiwko a magustuan dagiti agbasbasa ti agkatawa.

"Mabalin nga agsuratak iti humorous, Manong?" dinamagko iti daydi Manong Jun. Isu ti kasingedko unay nga as-asitgan idi.

Nagutad ti panangtaliawna kaniak.

"Kabaelam?" medio immulagatna.

"Padasek," kinunak. Iti panunotko, no kabaelanda, kabaelak met! Ket adda pay la makalaglagip iti daydi nagdamdamuak a *Pakpakawan, Berde!* Kunam pay, simmarunon ti *Virginia, San Sandi Morning, Agpadigoka Man, Kabagis,* ken daddunma pay.

Ama, ket wen, a! Ad-adun ti pinayadbansko ti bayadna. Kinapudnona, bayad ti maysa a nobelak ti pinagkasarmi iti Simbaan iti daydi Sinamar.

Adu ti nailista iti *bibliography* dagiti sinuratko. Naipangruna ti 15 a nobela, diak mabilang a sarita ken salaysay ken dandaniw. Ken naawat a pammadayaw.

"Nagal-alaam ti sinursuratmon!" nasdaaw daydi T. Gabriel Tugade iti kaadu ti gapuanak, idi makitana ti *Bibliography* nga intugotko idi nagatendarkami idiay Hawaii iti miting ti TMI Global ken Nakem Conference. 2006 idi. Nagbagasak ngarud ti Bannawag! Kasta ti kuna kadakami ni Ed Angco idi um-umay idiay Coromina.

Isu a no kunak a diak masubsubadan ti kinaimbag ti Bannawag kaniak, saanak nga agang-angaw!
Adu ti naitulongna kaniak, ken iti pamiliak.

Sumurotkayo tappno maammuanyo no kasano a pinagluposnak ti Bannawag. Masdaawkayo la ketdi a makaduktal iti adu a napaspasamak iti walo a dekada a panagdaliasat a kabulig ti allon ti biag.

IPATALDIAPKO MAN NO kasano a nasangal ti *Allon ti Biag: Walo a Dekada a Panagdaliasat.*

Sakbay a nabukel dayta a paulo, immuna a pinauluak iti *Laglagip iti Panagdaliasat,* sa sinukatak iti *Adda Idi Maysa a Tawataw*—inkabkabilko pay iti FaceBook ti balikas a *Tawataw* tapno, kunak, awan ti makauna a mangusar! Ngem binaliwak manen iti *Balitok a Panawen.* Ngem iti panangbidbidingko iti maysa a paset, immagibas iti panunotko ti kapauten ti panawen a binubosko nga agdaldaliasat. Dandanin walopulo a tawen... walo a dekadanton inton Mayo, 2024! Dagus a naggilap iti mugingko ti *Walo a Dekada a Panagdaliasat.*

Bayat ti panangsursuratko kadagiti pagsurotak—adda insaganak a sinopsis ta saanak a makasurat iti nobela wenno ania man nga atiddog, urayto pay no sarita laeng, no awan ti isaganak a pagsurotan, nagbalin a parikutko no anianto ti masao dagiti makabasa, amangan no ibagada a bagbagkatek ti bukodko a bangko.

Tapno maalep-epan ti negatibo a pampanunotko, inkeddengko nga isuratko nga autobiograpikal a nobela. Inadalko no ania ti paggigidiatan dagiti sukog ti nobela, a pakaibilangan ti *biographical novel.* Tapno adda 'nabatad' a pakaidumaan ti suratek, binulodko ti *Enos* a nagan ti inauna kadagiti siam nga appokok. Daytoy nga *Enos Apok* ti agparparang a kasarsaritak iti pakabuklan ti estoria; isu ti pinusgak a mangidanon, a mangilawlawag wenno mangisurat iti mensahek kadagiti agbasbasa; saan a siak a mismo.

Nangrugi ti panagdaliasat idi naipasngayak, sa naiban-uyat bayat ti panaglabas ti panawen a nakawarwaran dagiti laglagip iti nadumaduma a pannakigasanggasat iti nadumaduma a luglugar, kas iti karayan, bambantay, kataltalonan, kadilian ken tangrib a paset ti baybay a pagmarmarasiksikan dagiti allon, sa iti siudad, iti ganggannaet... a nadamili babaen dagiti naabel a linabag a nayurit iti *Bannawag.* Sa idi intangadko iti langit dagiti parikutko, dimteng dagidi misionario ti *The Church of Jesus Christ of Latter-day Saints* a da Bart Wiscombe ken Paul Harvey a nangted iti silaw a nanglawag iti atiddog a dana a sinurotko, a nangukodak iti pamiliak.

Naibaskag amin dagita bayat ti panagdaliasatko, nga idi agangay, dimteng ni kaingungot ket nagbuliganmi nga inakay dagiti kakabsatmi. Isu a bayat ti panagdaliasatmi nga agkaingungot, saan la a ti biagmi ti kurkurantongmi, nainaig met dagiti kakabsatmi iti agsumbangir. Uray no kasano ti kinanumo ti nayaprosmi kadakuada, adda met bassit a pangtaliawanda.

Naukarkar ti napalabas ti pamiliami nga agkasimpungalan uray pay idi sakbay nga agtugmok ti dalanmi. Adu a biag iti agsumbangir a kaputotanmi ti mataldiapan iti daytoy a panagdaliasat.

Idi naibaskagen ti pakabuklan daytoy a pakasaritaan, dimteng ti maysa a parikut.

Ania ti paggibusanna?

Diak ninamnama a ni kaingungot ti sungbat ti saludsod: TI IPUPUSAYNA! Arigna maduddudog ti pusok bayat ti panangisuratko iti maudi a paset ti panagdaliasat!

Nalagipko ti nasao ni Dr. Aurelio Agcaoili iti daydi panagkitami idiay Hawaii idi 2006, nga isuratna ti maipanggep kaniak. Awan met ketdi ti arapaapko nga isurat ti sabali ti maipanggep kaniak ta ania met koma ti maal-ala ti mangisurat ngem nasayaat met koma, a, no adda aginnanakem. Impalagipko, ket nalagipna met. Imbagak nga adda biograpikal a nobela a kayatko a mailibro. Isu kano ti makaammo. Ngem ileppasna kano pay dagiti adu a pakakumikomanna. Ken diak malipatan ti kinunana a kayatna nga iruar nga umuna iti Ingles sakbay ti bersionna iti Ilokano. Isu nga impatulodko ti manuskrito ti *Walo a Dekada a Panagdaliasat*. Panagkunak, nagbiddut ti panangpanggepna a mangsurat iti kabibiagko—awan maal-alana, awan narimat a pasamak iti biagko.

Ngem natektekanak. Sinurnadak, saan a simmungbat.

Isu nga indatagko iti Bannawag.

Ngem natektekanak met a nanguray iti pangngeddengda, no ipablisda wenno saan, gapu iti panagkamkamatko iti panawen. Panggepko met ketdi nga ilibro maipablaak man wenno saan iti magasin.

Bayat ti panagur-urayko, sinuratak ni Severino A. Pablo ti Laoag, Ilocos Norte, a nakaagapadak maipanggep iti *Walo a Dekada a Panagdaliasat*.

Nalawag ti sungbatna: "No dida iruar, itedmo kadakami ta iruarmi iti TMIF Journal."

Mabalin, nakunak iti nakemko, total siak ti akin-utek iti naaramat a nagan ti timpuyog—dakami la iti daydi T. Gabriel Tugade ti makaammo iti daytoy—a *Timpuyog dagiti Mannurat nga Ilokano* wenno TMI, a sinilpuanna iti Global isu a nagbalin a TMI Global. Inkeddeng ni Franklin Macugay a mangbukel iti sanga ti TMI iti Filipinas, ket dimmawat iti pammalubos daydi Terry. Isu a nabukel ti TMIF.

Diak pinanamnamaan ni kabsat a Vering Pablo. "Maammuamto,"

kinunak lattan.

Inkeddengko a suratan ni Cles Rambaud tapno ammuek ti pangngeddengda. Magustuanda kano... koma a basaen ti pakasaritaanmi nga agassawa, ken ti Bannawag, ngem maysa a banag ti mangtubtubeng kenkuana: daydiay *Enos Apok*. Awan kano koma, ta kasla saan a naibibiang dagiti mangbasa. Idi damo, aggudengak a mangbaliw ta saan a baro kaniak ti kastoy a porma. Ngem gapu ta prioridad ti Bannawag a kayatko a pakairuaranna, nga isu ti nagramutak kas mannurat, ken arapaapko a maipablaak ti obrak ta isu laeng ti pakatungpalak iti karik iti daydi kaingungotko, isu nga immannugotak a maikkat ti *Enos Apok*. Total, kunana, mabalinkonto latta nga usaren no ilibrok.

Pinaisuratna ti padasko iti Bannawag nga iramanda kadagiti salaysay a *Ti Bannawag Ken Siak* a dakkel ti pakainaiganna iti pakasaritaan ti Bannawag. Isu dayta umuna a paset dita ngato, a nakaagapadan ti *Allon ti Biag*. Rimmuar iti Bannawag *website* ken iti pamaskua a bilang ti *digital*. Iti panagsinsinnuratmi, imbagana nga inayonna ti *Allon ti Biag* iti sigud a paulo daytoy a *Walo a Dekada a Panagdaliasat*. Nagsayaaten, nakunak, ta agtugmok ti 'nangrugian' ken 'paggibusan' ti kinamannuratko— amangan no saanakton a makasurat iti sabali, malaksid iti panggepko nga ipatarus daytoy iti Ingles.

Isu nga **Allon ti Biag: Walo a Dekada a Panagdaliasat** ti paulo ti Biograpia iti website ti Bannawag, nga isu met ti impaulok iti libro a biograpikal a nobela.

Insublik ti *Enos Apok* iti libro ken adda bassit innayonko.
Ni Sinamar ti kangrunaan a pangisagutak itoy a libro.—
LORENZO GARCIA TABIN, SR.

Umuna a Paset

Punganay

IRUGIK, ENOS APOK, ket sapay koma ta imdengamto, ken italimengmo iti pusom, ket maawatamto no apay nga imbatik daytoy kenka. Siak ti napalabas ket sika ti agdama iti kaputotantayo, kinapudno a dinto pulos marubsi dagiti sumangbay a panawen; nga agbalinkanto met a napalabas a kas kaniak, kastanto met dagiti sumangbay a kaputotan, a kas iti ruedo nga agtultuloy nga agtulid agingga a makadanon iti naituding a pagtungpalanna, mano man a dekada ti aglabas. Wen, sumurok-kumurang a walo, ta dandanin maungpot. Nagpauten?

Naunday a panagdaliasat...

Sapay koma ta ammomto, Enos Apok, a tagipatgen dagiti adu a pannubok a nagbuliganmi a sinangsang-at ken ni lelangmo... kangrunaanna, sapay koma ta saanto a mayawyaw a kas kadagidi nabatimi a sinurat, ken magasin, idiay Pinatubo, ta saan nga ammo nga impateg dagidi nangitalkak ket binaybay-anda a tinumoy ti nepnep ken inugmokan ti anay. Atiddog daytoy a laglagip ket sapay koma ta diyonto kauma. Kayariganna ti naursa a bantay a masapul a sang-aten. Nakurapaykami, ket an-anusanyo koma a suroten ta daytoy laeng ti kakaisuna a maipatawidmi kadakayo.

Inkarik nga isagut ken ni lelangmo daytoy. Kanayon idi a damdamagenna, 'dimo pay nalpas... nagatiddogen?' Kunak met, 'ania ngarud ket atiddog met a talaga ti pakasaritaanta...' Isu nga anusannak, ta iballaballaetko latta no kua ni lelangmo.

Wen, Enos Apok, agparang ta agparang latta iti mugingko dagitay

1

kakabagiantayo idiay Abbarit, ken dagitay adda idiay Labut, kasta metten dagiti kakabagian ni lelangmo idiay Pagudpud—kasda man la agsisinnalig a mangiselsel iti bagbagida iti lingka ti lagipko.

Adu dagiti tattao a nasagsagangko, bayat ti walo a dekada a panagdaliasatko—walo kunak lattan uray nakurang pay—iti nadumaduma a luglugar; uneg man wenno ruar ti Filipinas. Adda dagiti kaykayatda ti agsulsulo nga agbalbalay no immunan ti kaingungotda ket diak maliklikan nga idilig ti bagik kadakuada. Dida kayat ti agbalin a dagensen dagiti annakda nga agkadkadapa met a mangibakbaklay iti rebbengenda iti kaamaanda.

Adu ti mangur-uray lattan iti ilelennek ti initda, ket malipatanton ti lubong ida inton dumteng ti panawenda. Asinonto pay ti makalagip kadakuada? Asinonto pay ti makaammo no sadino ti nakabatianda iti tugotda?

Narigat man a panunoten ti kaipasangan dagiti linuomen ti panawen, nangruna no saanen nga ipirpirit ida dagiti appokoda nga agsarsaribagtit iti agdama a panawen, ta sabalin ti panawenda.

Isu a padasek a lagipen amin, uray dagiti maregmeg a paliiw, ta bareng addanto maikawa a mangukag ket mariparda dagiti maregmeg a balitok iti tunggal tugot, inton ibaskagmo kadakuada.

Nupay napateg amin dagidi limmabasen a kakabagiantayo, sumangkapateg met dagidi adu a gagayyem ken nasasayaat a tattao a nangtartarabay kaniak, kadakami ken ni lelangmo, bayat ti panangtuntonmi iti kaikarianmi ditoy a lubong. Kayatko a lagipen ida a kas napateg a paratignay; addada pay ditoy a lubong wenno immunadan iti langit. Kayatko nga ibilang ida a kas kabsat. Ngem kaykayatko nga agtalinaedda iti mugingko a kas anghel dela guardia.

Aduda. Padasekto, nga iparang amin ida bayat ti panangkibinko kenka a mangsugod iti sangaribu-ket-maysa a tugot ti pulitayo, bayat ti pananglagipko kadagiti sumurok-kumurang a tallopulo a luglugar a nagdaldaliasatak, manen, iti walo a dekada.

Wen, Enos Apok, denggem ti un-unnoy daytoy lelongmo.

Nangrugi idi agarup walo a dekadan ti napalabas. No koma bukelak, kayarigak ti naiparsiak iti kabaggiingan, nagrusing iti kalgaw, nagsulbod iti umuna nga arbis ti Mayo, sa nagsasarunon ti agduduma a panawen ken agarup tallopulo a luglugar a nangpatibker iti puon ken namagdalapdap iti ramutna ditoy America. No kasano a naanduranna dagiti adu a bagyo a nangsintir iti tibkerna, isu dayta ti duktalamto, bayat ti panangtuntonmo iti puonmo... agingga a nakadanon idiay Ogden a maysa nga ili ti Utah iti amianan, a nangpalakayan kenka ni Daddym a buridek.

Naidaw-askan, ditoy Townhouse a tumannawag iti Magna a kusayan ti lelennekan idi impasiarnaka ni Daddym, ngem diak malagip no nakastrekkan ditoy kuartomi ken ni lelangmo iti maikadua a kadsaaran. No lalausen ti manarita, awan dumana iti nagumokan ti bao dagiti agkaraiwara wenno nabuntuon a pappapel iti aglawlaw: liblibro, supsupot, ken dadduma pay. Kayariganna ti kinakiro ti lubong a naglasatanmi ken ni lelangmo. Ngem naipangruna a madlaw, ti pagorasan a naisab-it iti diding iti kanigid a kusayan ti kamami ken ni lelangmo, a nayabay iti panakkelen a telebision, sa ti pagorasan a sinaklot ti higante a gakka wenno kappo iti kanawan a sikigan ti *computer desk*. Sa ti sinanlubong a pagorasan a naipuesto iti akinngato a ligason ti *bookcase* ti *computer desk* ti nasao a salansan—regalomi ken ni lelangmo dayta a pagorasan idi sinilebraranmi ti maika-50 nga anibersariomi uppat a tawenen ti napalabas. Dimi ammo no asino ti nangted. Iti abayna iti kanawan ti nakasalansanan dagiti suskripsionko iti *Liahona*, dagiti *folder* dagiti imprintak a no ania la ditan. Iti akinkanigid a salansan, adda bassit a baso a nakaurnongan dagiti *usb*. Ken dagiti dadduma a nakapraskita nga agasmi. Iti sango ken sikigan ti *monitor* iti baba, saan a naurnos dagiti pappapel. Kangrunaanna, makita iti kanawan a baba a suli ti *monitor* ti oras ken petsa. Uppat pay dagiti pagorasan iti pungupunguan a nakadata iti sangok nga agkumkomputer. Manon ti pagorasan? Adda pay sabali a pagorasan ti radio iti rabaw ti bassit a pagpalamiisan iti sango ti tawa.

Iti biangko, Enos Apok, kayatko a maammuam ti kinapateg ti pagorasan. Panagriknak, saanak nga agbiag no awan ti pagorasan. Nalabes metten no kunak a di maisina dagiti matak iti oras. Masansan a pampanunotek no naladawen—kas ita a kamkamatek ti nabati pay a panawen a mangileppas itoy laglagip a kakaisuna a maipatawidko kadagiti sumarsaruno a kaputotan; ta awan ti sanikua a mabatik ditoy lubong. Siak daytay maamak a maladaw iti ania man a papanan ken aramidek. Kanayon a mangmangtedak iti pawayway. Nangruna no makitulagak. Diak kayat nga adda masao kaniak dagiti katulagko. Ti ngamin karik, isu ti rupak. Kayatko nga imula dayta iti panunotmo.

Adda tawa iti laud. No nakalukat ket maiturong ti panagkitak iti nasao a tawa, adu ti ipalagip daydiay bantay iti lelennekan, a mangkuskusay iti Magna. Daydiay Magna ti siudad iti laud a sarunuen ti West Valley City a yanta ita. Wen, daydiay a bantay, ipalagipna ti Bantay Baybayabas idiay gayadan ti Bantay Cordiliera ti Magsingal. Ibilangko, a sadiay Baybayabas ti limgakan ti initko nupay maikatlo daydiay nga inaskawak; ket dayta bantay dita laud ti lumnekan... ti lagipko, kas iti panagsaringit ti adu a sanga ti biagko. Kayatko nga imula dayta iti isipmo.

Isublika iti kuarto a pagkubkubukobanmi iti daydi lelangmo. Dakkel ti *queen bed*-mi ngem nailet ti aangsanmi. Iti sikigan ti katre iti kanawan a lugarko no nakaiddakami, adda dagiti kahon a nakabuntuonan dagiti nabengbeng nga ules a naipideg iti rikep ti kabinet a nakaihangeran dagiti lupotko. Usarenmi dagidiay a blangket iti panawen ti *winter.* Adda sumagmamano a karton ken supot iti sirok dagidiay a kahon a yan dagiti urnongmi a magasin. Ket iti sikiganna, Enos Apok, iti kanigid adda dagiti sinupot a lupot daydi lelangmo a di nalaon ti kabinet, mano paris a bag— biagna met ti bag—ken ti *steel cabinet* a yan dagiti napateg a dokumento, nga iti rabawna, natangig a naiparabaw dagiti agarup sangapulo a plake ken tropeo ken naikuadro a sertipiko ken dua a nagabay a ladawanmi. Dagitoy ti saksi ti sangkabassit a balligimi iti literatura. Iti sango ti *steel cabinet,* naulimek ti bassit a repriheradora a pagur-urayan ti insulinko nga itudokko kada alas otso ti sardam, ken alas otso itan iti agsapa; ken dagiti napili a taraon ken inumen ti diabetiko a kas kadakami.

Kunam ngata, makaangeskayo pay? Isun sa ketdi a kinasapulan idi ni lelangmo ti *oxygen.* Agpadakami a saglilima a klase ti agasna iti bigat ken iti rabii; sabali la ti maysa kenkuana ken tallo kaniak iti aldaw.

Isu a masapul nga ileppas 'toy lelongmo daytoy. Ulitek, daytoy laeng ti nanumo a gameng a maipatawidko. Dandanin lumnek ti initko ket kayatko nga ita a kabaelak pay a lagipen dagiti napateg a banag a pakainaigan dagiti an-annabotayo, aramidekon tapno agpaayto a dokumento a mangisubli kadakayo iti napalabas... Ken no kasano a nakadanonkami ken ni lelangmo iti agdama a yanmi. Ammom kadi, nga iti agtallopulo a tawenmin ditoy West Valley, ditoyen ti kaatiddogan ti panawen a binubosko iti unos ti panagbiagko? Ket ditoyto met ngatan ti pangurayak iti ilelennek ti initko.

Sakbay a malipatan 'toy lelongmo, Enos Apok, ipalagipko man pay, a naggagampor ti daratayo—maibilangtayo kadagiti riniwriw a tattao a kumunulkunol ditoy nariribuk a lubong. Kayatko nga imula iti isipmo dayta a kinapudno. Iti biang ti pamilia a nagtaudak, adda dara ti Kastila a naibudi iti daydi Lelang Simona a lelangmo iti dapan, idinto a natingra a kayumanggi daydi Lelong Undo a lakayna. Adda manugangmi nga Amerikana a Marcella ti naganna, nga isu ti Nanangmo, ngem diak ammo no ania a Puraw ta segun iti pakasaritaan ti America, nagdudupudopan daytoy a nasion ti agduduma a puli. Nupay kasta, impasagepsepmi ken ni lelangmo iti nakem da Daddym ken kadagiti uuliteg ken iikitmo ti kinaIlokanomi. Laglagipem, ipagpannakkelko ti kina-Ilokanok, ti kinangisit ti sikok, uray no impalakaykon ti ramutko ditoy America. Ni lelangmo? Nupay adda dara ti politiko nga agtartaray iti uratna, tandaanam dayta, nagari ketdi ti kayumanggi nga agub-ubbog iti uratmi. Kalpasan ti damo a panaglantipmi—namitlokami a naglantip—idi mariknana ti kadagsen ti biag nga ibakbaklaymi, insingasingna ti yaasidegmi iti donia a kabsatna idiay Pagudpud, ngem diak immannugot. Saggaysaekto amin a saritaen tapno masimpuonmo ti kaputotan a nagtaudam.

Walo a dekada? Wen, nabayagen. Iti kasta a kaunday ti panawen, nasaok itayen a sumurok-kumurang a tallopulo a luglugar ti nagkalian, nagadawan, ken nagsakduan 'toy lelongmo iti nadumaduma a padas. Karayan... Bantay... Kinelleng... Baybay... Siudad... Ballasiw ti taaw... Saan a mabilang a tugot ti nabati... koma, no adda, a, mangipateg. Tarigagayko a saan koma a malipatan lattan a kas iti tugot iti kaanayan a no tapliakan ti allon mapunasen a mamimpinsan.

Arigna rinibu a bituen iti mangliwengliweng a langit dagiti nadumadudma a pagteng nga agsublisubli iti alintataok. Dadakkel ken babassit; naraniag ken nalidem. Dagita a bituen ti nagbalin a bagnosko a nagtawataw manipud iti sirok ti pakak. Manen, awan ti makabilang kadagiti tugot. Maitanemdanto kadi lattan iti lelennekan nga awan ti mabati a pakalaglagipan?

Mangmangngegko ita ti timek daydi Tatang a lelongmo iti tumeng.

Adu ti naganna—Clemente, Minti, Pedro, Illo, Idring, ken Honorio... Onor ti awag daydi Nanangko nga Ispin a lelangmo iti tumeng. Kasla agtaud iti nauneg a gayunggayong ti timek daydi Tatang. Kasla saan a mabannog nga ages-estoria iti sardam no kasdi a nakaiddakamin. Saritaenna amin a di mangan-ano bayat ti pannakaipigket dagiti mata 'toy lelongmo iti pinanaw a sallabawan. Agkurkuridemdem ti pagsainang a naisaluket iti bulo a taleb, a sagpaminsan a pangipugsuan daydi Tatang iti sagkakna. Makidengdengngeg met daydi Nanang. Ken dagiti nainayon a kakabsatko idi agangay. Sarsarita idi ugma, sa dagidi nabasana kadagiti *Silaw* ken *Bannawag*. Nawido a manarita. No ngata nakapagadal, nagbalin la ketdi met koma a nalatak a mannurat. Saritaekto amin.

Daydi Tatang ti nangestoria maipanggep iti ilulutuadko iti daytoy a lubong.

Denggem...

SAKSI TI SANGAPUON a pakak iti amianan a sikigan ti arigna kalapaw idi ipariknak iti daydi Nanang a kayatkon ti tumao! Panagtatapuak kano idi dagiti manok a nagapon iti sanga daydi nagasat a pakak, a saksi! Aldaw ti Lunes iti maikatlo a lawas ti Mayo idi, iti Maikadua a Gubat ti Sangalubongan. Inipit ti karayan iti amianan ken ti lipit iti abagatan daydi naisangayan a kalapaw. Pakak, wen dayta ti umuna nga agparang iti mugingko no lagipek ti pannakaipasngayko. Nakatingtingra ti panangiladawan daydi lelongmo iti tumeng iti daydi a kayo isu a tunggal malagipko daydi a lugar, nga isu ti Gisit-a-bassit, agparang a dagus daydi a pakak ken daydi kalapaw a rinam-edanna. Balay ti awag daydi lelongmo iti tumeng ngem kalapaw ti agparparang iti mugingko ta nadidingan iti nipa ken naatepan iti sinigpit a pan-aw. Inakilis a nasigsigit a kawayan ti datarna. Maymaysa ti bassit a tawana iti amianan. Dua ti tukad ti agdanna iti abagatan.

'Binagaak da antim a Karing ken lelongmo nga Ingga nga asawa ni lelongmo nga Utting a kabsat ni lelongmo a Simona a Nanangko,' panangsimpuon daydi Tatang idi mangrugiakon nga aguntuunton. 'Isuda ti pinagbantayko kadaydi manongmo a Peping bayat ti panangkarintarmo ken ni Nanangmo a mangipasngay kenka.' Isuda dagidi kaarrubami. 'Nagtartarayak a nangsukon iti daydi tatam a Durkio nga umay mangpaltot kenka,' intuloyna. 'Agnaed iti adayo a ballasiw ti karayan iti amianan. Isisu idi ti partera ti sangakaarrubaan a barangay a Saoang, San Isidro, Abbarit...

'Ammom, barok,' kinuna daydi lelongmo iti tumeng; nagamano ti kasla di agsarday a panagkiremkiremna iti sirok ti agkurkuridemdem a pagsaingan, 'nakapatpateg kaniak daydi a sirok ti pakak ta sadiay ti nagramutan ti bukodko a pamilia...'

Makitkita manen 'toy lelongmo, Enos Apok, dagiti nalangto a bakbaka ken dukdukayyang, ken baimbain iti agsumbangir a bakrang ti desdes a namagsina iti daydi a kalapaw ken ti balay iti daya. Mangrugi ti desdes iti lipit iti abagatan sa tumapuak iti karayan iti amianan, a no agdinakkel ti danum, kurang la a salpaen ti nalibeg a narungsot nga agus ti ngarab ti teppang ket iti panaglabas ti tawen, in-inutna a kinibkiban ti teppang ket umas-asideg iti paraangan ti dua a balay—diak ammo no nakadanon itan ti teppang ti karayan iti lipit, no lipit pay, amangan no kalsadan kalpasan ti nakurang a walo a dekada. Naipit ti lipit kadagiti nalalayog a kawayan a makaalino ti anit-itda iti sardam no dalapusen ida ti sutil nga angin.

Manipud iti estoria daydi Tatang, nakatibtibong ita iti lapayagko ti taraok ti kawitan a nagapon iti pakak no kasdiay nga alas tres iti parbangon sana sunotan iti oras a panagtatapuakda a manok. Makitkitak pay laeng iti mugingko daydi lelong Utting a kabsat daydi lelang Simona a mangisarsarang kadagiti dakulapna iti inarunanna a temtem iti abagatan ti balayda.

Apagisu kano nga agkarintar nga agtatapuak dagiti manok manipud iti sanga ti pakak idi lumsot ti dakkel nga ulo 'toy lelongmo, a sinaruno ti napigsa nga ibitko.

Narigatan kano daydi Nanang a nangipasngay kaniak, a nagkunaan man kano ketdi daydi Lelong Utting a masiribakto.

'Dakkel ti ulo 'ta barom, Illo!' kinunana kano. 'Masiribto! Masapul nga agpatabakoka tapno saan a masukal!'

Natural, iti pannakaipasngayko, nanayonan ti taraknen daydi Tatang. Nasken a pamitluenna ti agagawa tapno mabiagnakami.

Ngem sakbay a mapanta iti nangalapkapanna a mangbiag kadakami, ipataldiapko man pay ti agsumbangir a puontayo—iti biang daydi Tatang ken iti biang daydi Nanang. Masapul a maammuam daytoy tapno maawatam no apay a kastoytayo ita.

NAGRAMUT DAYDI NANANG a lelangmo iti tumeng, Enos Apok, iti Abbarit a sitio ti Guimod Sur, a maysa kadagiti akinlaud a barangay ti San Juan a sigud a Lapog—ipasiarkanto no kua idiay Abbarit. Iti sungaban ti Bacsil a labasan ti agpa-abagatan a kamino real ti serkan ti agpalaud a lipit (pay la idi) a kumamang kadagitoy a lugar. Asideg ti Bacsil iti nagbedngan ti Lapog ken ti Magsingal.

Crispina ti buniag daydi Nanang a lelangmo iti tumeng ngem Ispin ti awagda kenkuana. Pin wenno Inada ti awag daydi Tatang a lelongmo iti tumeng. Isu ti maikadua iti daydi Anti Saming wenno Benjamina.

Nakaem-emma ken nakaliblibnos daydi Nanang iti ladawanna idi balasang; para kaniak isu ngatan ti kalibnosan a balasang idi panawenna, iti lugarda. Isuna laeng ta pulos a di nakasursuro nga agilasin iti letra; saan a maun-uni.

'Awan ti agbasbasa!' kasla mangmangngegko ti rinarek a natangken a pangngeddeng kano daydi Lelong Iroy. 'No nagbiagkami a di nakatanaw iti paraangan ti pagadalan, agbiagkayonto met uray no dikay makaiggem iti lapis ken papel. Adda iti witiwit ken palpal (wenno suyod wenno muriski), ken rakem ken kumpay, ti puon ti biag!'

Malaksid iti solar a nakaipasngayan daydi Nanang, adda kano dakkel a kinelleng iti kataltalonan iti laud ti lipit. Naimbag la kano a pagapitanda idi iti umdas a pagbiagda iti makatawen. Ngem no ania ti naknakan daydi Lelong Iroy ta pagammuan kano lattan nga insukatna iti karison ken baka ken nuang.

Kunada nga adda susuweng daydi Anti Saming nga inauna kadagiti annakda ket saan a maisuro daydi lelong. Isu a nasapa a nakiasawa iti daydi Angkel Irid nga awan met ti indatagna a sab-ong malaksid ti agarup innem a kadapan a takderna. Naalisto ketdi a mamalbalatong, 'tay kunadan, malutona ti bagbagina uray no awan ti mantekana. Naaddaanda iti tallo a tiltillayon: daydi Insan Bonifacio wenno Boni, Insan Warlito wenno Itok, ken Insan Erwin wenno Awweng. Diak nakitkita daydi Anti Saming ta kunada a nasapa a pimmusay. Nagkamkammaulaw ta kanayon a mammansuen daydi Angkel Irid.

Awan unay ti ammok iti panagubing dagidi Anti Tasing ken Anti Immiang. Kunada a nasapada a napan nagdidian iti tattao. Dakkel ketdi ti naitulongda kaniak—madanontanto dagidiay a paset.

Daydi Angkel Aling ti saan a pimmampanaw iti Abbarit, malaksid iti ipapanda idiay Bantay Baybayabas, ta isu ti nagbalin a katulongan daydi lelong. Adda daydi dayag iti akin-abagatan a ligason ti Abbarit, a Caring ti naganna. Nagpatpatayanna, ngem pulos a di tinaliaw daydi napaidam a dayag. Nagkammaulaw la ngarud ti piman a baro. Nariingak pay laeng ti panagisem-isem ken panagtantanamitimna idi nakasublidan iti Abbarit. Inustel ti mangirubo nga ayat daydi Angkel Aling.

Daydi Nanang ti awan ti ammok maipanggep iti panagubingna ta dina sinarsarita; ipapanko lattan nga isu ti katulongan daydi lelang Andiang a nagtagtagibalay ta di pimmampanaw iti sidongda.

Mapantanto iti pakasaritaan ti 'ayan-ayat' dagidi lelongmo iti dapan nga Iroy ken daydi lelangmo iti dapan nga Andiang. Ngem unaek pay ti puon daydi Tatang.

Makitkita ita iti suli ti lagip 'toy lelongmo no kasano a kasla nagdalapdap a ramut ti puon daydi Tatang. Kasla adda iti tubong ti timekna a nangibinsabinsa kadagiti pagteng iti nagramutanna. Adtoy man...

IMMUNA A NAKAKITAAN daydi Tatang iti lawag ti akinlaud a Labut—adda Labut iti daya a gayadan ti bantay—ti Cabugao nga ab-ababan ti baybay.

Aragaag ti langada a pito nga agkakabsat iti mugingko ngem padpadasek a kitaen no ammoda met la ti umisem kadagidi a panawen; no adda panawenda a nagay-ayam. Sinaruno daydi Tatang daydi Angkel Marcos wenno Doro a paliaw. Sa daydi Anti Sion. Sa daydi Angkel Kanor. Nagsasaruno dagidi Anti Rosa—inaw-awagan daydi Tatang iti Rosa Basa Barbarrosa no makasutil—wenno Milia; sa dagidi Angkel Poling wenno Apolinario wenno Ignacio, ken Angkel Romeo a buridek, a nariingak nga adda tanso a ngipenna nga agrimat no umisem.

Pado Grande idiay Santo Domingo, Ilocos Sur ti puon daydi Lelong Undo wenno Reymundo Teofilo a Tatang da Tatang. Badoc, Ilocos Norte ken Lapog, Ilocos Sur ti puon daydi Lelang Simona Marcelino Ramos. Kaarngi ti ubet ti pariok a kunada ti kudil daydi Lelong Undo ket narigatko a panunoten no kasano a nairusok daydi Lelang Simona a saan a nabaelan ti kadilian ken tangrib a tinina ti bessag-Kastila a kudilna.

Ngem awan ti naaramidan daydi lelang ta idi arinunos ti 1890 ken serrek ti 1900, wenno kadagidi a panawen, dagiti idin nagannak nga agaammo wenno agkukompadre ti mangpili iti asawaen wenno pakayasawaan dagiti annakda. Kasta ti napasamak kadagidi Lelong Undo ken Lelang Simona. Di matukod a panunoten 'toy lelongmo, no kasano a napasamak ta malaksid iti kasla kalawa a nagbaetan ti langit ken daga a paggidiatanda iti dara, nagdakkel ti giwang ti tawen a nagbaetanda.

Bayat ti panangestoriana, isamsamira idi daydi Lelang Simona a susopen ti kasla takiag ti ubing a pinadisna a lumnelumnekan ti agsumbangir a pingpingna gapu iti mabilbilang a nabati a ngipenna. Kunana man nga agtawen kano iti talloppulo idi napasamak ti di napakpakadaan a pagteng. Sangapulo-ket-walo met daydi Lelong Undo. Tapno masulnitan ti bilang ti tawen dagiti agassawa kadagidi a panawen, kas kadagidi lelong ken lelang, kinissayanda iti dua ti tawen daydi lelang sada innayon iti tawen daydi lelong.

Narimat pay la dagiti agkilitkilit a mata daydi Lelong Undo a dinanggayan ti nakilnet a hi-hi-hi-na idi estoriaenna ti umuna a lawasda.

'Dinak pinadama ni lelangmo iti no mano a rabii,' kinunana nga insamirana a kinudkod ti kanawan a pispisna. 'Nangikabil pay iti dakkel a pungan iti nagbaetanmi... ken nakabaina a kalunasan! Agaasem! Hi-hihi!'

'Hm, nasken, a, a teggedenna ti kalkalikagumanna!' impasuli daydi lelang a kinita daydi lelong. 'Heh, tunggal panggepenna ti umarikap, makaraman iti pat-il!'

Ngem naasian kano met la daydi lelang idi agangay. Immuna nga impaknina daydi nakabaina a kalunasan sana insaruno ti dakkel a salladay. Makais-isem 'toy lelongmo, no malaglagipko ida. 'Tay kunada, addan asawa daydi lelong, adda pay Nanangna! Isun sa ketdi a nakanamnam-ay idi.

Kuna daydi lelang nga inkakaubinganna ti kinagagetna. Naannad kano ti panangtubay dagidi dadakkelda kadakuada nga agkakabsat. Daydi la Lelang Pelang ti nariingak a kabsatna. Ken daydi gayam Lelong

Utting idiay yan ti pakak. Nasaksiak ti inaldaw a papan panagpaisay daydi Lelang Simona iti kadilian ken tangrib ti Labut. No dadduma mapan pay umarog idiay Gutong nga abagatan ti Sabang ken dumna iti Salomague a mangtantan-aw iti Puro iti laud.

Nariingak ti laing daydi lelong iti arnis. Sinursuruanna pay da Tatang... ken sinursuruannak pay iti singko tiro. Malagipko pay. Adda kano daydi taga-Sabang a nagpanggep a mangriribok idi nabartek. Nalaing kano met daydi iti arnis ket awan ti nakaitured a simmango kenkuana.

'R-rumuar d-dayta U-undo n-nga aginlalaing ta b-bettakek ti kabkabangana!' inkaritna iti daydi lelolng idi lumabas. Kastaunay ti panangiwarwaradiwadna iti ballatinaw a bellang wenno garrotena.

'Nabartekkan, Bastian... Agawidkan,' kinuna daydi lelong. 'Dika kayat nga idanem.'

'T-takrotka met gayam, U-undonggok!' Agdiwerdiwer nga immasideg iti daydi lelong.

Ngem sakbay nga agdisso ti damo a layatna, pinatayaben daydi lelong ti garrotena. Simmaruno ti panangpanakteelna iti pungupunguan daydi lakay Bastian, a nagugaog a nagpakpakawan.

Nagdinamag ti napasamak. Manipud idin, awanen ti nakaitured a nangkarit iti daydi lelong.

Pagpiaanna, Enos Apok, daydiay la ti bisio daydi lelong. Diak napuotan a simmimsim iti nasanger, wenno nagsusop iti pinadis; daydi lelang ti di maaw-awan ti ammalna a pinadis a kasla takiag ti ubing.

Awan ti nariingak a daga dagidi Lelong Undo ken Lelang Simona. Nalawa ti kakalumayan—sabali ti kalunay—iti amianan ti solar a nagkubuan ti balayda iti Labut ngem awan ti makuna nga akindaga. Pandaka a kayo ti kalumay. Natingra a berde dagiti bulongna ket kadaddadakkel ti koriendo dagiti bungana. Nasamay a pagtuba iti ariwaiw ken dadduma pay a babassit a lames iti kadilian no malebbek. Ngem kuidaw. Nasken ti panagannad ta arigna makset ti dakulapmo iti pudot ket mabayag a maikkat ti nangisit a mansana. Paset ti kabaggiingan nga igid ti kadilian daydi a solar.

Idi panawenda, ti la balay da lelong ti nagtakder iti amianan ti kalsada. Uppat ti balay iti abagatan. Agkakabagian amin dagiti agindeg iti Labut.

Ipapanko man, a tawid da Tatang ti kasdi a kaipasangan ti puonda.

Ubbingda pay idi maipusing dagidi Angkel Poling ken Anti Rosa. Nagtagibalay daydi Anti Rosa iti maysa a baknang idiay poblasion ti Cabugao—tratarekto no mapanta idiay Panay-ogan.

Saan a nalawag no kasano ti pannakainaig ti biag daydi Angkel Poling kadagiti Baterina ti Santo Domingo, Ilocos Sur. Nalataken a politiko daytoy a kaamaan idi mangngegko ti naganda. Pinagbasada daydi Angkel Poling bayat ti panaghardinerona. Diak ammo no ania a tukad ti nadanon daydi Angkel Poling.

Nakatulong dagitoy dua a kaamaan iti pamilia daydi Lelong Undo, Enos Apok. Di pay naung-ungpot ti bulan no ar-arigen, addan maibaon nga agar-arudok a mangitanggaya iti dakulapna iti pauna ti sueldoda.

Daydi Anti Cion? Ti la kinamannabako daydi lelang, ken ti kinakayumanggi daydi lelong, ti natawidna. Bimmabbabayan a mammartek, isu la ti kasdi kadakuada nga agkakabsat. Nagtugmok ti gasatda iti daydi Uliteg Immong Escobar ti Sta. Maria, a di agpakaturog iti rabii ta kanayon a kasla agpagpaguyod iti bulo gapu iti angkitna. Dadakkelen dagiti annakda idi naam-ammok ida. Inauna daydi Insan Andres, a kasla napisi a sabut ti panagkarupada nga agina.

Agsublita iti daydi Tatang. Gapu iti nariinganna a kasasaad, no ibatbatayko iti panages-estoriana, nga ipasimudaag ti agsasaruno a panagkiremkiremna, adayo ti adda iti panunotna. Uray no saan nga isu ti inauna, ad-adda nga isu ti nangidardarirag iti aramidenda. Awan kano ngamin ti inar-aramid daydi Angkel Doro wenno Marcos no di mangpangpangkis kadagiti agbarbarikawwet a letra. Nawido kano a nangsursurot iti daydi dakkel a libro—kartilian sa ketdi ti awagna—a pagtultuladanna kadagiti letra. Naminsan a nakitak daydi a libro dagiti, manen, nakapimpintas ti panagbarbarikawwetna a letletra.

'Damagko nga adda agbangon iti pasdek idiay Badoc, manong,' kinuna kano daydi Tatang iti naminsan. 'Nasayaat, inta sumrek. Narigat unay ti biagtayo. Mainugot iti biskedmo.'

Aggudenggudeng daydi Angkel Marcos idi damo. Ngem napaannugot daydi Tatang. Napigsa nga agbagkat kadagiti materiales daydi ulitegko.

Di pay nalpas ti bangbangonenda idi mangrugi nga aguyek daydi Angkel Doro... Marcos. Inyawidna ti sakitna a saanen a naagasan ti atsibar nga imbagada a pagagasna. Nangisit a kasla timmangken nga aspalto ti atsibar. Ken napait ta tinimtimak naminsan.

Malagipko pay laeng ti istoria daydi Tatang. Idiay kano ti immuna a nakatnagan ti riknana iti maysa a dayag ngem naikari ngata a dina kagasat ta adda sabali nga agur-uray kenkuana.

Saan a daydi ti naudi a panagkadua daydi Tatang ken daydi Angkel Marcos. Naikari ngata a tawataw ti isip daydi Tatang. Saan a nagpakabatubat idi madamagna nga adu ti mapmapan idiay San Jose, Mindoro a makipagtubbo. Arinunosen ti Dekada 30 idi. Dina ininggaan nga inawis daydi Angkel Marcos, ken daydi lelong Undo.

'Total adda padasmo iti panagtubbuan, Tatang,' kinuna kano daydi Tatang, 'kuyogennakami ken ni manong ta intay makigasanggasat idiay Mindoro.'

Nakapamindua idin daydi lelongmo iti dapan, Enos Apok, a naisurot idiay Hawaii ngem nagawid nga agwidwidawid malaksid ti nasursurona a pannangan iti di naluto ken awan as-asinna, ken ti panagwatwatwatna. Nagkameng kano ngamin iti grupo daydi Moncado, ket nakakapkapsut a nagawid iti Cabugao. Sayang, amangan no nasaysayaat koma ti biag ti kaamaanna no sabali a bunggoy ti sinurotna... ngem nalabit nga awantayo koma met ita...

Ngem kaskasdi a timmangken ti malasda. Nagraira ti malaria idiay Mindoro a pagtubboan a dida pay nakapagsimsimpa no ar-arigen. Nairaman dagidi Angkel Marcos ken Lelong Undo kadagiti adu a naidalit.

Daydi Tatang ti naturtoran nga agudaod a namagsinnublat a nangasikaso kadagidi dua. Naimbag ta saanda a nairaman kadagiti adu a natay sadiay.

Kas iti napasamak daydi lelong idiay Hawaii, nagawidda nga agwidwidawid.

KASTA TI PAKAGUPGOPAN ti biag ti kaputotantayo iti biang daydi Tatang, Enos Apok. Adu pay ti nasken a maammuam. Ngem denggem daytoy kangrunaan a nagtugawan ti pamilia daydi Tatang, a lelongmo iti tumeng...

Daydi Maikadua a Gubat ti Sangalubongan.

Nangrugi ti nasao a gubat idi Septiembre 1, 1939, idi rinaut ti Alemania ti Poland. Nangrugi ti pannakairaman ti Filipinas idi Disiembre 1941, idi rinaut ti Imperio ti Japan. Sakbay dayta, naibilin nga agsagana ti Filipinas iti di pagduaduaan a pannakairamanna iti maikadua a gubat. Naawagan amin dagiti agtutubo a Filipino nga agsanay a makigubat.

Saan a nakalisi daydi Tatang kadagiti nabagaan.

Ken naawagan a makigubat.

Maysa a nakallalagip nga estoria daydi Nanang, idi adda daydi Tatang iti gubatan ti panangitartarayna kaniak idi agbakuitda idi sunsonen dagidi gerilia dagidi Sallakong—kasta idi ti awagda kadagidi Hapon a simmanglad iti Saoang. Iti panagdardaras ti grupo daydi Nanang, ti la remremmeng a naturturongda ket dida sinamir ti karemremmengan dagiti kawayan. Idiay kano ti nakasiitan ti kuppukuppok iti siit ti kawayan ket naimbag ta saan a nauneg ta awanak ketdi koma itan, ken awankayo met koma.

Maipalagip nga idi naparmek dagidi Sallakong dagidi buyot idiay Bataan, ken idiay Corregidor, naglibas wenno inlibasda daydi Heneral Douglas MacArthur nga inruar iti Filipinas. Inluganda iti PT-41 a nagturong iti Mindanao, sakbay a dimmagas idiay Australia. Naglalaok ti panangipapan dagiti nabati a soldado a pakairamanan dagiti Amerikano ken Filipino a miembro ti USAFFE.

Nairaman daydi Tatang iti Death March. Nasaksianna ti namsaakan dagiti soldado a Hapon kadagiti masakit a soldado a Filipino a no saandan a magabenan ti rigat, ket madupoyda iti dalan, ken namanamaenen dagidi Sallakong a didan makadanon iti garisonda, duyokenda latta idan iti bayoneta ket ibatida idan a maiwalang iti kalsada. Nasaksian daydi Tatang ti panangparatupot dagiti Hapon kadagiti nagpanggep nga aglibas iti kaunasan idiay Tarlac.

Adda saggaysa a nakalibas ket naarunan ti essem daydi Tatang nga aglibas met gapu iti nasaksianna a kapay-an dagiti kautibo a soldado a Filipino iti garison dagiti Sallakong. Gapu iti bannog, ken adda pay sugat dagiti dadduma, ken awan umdas a taraon nga itedda, ken saan a nasayaat a pagiddaanda, nadagnayan ti nalaus nga iliwna iti pamiliana, a kas met iti iliw ti gayyemna iti pamiliana. Naisipna a no kasdi laeng ti kapay-an dagidi soldado, naim-imbag a makigasanggasat.

Kinasarita daydi Tatang ti nasinged a gayyemna nga adda iti likudanna. Masapul a makalibasda sakbay a maugotanda iti pigsa.

Idi makabatogda iti maysa a pagpikuran, ken kasamekan iti unas iti Tarlac, ken lumlumneken ti init, kinalbit daydi Tatang ti gayyemna idi nairana a pinartakan ti guardia a Sallakong ti nagna ta adda agluslusdoy a soldado iti sango. Idi saan a kumitkita ti guardia, timmakiasdan. Eskapi dayta a nalablabes pay ngem ti agmaya a kabalio ket kumarasakas ti inunasan nga inasakda. Nagkurakura dagiti Sallakong, sumanengseng ti bala dagiti pikbong nga impasaksakda iti sikigan da Tatang. Ngem kasda la nakabulosen a simmaron. Sada la nagsardeng nga agtaray idi awanen ti kanalbuong ken adayon ti danapeg ti *Death March*.

Iti adayo a bangir ti inunasan, nakasarakda iti kalapaw nga adda agkurkuridemdem a silawna. Pinasangbay ida ti agama a lakay ken balasang. Nadlaw kano daydi Tatang ti sam-it ti isem daydi balasang a mangpalpaludip kenkuana—kuna daydi Nanang, naimbag ta di nagpaibati daydi Tatang! Adda kano idin immun-una a pinasangbay dagidi agama. Pinakanda ida. Inikkanda ida iti pagsukatanda a sibilian tapno awan ti makailasin kadakuada iti dalan.

Saanda nga inuray ti aglawag sakbay a nagpakadada. Apagisu nga adda lumabas a bagon a napunno kadagiti sibilian. Inluganda ida, nakilinnetletda kadagiti agtatakder a pasahero.

Dida sinamir ti kettangda a nagtatakder. Maganatan unayen daydi Tatang a makaawid.

Saan a naggibus dita ti estoria ti gubat, Enos Apok.

Immadu ti Pilpilmi—kasta ti awagda kadagidi traidor a Filipino nga espia dagidi Sallakong.

Agsawarda iti soldado ken gerilia nga ipulongda kadagiti Hapon. Ikkan ida dagidi Sallakong iti Yapyap a kuarta. Nakilinlinnemmengan kano daydi Tatang kadakuada.

Intakawtakaw daydi Tatang ti nagprubitsar iti iduolna kadakami a tallo kadaydi Nanang ken daydi Manong Peping.

Adda pay la saggaysa a pabanto dagiti Sallakong bayat ti panangtagibi daydi Nanang kaniak. Iti maysa nga aldaw, a nakalukat ti tawa ti kalapaw iti amianan, a kaaddak iti indayon nga itultulod daydi Nanang bayat ti panangduduayyana kaniak, idi pagammuan ta adda dakkel nga apuy a naggilap iti ngatuen ti indayonko a nagderetso iti silulukat a ridaw, sa iti agdan—nakali daydi Tatang ti bala iti kusayan ti agdan idi nakalikuden ti gubat.

Idi dandanin agsubli daydi General Douglas MacArthur, iti maysa a sumipnget, saan a napakadaan daydi Tatang ti dua a Pilpilmi ket saan a nakapaglemmeng.

Nagdawat dagidi Pilpilmi iti manok, a ti kapitan ti Hapon ti impambarda nga agpasapul. Idi imbaga daydi Tatang nga awan, inlayat ti maysa a Pilpilmi ti bayonetana. Naimbag ta naggilap ti tadem iti simmirip a lawag ti pagsaingan iti balay ket nalisian daydi Tatang ti bayoneta. Ngem dina nalisian ti tungpa ti maysa. Pasarunsonanda koma pay ngem isu metten a sumirip daydi Lelong Utting. Nagal-aludoy dagidi Pilpilmi a pimmanaw.

Saan a basta lattan adda madangran a kameng ti gerilia wenno soldado nga awan ti balesna. Adu ti agsisiim a kontra espia.

Iti kabigatanna, naikissiim iti daydi Tatang a naituloden idiay Australia dagidi nangdangran kenkuana. Kayatna a sawen, impanda ida idiay Barbarit nga akindaya a baranggay ti Lapog. Sadiay, nabilinda a mangkali iti abut, a nangikallianda kadakuada a sibibiag.

Saanen a nagbayag manipud iti napasamak idi simmanglad ti grupo daydi Heneral Douglas MacArthur idiay Leyte. Oktubre 20, 1944 kano idi, segun iti pannarita daydi Tatang.

Kuna kano daydi MacArthur: *'People of the Philippines, I have returned. I'm a little late, but we finally here!'*

Kaipapanan dayta ti panagsubli ti grupo daydi Tatang iti gubatan. Iti panages-estoriana, nariknak ti sakit ti nakemna a mangpanaw manen kadakami. Panunotenna laeng ti padasna iti Death March, agluloken ti nakemna. Awan kano pay makatawenko idi. Ngem napateg ti awis ti pagrebbengan iti pagilian.

Marso iti sumuno a tawen ti matandaanak a nasao daydi Tatang a pannakaawagda nga agsubli iti serbisio.

Damortis, La Union, ti lugar a naagapad daydi Tatang a naudi a nakaidestinuanna a nakigubat kadagiti Sallakong.

Adda dagidi gundaway nga agsapulda iti isaang ken pagsalingdanda, malaksid kadagiti kalienda a *foxhole*. Naduktalanda bayat ti panagsapsapulda iti taraonda, nga adda dagidi kinaban a bagas nga inkali dagiti lumugar sakbay a nagbakwitda. Pasensia laengen dagidi akinkukua ta biniangan da Tatang dagiti taraonda. Nagtiliwda kano latta metten iti agwalangwalang a manok. Agnatengda iti tarong, kamatis, ken uray ania ditan a mabalinda a lutuen. Wenno kilawenda payen no dadduma.

Idiay ti nakaimatanganna iti adu a naidasay a soldado, kasta met dagiti Hapon nga agpugiit ket ti la uloda ti ilemmengda no makipinnaltogda. Pattapattana a kattiliw dagidi a soldado.

Idiay ti nakapaspasarakan ti kabusor a nangpunting kenkuana. Umuna a natiruan ti gatilio ti pusilna a nakailangdetan ti tammudona, sa kimdias ti bala iti kanigid a luppona.

Awan ti sakit a nariknana idi damo, ngem idi pidutenna ti naibbatanna a pusil, naidaramudom latta kanon ta awanen ti rikna ti luppona. Intarayda iti nakataripatuanna.

Diak ammo no kasano, Enos Apok, ngem estoriada, a simmarungkarkami kadaydi Nanang ken daydi Manong Peping iti nakaagasan daydi Tatang. Iti panagay-ayammi ken daydi Manong Peping iti ruar, nakakaan kano 'toy lelongmo iti aspalto. Isu kano a nagribribak.

Nagtibnok ti gagar ken saem a narikna dagidi Tatang ken Nanang idi naparmeken dagiti kabusor ket nakasublin dagiti soldado kadagiti kaamaanda.

Nupay nagsublin ti talinaay iti pamilia daydi Tatang, saanen a kas iti sigud ti alibtakna. Dinan maaramid dagiti nakairuamanna nga aramid. Uray idi nagluniten ti sugatna—saan a napagsilpo dagidi doktor ti dakkel nga urat ti luppona a pinessat ti bala. Adda latta ut-ot a mariknana no agpakaro, magna man wenno uray no nakatugaw.

Dakkel a parikut daydi Tatang ti panangisakadna kadakami, nangruna ket adda madmadlawda idin iti salun-at daydi Manong Peping.

Agurayka, ta ipasiarka iti dakkel a balay a nangrugian daytoy lelongmo nga agsulbod.

Maika-2 a Paset

Panagsulbod iti Dakkel a Balay

LUKTAM DAGITA LAPAYAGMO, Enos Apok, ket dumngegka a naimbag sakbay nga iserrekka iti dakkel a balay...

Matannawagak ti ili ti Magna iti kusayan ti bantay ti lelennekan tunggal agtugawak iti abay ti tawa a sumango iti laud. Nakaim-imnas ti riknak no kua ta agsubli ti lagipko kadagiti nalangto a luglugar a nagubingak. Awan ditoy West Valley a yanko ita dagidi narnuoyan a sua iti Caparinasan a nagtakderan ti nakapimpintek a Dakkel a Balay, ken amin a naikaubingak a langto. Ditoy, nagarin ti *social media* a nakaitugkelan ti mata dagiti ubbing; saandan a maibaba dagiti gadyetda ket kurang laengen a mabaybay-anda ti panagadalda, ken adun kadakuada ti mataltalimpungaw. Adda payen dagiti agub-oberdos. Idi panawenmi, umdasen nga ay-ayammi dagiti karkariton, karkararet, palsuot, koriendo, lastiko, ken munmunieka. Nakarimrimat idin dagiti matami ken kurang la a maray-ab ti gigismi iti kaiisemmi.

Aglima ket ngatan ti tawenko idi aglukat ti lagipko. Ti Caparinasan ti lugar nga immuna a nariingak. Isu kano ti maikadua a lugar a nangitugotan kaniak dagidi Tatang ken Nanang manipud iti nakayanakak a sirok ti pakak. Inyawis daydi Tata Poro ti panagbantayda iti Dakkel a Balayna ta agindegen idiay Guam. Serserrek idin ti Dekada 50. Adtoy ti pakabuklan ti purok a dakkel ti pakainaiganna iti pulitayo.

Idiay ti nangrugian nga agbukar ti lagipko. Dakkel a yamanko ta agpapan ita, nalawag pay laeng iti mugingko dagiti ladawan ti Caparinasan. Kasla dekolor a pelikula nga agsublisubli. Agarup linakub

19

dagiti nakaberberde a manglangitlangit a nabengbeng a kinawayanan. Arigna puraw a barikes ti akikid a kalsada nga immusok iti karemmengan. Adda desdes a simmalog a kumamang iti karayan iti agarup sangagasut a metro ti kaadayona iti amianan dagiti balbalay.

Kabagian daydi Nanang amin dagiti taga-Caparinasan. Umuna dagidi Angkel Nardo ken Anti Siping Renon ken tallo nga annakda a da Fely, Vicente ken Caridad. Sa dagiti tallo nga agkakabsat a Farinas a dagidi Anti Midiong, Angkel Panta, ken Anti Rosal. Ken ni (wenno daydi) agarup kataebko a Palmarina wenno Paring nga anak daydi Anti Midiong. Diak nakita ti Tatangna. Sa dagiti lima a Piros, a daydi Tata Atong ken tallo nga annakna a dua a babbai a da Ordis ken Lita, ken daydi Nestor. Ken daydi ikitda nga Ustang Burtong—adda kano daydi panawen a panagraira ti burtong idiay Lapog. Nasalaw ti burtong daydi Nana Ustang isu a pinanagananda iti Ustang Burtong.

Naulimek daydi a purok ket awan ti malagipko a riribuk. Mannalonda amin ket natalnada a mangsuksukay kadagiti kinellengda iti daya ken abagatan ti purok. Mapampanunotko ita, no kasanon ti nagluposan ti Caparinasan kalpasan ti nakurang a walo a dekada manipud idi pimmanawak. Naan-anay ngatan a baranggay ket naaringanen iti ariangga ti lubong? Naglupos ngatan a kas kadagiti luglugar iti Kailokuan a makitkitak iti YouTube? Immadu ngatan dagiti pumurok? Awan ngatan daydi dadapilan, ket dagiti simmaruno a kaputotan nairamanda metten kadagiti nangtallikud iti nakayanaknda a daga, a kas iti inaramidko?

Saanakon a nagsubli idi pimmanawak ket awan metten ti nakadamdamagak iti nagluposanna.

Ngem ita a makitkitak iti suli ti lagipko daydi a purok, Enos Apok, marikriknak ti natalinaay ken napnek a panagbiag dagidi a kakabagianmi sadiay. Kadagidi a panawen, kasla awan ti panggep wenno arapaapda man laeng a mangkalakal iti ramutda. Umdasen a sipsiputanda ti naannayas nga isisingising ken ilelennek ti init. Ken agnateng wenno agburas kadagiti nalangto ken narnuoyan iti bunga a mulada.

Ngem kas iti binayo a pagay, adda latta met itta. Daydi Tata Telesporo wenno Poro a kapidua daydi Nanang ti immuna nga itta. Immuna, kunak, ta diak ammo no adda simmaruno kenkuana.

Diak naintunaran no ania ti nakaawis iti imatangna nga immadayo.

Ammok ketdi a ti balay daydi Tata Poro ti kadakkelan iti purok. Nakabisbisked a nagtakder iti laud a sikigan ti purok, a dumna iti kalsada nga agpalaud iti San Isidro manipud iti Bacsil a biniltak ti agpaamianan a kamino real.

Pampanunotek ita, Enos Apok, no nalag-an ti rikna daydi Tatang nga immannugot iti awis daydi Tata Puro a mangbantay iti balayna. Manipud iti daydi sinigpit a silag a kalapaw iti sidiran ti pakak, pagammuan lattan ta umakarkami iti dakkel a balay... ania ngata ti riknana? Saan ngata a nagaripapa, wenno nakarikna man laeng iti apal? Dina ngata pinilaw ti bagina iti dina pannakaited iti daydi Nanang iti kasdi a balay, wenno namay man la koma?

Maysa daydi Tata Poro kadagidi nagutugot a napan idiay Guam ket simmayaat ti biag ti pamiliana. Gapu iti panagballigina idiay Guam, inkeddengna ti agtalinaeden idiay ket nagsapul iti agbantay iti balayna. Diak nadamdamag no adda kadagidi kinaubingak ti naengganio met a rumuk-at iti kepkep ti lugar a nakayanakanda, ket sinurotda ti tugotna, ken tinallikudanda met ti nakayanakanda a daga.

Dua a grado daydi a balay a kasla narungsot a higante a mangramramed kadagiti balbalay iti aglawlawna. Arigna kumusilap ti simna no tuparen ti naraniag nga init. Napintek ti pannakasigpit ti abulogna a napisipisi a bulo nga agarup dua katao ti tayagna.

Arigna tangtangadem ti langit no addaka iti kusayan ti atiddog nga agdan a napisipisi a bayug nga immuluan iti bangsal a namagkamang iti balay iti amianan ken ti kosina iti abagatan. Natangkenan a kawayan dagiti inakilis a datar ti bangsal. Nupay nagtagipan-aw ken nagtagibulo ti kosina, napintek ketdi ket kasla bayabay ti natangig a balay.

Natayengteng a lumabaga a narra ti nakatibtibker a diding ti balay a kasla di pulos kabaelan a dupiren ti ania man a karungsotan a bagyo wenno ginggined.

Malagipko la unay, Enos Apok, a nagsarugaddengak idi damok ti sumrek iti nakanganga a ridaw.

'Addan sa mangmangkik, 'Nang!' kinunak ket simmapidengak iti daydi Nanang. Nagkintayegak idi adda panniki a nagkayabkab a rimmuar.

Dinak sinungbatan daydi Nanang a nakanganga ken tumangtangad a nangmatamata.

Nabengbeng ti nalabaga a narra a suelo ti balay ket no lalausen ti manarita kurang la a maikaglis ti ngilaw a mailaw-an nga agbatay. Awan ti dibision ti agkalkallasawan a salas a kaarngi ti nakabirakak a beklat a sisasagana a sumikbab. Adda bassit nga almason iti daya-nga-bagatan a suli, a narra met laeng, a pagidalimanekan iti malukot nga ikamen, maipalunipin a pungpungan ken nakupin nga ul-ules.

Uray idi mabaybayagkamin, diak kayat ti sumrek a sisiak no sumipngeten ta adu latta dagiti agtatayab a rummuar-sumrek.

Adda balkon ti balay iti amianan a nabarandiliasan iti nakitikitan a narra met laeng. Matan-awan iti laud ti akikid a kalsada, wenno lipit a narigat pay a pagsabatan ti dua a karison. Kadagidi a panawen, manmano ti umaway a dyip wenno demotor a lugan. Iti amianan ti balay, adda dua a dadakkel a pinuon ti sua nga aginakbay ti ayamuom ti sabongda no damoda ti agbunga, iti bulan a diak malagipen no ania. Abagatanen dagitoy a sua ti nauneg a bubon a nasaok itay, a nalusoban iti linumot a nalabaga a damili. Muhon ti naibaud iti ipus ti pamatuagan. Panakkelen ti timba a naipuesto iti alut-otan. Nalitnaw ti masakdo a danum iti daydi a bubon ket imasek ti agdigos iti masakdo a danum iti tangkia.

Wen, iti amianan dagidi sua, adda natibker a dadapilan. Malagipko ita a daydi a dadapilan ti nangbegkes kadagiti agkakabagian. Adda amin inunasanda iti abagatan ket ti unas ti maysa a kangrunaan a pagbibiaganda idi sakbay a simmangpet ti Birhinia. Nakaan-anus ti naannayas a panangipusipos ti napiringan a nuang iti naisangol a tangbaw ti dadapilan. Naanus met ti agdapdapil nga agisubo iti dadapilan kadagiti natubbo nga unas. Adda lata a pagtaya iti bennal a mayalison iti siliasi a naisaang iti anawang a masungrodan iti usang. Malagipko nga agiinnunakami kada Paring a tumaya iti bennal, a pakaung-ungtanmi ta nasukirkami a narigat a paanawa. Nagimas ngamin ti bennal.

Kitaem dagiti balbalay iti bassit a purok.

Adda iti amianan ti dadapilan ti balay dagidi agassawa nga Angkel Nardo Renon ken Anti Siping.

Adda iti daya ti Dakkel a Balay ti balay dagiti agkakabsat nga Anti Midiong Farinas Renon a Nanang ni Paring.

Panagdapil ti kangrunaan a pagsapulan dagiti taga-Caparinasan. Nalawa ti kaunasan iti abagatan ti kabalbalayan, iti labes ti kinawayanan. Saan la a tagapulot, balikutsa, ken pinasin a mailata ti patauden ti unas. Suka, ken kangrunaanna ti basi a pinalabaga ken pinasanger ti bulong wenno ukis ti samak. No kurang ti mailaokda, agsuka ti imburnayda a bennal no dida maikali wenno ikabil iti nasipnget a sirok. Dua a klase ti basi: para lallaki ken para babbai.

Diak ammo no kasdi pay ti panagdapil ita, no adda pay agdapdapil. Idi, no mangrugin ti panagdadapil addakamin kada Paring, Fely, Sinti, Nestor, Lita ken Ordis, a pasalsali.

Makapailiw man a buybuyaen ti panagruedo ti nuang a mangipuspusipos iti dadapilan a mangrim-it kadagiti maisubo nga unas tapno mapespes ti tubbogna.

Iti laud ti dadapilan, dakkel ti anawang a nakaisaangan ti siliasi wenno sinublan. Gumayebgeb ti usang a pangsungrodda iti anawang. Adda mangbambantay iti sinublan a no kua manen kiwarenna iti kasla gaud.

Saankami nga umad-adayo nga ubbing iti sinublan, Enos Apok. No mangrugin nga agburek ti bennal ket mabalinen ti aglablab, agsasarunokamin nga umasideg. Kasta unay ti pananganawa kadakami dagiti agbambantay ngem tuleng a talaga dagiti ubbing. No manen addakamin iti abay ti sinublan.

Pagammuan, nagikkis ni Paring.

Nadilnakan la ngaruden ti kanigid a takiagna iti agburburek a bennal, inungtandakami pay. Dina nataw-an ti dakkel a piglatna ket putputiputanna iti panio idi agbalasangen tapno di makita dagiti babbaro.

Nasaksiak no kasano ti panagtipayda, wenno panagaramidda iti tinapay. Adda pagsukoganda, Enos Apok. Kasta met ti panagaramidda iti balikutsa. Adda butakal nga immuntarda iti adigi ket daytoy ti pagisaplitanda iti bennabennatenda a tagapulot agingga a kumusnaw ti maris daytoy. Alisto ti panangputedda iti balikutsa sada kortien a sinan-S.

Malaksid iti balikutsa ken tinapay, agilatada pay. Nariingak ti lata ti tagapulot a palinang, a kalkalien daydi Tatang, wenno daydi Nanang no agsinumanda, wenno agtinubongda iti Paskua. Napateg ti palinang, a laok ti getta ti niog iti ania man nga aramidenda a kankanen.

Ti panagdapil ti kangrunaan a nagbibiagan dagiti taga-Caparinasan, malaksid ti natnateng, ken kamas. Awan pay idi ti Birhinia.

Nakatadtadem ti lagipko kadagidi a panawen, Enos Apok. Malagipko pay la ita dagiti babassit a bambanag. Maregmegda no ararigen, ngem saritaek amin ida tapno makitam ti nagbukaran ti lagipko.

Kas iti pannakatnag daydi Nestor idi pinadasna nga ulien ti sangapuon a dakkel a bittaog iti ungto ti kinawayanan iti abagatan dagiti balbalay, a nangisina iti nalawa a kataltalonan iti abagatan, a no kalgaw, maaplagan iti nadumaduma a natnateng, ken adda pasetna a kaunasan.

Napakaruan kano ti ulona. Arigna agballa daydi Tata Atong Piros iti napasamak iti maymaysa a lalaki nga anakna. Awan nakabael a nangagas iti anakna, uray pay dagidi bigbigbigenda a baglan, a kunada a maagasanda amin a kita ti sakit. Adayo ti poblasion ti Lapog, no mano a kilometro manipud iti Caparinasan. Sa awan pay ti traysikel wenno ania man a demotor a lugan. Ken diak ammo no adda idin doktor idiay dispensario ti ili. Ngem no adda man, pagduaduaan no addan baelna a mangagas iti kasta nga aksidente.

Malagipko met daydi Lelang Biring ngem diak malagipen ti nagsaadan ti balayna. Kabsat daydi Lelang Andiang. Biring Rentiquiano ti naganna. Nasapa a nabalo. Bugbugtong nga anakna daydi Angkel Akkos Rentiquiano, nga awan ti ammona no di agbalbaliodong, a nakapanagananna iti Akkos Bayugaw. Kasla awan bibiangna no adda pay inana wenno awanen. Dina nariingan daydi amana.

Dimteng ti panawen a nangrugi nga agbulsek daydi Lelang Biring. Inag-agasan daydi Tatang. Diak ammo no kasano. Adda daydi libritona iti minimini wenno abbaba a karkararag. Ammona pay ti manako. No agsakit ti ulo daydi Nanang, isun ti mangtako. Adda dagidi agpatako no makariknada iti samuyeng. Patakoda babaen ti sangaungot wenno buyuboy a danum ken tallo a nabuksilan nga itta. Miniminian daydi Tatang sana ipatapaw ti tallo a bagas iti danum. Adda burek nga agparang iti maysa kadagiti bagas. No sadino ti pagsaadan ti burek, no iti murdong ti maysa a bagas, adda sakit ti ulo ti masakit. No iti tengnga ti bagas, adda sakit ti tianna. Ket adda dagiti imbagbaga daydi Tatang a gapu dagita. Makais-isemak laeng no malaglagipko.

Ngem sakbay nga aramidenna dagitoy, ipakpakaunana a ni met la Apo Dios ti makaammo no maagasan wenno saan.

Uray pay agkamata, pinadas daydi Tatang nga agasan. Ti la adda nga insapsapsapuna. Malagipko pay, pati isbu, inusarna! Adda met dagiti napatpatanganna, wenno napaspasarakanna.

Awan siningsingir daydi Tatang no kasdi a mangminimini. Mangtedda laeng iti siping a pangpasamay kano iti bileg ti minimini. Isu nga idi mangrugi a mapukaw ti lawag ti panagkita daydi Lelang Biring, inasitganna daydi Tatang.

Napan nangala daydi Tatang iti sabong ti taratara, maysa a bassit a pinuon a babassit ti bulongna ken puraw ti sabongna.

Nangtaltal iti sabong ti taratara ket ti tubbogna ti impatedtedna.

Ngem dina naagasan daydi Lelang Biring!

Ad-adda la ketdi a napukaw ti lawag ti panagkita ti baket!

Ti malagipko ita, Apok, no asino laengen a kabagianna ti nakipaginindeganna. Ngem ad-adda a ti yan daydi Lelang Andiang. Nagpukaw ngamin a kasla asuk daydi Angkel Marcos. Naammuanmi idi agangay a nairaman ti Cagayan a nagbayugawanna

Awan lagipko no kasano wenno asino ti nangidulin iti bangkay daydi Lelang Biring. Piman.

DAKKEL TI PAKAINAIGAN ti balay da Angkel Nardo Renon iti pannakaitaomi nga agkakabsat, Enos Apok. Gapu iti kinasinged daydi Nanang kadagiti kasinsinna, masansan a sumarsarungkar iti yan da Angkel Nardo.

Idiay ti nakasirpatan daydi Tatang iti daydi Nanang ta mano nga askaw laeng ti nagbaetan ti balay dagidi Lelong Utting ken ti Caparinasan no labsen ti manao.

Nakisang ti panggedan idiay Panay-ogan iti daydi a panawen isu nga inkeddeng daydi Tatang ti napan nakitegged iti yan da Lelong Utting. Pattapattak a nagbaetan idi ti tawen a 1938 ken 1939.

Idi damo a nasaripatpatan daydi Nanang daydi Tatang nga apagisu nga agpalaud iti kalsada, awan panangipagpagarupna nga isu ti agbalin a kabuligna iti biag. Idi la a nakitana daydi Tatang ta sangsangpet idi daytoy a napan nakipagyan kadagidi Lelong Utting manipud idiay Labut, a kabangibang ti Panay-ogan, Cabugao, Ilocos Sur. Ngem iti maikadua a panagranada iti paraangan da Angkel Nardo, nadlaw daydi Nanang ti pannakaipiget dagiti mata daydi Tatang iti rupana. Agpadada a di nakatimek, ngem agpadada met nga apagbingngi ti isemda. Iti panagawid daydi Nanang, naklaat iti nadlawna a sumarsaruno kenkuana. Nagsidduker ket bimmara kano ti rupana. Idi la kano nga adda baro a nangipos kenkuana. Natingra ti kayumanggi daydi Tatang idinto a nabusnag daydi Nanang.

Segun iti pannarita daydi Tatang, saan kanon a napunas iti lagipna ti imnas a naimatanganna idi damo pay laeng a panagkitada. Adda idi immuna a nakasagid iti riknana idiay Badoc, Ilocos Norte—kas iti nasoak idin—a yan ti dadduma a kakabagian daydi Lelang Simona, ngem maymaysa, ket daydi la Nanang, ti nangalimbasag kenkuana.

Kuna daydi Nanang, a nakalawlawa kano ti rungiit daydi Tatang a simmaruno kenkuana. Imparpartak daydi Nanang ti nagna. Imparpatak kano met daydi Tatang ti immipus.

"Dispensarem, ading... dika agdanag, saanak a dakes a tao. Kayatko la ti makiam-ammo," kinuna kano daydi Tatang.

Imparpartak kano daydi Nanang ti nagna.

"Siak ni Idring... taga-Cabugao."

"Diak met damdamagen, manong!" kinuna daydi Nanang. Imparpartakna ti nagna.

"Dispensarem, Ading Ispin," kinuna daydi Tatang. "Baliwantanto ti agsarita... kababain."

Nasdaaw daydi Nanang. "Apay nga ammom ti naganko?"

"Inyarasaas kaniak ti maysa a kulibangbang, adingko!"

Imparpartak daydi Nanang ti nagna.

Imparpartak latta met daydi Tatang ti simmurot.

"Pangngaasim ta dinak sursuroten, manong! Amangan no ania ti masao ti tao a makakita."

"Basolko kadi no agrukbabak iti maysa a dayag a nagpaiduma iti pintas, adingko?"

Arintarayen kanon daydi Nanang.

"Baliwantanto ti agsasrita, Ading Ispin. Dinak koma kagurgura."

Saanen a simmurot daydi Tatang.

Iti naminsan a panangsurot manen daydi Tatang, a yabyabayabna ti tudo, kinunana kano: "Agtudon sa, ading."

"Timmangad kadi 'ta agongmo, manong?"

"Dimo koma iparparit, ading, ngem mabalin ti umay agpasiar 'diay balayyo?"

"Pakpakawan, berde!"

Ngem daydi a pakpakawan, berde, saan kano a naiturturog daydi Nanang. No manen, agparang ti ladawan daydi Tatang a nakaun-uneg ti perrengna, a kasla sumarot iti kaunggan daydi Nanang.

Agingga iti naminsan a panangunton manen daydi Tatang. Saan nga inkankano daydi Nanang.

"Dayta panagulimekmo, ading, kaipapananna ti kaadda ti awang dayta pusom nga agpaay iti pusok," kinuna daydi Tatang.

Saan a naintunaran daydi Nanang ti saludsod ta sabali ti adda iti panunotna.

"Agyamanak unay, ading. Dimonto pagbabawyan ti panangsungbatmo kaniak."

Napanganga daydi Nanang. Ngem saanen a nagimmamadi ta isu kano met ti idurduron ti riknana.

Isu a daydi pakpakawan, berde, Enos Apok, nagbunga iti siam, ket siak ti simmaruno iti daydi Manong Peping nga inauna. Nagsasaruno daydi Fernandita, daydi Milagrosa, ni Herman, daydi Atanacia, da Violeta, Sadiri, ken Jose, ken daydi Maria a di napardanonan ti pannakaipasngayna. Ken ammom kadi? Siak ti pinagpili dagidi apongmo iti tumeng iti nagan dagiti kakabsatko. Nakabasbasolak kadakuada ta apay kano a kasdiay ti impanaganko kadakuada.

Ken daydiay pay ti nangadawak iti paulo daydi maysa a nobelak, daydi *Pakpakawan, Berde!*

NAPALPALABSAK SA TI maipanggep iti daydi manongko a Peping, Enos Apok, ti inaunami? Diak nariingan daydi Manong Peping. Idi addan nakemko, nagungar laeng kadagiti adu a panages-estoria dagidi apongmo iti tumeng kenkuana. Inkuyogda kano iti Dakkel a Balay. Wen, awan pay ti lagipko idi. Ngem estoriaek met ti malagipko nga imbati daydi Nanang maipanggep iti daydi Manong Peping, ta ad-adda nga isu ti nagestoria, a panglagipko metten iti diak pannakakita kenkuana.

"Inkuyogmi ditoy Dakkel a Balay," kinuna daydi Nanang. "Natarabit daydi manongmo, nakkong. Adu dagiti mapampanunotna nga iti lima a tawenna, dimi ipagarup a magaw-atnan, ta kasla la agsarsarita a nataengan," kinunana. "Ken naguapo."

"Naguguapo ngem siak?"

"Wen... ngem naguapoka met, a... dakkel la ti ulom... hi-hi!"

Ken naaremen iti daydi nga edadna.

"Adda balasitang nga immay... siuman ni angkelmo a Marcos. Napintas. Emmang ti naganna. Ammom kadi ti imbagana? 'Manang Emmang, urayennak ta inton dumakkelak, asawaenkanto,' kinunana!"

No kano di sumro ti rikriknaenna, a nangrugi idi addakami pay idiay sirok ti pakak, nakaparparagsit a kunam la no di ababa ti biagna. Nakarimrimat kano dagiti matana, a kasla di mabannog a kunam no bukbukodna ti masakbayan. Adda la kano nga umipus-ipos iti daydi Tatang, wenno iti daydi Nanang. Saan a maib-ibusan iti saludsod.

Ngem dimteng ti panawen a nagdandanagan daydi Tatang ken daydi Nanang.

Pagammuan ta nariinganda a marigatan nga umanges.

Nupay kasdi ti kasasaad daydi manong, saan a napukaw ti kinatarabitna. Kasla dina marikrikna ti an-anayenna.

Dida naipakita iti doktor ta malaksid iti kaadayo ti dispensario, ken no adda man nalaing a doktor, awan ti pagbayadda.

Pinadas daydi Tatang a tinakutako. Pinadasna amin a tapaltapal nga ammona. Inusarna amin a pamendision a nabasbasana iti bassit a librito. Ngem awan nagnaan dagidi miniminina.

No adda koma pinagpaagas dagidi apongmo iti tumeng, nalabit a di koma nasapa a pimmusay ket nakatulong la ketdi kaniak a nangkita kadagiti kakabsatmi.

Naamiris daydi Tatang ti rigat ti awan adalna. Ken awan sanikuana. No marigrigatka, awatem lattan ti ipaay ti langit.

Adda kano dagidi panawen a damdamagenna iti Namarsua no apay a kasdi ti kasasaadda. Ad-addan idi napukawda daydi manong.

Ti nasakit unay kadagiti dadakkelko, awan ti nakadar-ay idi pimmusay daydi Manong Peping. Kas kadagidi Anti Tacing ken Anti Immiang ta dida napanawan ti trabahoda idiay Manila.

Naladaw pay ketdin idi maammuanda ta dida kano naawat a dagus ti telegramada.

Saan met a nakaumay amin dagiti kakabsat daydi Tatang idiay Panayogan gapu iti kaawan ti sisasagana a dutdotenda.

Aduda a di nakaumay; impeksada laengen ti sakit ti nakemda idi agkikitada manen.

In-inut met la a nailiwlliwag daydi Tatang ti pannakapukaw daydi manong gapu kadagiti maidawdaw-as a kakabsatna, kas iti daydi Angkel Poling nga aggapu iti Panay-ogan, ken daydi Angkel Kanor nga aggapu iti Lapting idiay Lapog. Ken ti pannakaipasngay daydi Fernandita wenno Edy, nga adiek.

Idi kuan, masansanen nga umay dagidi Angkel Poling ken Angkel Kanor. Magustuanda ti mapan agpana idiay Bantay Buneng, iti asideg ti Pagsanaan a taptapliakan dagiti allon iti laud a pingir ti Lapog. Kaduada daydi Tatang. Nakalamlames kano idi ti Bantay Buneng; diak la ammo itan no kasano. Arigda la kano ti mapan umadaw iti kabiitda a makaala iti kurang la mapunno ti saggaysada a dakkel nga alat. Dadakkel kano ti mapampanaanda idi. Agpempennekak kano, piliek dagiti kadadakkelan a baraangan wenno malaga, wenno udang a kakasla gurong, wenno rasa a kakasla bakka, wenno dadakkel a kurita. Pagpiliennak daydi Tatang iti kayatko a sidaen. Ti pagpilliak ti ilakoda. Saan la nga ikan, pati manok, no agpartida, ti dalem wenno ti pitso ti ipasidada kaniak. Nalabit a gapu ta awanen daydi Manong Peping, inbukbokda amin kaniak ti pammateg a bingayna koma.

Ay, wen gayam. Adda idi magusgustuak a pusak a nangisit, malagipko manen. Nakunakon, agingga a kabaelak, inayonko amin dagiti lagip nga umassibay, a pammaneknek a kalpasan ti agarup walo a dekada malagipko pay la dagidiay babassit a banag. Agaasem?

Wen, kinakaasiak unay daydi a pusak. Nalabit a madlaw idin ti kinamanangngaasik iti dinguen. Kasta unay ti panangam-amloyko kenkuana. Adda la a palagudlagod, uray sadino ti papanak. No maturogak idi, agidda iti tianko ket magustuak la unay ti anem-emna ken ti rarek nga angesna, nga iti panagdengngegko kasla musika a mangduayya kaniak ket madamdama, iturayannakon ti ridep. Magustuak unay ta adda pagsalingdak no agturayen ti sipnget no kasdiay nga iddepen daydi Tatang ti pagsaingan. Im-impek la ngamin nga dakkel a higante a manggammat kaniak no kasdiay a kumumoten ti sipnget. Nangruna ket adda idi dadakkel a kurarapnit nga agapon iti nalawa a sallabawan ti dakkel a balay. Sa no agangin, uray no bassit laeng, kasla uni ti mangmangkik ti saniwsiw ti angin a sumiplag iti taleb, ken iti nakalawlawa a sallabawan. Uray no agkumotak, mangngegko latta amin dagita ket agkukotak nga agkumot ket no dadduma, rumuk-at ti pusa ta malabsak a kepkepan. Iturturedko ti pudot uray no agkalimduosanakon.

Ngem no mariknak nga umasideg ni Pusing... Pusing ti awagko iti pusak, ket umayen agkurinikon iti buksitko, maalay-ayanen ti butengko ket in-inuten a makaturogak.

Uray iti baba, iti daga, adda la a sumurutsurot.

Iti naminsan a panagbalbalsig daydi Tatang iti pagtungomi, nairana nga adda nakita ni Pusing a billit iti likudan daydi Tatang. Kamatenna koma ngem isu met nga inlayat daydi Tatang ti wasay ket apagpagisu la unay a lumabas daydi Pusing.

Nagkidemak a napaikkis idi mangngegko ti namedmedan a purngaw daydi Pusing ket idi agmulagak nakitak nga agkurkuripaspasen, iti asideg ti bubon, naukap ti ulona ken maiwarwarasiwisen ti darana.

Idi nagsardeng nga agpurngaw nagsardeng metten nga agkuripaspas.

Napalalo a sakit ti nakemko ket nabayag a diak nailiwliwag; nabayag a diak nakaturturog ket kasla limmanlan ti panagtatayab dagiti panniki iti bubong ti higante a balay.

NAGLABAS PAY TI aldaw. Naammuak, Enos Apok, adda kanon sukat daydi manong. Isu daydi Edy wenno Fernandita. Ket nupay kunak nga unas ken natnateng ti nagbibiagan dagiti taga-Caparinasan, saan daydi Tatang. Saan a panagtalon ti portena; patiek a gapu iti kaawan ti nariinganna a talonen wenno bangkagen, uray sangakuko la koma. Kunak ngarud a ti la adda a nangalkalapkapanna iti pagbiagmi, a pakaibilangan ti panagmarona iti baka wenno nuang.

Pagarigan ti panagukis iti kayo ti kamantiris, damortis, kuna dagiti daddduma. Diak malagip no kasano a nangrugi, ngem malagipko nga iti maysa nga aldaw, pagammuan lattan ta simmangpet dagidi Angkel Kanor ken Poling. Adda kano awatda a trabaho, nga isu ngarud ti panagukis. Nakisimsimet met daydi Angkel Akkos Bayugaw. Malagipmo ti bayugaw nga anak daydi Lelang Biring?

Wen, nakisimsimet met. Kalpasan ti ipapatay ti inana.

Ngem gapu ta kasinsin daydi Nanang, inawat da Tatang. Bareng agtalna, kunada.

Inaramidda ti sirok ti balay a nagipempenan iti ukis ti kamantiris.

Pagkorti kano iti lalat ti ukis ti kamantiris.

Nabagas ti katkatawa ti bunggoy daydi Tatang. Uray sangkabassit la a trabaho, uray no dida ammo no kasano nga agpaut ti trabahoda, ubingak iti tawenko a lima ngem maamirisko ita ti ragsakda. Uray nanumo ti trabaho umanayen a mangparagsak kadagiti marigrigat. Inton malpas dayta a trabaho, anianto manen? No maibusen dagiti kamantiris nga ukukisenda, amangan no magangonto metten amin a kamantiris ket awanton ti pangalaan dagiti babbalasang iti pagpasabengda.

Sadinonto manen ti pagsapulanda iti trabahoda?

Kadakuada, panunotendanton dayta no maiwakasda ti adda. Ti napateg, isu ti agdama; adda la pangalaanda iti panilpoda iti anges ti kaamaanda, umanayen a mangted iti ray-awda.

Iti kasta a panagtaray ti biag da Tatang idi, pampanunotek ita a no siak ti nagsaad iti saadda, diak ammo no makaangesak pay.

Ngem uray siak, naragsakak met idi, a nagmitirmitir kada Tatang. No ibaga daydi Tatang a mapanko kitaen no nakaluton daydi Nanang, agtartarayak metten nga agtungpal, nga adda pay lallallayko.

Iti naminsan a panangibaon kaniak daydi Tatang, kas iti sigud, nagtartarayak manen a nagtungpal. Nagparti ngamin daydi Nanang iti maysa a kawitan ket nakaim-imas ti kutikot ti sayamusomna iti agongko. Mariknak la unay ti bisinko idin.

Saankon a sinurot ti yan ti agdan. Nanglintegak iti naipasanggir nga agdan iti nasigpisigpit a naukap a bulo nga abulog a kumamang iti bangsal.

Inungtannak daydi Tatang, a saanak nga umul-uli iti daydi nga agdan amangan no matnagak. Ngem natangken ti ulok.

Adda nakitak a naparpar a murdong ti abulog iti lumsotak. Diak ammo nga adda agur-uray kaniak a disgrasia. Iti panagdardarasko, idi yaskawko ti sakak iti giwang ti abulog, nagkabsiw ti layawko ket apagisu la ket unayen ti kanigid a paset ti pus-ongko a sinudak ti bulo.

Rinugiannak nga ungtan daydi Tatang ngem idi makitana ti napasamak kaniak, naarakattot a nagpatulong kadagiti kaduana.

Inyad-addak ti nagrungaab, ket ad-adda met ti pannakaarakattotda a nagsapul iti mabalinda a pangpasardeng iti dara. Agtigtigerger daydi Tatang iti danagna, a maamirisko ita, a gapu iti danagna a mapukawnak manen a kas iti daydi Manong Peping.

Daydi bisinko iti lauya a manok naalay-ayan ngem idi inted kaniak daydi Nanang ti dalem, saankon nga inginggina ti sakit.

Diak nataw-an ti piglat iti kanigid a paset ti pus-ongko. No agdigosak ket makitak maipalagip ti tangken ti ulok.

Iti panaglabas ti aldaw, idi dumakdakkelen daydi Edy, agdua a tawenna ngata idin, masansanen nga ibatinakami daydi Nanang no mapan agapurot iti ania man a nateng a dengdengenna no kasdiay a di makapan agpana daydi Tatang. Masansan nga awan daydi Tatang ta makumikom nga agsapul iti iduolna kadakami.

Iti maysa nga aldaw, pinanawannakami daydi Nanang. Imbagana a dikami umul-ulog ta amangan kano no adda lumabas nga agkumaw ket alaendakami. Inliktadna ti agdan tapno saankami a makaulog. Agyankami kano latta iti salas.

Diak ammo no kasano ti kabayagna ngem nangrugi a matektekanak. Nangruna idi nadlawko dagiti agtatayab a paniki, nga agsiplasiplag iti bobeda. Ad-addan idi rugian daydi Edy ti agsangit.

Diak ammo a pasardengen. Pukkawak a pukkaw, ngem awan mangngegko a sungbat daydi Nanang. Diak ammo no kasano ti kaadayo ti napananna ket dinak ketdi mangngeg.

Napankami iti bangsal. Bayat ti panagpukpukkawko, diak nasiputan ti yaasideg daydi Edy nga agsangsangit, iti igid ti bangsal a pagsadagan ti agdan no saan a nakaliktad.

Diak nasiputan, pagammuan lattan ta nangngegko a nanabtuog iti daga.

Natarantaak. Iti ubing a panunotko, ginuyodko ti singdan ti agdan. Nagdardarasak nga immulog apaman a naglipak ti agdan iti bangsal.

Sinakroyko daydi Edy. Nadlawko ti panangkamkamatna iti angesna, nakanganga a nagbaliktad dagiti matana a naiturong iti ngato.

Diak ammo ti kabayagna a kasta bayat ti panangililililik, ken panangaw-awagko iti naganna. Panunotem laengen ti danagko idi!

Nabayag sakbay a nagsubli ti angesna. Ngem narigatko a mangngeg ti sangitna.

Simmangpet daydi Nanang.

"Apay nga addakayo ditoy baba?" masmasdaaw daydi Nanang. "Imbagak a dikay umul-ulog."

Diak naperreng.

Gapu ta nagbutengak amangan no bauten wenno ungtannak, Enos Apok, diak imbagbaga ti napasamak daydi Edy.

Agsansaning-i daydi Edy nga immarak iti daydi Nanang, a nangpasuso a dagus.

Daydin ti nanipudan ti panagduguldugol daydi Edy. Ti la adda a nagtubtubuan ti dugolna.

Awan a pulos ti nangibagbagaak iti daydi a napasamak. Maysa, awan metten iti laglagipko idi agangay.

Impakitada iti adu a baglan idi di kimna ti adu a minimini ken takutako daydi Tatang.

Adda dagidi nataengan ken baglan a nangibaga kadakuada a saankami nga agkapudosan, wenno ania payen a gapu ket masapul nga agaddayokami pay laeng. Inikkandak pay iti naganko iti sirok ti latok. Ayong, pakayababaan ti Hilario a nagan ti kasinsin daydi Nanang.

Masapul a mapanda paagasan daydi Edy idiay Cabugao; bareng no adda nalalaing a baglan sadiay.

Imbaga da Tatang a didak maisurot.

Nagsangitak. Diak kayat ti mabati iti Dakkel a Balay!

Ngem innak kano agyan kada Lelong Iroy ken Lelang Andiang idiay Surong wenno Baybayabas.

Diak pay ida idi nakitkita.

Diak idi kayat ti aglugan iti parakitda, uray kasta unay ti panangayayo kaniak daydi Lelang Andiang.

Diak nakapanaw a diak inagkan ti dakulap daydi Edy. Ken ti mugingna.

Naliday dagidi matana a nangisursurot iti panagkitana kaniak.

A kasla ketdin maudi a panagkitami...

Uray no ania ken sadino ti yan dayta a Bantay Baybayabas, awan bibiangko idi!

Maika-3 A Paset

—◆•••••••••••••••••••••••••••••••••••••◆—

Bantay Baybayabas – 1

AGPARANG TI BANTAY Baybayabas iti mugingko no sumangoak iti tawa ket makitak ti tuktok ti bantay iti adayo a laud a kasla nakaas-asideg a mangrugrugma iti siudad ti West Valley idinto a ti ili ti Magna ti adda iti dapanna. No ti bantay ti Magna iti laud ket langana ti kasla higante a mangrugrugma iti adu a pasdek iti dapanna iti daya, ken adu a kalsada nga agkikinnuros ken silsilaw a nakatangtangsit nga agmiminnulagat iti rabii ti spring ken *summer,* ken kagayan ti nabengbeng nga isno iti *winter,* idiay Bantay Baybayabas agdidinnaeg dagiti nakaberberde a kakaywan kadagiti arigna agdaldalluyon a bambantay iti aglawlaw iti man kalgaw wenno panawen ti matutudo, ken saan nga agpulsot daydiay Burayok Kimmandela iti daya a puon ti Karayan Parsua. Pumerperlas no agkan ti naraniag nga init iti agsapa. Wen, nagdakkel ti pakaidumaan ti Bantay Baybayabas iti Bantay Magna. Kaniak, adda iti Baybayabas ti napalabas a Paraiso idinto nga adda iti Bantay Magna ti agur-uray a masakbayan; wenno panungpalan?

Masakbayan?

Kasano ngata itan ti Baybayabas kalpasan ti walo a dekada? Kalbo ngatan wenno nalangto pay laeng nga agkubkubbo iti daya nga ungto ti Magsingal? Asino ngatan ti simmublat a nagdappat; wenno nagumokan ngatan dagiti baro nga armada ti tattao nga aglemlemmeng iti bambantay, a kangrunaan a kabusor ti gobierno? Idiay matan-awan a surong, adda ngata pay daydi Burayok Kimmandela a naibaled iti bakrang ti kadakkelan a bantay iti daya? Ania ngata ti napasamak iti

Pangasaan Elementary School ta saan a nairaman kadagiti pagadalan iti Magsingal a nailista iti *website?*

Damok ti agpasurong, Enos Apok, idi immaydak sinukon idiay Caparinasan dagidi Lelong Iroy ken Lelang Andiangmo iti dapan. Mapampanunotko ita no asino wenno kasano a naammuanda ti panggep dagidi lelong ken lelangmo iti tumeng nga ipanda paagasan daydi adingko nga Edy idiay Cabugao. Nagadayo ti Baybayabas iti Caparinasan. Awan pay idi—manon a dekada ti kunak a napalabas--dagiti gadyet ita nga apagbiit la ti makisarita no adda kayatmo nga ipadamag. No adda kasapulam unay idi, magmagnaka iti nakaad-adayo iti no mano nga oras tapno idanonmo ti panggepmo, sakanto met la agalabuelta uray no dika pay nakapagin-inana no ar-arigen gapu ta kamkamatem ti orasmo.

Kasla nabuttuonan ti barukongko iti nadagsen a bato iti daydi panagluganko iti parakit iti damo a pannakaipusingko kadagidi lelong ken lelangmo iti tumeng, ken daydi adingko nga Edy. Kasla nasarait ti ngiwat dagidi lelongmo iti dapan nga Iroy ken lelangmo iti dapan nga Andiang. Didak pay nagtimtimkan manipud idi abogen daydi Lelong Iroy ti nuang a mangguyguyod iti kasla nakadagdagsen nga antas ti pilid ti parakit. Didak pulos inan-andingay. Kasla adda nakadagdagsen a krus a yababagada nga ad-adda a nangpadpadagsen iti paglugluganmi. Ti man panagriknak idi, ket nakadagdagsen dagidi kukod daydi nuang a situtudio nga agtungpal iti kayat ti mangririenda kenkuana, a mariknana tunggal kutingtingen daydi Lelong Iroy ti talina a naikamang iti pasungona.

Kasla saan nga agngudo ti kinawayanan a nayalad iti lipit a simiasi nga agpaabagatan. Naammuak idi agangay, a dayta a lipit, a timmurod, a no di koma nabalembenan iti kawayan iti bakrangna iti laud mapagbiddutan a dakkel a tambak. Kasta met nga iti sumipnget, adu ti aguuyaoy a sumasapaw nga uleg a pumulpulipol kadagiti burrarawit a nagruyag iti lipit. Diak pay idi ammo a daydin ti rugi ti panangdaliasatko iti atiddog a dana ti biagko.

Arigna di madeppaan a biag ti nalawa a kataltalonan iti agsumbangir a sikigan ti lipit. Maamirisko ita a no saan koma a naitalimudok ti sakit ti nakemko iti pannakaipusingko kadagidi appom iti tumeng, nadlawko la ketdi dagiti nalangto a nadumaduma a natnateng iti agsumbangir ti lipit, a nasaksiak idi agangay. Ken iti pangadaywen a daya, iti labes daydiay payas a nangisina iti Abbarit iti Cabanayan. Naammuak nga adda aluyuoy, ti aglumuylumoy a panglawaen a lipnok a di maababbatan uray no kalgaw, a nangalun-on iti sangabukel a nuang. Saan a sarsarita daydiay.

Iti nagnguduan ti naibalemben a kinawayanan, adda natayag a tallo rakepan ken uppat a katao ngata a ladrilio a naammuak idi agangay a muhon a tanda ti nagbedngan ti Lapog ken Magsingal.

Sumalog ti lipit iti Limas a panakkelen a waig, sa manen sumang-at iti bangir a kataltalonan, nga iti labesna, dakkel ti karayan nga agpasurong, a naammuak idi agangay a dayta ti Karayan Parsua ti Magsingal. Serserrek ti kalgaw idi ket nakapuraddaw dagiti bato, a kaaduanna ti nalinis ken naingpis. Nabatad ti ugad ti karison.

Makaalino ti ngaretnget dagiti bisil a rim-iten ti landok nga antas ti pilid. Inalep-ep dagitoy ti saem ti pannakaipusingko kadagidi dadakkelko ta nagbalin a kasla musika iti lapayagko.

Inusokmi ti dakkel a rangtay ti kamino real nga agpaamianan iti Lapog ken agpaabagatan iti Magsingal. Iti amianan a bakrang ti bantay ti nagbedngan ti dua nga ili.

Uray dagiti pinuon ti kandaruma a sangaan iti babassit, pinagsiddaawdak kadagiti adu a siitda.

Inwalin daydi Lelang Andiang ti nagruyag a sanga ti kandaruma, a dinanggayan ti panamagannadna kaniak. Nasaem kano ti garumiad dagiti nadadawis a siit, ket naut-ut-ot pay ti marud-akda. Yar-arigko man ida ita, Enos Apok, iti adu a pannubok ti biag.

"Agsursurokan a sumang-at iti bantay," sininga daydi Lelong Iroy ti pannakaisagud ti imatangko iti aglawlaw. "Nangato daydiay Baybayabas. Pumigsakanto a kasla ken ni Erwin."

Nariing ti panakailak kadagiti pinanawak idiay Caparinasan; iti daydi adingko nga Edy.

Diak la ketdi kayat ti agyan iti kabambantayan! Agsubliakto kada Tatang, nagumok iti unegko.

Nariknak ti sippit ti init kadagiti takiagko; kasla saan a maup-upal ti nuang a mangguyguyod iti parakit, a no dadduma agwang-it a pangbugawna kadagidi legleg iti lapayagna.Tumaytayag ti bantay iti makanawanmi ken iti adayo a masanguananmi. Natingra a berde ti marisda. Adda puraw a sinan kandela iti adayo a daya—isu 'tay kunak a burayok nga aw-awaganda iti Kimmandela. Nakatingtingra dagitoy a ladawan iti mugingko—dakkel ti pakainaiganda iti biag 'toy lelongmo...

Iti sakaanan ti bantay a kasla tumukno iti langit ti nangisardengan daydi lelong iti parakit, iti linged dagiti nabulong a kayo, iti sagpat ti karayan. Kasla awan makitak a daga iti bakras ti bantay ta naaplagan iti nabengbeng a kumkumpitis.

Inalsaan daydi lelong daydi Sikkubeng. Inarpawanna ti parakit iti kinerker a pan-aw idi makadissaagkami.

Binitbit daydi lelang ti silag a bay-on a naglaon iti diak ammo. Impabitbitna kaniak ti bassit a tampipi a nagyanan ti lupotko.

Iti daya a paset ti bantay ti nangipasang-atan daydi lelong iti nuang ta naursa ti sang-atanmi iti daydi lelang. Naimula iti panunotko ti kinuna daydi lelong sakbay a nagsisinakami: *agsursurokan a sumang-at iti bantay!*

Sinarunok daydi Lelang Andiang. Tinangadko manen ti bantay; kasla umis-isem ti asul a langit nga adda naipattupattok a naimansa nga ulep. Kasano a malagipmo, kunam? No sika ti siak, kasano a malipatam dayta naidumduma a buya?

Denggem pay, Enos Apok...

Nagsardengkami idi makaaddangkami iti pasarna a sangapulo ket intudo daydi lelang ti kumkumpitis a kinalatkatan ti lanut. Makaay-ayo ti burboran a nakusnaw a nalabaga a bunga ti lanut ket kasla aw-awisennak a mangsagid.

"Dimo sagsagiden dayta," imbilin daydi lelang idi gay-atek a sagiden. "Sabawil dayta. Agbaliktad ti kudilmo iti budo no maregregannaka ti burborna."

Nadlawko dagiti akikid a lungog nga arigna naigurit iti di unay adayo iti agsumbangir ti desdes a sangsang-atenmi. Kasda man la kimbet nga urat. Naammuak idi agangay a kimmarayan ti awagda. Pagay-ayusan ti danum nga aggapu iti patad a tuktok ti bantay—masirsirmatak a no addaka iti tangatang ket sirigem dagita, arigda nalibeg nga agus. Kumamang ti kimmarayan iti Karayan Parsua no agnepnep.

Dumagdagsen dagiti sakak a nangsaruno iti daydi lelang. Tumremen ti ling-etko. Umassidegen ti panagangesko.

Kasla di pay nabannog daydi Lelang.

"Partakam... Agur-uray ni Erwin," kinunana.

Natangadko ti maysa nga ubing a nagtakder iti muging ti bantay a sangsang-atenmi. Nagdeppa a kasla bassit a Kristo a naisakab iti asul a langit.

"Sika ni Manong Ayong?" impukkawna, a nagparang ti rukapina idi umisem. Kasta ti awagda kaniak idi, naganko iti... ngarab ti tayab, kunak, saan a sirok ti latok! Impanaganda ti awag daydi maysa nga adayo a kabagianmi idiay Kinwang, a Hilario wenno Ayong.

"Sika ni Erwin?" nalagipko ti kinuna daydi lelang. Impababa nga impangatok. Panakkelen dagiti matana ngem langana ti nabagbagi ngem siak. Dakkel ti rukapi a panungadna.

Inarakupnak iti nairut. Naawatak idi agangay ti nalaus nga iliwna a makakita iti padana nga ubing. No pampanunotek ita, kasano a nagbiag nga awan ti kaduana nga ubing?

Idi abayek iti pagtaktakderanna, natan-awak ti nakaberberde a patad iti amianan, nga insina ti karayan. Iti likud ti lagipko ita, kaarngi ti kuko dagiti kinelleng sadiay ket iti puseg dayta a patad adda tallo a kasla tuldek nga agsuksukog a kalapaw. Iti pangadaywen a bantay iti daya, adda naipattupattok a kasla buttaw a nagumaan ken binuboga dagiti nagdappat ket sa la bumerde no agdawan dagiti pagay-uma. No met matutudo, kasla perlas dagiti tinukel ti arbis wenno bayakabak a mangdigos kadagiti nalangto a hardin ti Namarsua. Iti imahinasionko ita, kasla makitkitak ti akaba a kambas iti sirok ti asul a langit... Ti kambas a nakaigameran ti adu a maris ti biag 'toy lelongmo.

Nakaangesak iti nalukay idi makadanonkami iti nalawa a patad a tuktok ti Bantay Baybayabas. Iti daya, napanayag a bangkag. Iti masanguananmi, tinangadko ti dakkel a sangapuon a katuday nga agsabsabong iti puraw. Iti dayaenna, iti puseg ti bangkag, adda pandaka ngem narangpaya a lungboy. Iti bangirna iti laud, agdaldalluyon ti kapanawan iti darang ti agmatuon.

Saanak a mauma a mangiladladawan iti baro a paraiso a nangsarabo iti isasangbayko!

Tarawitwit daydi Insan Erwin. Ti la adda a masasaona bayat ti panagturongmi iti balay iti sidiran ti kabuluan iti abagatan.

Bassit daydi binulo ken pinan-aw a balay da Lelong Iroy ken Lelang Andiang, ken daydi Angkel Aling. Tallo laeng ti bayog a tukadna.

Diak idi ammo nga adda angkelko a kabsat daydi Nanang. Sako la nakita daydi Angkel Aling idi sumangpet iti sardam. Nakatibtibong ti sagawisiwna a simmungad iti kapan-awan iti laud. *Mona Lisa* ti ayug ti sagawisiwna, naammuak idi agangay. Idi pay laeng, nagustuakon ti ayug ti *Mona Lisa.*

Kasla dina nadlaw ti kaaddak. Tinaldiapannak laeng. Nagtarus iti kosina. Nangngegko ti kalandukong ti linukatanna a banga ken tayab; ken ti tanabutobna. Awan timtimek daydi Lelong Iroy ket ti la anit-it ti ruedona a pangtirtiritiranna iti lapnit ti saluyot a taliena, ken ti panagsagudsagod ti angkitna. Daydi lelang, naulimek nga agur-urnos iti sagumbi, ngem idi matimudna daydi Angkel Aling, naar-arakattot a nangsarapa iti bakrangna iti panagpakosinana. Natimudko ti nadagsen a timek daydi Angkel Aling; awan nangngegko iti daydi Lelang Andiang.

Kadagidi a panawen, Enos Apok, diak ammo ti kaipapanan ti kasdi a tignay daydi lelang. Naammuak idi agangay a kasla saan nga ina ti pangibilbilangan daydi Angkel Aling. Pagsasawanna no makarugi.

Iti panaglabas ti aldaw, napaliiwko a mabilbilang dagiti balikas iti nagbabaetan dagidi lelong ken lelang, ken daydi Angkel Aling. Makalmes ti ulimekda. No awan daydi Insan Erwin, awan ket ngata ti mangngegko nga agsasarita, ket makapleng la unay ti ulimek. Ti marikna idi, kasla adadda a bumengbeng ti sipnget, aglalo no iddepenen daydi Lelong Iroy ti kingki no nauman wenno nabannog a mangpuspusipos iti ruedo a pagtirtiritiranna iti lapnit wenno ukis ti kayo ti saluyot nga impagangona. Aramidenna a tali. No kasano ti butengko idi addaak idiay dakkel a balay daydi Tata Poro idiay Caparinasan, ad-addan iti Baybayabas, nangruna no sumiplag ti nadagaang nga angin iti sardam. Kunak la no adda dakkel a di makitkita a mangsallukob iti bassit a binulo ken pinan-aw a balay a yanmi. Uray nadagaang, idekketko ti bagik iti daydi Insan Erwin, ken ibagak a dina isardeng ti agsaosao.

Ngem agunget met daydi Lelong Iroy.

"Agpakaturogka, Awweng!" yangsab daydi lelong ti angkitna.

Awweng gayam ti awag daydi lelong no makaunget! Agayek-ek daydi Insan Erwin sa yar-arasaasnan ti manarita iti uray no ania la ditan iti sallukob ti sipnget.

Nabayag a diak nailiwliwag ti iliwko kadagidi Tumengmo, ken daydi adingko nga Edy. No manen, mapanak agtakder iti muging ti bantay a tumannawag iti Karayan Parsua ket bilbilangek dagiti nakisang nga agpasurong a karison. Agluluasitak ket kagurak unay daydi Insan Awweng no kigtotennak. Makadisdisnogenak no kua.

No dadduma, Enos Apok, umuliak iti katuday iti amianan ti balay ket sadiay a wanawanak ti atiddog a karayan. Agingga a dumanon dagiti matak iti puraw a Kimmandela. Isu ti pannakadlawko iti panakkelen a tuldek nga aggilapgilap. Isu daydi ti Pangasaan Elementary School.

Mano a rabii a nagkumkumotak iti supot ti arena nga ulesmi iti daydi Insan Erwin. Mano a rabii a sinasainnekak ti iliwko. Mano nga aldaw, oras, a nagtaktakderak iti nakabaybayag iti amianan a muging ti Bantay Baybayabas, ken immul-uliak iti katuday bayat ti panagur-urayko. Kinunkunak idi, nalipatandakon da Tatang ken Nanang. Ni Edy, komusta ngatan? Sapay koma ta naimbaganen. No sumangpetda, kinunkunak, diakton baybay-an ni Edy. Aywanakton, diakton baybay-an a matnag.

Ngem sadino ti pakatnaganna? Taltallo ti tukad ti agdan ti balay da Lelong!

Bayat ti panangur-urayko kadagidi dadakkelko, adu a banag ti nasursurok iti Bantay Baybayabas. No agangin iti napigsa, agdalluyon ti kapan-awan ket no kasdiay a lumabas kaniak ti angin, arignak la itayok iti langit, iti yan dagiti bituen iti sardam.

Nasursurok ti agtaraytaray a sumalog kadagiti dasdas nga agturong iti pagsakduanmi a nagbedngan ti Bantay Baybayabas ken Kinwang, a kaasitgan a yan ti bubon a nabatbati nga adda tubbogna iti kalgaw; aglamulamokami pay nga agdigos iti asideg ti ngarabna—uray dagiti lallakay. Adayo ti Kinwang ngem kasla dimi marikrikna ti bannogmi a mapan agsakdo. Pasagad ti yan ti dua a burnay a guyoden ti nuang a sakayan daydi Insan Erwin, a sumang-at-a-sumalog agingga a pababaenmi ti lungog a kumamang iti Kinwang.

Adda met ketdi bubon iti arsadanan ti kabuluan iti abagatan ti balay da lelong Iroy ngem kanayon nga awan ti tubbogna. Naimbag ketdi ta nagaget latta nga agbunga ti bayabas iti abay ti ngarabna ket adu ti maregregreg a bungana, a dimi makmakan ta duduakami met iti daydi Insan Erwin—dimi pay ketdi pagan-ano a taliawen ket sami la pagtatakkonan ti agkurab no sumrokami.

No dadduma, no awan ti maaramidmi, agpukkawkami ken daydi Insan Erwin. Agpinnapigsakami iti pukkaw. Idiay ti nakaadalak a no agpukkawka, kasla adda timek a sumungbat, nga agkalkallatik kadagiti kakaywan ken kabuluan a turturod. Magusgustuak idi a dengdenggen ti arigna musika a kallatik ti pukkawko.

Sadino ngata ti pakadanonan ti kallatik ti timek? Kas ubing, salsaludsodek idi no asino daydiay sumungsungbat.

Iti maysa a Sabado, irubrubuat daydi Lelang Andiang dagiti pinurosna a bunga ken bagas ti ubi nga inayonna iti imarona idiay tiendaan ti Magsingal. Daydiay paglakuanna ti igatangna iti kasapigo, gas, asin, bugguong, ken sabon. Ammom, masmasdaawak idi ta naidumduma ti ubi. Agbunga la ngaruden, agbagas pay. No dadduma, lingtaen daydi lelang, wenno idengdengna. Dimi unay kaykayat idi. Ngem nangina ditoy West Valley, idiay Kim Long ken idiay Kim Hyang a paggatgataganmi iti taraon ti Ilokano. Agdengdengdeng kadi pay ni Daddym? Wen, adu ti magatang idiay a taraon dagiti nangisit ti sikona. Adu pay dagiti taga-Park City nga umar-arog nga aggatgatang ket nagadayoda.

Ngem agurayka, Enos Apok... Ituloyko iti daydi yuudong daydi lelang.

Kinalbitnak daydi Insan Erwin. "Inta sumurot, kayatmo?" kinunana. "Diak pay nakita ti tiendaan."

"Ay, hangkay nga um-umay!" insippaw daydi lelang a nakatimud. "Adu ti kumaw nga agala 'ti ubbing!"

"Ania ti kumaw, 'Lang?" inunton daydi kasinsin.

"Dagitay nakakabalio. Agpidutda iti ubbing. Pellasenda ti itlogda. Alaenda ti darada nga igamayda iti aramidenda a rangay... 'Nia, kayatyot' mapellas?"

Ngem idi mailinged daydi lelang, kinalbitnak daydi Insan Erwin.

"Inta sumurot!"

Diak kayat ti mabati a maymaysa.

Dimi inas-asitgan daydi lelang. Dikami nagpadpadlaw. Idi kuan, simrek iti linged dagiti kandaroma. Indissona ti sinusuonna a labba a yan dagiti imarona. Naglingedkami nga agkasinsin. Nakangngegkami iti natukkol a ruting. Ulimek.

Kunami no awanen daydi lelang. Ngem idi rummuarkami, isu met a rummuar. Kasta unay ti ungetna a nakakita kadakami.

"Natangken ti uloyo!" kinunana. "No pidotendakayo dagiti kumaw, agaluadkayo... Didak ad-adaywan..."

Dayawek ti anus dagidi puontayo. Dida iginggina ti bannogda, wenno kasla awan ti babannoganda. Ditoy, awan pay sangagpa ti kaadayo ti papanan no ar-arigen, konso kotse ti tao. Kasla awan sakada a magna.

DIMTENG MET LAENG ti tinagtagiurayko. No kasano ti ragsakko a nakakita kadagiti dadakkelko, kasta met ti sakit ti nakemko iti kaawan daydi adingko nga Edy.

"Awanen ni adingmo, nakkong," makalulua daydi Nanang a nangarakup kaniak.

Awanen. Diak idi naawatan a dagus.

Adu a baglan ti nangipakitaanda. Ngem awan kano ti kaimaanna. Di kano naagasan ti sakitna.

Ket nagladingitak iti naammuak.

Ngem diak imbaga ti napasamakmi idi duduakami idiay Dakkel a Balay—nagtalnaed a palimed agingga ita!

Idi kuan, Enos Apok, sinikog daydi Nanang daydi Milagring. Napagnamingan dagidi dadakkelko a mapan sukonen daydi Tatang daydi Lelang Simona a mangpaltot iti daydi Nanang. diak napanunot no kasano, ngem no pampanunotek ita ti nawatiwat a nagbaetan ti Surong ken Baba, nangruna ti Panay-ogan a maysa a bario ti Cabugao, anian a tuok daydi Tatang. Matandaanak a kinarison daydi Tatang daydi Lelang Simona.

Arinunos ngata idin ti 1950 idi maipasngay daydi Milagring.

Naragsakanak ta adda manen adingko.

Isu met a simmangpet ti dua a napipintas a babbalasang. Nabusnag ti kudilda, kas met la iti daydi Nanang. Saan a kas iti daydi Tatang a natingra a kayumanggi ti kudilna ta tinina ti apgad ti baybay. Kunak idi agangay, ket kunak manen, immala iti daydi Lelong Undo, a kasla adda darana nga Aeta nupay awan kano met. Saan nga immala iti daydi Lelang Simona nga adda darana a Kastila; isu ti immalaak a turikan ti rupana.

Ngem mapanta kadagiti sangsangpet. Ikitko gayam dagidi dua a nalibnos a babbalasang; daydi Anti Tacing, ken daydi Anti Immiang wenno Luming.

Naggapuda idiay Manila a pangpanggedanda a katulongan dagidi de la Costa.

Naragsakda a nakakita iti daydi Milagring.

'Simmantamaria!' kinunkunada. Ngem nalidayanda a nakalagip iti daydi Edy ken daydi Manong Peping nga agpada a dida nakita a pimmusay.

Naanusda iti daydi Lelang Andiang. Bayat ti ababa a panawen a kaaddada iti Baybaybas, no mabalin dida pagkuditen daydi Lelang. Nabayag bassit a diak nakita nga inusar daydi Lelang Andiang ti anguyob a pangparangrang iti apuy iti dalikan. Kasta met a nagsardeng ti tanupek iti langdet no kasdiay nga adda pisien wenno iwaenna a dengdengen wenno lingtaen nga ubi.

Gapu iti kaadda ti panawen daydi Lelang Andiang, iti panagbakasion dagidi dua nga ikitko, naikkankami iti daydi Insan Erwin iti gundaway a nagdamdamag iti napalabasda iti daydi Lelong Iroy.

'Naipasngayak idi arinunos ti mil otso sientos noventa y dos iti pamilia Castillo ken Retuta, idiay Abbarit, idiay Lapog,' kasko pay la mangmangngeg ti natinggaw ken napino a timek daydi lelang; mainumo unay iti kabassitna a baket. Naipigket dagiti natinggaw a mata daydi lelang iti pinan-aw a sallabawan. 'Agpada dagidi tumtumengyo nga adda darada a Kastila..."

'Ni lelongyo nga Iroy, naipasngay idi arinunos ti mil otso sientos sesenta y otso idiay Magsingal kadagiti pamilia nga Urmeneta ken Garcia. Kas kaniak, adda met darana a Kastila.

'No kasano ti panagtugmok ti dalanmi, diak koma kayaten a lagipen,' nagtalangkiaw, a kasla penkenna no dumdumngeg daydi lelong. Ngem nakem kano amin dagidi lallakay. Nangruna ket agpapadada a Kastilaloy! No ania ti kayatda, kuidawka no sumupiatka! Awan ngiwat dagiti annakda no maipapan iti panagasawa. Kas man la sakbay a mayanak ti anakda, naitanidan iti kayatda a pakayasawaan.

'Nabayag sakbay a naawatko nga asawanak dayta lelongyo nga Iroy. Laklakaddogan, nasurok a sangapulo a tawen ti nagbaetan ti tawenmi.'

Nagayek-ek daydi Erwin

Impakuros daydi lelang ti tammudona iti bibigna.

'Isu nga awan ti naaramidak idi nadanon ti kallaysami. Kinawesandak dagidi babbaket iti trahe de boda iti baet ti panagsasaibbekko ken di agsardeng a panagbutbutegko.

'Inkarisondak idi inyudongdak a paikasar,' nagrimat dagiti matana a naisarang iti sinamar ti init a simmirip iti agligsay. "Nakatrahe de bodaak. Agsangsangitak. Idi nakadanonkami iti pagsikuan, timmapuakak iti karison. Nagtaraytarayak iti kataltalonan. Uray la nagaygaybang ti trahe de bodak.

'Ngem nakamatandak. Nagkusaykusayak, a, ta diak ngarud kayat dayta a lakay,' kinuna daydi Lelang.

'Ngem awan naaramidak. Ubingak ket arigko ti marabamban. Awan gawayko kadagiti nababaked a takiag dagidi nangtengngel kaniak.

'Daydi Nanangmo a Saming, Erwin, ti inauna nga anakko,' nagsardeng a limmidem ti rupana.

Tinaliawnak sana kinuna: 'Simmaruno ni Nanangmo nga Ispin, Ayong. Sa ni antiyo a Tacing, sa ni angkelyo nga Aling. Buridek ni antiyo nga Immiang.

'Natay daydi Saming a nangyanak kenka, Erwin,' kinuna daydi Lelang. 'Dadakkel idin da manongmo a Boni ken Itok. Kakaasi daydi Nanangmo. Naranggas ni Irid a Tatangyo. Nagkammaulaw daydi Nanangmo. Isu ti puon ti nakatayanna.'

Nadlawko ti ililidem ti rupa ni Erwin.

'Ni angkelyo nga Aling,' nagallingag daydi Lelang. Awan pay ti nangngegko a Mona Lisa a mangipalnaad a sumungsungad daydi

Angkel Aling. 'Napaay iti sabsabongenna a balasang idiay Abbarit... isu a kastana, Appok. Nakaung-unget kaniak. Kabkabilennak pay no agpakaro...'

Naisipko idi: isu ngata ketdi a saan a matimtimek daydi Lelong Iroy. Dina ngata narikna ti panangipateg daydi Lelang Andiang kenkuana?

Nagpaiduma ti dekket dagidi dua nga ikitko, iti daydi Nanang. Nariknada ngata ti pannakapukaw ti tallo a kaanakanda, a dida pulos nakitkita gapu iti kaadayoda.

Ngem diak malipatan agpapan ita ti anus kaniak daydi Anti Immiang. Dinigdigosnak iti daydi sangaburnay a danum a pinasagadmi manipud idiay Kinwang.

Dakkel a kawak idi agsublida idiay Manila, Enos Apok, aglalo ket kasla dida mapnek iti panangarakupda iti daydi Insan Erwin. Kunak no nalipatandak, ngem kasla didakon kayat nga ibbatan idi masublatdak.

"Agsingsingpetka, Ayong, wen?" makalulua daydi Anti Immiang.

"Alaendakanto idiay Manila," innayon daydi Anti Tacing. "Lalaingemto ti agbasa."

Saankamin a nagbayag iti balay da Lelong Iroy apaman a nakaluas dagidi ikitmi.

Ngem simmangbay daydi Milagring nga adda an-anayenna.

Nadagnayan pay iti kaawan ti tubbog ti suso daydi Nanang.

Sa ti kaawan ti igatang daydi Tatang iti gatas.

Adda daan a basbassit a kalapawda iti gayadan ti Bantay Baybayabas iti daya. Sadiay ti nadagdagus nga immakaranmi.

Kuatro por kuatro la ngata ti sekkeg daydi a kalapaw. Adda met nayapiring a dos por tres ngata a kosina iti bakrangna iti abagatan.

Napalawlawan ti kalapaw iti agarup pagattao a pinuon ti kumkumpitis wenno ipil-ipil. Iti babaen ti kalapaw iti amianan a daya, a kimmamang iti desdes nga agturong iti karayan, adda bubon a naglusob iti damili. Nalangto ti lawlaw ti bubon, no di pay inabbatan ti kalgaw ti tubbogna. Iti ngarab ti karayan nga agarup duapulo a metro ti kaadayona, dakkel ti lungboy iti abay ti salugan.

Naikawaak bassit iti panagsinami iti daydi Insan Erwin. Ngem naragsakkami iti sagpaminsan a panagkitami.

Iti naminsan nga isasangpet daydi Tatang a naggapu idiay Baba, wenno Abbarit, nangisangpet iti nangisit nga aso.

Asok kano.

Pinanaganak iti Kaptino Gualdin. Nalaing nga agtaul.

Adda dagiti gundaway nga adda sumarungkar kadakami a tagaBaba—kasta ti awagda kadagiti taga-Abbarit, wenno taga-Cabugao. No dadduma, daydi met Tatang ti bumaba. Mapan idiay Baba wenno umay ditoy Surong.

Iti naminsan a panaggapu daydi Tatang idiay Baba, nangipasurong iti ulandis a bumaro a baka. Rugrugianna manen idi ti agmaro iti ayup.

Manipud iti panagpasurongmi kada Lelong Iroy, diak pay idi nagsubsubli idiay Baba. Isu a tunggal adda maisar-ong idiay Baybayabas, mail-iliw ti tunggal maysa kadagiti nataengan.

Marigatan unay idin daydi Milagring. Iti kaubingko, di nasayaat ti panagdengngegko iti kasla maip-ipit a sangitna.

Awan sabali nga inaramid daydi Tatang no di nagkirog iti bagas nga impaburek ken pinasam-itna iti narumek a palinang wenno tinapay.

Isu ti impakpakunnotda iti daydi Milagring babaen ti pinatimbukel daydi Tatang a nadalus a manta nga insawsawna.

Isu met nga agpakada ti kalgaw ket simrek ti panagtutudo.

Iti daydi a panawen, Enos Apok, napigsa ti dimteng a bagyo. Kurang la marba ti kalapaw iti panangsaplit ti napigsa nga angin ken arigna dumaranudor a bayakabak. Idi addakami iti Dakkel a Balay, diak malagip a nagbagyo iti kasdi a kapigsa; dagiti la payakpak dagidi nagkikinnamat a panniki wenno kurarapnit.

Umanaw-aw daydi Kaptino Gualdin ta kayatna ti gumarot iti nakaigalutanna a sirok, nga arig tumukno iti inakilis a datar.

Nadagnayan pay ti pannakapuyupoy ti pagsilawan.

"Onor... Onor, ni Milagring!" malagipko la unay ti makasangit a timek daydi Nanang iti tengnga ti di maubon ti lagangan a sipnget. Kasta ti awag daydi Nanang iti daydi Tatang.

Maar-arakattot daydi Tatang, a di masnop ti aramidenna.

Diak met ammo no asino wenno sadino ti sumalipengpengak iti nakaro a butengko. Naglabbet ti butengko ken ti asik iti daydi Milagring.

Saan a makagangat daydi Tatang. Uray ti tambubong, puyupoyen ti napigsa nga angin.

Pagammuan ta naganug-og daydi Nanang.

Uray daydi Tatang.

Nagarigenggenak iti immapay iti panunotko.

Awanen ni Milagring?

Nagsapul daydi Tatang iti ules a pinangbalkotna iti daydi Milagring.

Nagsapul iti paglinongmi. Annanga ngata, wenno kapote.

Diak malagipen.

Kinibinnak daydi Nanang.

Kinepkepan daydi Tatang daydi Milagring.

Simmang-atkami iti nagalis a desdes a kumamang iti yan da Lelong Iroy iti baet ti bumanesbes nga angin ken tudo. No manen maikaglisak, ngem nairut ti petpet daydi Nanang iti takiagko.

Nabuak da Lelong Iroy. Agtigtigerger daydi Lelang Andiang a maararakattotda.

Nakaisem daydi Insan Erwin a nakakita kaniak ngem napanganga idi maammuanna ti napasamak.

Impakat daydi Angkel Aling ti nuangna iti pasagad.

Isu ti nagluganan daydi Nanang, a salikepkepna daydi Milagring.

Sinarakusokmi ti umatiberret a tudo ken angin.

Maikaglikagliskami ken daydi Insan Erwin. Makitami la ti dalanmi, ti desdes a sumalog babaen ti sagpaminsan a kimat.

Kabisado daydi Angkel Aling ti dalan uray no nasipnget.

Adayo ti Kinwang a papananmi manipud iti Baybayabas. Labsanmi pay ti sabali a bantay a nagdappatan dagiti Olliero a kaasitgan a kaarrubami iti abagatan. Adu pay a turudturod ti linabsanmi sakbay a nakadanonkami iti Kinwang a yan dagiti kabagianmi a Mercado.

Dakdakkel la bassit ti balay dagiti Mercado ta immun-unada ngem da Lelong iti nagdappatanda ket agarup nakapagsimpadan.

Ngem kellaat a napunno idi simmangpetkami.

Napaneknekak idi bumaybayag a dagiti agkakabagian iti away, nadekdekket ti riknada iti tunggal maysa. Kasla ti sakit ti maysa sakitda a sangapada.

Nagiinnaraikup dagidi babbai; dagiti lallaki nagtitinnapikda. Tunggal maysa adda naem-eman a saibbek. Adda di mailimed a pannakipagrikna.

Iti kabigatanna, nagtitinnulong dagiti lallaki a nagsapul iti aramidenda a lungon. Imbagada iti daydi Tatang a bay-anna idan a mangsango iti nasken a maasikaso. Nagtitinnulong met dagiti babbai a nagisagana iti taraon.

No sadino ti nagalaanda iti insaganada, naamirisko idi agangay a no adda dumteng a di mapakpakadaan, agpusipos ti utek ti tao ket maaramid ken mapondar ti di namnamaen a mapaadda. No adda man di nagkikinnaawatan iti napalabas, maiwaksi no adda pumusay. A kasla itugot ti pimmusay iti tanemna ti dagensen ti rikna ket mabati ti isem kadagiti bibig dagiti napanawan.

Diak ammo no nakaitaneman daydi Milagring. Malagipko a diak met ammo ti nakaitaneman daydi Manong Peping. Daydi Edy, ipapanko lattan nga idiay Cabugao.

Wen, Enos Apok, dagiti kakabsatko...

Kuna dagiti nataengan, adda kano naikari a pagur-urayanda.

Ngem idin adda nakemko, naamirisko, kasano a maawat ti kakasdi a pasamak?

Dagidi la unay Tatang ken Nanang.

Kasano a naawatda ti tallo a nagsasaruno nga annakda a pimmusay? Naikawaak met iti pannakapukaw daydi Manong Peping, daydi Fernandita wenno Edy, sa daydi Milagring. Diak idi naawatan no apay a napasamak ti kakasdi.

Sisiak manen ti nabati!

Nabannogen daytoy lelongmo. Ngem adu pay ti ibatina kenka, a di makanamnama no maibagayto pay iti agdama a lubongyo.

Kayatko koman a putden ti lagipko iti Baybayabas ngem nasakit met ti riknak ta sumaruno ti pannakaipasngay ni lelongmo a Herman, nga ibilangko a kagasatan kadakuada a simmaruno kaniak.

Maika-4 a Paset

Bantay Baybayabas 2—Nagasat nga Ipapasngay: Abril 7, 1952

KALPASAN TI PUMPON daydi Milagring, Enos Apok, nariknak ti dagsen ti barukong dagidiTatang ken Nanang a nagsubli iti Baybayabas manipud idiay Kinwang. Naisibeten ti bagyo ngem nangibati iti dakkel a parikut kadagiti agindeg iti Kinwang ken iti Bantay Baybayabas.

Dimin nasangpetan daydi Kaptino Gualdin ngem natingra pay laeng iti lagipko agpapan ita. Daydi la singdanna ti nabati. Impapan daydi Tatang nga adda nangtakaw ket pinulpoganda.

Sinangitak ti pannakapukaw daydi Kapatino Gualdin, Enos Apok. No malagipko, masalsaludsodko pay laeng, asino ngata ti nangtakaw? Adayo dagiti Olliero ta addada iti sabali a bantay iti abagatan. Adayo met dagiti kaarrubami iti ballasiw ti Karayan Parsua iti amianan, a naammuak idi agangay, a pamilia Ponce. Adda ngata idin dagiti aglemlemmeng iti bantay, a dagiti kabusor ti gobierno?

Wenno nakatalaw bayat ti bagyo ket ti la napnapanannan? Ngem apay a di nagsubli, no agpayso ti kunada nga uray kasano ti kaadayo ti balayna, ammona ti pagsublianna?

Ket ita, Enos Apok, kalpasan ti nakurang a walo a dekada, adda ngatan NPA sadiay?

Kayatko a sarungkaran ti lugar a nakaadalak iti adu.

Ngem sadino ti pagsubliak?

51

No pampanunotek ita, kasla saan a nakappapati no apay a di napukaw ti ulandis a baka daydi Tatang. Ken saan ketdi a napuri ti nakaiparngedanna a puon ti kariskis.

Ti kadakkelan a parikut daydi Tatang ket ti nasangpetanmi a napasamak iti kalapawmi. Awan kurangna iti rurog a nalabusan ken agiririg, ken naitayab ti pan-aw nga atepna; nalikkab ti dadduma a talebna a nipa. Narba ti kusina ket naburak ti dalikan, ken ti karamba a paginuman, ken agkaraiwara dagiti ungot, buyuboy, kayo a latok, ken dadduma pay a gamigammi. Saan ketdi a nabasa dagiti lupotmi iti lakasa wenno baul iti suli.

Nagtitinnulongan dagidi Tatang, Lelong Iroy, ken Angkel Aling, a linagdaan. Sinurayanda iti naglikigan ti kalapaw, tinarimaanda ti atep ken ti talebna. Nagaramidda iti tagaang a naglutlutuan daydi Nanang sakbay a nakagatangda iti baro a dalikan.

Saan unay a napakaruan ti balay da Lelong iti tuktok ti Bantay Baybayabas. Dakkel a tulong ti kaadda ti nabengbeng a kabuluan iti abagatan a saripdana. Ipapanko pay a naggapu ti bagyo iti daya ket ti kalapawmi ti natuparna; kas man la simyag ti napigsa nga angin a nangdupir iti bantay ket nakapsut ti nangapiras iti balay da Lelong.

Adda maysa a pasamak a diak malipatan. Ababa ngem ladawan ti taga-bambantay, ken ubing a kas skaniak.

Iti naminsan a panagudong daydi Nanang idiay tiendaan ti Magsingal, a kaawan daydi Tatang, insurotnak. Kinayatko met, a, ta nabayagen daydi isusurotmi ken daydi Insan Erwin iti daydi Lelang Andiang.

Idi mailako daydi Nanang dagidi inyudongna a diak malagipen no ania, a pangalaanna iti igatangna iti asin, sabon, kasapigo, ken no ania payen a kasapulanmi iti bantay, inggatangannak iti sorbite sanak imbati iti yan ti surbitero ta adda nalipatannaa gatangen.

Idi dandanikon maibus ti sorbite, a ti laengen apana ti nabati, ken madadaelen iti kadidilpatko, nagdanagak ta amangan no ungtannak ti surbitero. Numona ta diak metten mauray daydi Nanang!

Imbatik ti apa iti rabaw ti kariton ti surbitero ket nagtarayak nga immadayo. Pinukkawannak ti surbitero. Naimbag ta apagisu metten a sumungad daydi Nanang.

Agkatkatawa ti surbitero a nangyawat kaniak iti imbatik nga apa!

"Kanem dayta!" kinuna daydi Nanang a nangisem iti surbitero.

NASUROK NGATAN NGA innemko idi sikogen daydi Nanang ni lelongmo a Herman. Nailiwliwagdan dagiti tallo a pimmusay a kakabsatko.

Nangngegko no nakaiddakamin iti sardam, a nagsarsaritaan dagidi dadakkelko ti panangsukon daydi Tatang iti daydi Lelang Simona... diak sa pay ketdi nasao, aya, a Marcelino ti apeliedo daydi lelangko nga Ines a Nanang daydi lelang?

Wen, Enos Apok, napan sinukon daydi Tatang daydi Lelang a mangpaltot iti daydi Nanang. Uray kaskasano, kabaelan daydi Lelang ti mamartera babaen iti wido.

Abril 7, 1952 idi.

Sa la nagsubli daydi Lelang Simona idiay Panay-ogan idi makadissaag daydi Nanang iti dalagan. Ken idi makatanggaden. Ken idi makaiggemen iti nalamiis. Saan koma pay idi a palubosan daydi Tatang ngem kailiw metten daydi Lelang ti panagpaisay ken panangar-arakna idiay kadilian ti Timmippang.

Panagkunak, ni lelongmo a Herman ti kagasatan a kabsatko, ket apapalan la ketdi koma daydi Manong Peping, ken dagidi Edy ken Milagring. Sakbay ngamin a naipasngay, naipakaammo a naaprobaranen ti panagpension daydi Tatang. Agaasem, apagisu la unay a maipasngay idi maawat daydi Tatang ti umuna a pensionna kas beterano iti napalabas a gubat. Nangngegko ti namin-adu nga arigna panangidaydayyengna iti nagsilpo a naganna a Clemente ken ti pensionna a *thirty-one fifty. Clemente thrity one fifty!*

Awan manen ti tubbog ti suso daydi Nanang ngem gimmatang a dagus daydi Tatang iti gatas a Klim ken Lactogen—siguro awan itan dagidi a kita ti gatas. Saanen a nagkirkirog iti bagas a templaanna iti rinumek a tinapay wenno palinang, a kas iti inar-aramidna iti daydi Milagring.

In-inut a limmag-an ti panagsinnublat ti rabii ken aldaw iti Baybayabas. Masansan nga adda daydi Nanang iti uma nga agitukit iti uray ania a bukbukel, wenno agnateng iti pariat' bakir wenno ania man a mabalinna a dengdengen.

Agsinsinnarungkarda iti daydi Lelang Andiang ket makitkitak ita ti lidem ti rupada. Ngem iti baet dagiti banag a mangkutkutim iti isipda makitkitak ita ti talingenngen iti nagbaetan dagidi agina. Kasda man la isisu ti agkinnawatan iti daydi naginget a lubong.

Mariknak met ita ti ad-adda nga ilalawa ti giwang iti nagbaetan daydi Lelong Iroy ken daydi Angkel Aling. Manmano la ngaruden nga agdanggayda iti aramidda, iti naganus a tawenko awan pay nariknak a singed iti nagbaetanda.

Awan ketdi ti aldaw a dimi panagkita iti daydi Insan Erwin. No manen, mangngegko ti natinggaw a pukkawna iti muging ti bantay a tumannawag kaniak iti pagay-ayamak a sidiran ti kalapaw.

"Mang Ayoooong... bayungon!" yayogna pay.

"Aweng kaweeeng!" ibalesko met. Malagipmo a kawing dagiti tangan ti sakana?

Madamdama pay, matangadko laengen ti panaglagtulagtona a sumalog iti naursa a desdes a sigud a kimmarayan. Makitkitak ita ti kasna man la panagtaytayab iti langit iti saklot dagiti naipattupattok nga ulep a tedtedda daydi limmabas a bagyo. Arigna man daytay agampayag a kali a mangsisiim iti sippayutenna a piek nga aglinglinged iti sirok dagiti payak ti pamusian. Ngem agtibbayoak no kua iti kaadayo ti pagdissuanna manipud iti limmagtuanna. Amangan no madapilos, wenno matulid. Ngem mayat ti panagukkang dagiti imana a pangbalansena iti panagdissona. Masansan ngamin a sumalog-sumang-at a mapan mangkitaken-mangilinong kadagiti waywayna.

Diak malagipen no kasano a nangrugi; no asino ti nangaramid iti saggaysakami a palsuot. Agarup sangadangan ti kaatiddog ti kiling nga inaramidda a palsuot. Balaanmi iti di pay nagbukar a sabong ti kumkumpitis ket agkinnamatkami nga agpinnalsuot iti lawlaw ti kalapaw, wenno iti barikir.

Idi kuan, Enos Apok, adda taga-baba a simmarungkar a nangibati kadakami iti lastiko. Manipud idin agsinnublaten nga ay-ayammi ti palsuot ken ti panaglinnumlomanmi iti lastiko. Didakami pay ketdin mabaon no dadduma.

Nasikap daydi Insan Erwin. Diak idi masipsiputan ti pangilumlomanna iti lastiko. Masansan nga abakennak. Kunkunak, kuskusitennak sa met. Agellek no kua. Iti siudotko, umakopak iti tapok nga imermerko kenkuana. Agsangit, a, ngem sakbay nga umay ti unget wenno basnot, nakataray ken nakalemmengakon iti kakumkumpitisan.

Iti naminsan, impapastor kaniak daydi Tatang daydi Ulandisna.

Iti amianan ti kalapawmi, adda kimmarayan a pangunegen. Kaduak idi daydi Insan Erwin.

Adda napanunotko, Enos Apok!

Imbilinko idi a mapan iti bangir ti kimmarayan. Iggamanna ti tali ti ulandis, ket agyanak iti bangir ti kimmarayan, iti likud ti baka.

"No abugek, igiddanmo a guyoden 'ta talina," imbilinko.

Sinaplitak ti ulandis, a kinagiddan ti pananggutta daydi Insan Erwin iti talina.

Idi lagtuen ti ulandis ti kimmarayan, dina nagam-udan ti bangir ket naipisok, a giddan ti pannakagutta daydi Insan Erwin. Simmaruno iti baka a naipisok.

Ngem naalistuan daydi Insan Erwin ti kimmalipkip sakbay nga inludek ti baka. Nagdadakkel dagiti mulagatna a nangsarang kaniak.

Adu dagiti napateg a naadalko bayat ti kaaddak iti daydi a kalapaw.

Iti naminsan a pannakaisurotko kadaydi Insan Erwin ken daydi Angkel Aling nga agpadigus kadagiti pastormi iti Karayan Parsua, iti amianan ti lungboy, imbilinna a sakayak ti Pango a kabayan a nuang.

Damok ti agsakay ket diak ammo no ania ti kalkalabina.

Naruamen daydi Insan Erwin nga agpaspastor iti nuang ket isu ti nangisuro kaniak.

"Igganam ti talina a nakawikaw," kinunana, "Gaw-atem ti pasupasona, payatem ti buko ti sakana iti bakrangna samo ibuelo ti lumagto!"

Namindua, namitlo a pinadasko. Natalna daydi nuang ta di naggargaraw.

Idi maikapaten, immay induron daydi Insan Erwin ti kutitko a giddan ti ilalagtok.

Dandaniak la ngarud nagtartarus iti bangir!

Agpasalogak ket diak makawiwitan ti narakab a bakrang ti Pango.

Nagtibbayuak idi rugianna ti umaddang. Tunggal askawna, umasasideg ti kutitko iti pasupasona. Naglagawak idi makadanonak iti pasupaso.

"Ipusem!" impukkaw daydi Insan Erwin.

Ngem adayon ti ipus ni Pango. Diak magaw-at.

Mapanakon iti tengngedna!

Nagdadakkel pay met ngarud dagiti nagpango a sarana!

Nagariwawaak.

Nagellek daydi Insan Erwin.

Kasla adda nakem ti pango ta nagsardeng.

Inungtan daydi Angkel Aling daydi Insan Erwin sa nagdardaras nga immay timmulong kaniak a dimsaag.

Nakasuronak iti daydi Insan Erwin.

No mapankami agpadpadigos, ruammi ti agdigos met.

Nakitkitak idin. Adda dagidi mangipakuyas iti naingpis a bato iti rabaw ti danum. Nagustuak man ti no mamin-ano a lumagto ti bato iti rabaw ti danum sakbay a lumned.

Madama nga agdigdigos daydi Insan Erwin iti surongen ti pagdigdigosan dagiti pastormi idi nangipakuyasak iti naingpis a bato.

Apagisu iti tuktok daydi Insan Erwin daydi maikatlo a lagto ti dalumpinas a bato. Nagrungaab daydi kasinsinko!

Tunggal agluto daydi Nanang, addaak la a pasalsali, nga agdamagdamag.

"Total, addaka la a pasalsali, kastoy ti aramidem," imbilinna. Idi damo, sinursuruannak nga aginnaw kadagiti duyogmi iti bakka. Ammom ti duyog? Dagitay nakirosan nga ubet ti naggadgadan iti niog. Bakka pay la ti paginnawan idi. Bakka, kunada ti damili a kasla dakkel a malukong a lata.

Idi kuan, sinursuruannak nga agapuy. Banga pay la ti pagapuyan idi... paglutuan iti inapuy. Awan pay ti kaldero idi. Awan pay ti *automatic rice cooker*. No kasano a rukoden ti danumna tapno saan a nabasa wenno namaga unay. No di umisu ti templam, agbalin a linugaw wenno nakusel. Insurona ti mangaron iti dalikan, no kasano ti kadarang ti apuy tapno saan a magubang wenno makusel ti apuyem.

Diak ammo no adda pay kakasdi ita idiay away. Amangan no awanen ti agdaldalikan. Ammom, no mabalin la koma, kayatko a sarungkaran ti Baybayabas; kayatko a makita no kasanon ti nagluposanna. Amangan no nagumokanen dagiti NPA. No saan, amangan no nagbalinen a dakkel nga ili. Amangan no addan High School idiay Pangasaan.

TINULONGAN DAYDI TATANG daydi Lelong Iroy a nangbubuga kadagidi mabalin a bubogaen a paset ti Baybayabas. Nalawa ti patad a tuktokna, ngem sumangkalawa pay dagiti agsumbangir a bakrangna, kasta met ti kapan-awan iti laud.

Masansan daydi Angkel Aling nga agpa-Baba. Pambarna a mapan asikasuen ti sangkadisso a talonda, ken ti loteda. Ngem kangrunaanna ti papanna panangsabsabong. Diak matandaanan nga agbayag iti Baybayabas. No adda, pamrayanna ti mapan mangpasagad iti dua-burnay a danum idiay Kinwang.

Saanda a sinagsagid ti kabuluan a paset ti Baybaybas iti abagatan ta nasayanganda kadagiti bulo a pagalaanda iti paglagdada, ken no adda mangibaga iti buluenda—diak ammo no sagmamano ti panaglakoda iti— diak malagipen ti awagda—tunggal ubon a sagsangapulo nayon a bulo. Ken adda dita ti kakaisuna a bubon, iti sriok ti narukbos a bayabas, a sa la adda danumna no matutudo. Nagum-umakami ken daydi Insan Erwin kadagiti bungana a nalabaga—nasaok sa ketdin. Nanukunok dagiti maregregreg a bungana.

Iti amianan a bakras ti Bantay Baybayabas ti nagtitinnulonganda nga inuma. Awan pinakawanda a kumkumpitis; pinukanda amin. Insamirada a ginaikan ti aglawlaw nga igid ti uma tapno saan a kayamkamen ti apuy inton puoranda.

Kasko man la malanglang-ab ita ti nakabangbang-i nga asuk ti gumayebgeb a bulbulong dagiti napukan a kayo, nga inurnosda iti ngato.

Ti langto dagiti kumkumpitis ken dagiti kimmalatkat a sabawil nasukatan iti nayaplag nga arigna manto ket ti agkutikot nga asuk, kasna man la danonen ti langit nga aglangeblangeben idi iti panangyabayabna iti nepnep.

Malagipko man latta ti kailiwko nga uni dagiti kakok no pasungadendan ti nepnep. Kasla musika iti lapayagko ti panagsisinnungbatda. Malagipko met a no kasdiayen a matutudo, agsangpet dagiti arug a taga-Baba nga umay tumulong nga agmula iti pagay-uma. Maliket sa ti nagan daydi a pagay. Diak malipatan ti awan umartap nga agdanggay a banglo ken nanam ti nalabaga a bagasna. Kaslaak la manglangitlangit no mangpekkelak iti ideppelko iti asin!

Ammom, Enos Apok, maysa a padasko a diak malipatan ti pannakasursurok nga agmula iti pagay iti bakrang ti bantay. Didakami koma palubosan ken daydi Insan Erwin a makipagmula ngem imbagak a kayatko ti makasursuro.

Sagdudua iti asad dagidi natudingan nga agasad iti abut a pagipiritan dagiti para pisok iti saggatlo a bukel nga itta babaen ti tubong a naaramid iti bulo. Sarunuen ti panangidugsolda iti abut iti murdong ti tubong tapno magaburan ti itta. Agarup sagsangadapan ti kaaddayo dagiti abut.

Iti saan a mabayag maulsanto manen ti bakras ti bantay iti nalangto a pinagayan nga agkurno iti dagsen dagiti nabagas a dawa nga ilili ti nalamiis a pul-oy nga isangbay ti sagpaminsan a bayakabak.

Adda diak mailadawan nga ayamuom dagiti agsasaruno nga agkurno a balitok a dawa a mayaplag iti sigud a nagmanto nga uma nga itan sinublaten ti langto ti aglawlaw.

Tunggal agbayakabak ti nepnep, agungar met dagiti kimmarayan a pagayusan ti tudo a kumamang iti Karayan Parsua. Agungar met ti karayan no kasdiay nga agdinakkel iti maris-kudil a danum nga aggapu iti Burayok Kimmandela.

No malaglagipko ita, dagidiay a buya, agungar met ti ubing a riknak ket agsubli ti saranta a nabayagen a naikupin.

Ngem naikari ngata ketdi a kadagidi a panawen sursuroten ni patay dagiti nasinged iti biag daydi Tatang.

Simmang-at ti damag iti Baybayabas a pimmusay daydi Angkel Doro idiay Panay-ogan. Nadamagko idi agangay a sarut ti impatayna.

Malagipmo daydi kunak a timmimtimak iti daydi agasna nga atsibar? Saan la ketdi a kimna daydi nga agas, no pudno nga agas. Saan met a nagpadpadoktor—ta asino koma dagidi doktor kadagidi a panawen? Nabilbileg dagidi erbolario, ken tapal-tapal. A no saan a kumna, ipambarda lattan a nakem ti Namarsua.

Pinanawannakami daydi Tatang ta napan nakiminatay. Idi agsubli intugotnan daydi Insan Ansit a kakaisuna nga anak daydi Angkel Doro iti sinublatna nga asawa. In-inauna iti makatawen ngem siak.

Adda dakkel a pakapilawan ti kasinsinko. Tungtung-ed, idungpadungparna ti timidna iti abagana, ken aggilabgilab nga adda kagiddanna a balikas a di maaw-awatan idi damo. Kabutengmi idi damo. Ngem no mabaybayagen a kapulpulapolmo, mangngegmo a kunana:

"A-a-ayong..!" no siak ti gilgilbanna. Wenno "A-a-awweng!" no daydi Insan Erwin ti mulmulagatanna, a pasarunuanna iti tung-ed.

Nagaget ketdi.

Addan kadkaduak a mangipaspastor iti daydi Ulandis daydi Tatang. Nangruna no bumaba daydi Tatang a mapan agsapul iti imaruna nga ayup. Wenno ania dita a pangnayonna iti pensionna.

Idi agtawenak ngatan iti agarup pito, adda daydi maestra iti Pangasaan Elementary School a nasangailimi. Dagiti mangisursuro idi ti mangukkon kadagiti ubbing a mabalinen nga agbasa.

Naggiddankami a dua iti daydi Insan Ansit nga impastrek daydi Tatang. Kapilitan met nga impasurot daydi Lelong Iroy daydi Insan Erwin uray no dina koma kayat ta inud-udan daydi Mrs. Garcia... wen, malagipko, Mrs. Garcia ti nagan daydi maestra ti Grade I!

Adayo ti pagpagnaenmi a mapan agbasa. Unorenmi ti kabatbatuan a Karayan Parsua a kumamang iti Pangasaan Elementary School. Sakbay a makadanonkami iti eskuela, adda mapagnaanmi a sirok ti narukbos a kaykayo nga adu ti nagkalatkat a lanlanot. Ariwat sa ketdi dagidi a lanot.

No mapankami agbasa, Enos Apok, adda kinelleng a malabsanmi, a kasandiaan ken kamurodan sakbay a sumalogkami iti sirok ti lungboy. Makaay-ayo ti kadadakkel ti bungada.

No dadduma, agsardeng daydi Insan Ansit ket buyaenna dagiti bunga.

Gandatna a purosen koma ti maysa ngem tinubngar daydi Insan Erwin.

"Saan pay a naluom dayta!" kinunana. Nabaybayagen daydi Insan Erwin iti Bantay Baybayabas ket adun ti ammona. "Nagango ti kawikaw ti naluom. Dayta, di pay nagango."

Adda kawikaw iti asideg ti pupurosan dagiti bunga.

Iti naminsan, saanen a nakalisi iti daydi Insan Ansit ti dakkel a sandia a nagango ti kawikawna. Agarup naganikki pay a nangsakroy.

"Saantayon a mapan agbasa," inyanangsab daydi Insan Ansit idi makadanonkami iti sirok dagidi nagruyag a kayo a dinalungdongan ti lanut.

"Ungtandatayo!" kinunak.

Didak inkankano dagidi dua.

Intupak daydi Insan Ansit ti sandia iti nagrungarong a ramut ti kayo.

Nakalablabbasit ti naibukray a bagas ti sandia.

Nasam-it. Nagtigtig-abkami.

Nagindayonkami kadagiti lanut.

Nalabasandakami ti dua a babbaket.

"Hoy, apay a dikay' napan nagbasa?" immulagat ti maysa. "Ipulongkayo ken ni mistrayo!"

Nagawidkami idi pasarna a panagaawid dagiti agad-adal.

Inulit manen daydi Insan Ansit ti mangpuros koma iti kasla ulona a sandia.

Ngem isu met a sumangpet daydi Lilo Berong nga akinkukua a dimi napakpakadaan gapu iti pasnekmi a mangkutkutingting iti bunga.

"Hoy! Dakayo gayam ti agtaktakaw iti mulak!" imbugkawna.

"Ha, e, saan, L-lilong," nakusel ti isem daydi Insan Ansit.

Simmalipengkami ken daydi Insan Erwin iti likudna. "Kitkitaenmi laeng."

Nagtaraykami nga immadayo.

Saanmin ngsa inulit ti agtakaw!

Adda agkabsat iti ballasiw ti karayan iti amianan, iti matantan-awan a patag, a nakaeskuelaanmi. Aurelio ken Fidela Ponce ti naganda. No bakasion idi, agdidigoskami iti Karayan Parsua. Lamulamokami, awan pay la ti baimbain idi.

Adda met nakaeskuelaanmi nga iti puon ti dakkel a bantay iti daya ti yan ti balayda. Enrique Castro ti naganna. Sabali la ti kaeskuelaanmi nga Emilia. Ken Benedicta.

Malagipko pay la dagidi padami nga ubbing, ket pinadasko a sapulen ti naganda iti website ta kayatko a maammuan no nagbambanagandan. Ngem nagaduda met nga agkakanagan; Mehikano pay ti kaaduanna.

Malagipko daydi Benedicta ta naminsan nga immay nagbasa, nakatapungor ta dandani nauksob ti amin a buokna. Kinulotda kano ket napudot unay ti inusarda a diak ammo no ania. Daydi met Enrique, gapu ta napankami nagpasiar iti balayda iti arsadanan ti Bantay Cordiliera a yan daydi Burayok Kimmandela. Daydi Insan Ansit ti nangisungsong kadakami. No ngamin sumro ti sasadutan dagidi dua a kasinsinko, agtakawda—dida tinungpal ti karida iti daydi Lilo Berong— iramramandak, iti sandia nga ugmokanmi iti sirok ti saksi a kalanotan ket saankamin a mapan agbasa. Agingga a naduktalandakami ket inungungtandakami.

Ni Emilia, gapu ta iti naminsan a *recess*, kinarab-asan daydi Insan Erwin ket binaut daydi Mrs. Garcia ta impulong ti padami nga ubing nga agsangsangit.

Puonen ti nagsardengan daydi Insan Erwin nga agbasa.

"Agbasaak laengen iti bukot ti nuang!" kinunana.

"Inka agbasa," kinuna daydi Lelong Iroy. "Diak kayat a maipadaka kada... Nanangyo."

"Dikay' met nagbasa... Agbiagakto met, a, kas kadakayo."

"Diak kayat a maulit ti biddutko! Agbabbabawiak... 'nak kasarita 'diay titsermo."

Malagipko pay la ita; nasdaawak iti kaadu ti sinao daydi Lelong Iroy.

Diak pay la unay maawatan idi ti kunana a panagbabbabawina.

No kasdi ti panunotna idi panawen daydi Nanang, nakasursuro koma met nga agbasa, saan a natay lattan a di nakailasin iti letra.

"Inka, Apok... kaasikanto," insuldong daydi Lelang Andiang. Pinadasna nga amluyen daydi Insan Erwin.

Ngem nagtaray nga immadayo daydi Insan Erwin. Ket saanen a nagsubli agingga iti sardam.

Saanen a pinilit daydi Lelong Iroy.

Nangngegko laeng nga indayamudom daydi Lelong, Enos Apok, a malagipko ta nagbalay iti isipko bayat ti panagdakkelko: "Dinakto pabpabasolen no agpatinggaka laeng iti daga."

Dandaniak met nagsardeng idi ta adda immaway nga agineksion idiay eskuela. Kasta unay ti butengko a nakakita iti nagdadakkel a dagum ken iringgilia ti ineksion. Adda ngamin dagidi immuna a naineksionan a nagsangsangit.

Natalimudawak a napatugaw iti abay ni Mrs. Garcia. Im-impandak iti HE a yan ti klinika.

Didak pinagawid. Imbilinda kadaydi Insan Ansit nga umaynak alaen daydi Tatang.

Makalawas a diak simrek ta insaksakitko ti ineksionko. Nagustuak man ketdi ti saan a napan iti eskuela ta naimas ti impaspasida daydi Nanang kaniak. Ken didak binabaon.

Wen, kunkunak idi, mayat man ketdi ti agsakit ta naganas ti agduoy!

"'Niat' nasakit, nakkong?" masansan nga amaden daydi Nanang. Dapadapennak pay. Ket ti la maitudtudok a nasakit, uray no awan met ti nasakit!

Nalabit a napalalo ti danagda, ta uray daydi Tatang ket sangkabilinna iti daydi Nanang a dinak baybay-an. Narigaten no mapukawdak manen. Ay, ket inyad-addak met ti naganil-il!

Diak koma pay la maim-imbagan, naisaw-atko. Ay, haan, Apo! Nagbabawiak. Diak pay met kayat ti matay...

Diak koman kayat ti mapan agbasa idi maimbaganak ngem inayayodak dagidi Nanang ken Tatang.

"Dimi kayat nga umalaka kadakami a di nakapagbasa," kinuna

daydi Tatang.

"Inka agbasa," insarurong daydi Nanang. "Narigat ti awan adalna."

Diak malagipen no apay. Ngem immakarkami iti pinadakkelda a kosina da Lelong Iroy iti tuktok ti Bantay Baybayabas. Pinanawanmi ti kalapaw iti baba.

Nanayonan dagiti adal ken pammaliiwko iti naganus a panunotko bayat ti panagyanmi iti kalapaw da Lelong Iroy.

Nasnasdaawak iti napaliiwko a kasasaad ti ubi. Nakalanglangto dagiti bulongna iti panagkalatkatna kadagiti bulo iti abagatan ti kalapaw.

Ngem saan a dayta ti namagsiddaaw kaniak.

Agkabirrayon dagiti kakasla gemgem ken dapan nga ubi a bungana.

Malaksid iti dayta, dadakkel pay dagiti bagasna iti daga.

Ngem diak unay nagustuan a kanen, wenno sidaen no dengdengenda.

Diak la impagarup nga adda naimas a pannakaisaganana.

Ken nanginada idiay Kim Long ken idiay Kim Hyang a tiendaan dagiti Asiano ditoy West Valley!

Maysa pay ti anangka a mula kano daydi Lelong Iroy iti sidiran ti kalapawda, iti asideg ti agdan sakbay nga umulika.

Damona kano ti agbunga idi.

Kas iti ubi agbunga ken agbagas met!

Masmasdaawak idi adda malanglang-abko a nabanglo.

Awan met ti makitak. Gayam, adda naluom a bungana iti uneg ti daga!

Manmano nga adda umay sumarungkar kadakami iti tuktok ti Bantay Baybayabas. Nangruna dagiti taga-Baba.

Ngem magustuanmi ti kaadda ti sumarungkar kadakami. Agaasem, manmano a makakitakami iti sabali a tao. Dakdakami lattan kadaydi Insan Erwin ti agsassarita iti uray ania a banag nga adda iti sirok ti langit!

"Iroy, addakayo?" iti maysa nga aldaw adda nangngegko a nangipukkaw iti nagan daydi Lelong Iroy.

Lakay a puraw ti ulona ti nakitak a simmungad.

"Ay, ni Lelong Federico!" nagtaray daydi Insan Erwin a simmabat nga immarakup.

Kinagiddan kano daydi Lelong Iroy a nakaala iti *homestead* kadagiti bantay iti daya a pingir ti Magsingal a maysa nga ili ti Ilocos Sur. Malagipko, maysa daydi Lelong Federico kadagidi immay nakimitay iti daydi Milagring idiay Kinwang ngem diak naimanmano.

Iti panangbagkatna iti daydi Insan Erwin, naigiddan ti dakkel a rungiitna.

"Lelong," pimmasnek ti rupa daydi Insan Erwin. "Apay a maymaysa 'ta kallawit a ngipenmo?"

"Loko, ket sika ngarud?" immulagat ti lakay. "Rukapika la ngaruden, tuppolka pay!"

Nagapput a nagdumog daydi kasinsinko.

Iti panagsasarita dagiti nataengan, Enos Apok, naagapaddakami nga agkasinsin.

"Tarawitwit daytoy apom nga Erwin," kinuna daydi Lelong Federico.

"Masiribto daytoy!"

"Kunam ta dina met kayat ti agbasan!" inyanges daydi Lelong Iroy ti anangsabna iti angkitna.

Didak naagapad.

Gapu ta saanak a maun-uni, saanakto ngata a sumirib? Nasaludsodko iti bagik.

Adda pay naisar-ong iti naminsan. Adda naubon nga inasar nga insangpetda iti kaduana.

Daydi Angkel Ayong ti naisar-ong. Kasinsin kano daydi Nanang. Impanagandak kenkuana—nasaok sa idin—ta managsaksakitak kano ket awan met matandaanak a panagsakitko malaksid daydi pannakaineksionko. Hilario Mercado ti naganna. Isu nga Ayong ti naganko iti sirok ti latok... ay, ngarab ti tayab, kunak sa idi?

Dakkel ti rungiitna ken nabullad dagiti matana idinto ta umis-isem latta met ti kaduana.

"Manang Ispin," pinerrengna daydi Nanang a mangpaspasuso ken ni lelongmo a Herman. "Kayatmo ti inasar a tukling?"

"Nangalaam met?"

"Idiay taltalon."

"Ne, ket nagsayaaten. 'Man ngarud."

Inimas daydi Nanang ti nagsida. Dinak pay nalagip nga inikkan.

"Naimas met laeng, Manang?" pinarimriman daydi Angkel Ayong daydi Nanang.

"Naimas, a. Nalaingka met gayam nga agasar!"

"He-he! Naimas gayam ti bao, aya?"

"H-ha? Bao?" nagmulagat daydi Nanang. "Langgongka!"

Pinanggep daydi Nanang nga isagkak ngem awan met ti rimmuar.

"Bao ti taltalon, Manang," kinuna daydi Angkel Ayong a kasta unayen ti ellekna.

Uray bao ti taltalon, diak la ketdi kayat ti agsida! Naimbag la ketdin ta diak dimmawdawat!

Babassit a banag, Enos Apok, ngem, makitam, kalpasan ti adu a tawen, natingrada pay laeng iti panunotko.

Adda pay maysa.

Di kad' kunak a kanayon a bumaba daydi Tatang?

Iti naminsan nga isasangpetna, adda insang-atna a dakkel nga immatiddog a landok nga adda nangisit a grasa iti agsumbangir a murdongna.

Iti maysa a malem a kaawan daydi Tatang, napanunotko a bidingen daydi a landok a diak pay idi ammo ti naganna. Nadagsen, pinatulidko. Adu ti kimpet a grasa iti datar.

"Aniat' kinuam?" minulagatannak daydi Nanang. "Ungtannaka ni Tatangmo!"

Nagbutengak. Dandanin sumipnget. Dandanin sumangpet daydi Tatang.

Iti napalalo a danagko amangan no bautennak, nagtartarayak a rimmuar.

Nagturongak iti barikir a kakumpitisan iti abagatan ti kalapaw. Daydi laengen a paset ti Bantay Baybayabas ti di nauma.

Inkeddengko ti aglemmeng ket saakto la agawid no makaturogdan.

Nangngegko ti pulikkaawda.

Diak nangikaskaso.

Sumipngeten ti aglawlaw.

Nangrugi nga aglagawak. Numona ta adda saggaysa nga uni a diak mailasin no ania. Simgarak. Amangan no adda mangmangkik. Amangan no pagammuan lattan ta adda mangtukma kaniak.

Kayatkon ti agtaray nga agawid.

Ngem diak kayat ti maungtan. Nangruna ti mabaut.

Immad-adda ti pukkaw.

Immadu ti nangngegko a babassit a timek.

Immad-adda met ti butengko. Sumgaren ti ulok.

Nagtarayak a nagawid. Ngem nagsarimadengak iti sango ti agdan. Inkeddengko nga aginsasangitak bareng didak sagsagiden.

"Aniat' pagsangitam?" dinamag daydi Tatang. "Adda nakitam nga alalia?"

Makais-isem idi tangadek.

"Dimonton sunsunotan. Agbagtit la ketdi ni Nanangmo no alaendaka dagitay mangmangkik!"

Salbag, dinak met gayam kagura! Kinusona ketdi ti ulok.

Matuokan ket ngatan daydi Tatang, Enos Apok, iti panagudaodna nga agpababa-nga-agpasurong no kasdi nga adda isukat wenno gatangenna a dinguen. Mano a kilometro ngamin ti nagbaetan ti Bantay Baybayabas ken ti Baba; sa awan ti makasarsaritana wenno makatultulagna iti bantay a yanmi. Awan met pay ngarud ti telepono wenno Facebook wenno Internet kadagidi a panawen ta uray no sadino ti yanmo a suli ti lubong adda latta kontakmo.

Masapul nga adda pangalaanna iti panglitopna iti pagkurangan ti pensionna.

Iti kanayon nga ipapan daydi Tatang idiay Baba, nga Abbarit wenno iti Panay-ogan, diak idi ammo nga adda ipagpagnana a silpo ti masakbayanmi. Matimtimudko met ketdi idi ti innarasaasda iti daydi Nanang iti sardam maipanggep iti Abbarit. Ngem diak inkankano; diak impagarup a ti Abbarit ti sumaruno nga akaranmi.

Maika-5 a Paset

Abbarit 1, 1953-

SAPAY KOMA TA adda nabati a rimat iti mugingmo, Enos Apok, kadagidi immuna a nagdaliasatan 'toy lelongmo. Adu pay, ket ammok a dimonto pagbabawyan ti panangungpotmo.

Ipanka iti Abbarit a nakaalaak iti adu a piglat.

Agsublita iti adun a dekada a napalabas. Kayatko a lagipen a daydi Abbarit a pinanawak, Abbarit latta nga awan surok ken kurangna. Abbarit a di malipat.

Ngem adda pay ngata agpayso makalagip iti daydi lakay nga Abbarit?

Wen, kailiwko ti Abbarit! Dayta ti nariingak a nagan ti maysa a sitio ti Guimod Sur, a maysa kadagiti agkakaarruba a barangay, a pakaibilangan ti San Isidro, Saoang, Bacsil, ken Asilang, a naawagan pay iti Nagsabaran, iti abagatan a paset ti San Juan City a sigud nga ili ti Lapog. Awanen ti makalaglagip ta Guimud Sur lattan ket kas man la nalipatandan a namimpinsan daydi Abbarit. Ngem kayariganna iti maysa a lakay a kas kaniak, a masapul met a lagipen. Kunada a nadurasen ti Guimod Sur, nga inipit ti dua a karayan, ta addaanda payen iti Guimod Sur Farmers Association Inc., ket gapu iti dayta awanen ti makalagip iti daydi piman nga Abbarit.

Kayatko man wenno saan, masapul a rugiak manen idi ti baro a paset ti biagko iti Abbarit, kalpasan ti Bantay Baybayabas. Nasaok kadin a no sadino ti pangipanan daydi Tatang iti pamiliana, masapul a sumurotkami?

Ania ngata ti paggidiatan ti Abbarit ken ti Bantay Baybayabas?

Malagipko la unay ita, nga idi sumalogkami iti Bantay Baybayabas a nagsakduak iti adu nga adal iti laksid ti kinanumona, diak idi impagarup nga iti laengen laglagip ti mabalinko a pangsarungkaran. Kasano a malipatan ti nakalanglangto nga aglawlaw; ti nakabangbanglo a maligket a pagay-uma, nga uray no awan ti sidam, pekkelem laeng samo ideppel iti asin nakaim-imasen ti panangsanapsapmo ket arig la maltotanka a mangtilmon? Malagipko met ita nga idi pababaenmi ti Karayan Parsua ket dengdenggek manen ti kasla melodia a parnuayen dagiti marim-it a bisil, naisagudsagud dagiti matak kadagiti karantiway a kandaroma, a nagdadawis dagiti siit ti tunggal pinuon.

Denggem, no apay nga ipalagipko manen dagidi kandaroma. Iti kaganus ti nakemko idi, awan ti ammok a kaipapanan ti tibker ti puonda. Uray no agdinakkel ti Karayan Parsua a mangkurukor kadagiti bato ken mangkibkib iti teppang, kasla saan a kabaelan ti nabileg ken nalibeg a danum. Makitak man ketdi ita ti kaadu ti siit a nasagangko bayat ti panagdaliasatko itoy a biag, a kas iti kadadawis dagiti siit ti kandaroma.

Agpayso dayta, Enos Apok!

Idi malabsanmi ti Limas, inunormi ti sirok dagiti nagruyag a burrarawit dagiti kawayan iti agsumbangir ti lipit—adda dagiti pumulpulipol a sumasapaw ket uray ita kumkumietak a makalagip. Uray no adda dagiti pagaayatna nga ipulipol ti uleg iti tengngedna, nungka a masugsogannak nga uray no mangsagid laeng iti sumasapaw. Lakayakon ngem pulos a diak magustuan ti uleg. Adu ti uleg iti lubong, saan laeng a dagiti sumasapaw... isu nga agannadka!

Nakawakwak ti ruangan a nangiserkan daydi Tatang iti karison iti natupar a solar iti kanawan. Adda bangkag iti kanigid a nadarekdekan iti nagislagisla a kawayan, a nagkalatkatan ti tugi. Adda dua kapuon a sua iti sidiran ti alad iti abagatan. Simmaruno ti dua a dadakkel a kapuon ti bakkalaw a nangisina iti solar iti amianan a paset ti kakaykaywan, ken ti solar iti kanawan a paset ti nalawa a kataltalonan iti daya ken abagatan.

"Hay, Abbarit," nayesngaw daydi Nanang a nangipalawlaw iti panagkitana a giddan ti panangisinna iti saklotna a ni lelongmo a Herman.

Kasla idi laeng met a nadlawko daydi Insan Ansit a mangsaksaklot iti tampongna, a naulimek nga aggilabgilab ken agtungtung-ed. Nasaok kadin? Diak nakitkita daydi Nanangna a nagtaud kano iti kaamaan nga Aganad idiay Daclapan Sur, ken adda dua a babbai nga annakna iti sabali a lalaki.

Sinabatdakami daydi Angkel Irid nga arukong, nga asawa kano daydi Anti Saming a diak nakitkita, a kabsat daydi Nanang. Iti panangdumogna a nangkita kadakami, arigna man iti bangkay a naisakab iti langit. Adda binilot nga ip-ipiten ti kanawan a tammudo ken pattongaganna a ngumisngisitan dagiti kukona. Umasimbuyok ti agong ken nabengbeng a bibigna no agpug-aw iti napuskol nga asuk. Kaduana dagidi Insan Boni(facio) ken Itok (Warlito) nga agpada a pamulladen, a kasla iti daydi buridekda nga Insan Erwin a nabati idiay Baybayabas.

Napanganga dagidi Insan Boni ken Itok a nangsipsipot iti daydi Insan Ansit a gilab a gilab ken tung-ed a tung-ed. Nagkinnita dagidi agkabsat.

"'Niat' naganmo?" immutal daydi Insan Boni.

"A-a-an-sit. Ansit," naggilab a nagbullad a nagtung-ed daydi Insan Ansit.

Simmalipengpeng daydi Insan Itok iti daydi Insan Boni.

"Nasingpet ni Ansit," kinuna daydi Tatang.

Dudua ti babassit a balay a nadanonmi. Maikatlonto no malpas ti natayag a putar a naisiping iti bangsal ti nagtarusanmi a balay a kadakdakkel daydi kalapaw a pinanawanmi idiay Baybayabas.

"Isu dayta, Onor?" tinangad daydi Nanang ti putar. Addan kadsaaran ti putar. Nababaked a pasakuati dagiti panulina. Addan pasanggirna ngem di pay naatepan.

"Wen, Inada," naisem daydi Tatang. "Dayta ti gapu ti panagpabpababak idi," tinangadna ti putar. Imbaliwna ti panagkitana kadagiti nabuntuon a ninayon a bulo, pedaso a suelo, ken kinerker a panaw iti laud a sidiran ti putar.

Natalban iti bulo ken naatepan iti pan-aw ti inulianmi a balay/kalapaw. Maymaysa ti tawana iti abagatan. Tallo a napisi a putek ti agdanna. Nagsadag iti bangsal a nagunnat iti amianan a sikigan ti balay. Adda iti amianan ti ridaw ti balay. Isu a no umulika, sumagpatka iti bangsal, ket no sumangoka iti daya, makitam ti ridaw iti abagatan a sikigan ti bangsal. Adda burnay a pagsarban iti ungto ti bangsal iti daya. Adda pagkalawagan iti duyog ken kayo a plato iti abay ti burnay, ket dita metten ti yan dagiti banga ken dalikan. Awan ti atep ti bangsal.

No sumrekka iti kadaklan ti balay, Enos Apok, dandani awan ti makitam a gamigam malaksid ti nalukot nga ikamen iti suli iti laud. Nakadatdatar ti kuatro por kuatro a kadaklan.

Iti daya, narigat pay nga awagan iti balay ti adda iti asideg ti bubon a nalakub iti tallo kapuon a bua iti laud sa tallo kapuon a nakaburburrarawit a kawayan iti daya. Arigna ti balay ti matmaturog a pag-ong. Agarup agsaringgayad iti daga ti atepna a nipa. Maymaysa ti tukad ti putek nga agdanna.

Isu daydi ti balay dagidi tallo nga agaama a Tadile.

Sabali pay a pinuon ti sua ti adda iti amianan ti bubon, ken sangapuon a salamagi iti sungaban ti desdes nga agpa-amianan a sumrek iti kakaykaywan.

Sigud kano a balay da Lelong Iroy ti nagtarusanmi sakbay a nagpasurongda iti Baybayabas. Da kanon Tatang ti agyan iti daydi a balay ta impatawidda iti solar kadagiti agkakabsat a Saming, Ispin a Nanangko, Tacing, Aling ken Immiang segun iti panagsasarunoda. Daydi Anti Saming, ulitek manen, ti Nanang dagidi kasinsinmi a Boni, Itok ken Erwin.

Awanen daydi Anti Saming idi sumangpetkami iti Abbarit. Kas Natay kano a nangipasngay iti daydi Insan Erwin. Saggaysa nga immasideg dagiti kaarruba iti abagatan ti solar. Mano a pamilia iti agarup walo a balbalay, a pasig kano a kakabagian daydi Nanang. Adda agnagan iti Paus, Kilin, Matia, Tony Oandasan, Loring Aquino, Biting, dagidi bapak nga agassawa a Castor ken Pilar Saliganan, ken daydi bapak pay a Pilang a sigud a Tabbada ngem nangasawa iti Panggalog nga agnagan iti Fred a nasikkarudna bayat ti panagtrabahona idiay Manila ket inyawidna iti Abbarit...

Ken daydi agnagan iti Caring a sinabsabong daydi Angkel Aling ngem nangasawa iti sabali. Kabagian kano amin ida daydi Nanang, ken sumagmamano kadakuada ti adda kinelleng wenno sangkakelleng a suksukayenda iti nalawa a kataltalonan iti daya ken abagatan, ken iti laud ti lipit a pinidipid ti kawayan.

Naammuak idi agangay, nga adda met sangkakelleng daydi Lelong Iroy iti laud ti lipit, iti labes ti kinawayanan, ngem insukatna iti baka ken karison. Pampanunotek ita, Enos Apok, no ania ti naknakanna a nangisukat. Ta uray no mataykanton addanto pay la ti daga, agnanayon agingga a marunaw ti lubong! Uray no pagiinnagawan dagiti tao, uray no mapuoran, uray no kurukoren ti layus, uray no agbalinton a karayan addanto latta pasetna a mabati. Mamungil, saan a kas iti tao a no napalaluannan ti agbartek, wenno agbisio, di mabayag mapanen tumangad iti barsanga iti daga! Wenno daydi ngata panangdappatna iti lima nga ektaria idiay Baybayabas ti gapuna? Mabalin met a kasdi.

Nasarsarutsot dagiti pumurok nga immay nangkablaaw iti daydi Tatang ta ammoda a beterano. Ammom idi, Enos Apok, nangato ti pagkitkitaan dagiti tattao kadagiti beterano idiay away. Uray no awan ti sangkapiltak a daga a pagtugawanna. 'Tay kunadan, imaima a dimmatag kadagiti Garcia ken Retuta.

"Ibagam latta, Kayong, no kaano nga ituloymo 'ta putarmo," kinuna daydi Angkel Irid Tadile nga agay-ayukos iti tayagna. Nabaseng, natadul ti tulang iti rupana, ken ti kabkabbaawna. Arigna lumsot dagiti nauneg a matana. Adda latta agas-asuk a binilot nga ip-ipiten ti pasiraw-at ken tammudona nga agpadpada a ngumisngisiten ti kukoda.

Kasano daydiay, kunam? He-he. Isu pay ket ngata ti nakadagdagan daydi Anti Saming a natay, wenno nagkammaulawanna.

Diak malagip ti sungbat daydi Tatang, ngem diak ketdi malipatan ti kalab-ay ti panangawatna iti diaya ti abiratna. Ammona ngata ti sinabok daydi.

Agkarkarupa daydi Angkel Irid ken daydi Insan Boni. Dakdakkel la ti timek daydi Insan Boni, ken nabumbuntog nga aggunay. Nabuntog pay nga agtulid dagiti matana.

Daydi Insan Itok ti naal-alisto. Nagargaraw pay dagiti matana a kasla kankanayon nga agsapsapul iti siblokanna.

Alisto a nabangon ti balaymi, ta binutong dagiti sangakaarrubaan a tinagnawa. Adda nagsigit iti bulo a pinagtalebda, adda nagsigpit iti panaw a pinagatepda, adda pay nanglaga iti tinidtid a kanser. Adda payen nagidonar iti manok a pinartida. No lalausen ti manarita, apagkirem laeng, natarakin a nagtakder ti balay, uray no killo dagiti pasakuati a panulina. Adda payen abulogna. Atiddog ti agdan a nagsadag iti taguab a nayabay iti bangsal ti kosina.

Inimasmi man, Enos Apok, ken ni lelongmo a Herman, ti nagtulidtulid iti tabla a suelo idi naisibeten dagiti tao. Naipalagip kaniak ti Dakkel a Balay daydi Tata Poro idiay Caparinasan. Saan a nagtagisim, ken saan a nara ti suelo, ken bulo laeng ti talebna, saan a diding, ngem balaymi ketdin a bukbukod!

Nangalaan ngata daydi Tatang ti inggatangna iti masapsapul?

Naammuak idi agangay nga adda naawatna a bakpey iti panagsoldadona. Isuna laeng ta kaguduan sa kano laeng ti naawatna, no di man basbassit pay, ta nadamagna iti kinagiddanna nga immawat, nga insakibot daydi donia a nangipagna iti panagpensionda, ken ti pannakaalada iti bakpeyda, ti dakdakkel a kantidad ti inawatda.

Dakkel ti kaipapanan daytoy a balay iti panagrangpaya ti imahinasionko. Ditoy ti nangrugiak nga agbasa iti *Bannawag*. Tunggal agbasa daydi Tatang iti kagatgatangna a *Bannawag* iti Mierkoles nga aldaw ti tienda ti Magsingal, addaak nga umip-ipig kenkuana. Kadagidi a panawen, saan pay a maisuro ti Iluko iti eskuela isu nga uray no nalpasak iti maikamaysa iti daydi Pangasaan Elementary School idiay Surong, daydi ketdi Tatang ti makunak a nangisuro kaniak nga agbasa iti Iluko. No rugiannan ti agbasa, siputakon dagiti balikas a basaenna. Umuna a nadlawko ti panangbalikasna iti nga, a, *ti* ken *iti*.

"Apay a kasdiay, 'Tang?" damagek no kua.

"Diak ammo," kinunana.

Sinipsiputak lattan nga agbasa. Saan a nagbayag, siakon a mismo ti agbasa. Agrimrimat dagiti mata daydi Nanang a nangbuybuya kaniak.

Kadagidi met a panawen ti kapades daydi Tatang nga agbasa iti *Silaw*.

Adu a SARSARITA idi ugma ti binasbasana.

Adda daydi estoriana a diak malipatan. Diak ammo no nakapidpidutanna. Ngem nagustuak, isu a malagipko pay laeng.

Maipanggep daydi iti Billit a Sirit. Bay-am man ta isingitko, naimbagto la nga estoriaem kadagiti annakmo...

Iti maysa nga aldaw a dandanin agtindek ti init, napanunot ni Sabas, ti ubing a pumapalsiit, ti mapan agpalsiit—sinaruno ni Luping nga asona—iti sirok ti narukbos a kayo. Pagaayat dagiti nadumaduma a billit ti agaayaw iti daydi a kayo ta adu ti pimmulipol a kanunong a nagaget nga agsabong ken agbunga iti kasla bunga ti mansanita.

Agur-uray daydi Sabas a pumapalsiit iti palsiitanna nga alimukeng ken kiaw. Magustuanna dagitoy a billit ta isuda ti kadadakkelan ken makaawis ti maris dagiti dutdotda. Dina pagan-ano dagiti adu a pitpiting uray naamoda ta nagbabassitda. Agsipsiput met latta ni Luping nga asona. Awan naurayna kadagiti ur-urayenna.

Pagammuan, adda nasinggit a timek a nangawag kenkuana.

"Hoy, ubing, ammok ti naganmo. Sika ni Sabas a pumapalsiit."

Nagtalangkiaw daydi Sabas a pumapalsiit. Awan nakitana. Nagtaul ni Luping.

"Asinoka?"

"Siak ni Billit a Sirit."

Nagtalangkiaw manen ni Sabas a pumapalsiit. Nagmurareg idi dina makita ti agsasao.

"Agpakitaka, no saan palsiitanka!" kinunana a mangrugin nga agduadua. Amangan no agtagtagainep ta awan met ti makitana.

"Hihihi! Muttalengka met gayam. Dinak makita ket nagdadakkel dagita matam!"

Nakigtot ni Sabas a pumapalsiit idi adda billit a nagkayabkab sa nagdisso iti sanga a nagruyag iti sangona.

"Siak ni Billit a Sirit!"

Nagmurareg ni Sabas a pumapalsiit.

"Sika? No pitpitingka met! Diak pagan-ano ti pitpiting! Alimukeng ken kiaw ti ur-urayek!"

"Saanak a pitpiting. Siak ni Billit a Sirit, kunak ngaruden... Apay, no nakitamon ni Billit a Sirit, dimon palsiitan?"

"Kayatmo ti matay?" insagana ni Sabas a pumapalsiit ti palsiitna. Pinalsiitanna ni Billit a Sirit. Natappaak ti billit iti puon ti kayo.

Pumanaw koman ni Sabas a pumapalsiit ngem nagsao manen ti billit.

"Apay, no naparsiitamon ni Billit a Sirit, dimon piruten?"

"Ne, daytoy a Billit a Siriten. Pinaparsiitan, pinarsiitan. Ita, papirut manen... ay!"

Sinutsotanna ni Luping, a nagtaray a nangpidut iti Billit a Sirit sana insungo ken ni Sabas.

Agsapul koma iti palsiitanna, ngem nagsao manen ni Billit a Sirit.

"Apay, no naparsiitamon ni Billit a Sirit, ken napirutmon, dimon yawid?"

"Sutil daytoy a billit, a!" nangudkod ni Sabas a pumapalsiit. "Pinaparsiitan, ay, pinalsiitan. Pinapidut, pinirut, ay! Ita, payawid manen!"

Ket inyawidna. Imbarsakna iti suli. Binambantayan ni Luping, a kasla agur-uray iti bilin.

Ngem nagsao manen ni Billit a Sirit. Inulitna dagiti immuna nga imbagana.

"Apay, no nayawidmon ni Billit a Sirit, dimon irutrotan?"

Makaipalpalladawenen ni Sabas a pumapalsiit.

"Pinaparsiitan, pinarsiitan. Pinapirut, ay... pinidut. Pinayawid, inyawid. Ita pairutrotan, ay... manen!"

Ket dinutdotanna. Sakbay a maidissona, nagsao manen ni Billit a Sirit.

"Apay, no narutrotamon ni Billit a Sirit, dimon partien?"

Nagmurareg ni Sabas a pumapalsiit. Makapekpekkelenen iti billit. "Sutil a talaga daytoy a billit, a! Pinaparsiitan, pinarsiitan. Pinapirut, ay, pinidut. Pinayawid, inyawid. Pinadutdotan, dinutdotan. Ita, paparti manen!"

Saan koman a tungpalen ni Sabas a pumapalsiit ti bilin ni Billit a Sirit. Ngem nagsao manen ti billit.

"Apay, sarutka? No kunak a partiennak partiennak!"

Mangemkemkem ni Sabas a nagtungpal. "Maminsan pay nga agsaoka..."

Ngem nagsao manen ti billit. "Apay no napartimon ni Billit a Sirit, dimon tunuen?"

Makailuslusakenen ni Sabas iti billit. Inaronanna ti dalikan sana insarabasab ti billit.

"No natunomon ni Billit a Sirit, dimon sidaen?" kinuna ti billit sakbay a nakatakder ni Sabas a pumapalsiit.

Nagtanabutob ni Sabas. "Pinaparsiitan, pinapirut, pinayawid, pinarutrotan, pinaparti, pinatuno, ita..." Ket namimpinsan nga insubona. Naimasan, nagtig-ab, ket inyuldagnan iti duag. "Awan itan ti mangmandar kaniak!" Kasta unay ti atiddog ti isemna.

Maal-alanan ti ridepna idi nasinga: "Apay, Sabas a pumaparsiit," ket inulitna dagiti immuna a bilinna, "no nasidamon ni Billit a Sirit, dimon ipugiit?"

Nabaringkuas ni Sabas. Nagkibor ti boksitna. Nagtaray a nagturong iti kasabaan, a sinaruno ni Luping, a nanguray iti panagpugiitna.

Ket naggibus ti pakasaritaan ni Billit a Sirit idi makariing ni Sabas a pumapalsiit...

Maysa laeng ni Billit a Sirit kadagidi adu nga estoria daydi Tatang. Kasdiay no aginana iti nagkaadu a pinusposna iti nagmalem.

Ket daytoy sumaganad ti bunga ti anusko a nagdengdengngeg: bimmaknang ti imahinasionko!

Iti naminsan a panangidisso daydi Tatang iti baro a kopia ti *Bannawag*, sinublatko a binasa—nasayudak idin nga agbasa iti Iluko. Adda nabasak a pakaammo ti maysa nga agparpartuat iti lente. Isurat ti padas iti panangusar iti partuatda ket patulodanda ti nagsurat iti nasao a partuat.

Nangsuratak, iti parparbo a padas. Impabasak iti daydi Tatang, sako pinaibuson. Ket agpayso, nakaawatak iti lente—isuna laeng ta adda littik iti bakrangna!

Ti ay-ayatko idi, a, ket napalalo! Agaasem, uray kaskasano, umuna a sinuratko daydi a naikkan-pateg!

Ngem no kasano ti ragsakko idi, nadlawko ti nalalaos pay a ragsak daydi Tatang... ken daydi Nanang. Nakalawlawa ti rungiitda, ken nakarimrimat dagiti matada.

"Lalaingem, barok," kinuna daydi Nanang. "Sika ti mangilalaem kadakami ken ni Tatangmo," inaprosanna ti tianna, a sinaruno ti panagalidukdokna. Intarapnosna a kinuso ti buokko idinto a sumapsapideng ni lelongmo a Herman iti saklotna.

Daydi Insan Ansit? Adda la iti suli nga agtungtung-ed ken aggilgilab a mangbuybuya kadakami. Malagipko man ita, isu ti ad-adda a patudonen daydi Tatang kadagiti babassit a maitulongna. Awan nadlawko a panagkitakitna nupay matiltiliwak ti panangkitkitana kaniak no dadduma.

Masansan nga adayo ti nakaiturongan dagiti matana bayat ti saggaysa a panagtungtung-ed ken panaggilgilabna.

"Dandanin ti panagpapailista ti agbasa," timmangad daydi Tatang iti sallabawan. Kunam pay, sinipsiputak ti tunggal tignay daydi Tatang. Nagkiremkirem. "Sumrekkanton iti maikadua dita San Isidro..."

Tinaliawko daydi Insan Ansit.

"Sika laeng," nasiputannak daydi Tatang. "Tulongannak ni Ansit ditoy..."

Inggatangannak daydi Tatang iti kammadangko, bakia, kunada no dadduma. Diak pay idi nakakitkita iti sapatos. Palloka ti us-usaren daydi Tatang.

Kinuyognak daydi Tatang iti San Isidro Elementary School. Maymaysa idi ti eskuela nga agpaay kadagiti ubbing ti Abbarit, Saoang, San Isidro, ken diak malagipen no adda pay sabali a baranggay.

Tallo dagidi mangisursuro idiay San Isidro. Dagidi Maestra Erpi, Josefina Gorospe, ken daydi Maestro Felipe Villa a Head Teacher. Sagdudua a klase ti isur48uro dagidi Maestra Erpi ken Siping. Maikalima la ti iggem daydi Maestro Ipi. Damagko man a nagturpos la daydi Maestro Ipe iti maikanem ngem kadagidi a panawen, nangaton ti maikanem ket mabalinen a mangisuro ti agturpos iti kasta a grado.

Natingra pay la iti lagipko ti napasamak iti umuna nga aldaw ti klase.

Nabaked ken buringetnget ti nakatugawko. Baldo ti naganna. Kanayonnak a kariten a makidinnungal iti lapis; uso idi ti dinnugal! Nakitak a nagadu ti dugal ti lapisna. Dua a klase ti lapis idi. Maysa ti amarilio a Mongol, ken sabali ti nabaked a nangisit.

Diak inkaskaso daydi Baldo. Ngem pinilitnak. Inagawna daydi lapisko a mongol. Naginnagawkami. Iti panangagawko iti lapisko, ti kanawan a tammudok ti nadugalan. Ti imasna, inramramannak a binaut daydi Maestra Erpi. Diak nagpulong kadaydi Tatang ta sangkabilinna a saanak a makiringringgor ket diak kayat ti maungtan. Agingga ita, adda pay la nangisit a kasla tato iti asideg ti kukok a nakabatian ti tahar daydi lapis... Komusta ngatan daydi lokdit (pagsasao daydi Tang Ben Pascual a maysa a panuli dagiti mannurat ti *Bannawag)* a Baldo?

Umuna a piglat!

Adu ti padasko iti panagbasak idiay San Isidro Elementary School.

Denggem, Enos Apok...

Iti oras ti recess, no awan ti paaramid ti maestra, pambaranmi ti agaayam iti kalsada a ruar ti alad ti eskuela.

Adda daydi kaeskuelaak a Desiderio Biorje. Asideg ti pagsanaan ti yan ti balayda; nalipatakon no ania a barangay idi.

Iti kalsada a ruar ti bakud ti eskuela, adda naipaunnat a kapukpukan a sanganayon a kawayan. Agtugtugaw daydi Desiderio a mangbuybuya kadagiti agkikinnamat a kaklaseanmi.

Napanunotko, no bagkatek ti murdong ti kawayan, ania ngata ti mapasamak? Aggagatel ti panunotko, binagkatko ti murdong ti kawayan sako inibbatan. Naisaltek a napadata daydi Desiderio. Nakatadtadem dagiti matana a nangmulagat kaniak. Sakbay a nakamatannak, nagtarayakon a simrek iti klasemi.

Mamindua nga agudaudkami a mapan iti eskuela. Agawidkami iti aldaw a mapan mangaldaw, sakaminto manen sumrek iti leppas ti pangaldaw. Ngem kasla awan babannoganmi idi. Dimi sinamsamir ti adayo a pagpagnaenmi. No dadduma, pumurikami iti unas a malabasanmi, wenno agparut iti kamas wenno singkamas no kasdiay a mabisinkami iti panagaawid iti malem.

Adda grupomi idi a taga-Abbarit. Adda met grupo dagidi taga Saoang.

Anastacio Oandasan ti kadakkelan iti grupomi ket isu ti uluulomi a taga-Abbarit. Diego Kilit ti pangulo dagidi taga-Saoang. Daydi met Diego ti kadakkelan ken kabakedan kadagidi taga-Saoang. Kanayon a kasla tumangtangad daydi Diego ta sumirsirip dagidi matana, isu a Kilit ti awagda. Naginawanda kano iti apagkirriit a bunga ti kamantiris wenno damortis.

Idi panawenmi, masansan ti kinnarit no kasdiay a panagaawid. Idi kuan, agiinnuborkamin. Kumaykayakayak ta diak kayat ti mairamraman. Iti naminsan, sakbay a makadanonkami iti Caparinasan nga inipit ti lipit iti kanigid ken ti dasdas a panglintegan a mapan iti Abbarit iti kanawan, nagbinnara dagidi Diego ken Tacio. Dakdakkel daydi Diego ngem saan nga inatrasan daydi Tacio.

Iti panagrupakda, maab-abak daydi Tacio, a, ta basbassit ngarud. Ngem idi kuan, Enos Apok, rinakepna daydi Diego sana nagbitinan a nagngarietan a kinagat ti bibig daytoy.

"Ahay! Ahay! Ahay!" nagsawaw, ken nabistrad dagidi kirriit a mata daydi Diego a nangiduron iti daydi Tacio. Nagaruyot ti dara iti ngiwatda idi aginnibbetda.

Nagdadalagudogkamin a nagtataray! Nabati daydi Diego a nakamasngaad a mangap-appot iti ngiwatna ken at-atibayen dagidi kakaduana. Mangipangpangtada, ngem nageskapikamin a nagpadaya iti panglintegan. Dimmagaskami a nangpuri iti us-osenmi a banila nga unas; pimmarut iti kamas dagiti dadduma.

Malagipko met, a tunggal sardam a panangpalpalabasko kadagiti libromi iti eskuela, umay umap-apiring daydi Insan Ansit ket nakaululimek a mangtantan-aw iti basbasaek; tiptipdenna ti aggilab ken agtunged

Iti arinunos ti Mayo ken serserrek ti Hunio, Enos Apok, agkakukkakoken dagiti kakok a mangipalpalnaad iti panangrugin nga agtinnag dagiti tinukel ti tudo nga iti damo, saggaysa nga agarasaas iti panaw nga atep, kalpasanna sumaruno ti nadagsen a bayakabak ket iti sirok ti sagumaymay maparnuay dagiti abut-abot ket dagiti pamusian sumapsapidengda iti abulog a pangkepkepkepanda kadagiti piekda... Magustuak a buybuyaen dagitoy a paliiwko idi.

Kadagiti pay-as ken kinelleng iti sardam, saanen nga agpakaturog dagiti agdudueto a garakgak dagiti tokak, bat-og—battubattog, kuna dagiti dadduma—ken pilat kadagiti kinelleng ken pay-as.

Kalpasan ti pakpakauna ti nepnep agpessa dagiti abalen kadagiti rengngat ket agtitipkelda kadagiti bulbulong dagiti kariskis ken dadduma pay a narangpaya a sanga a pagbangabangaan dagiti nagpessan a nalabaga nga abal-abal, wenno dapuen nga arus-aros.

Mangisagana idi daydi Tatang, kas kadagiti dadduma a kaarruba, iti pagsuobna nga arutang a naimuntar iti murdong ti atiddog a kiling wenno bulo. Sakbay a sumipnget, kumuyogkami a mapan agsuob iti abal-abal. Naimas a maikrog iti suka ken asin. Mangpilikami idi nga ubbing iti singdananmi iti panait ket imuntarmi iti naggawangan a lata ti sardinas wenno gatas. No agtayab a manglawlaw iti lata, arigna nasam-it a musika ti parnuayen ti tugtugtog bayat ti pananglawlaw ti abalen wenno arus-aros iti lata.

Maysa pay a nakallalagip. No kasdiay a nangrugin ti matutudo, agtubo dagiti uong iti sirok ti kinawayanan, wenno iti babaet dagiti kayo. Uppat ti malagipko a kita ti uong. Uong-gadu ti kabangluan ken paborito dagiti mangnguong. Ti uong-billit ti arigna immittip ket maay-ayoka nga agparut. Ti uong-bunton ti manmano. Adda pay uong-a-nagsingsing. Awan ti agsidsida iti nagsingsing ta adda kano sabidongna. Adda pay gayam maysa, ti laplapayag wenno kuditdit a kumkumpet iti puon ti kayo. Agiinnunakami kadagidi Insan Ansit ken Erwin a rummuar ket arigmi idi iti aso a saep a saep a pangtuntonanmi iti yan ti rimmuong dagiti uong. Wen, adda naisalumina nga asep dagiti uong, Enos Apok. Naimas ti uong a sagpawan iti bulong-paria ket mamutittitkami nga agarub-ob iti digo!

Iti dayta met a panawen ti panagruar dagiti andidit ken kulintaba. Kas kadagiti tokak, makaduayya met ti uni dagiti andidit a kumkumpet kadagiti sanga ti sua. Dagiti kulintaba arigda iti napino a bitbituen nga agruar iti sumipnget. Magustuak ti panagkiremkirem dagiti kulintaba iti sallabawan. Sidsiddaawek idi no nangal-alaanda iti rimatda. Ngem paggugustoda a butongen ti pagsaingan; agsebbada iti apuy, a dida ipagarup a pakatayanda. Adda daan a pagsasao a mayarig dagiti tao a mayarig kadakuada.

Kaimnasan ti rikna a gubuayen ti kasla awan sardayna a bayakabak, Enos Apok, a tumarakatak kadagiti bulong iti sinabaan iti amianan ti balay. Nakaim-imas ti agkukot nga agpadaga ket diak la ketdi kayat ti bumangon, nangruna no iggemkon ti kopia ti *Bannawag* nga ulit-ulitek a basaen.

Iti maysa a Sabado nga adda pay la arbis kalpasan ti mano nga aldaw a nepnep, imbaonnakami daydi Tatang a mangruot. Duakami iti daydi Insan Ansit. Agpambarak koma ti kunak ngem ingguyodnak daydi kasinsinko.

"Dikay agbaybayag," imbilin daydi Tatang iti abay daydi Nanang a mangsarsarapa iti tianna. Sikogna idin daydi lelangmo a Tessie. "Dikay agringringgor."

Nagannangaak ket nagkapote daydi Insan Ansit ta isu ti nagsakbat iti kuribot. Nagkallugongkami iti payabyab. Saggaysakami iti kumpay.

Nagsapulkami iti naraber a tambak a pagruotanmi.

"Dar'sem tapno makaawidta a dagus!" indagdag daydi Insan Ansit.

Ngem imbumbuntogko. Pampanunotek ti pangtedko a basaen. Di pay nagudua ti kuribot. Gapu ta diak mangikaskaso, kinatusannak! Nasaktanak. Nagtartarayak a nagawid. Nasakit ti nakemko ta awan pay ti nangsagsagid kaniak. Uray dagidi Tatang ken Nanang, diak naramramanan ti imada. Siak kano ti kasingpetan nga ubing iti lubong! Kasta unay ti panangipatpategda kaniak. Isu nga inkeddengko ti agpulong. Nangnamnamaak a bauten daydi Tatang daydi Insan Ansit.

Ngem baliktad ti ninamnamak!

Agpada a pinanabsiit daydi Tatang iti nagibellatan ti lakkomi. "Sangkakunak a dikay agringriggor!"

Ti saniitnan, aya, Enos Apok, inngarietko pay! Nagtartarayak a simmapideng iti daydi Nanang a mangsarsarapa iti tianna. Kasla saan a narikna daydi Insan Ansit. Saan a nagsangit, ngem nakasaksakit ti kusilapna kaniak ket ad-adda a nabullad dagiti matana ken nagtatarastas ti tung-edna.

Daydi ti damo ken naudi a pannakaramanko iti ima daydi Tatang.

Ngem daydi metten ti naudi a pannakakitak iti daydi Insan Ansit idiay Abbarit.

Saanmin a nariingan iti kabigatanna.

Nasiputak ti napaut a panangibambansag daydi Tatang ti panagkitana iti adayo iti kabigatanna, ken kadagiti simmaruno nga aldaw. Maamrisko ita, a nalabit a pinampanunotna ti karina iti daydi Angkel Marcos wenno Doro, a dina panangbaybay-a iti daydi Insan Ansit.

Nadamagmi idi agangay a napan daydi Insan Ansit idiay Panayogan. Pinagpagnana ti agarup dua a kilometro a nagpa-Bacsil, sa mano a kilometro a nagpa-Cabugao, sa tallo manen a kilometro a nagpa-Panayogan. Agaasem ti bannogna a nagta-lay? Immapay met la ti asik kenkuana.

Ti dakesna idi awanen, Enos Apok, sisiakon ti napan nangruruot no kasdi a bakasion. Numona ta saan laengen a daydi Ulandis ti inruruotak. Nangala pay daydi Tatang iti kabalio nga alasan. Siak payen ti nagiwaywayway. Pumigpigsa idi ti panaggatang-pannakisinnukat daydi Tatang iti baka, kabalio wenno nuang, ket naturtoranak nga agpastor no bakasion ken no sumangpetak nga aggapu iti eskuela.

Lima a piglat ti nabati a pakalaglagipak iti kaawan daydi Insan Ansit. Dumngegka ta saggaysaek.

Iti naminsan a panangruotko kadagiti tamtambak, nga usarko ti kumpay, nagudagodak ti kanawan a kikitko! Nagngarietak iti sakit—no malagipko ita, kasla marikriknak pay laeng ti ikakagat ti giritgiritan a tadem ti kumpay! Diakon nataw-an ti piglat; adda pay laeng! No kua manen, sirigek dagiti piniglat a ramayko, kas ita a sursuratek datoy.

Nasunotan daydi a gudagod ti kumpay! Ti pattongaganko ti kinagat ti salbag a kumpay! Nakaro daydi ta kinnanna daydi puon ti kukok, isu nga aginga ita, pisi ti kuko ti pattongagak.

Simmaruno ti pasiraw-at. Saanen a nasakit, kunam, ta nasanayakon a makumkumpay, ngem agngarietak latta no malagipko.

Sa ti tammudok. Di kad' kunak a nadugalan ti asideg ti kuko ti tammudok? Iti naminsan a papanko panangumpitis iti lakub iti amiananmi, iti panangsingtawko iti nabulong a sanga ti kumpitis, kimdias ti buneng ket kinnanna ti tuktok ti buko ti tammudok iti asideg ti gemgemko. Nagaruyot, a, ti dara, ania koma pay!

Ti naudi, daytoy... Saanak nga agang-angaw! Dakkel ti piglat iti tuktok ti tanganko a kinagat ti buneng iti naminsan a panangpukanko iti maysa a sanga.

Dagita a piglat kadagiti lima a ramayko ti ebidensia ti kinaarrabisko!

No malaglagipko daydi Insan Ansit, nagdakkel ti babawik. No diak nagpulong idi iti daydi Tatang, saan koma a pimmampanaw daydi kasinsin nga Ansit ket nalabit nga awan koma dagitoy a piglat!

Maika-6 a Paset

Abbarit 2

ADU PAY TI DIAK nasarita maipanggep iti panawenko iti Abbarit, Enos Apok, ket palubosannak a mangurot kadagiti babassit ngem agsalasala pay la iti mugingko. Kayatko laeng nga ipalagip nga uray kasano ti kinanumo dagiti pasamak, no agsublida, ikkan met iti sangkapirit a panangipateg.

Ituloyta ngarud iti pangtedko.

Di nagbayag, insukat daydi Tatang daydi Ulandis iti bumaro a nuang. Nalukmeg a nuang, dakkel ti pasupasona ken arigna apagtungbol dagiti sarana. Nakarabraboy ti isem ken narimat dagiti mata daydi Tatang idi insangpetna ti nuang.

"Nabalbalatongko daydiay pada a tao," kinitana ti boksit daydi Nanang. "'Momon, a, no ammom ti kaipapanan ti nagsasaadan dagiti alipuspos ti tarakenmo, dakkel a banag daydiay. Naimbag la a pagsanggiran ti insema a naganansiak... Wen gayam, 'nakto sukonen ni Nanang ta isunto la ti umay mamaltot kenkan... wenno ninto manen Mang Durkio?"

"Ninto laengen Nanang, a, ta isunto met la ti mangil-ilut kaniak no makapagpasngayak," kinuna daydi Nanang.

Impasngay daydi Nanang daydi lelangmo a Tessie, Enos Apok. Nasurok idin a tallo ti tawen ni lelongmo a Herman. Nangisagana daydi Tatang iti dalagan, ken napan nagsapul iti bulongan a sanga ti dangla nga inkabilna iti sirok ti dalagan. Diak ammo no ania ti naun-uneg a kaipapanan ti dangla a maikabil iti sirok ti dalagan, ngem adda sutil dagiti nataengan: no narurosen dagiti bulong ti dangla, kaipapananna a mabalin kano manen! Huh, bay-amon no ania daydiay mabalin!

Iti daydi a tawen, dakes a gasat ta nairanrana a nagsakit ni lelongmo a Herman. Kasla nagwerret a tarampo daydi Tatang, naimbag ta adda daydi Lelang Simona a timmultulong kenkuana.

Ngem siak met ti naturtoran a nagpastor; nangruot ken napan nangipadigos iti daydi Bumaro.

Iti naminsan, naikuyogak a nagpadigos idiay Limas. Adukami a nagsasaruno. No kasdiayen, itarapnos metten dagiti dadduma ti agdigos bayat ti panangurayda kadagiti pastorda nga agnunog iti agus. Aglabosda lattan nga awan babainna. Pati daydi bapak a Castor. Bassit a tao ngem timmangbaw ti tiltillayonna!

Adda daydi kabay-an a nuang. Nadlawko ti panagtaltalangkiaw daydi Bumaro, ken ti panagsaepsaepna.

Idi patakdangenda ti kabay-an, immapal met daydi Bumaro. Isu nga uray no diak pay koma kayat ti agawid, sinakayak metten. Ti imasna, idi taluntonenmi ti lipit, dakesen ta kumamat metten daydi loko a Bumaro! Ow-ak nga ow ngem diak naigawid. Nagdanagak ta diak makawiwitan gapu iti kalukmegna. Naminsan pay a limmagto, Enos Apok, naipallangatokakon ket nanabtuogak iti bakrang ti lipit.

Napukaw ti puotko ket idi agsubli, at-atibayennakon daydi Bapa Castor. Diak malagip no asino ti nangyawid iti daydi Bumaro.

Nagsakitak iti makalawas. Makadominggo met a diak nageskuela. Nakabarbaraak. Nagam-ammangawak. Adda daydi abut a kasla kakaasiak nga agbakambaka nga umuli ket idi makadanonak iti ungtona, nakalawlawa a panayag a kasla asideg ti langit; ngem idi kuan, kellaat nga adda nangsultop kaniak iti nasipnget nga abut nga agpababa. Agriawak ti kunak ngem awan met ti sumngaw a timekko.

Nakariingak iti pananggunggon kaniak daydi Tatang.

Adu ti bulbulong nga intapaltapal daydi Lelang Simona kaniak, ken tinakutakonak pay daydi Tatang. Malagipmo ti takutako, Enos Apok? daydiay nabuksilan nga itta a miniminian daydi Tatang sakbay nga ipatapawna iti danum?

Panunotek la ita ti rigat daydi Tatang a nangipuspos kadakami, idi kapilitan a nagsubli daydi lelang idiay Panay-ogan, diak ammo no nabaelak koma no siak ti nagsaad iti biangna.

Daydi met ketdi ti nangrugiak a nagnakeman. No mapanak mangruruot kadagiti tambak iti kataltalonan, nakitak dagiti aglawlawin kadagiti tambak ti pinagayan a nadanum ken agbambanniit iti waig wenno pay-as. Maay-ayoak idi, Enos Apok, a mangbuybuya iti panagdaldalluyon ti pinagayan kadagiti kinelleng no kasdin a mangrugin nga agtamed dagiti dawa ket addan dagiti billit-tuleng nga agur-uray iti sibaenda.

Nakasursuruak met a nagarado ken nagpalpal wenno nagmuriski ta nakibiangak idi araduen daydi Tatang ti bangkag iti laud ti balaymi. Insurona no kasano nga ipakan ti sual ti arado, a nasken nga italmeg ti witiwit no parabawen ti sual, wenno ingato no ipakan ken nasken pay nga ammom nga abogen wenno pagsardengen ti nuang nga awan piman ti ammona no di sumursurot iti bilin ti amona. Idi agpalpal daydi Tatang, nakibiangak manen. Naimas man ketdi ti aglugan iti palpal. Isuna laeng ta dandaniak napalpal idi kellaat a nagsardeng ti nuang sana imbaba ti kutitna sana intayok ti ipusna.

Kunam pay, napadasak met, a, ti nagraep iti nakalutlutak a kapitakan! Nalaka a tuladen ti aramid dagiti managraep ngem saanak a nagbayag ta nakettang ti siket. Naketkettang ngem daydi panagmulami iti pagay idiay Bantay Baybayabas. Ubingak pay idi ngem nariknakon ti sakit ti siket, anianto la ketdin dagiti arigna agmalmalaem a nakarukob. Ngem nagmayat man a buybuyaen ti parasipis ti danum ken pitak ken ti nawido a panagpiritda iti sinekka a bunubon nga itugkelda iti agpapada iti kaaddayoda.

Ti man imasna ket no kasdiayen nga ipukkaw daydiay nagsusuon iti dapilag wenno labba ti pangaldaw iti sirok ti narangpaya a kariskis. Pinasalsaliak met, a, a nakipangan. Nagimas ti balon a lauya a manok a nasagpawan iti papaya, kunam sa, Enos Apok!

Ay, adda pay maysa. No kasdiayen a panagani, pasurotendak idi no kasdi a bakasion iti eskuela. Pagbaduendak iti agkalawkalaw nga atiddog ti manggasna. Insurodak nga agiggem iti rakem. Idi damo, binuybuyak ti nakasigsigo a pangyapliaplit dagiti agani kadagiti dawa iti maysa nga imada nga amano met a mangsippaw iti luganian ket manen, tarastasenda ti agrakem a no dadduma, paggiddanenda pay a rakemen ti agabay a dawa.

Idi diak pay napadasan nga ipakan ti rakem, kunkunak iti nakemko: nalaka la dayta!

Ngem idi rugiak ti agrakem, ama, ta diak met maipakan ti rakem ta diak met maisimpa iti nagbaetan ti tammudo ken pattungagan. Nasursurok met laeng kalpasan ti dua, tallo a pakan ti rakem. Ngem idi kuan, suksukloyekon ti saem nga in-inut a sumuknor kadagiti ramayko. A ta gayam, tinabtaban daydi diables a rakem dagiti ramayko!

Ti saemnan, aya!

Ngem nakasursuruak met laeng idi mabaybayag.

Sakbay a nagtalaw daydi Insan Ansit, dakami ti para ruot iti kanen dagiti nuang wenno baka daydi Tatang. Bakbaka ken dukdukayyang ti malagipko a kanayon a ruotenmi nga agkasinsin. Panakkelen ti kuribot nga isakbat daydi Insan Ansit. Nalaga a kawayan nga adda sakbatanna ti kuribot, Enos Apok, tapno ammom.

Kaaduanna a mais ti imulmula dagiti tao kadagiti bangkag. Kaaduanna met a dukdukayyang ken bakbaka ti agtubo a ruot iti linimbang dagiti mais.

Natatayag dagiti mais, ken dadakkel ti salapida ket no dadduma, magargari daydi Insan Ansit nga agpuros. Ngem pawpawilak.

Amangan no maduktalandakami manen, kas iti napasamak idi ulitenmi koma ti mangpuros iti dakkel a bunga ti sandia daydi Lakay Berong idiay Bantay Baybayabas.

Nagmayat man ti rikna no aginnabrasan ti Mayo ken Hunio. Nasagidkon daytoy idi, ngem magustuak man nga ulit-uliten... Palnaad daytan ti panagpakada ti kalgaw ken ti isasangbay ti panagtutudo. Idiay Bantay Baybayabas mangngegko koma manen ti kukkukukko dagiti kakok nga aglemlemmeng iti kasamsamonan. Ditoy Abbarit, agpiestan dagiti tokak ken bat-og ket umarianggada iti sardam; ipalnaadna metten ti panagruar ti adu a babassit ken nakaskasdaaw a tumatayab, ta no apay nga iti la kasta a panawen ti panagparangda

A ditoy West Valley, awan uray maysa la koma a nakitak; wenno nagparang.

Maysa dagiti simutsimot; nasaok sa metten? Bay-amon ta ulitek manen. Ammom ti simutsimot, Enos Apok? Isu daytay awaganda iti *moth* iti Ingles. 'Momon, a, no ania daydiay. Ngem buklen kano ti agarup 160,000 ti kitana daytoy a tumatayab.

Ti dakkel a pakaidumaan ti simutsimot iti adu a babassit a tumatayab isu ti panagsebbada iti apuy. Sapulenda ti apuy ket siempre ababa ti biagda ta mapanda met agsebba. Diak kayat ti panagruarda ta butongenda ti pagsainganmi iti balay ket dimo ida mabugaw, nakarkaroda pay ngem dagiti ngilaw iti aldaw. Iti bigat, no bumangonak, nagadon ti makitak a nagtinnag iti ulesko.

Adda pagsasao iti Kailokuan a mapan agsebba dagiti tao a sumarakusok iti peggad uray pakatayanda. Kasdiayak sa ketdi, Enos Apok!

Kasla koma no ti baro ket adda sabsabongenna. Uray agmulagat iti puraw maalana la ketdi daydiay pagbabagtitanna nga imnas.

Sika, Enos Apok, adda kadin sabsabongem?

Saan a dakes no kasta... dika la ketdi agbagbagtit a kas iti daydi Angkel Aling, a!

Sabali pay ti kulalanti. Wen, agruar met dagitoy a tumatayab iti kasta a panawen. Dua ti ammok nga awag iti daytoy. Kulintaba ti maysa.

No iti sardam a panagruar dagitoy, magustuak la unay ti panagiddeiddep ti bassit a lawagda a kaarngi dagiti bituen iti sardam.

Ad-adda nga agbabangabangada kadagidi pinuon ti sua iti asideg ti ruangan ti solarmi iti laud.

Yar-arigko ida iti arapaap ti tao nga adda panawen a nakapaspasnek a mangtunton iti panggepna nga into no kuan pagammuan ta mapukaw lattan a kas iti labutab, uray no dina pay natungtungpal ti arapaapna.

Idi damok ti agarapaap, kunak iti nakemko: daytoy ti kayatko a tunoyen. Sirmata, kunada. Iti naun-uneg a panangiladawan.

Natungpalko kadi, wenno nagmata kadi ti sirmatak? Ania ti panagkunam, Enos Apok?

Wen, sabali pay ti abal-abal wenno aros-aros. Nalabaga ken nangisit dagitoy. Diak malagipen no ania kadagitoy ti abal-abal ken no ania ti arosaros.

Ngem agiinnunakami idi kadaydi Insan Erwin ken dadduma nga ubbing a mapan agsuob ken agwagwag kadagiti kariskis nga ad-adda a pagkaptanda iti sakbay ti sumipnget; saan unay a makikuykuyog daydi Insan Ansit. Adda kaduami a nataengan.

Naimas idi a kirogen dagiti babbaket iti suka ken asin.

Saan la a masida.

Ay-ayammi pay.

Singdananmi iti sinulid sami igalut iti tudok nga imuntarmi iti lata a nagawangan iti sardinas wenno gatas ket nakadakdakkelen ti isem ken garakgakmi a dumngeg iti tanaktak ti lata bayat ti panagpulpuligos ti abalabal.

Adda nagsayaatan ti pappapanko iti kataltalonan, a kadagidi kakasdi a panawen, nakalanglangto ti pinagayan iti intero nga abagatan a paset ti Abbarit, agingga iti Kabanayan. Adda naiban-uyat a nauneg a waig a pannakamuhon ti dua a lugar.

Adu idi ti nakitkitak nga aglawlawin ken agbambanniit, kas kadagidi kasinsinko a Boni ken Itok. Immapalak kadagiti nakitkitak a makalapanda iti waig ken kadagiti sinilong. Nagustuak la unay ti nabuybuyak a panagibaisda iti banniitda a pagbitinan ti nabanniitanda nga ar-aro, ken tilapia, paltat, ken uray pay dalag.

Nagpagatangak iti daydi Tatang iti lawin ken banniit. Tinuladko ti inar-aramid dagidi kasinsinko. Insurodak no ania a kita ti alinta ti kaliek a pagappan iti lawin. Kuret wenno alinta. Wenno tokak. Ngumisit ken daddadakkel dagiti kuret ngem dagiti alinta. Alinta kunada iti sabali a lugar iti alimatek. Dagidi beteranon a mangngalap iti waig ken iti kinelleng, babassit a tokak ti pagappanda. Ti lawin a kunada idi idiay Abbarit, Enos Apok, ket daytay yugnay iti agarup dua a dangan a nasigit a kawayan nga itugkel iti bakrang ti tambak. Ti aw-awaganda iti banniit idiay Abbairt isu daytay atiddog ti taliwanayna nga ibaismo iti waig ket urayem nga adda dumawi a gurami, ar-aro, dalag wenno buntiek.

Napadasak dagitoy dua a pagkalap. No dadduma, maipulpulipol ti lubid ti lawin ket kasta unay ti ay-ayatko ta ipagpagarupko nga adda nalawinak a dakkel a dalag. Ngem buntiek met la gayam ken inunuaannakon ti diables a kappi ket siit ken ulo laengen ti nabati. No dadduma, kunak no iwet ti nangsikbab iti appan ti lawin ngem kasla ramay met nga uleg!

Ngem dita met a paset ti Cabanayan ti nakadamagak, ken nakakitaak iti aluyuoy, daytay manglumuylumoy a panglawaen a lipnok a napalawlawan iti naraber a ruot. Gayunggayong ti awag ti dadduma. Isu met la gayam a kasla di masagsagid dagidi a ruot ta awan ti makaitured nga umasisdeg. Adda kano inalun-onna a nuang ket saandan a nayaon.

Kaay-ayok ti agbanniit. Uray kasano a kettang ti nakatakder iti no mano nga oras nga aguray iti dumawi, no addan mapadawi a mangkutingting iti banniit, ket matiempuam nga ibais, nagmayat ti rikna ti kuyegyegna a kas man la kumamang iti pusok idi! Uray babassit ti araro a maal-alak idi, Enos Apok, malipatak ti tumakdang ta agururayak iti sumikbab iti appanko nga alinta, daytay kinalik iti sirok ti kawayan.

Nakaay-ayat man no agsangatak idi iti impakatko a lawin no nangerteng wenno naipulpulipol ti lubidna kadagiti puon ti pagay, agingga a makitak no ania ti nangipulipol. No dadduma, buntiek, igat, ken dalag.

Adda dadakkel, adda babassit. Nakasaysayang no maunaandak ti kappi wenno ania man. Siit laengen ti nabati!

Naminsan, nagpakatak iti asideg ti sungaban ti tarik idiay pay-as. Bareng makaalaak iti dakkel, kunak man, ta ninamnamak a no sakbay a maipupok iti tarik, makitana nga umuna ti appan ket manamnama a sikbabaenna.

Kasta unay ti ragsakko idi napanak nagsangat ta nakitak a nangala wenno nakasaideng ti lawinko iti dakkel a dalag!

Ammom kadi? No kano naabbatanen dagiti kinelleng, aglemmeng kano dagiti dalag iti uneg ti pitak ket agbiagda dita, uray no agrengrengngaten ti kinelleng? Nabasak dayta iti sarita ni Firmo Estocapio, a paboritona ti agsursurat iti maipanggep iti ikan.

Natungday ti panangim-imasko a mangmutmuttaleng iti nalawinak a lames idi kiniggtotnak ti bugkaw ti agkabannuag iti likudak.

"Apay a nagpakatka'dta!" nabukilad dagiti matana.

Kunak no pateltelannak idin ta inlayatna ti narakab a dakulapna, ngem natengngelna met laeng.

Impangtana a sulnotenna ti tiltillayonko no sunotak pay.

Dinardarasko nga inikkat ti lawinko, ken nangubon iti naalak a dalag. Intarengtengkon ti immadayo!

Saanakon a nagsubli iti sungaban ti tarik manipud idi. Namak payen no paypaysuenna ti pangtana. Awankay ket koma itan!

Wen, gayam, ammom ti kayat a sawen ti tarik? Isu ti pamupokan a sangatenda kalpasan ti sumagmamano nga aldaw, no namnamaenda nga adun ti napupok a lames, uray pay kappi ken lagdaw.

Nakisang no dadduma ti mabanniitan. Wenno diak ngata ketdi ammo no sadino ti kasayaatan a pagpuestuan. Nakettang ti aguray iti dumawi; saan a maisina ti panagkitak iti panggalto; no lumned-tumpaw, kayatna a sawen adda dumawdawi. No saanen a tumpaw, addan mangguyguyod. Rumagutok ti barukongko. Masapul a kumpasak ti dumawdawi. No saan, makabulos. Alistuak no kua a katikaten ti lubid ti banniit.

Iti ballasiw ti waig—pay-as ti awagda iti basbassit ngem iti waig— adda kalawlawa ngata ti innem a sinublan, a namurumoran iti nakarabraber a paratipit.

Naminsan a pinanggepko ti umasideg, nakigtotak idi adda nangriaw kaniak iti adayo a likudak.

"Dika umas-asideg dita!" kinuna ti agkabannuag. "Aluyuoy dayta! Alun-onennaka!"

Idi la a nadlawko nga aglumuylumoy gayam ti aluyuoy!

Gayunggayong ti maysa nga awagda iti aluyuoy. Inestoria ti agkabannuag nga addan nuang nga inalun-on daydi nga aluyuoy. Ket saandan a naala.

Nagyamanak. Namak payen no awan daydi tao, Enos Apok?

Awanak koman... awantayo koma amin.

Ammom kadi? Adu ti aluyuoy; saan la nga idiay Kabanayan. Uray ditoy. Uray sadino. Iti amin a lugar. Iti amin a panawen. Laglagipem dayta.

Isu a no dika agannad, Enos Apok, pagammuan lattan ta alunonennaka ti aluyuoy; sakbay a maibaismo ti banniitmo. Ammom ti kayatko a sawen?

Idi kuan, simmangpet ti Birhinia! Ayna, Enos Apok, daydi a tabako ti nangdadael a namimpinsan iti lasbang ti aglawlaw. Napukaw dagidi nalangto a kanatengan. No malpas idin ti panagani, maparaspasen dagiti garami sada makerker a maipempen. Sumaruno idin dagiti nadumaduma a natnateng wenno mais wenno singkamas, ken adda idi pasetna a mabaluan iti unas, a nangted iti sabali a sudi ti aglawlaw.

Sabali ti inyeg ti Birhinia. Manipud iti babassit a bukel a naiwarakiwak iti pagmasetasan, umittipda ket agarup sangadanganen ti kadadakkelda, mabalindan a paruten sa maimula kadagiti kinelleng ken bangbangkag. No kasdin a panaggagatud, ama, Enos Apok, ta nakapigpigket dagiti ramay nga agtudok kadagiti nalasbang a bulongna. Nalasbang, kunada, ngem diak magustuan ti ingelna!

Ngem naisursurotak a nakipagtudtudok no kasdiay a panaggagatud. Ukkonendakami idi nga ubbing nga agtudok ket tangdanandakami iti nikel iti sangkatudok. Adu ti nabangon a pugon wenno urno a pagpuyatan a bantayan nga aronan dagiti agpugpugon. Ket adu met ti napugipog a kaykay a pagsungrod.

Ken adu ti simmilap ti tuktok ti balbalayna.

Iti ababa a pannao, adu ti bimmaknang.

Ngem saan a nairaman daydi Tatang. Awan ngamin ti talon wenno bangkag a mulaanna. Wen, nagmulan sa idi iti bassit iti daydi nangtulongak kenkuana a nagarado ken nagpalpal. Ngem saanna a kaimaan ti agtalon. Kinaykayatna ti nakisinsinnukat iti baka wenno nuang.

Kadagidi met a panawen ti Birhinia ti kagarbo wenno kapades ti kankandidata, a nairana pay iti piesta ti San Isidro. Diak malagip ti eksakto a petsa ti piesta ngem saan nga umad-adayo iti Semana Santa.

No kasdi nga umadani ti piesta, adda idi bisio dagiti babbaro ken babbarito. Tinnuktok iti itlog. Napateg idi ti itlog. No asino ti malittikan ti itlogna, isu ti maabak ket alaen ti nakalittik ti nalittikan nga itlog. Uso pay idi ti paspasion—diak ammo no adda pay ita—ket nalaing dagidi pumurok iti Abbarit nga agikabisa iti pasion. Aguummong ti sumagmamano a pumurok ket yayug-ayogda ti pasion.

Malagipko man ketdi, Enos Apok, paset met idi ti piesta ti komedia.

Naal-ala daydi Tatang a maysa kadagidi agbibiag iti komedia. Maysa idi a prinsipe a diak malagipen no asino a prinsipe, ta nalaing iti eskrima. Insuro ngamin daydi lelong a kunak idi a nalaing iti pinnalting.

Nalipatak metten daydiay Birhinia. Wen, gapu iti kaadu ti paglaklakuan dagidi bumibirhinia, kasla agayus ti kuarta ket malipatanda ti tuokda a nagmula ken nagurno.

Adda daydi kabagianmi a balasang idiay San Isidro a nagkandidata ket nairana met nga adda mangsabsabong kenkuana a taga-Bacsil sa idi. Umay la dumaydayo daydi a baro ket agbalon iti dakkel a kantidad a nabirhiniaanna. Adda idi tagilako dagiti kandidata nga uray ania a nabungon a pagtitinnawaran dagiti tahor. Mangrugi iti lima a pisos no dadduma, depende no ania a klase, a dumanon pay iti nasurok a sangagasut. Kasla box *social* sa ti awagda idi; diak siguradon. Daydi kunak a manabsabong, awan ti pinalabasna a lako a nairanta a para iti daydi kabagianmi a kandidata. No adda mangtawar iti tagilako, dublienna no dadduma. Wenno triplienna pay. Agingga nga awanen ti mangrimbaw iti tawarna. Kayatna la nga ipakita a baknang—awan aniaman ti bannogna a nagbirbirhinia maipakitana laeng nga adu ti kuartana.

Kadagidi a piesta, Enos Apok, adda bassit napagket daydi Tatang. Ammom no apay? Di kad' kunak itay a gimmatang iti kabalio? Di kad' adda daydi daan a karisonna? Isu ti inusarna a kalesa!

Innalanak a para awat iti plete. Adu ti nakuartami idi. Umuna, a mapankami iti ruaran ti Bacsil ket awisenmi nga aglugan dagiti mapan makipiesta idiay San Isidro. Kastanto manen no panagaawidan. Agdidippiit dagiti pasahero, a naglugan uray no karison laeng, kayatda la ti makadanon daras iti papananda.

Agsublita iti daydi baro a tahor.

Nagbain ngata daydi kabagianmi a kandidata, ta diak ammo no adda naaronan a gustona, wenno naasian wenno uray anian, ta di nagbayag isuda met la ti nagkagasat.

Iti daydi met a piesta ti immuna nga isusuknalko iti simbaan, Enos Apok. Dinakami inaw-awis daydi Tatang a makimisa; pulos a diak nangngeg.

Ngem nagbakasion daydi Anti Tasing ket inukodnak nga impa-San

Isidro. Adda idi simbaan idiay, wenno kapilian sa ti awagda id.

"Kuyogennak a mapan makimisa," kinunana. Aggudenggudengak ngem pinilitnak. "Masapul a ti ubing maimula iti isipna ti kinapateg ti Dios," kinunana. "Kakaasiannaka no kua ti Dios no makimisaka."

Isu a napanak simmurot uray no diak koma kayat ta kaykayatko ti makikoriendo. Bulintik, kuna dagiti dadduma. Wenno makidinnugal iti tarampo wenno sunay.

Awan naaw-awatak iti imbagbaga daydi Apo Padi ta Latin sa ti adadda nga inusarna idi. Ngem daytoy ti diak malipatan: binilinnak daydi Anti Tasing a mapan agkompesar. Diak idi ammo no ania ti kompesar, ngem dinagdagnak.

Daytoy, a, ket awan surok ken kurangna, Enos Apok.

Nagtakderak iti sango ti bassit a tawa nga adda iket-iketna.

"Ubing," nababa ti timek daydi Apo Padi, "apay nga immayka?"

"Imbaonnak ni antik nga umay agkompesar, Apo."

"Nasayaat... Ania ti basolmo?"

Napangangaak. "A-awan, Apo."

"Adda. Amin a tao, adda basolna."

"Awan, Apo," kinunak latta ta awan met ti ammok a basolko.

"Ibagam lattan a nagtakawka iti itlog."

"A-awan ti tinaktakawko, Apo."

"Basta."

"Kasano ti agtakaw, Apo?"

Imbagak iti daydi Anti Tasing ti padasko. "Di met, aya, dakes ti agululbod, Anti?" dinamagko.

Dinak sinungbatan. "Agawaam ti agbasa ta umaykanto 'diay

Manila," kinunana ketdi.

SAAN A NAGBAYAG, nagpa-Baba metten dagidi Lelong Iroy, Lelang Andiang, ken Angkel Aling. Kumarkaro kano ngaminen daydi Angkel Aling ket pulosen a di makatulong kadagidi lelong ken lelang kalpasan a nangasawa daydi Nana Caring a sinabsabongna idiay Abbarit.

Nangbangonda iti balayda iti daya ti kosina a sigud a balaymi. Timmulong dagidi Anti Tacing ken Immiang iti nagastoda babaen ti nagtultuloy a panagdidianda iti tao idiay Manila. Agarup agkadkadakkelda iti balaymi.

Kasta unay ti ay-ayat daydi Insan Erwin ta agkaduakami manen. Naragragsak pay a kumuykuyog kaniak ngem kadagidi kakabsatna a Boni ken Itok. Nagyan latta kadagidi Lelong Iroy ken Lelang Andiang. Saan nga iti daydi Angkel Irid.

Saan a tinallikudan daydi Tatang ti nakairuamanna a trabaho. Gapu iti kaawan ti daga a sukayenna, intultuloyna ti naggatang ken naglako iti ania man a dinguen wenno pastoren. Baka. Nuang. Uray pay karison.

Nasaok kadi idin?

Wen, kabisadona ti agipudos. Ammona ti kaipapanan ti nagsaadan ti alipupos ti baka, nuang wenno kabalio. No sadino ti nagsaadan ti alipusposda, adda kano kaipapananda. No saan a nasayaat ti nagsaadan ti alipuspos, ibagana iti kasinnukatna wenno gataganna a gapu iti dayta, dina magtengan ti presio a kayat ti aglako wenno kasukatna. Tawaranna iti menus presio.

Sa inton ilakona, adunto manen nga ibagbagana a pangingatona iti presio ti ididiayana. Masansan a mangab-abak daydi Tatang iti ginnatang wenno sinnukat.

Ngem saan met a kanayon a kasta, Enos Apok.

Adda dagiti gundaway a di ibaga ti kasinnukatna ti ugali ti isukatna.

Iti naminsan, adda nataraki a nuang a nagustuan a dagus daydi Tatang ta malaksid iti kalukmeg ti nuang, bumaro pay.

Ngem idi naalanan, kasla di mauma nga agdaydayamudom.

Rittuok wenno betted daydi nuang a naalana!

No magna, ulodenna ti sakana a simkil ket no naulodnan, kellaat a magutta ket mayaskawna manen. Saan a mausar no kasta.

Saan a kanayon a kasta daydi a nuang.

No laeng sumro.

Ket saan a simro idi alaen daydi Tatang!

Saan a nagbayag ti nuang iti daydi Tatang.

Nalugi daydi Tatang.

Ta inlakona iti pagpartian!

"Sumubbotakto," inyan-andingayna iti bagbagina.

Maysa pay a nangpangayed iti daydi Abbarit no umadanin ti Paskua. Sakbay ti Paskua, Manguper dagiti nataengan iti diket a bellaayenda. Mangkalida iti tagapulot iti lata wenno mangrumekrumekda iti tinapay. Adda dagidi mapan mangpaguyod iti no mano nayon a bulo maniupud idiay Surong wenno Baybayabas a gupugopenda a pagtubongan. Adda met mangisagana iti bunot ti niog wenno bulong ti saba a pagsullatda iti tubong. Iti bisperas ti Paskua, wenno Disiembre 24 ti panangsango dagiti babbai iti saganada. Dagiti babbaket igamayda ti narumrumek a tagapulot iti bellaay. Ikkan pay dagiti dadduma iti margarina wenno getta wenno nagadgad a niog wenno lengnga. Aramid dagiti lallaki ti mangkali iti karaang wenno tagaang

Dakami kadagidi Insan Erwin, ay, Enos Apok, addakami lattan a pasalsali iti abay ti karaang. Urayenmi nga adda aglugsot kadagiti maituntuno a tinubong. Agiinnunakami a mangsippaw iti lugsot. Naimas man ketdi! Ngem naim-imas pay daydi kilabban a tinubong!

Dagiti dadduma a di nakapagsagana iti tubongenda, pamrayanda ti agsinuman wenno agpatupat. Nalaklaka nga isagana dagitoy ngem ti tinubong, ta saanda a belbellaayen.

No aldawen ti Paskua, yur-uraymin dagiti kumbatsero nga umay makipaskua. Diak ammo no adda pay ita kumbatsero. Dagitay man grupo nga agtokar iti silindro ken adda bassit a tamborda ken agkanta iti Ingles ken danggayanda iti kinnikinni. Kaay-ayomi idi ti agbuya.

Sakbay a sumangpet dagiti makipaskua a kumbatsero, naisaganan daydi Nanang ti sanganayon wenno duanayon a tinubong. Masayanganak no dadduma ta sayang daydiay duanayon. Nakaim-imas ngamin ti makilabban a tinubong aglalo daydiay nakilnet nga immittip. Ikidemko pay, a, idi ti mangnanam ket in-inutek a kankanaen ti sanganayon nga inlemmengko.

Ngem diak napadpadasan ti immawat iti regalo iti Paskua. Kadagidi a panawen, Enos Apok, awan ti agit-ited iti regregalo wenno sagsagut. Diak idi ammo nga adda gayam kasdiay. Ken ad-adda a diak nakangkangngeg iti kanta iti radio, ta awan pay ti radio idi. Kasta met a pulos nga awan ti ammok maipanggep ken ni Santa Claus.

Ngem napadasak ketdi ti naisurot a napan nakipaspaskua idiay Mansante ken kabangiabangna a baranggay ti Magsingal. Kaduak dagidi Lelong Undo, Angkel Canor, ken Angkel Romeo. Daydi Angkel Canor ti para kanta ken gitara. Kaduetona idi daydi Angkel Romeo. Nalaingda nga agkanta. No nalpasdan nga agkanta, umunadan iti masungad a balay ket daydi Lelong Undo, ken siak, ti manguray iti ipapaskuada.

Siak? Adda bainko idin! Paspasurotak laeng, ket no adda makitak idi a balasitang aglinglingedak iti likud daydi Lelong Undo.

Mabainak idi a makipaskua. Diak man ammo ngem ti panagriknak idi kadakami ket awan dumami iti agpalpalimos!

Nupay kasta, Enos Apok, adda met idi bingayko, uray kaskasano. No pampanunoten, uray didak koma inikkan ta awan met ti inaramidko no di umip-ipus iti daydi lelong.

Maysa pay a nalangto iti lagipko ket daydi panangbangonmi iti abongmi a naurnos a kinerker a garami. Dakami nga agkakasinsin. Nagbalonkami iti manta nga ap-ap ken ulesmi.

Agbalonkami idi iti silawmi a lampara. Impatigmaan daydi Tatang nga agannadkami. Amangan la ketdi no magungtobankami a simumulagat nga arigna iti inasar a baboy!

Nalipatak ti budo ti garami a mairasrarasras iti takiagmi ta nagustuak ti agannabang-i nga asepna. Ta ngamin, inimasko man ti arigna panagkiremkirem dagiti bituen a sumiripsirip kadagiti regkang ti garami. Agur-uroken dagidi Insan Boni ken Itok, ken al-alaen metten daydi Insan Erwin ti panirpir ti bibigna ngem kasla saan a mabannog ti riknak a mangbuybuya iti tangatang. Ar-arapaapek no kasano ti rikna ti agampayang iti law-ang, ken no adda idin sabali a lubong.

ITI MAYSA A sardam, adda naidaw-as iti balaymi a kataeb daydi Tatang. Nagkasoldaduanda kano idiay Damortis. Malagipmo daydi kunak a nakapuntingan ti tammudo ken luppo daydi Tatang, Enos Apok?

Nabayag kanon a dida nagkita ta agpadada a makumikom iti bukodda a pamilia. Kasta unay ti iliwda a naginarakup.

Nalagipda daydi donia a nangipagna iti pannakaaprobar ti panagpensionda. Ken ti pannakaited ti *back pay*-da.

"Awan asina daydi a tao," ingkabukab ti sangaili daydi Tatang. "Damagko a nasurok kano a kagudua ti linikkabna iti naawatta, Pari," kinunana.

"Nadamagko met, Pari," kinuna daydi Tatang. "Ngem ania ngarud, kasta laeng ti kas kadatao a di nakapagadal; uray wangawangan la koma ti eskuela ti naangotan."

"Hanabale, Pari. Uray ta nagikaron... Nadamagmo kadin? Napan kanon timmangad iti barsanga. Idi kano kanikadua a Sabado. Naatake kano iti nalaus a lukmegna."

"Gunggonana... Pakawanennak, Apo!" nagapput daydi Tatang.

"Baliwanta ti saritaanta, pari," kinuna ti sangaili. Dimmenden sa adda inyarasaasna. "Malagipmo daydi Sirkio a kaduata met laeng? Daydi tagaNagsabaran?"

"Ke' wen, a. Nas'yaat a tao daydi."

"Inulida ida idi naminsan a rabii. Idi kano awan maitedna ta dina pay naawat ti pensionna... Ay, apo, nakakaskas-ang ti napasamakda a sangapamilia. Pinatayda la ngarud idan nga agassawa, inramramanda pay a rinames ti agtawen iti kinse a balasangna!"

Nanguros daydi Tatang. "Agraira ngaruden dagiti mangrabrabii, Pari. Adun ti madamdamag. Nakaam-amak."

"Kunamto pay. Numona ta pilienda dagiti agpempension."

"Rumigrigat ti sasaadentayo, pari. Karkarawaentayon ti tengngedtayo! Damagko pay ketdi nga adda kano impalnaawda iti sirok ti akasia idiay sakaanan ti sang-atan 'diay Bacsil."

"Kunada nga aramid kano dagiti sakasaka a badigard ti maysa a politiko..."

Iti daydi a sardam, nadlawko ti nagsasaruno manen a panagkiremkirem daydi Tatang. Idi kuan, kain-innarasaasnan daydi Nanang, a kasla adda nakapatpateg a sungsungkaenda.

Maika-7 a Paset

Panay-ogan, 1956-57

SAKBAY NGA IPANKA, idiay Panay-ogan, Enos Apok, kitaenta biit ti mapaspasamakmi ken ni lelangmo.

Kalpasan ti panangaldawmi, immawagak ken ni Dra. Gonzales, ti Filipina a Primary Physician-mi tapno ipa-*schedule*-ko ti panagpakita ni lelangmo. Mano nga aldaw ngaminen a sumsumro ti sakit ti kanigid a pispisna. Amkek amangan no sumro manen ti napasamak idi lima a tawenen ti napalabas, a pannakaatake ni lelangmo—malagipmo? Nagkurkurso idi ket intaraymi dita Jordan Valley Memorial Hospital, agingga nga insingasingda nga agpakita iti neorologist. Kalpasanna naconfine idiay Legacy Healthcare iti duapulo nga aldaw; kasta la ti bilang ti aldaw a bayadan ti insurance nga iggem ti medicare.

Iti maikadua nga aldaw ti naalak nga iskediul, iti alas onse media ti bigat, idinto nga iti met sumuno a bigat ti panangalak iti hearing aid-ko.

Pinalukatan idi ni lelangmo, Enos Apok, ti telebision a pagbuyaanna iti YouTube. Madama nga ipabpabuya ti SMNI ti resulta ti kalleppas nga eleksion iti Filipinas. Layus ti panangabak dagiti agkadua a kandidato a presidente ken bise presidente. Damo kano a layus a panangabak ti agkatiket a kandidato iti pakasaritaan ti Filipinas.

Nakaturog nga agbuybuya ni lelangmo. Alas tres median ti malem ti natangadko nga oras. Madamdama pay, innakto manen agala iti surat idiay mail box, sakonto isagana ti pangmalemmi.

Ay, Enos Apok...

Panay-ogan, 1956-57

NAKAAWAT DAYDI TATANG iti surat idiay Abbarit, Enos Apok. Naggapu idiay Veterans Memorial Hospital, idiay Pagasa, Quezon City. Kapades idi ti sakasaka idiay Lapog. Damag pay idi nga adda linussokda ti mugingna iti bala sada impasanggir iti puon ti akasia iti amianan a salogan ti Bacsil. Sabali la daydi impadamag ti kinasoldaduanna iti maysa a sardam maipanggep iti pamilia nga inuli, rinamesda ti balasitangda, sada pinatay ida a sangaamaan—malagipmo? No saan la a gapu kadagidi a damag, di koma kayat daydi Tatang a lelongmo iti tumeng a panawan ti damo a binangonna a balay. Maysa pay, saan a makaawat ken makasao iti Tagalog ken Ingles. Ken dinak koma kayat nga ibati iti Panay-ogan a naammuak idi agangay no apay: aduda. Ngem ad-adda met a dinak kayat nga ibati iti Abbarit ta itugotna daydi Nanang, ken dagidi lelangmo a Tessie ken ni lelongmo a Herman. Ken masapul nga agleppasak iti maikanem. Agingga la iti maikalima ti nalpasko idiay San Isidro Elementary School.

Sakbay a nagluasda, Enos Apok, impastreknak nga immuna daydi lelongmo iti tumeng iti Daclapan Sur-Panay-ogan Elementary School. Daydi Maestro Angel Cobangbang ti maestrok, ken isu idi ti *head teacher* sa wenno prinsipal.

"Ditoy ti pagyanam bayat ti panagleppasmo iti Maikanem," kinuna daydi Tatang. "Umaydakanto met sublien."

"Panawandak manen a maymaysa?"

"Aganuska, barok," kinuna daydi Nanang lelongmo iti tumeng. "Masapul a makaleppaska nga agbasa. Dimi kayat a maipadaka kadakami ken ni nanangmo a di nakaangot iti uray no ruangan la koma ti eskuela." Naliday ngem napasnek dagiti mata daydi Tatang a nangmingming itoy lelongmo, Enos Apok.

"Yaramidankanto iti suman no kasangaymo, nakkong," inyandingay daydi lelangmo iti tumeng. Pulos a di nagliwat daydi Nanang nga agluto iti suman tunggal kasangay 'toy lelongmo. "Uray adayoka..."

Insuronak met daydi Nanang nga agplansa, Enos Apok, sakbay a nagluasda. Uging pay la idi ti pabeggangen iti plansa.

Dakkel a piglat ti nabati a pakalaglagipak iti daydi a plansa tunggal makita wenno maarikapko ti likud ti kanigid a takiag 'toy lelongmo; diakon nataw-an. Impatigmaan daydi Nanang ti panagan-annadko. Awan bunga ti darasudos no di maisagmak, kinunana.

Diak koma kayat ti agbati ta nalagipko ti panangipasurotda kaniak kadagidi Lelong Iroy ken Lelang Andiang idiay Baybayabas. Diak la idi impagpagarup, Enos Apok, a pakpakauna dagidin ti ad-adu pay a pannakaipusingko iti pamiliak. Arigna di maputpot ti adu nga iliw a nangukop kaniak iti naunday a panawen. Sapay koma ta awanto kadakayo nga agkakasinsin ti agtawid iti kinatawataw 'toy lelongmo.

Kastoy ti malagipko, Enos Apok, a ladawan ti Panay-ogan, adun a dekada ti napalabas—imutektekam koma ta uray kaskasano, malaglagipmonto no awanakon.

Maysa kadagiti barangay iti pingir ti Cabugao iti laud. Manipud iti Barangay Turod nga agpaabagatan, a sakbay a sumang-at nga agpaSalomague, sumiasi nga agpalaud a sumalog ti kalsada a kumamang iti Panay-ogan. Nalawa a kataltalonan ti agsumbangir a sikigan ti puraw a kalsada. Balay dagidi ag-Saribay ti matupar iti daya a pingir ti barangay. Kaaduanna a Saniatan ti agindeg iti Panay-ogan.

Agsanga ti kalsada apaman a makastrekka iti Panay-ogan. Agderderetso iti amianan ti maysa a kumamang iti Namruangan idinto nga agsikko nga agpalaud iti kanigid ti maikadua a sanga, a kumamang iti Daclapan Sur, Labut, Sabang, ken Gutong.

No maysaka koma nga ullaw a tumaytayok iti tangatang a mangtannawag iti maikalima a pagestasionan 'toy lelongmo, Enos Apok, ket sumangsangoka iti laud, adda iti makanawanmo ti nalawa nga arigna agdaldalluyon a turudturod a kaanayan iti amianan. Nagari dita dagiti pandaka a tartaray a di met maawagan iti kayo. Pannakasabongna ti kanayon nga aglanglanga a nagango nga addaan iti atitiddog ken napino ken panikkilen a rapangrapangna, a no mapursing iti ungkayna no nagangon, nakalaglag-anda nga aglagtulagto iti kaanayan no pug-awan ida ti angin; isu a naawaganda iti tartaray.

Iti makanigid ti yan ti naaladan a panglawaen a solar a napunno iti pasakuati wenno kawkawati nga agsabong iti natarnaw a puraw ken bioleta. Naimas a gulayen ken kamatisan ken ikkan iti bassit a bugguong a monamon. Nalagda a tarikayo dagiti kayona.

Langana ti agkubkubbo ti balay iti tengnga ti solar, a gagangay ti kadakkel, nagatep iti pan-aw ken nagtaleb iti bulo, ngem kayo ti agdanna.

Isu ti balay daydi Anti Rosa, wenno Milia, Enos Apok. Diak malagip no apay a dua ti naganna. Daydi Lelong Undo ti mangaw-awag kenkuana iti Milia.

Awan ti am-ammok kadagidi nadanonko idiay Panay-ogan malaksid daydi Insan Ansit a nakaduak idiay Baybayabas ken Abbarit, ken dagidi Lelong Undo, ken Lelang Simona. Ken daydi apongmi nga Ines a Nanang daydi Lelang Simona. Bulsek daydi Apong Ines ket adda la iti sulsuli a di matimtimek.

Nadanon 'toy lelongmo da Insan Francia, Marilou, ken Miguela nga annak daydi Anti Rosa wenno Milia. Kaduada daydi Angkel Romeo. Makikabkabbalay met idi daydi Mang Sela a siuman daydi Angkel Marcos wenno Doro. Kaduana dagiti uppat nga annakna nga Araceli, Melba, daydi Amboy, ken ni Bobot.

Naipangruna daydi Amboy, Enos Apok, kadagiti nadanon 'toy lelongmo iti daydi a balay. Masango ti taguab a yanna no umulika iti agdan. Tinabla iti adda giwanggiwangna ti kuarto. Napaliiwko idi agangay a baybay-an latta daydi Mang Sela a nakaidda iti tabla nga awan ap-apna, ken kurang la a lamulamo ta namureng a kamiseta laeng ti nangbungon iti bagina. Makariri ti a-a-a-a-na. Kudil la ti namungon kadagiti tulangna. Awan inaramidna no di agkusaykusay, ken agwarwaridawad dagiti imana a masansan a mulmolanna ti tanganna, no makaturogen. Sa la sarungkaran daydi Mang Sela no sumangpet nga aggapu iti paglakuanna iti ikan wenno bugguong.

Nairuam daydi Boboy a mabaybay-an.

Awan ti nadanon 'toy lelongmo, Enos Apok, nga asawa daydi Anti Rosa.

Kasta met daydi Mang Sela.

Diak nagdamdamag.

Adda bubon ken tangkia iti abagatan ti kosina.

Iti lauden ti Panay-ogan, adda purok nga aw-awaganda idi iti Naglorantean ta kaaduannan sa kano idi nga ag-Laurente ti agindeg. Idiay pay ti purok a nakairaman dagidi Lelang Pelang ken Lelong Ipi. Kabsat daydi Lelang Simona daydi Lelang Pelang. Awan anakda. Nasayaatda nga agassawa ngem nasdaaw dagiti kabagianda idi naipadamag ti pannakatay daydi Lelolng Ipi ta tinagtagbatda idiay bantayda gapu iti dulon. Nabati a maymaysa daydi Lelang Pelang— addanto pay pakairamananna a paset.

Nalipatak. Iti igid ti kalsada iti amianan ti balay daydi Anti Rosa, adda sangapuon a pandaka a kayo a masmasdaawak idi ta agatibuor ti langsi no mabatogam. Kunada a balay kano ti kaibaan. Agpayso ngata? Apay a daydi laeng naiputputong a kayo ti kasdi ti angotna?

Adda bassit a sang-atan-salogan a nagbedngan ti Panay-ogan ken Daclapan Sur. No addaka iti tuktok ti sang-atan, matannawagam ti kabalbalayan iti laud, ken ti daklisan iti amianan.

Adda iti adayo nga amianan ti Daclapan Norte.

Impalistanak daydi Tatang iti Daclapan Sur-Panay-ogan Elementary School sakbay a napanda idiay Pagasa, Quezon City.

Awan ti pakaikamkampitan iti biag 'toy lelongmo, Enos Apok, daydi Berto Sultiki, ngem maagapadko man ta uray kaskasano nakaibati met iti bassit a pakasasawan ti Panay-ogan a maysa kadagiti nagestasionak.

Maysa a kumakanta daydi Berto Saniatan ngem nalatlatak iti Berto Sultiki nga awagna ta bulding ti maysa a matana. Kanayon a mapan makisalsalip idiay DZVB, Vigan. Diak nadamag a nangabak ngem idi kuan, kanayon metten a pagkantaenda, a gapu ngata iti anusna a mapmapan. Kanayon nga adda sab-at wenno bitbitna a gitara ket no awan daytoy a pagilasinan, sigurado a saan a ni Berto Sultiki ti nasabatmo!

Malaksid daydi Berto Sultiki, sabali pay a taga-Panay-ogan ti adda iti lagipko. No malagipko ti Panay-ogan adda latta daydi a tao iti alintataok. Pidong ti naganna, ngem diak malagipen no Saniatan met la ti apeliedona.

Kanayon a masabat wenno mapalabasko iti kalsada nga agpalaud. Sumilsileng ti natayengteng, sumilsilap a kudilna a tinina ti apgad, a ti la karsonsiliona ti nangbungon. Awan sa ti aramidna no di inaldaw a mapan agpana idiay Sabang, wenno idiay pay ket ngata Puro. Pagpagnaenna ti agarup tallo a kilometro a nagbaetan ti Panay-ogan ken Sabang, santo agrakit a mapan idiay Puro.

Adda dua nga annakna a lallaki, a no agaabayda a lumabas a mapan agpana, kunam la no singinda.

Iti naminsan a pannakapalabasko iti daydi Tata Pidong, nasdaawak iti nakitak a dakkel a buttaw iti asideg ti pus-ongna. Agtabtaba!

Nagletteg kano ket idi agluom, ken mapalsut ti matana, nangibati iti dakkel a buttaw.

Ngem mapmapan latta agpana, uray di pay napiaan ti lettegna!

Ti anusnan nga agitured iti sanaang. Uray bassit la a sugat, no maitaneb iti apgad, tumulang ti sakit. Daytanto pay matam, no saanka nga agusar iti antiparra wenno antiohos, saanka a makamulagat iti danum. Saan nga agpayso ti makitkita iti pelikula nga aglanglangoy iti baybay nga awan ti antiparrana! Bugos dagidiay! Ammok, ta nagnunnunogak met iti apgad!

Kasta ti umuna nga agparang iti mugingko tunggal malagipko ti Panay-ogan, Enos Apok. Kasta ti ladawan ti maysa kadagiti nagestasionak.

Ngem mapanta iti ladawan dagidi kakabagiak a nadanonko iti daydi a balay.

Nasapaak a nagriing iti daydi nga agsapa ti Sabado, Enos Apok

Diak naimas ti naturog iti napalabas a rabii gapu ta simken manen ti iliwko kadagidi Tatang ken Nanang, ken ni lelongmo a Herman ken lelangmo a Tessie. Napanak nagtugtugaw iti bangko iti sirok ti sangapuon a pasakuati iti daya ti balay.

Nasiputak ti kasta unay a panagbuttubutuag ti patong daydi Anti Rosa iti panagturongna iti bubon. Adda inkabadayna a tualia ken pagsukatanna. Nagsasaruno ti anit-it ti pamatuagan iti agdardaras a panagtawingna. Nadaras a napunno ti tangkia. Madamdama pay, agkarabuyaten iti linged ti sinigpit a silag.

Idi makadigos, kasta unay manen ti butubutuag ti patongna nga immuli. Manipud iti apagbingngi a rikep ti tawa, makitkitak ti panangesestimarna iti kuarto ken way a katre. Impapanko a sinukatanna ti supot ti dua a pungan. Sa nagulimek. Inistimarna ngata ti bagina. Impapanko man a nagpulbos ket namilatan ti natingra a rupana. Nupay natingra ti maris ti kudilna, adda met panalbanna uray kaskasano.

Nasaripatpatak daydi Lelang Simona nga immulog ken nagpalaud iti kalsada nga adda ammalna a pinadis ken imbarikesna nga alat ken igpilna a batbateng. Diak ammo no nangisakmol sakbay nga immulog.

Nadlawko a timmalna ti balay.

Awanen ti nabati a tao no di daydi lugpi a Boboy. Diak ammo ti napanan daydi Angkel Romeo.

Daydi Lelong Undo, pumpunnuenna iti danum dagiti paginuman ken pagsarban.

Daydi Manang Sela, awan metten.

Tumakderak koman idi naiwangwang ti ruangan ti solar. Adda simrek a kalesa.

Nasdaawak a nakakita iti Puraw a tao iti uneg ti kalesa a nagsardeng iti sango ti balay. Arindaraen ti kudilna.

Arintarayen daydi Anti Rosa a nangsabat ken nangatibay idi dimsaag ti Puraw. Sinanggol daydi Puraw daydi Anti Rosa nga inturong iti agdan. Naanus ti langlanga ti lakay... wen, lakay a Puraw.

Inasitgak daydi lelong Undo, Enos Apok, a mangug-ugas idin iti tangkia.

"Sinno daydiay, 'Long?" dinamagko.

Tinangadnak daydi lelong sana intuloy ti aramidna. Saan a nagbaliw ti rikna ti rupana.

"Daydiay ni Apo George, Apok," nalag-an ti timekna. "Isu ti... ti papang da Francia."

Segun iti daydi Lelong Undo, balasitang pay daydi Anti Rosa idi maam-ammoda ti papang dagiti tallo a kasinsinko, Enos Apok. Agtawen la idi iti trese. Naidanon kadakuada nga agsapsapul ti pamilia daydi Apo George iti katulongan. Gapu ta aduda nga agkakabsat, ken daydi la Lelong Simona ti inaldaw a mangadkadilian ta awan met ti ammo daydi Lelong Undo nga aramiden no di agarniarnis ken mangwatwatwat, daydi Anti Rosa ti impasuboda a mapan agyan.

Nasayaat kano met ketdi dagidi kaamaan daydi Apo George. Isuda ti maysa kadagidi tangtangaden dagiti umili iti Cabugao. Inikkanda daydi Anti Rosa ti panawenna nga agbasa ket sa la agobra no awanen ti klasena. Isuna laeng ta dina naipamaysa ti agbasa.

Nalaing kano nga agtaray ket naala a maysa kadagiti atleta iti elementaria. Ad-addan a dina naipamaysa ti agbasa. Kinapudnona, Enos Apok, diak ammo no kasano. Ngem idi maam-ammok, di met makabasa! Pampanunotek idi no agpayso a pinagbasada.

Iti sidong ti pamillia daydi Apo George ti maibilang a nagbalasangan daydi Anti Rosa, Enos Apok. Nabun-as daydi ikit ket uray no immala iti kudil iti daydi Lelong Undo, adda panalbanna. Immala iti daydi Lelang Simona a kulot. Iti ababa a pannao, nasirpat daydi Apo George.

Saan a nailawlawag daydi Lelong Undo no sibibiag pay daydi asawa ti lakay nga Italiano idi maaddaanda iti relasion iti daydi Anti Rosa. Saan met a nailawlawag daydi lelong no sadino ti yanda sakbay a naaddaanda iti relasion, ta ti balay a nangdanonak kadakuada, inted kano daydi Apo George idi inkeddengna nga agawiden daydi Anti Rosa.

Dina binaybay-an daydi Anti Rosa. Linawas a sarungkaranna, nga ikkanna iti abasto

Nakasursuro daydi Anti Rosa nga agkompra iti ikan idiay Sabang, Enos Apok. Nariwet pay ngem addan iti sangladan a mangur-uray kadagiti sukina a bumabantak, a pakaibilangan met la dagiti kakabagianda sadiay, ken idiay Gutong.

Diak unay nasimpuon ti istoria daydi Manang Sela... manang ti awagko ta Tatang met ti awagna iti daydi Tatang gapu ngarud ta siuman daydi Angkel Doro a kabsat daydi Tatang. Ngem agkaarngida iti pakasaritaan iti daydi Anti Rosa. Isu ngarud a naaddaan iti uppat nga annak. Daydi kano Mistro Bitong ti ama dagiti annakana. Kas iti daydi Apo George, linawas met a sumarsarungkar daydi Mistro Bitong. Ti diak nadamag no kasano nga iti balay da Anti Rosa ti nagyananda met. Isu nga idi agangay, agsabsabayda a mapan agangkat iti ikan idiay Sabang. Diak sa pay nasao, mataan ti adu nga ikan a bambantaken dagiti bumabantak idiay Sabang.

Saan la nga iti tiendaan ti Cabugao ti naglaklakauanda, Enos Apok. Mapanda pay idayo dagiti ikanda iti sabsabali nga ili. Diak ammo no kasano, ngem nakadkadanonda pay idiay Vigan. Saan laengen nga ikan ti lakoda idi agangay. Linata payen a bugguong a monamon. Napnapanda pay immar-arog a naggatang iti bugguong idiay Dagupan. Kanayon a dua dagidi Anti Rosa ken Manang Sela.

Sadiay ti nakaam-ammuanda kadagidi pamilia Baguyo. Narasaw dagidi a pamilia—diak ammo no gagangay dagiti taga-Vigan ti kasdi.

Adda tallo a babbai nga annakda, ken maysa a lalaki. Addan anak daydi Francing nga inauna a babai. Agtawen iti trese daydi maikadua nga Estrelita ti naganna, ket onse met ngata daydi buridek a Linda ti naganna.

No apay, diak ammo, ngem idi agangay, kanayondan nga umay iti yan da Anti Rosa. Inkuykuyog daydi ina dagidi tallo a babbalasangna.

Agtawen met idin daydi Angkel Romeo, nga Umyong ti awagda, iti disiutso. Bassit daydi nga ulitegko ngem isu ketdi ti kataeranda nga agkakabsat. Kulot ken naisem, ket ad-adda pay a makapurar ti maysa a pamarangna a balitok; diak ammo no nangpidpidutanna.

Iti damo pay laeng, nadlawkon ti panagpingpingki dagiti mata daydi Angkel Umyong ken daydi Estrelita wenno Taling. In-inauna la iti makatawen ngem siak isu a diak idi daydayawen. Nakuttong, nabagbagi pay daydi Linda a buridekda.

Iti ababa a pannao, Enos Apok, gapu ngata ta ibatbati daydi Apo Daring... wen, Daring gayam ti nagan daydi Nanangda. Adu dagidi gundaway a mabatbati daydi Angkel Umyong ken daydi Taling. Sumursurotak idi iti daydi Fidel a naam-ammok idiay eskuela, a mapan agpasiar kadagiti turturod ti tartaray iti amianan ti kalsada.

Idi kuan, pinagdennada metten dagidi Angkel Umyong ken daydi Taling, ket imbagada nga awagakon iti ikit. Diak malagip no pinagkasarda ida. Agpadada nga awan trabahona. Kunkunak man, isu ngata nga impaasawa ti Nanang daydi Taling tapno maksayan ti taraknenda.

Ngem ti yanna a pagdaksan, nanayonan ti taraknen daydi Anti Rosa! Agpada dagidi apagdenna nga awan ti ammoda a trabaho. Ti la mangan, maturong, ken agkubkubalsing ti obrada. Ipagpagarupda ngata nga ayayam laeng ti biag. Ti pay maysa a yan ti gasangna, mairamramanda iti abasto nga it-ited daydi Apo George kadagiti pututna, ken iti maganansia daydi Anti Rosa iti panagik-ikan ken panagbugbugguongna. Ken iti sangkabassit a paglaklakauan daydi Lelang Simona iti mapaisayanna.

Ti diak pinampanunot idi, Enos Apok, no imbatiandak dagidi Tatang iti abastok. Wenno maysaak pay kadagidi pinakpakan daydi Anti Rosa!

Awan idin daydi Angkel Poling. Nalabit nga adda idin kadagidi Baterina idiay Santo Domingo, kas hardinero.

DUA A PASDEK daydi Daclapan Sur-Panay-ogan Elementary School, Enos Apok. Immurnos iti abagatan ti kalsada nga agpalaud ti eskuela a para iti maikamaysa agingga iti maikalima. Adda iti uluananna iti laud ti kimmuros a pasdek nga agpaay iti maikanem.

No diak mariro, Enos Apok, adda idi da Francia a kasinsinko ken daydi Araceli nga anak daydi Mang Sela, iti maikadua a grado. Isuda laeng ti am-ammok, ken daydi Fidel Saniatan a taga-Panay-ogan a diak ammo no maikamano idi. Duduan ti malagipko kadagidi nakaklasek iti maikanem. Daydi Filomeno Aganad a taga-Daclapan Sur, ken Angelina

Acedo, wenno Heling a taga-Sabang, a naammuak idi agangay a kapiduak.

Adda daydi maysa a diak ammo no adda iti maikapat wenno maikalima idi. Kanayonnak nga asiasitgan ken kasarsarita ngem diak unay inkaskaso ta dakdakkel ngem siak. Diak idi ammo nga agkapiduakami gayam, ken taga-Labut. Isu daydi Domingo Manuel wenno Inggo.

Nagbalin a nasinged a pagayamko daydi Fidel ta masansan nga aggigiddankami nga agawid. Isu ti immuna a nakisinninged kaniak. Tunggal bakasion, awisennak a mapan agpasiar iti kurruoy a yan ti adu a tartaray iti amianan. Awan met ti nasken nga inar-aramidmi.

Iti eskuela, tunggal *recess,* imbes nga agaayamkami, adda ligaligason a naisangrat a pagmulaan dagiti nagrupugrupo nga agbasbasa. Daydi Minong Aganad ti lider ti grupomi. Aglalaok ti mula. Kanayonnak latta a surutsuroten daydi Inggo uray no dikami met agkaklase.

Dimteng ti panawen a nagbalinak a nalatak iti klasemi, Enos Apok. Saanak a nasirib. Kinapudnona, addaak ngata iti kutkutit. Ngem no binnasaan, saanak a paatiw. Mabalinko a sawen a maysaak kadagiti kalaingan nga agbasa. Kunam ngamin ta kaay-ayok ti agbasa, di ngamin, nangruna ti Bannawag?

Adda idi programa daydi Mr. Angel Cobangbang a titsermi. Kontes ti binnasaan.

"'Sinno ti mayat nga agbasa?" dinamagna.

Saanak a nagpaudi a nangitayag iti imak.

"'Sinno pay?"

Intayag daydi Heling ti imana. 'Mom, Enos Apok, daydi Heling ti ibagbagada idi a kalaingan iti klasemi.

"Alright... ready, set, go!" imbilin daydi Mr. Cobangbang.

Kunam pay, Enos Apok, tinarastaskon ti nagbasa. Arigna saanak nga immanges. Ti yan ti imasna, gapu ta saan a nagpulsot ti panagbasak, nagpangato-nagpababa ti ayugko. Numona ta aggidiat ti ayug dagiti tagalumaud ti Cabugao ken dagiti taga-Lapog. Nabasa ti ayugda. Idinto a dakami idi idiay Lapog, natangken.

Nalaing met nga agbasa daydi Heling. Ngem saanak a pinaunaan.

Nadlawko a tiptipden dagiti kaklasek ti katawada. Makais-isem met daydi Mr. Cobangbang. Impagarupko no maayatanda iti partakko nga agbasa.

Ngem idi agruruarkamin, maysamaysan ti nangawag kaniak *iti Ingo...*

Ing-o! Ing-o! Ing-o! Kaaweng ti naganko. Ti la siudotko idi, Apok! Kayatko ti dumisnog. Ngem nagamakak. Maymaysaak, ken sangsangailiak pay.

Nabayag sakbay a nagmawmaw ti aweng ti Ing-o.

Nagbalinkami a nasinged iti daydi Minong. Nangruna idi dimteng ti panawen a nagiwaras ti gobierno iti binariles a pulbos a gatas. Diak malagipen no panawen idi daydi Presidente Magsaysay.

Inawisnak daydi Minong a tumulong nga agisaganan sa idi iti mainum, wenno agiwaras. Idi la a nakaramanak iti pulbos a gatas.

Kadagidi a panawen ti panangrugik nga agsiputsipot kadagiti babbalasitang nga agad-adal. Diak pay la idi ammo no apay, ngem adda dagidi nakaisagudsagudan dagiti matak.

Maysa daydi Geronima Sumay a taga-Turod. Wen, Enos Apok, adda dagidi umay agbasbasa a taga-kabangibang a barangay a saan la a tagaDaclapan Sur ken Panay-ogan, kas iti Daclapan Norte, Namruangan, Turod, Labut, ken Sabang. Adda pay la malagipko a taga-Namruangan, Enos Apok. Benjamin Castillo ti naganna—adda kanagnaganna kadagidi nakakaseraak idiay Coromina; madanontanto. Nagkitakami pay laeng kalpasan ti adu a tawen—nalagipnak idi mangrugin a mabasbasana ti naganko iti Bannawag.. Kurang pay idi ti pagadalan isu nga immay immarog dagidi ubbing kadagidi a barangay.

Adda pay dagidi dua nga agkabsat a taga-Daclapan Sur. Ngem nalaplapsat daydi ub-ubing. Deling ken Glory ti naganda.

Ania ti awagda ti kasdi a rikna? *Puppy love?* Agaasem ta inararapaapko ketdin daydi Geronima Sumay, ken daydi Deling, iti rabii? Daydi la unay Geronima. Pulos a diak nakasarita daydi Geronima. Umanayen a sapulsapulen dagiti matak tunggal *flag ceremony.* No diak makita, nakariknaak iti kawa. Mapukaw no kua idi ti ganaygayko.

He-he, diak ammo no nagbambanagan daydi a tao. Maysa kadagiti nalagipko a sinapul ti naganda iti *website* ngem diak nasapulan. Amangan no saan a nakaadayo idiay Turod.

Iramanko daytoy maysa kadagiti diak malipatan a padasko, Enos Apok, iti maysa a Sabado. Asideg idin ti panagseserra ti klase. Adda immaway a nagpabuya iti sine iti sardam. Dandanin sa napan nagbuya ti sangapurokan ta naipaspasakbay ti yaayda. Nagdidinnamaganda ta kas kaniak, adu ti di pay nakabuybuya iti sine. Kinapudnona, diak idi ammo no ania ti kunkunada a sine. Isu nga idi dimteng ti naituding a panagpabuyada, saanak a nagpaudi.

Black and white daydi pelikula ket kas kaniak, nagdadakkel ti mulagat ken nganga dagiti nagbuya. Ammomon, a, dagiti di pay nakabuybuya iti sine kadagidi a panawen nga awan pay ti selselpon ken kompiuter. Ignorantekami pay la idi.

Diak nadnadlaw ti panaglabas ti aldaw, Enos Apok, ta idi kuan, panagririkep metten ti klase. Diak ammo no kasano a nailiwliwagko ti iliwko kadagidi Tatang ken Nanang, ken da Herman ken daydi Tessie. Dida pay nagawid iti napalabas a Paskua.

Kunak no awan kadakuada ti umay iti panagraduarko iti maikanem.

Diak met ammo no kasano a naammuanda ta kadagidi a panawen, Enos Apok, awan pay ti telepono, nangrunan ti cellphone. Surat laeng ken telegrama.

Dua nga aldaw ngata sakbay ti *graduation* idi simmangpet daydi Tatang. Insangpetannak iti sapatos a lalat. Ken putot a kaki ken puraw a bado. Kasta unay ti ay-ayatko, ngem nasebseban idi imparamanko dagidi. Aglabunglabong ti bado ken sapin ket arig la lumnedak iti kalalawada. Agkalawkalaw met ti kasla barko a sapatos.

Uray idi inirutak ti kurdonna. Nakasiksikkil pay ti suelasna ket lumsot ti mukodko no umaskawak. Arigna tumayab idi damo a yaskawko.

"Husto dayta," kinuna daydi Tatang. "Nasayaat ta adda pamasmasda. Pagdakdakkelam. No bassit, saan a mabayag, saanton nga umsek kenka."

Diak la koma kayat ti umatendar iti graduasion ngem pinilitdak. Nangmatamataak iti aglawlaw amangan no adda dagidi Geronima Sumay ken Deling, kababain. Agpakkapakkang ken agsarsarugadddengak nga immuli iti bassit nga entablado a napan nangawat ti nalukot a papel. Kunak no diploma, ngem awan met ti sursuratna! Nagpakkapakkangak manen idi umulogak, a dandaniak pay naidugmam! Inamakko no tumayab ti sapatosko. Ti la babainko!

Idi nalpas ti programa, nagtartarayakon a nagawid! Timmaliawak pay naminsan bareng makitak daydi Geronima Sumay. Napanunotko laeng, no anian ti nagbambanagan dagidi a tattao.

Iti simmaruno nga aldaw, intugotnakon daydi Tatang idiay Pagasa.

Ay, NALIPATAK GAYAM! Idi laglagipek ti Panay-ogan, adda kasangay a dakkel ti kaipapananna kaniak, Enos Apok. Kitaem dagiti numero.

Nakatugawak idin, Enos Apok, ket il-ilutek dagiti tumengko a simmakit iti yuulik. Tinangadko ti pagorasan iti diding—alas siete singko ti sardam. Sinangok ti computer. Insuratko: inton bigat pay laeng, Sabado—**kakaisuna a 5.22.22 = 78.** Diak ammo no apay a napanunotko dagita a numero; kasla adda ibagbagada. Awan nangibagaak ti adda iti panunotko.

Naisibetkayo idin, Enos Apok, kada Daddym, ken da antim a Chichi, ken dadduma pay, a nangrugi a nagsangpet iti alas kuatro iti naipasakbay a yaayyo. Adu ti naitugot a taraon.

Immay met ni lelongmo a Herman a bale sumarsaruno kaniak ta adda ngarud dua a nagbaetanmi a natay. Nangitugot iti dua a polo a para kaniak, ken bado a para ken ni lelangmo iti napalabas a kasangayna. Di maliwayan ti kabsatko ti mangted iti regalo tunggal kasangaymi ken ni lelangmo, uray agsaruno a bulan.

Nalagipko ni lelangmo nga imbatik idiay baba. Nasindiak met la ngata ti silaw iti agdan? Nasipnget ngamin ta diak pay napasukatan ti bombilia ket di makita ni lelangmo dagiti tukad, a pagsardesardenganna no umuli.

Maibuksilanto dagita a numero iti maudi a paset.

Intan idiay Pagasa, Enos Apok.

Maika-8 a Paset

Pagasa/Panay-ogan 2

NAPUTED TI PANAGDENDENGNgeg ni lelangmo, Enos Apok, iti kankanta nga Ilokano iti YouTube idi kellaat a nagawan ti koriente. Naikumot ti sipnget ket naputed met ti ar-aramidek iti computer. Impagarupko a nag-*overload* manen ti *circuit breaker* iti panagararamid ni angkelmo a Richard a manugangko iti *brass* iti *basement* a kas iti masansan a mapaspasamak no aggigiddan a pagandarenna dagiti alikamenna. Naimbag ta adda isagsaganak a plaslait nga usarek no kasta nga agawan ti koriente.

Immulogak ta mapanko koma kitaen ti *circuit breaker* ngem napanunotko a kitaen iti ruar amangan no nag-*brownout* ti intero a Townhouse. Diak pay nakaaddang iti tallo idi kellaat a nagsubli ti koriente.

Nagsubliak iti kuartomi, Enos Apok. Pinadasko a pagandaren ti telebision ngem saan pay a nagsubli ti internet ket saan nga aglukat ti YouTube. Agsublinto kalpasan ti sumagmamano a minuto.

Nakaturog ni lelangmo nga agur-uray; nakanganga.

Madandanaganak no kasta ta kasla marigatan nga umanges. Malaksid iti pannakaoperana iti puso, adda pay ngamin *atrial fibrillation* ni lelangmo, sa adda pay *gout*-na, sa *asthmatic* pay. Sa maidagnay pay ti parikutna iti kidney. Adu met ti an-anayek, Enos Apok, kas iti pannakaikkaten ti aprok, sa addan deperensia ti dalemko. ngem adadda a pagdandanagak ni lelangmo. No bilang siak ti mapapaunana, awan mangistimar kenkuana ta adda amin trabaho dagiti kabbalaymi, pati rabii. Dina kano kayat ti maipan iti *healthcare center,* a nagang-angawan nga imbaga ni antim a Chichi iti naminan. Agawid la kanon idiay Rodriguez, wenno idiay Pagudpud. Kunak met, awan agasmo idiay, ken awan doktormo. Ngem no isu... ay, diak kayat a panunoten!

Ituloytan, Enos Apok, ti mapan idiay Pagasa, satanto agsubli idiay Panay-ogan. Maikamanon daytoy a nagestasionak, bayat ti panagdaliasatko?

Pagasa/Panay-ogan 2

Dumdngegka, enos apok, tapno addanto saritaem... ken dimo liplipatan ti pagrebbengan nga impakumitko kenka! Pasensiakan, sika ngamin ti inaunaan kadakayo nga agkakasinsin.

Kunak iti napalabas nga intugotnak daydi Tatang, idiay Pagasa, Quezon City kalpasan ti panagturposko iti maikanem iti Daclapan SurPanay-ogan Elementary School. Nabiit la 'toy lelongmo iti daydi maikapito a nagestasionanna ngem yarigko iti maysa a tulbek a nanglukat iti ridaw ti adu a pannakigasanggasat a napno iti pannubok a nakatubayan ti isip ken panunotko. Apagisu nga agsabat ti aldaw ken rabii idi naglugankami iti Maria de Leon Transit imbes nga iti immuna a limmabas a Philippine Rabbit Bus Line, ta nalaklaka kano ti plete.

Damo pay la a kuy-ad ti lugan idi kellaat a nagkay-o ti boksitko, nangruna idi simmaray-ob iti agongko ti makaulaw nga uttot ti bus. Aglalo la ngaruden idi kasla mapuri dagiti algarruba iti igid ti kalsada iti napartak a panagtaray ti lugan.

Nadlaw daydi Tatang ket imbagana nga agsukatkami iti tugaw. Pinagtugawnak iti abay ti tawa sana inlukat tapno makastrek ti angin. Naalaay-ayan bassit ti ulawko. Ngem no kasdi nga agsardeng ti lugan no agpidut iti pasahero, agpangato ta agpangato latta ti naguneg ti lalaemko! Idi diak kabaelanen, timmakderak ket pinalusposakon amin a mayat a rummuar! Inrikep ti tao iti likudanmi ti tawana.

Adda baket a nakadlaw iti mapaspasamakko ket impabulodna ti maysa a praskita, nga impaangotna. Nabang-aranak. No kastoy ti rigat ti agbiahe, kunkunak iti nakemko idi no agannayas ti taray ti lugan, diakto ket ngatan maulit ti aglugan pay. Ngem apay a sisiak la ti kastoy iti dandani pekpek a pasahero?

Naminduan sa idi wenno namitlo a nagestasion ti lugan. Napan sa idi nagkape wenno nangan dagidi drayber ken konduktor. Adu ti immulog; napan nangan dagidi dadduma. Nasiputak a nagturong iti pagpaknian ti dadduma. Nabayagda a nagestasion kadagiti nagsardenganda.

Ngem saankami a napan nangan ken daydi Tatang, Enos Apok. Napankami la immisbu. Ammok itan, uray no dina imbaga, nga awan ti pawayway ti kuartana.

"Idiayto balayen a manganta," kinunana. Adda ketdi nabungon a nalingta a kamotit a balonna. Ngem awan ti sumken a bisin kaniak ta agrarabaw pay la ti boksitko.

Agbanatabaten ti lawag idi makadanonkami iti Manila. Diak malagipen no ania a lugar daydi. Agur-urayen daydi Angkel Poling a nangsabat kadakami. Naglawa ti rungiitna a nangkuso iti buokko.

Uray no maul-ulawak pay laeng, napangangaak iti kaadu dagiti pasdek ken arigna aglulumba a lugan.

Yujico ti malagipko a nagan daydi berde a bus a naglugananmi a napan idiay Pagasa—awanen dagidi a lugan. Nasakiten ti ulok gapu iti puyat ken ulawko a nagpatnag.

Inliwliwagko ti ulawko iti panangsipsipotko kadagiti malabsanmi a pasdek; tiptipdek ti agkurso. Uray kadagidi a panawen, Enos Apok, dakkelen ti pakaigidiatan dagidi pasdek kadagidi balbalay idiay Abbarit ken Panay-ogan. Agsasanga pay dagiti kalsada.

Nagbaliw ti buya idi makalas-udkami iti Pagasa. Awan pay unay ti balbalay idi, Enos Apok, iti daydi a lugar ta rugrugianda a pagbalinen a dakkel a siudad. Babassit pay dagidi kalsada, ken saan pay unay a limpiado. Adu idi ti makalkali a kanal a pagtarayan ti dadakkel a tubo.

Adda iti daya ti kalsada daydi bassit a balay a nadanonko. Dakdakkel la bassit ngem daydi kalapaw a nakaipasngayak idiay Gisit-a-bassit. Adda sirokna, nagdiding iti tugpatugpa a playwod. Tugpatugpa met laeng ti aglatlati a daan a yero nga atepna. Barungbarong ti awagda idi ti kasdi a balbalay. Adda naisiping a bassit a paglutuan iti sidiranna iti daya, a naaramid iti dakkel a lata nga adda buttaw iti sikiganna. Agas-asuk pay laeng, adda putedputed a nagragadian ken kusot iti abayna.

Makalulua daydi Nanang, Enos Apok, a nangar-arakup kaniak. Nagbuybuya laeng ni lelongmo a Herman, ken daydi lelangmo a Tessie.

Adda karantiway ken arukong a lalaki a nakais-isem met a nangkablaaw iti isasangpetmi. Fidel ti naganna. Kasinsin kano daydi lelongmo iti dapan, Enos Apok. Anak ti kabsat daydi lelong Undo. TagaSabang, idiay Cabugao. Maysa met nga ungaong, a kas iti daydi Angkel Poling. Agpadada a mannigarilio. Wen, Enos Apok, saan nga agsigsigarilio daydi Tatang, nalipatak sa nga imbaga. Maballaballaetan iti Tagalog ti panagsaoda iti daydi Angkel Poling.

Isuda ti nangisagana iti pamigatmi. Saanak unay a nakapangan ta maul-ulawak pay laeng, ken makaturogak.

Naammuak idi agangay nga awan ti bubon iti daydi a lugar. Adda ketdi gripo ti sangakaarrubaan iti igid ti kalsada ket idiay ti paglabaan, ken pagsakduan dagiti tao. Naammuak met nga adda pagal-alaanda iti kusot wenno nagragadian a pagsungrod ken pagaronda.

Mail-iliwan ni lelongmo a Herman a nagestoria.

"'Tayto agbuya 'ti sine, Manong," kinunana.

"Sine?" nalagipko daydi naminsan nga adda immaway a nagpabuya idiay Daclapan Sur.

"Wen... Daydi damo a panangibuya kadakami ni Tatang," kinunana a naglawa ti isem ken nakarimrimat dagiti matana, "kunak no matayak idin!"

"Apay met?"

"'Gasem, nagadu dagidi agpipinnaltog a nagsakay 'ti kabalio! Agturongda 'ti yanmi... hi-hi! Kunak no dalapusendakami idi. Naglemlemmengak iti llikud ti tugaw 'ti sangok. Hi-hi!"

Imbagak ti padasko idiay Daclapan Sur.

"'Bagakto ken ni Tatang, ta intayonto agbuya," kinuna ni lelongmo a Herman. "Uray ta kanayonda kano nga agpabuya dita ospital. Libre kada Tatang..."

Technicolor daydi napanmi binuya, Enos Apok. Boksing, a paborito daydi lelongmo iti dapan. Immay met dagidi Nanang ken daydi lelangmo a Tessie. Kaduami pay daydi Angkel Poling. Daydi Angkel Fidel ti di nakasurot ta adda nairana a napananna.

Agawidkami koma idin malpas ti pabuya ngem adda nangkamakam kadakami.

"Clemente," naanus ti rupa ti babai a nangpayapay iti daydi Tatang. Panglukmengen, puraw ti badona.

Kinita daydi Tatang ti nangawag kenkuana, sana kinita daydi Angkel Poling.

"Pasensiya na kayo, mam," kinuna daydi angkel. Inlawlawagna a di makasao daydi Tatang iti Tagalog, nangrunan iti Ingles.

"Maasianak ken ni manongmo," kinuna kano daydi naanus a babai kadakuada. "Adda bakante a para dianitor ditoy hospital. Kayatko a tulongan."

"Awan ti padas ni Manong iti ania man a trabaho ditoy, Apo," kinuna daydi angkel Poling. "Maysa pay, saan a makasao iti Tagalog."

"Saan a problema dayta. Importante ket nagaget nga agtrabaho. Ammok a kabaelanna. Sayang no sabali ti pakaitedan ti bakante."

Inikkan daydi babai daydi Tatang iti pawayway a mangeddeng.

"Kastoy ti rigat ti di nakaadal, Barok," kinuna daydi Tatang idi nakaawidkamin. Adayo ti nakaibansagan dagiti matana. Sinaggaysanakami a kinita kada lelongmo a Herman ken daydi lelangmo a Tessie, Enos Apok. "Isu a kayatko a makaadalkayo... tapno saankayo a maipada kadakami ken ni Nanangyo." Nasaona idin dayta, ket inulitna manen.

Idi naggibus ti panagyan daydi Tatang iti hospital, nasayangan daydi naasi a babai iti dina panangawat iti indiayana a tulong.

Adda kontrata dagidi Angkel Poling ken Angkel Fidel nga agkali iti dike kadagiti ar-aramidenda a pagayusan ti danum. Uray no sumsumro pay la ti baldado a luppona, ti sinalput ti bala ti Hapon, kinaykayat daydi Tatang ti simmurot kadakuada. Asideg met la ketdi ta iti la abagatan ti barongbarong a pagdidiananmi.

Intugotdak, Enos Apok, ta imbagak a sumurotak. Isu a napadasak ti nakipagkalkali, uray no di koma kayat daydi Nanang.

Kasla awan ti babannogan dagidi angkel Poling ken Fidel. Nalawag latta ti rupada uray no agkalkalimduosandan iti ling-et. Nasarangsang latta ti katkatawada, nga isamsamirada ti agsusop iti nakaing-ingel a sigarilio bayat ti panagpiko wenno panaggabionda. Dadakkel ketdi dagiti maselda, uray no karantiway daydi Angkel Fidel, ket kasla nakalaglag-a ti panangilayatda iti pikoda ken panangikay-oda kadagiti mapalada.

Saan a nalaka ti agkali idi, Enos Apok. Saan a naruka a daga ti kinalkalida. Diak malagipen ti awagda, ngem daytay naruka a bato. Ngem uray no naruka, natangtangken nga amang ngem ti gagangay a daga.

Malagipko pay nga adda pagpapandayanda iti gabionda no mapudpod ti tiradna. No dika pay nakakita, saan nga agpada ti agsumbangir a murdong ti gabion. Natirad ti maysa a bangirna, akaba ti sabali. Ken laglag-anenda met ti panagpalada kadagiti makalida. Diak nangngegan a nagsaritaanda ti masakbayan. Malaksid ti sumaruno a pagkalianda, nga ipadamag ti sumarsarungkar a kapatas, no malpas ti sanganayon a kanal a kalkalienda. Naragragsak dagiti ababa ti arapaapna ngem kadagiti managarapaap, naamririsko dayta, Enos Apok, a kasla di mapmapnek iti adda a pagbibiaganda. Umdasen nga umangesda iti agmalem ken agpatnag, makaammonton ti sumuno a bigat.

Uray idi nagwaras ti angol a trangkaso. Di inkankano dagidi dua nga ulitegko, Enos Apok. Kas man la ay-ayam ti biag kadakuada.

Dakkel ti nakaigidiatan daydi Tatang, Enos Apok. Nalaka a maupupay. Kayatna a liklikan ti ania man a makadangran iti pamiliana.

Apaman a nangngegna ti agwarwaras a sakit, inkeddengna nga agsublikami idiay probinsia.

"Diak kayat ti matay ditoy. No matayak met laeng, kayatko nga iti lugar a nakayanakak," kinunana.

Saankamin a nagbayag idiay Pagasa, Enos Enos Apok. Nagsublikami idiay Panay-ogan. Nabati dagidi Angkel Poling ken Fidel.

Kunam pay, Enos Apok, napekpekkamin iti balay daydi Anti Rosa. Saanen a nagsubli daydi Ikit Taling idiay Vigan; imbatin daydi Lela Daling—malagipko ita, durgokan daydi a baket idinto a nakuttong daydi Ikit Taling. Panunotem laengen, a, ti agtawen iti katorse. Di pay nakapagsimpa nga agbalasang, rinabongen daydi Angkel Romeo. Diak nadamag, ken diak malagip no nagkasarda. No pampanunotek ita, Enos Apok, ad-adda ti alak a dida nagkasar ta agpadada met nga awan ti trabahona. Ken awan ti nagtugawan dagiti dadakkelda. Nasaok sa idin, a basta imbati lattan daydi Lela Daling ta isu pay a maksay a pakanenda— nadagsen a balikas, ngem kasta met ti ayona uray sadino ti panirigan. Daydi Tatangna, diak nakitkita nga immay idiay Panay-ogan; uray daydi manongna nga agpada a diak malagipen ti naganda, agpadada nga agama a malaksid iti kinasarangusongda, awan pay ti trabahoda. No pampanunotek ita, Enos Apok, diak ammo no nangal-alaanda iti pinagbiagda. Nasayaatda met ketdi a tao.

Kas iti pinanawak idi napanak idiay Pagasa, kasdi pay laeng ti aramid daydi Lelong Undo. Apagbangonna pay laeng iti agsapa no lalausen ti manao, addan nga agpugsupugso a mangwatwat ken agarniarnis. Nalipatak gayam, no dadduma ngamin ket agtagkatagkawen ti lagipko, dina met malipatan ti agkararag. Paset sa ti naadalna iti Moncado a nagkamenganna iti namindua a papanna idiay Hawaii. Malagipmo kadi no nasaokon a bayat kano ti kaaddada, a kaduana dagiti padana a naulawulaw iti isusurotda, inidianda kano ti nagipauneg iti di naluto ken yano a taraon—yano kunana man ti awan as-asinna a taraon. Isu a di kad' nakakapkapsut ti bagina? Pumigpigsa laeng iti kanayon a panagwatwatna. Malagipko pay, isu ket ngata a no imaima a napan idiay Hawaii, imaima met la a nagawid. Isu a malagipko ita, saan met unay a dakkel ti maiduronna a taraon.

Kitaem man, nalipatak metten daydi Insan Ansit! Maysa met daydi nga awan ti inar-aramidna no di agwang-iwang-it ken aggilabgilab a ti la adda a masasaona no kasdiay.

Dimo met liplipatan; adda pay la idi dagidi Mang Sela; adda pay la nga agkusaykusay daydi Amboy, a labus ken agmulmulmol ken ag-a-a-aa-a. Madurmen ken maas-asianak idi, ngem kasla awan ti nangikaskaso kenkuana.

Kasano pay ti panagbiagda iti balay daydi Anti Rosa?

Intultuloy, a, dagidi Anti Rosa ken Mang Sela ti napanawak nga aramidda. Mapanda agangkat iti mataan idiay Sabang nga ilakoda idiay tiendaan, ken no sadino payen a pangiturongan kadakuada dagiti saksakada.

Dida met binaybay-an ti panaglakoda iti linata a bugguong. Inarkilada ti kalesa daydi Tata Tony, wenno kinatulagda; wenno insugpondan sa idin iti negosioda.

Taga-ili daydi Tata Tony. Ngem nadlawko ti kinasingedda a tallo.

Kunam la no agkakabsatda.

Ngem idi agbaybayag, adda naipalpalapayag a damag nga adda nangisit a mapaspasamak iti nagbaetan dagidi Tata Tony ken Mang Sela. Nabayag kano ngamin bassiten a di immaw-away daydi Mistro Bitong. Di met ngamin mapilaw, a, ta uray agabbugguong ken agatmataan daydi Mang Sela, di makaliklik dagiti napigket a mata iti nasippukel a panalbanna. Nangruna, a, ket napudpudaw nga adayo ngem iti daydi Anti Rosa.

Daydi Lelang Simona ngay?

Ay, ket awan latta ti aldaw a nangngilin a sumuknal iti kadilian, Enos Apok.

Kas idi damo a kaaddak iti Panay-ogan, diak nasiputan a nangisakmol sakbay nga umulog. Dina ketdi nalibtawan ti nangitugot iti pinadis a kabakbaked ti pungupunguan ti ubing. Kasta met a dina naliwayan nga isuksok iti siketna ti bangir a gayadan ti pandilingna. Kunam pay, mayat manen ti wakawakana nga agpalud iti kalsada nga agpallapallayog ti imbarikesna nga alat, nga igpilna ti inayumaanna a batbateng; ayuma, kunada, no daitenda dagiti napugsat a nginabras ti batbateng. Adda arigna burrarawit nga inramanna nga inigpilan. Usarenna dayta a pagpaisayna. Wen gayam, mangnanaw pay iti bassit a kurita nga ibedbedna iti murdong ti bislak a pagpaisayna wenno pangyabugna iti batbateng kadagiti bunog, ariwaiw, kappi, ken no ania payen a lames iti kadilian. Saan la nga agpaisay ti aramidna. Agapurot pay iti kulot, kanutkanot, ragragutirit, balbalulang, pukpuklo, ken suyasuya. Uray ania a ruot ti kadilian ken tangrib a mabalin nga ipakuarta. Ti la aragan ti dina taliawen, nupay daytoy a ruot ti kabengbengan. Awan ti agsidsida iti aragan. Usaren la dagiti kumpradora a pangabbong iti tagilakoda nga ikan tapno narigat a malaes.

Nasaksiak amin dagitoy, Enos Apok, bayat ti panagbayagko idiay Panay-ogan.

Ah, wen gayam. Adda kinaung-ong a naaramidko iti kaaddak idiay. Diak koman ibagbaga, ngem malagipko met!

Malagipmo daydi naagapadko a lelangko iti tumeng? Daydi Lelang Ines a bulsek?

Diak koman agapaden daytoy ngem tapno maammuam a killo

met no maminsan ti utek 'toy lelongmo. Saan nga ang-angaw daytoy a pasamak.

Maysa nga aldaw a pannakasapul daydi lelangko iti tumeng a mapan umigid, siak ti imbaonda a mangkibin a mapan iti pagpaknian iti laud ti balay, iti sirok dagiti pasakuati wenno kawkawati. Awan ti kasilia idi, Enos Apok. Adu ti karemmengan a mabalin a pagpugiitan lattan; kababain, ngem diak ammo no apay nga awan ti kasilia idi! No makaigidka, mapanka lattan iti asideg a remmeng ket idiaykan nga agpugiit. Bislak met ti us-usarenmi idi!

Nupay diak koma kayat a kuyogen, napilitanak ta awan ti sabali a mabaonda.

Daytoy ti kunak a bunga ti kinaung-ongko, Enos Apok.

Adda nakitak a temtem nga agas-asimbuyok pay laeng. No ania ketdi ti naknakanko ta adda simmiplot iti ulok!

Ammok la ngaruden a di makakita daydi kaasi a lelangko iti tumeng, inturongko pay laeng iti temtem! Kunam pay, ay, ti kulkulagtitna piman!

Inyadayok met laeng idi maamirisko a madi ti inaramidko.

Kasta unay ti panangungetda kaniak ngem diak lattan nagtagagari, ta basolko met.

Agwingwingiwingak, Enos Apok, no malaglagipko daydi a pagteng. Dakdakkel ngem iti bagik ti babawik.

Maysa pay a kasla di nakappapati nga estoria, Enos Apok.

Denggem...

Daytoy, a, ket estoria met daydi Angkel Poling a pinanawanmi idiay Pagasa, a kellaat lattan a nagawid iti Panay-ogan ket imbagana a saanen nga agsubli idiay siudad. Agaasem, nagadukami la ngaruden, nainayon pay daydi Angkel Poliing.

Daydi a panagawidna ti nakaammuak iti adu a padpadasna, a no amamirisek ita, langlangsotna laeng! Agaasem, adu kano ti naggigiananna idiay Manila. Nadumaduma a kita ti trabaho ti sinerserrekna—saan a nages-estoria idi addakami idiay Pagasa. Ken, ammom, nakadkadanon kano idiay Kabisayaan; diak malagipen no sadino a paset ti Bisaya, gapu ngata ketdi ta saan a nakallalagip.

Ngem iti maysa a sardam, a manmano a panaguummongmi nga agkakasinsin, inummongnakami iti sangona ket rinugianna ti nagestoria.

Immuna nga inestoriana ti panagbalinna a ministro ti maysa a sekta. Inusarna kano ti imparabur ti Dios a galadna a manarita iti panagilawlawagna iti linaon ti Biblia. Patpatiek met idi damo ta pinampanunotko no adda pakainaigan ti ibagbagana iti daydi padasko idiay San isidro... malagipmo daydi kunak a panagkompesarko, nga imbaga daydi Apo Padi nga ibagak lattan a nagtakawak iti itlog?

Ngem agsublita iti daydi Angkel Poling.

Insublatna nga inestoria ti padpadasna idiay Manila.

"Maysa kadagiti adu a trabaho a nagpadpadasak," kinunana. Malagipko latta ti sarangsang ti panagestoriana, a nakarimrimat dagiti matana, ken adda bangbangir nga isemna. "Ti panagmanehok iti maysa a trak wenno bagon, ti maysa kadagiti nakallalagip a padasko," kinunana. "Dakkel a trak daydi. 6 by 6. Ammoyo ti 6 by 6? Adu ti pilidna. Pagbumbunagmi iti materiales a masapulmi iti kompania a nagtrabahuak.

"Iti maysa a nariwet pay nga agsapa nga agtutuglepak a bimmangon gapu iti napalalo a bannogko iti napalabas nga aldaw, nagluganak iti mammanehuek a bagon ket rinugiak ti nagbiahe. Idi makadanonak iti maysa a pagpikoran a manmano ti balbalay, pagammuan lattan ta adda napintas a babai a bimmallasiw iti kalsada. Gapu ta diak napadpadaanan, nadungparko. Kunam pay, iti pigsa ti pannakadungparna, nalkab ti susona a naisalat iti tapaludo ti bagon..."

Kunam pay, Enos Apok, nakanganga ken nakamulagat dagiti kasinsinko, nga agur-uray iti sumaruno a pasamak. Numona ta ibaybayag met daydi angkel ti agestoria. Isardengna ket manindi iti Balasang a sigarilio—daydi a kita ti sigarilio ti ad-adda a rungrungrongen dagiti mannigarilio; awan pay dagiti nalatak a sigarilio idi. Sumukloy iti atiddog sa paggiddanenna a paruaren ti asuk iti ngiwat ken agongna. Makaulaw ket linikliklikak ti mapug-awan.

Ngem siak, Enos Apok? Ha-ha! Agpatpatuboakon iti kawwet a kunada kadagidi a panawen ket nangrugi metten nga agampaampayag ti pampanunotko. Iti ababa a pannao, nagduaduaakon iti es-estoriaen daydi Angkel Poling.

Daydi nga ulitegko, Enos Apok, ti maikalima kadagiti agkakabsat. Sinaruno daydi Angkel Romeo. Agkaarngida iti daydi Tatang a nalaing a manarita. Ti pagdaksanna ket amirisem nga umuna no pudno met la ti ibagbagana; saan koma nga isut' pakataktakan ti kararuana a sumaklang. Maiduma daydi Tatang, a pinatik amin nga inis-istoriana.

Denggem, Enos Apok...

Asideg idin ti panagseserrek. Sumrekak idin iti sekundaria. Nangngegko ti nakapsut a panagsarsaritada iti daydi lelangmo iti tumeng maipanggep iti pangalaanda iti matrikulak iti Cabugao Institute. No diak agriro, pitopulo a pisos sa pay la idi ti matrikula. Nagtulaganda a mapan isalda daydi Tatang ti mano a bulan a pensionna iti daydi baket nga adda tiendaanna iti abagatan ti pagentradaan iti merkado ti Cabugao. Nalipatakon... a, wen, malagippkon ti naganna. Rita, Apo Rita. Nasayaat, saan a kas kadagiti adu a babaknang a di agtalek kadagiti taga-aw-away— maamairisko ita, nalabit a gapu ta ammona nga adda binulan nga ur-urayen daydi Tatang.

Bayat ti pannakakumikom daydi lelongmo iti tumeng a mangisagsagana iti akaranmi idiay Labut, sinublianna ti nakairuamanna nga aramid. Nakaala iti daan a kalesa ken maysa a kabalio. Inaldaw a mapan mangalesa. Isidawsidawna ti agsapul iti gatangenna a baka, nuang, wenno kabalio, a saan nga agbayag kenkuana ta ilako wenno isukatna met la dagus ket narimat dagiti matana no makagananisa. Kanayon nga agpakpakatda, nangruna no maallukoyna ti kasinnukatna nga aginsema iti dakkel.

Limmatak iti kasdi nga inar-aramidna. Nangruna ket naam-ammoda a maysa a beterano. Adu ti nagayyemna nga eskribiente idiay munisipio. Uray pay hues. Ken nagayyemna pay daydi Fr. Apostol a padi ti Aglipayano.

Ngem iti naminsan, naisarsarak daydi Tatang gapu laeng iti maysa a koliar ti kabalio. Ammom ti koliar, Enos Apok? Daytay ikabilda iti tengnged ti kabalio a pakaimuntaran ti pangguyodanna iti kalesa.

Diak nasimpuonan ti nangisaklangan daydi maysa nga ina a kanagnagan daydi Ikit Rosa. No nagsinnukat wenno nagginnatangda.

Nasingaak laengen idi adda kasubsubang daydi Tatang. Adda daydi Tatang iti lulonan ti agdan.

Nakabannikes daydi ina iti arsadanan ti agdan. Koliar ti gapu ti pagsinsinnugbatanda.

Pagammuan, nakitak nga imbarsak daydi Tatang ti koliar ket natiruan koma ti saka ti ina no di nakalisi.

Napan insaklang daydi ina daydi Tatang.

Pinagudongda daydi Tatang. Ngem nagawid met la a dagus ket inistoriana ti napasamak.

Imbagana kano nga iti yuulina, nasikkarudna ti koliar nga agdawdawadaw iti lulonan ti agdan isu a natnag. Innayonna a dandani kano pay natnag.

Saan nga impangpangag ti hues ti palawag daydi babai. Kinampianna daydi Tatang.

Napaneknekak, Enos Apok, nga uray saan a nakaadal daydi Tatang, kabaelanna nga irasonan ti bagbagina; di ad-adda koma pay no nakaadal! Ken ammok a nakatulong ti kinabeteranona iti kasona.

"Isu nga ituloymo ti agbasa, Barok," kinunana a bulon ti itutuprana iti tawa.

ALA, SAKBAY NGA ipanka idiay Labut, Enos Apok, kitaenta met, a, biit, ti mapaspasamakmi ken ni lelangmo bayat ti panages-estoriak.

"'Pa, 'ta telepono…" kinuna ni lelangmo iti naminsan, a nainayad a magmagna bayat ti ikakapetna iti diding iti panaggapuna iti pagpaknian.

Tinallikudak ti monitor ket pinidutko ti auditibo ti *landline*. *Recording ti mensahe.*

"*Hi… This is WalMart pharmacy. Your refill is ready… We're open until nine. If you have question…*"

Linagipko dagiti agas nga inyawag ti botika, a makasapul iti *refill*. *Carvedilol 25mg, ken Copidogrel 75 mg.* Lima pay dagiti di makasapul iti refill –*Allopurinol, Farziga, Forozimide, Glipizide ken Amiodarone.*

Ken uppat ti *appointment*-na iti agduduma a doktor iti agdama a bulan. Maysa ti pakairamanan 'toy lelongmo, Enos Apok, sa maysa met ti di pakairamanan ni lelangmo, nga isu ti *hearing aide*. Ania a bulan ita? Dandani man gayamen ti tinawen a *flu shot-mi*.

Maika-9 a Paset

Labut 1

"PA, TULONGANNAK MAN", nagutad ti tengngedko idi, Enos Apok, a timmaliaw iti banio a yan ni lelangmo.

Nagrupangetak a nangtakder iti mulmulagatak a monitor. Nagalas dagitoy sakak ta mangrugida metten nga agreklamo. Mano nga aldaw idin a parparigatendak! Sakbay a namigatkami iti daydi nga alas sais, innalak ti rukod ti *vitals*-mi ken ni lelangmo. Normal met. Pabasolek dagidi pinamigatmi. Naimasda met amin—sangabukel nga itlog, dua kailgat a *whole wheat* a tinapay a pinuligadanna iti *peanut butter*, kagudua ti sangabukel a bassit nga abokado, dua kutsarita a *non-fat dry milk*, dua kutsarita a Nestle *rich milk chocolate*, dua kutsarita nga *instant oatmeal* ken dua kutsarita a *virgin coconut oil*. Kasta unay ti panangannadko iti ipaunegko ngem kasla kimpet nga alimatek ti sukir nga A1Ck. Kababaan ti 8.5; di pay nakadanon iti 6.00 a normal a rukod. Nakaad-adu payen ti diak malamut—dayta ti balikasko no makasuronak—a paggugusto a taraon dagiti nangisit ti sikona. Manmano payen a makaramankami iti bugguong a monamon ti Dagupan; dagiti bagnet ken tosino ti baboy— iparit ti doktormi nga Israelita nga adu ti gagayyemna a Pilipino idiay California, a nagkunaanna a narawetda nga agkabukab iti sabidong a litson.

No manen, kunak nga ipaangaw, Enos Apok, adda idaddaduma ti Dios. Ad-adu pay ti nalablabes ti tawenda ngem iti tawenko a pitopuloket-walo ngem agtiktiktokda pay laeng. Idi kabambannuagak, rinabii nga ageksersaisak. Idi naoperakamin ken ni lelangmo, tagtagainep laengen dagidi a rabii! Kunkunak idi, kasanon no diakton kabaelan nga ipuspusan ti bagbagimi nga agassawa? Agur-uraykaminto lattan iti agtinnag a grasia; namak payen no disgrasia?

"'Pa, 'niat' kukueemon..."

"Agar-arapaap... ay."

Nagarukongak a nagpabanio, Enos Apok. Rumrumtuok dagiti tumengko iti yaaskawko. Tinulongak daydi lelangmo a nangyusong iti pantalonna.

"Dika la koma ngaminen agsapsapin..."

"Di pay la sika... ingka agprosision dita kalsada..."

"Duata, a... umunaka, sarunuenka! No adda mangdillaw, ipukkawmo: umapalkayo?"

"Bagtit a laklakayan!"

Ay, Apo, insennaayko met laeng, Enos Apok. Ti la adda a mapampanunotko no kasdiay.

Simro ti sasadutak nga agluto iti pangaldawmi. Mapanakto la ngatan gumatang iti salad dita Harmons, wenno *rotisserrie fried chicken* idiay Costco, wenno *chicken teriyaki idiay* Teriyaki.

Insaltekko ti kutitko iti agpuligos ken agbutuag a tugaw.

Ay, Enos Apok, aya... Mapanta man laengen idiay Labut.

Labut 1

DENGGEM MAN NEY, Enos Apok... ta saritaek ti maikawalo nga estasionko, nga isu ti Labut. Ditoy ti nagsulbodan dagiti arapaapko, a binayabay dagidi nabasbasak iti *Bannawag.* Kasla adda naglukat a baro a lubong iti mugingko ket nadlawko ti dakkel a pakaigidiatanna kadagiti lubong nga immuna a nagbariw-asak.

Makaikawa met ti agpakada kadagidi nakabbalaymi iti ababa a panawen idiay Panay-ogan. Uray no bassit dagidi gamgamigammi, dandani awan ti nagpisipisanmi iti kalesa idi umakarkami idiay sitio a Labut a nagbaetan ti Daclapan Sur ken Sabang.

Paliiwem ti aglawlaw, Enos Apok, ken ti mapaspasamak tapno makitam ti pakaigidiatan daytoy baro a lubongko kadagidi nasaksiamon.

Kinullayot daydi Tatang ti kabalio sakbay a makadanonkami iti imbornal ti Aglem nga ipus ti bassit nga agus a kumamang iti daklisan. Masapul a mangala ti kabalio iti buelo gapu iti ruburob. Sumagmamano nga agpa ti kaadayo ti imbornal iti pagtaptapliakan ti dalluyon. Daytoy ti nagbedngan ti Labut ken Daclapan Sur.

Natangken ti puraw a baggiing a kalsada nga arigna nayurit iti nagngalayan, wenno nagtengngaan ti nabengbeng a kakaywan iti pandaka a lumabas iti Labut ken kumamang iti Sabang. Iti akindaya a pasetna sakbay ti Labut, adda dakkel a sangapuon a bangar iti kanigid; sa manen sabali a bangar iti ngalay ti kalsada a labes ti Labut sakbay a makadanon iti Sabang. Malaksid ti agatibuor a nabanaal a sabongna, sarsarita dagidi lallakay a balay ti di katatawan ti bangar.

Umuna a mangawis iti imatang dagiti sangsangaili iti Labut, Enos Apok, ti daga, no masao a daga, ta baggiing a nakakirkirsang. Pannakaalad ti solar a dinanonmi dagiti pinuon ti marunggi wenno marunggay iti amianan ti kalsada—napaliiwko idi agangay a nateng ti sangakaarrubaan ti marunggi, bungana man wenno bulongna; nagagetda nga agguggot ket uray no inaldaw a pagnatngan kasla saan a maur-urotan.

Adda sumagmamano a tattao iti ruangan iti akin-abagatan a ligason, a kasla agur-uray iti isasangpetmi. Pattapattak nga agtawen iti nakurang nga innem a pulo dagidi nagabay nga impapanko nga agassawa nupay ububing ngata ti tawenda ngem iti pudno a langada. Nakakurto ti nakatultulang a lakay ken nadlawko ti lukay dagiti takiagna, ken ti isemna. Nair-irteng ti rupa daydi baket, ken nabagbagi. Naammuak idi agangay nga agassawa dagidi Filomeno Manuel (Tata Minong wenno Bai) ken Primitiva Tabin wenno Tibang.

"Kunami no idi kalman ti sangpetyo," nagindayon ti nakalangiking a timek daydi Tata Bai. Nalukay ti butuag dagiti kidayna. Nagdalikepkep iti nalukay.

Awan timtimek daydi Nana Tibang; agpalpaliiw.

"Adda nakatalaananmi, Manong Bai," kinuna daydi Tatang.

Nagaadu dagidi tattao. Nalasinko daydi mangsutsutil kaniak idiay eskuelaan idi. Taga-Labut gayam. Timmulong a nagideskarga kadagiti gamigammi. Domingo ti naganna; adda adingna a Dominga. Inggo ken Doming ti birngasda.

Adda pay agina a naudi a nakipagadu. Daydi Lelang Carmen a kabsat kano daydi Lelong Undo, ken daydi Anti Anneng nga anak ken kabbalayna.

Nadlawko met ti maysa a barito a nakalawlawa ti isemna; kataebko ngata. Diak nakitkita ti anniniwanna idi idiay eskuela. Kasta unay ti panangmulenglengna kaniak idinto nga intukolna ti kanawan nga imana iti puon ti maysa a marunggi. Erlino Manuel ti naganna; naammuak idi agangay.

Napasig ti panagsasarita daydi Tatang ken dagidi nadanonmi. Kabagianmi kano amin ida.

Maymaysa pay la idi ti balay iti amianan. Isu ti insagana daydi Tatang nga akaranmi idi addakami idiay Panay-ogan. Uppat ti balbalay iti abagatan, a buklen dagiti Manuel ken Pagador.

Dua ti kadsaaran daydi a balay a dinanonmi, Enos Apok. Nagtaleb iti bulo ken nagatep iti pan-aw. Singko por singko ngata ti sekkegna. Nailansa dagiti datarna a kawayan. Uppat ti tawana. Bulo met laeng ti abulogna. Adda duagna iti amianan ken iti laud, a binuttawan ti agdan, a nagkusay iti abagatan. Adda bangsalna a kumanang iti nababbaba a kosina iti laud.

Adda dua a kapuon a lungboy iti amiananen a dayaen ti balay, ken sangapuon a sarguelas iti labes dagitoy. Adda bubon iti laud ti kosina. Iti amianan, nalawa ti kabaggiingan ken kakaywan iti pandaka a pakairamanan ti kalumay a pagtubtuba idiay kadilian ti bungana no malebbek.

Iti kano Labut ti nakayanakan daydi Tatang idi 1916.

Agkakakabagian amin dagiti pumurok iti Labut. Ti pamilia Manuel ti kaaduan iti bilang, nga indauluan daydi Tata Bai Minong. Adda Pagador a naikamang kadakuada. Ngem idi dimteng ti pamiliatayo, Enos Apok, ininuten a rinimbawantayo ida. Nangruna la ngaruden idi narugian daydi Angkel Romeo ti nagputot; sangapulo-ket-tallo, kunam man! Naulpit ngamin ti sardam ta nasapa nga isaknapna ti sipnget ket awan ti silaw no di ti agkurkuridemdem a sedden a naisab-it iti sigpit ti silag a taleb. Ay, ket nagsipungtuan, a, daydi Anti Taling, Apok! A kunam met la no nalabon ti pagtaraon daydi Angkel Romeo, a kunam met la no di kaaduanna ti ikakaasi daydi Anti Rosa.

DI NAGBAYAG IDI naggibus ti naamnot a biag daydi Apo Barbers a papang da Insan Francia, Marilou ken Miguela. Nagsayaatanna ta daydi sinabado a panangab-abastona iti daydi Anti Rosa, nagbunga iti tinabla ken ginalba a balahy iti daya ti balaymi. Sa nalabon met bassit ti imbatina kadagiti kasinsinko ta imdas a pinagturposda idiay Cabugao Institute, ken nakarugida pay iti kolehio idiay Manila, malaksid ken ni Insan Francia a nagturpos iti MD ta rinabong ti taga-Pudtol—Marriage Degree, no dimo ammo...

Wen, saan nga idiay Panay-ogan, Enos Apok, ti nagpabangonan daydi Anti Rosa ti balayda .

Idiay Labut. Iti daya ti balay a nangisangpeptan daydi Tatang kadakami. Dakdakkel ngem iti balaymi. Tinabla ken nagtagi-sim.

Ngem daytoy ti yan ti imasna, Enos Apok, denggem...

Immipus amin a tao a pinanawanmi iti balayda idiay Panay-ogan! Dida masinaan ti ipus daydi Anti Rosa. Awan ti nabati ta diak ammo no ania ti napasamak iti daydi a balay a nagdidippiitanmi no lalausen ti manao; nalabit inlakoda.

Malaksid daydi Amboy nga anak daydi Manang Sela. Daydi lugpi a kakaasi a mabaybay-an iti kuarto a pakapampananawanna. Pimmusay sakbay a nakaakarda.

Diak malagip no apay a simmurot ti pamilia daydi Manang Sela. Malagipko laeng ti panagsinada iti daydi Maestro Bitong, ta adda sabali nga asawa daydi maestro.

Gapu iti imbati daydi Apo Barbers, tinallikudan daydi Anti Rosa ti naglako iti buggoong. Ikan laengen ti intultuloyna nga inangkat . Masayangan met iti kumkumpraenna nga ikan ta immadu ti sukina.

Daydi Manang Sela ti nangitultuloy nga aglako iti bugguong.

Adda idi panawen a panagarog dagiti taga-Pudtol iti Sabang no nalpasen ti panagtatalon ket agur-urayda laengen iti panaggapas. Adu ngamin dagiti taga-Pudtol nga adda kabagianna iti Sabang, a pakaibilangan dagiti Saquiton. Panagkunak, umayda yinana iti Sabang ti bambannogda a nagtaltalon. Nangruna dagiti babbalasang ken babbaro. Pambaranda met ngatan ti umay sumirpat ken pasirpat. No agsublida iti Pudtol, no kasdiayen a madanon ti panaggagapas, agawisda ti mapan makigapas, a saan la a babbalsang wenno babbaro ngem mairaman metten dagiti kasado.

Nagargari met dagidi Manang Sela ken Anti Rosa a napan nakigapas. Ket sadiay, nakasimpalong daydi Manang Sela iti maysa met a balo. Iti ababa a pannao, saanen a pinalusposan daydi a kasado, ginapasna pati daydi Manang Sela idiay Pudtol! Nairamraman a nagapas daydi Araceli. Naimbag ta nabati ni Melba a nagbasa idiay Cabugao Institute ta di ket koma rinabongda a ginapas. Uray da Marilou ken Miguela, nagbasada met idiay Institute. Ni Francia a manangda ti ad-adda nga idiay balay ti nagpuspusposanna. Tinultulonganna daydi Nanang; agingga a 'tay kunakon itay, pinagturpos ni Ramon Sa` quiton iti MD!

Ngem denggem, Enos Apok...

Wen, a, saan nga impalubos daydi Tatang a saanak a makapagtuloy iti haiskul. Impastreknak idiay Cabugao Institute; insaldana ti pensionna iti daydi Apo Rita nga akinkukua iti dakkel a pagtagilakauan iti abay ti pagintradaan iti merkado ti Cabugao; ne dagullit sa met daytoyen, ngem bay-am lattan. Ti imasna laeng, Enos Apok, nasken manen a maipusingak kadakuada iti linawas! Adda met ketdi kalesami, a, dua pay ti kabaliomi a lalaki ken babai nga agpada nga alasan. Ngem saan met a mabalin a kanayon nga ituloddak iti bigat sadak manen alaen iti malem.

Tapno saanak nga agkaraudong iti panagbasak idiay Institute, insapulannak daydi lelongmo iti tumeng iti pagdagusak idiay Ruaran— kasta ti awagda iti murdong ti kalsada a naggapu iti laud nga immuluan iti kamino real. Iti daydi immuna a tawenko idiay Institute, nagdagusak iti balay dagidi agassawa iti kunak a Ruaran. Nagbalonak iti sangareppet a kayo a pagsungrodko, ken arigna kasla gemgem a kaldero. Tulagda kano iti daydi lelongmo iti tumeng, Enos Apok. Siak ti mangisagana amin a masapsapulko. Malagipmo daydi kunak idi addaak idiay Baybayabas? Nasapadak nga insuro nga agluto ket isu ti inusarko idi addaakon iti sekundaria.

Agarup naladaw nga intulodnak daydi Tatang isu nga apagbiit ti panagsasaritami kadagiti bumalay.

Intulodnak daydi Tatang iti sango ti Cabugao Institute. Pinabolsaannak iti salapi sakbay a pimmmanaw. Inggunamgunamna ti panagannadko.

Nagdardarasak a simrek iti immuna a klasek iti naipatuldo a kuarto dagiti estudiante ti Section D. Wen, Apok, addaak iti kababaan a seksion!

Mathematics ti immuna a *subject*-ko. Natayag a baket, buringetnget, dakkel ti timekna. Dadakkel dagiti matana iti sirok ti nabengbeng nga antiparrana. Bruna Viloria ti naganna. Taga-Lapog.

"Pass your classcards!" nakigtotak iti arigna gurruod a timek daydi Mrs. Viloria. Bagbagay la unay ti naganna a Bruna! Sa Viloria pay! Inurnosna nga agpalikud. Sinaggaysanakami nga inawagan.

Maikadua iti kanigidko daydi Delfin Palado. Agarup kataytayagko ngem nabusbusnag. Simmaruno daydi Rodulfo Sumajit a taga-poblasion ti Cabugao. Kataytayagko ngem ayukos nga aglulupoy. Adda iti makanawanko daydi Jose Torres a taga-daydaya. Pagatlapayagnak ken namasmaskulado. Adda ti atapko nga anak ti mannalon.

Inabaynak daydi Delfin Palado idi rummuarkami.

"Kasla nakitkitaka idin," kinunana. "Taga-Lapogak... idiay Lapting."

"Sigud met a taga-Lapogak... nagbasaak idiay San Isidro Elementary School."

Tinaliawko daydi Jose Torres a sumarsaruno. Immisem ket inisemak met.

Nalagipko a naminsan a naisurotak idi adda pabuya dagiti agbasbasa iti elementaria idiay poblasion ti Lapog. Kalastenik sa ti awagda idi, daytay adda nakirosan a sabut ti pukupok a pagtik-ulem iti barukongmo. Amangan no idiay ti nakakitaan ni Delfin Palado kaniak.

"Ammom," kinuna daydi Delfin. Nagtalangkiaw sa agarup impaarasaasna: "Agar-aramidkami iti paltik!"

"Paltik?"

"Dagitay babassit a paltog. Ibagam latta no kayatmo. Nalaka laeng!"

Nagarigenggenak. Dandani natay daydi Tatang gapu iti paltog, sa mangalaak iti paltik?

Nagdardarasak a nagawid idi malpas ti klasemi iti bigat. Agsublikami pay ta adda klasemi iti malem.

Adda inted daydi Nanang a balonko ngem diak nakan.

"Insakemandaka," kinuna daydi Ina a nalipatak metten ti naganna, Enos Apok. Mababainak; managbabainak idi. Ngem nalang-abko ti agatkarne, a diak idi ammo nga adobo gayam, isu a kapilitan, a, tinilmonkon ti bainko! Daydin sa ti damo a pannakaramanko iti adobo, Enos Apok! Lauya laeng ti sagpaminsan a linutluto daydi lelangmo iti tumeng.

Diak ammo no kasano a nagayyem, wenno naam-ammo daydi lelongmo daydi Tata Ciano. Adda maysa nga anakda, William ti naganna, nga agtawen ngata idi iti lima wenno innem. Napapilit ngem itedda amin ti kayatna ta bugbugtong.

Adda lugpi a kabsat daydi naanus nga ina, a katulonganda. Trabahona amin a trabaho uray no pulos a dina maaramat dagiti sakana; agluto, aglaba, nga iti baba ti paglabaanna. Mamatika kadi? Makauli ken makaulog iti agdan! Idi damo a makitak, masmasdaawak no kasano a maaramidna ta dagiti takiagna isu metten ti sakana. Maskulado ketdi, a. Naragsak latta uray no kasdi ti kasasaadna. Kasla saan a mabambannog, isamirana nga aywanan daydi William.

Iti damo nga aldawko iti Ruaran, Enos Apok, awan nagkunaak kadagiti agasssawa. Nakasaysayaatda. Nakaan-anusda iti anakda. Kasta met iti lugpi nga ipag daydi Tata Ciano. 'Tay pagsasaok, kasla di makapigis iti bulong.

Ngem denggem, Enos Apok; dua gayam ti katataona!

Nakigtotak iti maikadua a sardamko nga isagsaganak a sanguen ti leksionko kalpasan ti panangrabiik idi nakangngegak iti kasla bimtak a gurruod. Adayo pay iti arsadanan ti agdan, arigna dumanonen idiay kalbario ti gurruodna. Kurang la a magaburan iti pugso ti Pinatubo dagiti kabbalayna; didan ammo no ania ti sanguenda.

Nasiputak ti panagdardaras daydi naanus a katulongan a kimmamang iti kosina a nangisagana iti pangrabii daydi gurruod! Agtigtigerger daydi naanus nga ina a simmabat ket pinadasna nga alay-ayan ti sangsangpet. Ngem naiwagteng laeng a sinaruno ti gimluong a gurruod. Daydi William, nagtarayen iti kuartona.

Narasaw met daydi Angkel Alling idiay Baybayabas ta pagsasawanna daydi Lelang Andiang ngem di makagudua iti daydi dua-tikatataona nga ama.

Awan ti nakabbalayko a bartek—daydiay ti maipagpannakkelko, Enos Apok, iti kaamaantayo, uray rigat la ti adda. Isu nga iti daydi umuna a rabii, kayatkon ti agtaray nga umaway.

"Kayatmo ta baniosanka?" inyandingay daydi naanus nga ina.

Nagurok daydi ama. Sinaruno ti kasla naibukbok a binugbog. Nagadiwara ti nabungsot a sanger. Matartaranta daydi naanus a lugpi a nangiserrek iti bassit a palanggana ken nabasa a trapo.

Nagdanggayanda nga agkabsat nga inistimar ti nabartek.

Nabayag bassit sa nagulimek ti balay. Simmaruno ti urok a kasla agpaguyod iti bulo.

Nakangngegak iti tuktok iti ridaw.

"Pasensiakan, Barok," inyarasaas daydi naasi nga ina a simmirip. "Kasdiay ni tatam no makainum. Ngem no nausawanen..."

Saan met ketdi a riribuk amin, a, Enos Apok, ti nasagrapko iti daydi a dagusko. Iti kaarruba iti daya, adda sabali nga estudiante idiay Cabugao Institute. Bernardino Siena ti naganna.

Idi damo, mamgadak a makisinninged kenkuana. Ipappapanko latta ngamin idi nga amin a taga-ili, di mangipirpirit iti taga-barbario. Nangruna ket nataytayag ngem siak. Adda met ketdi pangatiwak kenkuana, a. Nakulapotan ti maysa a matana.

Isu ti immuna a nakisarita kaniak.

Malagipko ita daydi Bernardino Siena, Enos Apok. Nagbalin a nasinged kaniak ket nasaona nga adda iti ganggannaet ti Tatangna. Impapanko a saan a Filipino ta mestiso daydi Dinong. Ngem diak dinamdamag. Umdasen ti panangbigbigna kaniak a maysa met a tao. Pinadasko itay nabiit a sinapul ti naganna iti *Bing* ken iti *Facebook* ta komustaek koma. Ngem padi met idi kanika-katorse pay la a siglo idiay Sienna ti agnagan iti Bernardino Siena.

Ngem adda sabali a kita ti tao iti Ruaran, Enos Apok. Maigidiat unay iti daydi Dinong. Denggem, a... sarsaritaek dagitoy tapno ipakitak ti agduduma a kita ti tao.

Daytoy kunak a sabali, talaga a sabali.

Agparang latta iti mugingko no malagipko ti immuna a dagusko, Enos Apok, daydi artek a burangen a kataytayag daydi Dinong, nga aggigian iti abagatan ti kalsada a baetda iti dagusko. Kasla kankanayon a kilawennak dagiti matana no kitaennak. Kanayonnak a dil-adil-agan no agranakami iti kalsada no mapanak iti eskuela. Agal-alinggagetak, riknak ti kumsen no kasdiay. Isu ti maysa a gapu ti maiduma a panirigak kadagiti dadduma a taga-ili.Agbasbasa met idi idiay Institute ngem mammartek ken ballog. Kasla kumilaw dagiti matana no makitanak. Kanayonnak a bugkabugkawan. Butbutngennak.

Malagipko manen daydi Mrs. Viloria, Enos Apok.

Iti naminsan a klasemi, adda *seatwork* a *problem solving* a pinaaramidna. Ibagak kenka ti pudno, Enos Apok. Sigsigud a diak kayat ti Math a subject-mi. Pagbasaennak laengen ngem ti pasolbarennak iti problema.

Nakarkaro pay ta dinadaras ti panangisurona ket dandani awan ti maaw-awatak iti isursurona. Naimbag ta 'tay kunakon, kasla gurruod ti timekna ket uray kaskasano, adda bassit dumket iti utekko.

Ammom ti inaramidko iti daydi a *seatwork?*

Inaramidko ti ammok!

Ti la suronko ta siak pay ti nakursonadaanna nga immuna a nagsaludsodan.

Sinaludsodna no kasano a naalak ti sungbat ti saludsod, ta napatpatangak! Imbagak ti namay-ak. Nagunget ta saan kano a kasdi. Nasken kano a sinurotko ti solusion.

Inkalintegak ngem binugkawannak ketdin. Ti la suronko! Ti diak maawatan no apay a naalak ti umno a sungbat iti sabali a solusion.

Nangawag iti sabali a nangsungbat, a nangsurot iti umno a solusion.

Iti *vacant period*-ko iti malem, napanak iti library. Adda *assigment* ko iti libro nga awan ti nabagik idi agiwarasda.

Nasdaawak a nakakita iti daydi Mr. Jovito Suero, ti umaw-away a mangsarsarungkar kadagidi Manang Cirila. Isu gayam ti librarian.

Dinak nalasin. Diak met inyam-ammo ti bagik. Istrikto, di pay immisem a nagkuna nga *out* ti libro a bulbulodek.

Panagriknak idi, Enos Apok, kasdi amin ti panagruprupa dagiti tagaili. Kayatko a sawen, awan ti panangipirpiritda kadagiti taga-ginginget.

Kimmaro la ngarud ti iliwko idiay Labut. No mabalin la koma, minalem nga umawayak. Ngem lima a kilometro ti kaadayo ti Labut iti Ruaran, malaksid pay ti maysa a kilometro a kaadayo ti dagusko iti CI. Nabambannogakon no makadanonak idiay balay.

Impaspasagidko kadagidi Tatang ken Nanang nga adda koma bisikletak tapno makaawayak no kayatko.

Natimudko ti panagsarsarita dagiti dadakkelko iti maysa a sardam. Adda idin kalesa daydi Tatang. Makaurnong idi ti makalesaanna iti pakitiendana. Malaigpmo, insalda daydi Tatang ti pensionna tapno adda pangyenrolna kaniak. Isu a nasken nga agprobitiar iti panglitopna iti igatangna iti masapsapulmi. Ken igatangna pay iti *Bannawag*. Ngem insukatna daydi kalesana iti daan a bisikleta tapno matungpal la ti dawatko. Ti imasna, narigat a pedalan daydi a bisikleta ta daan unayen. Ti la babbabawik ta idi damo a yudongko, dandani diak naidanon iti dagusko iti rigatko a nagpedal.

Iti naminsan, nagbabartekan daydi kunak a butangor daydi bisikletak. Napanna binettak ti gomana. Makasangsangitak iti luksawko, ngem awan naaramidak. Diak ammo no ania la unay ti dakes a nagkitkitaan daydi a tao kaniak, Enos Apok.

Ad-addan a diak mailadawan ti siddaawko no apay a kinayat daydi Teresita Acedo a manang daydi Heling Acedo ta isu ketdin ti nakiasawaanna idi agangay.

Ngem nagbalbaliw a kasla nakukkokan a bisukol daydi artek a barisungngiad. Diak ammo no gapu ketdi ta padana nga artek daydi Tatang da Tersing a katuganganna; wenno kinapon ketdi daydi lakay!

No malagipko ita, Enos Apok, saan a nasayaat daydi bisikleta a pinagatangko. Nangruna no malagipko a mapmapan agsilsilaw daydi Tatang iti kadilian tapno adda pangalaanna iti inayonna iti para gastomi.

No saanak idi nga umaway, agkumegak iti kuartok a pagaramidak iti *assignment*-ko.

Iti naminsan, adda babbalasang a simmarungkar kadagiti agassawa. Kaanakanda. Nadanondak a mangar-aramid iti *assignment*-ko.

"Ne, nagpintas ti suratmon!" kinuna ti maysa. Mababainak ta impatok a balbalatongennak.

Diak pintasen ti suratko; babassit la ngaruden kasla pay kinaraykay ti manok! Malagipko ita ta daydi laeng ti kakaisuna a nangdayaw iti suratko. Nakarkaro itan, Enos Apok, ta dandani payen diak mabasa ti suratko ta manmanon nga agsuratak gapu iti selpon ken computer.

No madanon ti Biernes, sumsumrekak pay la iti eskuela iti bigat, addan ti panunotko idiay Labut. Sumgaak la unayen nga umaway ket diak payen mayulo ti isursuro dagiti mannursuro.

Naminsan, intugotnak daydi Tatang idiay Vigan idi napan gimmatang iti kolman; damo a pannakaadakko iti Vigan, a siudad kano itan. Kolman, kunada amin a hasag a pagsilaw. Dagitoy ti nalatak idi: Coleman ken Optimus. Maikatlo laeng ti Butterfly, nga isu ti kalakaan, ket isu ti ginatang daydi Tatang. Diak malagipen, ngem tallo wenno lima a pisos sa idi.

Iti karabian ti igagatangmi, inarisgarak ti simmurot nga agsilaw. Mapausanak unay iti baro a kolman. Manipud idin, no bakasion, arisgarakon ti mapan agsilaw a sisiak. Idi damo, kaamakko ti agmaymaysa gapu iti nakaro a sipnget, nangruna ket adda sangapuon a bangar a malabsan no mapanka iti Timmippang. Sa nasamek ti agsumbangir a sikigan ti desdes nga agturong iti kadilian.

Idi damo, Enos Apok, maariekak a magna iti kabaggiingan, saan a kas idiay Abbarit ken Baybayabas a makapagnaak a dapandapan sakbay a nasursurok ti nagkammadang wenno nagbakia, ta tap-oy wenno pitak ti lumsot iti nagbabaetan dagiti ramay ti sakam ket awan ti baggiing ken alalikop a mangiwaiwa 'ta dapanmo.

Kaaduanna a mangngalap iti baybay, Enos Apok, ti dapandapan ket nakabengbengbeng dagiti dapanda. Dagiti daddumá, agusarda iti palloka. Ammom ti palloka? Daytay ginettengda a goma ti pilid ti trak, daytay araramidenda a palsiit. Kortienda a sinandapan sada igettengan iti pannakasingdanna a maisillawid iti dua a nagtengnga a ramay ti dapan sa maikamang iti mukod.

Inyaramidannak daydi Tatang idi damo. Ngem idi masanayen ti dapanko, idi bimmengbengen gapu iti kersang ti baggiing, nagdapandapanakon. Nakitam la koma ti kabengbeng dagiti dapanko idi, hah. Idi damo, likliklikak dagiti natadem nga al-alikop a nakatadtadem a manglussok iti dapan. Ngem 'tay kunakon, idi nabengbengen dagiti dapanko, uray ania ditan asakek lattan!

Ti ngamin nangisardengak nga agpalloka, isu ti pannakasursurok a mangusar kadagiti ramay ti sakak a pagpidutko iti agtata a kappi iti rabaw dagiti dalumpinas a bato, ken dagiti lukmo.

Denggem, Enos Apok, kastoy, ney...

Sakbay nga umulogak iti sardam, ibarikesko ti alat, lukotek ti iniket a batbateng, ken bitbit ti kanigidko ti *Butterfly* a nasursurok a pasgedan.

Magustuak man ketdi ti ulimek ti kadilian, ken ti naugotan a tangrib no kasdiay a sardam. Dua ti panawen ti kadilian ken tangrib, Enos Apok. Ugot ken atab. Agugot, kunada, no arub-oben ti taaw ti danum ket agarup matirkagan ti kadilian ken tangrib. Agtata no kua dagiti dariway, ariwaiw, kurita. No agatab, dumanon ti danum ti baybay iti kabaggiingan a bibig ti kadilian. Awan ti masilawan no kasdiay a naatab, ken kasta met no nasellag ti bulan. Isu a no panawen dagidiay dua, arigna nagtalawan ti kadilian. Ngem no kasunganina, adukami a mapan agsilaw ket kunam la no lussulussok ti nabengbeng a sipnget ti rabii.

Ammom ti magusgustuak a sapsapulen idi, Enos Apok? Dagitay lukmo a kappi ken pasayan! Itaruskon, a, a ngarusngosen no kua! Kasta met dagitay *baby octopus* a kunada. Nabang-i ken nasarangsang man ketdi dagiti babassit a korita nga isarabasab iti tuktok ti *Butterfly!*

Kasta ti aramidko iti rabii, Enos Apok. Ngem iti aldaw, maysaak met kadagiti sarut ti baybay. Saanak unay, a, ta kadagiti met la bakasion ti kaadda ti wayak. Wen, saan la a lames ti kalkalapenmi, Enos Apok. Napadpadasak met ti nagap-apurot iti balbalulang, kulot, ragragutirit, kanutkanot, suyasuya, pukpuklo... aragan laeng ti liniklikak nga apuroten. Saanmi a sidsidaen daydiay a ruot ti baybay, nasaok sa idin, a kas iti pallaipa a kaarngi ti ballaiba idiay waig ti Abbarit.

Saan la a lallaki ti makaammo nga agkalap. Babbai pay. Daydi ngarud Lelang Simona a kunak nga inaldaw a mangadilian. Saan la a lames. Agkurob dagiti babbai iti kappo; 'tay kunada a mangappoda. Sittil pay ti arikapenda kadagiti bakbakrang ti batbato.

Saan la a dagita, Enos Apok. Adda dua a kita ti lames idiay kadilian ti Timmippang a bastos ti kaipapanna idiay Norte, ngem iti Cabugao, gagangay dagitoy a lames.

Isu dagitay al-aloten ken ubet-ubet. Ti immun-una, agarup sangadan ti kaatiddogna, kabakbaked ti tangan ti saka, rutungrutongan a no pespesen agpugsit iti puraw. Butiakan, ikkaten ti nagunegna a puraw, ket naimasen a maisarabasab iti beggang ken isawsaw iti suka ti sili't sairo. Unay ket ti bang-i ken sarangsangnan!

Daydiay met ubet-ubet, arigna iti puraw a sabong a naguprad iti danum. Agkeppet no masagid ket lumnek. Kalien dagiti babbai a mangngadilian. Nangina no ilakoda ta nananam a maipisok iti tayab. Diak malagip no nasaok idin, ngem ulitek manen. Adda idi saritak nga inrantak a pagkakatawaan, a pinauluak iti *Al-aloten ken Ubet-ubet*. Sinukatan daydi Tang David ti paulona ta bastos kano. *Mayat nga Agimmamadi* ti insukatna, ket nariknak a naksayan ti awisna nga agkatawa.

Saan la gayam a dagita ti lames ti baybay, Enos Apok. Adu dagiti batbato a kunami, kas koma iti sittil, buttiki, ken umang. Wen, Enos Apok, umang. Daytoy ti maysa a kaimasan a batbato; ngem nasulit la ti panagala. Agkakarayamda iti igid ti kabaggiingan ket sadiay nga idapilag dagiti babbai ket ipalagda iti natangken a darang ti init. Rummuar no kua dagiti umang iti balayda ta mapudotanda agingga a kumraangda. Nakabangbangi a kirogen, naimas pay nga isagpaw iti dengdengen a marunggi. Nangina daytoy, Enos Apok! Ayna, makasidsidaak man la ngarud unayen!

Ngem denggem, Enos Apok. Manangngaasi unay ti baybay. Mangngalap amin dagiti agindeg iti Labut, Sabang ken Gutong; uray dagiti taga-Panay-ogan ken Daclapan Sur; uray ubbing nakasursurodan nga agkalap. Sidsiddawek ti di pannakaibus dagiti lames—ti la nadlawko, bumabbabassit dagiti makalapan. No idi ubbingkami ket dadakkel pay dagiti makalapan nga arimbukeng ken marabukakaw... diak ammo no adda pay ita. Nangruna ket nasumokan dagiti mangngalap ti agtuba. Idiay taaw, agusarda iti bayyateng. Iti kadilian, kalumay, daytay ngay pandaka a kayo idiay bakir nga amianan ti balaymi nga agbunga iti kasla bulintik—nasaok idin.

Ken naglupos kanon a namimpinsan ti Sabang ken Labut. Pinunno kanon dagiti Tabin ti akin-amianan a ligason ti Labut. Ken sementadon ti kalsada a kumamang iti Sabang a maysan a *tourist spot*.

Ay wen, nalipatak metten, Apok! Denggem...

Iti aldaw, no natalna ti paniempo, mapanak agpana idiay tangrib! Idi damo, imbiat ti panak, ngem idi nakakitaak iti de pusil a pana, tinuladko met! Pumapana ngamin dagidi ulitegko ket tinuladko ida. Ti inararamidmi a pana ket daytay barut nga alad. Kasta met nga adda antiparra wenno antiohosko. Ammom, dagiti talaga a mangngalap, isuda payen ti agaramid iti bukodda nga antiohos. Dimo patpatien dagiti agbatok iti baybay a di agusar iti antiohos; naapgad ti danum ket dika makamulagat. Bugos dagiti ipabpabuyada nga agdigos wenno agbatok iti baybay a di agusar iti antipparra wenno antiohos.

Kasla manen makitkitak ti nasilap a sumiksiksik a napino nga allon nga arigna binatbat a baybay iti sirok ti init! Makitkitak manen daydi kakaisuna a dakkel a bato iti ngarab ti tangrib ti Timmippang. Magustuak ti agbatukbatok sadiay nga agsiblok iti kurapo, mulmol, ampo, baraangan, ken dadduma pay a lames. Isuna laeng ta diak makabatok iti nauneg ta nasakit ti lapayagko. Kunada a nasken nga agliteng nga umuna ti lapayag tapno masanay ket uray sangapulo a katao ti kaunegna, kabaelamon a batoken. Diak pay mabatok ti dua katao idi. Ngem umanayen daydi a kabaelak. Magustuak a buybuyaen dagiti babassit a lames bayat ti panagsiblokko iti dadakkel a panaek, kas iti mayamaya, baraangan, kurapo, mulmol... Arig ti tangrib ti nalawa nga aquarium ... ket maysaak kadagiti lames a makilanglangoy. Nakaragragsakda nga agkikiwikiwikiw nga awan a pulos ti parparikutda—dida ammo nga adda peggad nga agururay kadakuada apaman a makadakkelda ta adda dita nga agsipsiput dagiti bumabatok a pumapana a mangsiblok kadakuada.

Denggem, Enos Apok. Agsubli manen ti lagipko idiay Abbarit ken Baybayabas. Bambantay, karayan, kinelleng, waig, limas. Sa iti Timmippang ti Labut, ti kadilian ken tangrib. Agduduma a ladawan... Agaasem dayta!

Ngem ituloyta ti pangtedta...

Naimbag la ketdi ta nabengbeng ti rupa daydi lelongmo iti tumeng, Enos Apok. Ipaw-itna idi a pailako ti sangkabassit a makalapanmi iti daydi Anti Rosa. No dadduma, mismon a daydi Tatang ti mangyudong ket paisikina nga ilako iti am-ammona—kunak, awan babain daydi lelongmo iti tumeng; siak, naingpis unay ti rupak ta uray no marigrigatanakon, kasla marunaw ti riknak nga umasideg. Ngem iti un-unegko, kunkunak, adda koma anghel a mangitukon iti tulongna! Awan a pulos ti panangipagarupko a dumtengto ti panawen, a nakarkaruak pay ngem daydi Tatang.

Adda met bassit a bayad ti bengbeng ti rupa daydi Tatang, Enos Apok, a pangalaanna iti igatangna iti *Bannawag*, a dina maliwayan a gatangen. Apaman a sumangpet ti magasin, uray nakasugsugpet dagiti matak pilitek a bukiraden ta napatpateg ti panagbasak.

Ay, daydi Nanang, a kasingpetan nga ina iti lubong—ti panagkunak idi; ngem sumangkasayaat met nga ina ken kaingungot ni lelangmo, Enos Apok...! Daydi ket ngatan Nanang ti kadoniaan nga ina ken asawa. Kabusorna ngamin ti panagulaw-ulawna; kasla kano agtaytayyek ti lubongna no aglugan iti kalesa, ken nalabes ti panagkitkitana kadagiti adu a tao nga arigda iti agkukuyamkuyam nga igges a mamagbaliktad iti kinarakaranna. Naminsan, wenno namindua la ngata a nakatan-aw iti pagintradaan ti merkado—malagipko daydi panangitugotna kaniak idiay Magsingal; malagipmo daydi kunak a pannanganko iti solrbetes? Isu a no adda kayatna a pagatang, daydi Tatang ti mangisennaay, a, ta patpatgenna unay ti inami. Ikamakamna ti agpaw-it iti daydi Anti Rosa. Ti agas daydi Nanang? Diak napuotan nga inyudong daydi Tatang tapno agpadoktor gapu ta adayo ti away. Umdasen ti tapaltapal. Ken tako-tako. Ken sagpaminsan a tableta. Ipagarupko man ita, Enos Apok, a nangato ti presion ti darana ket nasken koma a napadoktor. Alta presion ngata. Ngem awan ti makaibaga ti pudno a gapu ti nalaus a panagulawna...

TINAKDERAK ITAY TI ar-aramidek, Enos Apok, ta alas kuatron ket masapul a mangisaangak iti pangrabiimi. Diak ammo no ania manen ti isaganak a sidaen. Kastoy man ti saritaanmi ken ni lelangmo:

Ania ti sidata?

Ti kaimasan iti amin a potahek.

Ania ketdi, a?

Sorpresa... Ngem daytoy man laengen: UA.

Ania a UA?

Uray Ania! Nga adda iti panunotko dagiti nateng iti **plastic container** *iti **freezer** a nabayagen nga insaganak ket ti laengen mangipisok iti kaserola, kas iti **mixed seafood.***

Winagwagko ti ulok, Enos Apok.

Sinangok manen ti pangtedko...

Maika-10 a Paset

Labut 2

"AGAW-AWIS NI LEHI iti kasangay ni Brother Delfin," diak idi insina dagiti matak iti monitor, Enos Apok. "92-na kanon." Kunak idi nga isamsamirak nga ibaetbaet ti agdama a kasasaadmi ken ni lelangmo.

"Nakalagipda man?" kinuna idi ni lelangmo a nakatugaw iti abay ti kama a dina insina dagiti matana iti damag a buybuyaenna iti YouTube.

"Wen ngarud, a. Manipud idi nangrugi ti COVID, sagsagpaminsanen nga immammingaw ni Lehi iti Facebook... dua a tawenen. Piman met 'diay lakay. Awan a pulos ti pasiarna... Maikawkawa la ketdi ita. Naimbag idi adda idiay Burgos ta saan nga agtaltalna 'diay balayda... Mapantanto, dawatna kano... ken mailiwak metten. "

"No kabaelakto, a. 'Mom metten ti kasasaadko."

"Uray la a tallo 'ta sarukodmo. Ken adda pay 'diay *wheelchair*-mo..."

Madamdama pay, nailibayen ni lelangmo, Enos Apok.

Sinangok manen ti pangtedko.

Labut 2

NEY, DAYTOY, DENGGEM, Enos Apok... Sakbay a simrekak iti maikadua a tawenko iti Cabugao Institute, imbagak iti daydi Tatang a diak kayaten ti agsubli iti balay daydi Tata Ciano. No malagipko laeng no kasdi a mabartek, agkulkullayawak.

Ken diak malagipen ti nagan daydi nangkaritkarit kaniak idiay Ruaran. Malagipmo, a nagbalin nga asawa daydi Kapid Tersing a kabsat daydi Heling a kinakontesko a nagbasa iti klase daydi Mr. Angel Cobangbang. Malagipmo?

Adda daydi maysa a baket a sagpaminsan nga umaway. Nakuttong ngem nakaranting a magna. Isang ti naganna. Kanayon nga adda bitbitna a bay-on a naglaon iti aglalaok. Masansan a dumagas iti balaymi. Mabayag a makisarsarita iti daydi Nanang. Idi damo, no ania la ti malaglagipna a pagsaritaanda iti daydi Nanang. Agingga a naawisna ti rikna daydi Nanang, ket no dadduma, nasarangsang ti katkatawada. No kasdi a naalanan ti kikidikan daydi Nanang, rugiannan nga iruar ti naguneg ti bayonna.

"Napintas daytoy... nalaka laeng kadagiti nasayaat a tattao. Kasla koma kenka," kunana ket nakasamsam-it ti isemna a mangmatmat iti daydi Nanang.

Idi damo, Enos Apok, mabain sa daydi Nanang a mangpaay iti nakuttong a baket ket kapilitan a binusbosna ti sigsiglotanna ket nakaanannad a nangbilang iti nakupinkupin a papel de banko.

Idi sunotan daydi Lela Isang a yuprisiran daydi Nanang, Enos Apok, imbaga a dagus daydi lelangmo iti tumeng nga awan ti kuartana.

"Ammom met, Nana, awan ti panggedak. Ni la lakay ti mangbibiag kadakami."

Ngem saan a namingga daydi Lela Isang. Dumagas latta no makalagip, pambaranna ti makisarsarita uray no di gumatang daydi Nanang.

Kasdi ti pannakaisingedna kadagidi lelong ken lelangmo iti tumeng, Enos Apok. Isu nga idi nadamagna nga agsapsapulda iti pagdagusak, inyuprisirna ti balayna.

"Sisiak nga agbalbalay. Agbalon laeng ket makaammo nga agluto iti kanenna."

Kasdi ti pannakaidakdakko iti daydi arigna nagtalawan a balay, Enos Apok.

Sangagpa pay la ngata ti ngimmatuan ti init iti tuktok ti bantay

Kordiliera idi dimmanonkami iti daydi Tatang iti balay daydi Lela Isang. Agsagsagana idin nga umulog ti baket.

Nagbalonak iti sangareppet a kayo, dakdakkel ngem gemgem a kaldero, mano supa a bagas ken diak malagipen dagidi impabalon daydi Nanang a sidak. Ken gurabis—puspuro wenno kasapigo.

No kasano ti kinaririuk ti immuna a nagdagusak no agpakaro daydi Tata Ciano, kasla nagtalawan ti balay daydi Lela Isang. Dagiti alutitt ken tekka ti sagpaminsan a mangsingsinga iti ulimek.

Adda iti nagsulian ti maysa a solar iti puseg ti ili. Daddadakkel dagiti balay iti abagatan, laud ken daya. Nalawa a solar ti adda iti amianan. Binulo, pinan-aw, ken napisipisi a bayog ti lima wenno pito a tukad nga agdan a nagkusay iti laud. Adda sangkapuon a kuribetbet iti suli ti solar iti laud ken abagatan.

"Daytoy ti balayko," kinuna daydi Lela Isang. Nagranitrit dagiti tukad idi immulikami, kasta met dagiti inakilis a datar iti taguab, nga iti ungtona iti daya, adda bassit a dalikan, kalawag ken dadduma a gamigam iti kosina. Iti suli ti balay iti laud nga amianan ti impatuldona a siledko. "Agannadka laeng no aglutoka tapno dika makapuor... Kanayon nga awanak, awan ti ur-orasko a sumangpet... kas ita, agrubrubuatak a mapan idiay Sinait. Isu nga ipabpabalaymo."

Iti daydi umuna a malem a panagawidko, Enos Apok, iti balay daydi Lela Isang, nagsarugaddengak nga immuli iti nagunnat nga agdan. Nakaul-ulimek ti balay.

Adda bassit a bangsal iti daya a nakaikamangan ti gripo. Adda bassit a sarukang a nakakalunkonan dagiti duyog ken buyuboy. Ken karamba a paginuman.

Naglutuak iti bassit a dalikan, iti bassit a karderok; insakemko ti pamigatko tapno saanakton nga aglutluto no bigat. Nagsidaak iti tinuno a baraangan nga impabalon daydi Nanang. Idi mainnawak ti nanganak, sinangok ti *assignment*-ko. Makangngegak la iti bassit a karasikis ti angin, madin ti riknak.

Napnapanan ngata daydiay a baket? Anianto nga oras no sumangpet? Timman-awak iti tawa, Enos Apok, ta irikepko koma idi nakitak ti maysa a kataebko iti tawa ti balay iti ballasiw ti kalsada iti abagatan. Naitukeng iti pannakakitana kaniak. Impagarupnan sa ketdi nga al-

aliaak! Immisemak iti kunak sa intuloykon nga inrikep ti tawa.

Agsaknapen ti sipnget idi nalagipko a gangtan ti pagsaingan. Diak pay makaturog. Sumsumgarak no adda mangngegko a bassit a danapidip. Impuestok ti pagsaingan iti uluanak. Diak pinatpatay. Nagkumotak idi nagranitrit dagiti tukad ti agdan. Ngem inukasko met la ti kumotko idi malagipko daydi Lela Isang.

Natimudko ti panangitupakna iti bay-onna. Nangngegko ti nadagsen nga angesna. Nagarimpadek nga immasideg iti iddak.

"Ay, iddepem 'ta silaw no maturogka," kinunana. "No mawadagam... magungtobanka a matmaturog! Sayang pay no kua ti balayko..."

Madamdama pay, Enos Apok, nangngegkon ti nalag-an nga urok ni Lela Isang iti suli ti kadaklan.

Nalawagen idi makariingak iti sumuno nga agsapa gapu iti napigsa a pukkaw.

"Bannawaaaag!"

Nalagipko ti salapi nga inted daydi Tatang nga igatangko iti meriendak; adda pay binting a suplik no kua. Naar-arakattotak a nangala. Ngem diak nakamakam ti aglaklako.

Idi agsubliak, isu pay la ti pannakadlawko nga awanen daydi Lela Isang. Nagsapa man a pimmanaw? Napananna man ngatan?

Namigatak. Nagdiram-osak; adda bassit a pagdigosan iti suli ti bangsal ngem saanakon a nagdigos!

Apagisu a makaulogak idi masaripatpatak daydi kataebko iti bangir a balay nga apagisu a lumas-ud iti kalsada.

Nakiam-ammo bayat ti pannagnami nga agpadaya a kumamang iti Cabugao Institute. Julio Somera ti naganna. Diak sa pay ketdi naibaga, aya? No *letter* S ti rugi ti apeliedo ti am-ammom, Enos Apok, 99 a porsiento a taga-Cabugao. Naipalpalladaw laeng iti Cabugao ti sabali ti rugi ti apeliedona. *Second year* met ngem *Section C* daydi Julio Somera. Naragsak a kasarsarita. Mabalin koma a gayyemen ngem manmano nga agranakami. Sabali ti orasna. Nairamanko laeng, Enos Apok, ta pammaneknek nga adda met dagiti saan a managtagibassit ken nangato ti timidna a taga-ili.

Agpapada ti klasemi kadagidi Delfin Palado, Rodulfo Sumajit ken

Jose Torres. Diak pagduaduaan dagidi Delfin ken Jose ta saanda a taga-ili. Ngem daydi Rodolfo, taga-ili; isuna laeng ta padak a memmem. Kasla daytay tukmem a nakakeppet. Daydi Mr. Benjamin Santilla ti maestromi iti English Composition. Anita Suero ti nagan daydi titsermi iti Pilipino; bassit a babai, makibinnassit met ti timekna, napigpigsa la bassit ngem iti ngiaw ti pusa.

Malagipko dagitoy tallo a titsermi gapu iti pagdudumaanda.

Malagipmo ti ladawan daydi Mrs. Bruna Viloria?

Daydi Mr. Santilla, bassit ngem tarawitwit. Istrikto. Naammuak a manugang daydi Apo Barbers. Dakdakkel ngem isu ti baketna. Adda Juniorna iti Institute. *Second year* met ngem Section B. Adda bunggubunggoyna a madlawmo latta a taga-ili. Isuda ti tumpaw iti grupoda.

Diak naaw-awatan ti panangisursuro daydi Mr. Santilla. Nalaing ngata ta tarastasenna ti agingles. Awan a pulos ti naaw-awatak iti daydayagraming nga insursurona. Agpangato nga agpababa nga ugeduged; no sadino ti pagikkam iti *subject* kada *predicate* ken no ania la ditan! Numona ta dinan uliten. *"Listen very carefully!"* no kunana, dimon namnamaen pay nga ulitenna. Kumkumpesak ket aglingedak ti kunak iti likud ti adda iti sangok no ag-assign iti agdayagram. Ngem no madlawna nga aglinglingedak, itudonak pay sa agmulagat, sana kuna: *"You...!"*

Pagbasaennak laengen, kunak koma, nangruna no Ilokano. Ayna, ket tarastasek, a koma ta nalaing daydi Tatang a nangisuro kaniak uray no di nakadap-aw iti ruangan ti pagadalan—malagipmo pay ti kunak idi? Ngem awan met ti binnasaanen iti high school.

Ti man panangipappapanko idi, Enos Apok, ket kurang met ti ammo dagidi dadduma a titser ket dida ammo nga ilawlawag ti isursuroda; wenno awan ti anusda a mangilawlawag kadagiti iskulapisda iti asignatura nga isursuroda. Ta adu met ngamin dagiti estudiante a nalaka a makaaw-awat. Isu ngata dagitay adda iti Section A. Siguro, kunada ngata iti bagbagida: makaammokayo no maawatanyo wenno saan! No adda man nalaing a kaklasemi, adda mangisursuro kadakuada iti balbalayda, wenno dagiti pay ketdin nagannak kadakuada ti mangar-aramid iti *assignment*-da.

Ngem basolko ngata ta diak met nagsalsaludsod no kasdiay a diak maawatan ti isursuroda. No nagari ti baimbainkon, Enos Apok, awanen.

Agsublita man biit iti daydi Mr. Santilla.

Iti daydi umuna nga aldaw ti klasemi, biningaybingaynakami nga in-*assign* nga agdalus iti kuarto. Wen gayam, maudi a klasemi iti malem ti Lunes ti klasena. Diak koma kayat ta kairut ti iliwko idiay Labut dayta nga aldaw ket napagus ti riknak nga umaway.

Ngem nakaturturay ti timek daydi a maestro. Kunana pay, ket daytoy ti kangrunaanna a diak kayat, Enos Apok: agmulta iti binting ti mangliwat nga agdalus. Adda tinudinganna a paralista iti mangliwat. Pagan-anuna ngata ti binting? kinunkunak idi iti nakemko.

Diak nagdalus iti daydi a malem! Ditana, kinunkunak iti nakemko. Basta umawayak!

Kunak no dina paypaysuen ti kunana, ngem nakapigpigsa ti timekna a nagsingir.

"Awan ti kuartak, Sir," kinunak a nakadumog.

"Kaanonto nga agbayadka?" natibong latta ti timekna sa pay nagbullad.

Diak nakasungbat a dagus. Diak ammo no pangalaak iti pagbayadko. Ungtannakto pay ni Tatang, kunkunak iti nakemko.

"Hoy, kasasaoka!" nakigtotak iti dulluog ni Mr. Santilla.

"I-inton adda kuartak, Sir..."

"Pilosopoka, Langgong!"

Adu pay ti sinasaona ngem nagdumogak lattan a di nagtagtagari.

Iti maysa a malem, nangisangpet daydi Tatang iti dua paris a kalding. Impapastor kano ti maysa nga am-ammona idiay Lapting a napanen idiay Isabela. Nangaramid daydi Tatang iti bassit a koralda iti abagatan ti balay. Idi damo, isangsangpetan ida daydi Tatang ti kanenda. Idi kuan, inwaywayna ida iti amianan. Idi kuan, in-inut a nairuam dagiti kalding. Makakaammoda lattan nga agawid iti malem. Nanam-ayda a pastoren ta no paruarem ida iti bigat, sumangpetdanto lattan sakbay ti sumipnget ket agderetsodan iti koralda.

Adda maysa a pakaigidiatan ti Labut, Enos Apok, nga awan kadagiti immuna a nages-estasionak. Isu ti kaadda ti panalian. Narigat nga ilawlawag ngem denggem...

Idiay Baybayabas ti immuna a nakakitaak iti agtiritir. Malagipmo daydi Lelong Iroy nga agtirtiritir iti lapnit ti kayo ti saluyot? Nagus-usar iti ruedo a pangtiritiranna iti lapnit a talienna. Awan ti nakitak a panalian idiay Baybayabas.

Buklen ti tallo a banag ti panalian. Maysa ti pamusiposan nga adda dua nga adigina a pagatsiket. Naimuntar dita ti agarup dua dakulapan a nabenngbeng a tabla a naabutan iti tallo a nakayusongan ti tallo a nagtimbukel a kayo nga agarup sagdudua dangan ti kaatiddog. Sabali pay ti naabutan a naing-ingpis a tabla a pangiggaman ti para pusipos. Adda pagiggaman ti naituding a mangpaandar iti pamusiposan. Naisigo ti murdong ti tallo a tiritir iti murdong dagitoy tallo. Pusiposen ti naituding ti pamusiposan tapno tumangken dagiti tiritir a bungsot.

Daytoy met ti mangbukel iti panimonan. Dua a pilid ti nagsinanpasanga a kalanglanga ti padapan ti pasagad wenno ulnas. Daytoy ti nakaimuntaran ti tallo a murdong ti tiritir. Dita ti pangipuestuan ti akimbatang iti iggemna a padalan. No umdasen ti katangken ti tiritir, ipuestona ti padalan iti murdong ti panimonan, ket rugian metten ti timon a pusiposen ti panimonan. In-inut nga aguyas ti padalan agingga a makadanon iti pamusiposan.

Ket nagbalikasen a tali ti tiritir a bungsot... 'nia, naawatam, Enos Apok? Saan? Bay-amon!

Ngem agurayka. Sakbay a matiritir ken matali ti bungsot, mamagey pay ti magey sa mayuper iti pangunegen a paset ti kadilian iti sakaanan ti Timmippang. Pandaganda iti bato tapno saan a tumpaw. Mabayag bassit a nakauper. No malungsoten, sublian ti nangyuper tapno gawgawanna. Adda itugotda a malo a pagmaloda kadagiti paset ti magey a di pay unay nalungsot.

Ay ket wen, a, Enos Apok! Agumaka iti atibuor ti nabungsot a nayuper a magey! Kunam, awan pay umasideg a lames. Uray umang la koma. Adu ketdi ti tumtumpaw nga aragan iti lawlaw ti libnok.

Wen gayam, Enos Apok. Iti panalian ti nangrugian ti panagsinningedmi ken ni Balling, wenno Erlino Manuel.

Agbuybuyaak idi agtaltali dagidi Tatang, Lelong Undo, ken Angkel

Poling idi immasideg ni Balling a nakalaglag-an ti widawidna, ken nakaatatiddog ti isemna. Nakisarsarita kadagidi tao iti panalian, a kunam la no awan pampanunotenna a banag ti biag.

"Komusta, Dio?" kinunana idi umasideg, nga impangato ken impababanak. Makaali ti isem dagiti nabengbeng a bibigna ket kas man la ad-adda a timmangar dagiti nasikkil a buokna.

"Kastoy latta," nalag-an, a kasla awan an-aniamanna ti sungbatko.

Manipud idi, kanayonen a Dio ti panagin-innawagmi. Daydi ti nanipudan ti masansan nga idadaw-asna iti paraanganmi. Ipatangna no kasdiay a bakasion; saan a naaw-awan.

Idi kuan, ti la addan a pagsarsaritaanmi.

Adda nasumokak nga aramiden, Enos Apok. Diak sa ketdi nairaman iti lagipko idi idiay Abbarit ken Baybayabas. Nakasursuroak iti daydi Insan Boni nga agaramid iti taay; daytay pagsilo iti billit iti kayo, saan nga iti daga.

Rinugiak ti nagsilosilo idiay Labut. Napanunotko ngamin a total nalawa ti kakaykaywan iti laud ken iti amianan, ken adu ti makitkitak a pagaw, alimukeng, ken dadduma pay a billit, apay a diak padasen ti agsilo?

Iti daydi agsapa ti Sabado a panangisagsaganak kadagiti lubid a pagsilok, nadanonnak ni Dio Balling a kasta unay ti lawa ti isemna nga immasideg.

"'Niat' ar-aramidem, Dio?"

"Mangisagsaganaak iti pagsilok."

Kunam pay, immay metten nakipagsilo.

Napuskol pay la idi ti kaykayo, Enos Apok, iti amianan ti balaymi. Adu ti dadakkel a lungboy ken bangar, ken dadduma pay a kayo a mabalin a pugipogen—masapultanto ida, Enos Apok, iti sabali a paset.

Iti amianan ti balaymi a kapuskolan iti kalumay ti immuna a nagpakatanmi iti silo. Masipsiputak ngamin nga apar dagiti billit dayta a disso.

Agarup sangapulo nga agpa ti nagbaetan ti dua a silok. Ti imasna, nagpakat ni Dio Balling iti nagbaetan dagiti silok. Sabali la ti impakatko iti kakaywan nga asideg ti sarguelas iti daya nga amianan. Sabali pay ti impakatko iti kakaywan a malabasan no mapanka idiay Timmippang.

Iti damo a panagsangatmi ken ni Dio Balling kadagiti silomi, dua a silok a dagus ti nakasilo iti dua a barog; panagkunak agassawa dagidi piman a billit. Awan ti nasiluan ti silo ni Dio Balling, a ta nagbaetan met ngamin ti dua a silok ti silona!

Sabali ti nasiluan daydi silok iti amianan ti sarguelas; saan a billit.

Banias!

Ti suronko, nagsapulak iti rutongan a bato nga intupakko iti daydi banias. Natay, ngem nadadael met ti silok!

Idi sunotak a sangaten dagidi silok, maysa ti nakasilo iti manok! A manokmi met laeng! Rinuk-atak ta maysa kadagidi nalaing nga umitlog.

Nabayag bassit nga awan ti nasiluan ti silok iti laud a mapan iti Timmippang. Nalipatak a sinangat sakbay a nagudongak. Idi sangatek iti kabigatanna, natayen ti pugo a nasiluan.

Maysa met daydi Kapid Inggo, Enos Apok, a masansan a sumarsarungkar kaniak. Agulitegda ken ni Dio Balling ta agpadada a Manuel, ngem saanda nga aggidgiddan a mangpasiar kaniak; saanda nga agkadutdotan. Kasla sibsiblokan daydi Kapid Inggo a maisibet, wenno no awan ni Balling sakbay nga umay.

Mannalon daydi Kapid Inggo. Kanayon nga adda iti talon; diak nakita nga agwarawara la iti kalkalsada. Diak nakita nga awan ti ar- aramidenna. Nagagetda amin nga agkakabsat. Ngem awan ti ammok a nakapagtuloy iti sekundaria. Daydi Tata Bai Minong ti kanayon a makitkitak nga aglablaba ta asideg ti bubonda iti kalsada; isu ti agtagtagibalay, daydi Nana Tibang ti agud-udong.

Ni Dio Balling? Diak ammo no ania a grado ti nalpasna iti elementaria ta idi addaak iti maikanem, diak nakitkita idiay Daclapan SurPanay-ogan Elementary School. Idi la simmangpetkami iti Labut ti nakakitaak kenkuana. Ket awan ti ammok nga obrana. Diak ammo no timmultulong kadagidi dadakkelna iti talon. Diak met pulos nakita ti anniniwanna iti kadilian ken tangrib ti Timmippang. Kunak man ketdi, Enos Apok, isun sa la ti awan essemna a mamaybay. Ti agpasiapasiar ti napaliiwko a paglainganna.

Idi kuan, iti maysa nga aldaw, naraniag dagiti matana, ken agdardaras nga immasideg.

"Dio," kinunana iti maganatan a timek. "Adda napintas nga ipadamagko!"

"Ania?"

"Nakakitakan ti tato?"

Linagipko ti saggaysa a nakitkitak.

"Apay?

"Agpatatota met! Mayatka? Napintas!"

"Saan a nasakit?"

"Saan. Inton umay a Domingo, umay ni Manong Kulas a kasinsinko a taga-daya. Nalaing kano nga agtato."

Makalawas sa a dikami nagkita. Idi agparang, addan tatona iti bukot ti kanigid a gemgemna. EM iti uneg ti sinampuso.

"Napintas, 'nia?" rumimrimat dagiti matana.

Diak koma kayat ngem dinak ininggaan agingga a pinabalatongak met! Nanawnaw nga iro ti inusar daydi kasinsinna. Dagum ti intuduktudokna. Kunana a kasla la kagat ti kuton ti sakitna. Ngem urayak la nakalulua ken kurang la nakais-isbuak iti sakit! Ti la babbabawik! Isu daytoy makitam nga inisialko ditoy kanigid a takiagko, Enos Apok... di met ngarud bastabasta mapunas. Inung-ungtannak daydi Nanang. Ngem diak met napaikkaten ta nasaksakit kano pay... isu a sika, Enos Apok, dimo itulok a balbalatongandaka dagiti gagayyemmo!

Idi mabaybayag, umay payen um-umian ni Dio Balling idiay balaymi. Ti la adda a pagsarsaritaanmi. Mairaman ditan dagidi kursonadana a babbalasitang. No daddduma, kitaek, ket masaludsodko iti bagik: adda ngata mangayat kenkuana?

Iti maysa a rabii, adda manen impadamag ni Dio Balling.

"Dio, kuna ni Manong Kulas a kasinsinko, masapul kano ti agpakugit," kinunana.

"Kugit?"

"Wen. Saan kano a nasayaat ti supot!"

"Salawasawka met."

"Agpayso. Narugit kano ti supot. Didaka kayat dagiti babbai no ammoda a supotka!"

"Salsalawasawem metten, Dio!"

"Puera ang-angaw. Patiek no ni Manong Kulas ti agkuna. Kitaem 'ta tatom; napintas 'nia?"

Diak pay nasungsungbatan, kinunana manen: "Isu nga agpakugittanton. Umay no Sabado."

Kastoy ti napasamak, Enos Apok, denggem...

Agpayso, immay daydi kuna ni Dio Balling a Manong Kulasna. No apay ketdi a no adda ibaga ni Dio Balling, uray diak kayat, mapasurotnak latta. Paglainganna ti mamalbalatong!

Isu a daydi a Sabado, napasamak ti diak ammo no rumbeng a mapasamak.

Linibasko nga innala ti labahas nga us-usaren daydi Tatang no agpukiskami—mammukisda nga agkakabsat ket isuda lattan ti agpipinnukis iti tugawda nga alsong. Napankami ken ni Dio Balling iti igid ti kadilian iti Timmippang. Pinagnunognakami daydi kasinsinna a Manong Kulasna iti asideg ti pagyup-uperanda iti bungsot. Tapno kano lumukneng ti nakulbeten a kudil. Pinagngalngalnakami iti uggot ti bayabas idinto a nangisagana iti sanga ti bayabas. Yusongna kano dita ti ilangdetna!

Immuna ni Dio Balling.

Inggiddanko ti timmangad iti langit idi adda nanalteek. Nagpug-aw ni Dio Balling ket nasiputak ti panagsabat dagiti matana. Saan a naipunta ti impugsitna a nginalngalna nga uggot ti bayabas iti nabisak!

Tumakderak koman ta agtarayak ti kunak ngem tinengngelnak daydi Manong Kulasna.

Idi adda nanalteek, napariawak ket naipugsok iti langit ti nginalngalko nga uggot ti bayabas. Idi kumitaak iti baba, nakitak ti naipakagat a gusing ti labahas iti kinnanna! Naglaok ti sakit ken danag a nariknak. Kasnaon no makita daydi Tatang ti gusing ti im-imluyanna a labahas?

Kasano nga ilimedmo ti inaramidmo, Enos Apok, ket dimo met mailimed ti panagpakkapakkangmo a nakalaylayak ti bidangmo?

Ket wen, inungtannak, a, daydi Tatang. Dida kano inar-aramid ti kasdi idi panawenda.

Mangirubo a talaga ni Dio Balling.

NASDAAWAK ITI MAYSA nga aldaw a nasangpetak daydi Insan Erwin a kasta unay ti lawa ti rungiitna a nangsabat kaniak. Kasta unay iliwna a nangarakup kaniak.

"Apay nga immayka?"

"Mailiwak unayen kadakayo."

"Ket da ngarud lelong ken lelangen?"

"Pinanawak ida idiay Abbarit."

"Naimbag ta adda kaduak nga agpastor 'ti kalding," insalipka daydi Tatang. "Nasurok a sangapulodan ket no dadduma, adda mayaw-awan ket mapanko no kua sapsapulen. Numona ta adda daytay mannibrong dita Daclapan.

"Ken masikog 'diay kabalio," insuldongna. Nalagipko ti babai nga alasan. Dua ti kabaliomi nga agpada nga alasan. Daydiay maniador a lalaki ti nangputot.

Adda lokona daydiay kalakian. No agmania, dinan kayat a guyoden ti kalesa, nangruna no napunno. Uray no kasano ti panangkullayot daydi Tatang, agkub-ay pay. Mababain no kua daydi Tatang ta agdardaras pay met ngarud dagiti pasahero.

"Apagisu ta addaka!" kinuna daydi Tatang.

Iti sumuno a panagseserrek iti Lunes, impakat manen daydi Tatang ti lalaki nga alasan. Pinasakayan daydi Tatang iti daydi Insan Erwin daydi kabay-an iti una. Kunam pay, saanen a makaidna ti maniador.

Uray napekpekkami iti kalesa, saanen nga ingginggina ti kalakian ti guyodna. Saanen a nasken a kullayoten pay daydi Tatang. Kayatna a kamaten ti kabay-an nga adda iti sangona.

Uray iti sang-atan iti Turod, dina ingginggina ti guyodna. Kasta unay ti wakawakana. No palugodan la daydi Tatang, uray man koma no ageskapi pay.

Maasianak iti masikog a kabay-an ta agarup agpallapallayog ti tianna nga agarup ageskapi pay tapno di maabotan ti maniador a kabalio.

Idi makadanonkami iti sungaban ti rangtay a nagbedngan ti Turod ken Callagip, pagamuan la ta nanarpaak ti pilid ti kalesa. Narumek ti bolitas ti pilid ket nakarunukonkami iti likud!

Ad-adda la ngarud a naladawkami. Numona ta adukami nga estudiante a naglugan.

Nagtartarayak a simrek iti klasek. Ngem gapu ta naladawak, pinaalanak ti titserko iti *excuse slip*. Diak pay napadpadasan ti nagsurat iti Ingles, nangruna ti *excuse slip*. Numona ta awan idi daydi Mr. Felix Sabio a prinsipal. Nairana a daydi la Atty. Victorino Savellano a direktor ti adda.

Kastoy ti insuratko, Enos Apok:

Dear Sir:

Please excuse me... I'm late because **the calesa there was none!**

Kunam pay, kasta unayen ti bullad ti direktor.

"Langgong! Kasta, 'ya, ti insursuro ni Mr. Santella? Baliwam!"

Agsapulak koma ti pagpatulongak ngem naunaak ti nagbain. No namin-ano nga indalusko, adu a papel ti nausarko!

Fast forward, Enos Apok!

Nagkitakami manen iti daydi Atty. Savellano kalpasan ti adu a tawen. Mayor idin iti Cabugao. Kaduak daydi Manolito Rebibis—itay laeng nabiit a nabasak iti FaceBook a pimmusayen—a presidente ti GUMIL Cabugao, a siak ti bisena, a napan nang-*interview* kenkuana. Para iti Bannawag ti sinuratko maipanggep kenkuana, a rimmuar idi Nobiembre 21, 1966, ken napauluan iti *Mayor Victorino A. Savellano: Pinagluposna ti Cabugao.* Para iti diario ti sinurat daydi Maestro Rebibis. Iti daydi a naudin a panagkitami, dinan nalaglagip daydi *calesa there was none!* Inikkanakmi pay iti saggaysakami a tela a papantalonen!

No sardengak ti ar-aramidek, Enos Apok, nakaturogen ni lelangmo; kanayon a nakasikig iti kanawan, a pagpunganna ti dakulapna. Dina kayat nga usaren ti dakkel a punganna. Gagangay nga alas dos iti parbangon no agid-iddaak ta riingennak no kua ni lelangmo no mapan iti pagpaknian. Alas singko kuarto no agririingak a mangisagana iti pammigatmi. Makimisaak iti alas nuebe no maipatang iti Domingo.

Ay, Enos Apok. Kastoy latta idin, a, ti biagmi ken ni lelangmo...

Adda pay silpo ti Labut, urayem.

Maika-11 a Paset

Labu 3, Lela Siding 1

NAGTINNULONGGANMI, ENOS APOK, ken ni angkelmo a Dondon, nga inatibay ni lelangmo idi dumsaagkami iti sango ti balay ti agkasangay, iti asideg ti nagbedngan ti Magna ken West Valley. Diak nalasin a dagus ti babai a kadua ni Lehi, a naragsak a simmabat.

"Ako na po si Meme, Pres," inyam-ammo ti babai ti bagina. Uray no nabayagen a dikami nagkikita kadagidi miembro ti Marikina Philippines Stake, Pres pay laeng ti awagda kaniak, Enos Apok; ammomon, a, siak idi ti presidente ti Marikina Philippines Stake. *"Di n'yo na ba ako naalala?"*

Idi la a nailasinko, Enos Apok, ti kabsat ni Lehi a naikamang idi idiay Norway ket naaddaan iti dua nga annak, ngem nakisina. Nangasawa iti doktor a taga-Oman.

"Matagal na kasi tayong hindi nagkikita... Kamusta ang Oman?"

"Oh, by the way, this is Edward, my husband," inyam-ammo ni Meme ti saan met unay a nangisit a pangrapisen a lalaki a naragsak nga immasideg.

Nagdidinnakulapkami, Enos Apok. Nagsasarunokami a simrek iti nalawa a salas. Rimmuarkami iti likud a pagur-urayan ti agkasangay.

Adun ti tao a nadanonmi iti likud. Puraw ken kayumanggi.

"Brother Delfin!" naginnabrasakami iti agkasangay. Luis Delfin ti naganna, Enos Apok. Kabulen daytoy ngem nalawag pay la ti rupana iti 92 a tawenna. Isu idi ti kadkaduak a sumarsarungkar kadagidi miembro a naibatang kadakami idiay Burgos Branch. Isu idi ti 1st Councilor ti Branch Presidency idinto a siak ti presidente ti Stake. "Kasla dika lumaklakay, a!"

"Uray sika! Sabali a talaga ti tinudingan ti Apo. Nasalun-atka pay laeng!"

"Adu metten ti sakitko, Brother. Malagipmo? Nasukatanen ti maysa a tubo ti pusok. Naikkat payen ti aprok. Ken addan palsi ti dalemko. Sa diabetikak pay... agpadakami ken ni sister; sinukatanda ti maysa a tubo ti pusona iti urat ti puso ti baboy, ken tinarimaanda ti maysa. Dandani payen ag-dialisis."

"Kasta? Ngem sabali a talaga ti natudingan. Saan a madlaw nga adda kasta a rikriknaem... Ammom kadi... malagipko manen. Dagupyo a nagtrabaho idiay Saudi, sika laeng ti nakaited iti kasdi a kantidad."

"Bilin ngamin ti bishopmi idiay Dhahran nga idiayak Filipinas nga agbayad iti apagkapullo."

"Malagipko idi impakitak iti daydi Bishop Velasco ti supot nga intedmo... 'Ano 'yan?' dinamagna. 'Pera, Bishop... P25,000.00!' 'Ang laki naman!'"

Bayat ti panagkikinnomusta dagiti sangaili, Enos Apok, intuloymi ken ni Brother Delfin ti nanglagip kadagiti napanawanmi idiay Rodriguez.

"Dagupyo a nagtrabaho idiay Saudi," inkabukab ni Bro. Delfin, "siksika ti nakaited ti kasdi a kantidad! Isu a dinaka baybay-an ti Apo. Sabali a talaga ti natudingan."

Agawidkami laengen ngem no namin-ano pay a dinagdagullit ti nagkasay ti gatad nga intedko manon a dekada ti napalabas.

Nalag-an ti riknak idi makaawidkami, Enos Apok.

Nalaglag-an pay ti riknak idi sanguek manen ti pangtedko...

Labut 3, Lela Siding 1

AMMOM, ENOS APOK, no dadduma, mapampanunotko no apay a kasdi ti nagdaldalanak—nakaad-adu ti sinangsang-atko a kalbario...

Wen, kayariganda iti kalbario. Gapu kadi ta siak ti inauna kadakami nga agkakabsat ket siak ti nakasirmata iti masakbayan? No nagpaut ti biag daydi Manong Peping nga inaunami, nanamnam-ayak kadi ngata koma, ta isu ti nangibaklay iti ibakbaklayko ita? Isu kadi ngata koma ti dengdenggem ita? Amangan no sabali met ti dana a nasurotna ket siak latta ti siak ita!

Ngem ania payen. Anusannakon, a, Enos Apok... aginnanusta. Daytoy ngata ketdi ti naikari a rebbengenta; manarsarita... manglaglagipak ket dumdumngegka met kaniak.

Ituloyta ngarud, ket dumngegka latta.

Dakkel ti naitulong daydi Insan Erwin iti kaaddana. Idi awan pay, siak ti mangpatuyo kadagidi kabaliomi no kasdi a di masango daydi Tatang. Siak ti agsareb no awanen ti usaren daydi Nanang iti kosina ta naibusen ti danum kadagiti burnay a pagsarban ken karamba a paginuman. Siak ti mangbilang kadagiti kalding no agsangpetda iti sakbay ti sumipnget.

Saankon nga aramid dagita ta daydin Insan Erwin ti makakaammo. Nagaget, ken naragsak pay. Awan ti parikut daydi Tatang.

Ngem iti maysa a nasapa a sardam, madandanagan daydi Insan Erwin a nangsapul iti daydi Tatang.

"Awan 'tay labang a kalding, 'Tang!" kinunana. Nairuamen a Tatang ti awagna iti daydi Tatang. "Sangsangapulo-ket-piton dagita addad'ta koral."

"Kinitam koma dita amianan, a."

"Kinitakon."

Tinulonganmi a nagsapul. Agsaknapen ti sipnget.

"Amangan no aramid man daydiay Arongen!" kinuna daydi Tatang. Taga-Daclapan Sur daydiay kuna daydi Tatang nga Arong. Isu ti marmaruam nga agtaktakaw iti uray no ania dita.

Immasideg daydi Kapid Inggo.

"Likudna daytay nasaripatpatak nga agpadaya dita kadaratan," kinunana.

Nasipngeten idi nakangngegkami iti immik iti kapuskolan ti

kalumay iti asideg ti kapangdanan iti amianan.

Isu daydi labang! Nasingdanan a naiparnged iti kasamekan ti kalumay.

Nagdardaras daydi Tatang a napan nangtunton iti daydi Kapitan Masong a bario kapitan ti Panay-ogan ken Daclapan Sur.

Nasapulanda daydi Arong nga aglemlemmeng idiay balayda. Inannugotna nga isu ti akinggapuan. Diak malagipen, Enos Apok, no ania ti inaramid daydi Kapitan Masong, ngem ammok nga awan ti sansantuenna kadagiti matiliw nga agaramid iti babak; uray asino pay a Ponso Pilato.

Diak naintonaranen no apay a kasdi ti inaramidna.

Maysa met a di mapunas iti lagipko ti nagdagusak idi addaakon iti maikatlo a tukad ti sekundaria. Kadagidi agkakaarruba a balbalay iti asideg ti kamino real a limsot iti tengnga ti ili ti Cabugao, naisalumina ti nagdagusak, Enos Apok. Isu ti kabassitan; dudua ti pasetna. Maysa ti bangsal ken kusina metten nga immuluanan ti tallo ti tukadna nga agdan a nagkusay iti abagatan. Maikadua ti kadaklan.

Dudua ti agkabbalay nga agassawa. Maysa daydi Lela Siding a saan pay unay a baket. Adda aglumuylumoy a kasla gemgem a bukol iti teltelna. Naanaus a baket.

Maikadua ti lakayna a naisalsalumina unay. Kanayon a nakaunnat iti *army folding bed* iti amianan a daya a suli ti kadaklan. Adda iti abagatan nga asideg ti ridaw ti kama ti baket. Iti espasio iti laud ti naipatuldo a pagiddaak. Nakatultulang, agbarbarikawwet ti kuko dagiti ramay ti ima ken sakana. Nalitem ti ules a nangbungon iti bagina. Napigsa ketdi ti timekna. Idi damok ti sumrek, naalumiimak ta adda naipangpangruna nga ayamuom a simmarabo kaniak.

No diak unay nakaturturog iti balay daydi Lela Ines, kasta met iti baro a dagusko. No manen, adda dawaten ti lakay a di makabangon, kas koma no makaisbo wenno makarugit. No saan a maikaskaso ti baket, bumugkawen. No mamin-ano a kasta iti agpatnag.

Nalaing ketdi nga umistoria no saan a sumro. Tunggal agestoria, igidgiddanna nga ikarus ti atiddog a kasla bislak a pagkudkodna. Naaksidente kano iti nagtrabahuanna idiay Manila isu a nagbalin a paralitiko. Adda kano maysa nga anakda ngem manmano a sumarungkar ta naikamang idiay kabisayaan.

Diak nakita a dinigus ti baket; umdasen a baniosanna. No mabannog ngatan ti baket, masungbatanna ti lakay no bumugkaw.

Maminduaak la nga agluto iti agmalem, Enos Apok, kas iti sigud a dagusko. Ditoy a dagusko ti binigat a tsoknat ti imbulbulonko iti inapuy. Sagninikel idi ti sangabungon. Saggabassitek ti kumittab tapno mayanayko iti innapuy. Ti tinuno a baraangan, wenno ampo no isu ti adda nga impabalon daydi Nanang, ti in-inutek nga ipangan iti aldaw.

Yan-anayko ngamin ti balonko a kuarta, ta igatangko iti Bannawag ti binting iti agipaspasiar iti agsapa ti Martes wenno Mierkules. No awanen ti pangibulonko iti innapuy, umawayak iti malem. No awan ti pagpletek, pagpagnaek ti lima kilometro a nagbaetan ti Ruaran ken ti Labut. Diak unay narikrikna ti bannogko ta adu dagiti magmagna met nga agawid iti Callagip ken Turod. Ngem no nakasalugakon iti agpalaud a kalsada manipud iti Turod, naguduakon ti ta-layek, ket manmanon nga adda masalawko a padak a magmagna. Maay-ayoak ketdi a mangbuybuya kadagiti nalawa a pagtatalonan iti agsumbangir ti kalsada. No dadduma, mapampanunotko no ania ti buya iti laksid dagiti bantay ken iti pagpatinggaan ti magaw-at ti panagkitak. Mapampanunotko man, Enos Apok, no kasano met ti biag kadagiti lugar a diak makita. Diak impagpagarup idi a makadanonak kadagiti lugar a magaw-at laeng ti arapaapko.

Adda nakaarrubak nga agbasbasa met iti Institute. Antonio Solar ti naganna; taga-Salomague. Nakapagsinningedkami uray no saankami nga agkaseksionan. Adda iti Section C idinto a Section D ti ipagarupko a nagustuanda la unay idiay Institute a nangikabkabilan kaniak. Agaasem ta diak pulos napadasan ti naital-o; namnget a Section D! Naimbag ketdi ta awan ti Section E, ta idiay ket ngata koma ti nangibasuraanda kaniak! Diak nagrekreklamo, ta awan met ti ammok idi no ania ti kaipapan dagidi a sekseksion. Inannugotko nga isu ti kaipasangan ti kabaelak. Memmemakto met ngamin—suro daydi Lelong Iroy idi nakipagdianak kadakuada idiay Baybayabas, a dakes ti sumamsampitaw no agsasarita dagiti nataengan... malagipmo? Bugkawannakami no kua idi ket pamrayak laengen ti agkurinikon iti suli. Dimi ammo ti agreklamo, ta didakami insuro a sumupring.

Nataytayag bassit ngem siak daydi Antonio Solar ngem kasla awan ti naggidiatanmi ta impakabsatna ti bagina kaniak. No kasdi la koma amin a tao a naam-ammok idiay Institute, siguro nalanglangto koma ti lagipko iti Cabugao.

Awan pay tallo nga askaw ti nagbaetan ti dagusmi no lalausen ti manarita. No daddumma, awisennak iti dagusna tapno pagtinnulonganmi dagiti asignaturami. Ik-ikkannak no kua iti adda a saramsamna, a diak koma awaten ta mababainak ngem ipilitna met latta. Isu kadagiti manmano a nakasingedko iti sekundaria a diak malipatan—pinadasko a sapulen ti naganna iti *Bing* ngem maysa kadagiti diakon ammo no sadinon ti nakaipalpalladawanna a suli ti lubong. No nagbalin a doktor, inheniero, maestro... wenno napan ketdin iti sabali a biag. Dagidi nasasayaat a tao ti kayatko koma a makita pay tapno makapagpipinnadamagkami no ania ti nakaitudinganda iti bukodda a biag.

Wen, Enos Apok... Ngem madanontanto ida; di mabalin a malipatak dagidiay, wenno dagidi nasasayaat a tattao.

Adda tallo nga asignatura nga isublik kenka, Enos Apok. Kadagitoy nga asignatura, kaklasek dagidi Delfin Palado, Rodolfo Sumajit ken Jose Torres—nasaritak kadi idin? Mapanta biit iti daydi Rodolfo Sumajit. Naulimek daydi a tao, isu ket ngata nga agkaseksionankami. Kanayon a napintas dagiti bolpenna. Ap-apalak la unay. Ammom, Enos Apok, paggugustok ti bolpen wenno pen. Adda latta nakasaluket a bolpen wenno pen iti bolsak. Diak makaruar nga awan ti bolpen iti bolsak. Uray ita.

Naminsan, kinuyogko idi agruruarkami iti aldaw.

"Kayatmo, agsinnukatta," inyuprisirko ti bolpenko.

"Diak kayat 'ta bolpenmo. Nagalas!"

Agpayso met ti kunana. Ngem impapilitko.

"Haan... napintas. Napintas pay ti tugotna...:"

Diak nabalbalatong ti loko. Sippadongek koma ti kunak ngem binaybay-akon ket intaruskon ti nagawid.

Sublianta dagidi kunak nga asignatura. Unaenta ti *Physics,* saan a gapu ta magustuak. Kinapudnona, isu ti maysa kadagiti adu nga asignaturak a pulos nga awan ti simrek iti ulok... ay, adda gayam maysa.

Ti *pendulum.* Bitinbitin nga agpalpallating, kasla daytay bitinbitin ti dakkel a pagorasan a makapakullayaw ti awengna... kasdiay, di met?

Ngem bay-amon daydiay pendiupendiulum. Mapanta iti daydi titsermi a Mr. Suero—aduda idi a Suero idiay Institute. Teodoro ti nagannan sa idi. Malagipko laeng a Tioding ti awagda.

Natayag daydi Mr. Suero. Ti ad-adda a pakalagipak kenkuana, isu ti bisiona. No ilawlawagna ti isursurona, kastoy ti kanayon a kunana: *"You know class, ano, ha?"* a kasla di makailawlawag no awan daydiay a liniana. Wen gayam, daydiay ti maysa a diak malipatan kenkuana. Isu laeng ti kasdi.

Iti umuna nga aldaw ti klasemi kenkuana, imbilinna a mangitugotkami iti kuaderno a pagsuratanmi iti seatwork. Kanayon a paibatbatina.

Iti naminsan a panagipapasana kadagiti kuaderno, awan ti naited kaniak. Dinamagko iti paraiwaras, ngem awan kano met.

Adda tallo a kaklasemi a taga-Salomague. Savellano ti apeliedo daydi kabusnaganda; Baldo ti nagan daydi kabakedanda a langana ti boksingero. Diak malagipen daydi maikatlo.

Iti panangiwarasko iti panagkitak, a mangsapul iti daydi kuadernok, nalasinko nga adda iti daydi Savellano. Mailasinko unay, nadlawko a napugas ti nagan iti akkubna.

Imbagak iti daydi Mr. Suero.

Kinusilapannak daydi Savellano. Inkalinteganna a kukuana.

Ngem nalasin met daydi Mr. Suero ti napugas a naganko.

Kasta unay ti kusilap daydi Savellano kaniak.

Maudi nga asignaturami ti Physics iti malem.

Nalasinko dagidi tallo nga agur-uray iti asideg ti ruangan ti eskuela idi panagaawidan iti malem. Innambondak. Disnogendak koman ngem nakitada daydi Delfin Palado iti likud. Iti panagdardarasko, nalapsut ti ismagelko ket isu ti nagsusiudotanda a gineppas sadak impangta.

Inasitgannak daydi Delfin Palado; makasangsangitak idin. Saan a gapu iti sakit ngem ti pannakasayangko iti ismagelko. Ania pay ti usarek?

"Pangas dagidiay, a!" kinuna daydi Delfin Palado nga insursurotna ti panagkitana kadagidi tallo. "Umayka 'diay dagusko!" kinunana.

"Apay?"

"Adda paltikko idiay. Itedko kenkan... malagipmo nga agararamidkami iti paltik? Kukuamon ta paltogam idan! Ta dida ketdi agimpapangas..."

"Hay!" nagkullayawak.

"Dimo ammo? 'Ta 'diay dagusko ta isuroka," nagtalangkiaw. "Addadan impalpalnaawda kadagiti sirok ti akasia dita kalsada."

"Ha, napadasamon?" napamulagatak.

"Dagiti kasinsinko... dagiti met la barrairong ti tinodasda..."

"Thank you... ngem... thank you laengen!"

Mr. Singson ti nagan daydi titsermi iti Science. Natayag met a kas iti daydi Mr. Suero ngem ayukos. Idi damo ti klasemi, nsdaawak gapu iti kaadu ti bato iti gayadan ti pisarrana. Siguro, paset ti klasemi dagita, kinunkunak idi.

Kas kadagiti dadduma a titser, inurnosna met ti naganmi. Siak manen ti adda iti asideg a kutit. Diakto manen maaw-awatan ti ipalpalawag daytoy a titser, kinunkunak iti nakemko.

Pilpilitenna ti umisem no agilawlawag. Ngem sakbayna, pinayamammonakami iti tunggal maysa, nangrugi iti sango. Kalpasanna, inyamammona met ti bagina.

Iti udi ti saona, kinunana: *"I want you to listen carefully. I don't like talking in my class unless I ask you a question. Is that clear?"* immulagatna. Nangala ti bato a kasla gemgem ti ubing iti gayadan ti pisarra ket inabalbalayna. *"Is that clear?"* inulitna a timmadem dagiti matana ken immirut ti panangpetpetna iti bato. Ur-urayek la nga ibarsakna. Agtigtigerger dagiti imana.

Nagkikinnitakami nga estudiante a kasla natuktokan a bisukol. Agarup naggigiddankami a nagkuna: *"Yes, sir!"*

Kas iti daydi Mr. Teoding Suero, awan manen ti naaw-awatak iti insursurona. Agingga ita, awan malagipko no ania ti naadalko kenkuana. Diak ammo no talaga ketdi a munnelak! Manen, diak met ngamin nagsalsaludsod ta nagturturay ti naimula iti panunotko a maysaak laeng a mintalon—no maminsan, nasayaat met no maisuro dagiti ubbing nga agbain kadagiti nataengan, kas iti insuro daydi Lelong Iroy kadakami iti daydi Insan Erwin, a di makisamsampitaw kadagiti agsasarita a nataengan; kasta met a didiosen ti panagkitkitami idi kadagiti babaknang a taga-ili.

Isu nga inur-urayko lattan a damagenna met kaniak: *"Any question?"* Ngem awan. Adda saggaysa a nagdamag, ngem binugkawanna ida: *"You are not paying attention!"*

Sinalbag a lakayen! Wen, lakayen, Enos Apok. Ubananen idi, ken ayukos payen a kas kaniak!

Naminsan, adda uppat nga agtututtot iti sangok. Pagkikinnalbitanda ti babai iti sangoda nga insiglotda ti atiddog a buokna iti tugawna.

Saan a nagtagtagari daydi Mr. Singson. Nasiputak a pimmidut iti bato iti gayadan ti pisarra. Impennekna nga imbarsak kadagiti agtututtot. Nasiputan ti maysa ket naligidanna ti bato nga apagisu koma iti tapaktapakna.

Naimbag ketdi ta nalisiak met ta no saan, apagisu koma ti pisapisko! Lumablabbaga daydi Mr. Singson a nangibugkaw: *"Class, dismiss!"*

Tumakder koma ti babai nga insiglotda ti buokna ngem simmurot ti tugaw. Nakita ni Mr. Singson ket pimmidut iti bato.

Sakbay a naibansagna ti bato, nagtatarayen dagiti uppat.

Diak matukod a panunoten, Enos Apok, no apay a napalubosan a mangisuro dagiti kakasdi a mannursuro. Paset ngata ti asignatura nga isursuroda ti panagbatoda iti estudiante a sutil ken subeg?

Idi agkitakami iti daydi Mr. Singson kalpasan ti adu a tawen, nakaatattidog ti isemna nga immasideg kaniak sana pinikpik ti abagak.

"Mannuratka met gayamen, loko!" kasta ti parato dagiti lallakay a mangisinged iti bagbagida, Enos Apok.

"Bassit laeng, Sir... komustan dagidi batoyo?"

"Nairamandan a nagretiro idi nagretiroak!" Agkatkatawa a nangtapik kaniak. "Pasensiakan, adda sakitko idi."

Nakilnet ti isemna sa agwingwingiwing a nangpayapay kaniak idi tumallikud.

Dina la ammo, Enos Apok, a naaronan ti imahinasionko gapu iti daydi asignaturak a Philippine Prose and Poetry. Nalaing nga agilawlawag daydi titsermi a ti naganna ket Salipatakon... kunak lattan, a, ta letra S ngarud ti rugi ti apeliedo dagiti taga-Cabugao. Kasla ken ni Joma Sison... nangnangegmon daydiay a tao? Taga-Cabugao daydiay ngem naglemlemmeng idiay Netherlands; saan a nakaawid...natay kanon. Ngem talaga a nalaing daydi Mr. Salipatakon; diak la ammo no nagsursurat met. Kunkunak idi no ul-ulitek a basaen dagiti sarita ken dandaniw iti daydi a libromi, naglalaingdan! Ti imasna ket awan metten ti malagipko kadagidi nga awtor. Ken diak ammon no adda pay kasdiay nga asignatura ita.

Ngem saan la a daydiay, Enos Apok.

Ti Bannawag la unay. Nasaokon, di met, aya, nga uray awan sidak no adda la ketdi igatangko iti Bannawag? Bay-am ditan no kagudua laeng ti kasla tangan ti ima a tsoknat ti pangibulonko iti kilabban basta adda basaek! Maysa, uray diak basbasaen dagiti asignaturak basta adda basaek a Bannawag; naragsakakton no makaalaak iti nagsikkawil!

Idi kuan, adda nabasak a pakaammo. Agawatda kano iti manuskrito. Ket bayadanda pay! Nangrugi a pinampanunotko ti nabasak. Kasano ngata ti agsurat iti manuskrito? Tallo a limbang? Impapanko a no kasano ti langana iti mabasbasa, kasdiay met ti pannakaisuratna. Kunana pay, a no awan ti makinilia, mabalin nga isurat iti ima basta nalawag. Ngem kinunak met la iti bagik: asinoak koma met nga agsurat?

Diak pay la idi inkaskaso daydi sangkatipping a gagar.

Tunggal umawayak idi, Enos Apok, no sumro ti iliwko, masansan a daydi Lelong Roque Tabugader ti mairanrana a pagluganak; isu la ngamin idi ti naanus a kutsero a taga-Sabang—Gutong pay ketdi a kaadaywan a bario ti Cabugao iti laud ti yanna—nga agur-uray iti pasahero; ken uray awan ti kuartak a sindadaan a pagpletek, naanus a manguray kaniak a mapan dumawat idiay balay. Wen, Enos Apok, uray no kasinsin daydi Lelong Undo, dinak napadasan nga inlibre. Dina imbagbaga, ngem ammok lattan, a, ta ti met la mangalkalesa ti trabahona. Diak sa pay ketdi nasasao kenka, aya, Enos Apok, maipanggep iti daydi Lelong Roque? Daydi a lakay ti kalatakan a kutsero a naayat iti lumlumba ti kabalio. Nalaing nga agipudos iti kabalio. Adda pagsaadan ti alipuspos dagiti nalaing nga ageskapi wenno agtarukatek. Ammona no maniador wenno naanus ti kabalio. Saan a kas iti daydi Tatang a nakaala iti dakkel ken nataraki nga Alasan, nga awan ti ammona no di agsasaep iti babai. Malagipmo daydi sinaritak a no sumro, dinan guyoden ti kalesa, malaksid no adda ipasakbay a babai? No kasdiay, saanen a paigawid uray no madigosen iti lling-et.

Wen, Enos Apok, naputotanna daydi babai nga alasan a kabaliomi. Alasan met laeng ti putotna ngem nabaneg ken mayat ti wakawakana idi makadakkel. Awan pay makatawenna idi, minanson daydi Tatang iti kalesa.

Ngem nasirpat daydi Lelong Roque idi bumaron ti kabalio. Sinirigsirigna, ken nagsapul iti pagilasinan iti mabalin nga ilumba.

"Ilumbata daytoy kabaliom, Illo," kinunana iti daydi Tatang. "Awan duadua a mangabak daytoy."

"Ket no maabak ngaruden, Uliteg?" kinuna daydi Tatang. "Sayang 'diay pusta."

"Patiennak, sigurado a mangabak. Manmano ti kabalio nga addaan pudos a kas iti kabaliom." Diak malagip daydi pudos nga imbagbagana; adda ketdi kitakitaenna nga alipuspos iti no sadino ti nagsasaadanna, a pagilasinan kano iti naiduma a galadna. "Ngem masapul nga adda matalek a mangsakay."

Nataliaw daydi Lelong Roque daydi Insan Erwin a sangsangpet a napan nagwanawan kadagiti kalding.

"Daytoy Erwin, bagbagay a manghenete!" kinuna daydi Lelong Roque. "Bassit ngem nabaneg."

Dida narigatan a nagsapul iti pangilumbaanda iti daydi bumaro nga alasan. Adu met dagiti lumulumba iti Daclapan Sur. Sinanay daydi Lelong Roque daydi Insan Erwin. Insurona no kasano ti sigurado a panangabak iti panaghenete.

Maysa a labang ti natulag a kalumba daydi alasan. Dakdakkel ngem iti daydi alasan ngem nawalwalat ti kabaliomi.

Iti igid ti daklisan ti Daclapan Sur ti natulag a paglumbaan ti alasan ken ti labang. Agarup agmatuon idi mangrugi ti lumba. Liamado ti labang.

"Amangan no maabaktayo, Uliteg," kinuna daydi Tatang. Saan nga agsugsugal daydi Tatang ngem gapu iti kinalatak daydi Lelong Roque iti kasdi nga aramid, adu ti nangpusta iti daydi alasan.

"Dika agdanag," impasingked daydi Lelong Roque. Sakbay a nangrugi ti lumba, kinasarita nga immuna daydi Lelong Rolque daydi Insan Erwin. "Dimo liplipatan ti insurok," impaganetgetna.

Umariwawa dagiti tao nga agpusta ken agbuyya.

Idi nangrugi ti lumba, dagus a naudi daydi alasan. Dua nga agpa ti nangunaan daydi labang. Idi magudua ti naituding a tarayenda, yinagyagan daydi Insan Erwin daydi alasan. Kellaat a kasla mabembennat ti bagina tunggal agkuy-at ket nagmayat a dengngen ti ta-ta-ta-ta-ta-tat ti kuy-atna a a dinanggayan ti kasla met makina a panangkidagkidag daydi Insan Erwin iti bakrangna. Apagbiit a naksayan ti nagbaetan dagiti kabalio agingga nga aggidgiddandan. Naminsan pay a yinagyagan daydi Insan Erwin a giddan ti namindua a panangsaplitna. Awanen ti aridenggan dagiti agbuybuya.

Sangagpa ti nangunaan daydi alasan iti daydi labang idi makadanonda iti pasuan.

Kayat dagidi naabak ti sumubbot.

Immannugot daydi Lelong Roque.

"Daydiay ama ti ilumbatayo," kinunana.

"Agmaniantyo pay, Uliteg!" kinuna daydi Tatang.

"Kastoy ti aramidentayo," kinuna daydi Lelong Roque. "Mangsapulak iti maysa henete."

Insagana daydi Lelong Roque ti ina daydi alasan. Napasamak ti maikadua a lumba kalpasan ti makalawas.

Idi makapueston dagiti aglumba iti rubbuatan, apagisu a sumangpet ti maysa a hinete a nangsakay iti ina daydi bumaro nga alasan. Apagisu nga agrubuat dagiti aglumba idi nakita ti ama nga alasan ti ina iti ngalay ti paglumbaanda. Kunam pay, saanen a pinaigawid iti daydi Insan Erwin idi aguni ti silbato. Kasta unay ti pannakabennat ti bagina iti panageskapina idinto a kimleb daydi Insan Erwin iti bukotna, agingga a nakadanon iti pasuan a yan ti ina nga agur-urayen. Adayo ti nangitarayanna iti kinalumbana!

"Sinaurdakami!" impukkaw ti bangir.

SAANEN A NAGBAYAG daydi Insan Erwin, Enos Apok. Adda immay nangtunton kenkuana idi natay daydi Angkel Irid a tatangna. Saanen a nagsubli ket dakkel ti nakaikawaak iti kaawanna.

Ngem adda simmukat kenkuana. Daydi Angkel Bayugaw, wenno Marcos Rentiquiano a kasinsin daydi Nanang. Malagipmo daydi nasaritak a kakaisuna nga anak daydi Lelang Biring a kabsat daydi Lelang Andiang? Daydi kunak a kanayon nga agpukawpukaw ta ti la adda a pakaipalpalladawanna? Isu a pinanagananda iti Bayugaw.

Wen, Enos Apok, pagammuan lattan ta nagparang a diak ammo no naggapgapuanna a suli ti lubong. Dina pay impakpakauna ti yaayna.

"Naggapgapuam, Manong?" dinamag daydi Nanang. "Saka la agparang no maangsanka."

Immisem laeng a diak pay naawatan ti sungbatna. No agsao ngamin, saggaysa, a nakababbaba, a kasla narigat a sumngaw iti kasla kimmot ti manok a ngiwatna. Narasaw met no makainum.

"Amangan no sunotam manen ti agbartebartek, a," kinuna daydi Nanang.

"Saanen, Insan," kinunana nga apagbingngi ti isemna. "Diak kayaten a maulit ti napasamakko idiay Camalaniogan."

Kinullalongda kano iti naminsan a pannakabartekna gapu ta nagkaritkarit.

"Nasayaat ngarud no kasta. Naimbag ta adda katulongan 'diay kayongmo. Saan unay a makatulong 'ta kaanakam ta agbasbasa 'diay ili."

Nagaget met daydi Angkel Akkos Bayugaw... ay, Akkos. Naulimek. No maipastorna dagiti dua a kabaliomi, ken maipastreknan dagiti kalding iti koralda, adda lattan iti suli a ti la addan a makudkuditna. Idi agangay, nasumokanna ti namaybay agingga a masansanen a mapan mangadilian wenno agpana iti ragaraga idiay tangrib.

Iti maysa nga agsapa, Enos Apok, nadlawko nga adda sinipsiputanna a rimmuar iti ruangan iti abagatan. Kinitak no asino daydi sinipsiputanna. Daydi gayam Anti Anneng a tangtangken, kas awag daydi Tatang, a buridek nga anak daydi Lelang Carmen. Tangtangken ta kasla nadaing nga igat. Apar met daydi Anti Anneng ti mangadilian, nangruna ti panangappona. Nalaing nga agkurob iti kappo.

"Adda gayam balasang dita bangir, Insan?" dinamag daydi angkel Akkos iti daydi Nanang.

"Baak daydiay, kas kenka," kinuna daydi Nanang.

Iti maysa a Sabado a bakasionko, inkeddengko ti mapan agpana. Awan idi daydi Dio Balling ta nairana a napanda immiliw iti kasinsinna a nangkugit kadakami.

Immuna daydi Angkel Akkos Bayugaw, a kasta unay ti wakawakana a nangsaruno iti daydi Anti Anneng iti nailet a dasdas nga agturong iti Timmippang. Napuskol ti kalumay ken dadduma pay a pandaka a kayo iti agsumbangir ti awan pay sangagpa a kaakabana a dalan. Nasiputak ti napartak a kinikin daydi Anti Anneng; pimmartak met ti butubutuag ti patong daydi Angkel Akkos Bayugaw a kimmamakam.

Diakon ida sinurot.

Iti maysa nga aldaw, Enos Apok, a papanko met panabaybay— kasta ti awag dagiti mapan agkalap iti baybay—nadarimusmosak ti likud dagidi dua a baak a naggapu iti karemmengan. Pampampagen daydi Anti Anneng ti kutitna; igpilna ti bassit a labba a pagikkanna iti makappona. Inamloy daydi Angkel Akkos Bayugaw ti nagtinokel a ling-et iti mugingna idinto nga imbaklayna ti sangareppet a kinayona..

Adda immapay iti aliwegweg a panunotko, Enos Apok. Imbagak iti daydi Tatang ti nakitak.

Nagkinnita daydi Tatang ken daydi Nanang.

Sakbay a nakaikeddeng daydi Tatang, naunaan idan dagidi dua a baak. Impudnoda kadagiti maseknan ti panggepda.

Iti ababa a pannao, Enos Apok, napan dagidi dua, nga adda nangkuyog kadakua, idiay munisipio. Iti simmaruno a pagteng, napanen nakikabbalay daydi Angkel Akkos Bayugaw kadagidi agina a Lelang Carmen ken Anti Anneng. Ket idiayen a naggibus ti panagbaybayugaw daydi Angkel Akkos, Enos Apok. Nakaanakda iti maysa.

INTA BIIT ITI biangmi ken ni lelangmo, Enos Apok, sakbay nga ituloyko ti pangtedta.

Idi taliawek daydi lelangmo, natalnan a matmaturog, a kas ruamna, nakanganga. Naturoganna man idin ti panagdengdengngegna kadagiti Ilokano a kankanta iti YouTube, a nagsardeng lattan itay maibus ti naurnong a kankanta.

Nagsadagak iti agpuligos a tugawko bayat ti pannakaiturong dagiti matak kadagiti maudi a binatog ti sursuratek. Nagkidemak ket simmippayot iti lagipko ti *doctor's appointment* ni lelangmo. Tinaliawko ti kalendario a nakaisuratan dagiti napateg a petsa: iti sumuno a bigat, iti ala una kuarenta singko... Doktor Gonzales...

Maika-12 a Paset

Lalbut 4: 1960-61

BAY-AM TA ISAMIRATA, Enos Apok, nga ibaet ti maipanggep kadakami ken ni lelangmo. Pasarna idi nga alas dos iti malem idi agparadaak iti sango ti Granger Medical Clinic Jordan Annex. Pinagurayko daydi lelangmo iti kotse, ta napanak nangala iti wheelchair iti uneg.

Saan a nalawag ti instruksion ti immawag no CT Scan wenno mismo a ni Dr. Leonard ti rantami. Induronko ti wheelchair iti sango ti direktorio dagiti dodoktor. Awan ti nagan ti nsao a doktor iti direktorio isu a nagderetsokami iti laboratorio. Nagdamagak iti resepsionista, a nangsango a dagus iti computer.

"What's the name?"

Imbagak.

"Date of birth?"

"4-20-45."

"Okay... she is scheduled for CT Scan. You're under Cigna insurance, right? The co-pay is $35.00."

Inyawatko ti visa card ni lelangmo.

Nabiit ti panaguraymi iti awag, Enos Apok. Nabiit met a nalpas ti *procedure.*

"Ania ngata ti resulta ti CT Scan?" sa la nagtimek daydi lelangmo idi agbibiahekamin nga agawid.

"Maammuantanto, a," kinunak; adayo ti sungbatko iti agsalsala iti panunotko. Manipud idi limmatakkamin iti hospital, adun a negatibo a pampanunot ti umag-agibas iti mugingko.

Imbatik idi ni lelangmo iti salas, Enos Apok, a nakisarsarita kadagiti kabbalaymi apaman a nakapangrabii ken makaagaskami.

Nabannogak, ngem sinangok latta ti computer...

Labut 4: 1960-61

Maudin a tawenko iti sekundaria iti panagseserrek idi 1960, Enos Apok. Dumngegka a nasayaat ta adu ti napasamak iti daytoy a tawen.

Saanakon nga immakar iti dagus nupay makaarimuom ti angtit daydi kaasi a paralitiko a lakay—padpadasek a lagipen ti naganna—gapu iti manmano a panangbanios daydi Lela Siding. Di pay ket masango a pukisan ti baket, wenno ibarbasan ket iti pananglaglagipko ita, makitkitak man, Enos Apok, ti sabali a Kristo nga agraed no agsao ken kurrating dagiti takiagna, killokillo dagiti kukuan a ramayna; marigatan a mangigudagod iti nangisit a bellang iti agkurkursing a bakrangna. Naarpawan iti rutrot nga ules ti akinbaba a paset ti bagina ket agpaparang dagiti natadol a tumeng dagiti nakatultulang a gurongna; awan duma dagiti dapanna iti agrungrungarong a ramut ti nabukual a pungdol iti nabubuga nga uma idiay Baybayabas. Malagipko man ketdi ita, Enos Apok, nga iti manmano a pannakadanonko nga agmaymaysa, pamrayannak a kasarsarita. Inan-anusak latta met ket nasaritana no kasano ken sadino ti nakaalaanna iti sakitna. Maysa kano idi a kapatas iti kompania idiay Manila a kukua ti nakarit a baniaga. Naaksidente idi insaupna ti *porklift operator* iti naminsan a panagkamatda iti panawen ta dida magabenan ti kaadu ti order. Daydi ti pannakaisapsapa ti panagretirona.

Diak malagip no kasano a napasamak, Enos Apok, ngem nainayon ti *Philippine History* nga asignatorak iti umuna a kagudua ti tawen. Sa iti maudi a kagudua ti tawen, nainayon ti *Algebra*. Tapno kano mairamanak kadagiti agturpos iti sumuno a tawen. *Philippine History* laeng, nabitogak? Narigatko a patien. Naanusak nga agadal; diak nangliwliwat... Napipia pay ngata ti *Algebra* ta munnelak a talaga iti *math*.

Ngem kaskasdi a diak patien. Pagarigan laengen ti *Physics*. Nasaritak kadi idin? A daytoy ti asignatura a nakaalaak iti kapintasan a grado? Kasla *rice terraces* ti panagsasaganadda nga agpangato, kunam sa! Pasig a nagsisikkawil iti tunggal *grading period* manipud iti 70; dinanogko pay ti angin idi makitak iti 75 a nangispal kaniak! Ngem siguro, naasian la daydi Mistro Dioding Suero, wenno kunana ketdi a siakto manen a parikutna no bugguongennak!

Ngem uray man ket no pulpullat dagiti gradok, malaksid ti *Pilipino* ken ti *Philippine Prose and Poetry!* Ti kapatgan ket nagturposak iti *high school!*

Uray no kasdi, Enos Enos Apok, ket ney, nayegko met ti pamiliak ditoy America, agaasem... no kasano?

Wen, Enos Apok, agyamanak unay ken ni Apo Dios—ken siguro kadagidi naasi a maestro a nangparuar kaniak; uray gayam daydi Maestro Bindog a mistrok iti English Composition (pasensiakan, sir—ti Dios ti mangbendision kenkan no awankan ditoy daga a pagluluaan—kasta ngamin ti awag dagidi estudiantem iti liklikudam, dimo la ammo!)

Ngem awan ti inggatang dagidi Tatang ken Nanang iti barong a pagbadok idi agturposak. Daydi Manang Sela ti nangdait iti Barong Iluko—diak gayam nasao a kabaelanna met ti agdait—a pinagbadok. Ngem nag. inggaak laeng iti ruangan ti awditorium a nakaangayan ti pasken. Apay, kunam? Wen, a, ta idi simmiripak iti uneg, ama, kunam pay, Enos Apok, ta dandani met diak nailasinen dagidi kaklasek ta nagdadaeg ti aruatenda, ken nagguguapo ken nagpipintasda metten, idinto nga adu met kadakuada idi ti di mapidua a taliawen! Maysa pay, naka-Barong Tagalogda amin idinto a siak ket malaksid ta Barong Iluko, likba ti bassit a kueliona, sapay nakiting ti manggasna, ken butuag ti gayadanna! Kasla la sili ti sairo a naartem iti suka ti Iluko ti riknak ket saanakon a nagtuloy— uray man ta nalukot met la a papel ti suno ti diploma a yawatda!

Ket manipud idin, saankamin a nagkikita kadagidi Delfin Palado, Jose Torres, Rodolfo Sumajit, ken Antonio Solar. No sadino ti yanda itan, pinadasko a sapulen ida iti *website,* ngem adu met ti kanagnaganda; ken amangan no milionariodan, no nangabakda iti loto, ket nalipatandan daydi kaeskuelaanda a mintalon wenno kinursing iti karayan ken natina iti apgad ti tangrib ken kadilian... wenno immunadan idiay paraiso, wenno impierno!

Dita ti naggibusan ti aldawko idiay Cabugao Institute, kunak koma, a, Enos Apok, ngem malaglagipko pay met laeng, isu a kanayon latta nga addaak idiay!

Kinapudnona, adu pay ti pinalabasko nga aldaw iti Labut sakbay a naipalladawak iti sabali a lubong.

Ngem dika agganat, Enos Apok. dita pay nagudua ti nakaitudinganta!

Kangrunaanna a diak nalipatan, Enos Apok, ti panagbasak iti *Bannawag*. Uray idi dandaniakon agturpos, ti pay la agbasa ti *Bannawag* ti makunak nga impangpangrunak. Gapu iti dayta, naarunan ti tarigagayko a mangsirigsirig iti nagan dagidi pagrukbabak a mannurat. Naglalaingda ketdin, aya, kunkunak idi. Nagangayanna la ngarud ta pinadasko ti nagkurikur-it. Salsaludsodek idi iti bagik: dimo kadi kabaelan met ti agsurat? Nalagipko ti nabasak a pakasaritaan ti biag dagidi mannurat iti Philippine Prose and Poetry, tattaoda met. Taoak met. No kabaelanda, kabaelak met!

Parikutko ti pangimakiniliaak. Agduaduaak ngamin no mabasa dagiti editor ti suratko.

Ti nakaay-ayat, Enos Apok, ket dika nga mamati, ngem pudno a naaramidko: nobela ti nagdamdamuanak a sinurat! Insidawsidawko nga insurat iti asul a Journal. Nabengbeng, pattapattak a sangapulo a paset ti nasuratko, a nayatiddog koma pay. Ania a tema, kunam, a... Siempre, pakasaritaan ti pudno nga ayat, ania pay koma! Induldulinko, nabayag, agingga a diak malagipen no nakaiwagwagatanna. Sayang!

Ngem nagsursuratak met iti daniw...

Sakbay gayam a rinugiak ti nagsurat, nagustuak a binasbasa ti benneg daydi Profesor Santiago Alcantara. Ti immuna a nadlawko iti daydi a benneg ket dagiti balikas nga idi la a nasalawko. Kasda la agaw-aweng a musika! Nauunegda, ngem nagustuak, ken naawatak babaen ti panangbidingbidingko iti tunggal binatog. Ta no maysaka a managpaliiw, saan a parikut ti kayulogan ti maysa a balikas iti maysa a linia ken parapo. Tinantandaanak. Iti ababa a pannao, isu ti nakaasaak nga agilasin iti balikas. Sadiay ti nakaammuak nga aggidiat ti pakausaran ti **iti** ken **ti** ken **a** ken **nga.**

Dimteng ti panawen, a nagdamagak iti daydi Tatang a lelongmo iti tumeng, Enos Apok, no adda am-ammona nga addaan iti makinilia.

Naiparparna met nga adda. Isu daydi Tata Osi idiay ili.

Idi ti damo a pannakakitak iti makinilia! Ngarud, diak pay nakaigiggem! Iti ababa a pannao, diak ammo ti agmakinilia!

Ngem insuronak bassit daydi Tata Osi idi maipalawag daydi Tatang ti panggepko.

Lima dagidi daniw nga immakiniliak, ngem maymaysan ti matandaanak ti paulona: Allon ti Biag. Diak dagus imbuson dagidi daniwko.

Ngem dakes a gasat ta saan a nagbayag daydi Tata Osi. Simmangpet daydi Tatang iti maysa nga aldaw a nangyawid iti nagmanto a damag.

"Awanen ni Osi," kinunana iti naliday a timek.

"Apay?" nagamanga daydi Nanang.

"Tinagtagbatda... nakitinnagbat idi kasangaldaw. Idiay nagdulonanda... gapu iti padanum."

Nagsiddukerak iti nangngegko. Pagmakiniliaak pay ita?

Awan ti malagipko, Enos Apok, kadagidi kinaturposak iti maikanem ti nagtuloy iti sekundaria. Uray daydi Filomeno Aganad ti Daclapan Sur. Uray ni Kapid Inggo. Uray dagidi agkabsat a Gloria ken Adelaida Sevilla. Uray daydi Geronima Sumay a taga-Turod.

Adda ketdi maysa a taga-Namruangan, ti bario iti amianan ti Panayogan. Maysa ti Namruangan kadagiti tallo a bario a dayo iti Daclapan SurPanay-ogan Elementary School. Benjamin Castillo ti naganna. No dadduma, mapankami idi mangrruot sadiay ta naraber dagiti bakbaka ken dukdukayyang kadagiti nagbabaetan dagiti tabako. Isu ti nakaibaga kaniak nga adda puraw a nuang. Simminged kaniak kalpasan ti sumagmamano a tawen.

"Mannuratka met gayamen, lakay!" agarup nagsina dagiti matana iti baet ti nalawa nga isemna.

Iti naminsan a pannakasirpatko kadagidi agkabsat a Sevilla iti Daclapan Sur, naisagud dagiti matak iti in-inaudi. Limmapsat!

Iti naminsan a panangpasiar kaniak ni Dio Ballling, naisaw-atna a nangrugi kanon ti parparibon idiay Daclapan Sur.

"Intanto man ketdi met makiribon, Dio!" kinunana.

"Asino dagiti kandidata?" dinamagko.

"Awan am-ammok. Pambaranta la a sumirpat. Bareng ketdi met no adda makasirpat kadata, hi-hi!" naglawa ti rungiitna ket kasla ad-adda a simgar dagiti nasikkil a buokna.

"Adda kuartam?"

"Dumawatakto ken ni inang. Uray ta inton Sabado pay."

Naallukoynak ni Dio Balling idi nalagipko ni Deling. Napanunotko ti napan nangalesa tapno adda pangalaak iti pakiribonko.

Pinilotak iti Emelia ti panikkilen met a buokko sakbay nga immulogkami iti apagsipnget. Salapi a sagdidies ti binalonko.

Natangadko ti dakkel a bangar iti igid ti kalsada iti abagatan idi lumabaskami.

Mangrugin nga agsangpet ti tao idi makadanonkami iti eskuela a pakaangayan ti pasala. Napigsan ti matuktokar nga *O, Naraniag a Bulan* a nangrugi a naglatak iti daydi a tawen. Addan sumagmamano a nabungon a *social box* iti lamisaan. Addan sumaglilima a babbalasang a naka-display kadagiti napagaabay a tugaw. Maysa daydi Karit a kuna ni Dio Balling nga apo ti akinggarreta iti adda iti amianan ti kalsada a sango ti pagadalan.

Awan pay dagidi Deling ken Glory.

Pasarna ngatan nga alas siete idi mangrugin a mapunno ti salonan. Nakitak daydi Lino Aganad nga agisaw-isaw. Nadlawko a maysa kadagiti baonbaonen dagiti agpasken.

Kinalbitnak ni Dio Balling idi adda sumungad a dua a babbalasang. "Napintas dagita, Dio!" kinunana.

"Da Deling..."

"Am-ammom?"

"Agkabsatda... nagbasada ditoy idi."

Adda simmangpet a tallo pay a babbalasang; nabengbeng ti pulbos ken lipistik ti nagtengnga. Naiwaragawag nga isu ti kandidata.

Narugian ti sala. Libre ti immuna a sonata. Peseta ti simmaruno. Agpapada a kasla alsado dagiti lallaki a nangsarakusok a nangurtisia kadagiti babbalasang. Nagiinnuna dagiti nangortisia a nagkurno iti sango da Deling ken Glory. Ngem nakauna ti maysa a taga-Daclapan Norte iti sango ni Deling. Adda nasagid a riknak iti napigket a panagin-innisemda.

Kinalbitnak ni Dio Balling. Insungona ti maysa a balasang a nakadekdekket; itulok pay ti balasang a makidinnungpar dagiti luppona kadagiti luppo ti kasalsalana. Ken no dadduma, maipasngat pay ti luppo ti lalaki!

Nagiinnarasaas dagiti lallaki iti asidegmi. Adda maysa a di nangileppas iti sonata nupay nakadekdekket ti insalana. Nakamusiig a limmabas iti yanmi.

"Apay?" dinamag ti kaduana.

"Malas, din sa agdigdigos... nakaang-anglit!"

Naiwaragawag ti umuna a box. Sangapulo a pisos ti naibaga a presio. Adda sumagmamano a nangtawar. Maysa ti di nauma a mangrimbaw iti tawar ti sabali agingga a nagbanag a siento singkuenta idinto a nagbassit met a bungon! Naipalapayag nga agar-arem iti kandidata ti natahor a gimmatang.

Napanda iti linged kadagiti kaduana. Nasiputak ti pananglukatda iti bungon. Sangabukel a tinuno a ragaraga! Uray koma no lima a pisos ti bayadna, nungka a magtengak!

"Uray ta kukuamon, lakay!" inyellek ti maysa.

Salapi ti simmaruno a sonata. Bassit ti nagsala. Sa trenta. Sa peseta.

"Dies ti bayad ti sumaruno a sonata!" naiwaragawag. "Agsalan dagiti sagdidies!"

Kasla binunar dagiti babbalasang. Nakiinnunakami ken ni Dio Balling. Tinuparna daydi Karit ngem daydi inanglit ti nabagina. Diak intuloy ti nangortisia ta naunaandak iti daydi Deling.

Sumagmamano pay a sagdidies, ngem kaskasdi a diak nabagi daydi Deling. Awan pay naksay iti salapi a balonko ta inkarik a diak mangisala iti sabali.

Iti simmaruno a sagdidies nakiinnunaak kadagiti bunar, aglalo ket ti manen O, Naraniag a Bulan ti natokar! Aggudenggudeng a timmakder daydi Deling. Aglamlamiis dagiti dakulapko, aglingling-etda. Nakangato ti timid daydi isalsalak a di pay kumita kaniak. Napukaw la ngarud ti turedko a makisarita koma.

Pagpiaanna met ketdi, a, Enos Apok, ket didies ti naksay iti daydi salapik! Sayang met ti namin-ano a panangkullayotko iti daydi Alasan no maibus la ti kuartak iti diak met kursonada nga isala. Diak pagtatakkonan ti agsala nangruna no kas iti daydi kaasi met nga inanglit a balasang! Uray koma no daydi nakadekdekket... basta daydiay la kursonadak ti isalak! A kunam met la no asinoak nga adda maipagtangsitna! Kasdiay ti kapudnok a mangipateg, Enos Apok, he-he!

Iti simmaruno a paribon, inkeddengko a no maallopko ni Deling, kasaritak iti nalapat! Inkeddeng met ni Dio Balling a kasarita daydi Karit. Nagtulaganmi a dikami agaw-awid a dimi maipeksa ti riknami.

Apagisu ta ti manen O, *Naraniag a Bulan* ti simmaruno a sonata. Ken sagdidies! Tartarabayennak sa ketdi ti naimbag a gasat, nakunak iti nakemko!

Ti dakesna, Enos Apok, ti pay la naganna ti nabalikasko idi maallopko, nakagaggageden a kinunana:

"No ituloymo pay ti agsao, tarayanka ditoy!" a kasla masiluan ti subsobna; ti libnosna a sigud a nagrukrukbabak, nagbaliw a namimpinsan iti panagkitak. Ti pakasdaawak no apay nga ammona a panggepko ti agpudno! Nasiputanna ngata ti pannakaipigpigket dagiti matak kenkuana no adda iti tugaw, ken ti pannakiin-innunak nga umallop. Wenno kasta a talaga dagiti babbai, nalaingda nga agsiput kadagiti mata a maipigpigket kadakuada!

Di pay naggibgibus ti sonata no ar-arigen, nagdardarasen nga immibbet ket dinan inuray a maitulodko iti tugaw!

Iti ababa a pannao, natirkaganak iti tengnga ti salonan!

Apay ngata?

Nagtayyek ti panunotko.

Dakkel ti balayda a tinabla iti sungaban ti bario, iti abagatan ti kalsada. Bassit a pinan-aw ken binulo ti balaymi idiay Labut. Nalawa ti pagmulmulaanda iti Birhinia. Beterano la daydi Tatang ket ti la tangrib ti pangal-alaanmi iti panglitopmi iti pagkurangan ti sangkabassit a pensionna.

Naminsan a naisurotak manen ken ni Dio Balling a napan nagpasiar iti balay da Deling.

"Ne, nayaw-awankan sa, barok!" kinuna daydi Tata Milan a Tatangna. Adda tattao nga agklasklasipay iti birhinia iti sirokda.

Diak nakasungbat, nariknak a timmarabangak.

Sabali pay a pasamak, naikuyogak.... *manen*... ken ni Dio Balling... iti palasio dagiti dayag a sasabongen! Sakbay nga immulogak, imbolsak ti kartaploma nga insangpet daydi tatang iti maysa nga aldaw.

Adda naranaanmi a grupo dagiti agtapat a taga-Daclapan Norte. Dadauloda daydi kain-innisem ni Deling idi agsalsalada. Ingguyodnak ni Dio Balling a napan makilaok.

Diak met malagipen daydi naudi a kinantada. Ngem adda pasetna a *nakitakayo nga agkibkibin*. Mamabpabasol nga agpaspasugnod.

Nabingngi ti tawa. Impapanko a tuman-aw dagidi mataptapatan.

Adda naisuyat; nanakluong ti naibbatan nga arinola!

Kaslakami nabuak a napabutngan. Nagtarayak a nagpadaya sa nagpaabagatan iti igid ti kabalbalayan, sa nagpalaud iti kataltalonan! Amangan, kunak, no mailasindak, narigaten!

Diak nasiputan no nagturongan ni Dio Balling.

Inunorko ti waig a kimmamang iti Aglem. Nagsarimadengak sakbay a bimmallasiwak iti imburnal. Adda kano inwalangda dita idi; amangan no adda al-aliana! Inruarko ti kartaploma a kanayon nga itugtugotko. Nairut ti panangpetpetko.

Idi makaballasiwak, pinartakak ti nagna a nangunor iti puraw a kalsada; makatartarayak ngem diak nagtaray tapno di madlaw ti asino man a tumanamboren ti barukongko.

Nagsarimadengak idi makaasidegak iti dakkel a bangar. Nakalamlamiisen dagiti dakulapko. Agparangka ta kitaem! Kinunkunak iti nakemko.

Immapiras ti nasalemsem a pul-oy a nangipuligad iti agongko iti nabanaal a sayamusom ti sabong ti bangar. Nailili dagiti bulongna a namataud iti kasla rumugma nga anniniwan a patauden ti sumirsirip a bulan iti daya. Limmabban ti ulok! Kaslaak la naputotan a bakes idi malabsak ti bangar!

KADAGIDI A PANAWEN, Enos Apok, pumigpigsa metten ti arapaapko kadagiti makitkitak a ladawan iti Bannawag. Dagiti artista iti akubna. Idi kuan, nadlawko dagiti napipintas a nagnagan iti *Minuyongan ti Makipagayam*. Nadnadlawko pati ti tawenda. Ammok met idin ti agilasin iti napintas a nagan, Enos Apok,. Ket adda nariing a panggep iti kaunggak. Ania ngata no makisinnuratak?

Nagsapulak iti nagan. Maysa daydi Necita Mendoza a taga-Batac, Ilocos Norte. Daydi pay Josephine Ferido ti Cabalangegan, Vigan, Ilocos Sur, a siudad itan. Maysa pay daydi Lucrecia Macanas ti Bangar, La Union. Napintas a nagan dagiti immuna. Ngem ti maikatlo? Adda met awengna, ngem aweng ti nataengan! Nupay kasta, inramanko a sinuratan.

Napintas ti panagur-urnosko idin, Enos Apok, iti balikas, kunam sa! Inan-annadak met ti nagsurat tapno mabasa dagiti suratak. Uman-anap ngata idin ti panagbalinko a mannurat.

Nagsubalitda a tallo. Naammuak nga adda Mendoza Bus iti Ilocos Norte. Diak ammo no kabagian daydi Necita ti akinbus. Ngem sinubalitannak, ket dumawdawat iti retrato. Gapu ta makaay-ayo met ti suratna, ken nagkari a sukatanna ti itedko, ken napintas ti naganna, kunak ngaruden, ay, ket nagtalekak, a. Ammom, Enos Apok, managtalekak unay ta impatok a kas kaniak, tungpalen met ti nagkari, no asino man, ti karina.

Ngem naim-imaak! Diak naurayen ti subalit daydi Necita Mendoza. Dina ngata nagustuan ti retratok: batinguluan, sa diak malagipen no ania ti insursuratko. Amangan no nasaok a taga-awayak, 'mom metten, diak ugali ti mangilimed iti kinasiasinok. Sayang ti panangpimpintasko iti suratko!

Simmaruno daydi Lucrecia Macanas. Napintas man ketdi ti panagsursuratna, naurnos ti Ilukona, isu nga uray adda pagkunaak iti naganna, sinuratak. Imbagana a mangngabel, nga isu ti pagsapulanda idiay Bangar, La Union.

Ngem, kunakto pay, in-inauna ngem siak iti lima a bulan! Diak ammo man, ngem maublagak a makisinninged iti in-inauna ngem siak. Nupay kasta, nagtatakkonak ti nakisinnurat, pasensian ni Lucrecia no addanto pay a makabasa kenka, Enos Apok. Nakisinnukat met iti ladawan. Adda met koma langana, isuna laeng ta adda tamtammina...

Ammom ti tammi?

Insublatko, wenno sinuratak met daydi Josephine Ferido a tagaCabalangegan, Vigan Ilocos Sur, a siudad kano itan. Magustuak man ketdi ti insukatna a ladawan. Dagitoy dua ti nagpalpalabsak iti panawenko nga agsurat.

Diak pay idi am-ammo daydi lelangmo.

Iti naminsan a papanko igagatang iti pagsuratak, kas gagangay nga aramidko, nagsakayak manen iti kabalio a kaal-alak iti nangiwaywayak. Atiddog ti talina a kinawikawko ket isu ti yablatko a pangabog. Agdardarasak idi agawidak ta maganatak nga agsurat. Idi asidegakon idiay Aglem, binasnotak manen. Adda immatiddog a kawikaw ti tali ket naisagud iti saka ti kabalio. Naisurotak idi umaskaw manen ket naingubngobak iti naruburob a kadaratan.

Immuna nga inaprosak ti rupak a napunno iti darat idi makabangonak, amangan no napunasen ti luppap nga agongko!

Nagpinnaut dagidi Josephine Ferido ken Lucrecia Macanas a kinasinsinnuratko.

Iti naminsan, inawisnak daydi Josephine a mapan makipiesta idiay barioda. Nabayag pay bassit ti petsa ket adda pawaywayko a nangurnong iti pagpletek babaen ti panangalesak no kasdiay a saan a daydi Tatang ti mangalesa.

Inawisko ni Dio Balling tapno adda kaduak. Kasta unay met ti ayayatna, a, ta din sa pay idi nakapkapan idiay Vigan.

Dandanin lumnek ti init idi nakadanonkami iti balay daydi Josephine Ferido. Apagisu nga agsagsaganada a mangrabii.

"Naimbag, babbaro, ta nakaumaykayo," kinuna ti ama ti balasang. "Apagisu iti paribon ti bario."

Nabaknang ti pangrabii. Diak koma idi kayat ti mangan ta saanak a nairuam a makipangpangan. Ngem kinidagnak ni Dio Balling a kasta unayen ti panagtiltilmonna a mangpangpangkis iti taraon.

Maysa kadagiti dua a babbalasang ti katugaw ni Dio Balling iti makanawanko. Kasangok ni Josephine Ferido.

Sakbay a nangisubo ni Dio Balling, kinitanak a kasla agpatulong no kasano ti agusar iti kutsara ken tinidor. Iti panangtugkikna iti bungkol, limmagto ket naipasab-ok iti kaabayna a balasang. Dinagdagus ni Dio Balling a tinukmaan ti bungkol a kasla awan ti napasamak.

Siak ti kasta unay ti bainna, diak mayangad ti rupak.

Napigsan ti tokar iti salonan idi makadnaonkami iti salonan. Adun ti tao. Dadakkel ken babassit dagiti tagilako iti rabaw ti lamisaan.

Sinugsogannak ti Tatang daydi Josephine Ferido a gumatang iti *box*; impagarupna ngata nga adu ti insabikelko a kuarta! Ngem ania koma ti igatangko ket inyan-anayko pay ti pinagpletemi ken ni Dio Balling a nagpa-Vigan? Ti nabati a pagpletemi nga agawid, di pay umanay a bayad ti umuna a presio ti *box*.

Nadlawko ti libbi daydi lakay idi nagpakadakami a dina oras.

Saanen a sinubalitan daydi Josephine Ferido ti naudi a suratko. Diak metten sinurnadan.

ALIMBASAGENAK ITI DAYDI a sardam, Enos Apok. Adu ti simsimken iti panunotko. Ita ta nagturposakon iti sekundaria, ania ti sumaruno nga aramidek?

Nakitak iti alintataok dagiti kabagiantayo iti Labut. Naglalawa ti iwa ti isemda, nangruna dagidi Angkel Poling ken Romeo. Kasla dida pakaringgoran ti biagda, nangruna daydi Angkel Romeo a dumakdakkelen ti pamiliana; a ta adda met daydi Anti Rosa a panarayanna no awanen ti isaangda. Daydi Angkel Poling, ragragsakenna ti makikabkabbalay kada Anti Rosa, a ta awan met pay ti pamiliana. Inaldaw a mapan sumuknal iti tangrib ken kadilian. Naimasto pay la ti panagsusopna iti Balasang a sigariliona; no dadduma, ukradenna ti daan a Bibliana ket pamrayanna a sarsaritaan dagiti umasideg nga ubbing.

Addan mabubkbukel a banag iti panunotko kadagidi a panawen, Enos Apok, ngem nakusnaw pay laeng. Ngem nalawag ketdi ti maysa a banag: saanak nga agbiag iti kas iti panagbiag dagidi dua nga ulitegko. No umaplaw ti pul-oy iti apagbingngi a silag a tawa iti papagko, nariknak a kasla adda ipaspasagid dagiti agburak nga allon iti kadaratan.

Nalagipko dagidi daniw nga immakiniliak. Sinukainak ket iti kabigatanna, impaibusonko iti daydi Tatang.

Adda damag nga insangpet daydi Angkel Poling iti maysa nga aldaw.

"Agkidar ti kubiko ita, Manong!" naraniag dagiti matana a

nangipadamag iti daydi Tatang. "Napintas a panguartaan. Tres singkuenta kano ti pateg ti maysa a kubiko."

Idi laengen addakami idiay Abbarit ti naudi a pannakakitak iti Birhinia. Kunak no awanen.

Ania koma ti makubiko iti Labut ket kaaduanna met a pandaka dagiti kayo? Dagiti la saggaysa a bangar ken lungboy ti makita a nakapuraddaw.

Ngem nabengbeng ti kaykayo idiay Puro iti laud ti Sabang. Diak ammo no apay a naawagan iti Puro Salomague ket adda iti batog ti Sabang. Diak ammo no asino ti akinkukua; di pay idi nagatang daydi Carmeling Crisologo. Damagko a napintas itan ti Sabang. Adu kanon ti turista a mapmapan.

Iti ababa a pannao, Enos Apok, adda tao a nakasaritada. Saan a nagbayag, inrubuatmin ti nagpa-Puro. Naisursurotak. Limakami. Duakami iti daydi Tatang, sa dagidi Angkel Poling ken Romeo. Saan a simmurot daydi Lelong Undo. Ngem simmurot daydi Angkel Kanor a naggapu pay idiay Lapting.

Adda naglugananmi a bilog, Enos Apok, a binulod daydi Angkel Poling kadagidi agkabsat nga Amping ken Marcos Tabugadir nga annak daydi Lelong Roque.

Tallo a kita ti paglugananan nga agpataaw idi. Ti bilog a butiog, ti paraw nga akikid nga immatiddog, ken ti rakit a kawayan. Ti paraw ti gagangay nga us-usaren dagiti mangngalap iti taaw. Ti bilog ti pagkarkargaan iti nadadagsen a banag.

Agarup makalawaskami idiay Puro. Binalonanmi. Iti aldaw, mapan agpana dagidi Angkel Poling iti tangrib. Adu pay la ti mapanaan idi. Daydi Angkel Kanor, agpalsiit iti paniki nga adu man ketdi ti agbibitin kadagiti kayo iti aldaw. Kunak no di sisidaen ngem pinugpogan daydi Angkel Kanor dagiti napalsiitanna sa ikkatenna ti lalatda. Diak nagustuan, naangdod! Ngem kasta unay ti panagngusab daydi Angkel Kanor!

Iti naminsan, immay nagbungbong daydi Angkel Amping. Maiparit ngem adu ti mabungbonganda. Agtapaw no kua dagidi mabungbongan a mayubyob.

Nakaurnongak idi iti dua a kubiko, Enos Apok.

Ngem dakes a damag ta awan sa pay idi ti makalawas, nadamagmi a nayospital daydi Angkel Amping. Napukawna ti maysa nga imana, ken ti maysa a matana idi sinunotanna ti nagbungbong.

Idi nalpas ti kubiko, awan manen ti trabaho dagidi uulitegko. Daydi Angkel Kanor ti nangyakar iti pamiliana idiay Santa Maria idi agangay.

Adda daydi Anti Immang Tabugadir a kabsat dagidi Amping ken Marcos—tallo ti kabagianmi a Marcos, malagipmo Enos Apok? Anak met la daydi Lelong Roque. Nasingedda iti daydi Tatang. Masansan a dumagdagas idiay balay. No lalausen ti manao, no dimo am-ammo, ipatom la ketdi nga agkabsatda.

Nasinged met kaniak. Kinapudnona, Enos Apok, magusgustuannak kano a kaanakan. Isu a mismo ti nagkuna a siak laeng ti kaanakanna nga awan ti bisiona. Saaanak a nakasursuro nga uminum nupay adda ulitegko nga ammona ti uminum, ken kasinsinko a mammartek ken mannigarilio. Awan kaniak dagita a bisio, Enos Apok, a kakaisuna a mabalinko a pagpannakkel.

Nasinged met ken ni Deling daydi Anti Immang ta adda panagkabagianda.

Kunada man nga uray no kasano ti panangilimedmo iti maysa a banag, kasla daytay nabanaal a sabong ti bangar nga agatibuor latta, nga ad-adda pay no tepteppelam!

"Inton Sabado, nagtulagkami nga umay umian idiay balaymi!" inkissiim daydi Anti Immang.

Isu a sinadaak ida idi lumabasda iti Labut. Naragsakda nga agpatpatang.

"Ay, Barok, naimbag man!" inkirem daydi Anti Immang idi makitanak. "Nasayaat ta adda kaduami."

Innalak ti panagsenen a bitbitna; diak nagtagtagari.

Diak naawatan ti kinabukab ni Deling. Kimmita iti adayo ket immatiddog ti subsobna.

Adu ti nagsarsaritaanda. No dadduma, pagsaludsodannak daydi Anti Immang. Kas iti karasay ti itta ti sungbatko a diak maisina dagiti matak iti patong ni Deling a sarsarunuek.

"Agestoriaka met, a, Barok!" no manen pagtimkannak daydi Anti

Immang.

Agdua kilometro ngata ti nagbaetan ti Labut ken Gutong. Ngem kadakami a taga aw-away dimi iginggina ti nawatiwat a pagnaenmi, nangruna ket awan ti makadanon a lugan iti balay da Anti Immang. Asidegen iti nagbedngan ti Gutong ken Salomague ti yanda.

Mangrugin nga agsaknap ti sipnget ken lawag idi makadanonkami iti balayda. Arintarayen nga immuli ni Deling; nagustuak ti lunglung-ayna. Simmaruno daydi Anti Immang.

"Itarusmo 'diay kosina 'ta bay-on," kinunana.

Nangisagana daydi Anti Immang iti pangrabii. Naimas ti linutona a sidaen ngem diak naimas ti nangan. Nagsarsaritada iti salas agingga a nagpakada daydi Deling a mapan maturog iti siled da Anti Immang.

"Inka sarunuenen!" inkissiim ti ikitko. "Hangka agkapukapoy! Siak ti makaamo!" Maysa met a surdo daydi nga Anti Immang.

Ngem agdanum ta agdanum lattan dagiti dakulapko ken agkutukot dagiti tumengko. Makapkapanak a saan. No mapanak, ania ti mapasamak? No adda mapasamak, sisasaganaak kadin a mangasawa?

Mariakosina! Kasano a biagek ti pamiliak?

No kabaelan ni Angkel Romeo, kabaelak met! Idurduronnak ti kanigid a pispisko.

Agbainka, kuna met ti kanawan a pispisko! Asino ti mangbiag kadakayo, ni Tatangmo? Mano metten ti addim?

Ha-ha! 'Nia 'tay kunadan, Enos Apok? Ayat iti sirok ti bawbaw a langit!

Induronnak daydi Anti Immang nga insungona iti uneg.

Kinunak, "'Ton maminsanen, anti."

Kinunana, "Naimbag no addanto pay maminsan... dika agkapkapuy... ammom itay awanka pay? Sinarsaritaka kaniana. Saan a nagun-uni. Mom no kasdiay? Adda met riknana... ur-urayennaka laeng!"

"Diak pay sisasagana, anti. Ubingak pay..."

"Ay!"

NAKASTREK DAYDI Angkel Poling a sorbitero iti Superior Ice Cream idiay Vigan.

"Umayak man met, Angkel," kinunak iti naminsan a panagawidna.

Pinangato a pinababanak. "Kabaelam ngata ti agiduron iti kariton ti sorbete?"

"Padasek, a."

Asideg ti Superior Ice Cream iti pagburnayan iti laud nga abagatan a pingir ti Vigan. Boy ti nagan daydi akinkukua, nakuttong ken adda salingkadangna. Agtawen iti sumurok-kumurang a tallopulo.

Nagdaguskami iti balay dagiti ag-Bagoyo a dadakkel daydi Anti Taling nga asawa daydi Angkel Romeo. Alas tres pay la iti parbangon, mapankamin iti pagaramidan iti sorbete.

Adda dakkel a dram a nakayupran iti yelo dagiti masapsapul. Insurodak a mangkarga iti kariton a para kaniak. Naasinan ti narumrumek a yelo ti naipalawlaw iti dua a tubong a daddadakkel ngem luppo a nagyanan ti dua a kita ti sorbete. Dua ti pagtako iti sorbete, *scope ken flat*. Masapul a di ikaud ti *scope* tapno saan a mapekpek ti apa; saggabassitem nga ikaudkaud tapno basbassit ti maipan a sorbete iti apa. Kasta met a no ti *flat* ti usaren, saan nga ipinas iti ngarab ti apa, ketdi, agarup agtakder tapno saan a maikkan iti uneg ti apa, kasla adu no kua ti nagyan.

"Isurotmo 'ta kaanakam ta makasursuro pay," kinuna daydi Mang Boy. "Inton bigat a mangrugi nga agsulsulo."

Naglugankami iti dyip a lumabas iti Santa, Ilocos Sur.

"Adda kano piesta 'tatta 'diay," kinunana.

Nagdissaagkami iti ili ti Santa. Sinurotmi ti kalsada nga agpalaud. Nakadanonkami iti igid ti baybay ngem awan met ti kunada a piesta. Adda nawanawananmi a napuskol a balbalay iti labes ti karuburoban.

"Padasenta ti mapan aglako idiay," kinuna daydi angkel Poling. "Manmano la ketdi ti sorbitero a makapkapan idiay. Sigurado a mail-iliw dagiti ubbing iti sorbete ta manmanoda a makakaan."

Tinulongak a nagiduron iti karuburoban.

"Kiriringem 'ta batingting," kinuna daydi Angkel Poling. Nagruar dagiti ubbing. "Gumatangkayo," indiayana iti umuna nga ina a nagparang. "Pisos ti maysa a baso."

Binuyak ti panagsukatna. Ti scope ti inusarna, linaglag-anna ti nangipinas. Alisto. Adda awang-awang iti uneg ti baso.

"Apay a kasdiay, angkel?"

"Tagtagari," inkissiimna. "Masapul ti sikap tapno agbiagka."

Immadu ti tao. Adda naggatang iti binaso, adda apa laeng.

No apa ti usaren daydi Angkel Poling, dagiti babassit ti usarenna no ubing ti gumatang. Paspas-olanna ngem dina impekpek, pinagtakderna ti panagipinasna ket aglanglanga nga adu ti nagyanna. Nadlawko nga awan nagyan iti uneg ti apa. Kasta met ti aramidenna kadagiti dadakkel nga apa. Nadlawko a sabali ti pangibolsaanna iti bayad dagiti binaso ken dagiti babassit nga apa.

"Apay a kasdiay, angkel?" dinamagko idi maipusingkami iti adu a tao.

"Dagidiay babassit nga apa, para kalub laeng, tapno maay-ayo dagiti aggatang. Paliiwem no dida agdamdamag, usarem ti utekmo. Dagidiay paglakuam iti binaso ken babassit nga apa, sabali a bolsa ti papananda; sabali met ti para kadagiti dadakkel nga apa."

"No bilbilangen met ni Mang Boy dagiti apa..."

"Dagiti la dadakkel ti bilbilangen ni Boy... Kunak ngarud, no awan ti sikap, awan ti biag."

"Saan a madlaw ni Mang Boy?"

"Ibagbagam ngarud a naglakoka kadagiti babassit nga apa?

"Dina makarkulo ti laon dagiti tubo?"

"Isu ngarud a laglag-anem ti panagipuligadmo."

Naggiddankami a rimmuar iti maysa nga aldaw nga agsulsuloakon. Pagammuan ta nagpukaw lattan a diak nasipsiputan ti napananna. Nasapulak ti karitonna iti nalinged a suli ti maysa nga akaba ken daplat a pasdek iti tengnga ti Vigan. Adda nakurtinaan a ridawna.

Simmiripak. Pagsusugalan gayam iti innipis. Diak ammo no ania a kita ti sugal.

"Inka lattan," dinagdagnak. "Dimo ibagbaga ken ni Boy, wen?"

Mariakosina!

Nagpaamiananak a kimmamang iti Plaza Burgos. Diak pay nakapupuesto idi adda nangbugkaw kaniak.

"Pumanawka ditoy! Puestok ditoy!" butiog a ludingas ti nakatadtadem ti matana a nangkusilap kaniak. Nalipatakon ti nagan ti karitonna.

Aglulupoyak nga immadayo.

Inkeddengko ti agpalaud iti kalsada nga agturong iti Kamindoruan. Apagdap-awko pay la iti murdong ti bario, adda manen nagbugkaw kaniak.

"Hoy, dika umay aglaklako 'ti sorbete ditoy! Agpanateng dagiti annakmi!"

Sinurotko ti desdes nga agpa-abagatan. Bareng adu ti balbalay ket adu met ti aggatang. Nalagipko ngamin ti napananmi iti daydi Angkel Poling idiay Santa.

Ngem kataltalonan ti nadusangko; pulos nga awan ti balbalay. Intuloyko ti nangiduron iti kariton ta nakitak nga agpalaud ti dalan iti agarup duapulo nga agpa. Diak nakita nga adda pagsalugan sakbay a sumang-at. As-asideg no dayta ti surotek ngem ti naggapuak. Ngem dakkel a biddut, Enos Apok! Diak metten maiduron nga ipasang-at! Inkararagko a sapay koma ta adda mairana a tumulong kaniak.

Awan! Impennekko ti amin a nabatbati a pigsak numona ta dandanin agtindek. Am-amkek la a marung-ad dagiti tumengko.

Kasta unay ti anangsabko idi maidanonko iti nasimpa bassit. Nagrukobak iti kariton ket nagsasaruno ti anal-alko.

Bassit-usit ti naglakuak iti daydi nga aldaw. Naimbag ta mannakaawat daydi Mang Boy idi inlawlawagko ti napasamak.

Naminsan pay, piesta ti Cabugao. Inkeddengko ti mapan aglako. Nagluganak iti dyip; kayat pay la idi dagidi dyipan ti agilugan iti kariton, diak ammo itan.

Inar-arapaapko nga adu ti malakuak. Dakkel ti magananansiak. Maayayonto ni Mang Boy. Magatangkonton 'tay labang a sapatos a malablabsak idiay Vigan. Addanton pagardiodko a mapan makiribon!

Ngem naspak amin a namnamak idi agpuestoak koman iti abagatan a sikigan ti plasa ti ili.

Sabali manen a kumilaw a mata ti immasideg. Nagraber ti barbasna, sa nakabasbaseng!

"Maiparit ti saan a taga-Cabugao nga umay aglako 'ti sorbete ditoy!" indil-agna. Nadlawko ti iggemna a batingting. "Pumanawka!"

Makasangsangitak nga immadayo. Kasano pay ita? Diak kayat ti agsubli idiay Vigan nga awan ti malakok.

Napanko indagus ti kariton iti sirok ti balay daydi Lela Siding. Immawayak idiay Labut.

Saanak a nakasubli idiay Vigan iti rabii, Enos Apok. Nagtibnok ti bain ken butengko iti daydi Mang Boy.

Impatigmaan daydi Tatang a nasaysayaat no agsubliak.

Adda inted daydi Lela Siding a naglakuanna kano idi napanko dinagas ti kariton.

Nagyamanak.

Diak malagipen no nakapagpautak iti makabulan a naglaklako iti sorbete. Ti diak malipatan, Enos Apok, nagatangko daydi nabayag a pinangpangkisak a labang a lalat a sapatos! Impangpangasko ken ni Balling nga arig lumsot dagiti matana iti nalaus nga apalna.

Inggatangak iti *spike* tapno saan a nalaka a mapudpod ti takon ti impatpategko a sapatos. Agaasem ta addan labang a sapatosko!

Ngem awan latta ti nasayaat a gasatko, Enos Apok! Namindua la a pinagsapatosko, narung-aden ti takonna! Sapay no di lima a pisos ti inggatangko—nangina dayta idin. Sayang 'di bambannogko a nagidurduron iti kariton. Sayang pay 'di panangkuskusitko—tawidko iti daydi Angkel Poling—kadagidi linakuak!

Sublianta biit daydi Angkel Poling. Nakadua met ti nagbalin nga ina dagiti annakna. Immuna daydi Francing a kabsat daydi Ikit Taling. Ngem nagsinada kalpasan ti maysa nga anakda. Simmaruno daydi Sepa nga anak dagidi taga-Lapog a simmursurot iti maysa nga espiritista a nailaw-an met nga immay iti Sabang. Simmursurot met daydi Tatang iti apagbiit. Saanen a pinalusposan daydi Angkel Poling ket diak malagip no mano ti nagbalin nga anakda. Daydin ti nakaibaudanna ket saanen a nakaruk-at iti apgad ti baybay.

Malagipko man ketdi ita, Enos Apok, nga intultuloymi pay la ti nagsinsinnurat iti daydi Lucrecia Macanas ta dikami pay idi nagam-ammo ken ni lelangmo.

Naisurotak met naminsan a napan nakipaggapas idiay Pudtol—diak malagip no naagapadkon daytoy idi kenka. Naglalawa ti pagtatalonan iti gagapasen a pagay. Naisurot met daydi Lelong Undo ket inugmokanmi ti sangabulig a lakatan a di pay natebba bayat ti pananguraymi iti napan

nangala iti balon. Dandani diak naibturan ti napalalo a pudot.

Idiay ketdi ti nakapadasak a simrek iti kueba, idiay Santa Maria a naginget a bario ti Pudtol.

Nalawa ti wangawangan ti kueba ngem iti unegna, adda pagkaradapan nga apagisu laeng a lumsotan ti kadakdakkel ti dua a bagi ti tao, tapno makadanonka iti uneg nga adda nalawa a dan-aw. No nalamiis iti nakabatiak, nalamlamiis kano nga amang iti uneg. Nabatiak iti sungaban ti usokan ta naturtured pay ti maysa a balasang ngem siak, ta nakapan. Kunada nga adda datdatlag a pag-ong a nagasat ti makarana a makakita ta maikkan kano iti birtud.

Adda dua a babbalasang a taga-Pudtol a naam-ammok. Nadekketda man ketdi. Agnaganda iti Lolita Esposo ken Pinili Camangeg. Nalapsatda met ngem adda idin mabukbukel a banag iti panunotko.

Bayat ti panangtingtingitingko iti kasasaad ti biag iti Labut no kasdi a diak pay naala ti tuturogak iti sardam, nangruna no mangngegko ti anasaas dagiti allon a lailuen ti angin, nangrugi a kasla diak mayangsan ti lubong nga agdama a yanko. Manangngaasi ti baybay ta uray no inaldaw ken rinabii a dudogen dagiti mangngalap adda latta kaasi nga ipaayna kadakuada.

No manen, Enos Apok, palabsak dagiti takiagko a kasla ad-adda a limmitem iti panagnunnunogko iti kadilian ken tangrib.

No manen, malagipko ti panagturposko iti Cabugao Institute, nga uray no pullat ti gradok, masao met a nagturposak.

Saan nga agpatingga ditoy ti lubongko; masapul a rumuk-atak.

Ngem kasano?

Nalagipko daydi Anti Immiang. Nadamagko nga addan asawana ket agdidianda idiay Manila. Naalak ti adresda idiay Kalye Evangelista, idiay Quiapo, Manila.

"Kayatko nga ituloy ti agadal idiay Manila," imbagak kadagidi Tatang ken Nanang.

Saan a nakatimek a dagus dagidi lelong ken lelangmo iti tumeng, Enos Apok. Ngem kinuna daydi Tatang: "Naammuak nga adda benepisio dagiti beterano nga agbasa. Mabalin nga usaren dagiti beterano, wenno dagiti annakna."

Ad-adda a pimmigsa ti pakinakemko a rumuk-at iti arakup ti apgad.

"Ikkandak iti sangapulo a pisos a pagpletek," kinunak. "Kayatko a tuntonen ti gasatko idiay Manila."

Apagisu idin a malpas ti gapgapas idiay Pudtol ket panawen manen a panagaliwaksay dagiti babbaro ken babbalasang iti Cabugao.

Maysa daydi Kayong Ramon a naasawa ni Insan Francia idi agangay. Ken dagidi Lolita ken Pinili.

Idi agluganak iti kalesa daydi Lelong Roque a mangitulod kaniak idiay ili a pangalaak iti luganko nga agpa-Manila, kasta unay ti kinikin daydi Pinili, a naglawa ti isemna a nagkuna: "Itugotnak man laengen a mangibuelta kenka, Manong!"

Napigket met ti ikikita daydi Lolita.

Binuybuyadak da lelongmo a Herman ken daydi lelangmo a Tessie, ken ni lelangmo a Violy. Ken ni lelongmo a Sadiri a tagibi ken ubba idi daydi Nanang.

Nadagsen ti riknak a limmugan ket saanakon a timmaliaw...

PAMPANUNOTEK PAY LA idi, Enos Apok, ti kinuna daydi Dr. Leonard a resulta ti CTScan ni lelangmo idi maisimpana ti tugawna.

"Adda nagtubo a lasag iti agongmo," kinunana. "Agsublikayonto kalpasan ti dua a bulan ta kitaentayonto manen no adda pagbaliwanna. No saan a dumakkel... ngem no dumakkel, masapul a maikkat."

"Saan met la a *cancerous*, Doc?" dinamagko.

"Saan."

"Diak kayaten ti maopera!" binurak idi ni lelangmo ti ulimek bayat ti panagmanehok...

Diak sinungbatan, Enos Apok; intalimudokko ti panunotko iti manibela.

Maika-13 a Paset

Kalye Evangelista, 1962-1963

"**P**ATULODAMON, A, 'DIAY anakmo," indagdag manen ni lelangmo, Enos Apok, idi aggibus ti binuyana nga State of the Nation Address— naminduan a binuyana ti SONA ti pangulo. "Kaasi met dagidiay dua nga appom."

"Madamdama met, a," inyangsabko. "Diak pay nakainana a nangsubli iti nalipatak a ginatangko 'diay Costco."

"Ipalpalagipko laeng amangan no malipatam manen. Idi pay la sangaldaw nga imbagak... Ikkam 'ti singkuenta."

Sinangok ti computer. Sinapulko ti **MoneyGram** iti website.

"O, naipatulodda kanon," kinunak kalpasan ti sumagmamano a minuto.

"Manot' sukatna? Siguraduem a maawatda."

"53 per dollar."

Timmakderak. Napanak iti banio. Idi agsubliak, addan mensahe iti kanawan a suli ti monitor iti baba.

"Naawat kanon 'diay anakmo ti mensahek; mapannanto kano alaen 'diay bankona. Agyamyaman. Apagisu kano a pangalaanna iti inayonna iti gastuen dagidiay appom iti atendaranda nga FSY Conference— innem nga aldawda kano."

Ibabaetko ti kakastoy, Enos Apok, tapno ammom met, a, no ania ti mapaspasamak kadakami ken ni lelangmo, no saanak a manglaglagip iti ibatik kenka.

Kalye Evangelista, 1962-1963

WEN, ENOS APOK, nagtibnok ti immapon a riknak idi yaskawko dagiti sakak iti yuulik iti Partas Transit a nagrubuat idiay Turod. Kabarbaro daydi a bus ket isu idi ti kalakaan iti plete. Lima a pisos manipud Cabugao agingga idiay Manila.

Kabarbaro, kunak man, a kas iti panagdadamok nga umaliwaksay, nga agmaymaysa, iti ruar ti Kailokuan; iti Kalye Evangelista, iti Quiapo a puseg ti Manila. Pannakigasanggasat, nga awan ti nalawag a masakbayan. Panagdaliasat a pagduaduaan ti ibungana. Maymaysa ti mangidurduron kaniak nga umaliwaksay, nga agsapul iti lawag iti nalangeb a lubong. Korni, Enos Apok? He-he!

Makaulaw ti agbiahe; naimbag ta abay ti tawa ti nagtugawak ta narasay pay la ti pasahero, ket ep-epen ti pul-oy ti ulawko, a dinagnayan ti panangarapaapko iti pagturongak.

Ipalagipko laeng, Enos Apok. Adu ti pasamak iti Evangelista, atitiddog ken abbaba, ngem napategda amin, isu nga addada pay laeng iti lagipko.

Kasano ngata itan ni Anti Immiang? Mano ngatan ti annakna? Kasano ti pamiliana? Awatendak ngata? Aragaagen ti ladawanna iti naudi a nakitak idi dinigosnak idiay Bantay Baybayabas.

Apo, daydi ti kakaisuna a balikas a nayebkasko iti lugar a nagidissaagan ti Partas kadagiti pasahero; awan pay idi ti bukodda a garahe. Nariwet pay ngem adda kasla lussulussok a lawag a patauden dagiti bombilia dagiti arigna agrerekket a pasdek.

Kasla mayang-angin ti bagik nga immasideg iti konduktor sakbay a nagrubuatda.

"Manong, diyo la ammo ti yan daytoy nga adres?" impakitak ti papel a nangisuratak iti adres daydi Anti Immiang.

"Agdadamoka?" impangato, impababanak a kinita. "Nagturedkan? Adu ti loko ditoy Manila!" Innalana ti papel. "Evangelista... adda iti nagbaetan ti Abenida Rizal iti laud ken ti Quezon Blvd. iti daya. Makitam dayta agpadaya a dakkel a kalsada? Azcarraga dayta, isu ti serkan iti Kalye Evangelista." C. M. Recto itan, Enos Apok, ti Azcarraga.

"Agyamanak, Manong," kinunak. Nagugisak iti panunotko ket binitbitkon ti bay-on a naglaon iti palag a kulot, dua gantilia nga umang ken dua paris a lupotko.

"Agannadka..."

Simmurotak kadagiti bimmallasiw iti Abenida Rizal saak nagpadaya agingga a nadanonko ti murdong ti Kalye Evangelista.

Makasael ti angot a simmabat iti agongko iti umuna nga addangko iti Kalye Evangelista; maigidiat iti bang-i ti kadilan ti Labut no kasdiay nga agugot. Saggaysa dagiti silaw iti agsumbangir ti kalsada; saanda nga agkidemkidem a kas kadagiti silaw iti taaw no lingdan ida dagiti allon. Agkukuros dagiti eskinita a maigidiat iti maymaysa nga akikid a dana a kumamang iti Timmippang.

Nalabsak ti kimmursada nga agpalaud a kalye. Soler Street, adda immapay iti isipko.

Nalabasak dagiti narehasan a babassit a pasdek a pagaramidan iti lapida—naariwawa dagita iti aldaw, napaliiwko idi agangay. De numero amin a rehas. Adda saggaysa a tao a nasabatko, sumagmamano ti agruprupa a butangor a kasla agdudungsa; taliawendak no makalikudak. Nalagipko ti ballaag ti konduktor. Imparpartakko ti nagna.

Linabsak ti kimmursada a Kalye Raon. 550 Evangelista... 506 ti sapsapulek. Nabannogakon. Makatugtugawenak. Ngem nagari ti amakko.

506... Aligas's Flower Shop. Nasabeng ti langto a nalang-abko nga aggapu iti uneg. Agduduma a sabsabong, ken korona...

Adda nagsardeng a dyip. Dimsaag ti nalukmeg... baket a kakudkudil dagiti nangisit ti sikona! Pinangato, pinababanak. Kinitana ti bitbitko.

"Galing ka ba sa probinsya?"

A, wen gayam, Enos Apok! Addaakon iti Manila! Nalagipko ti asignaturak a Pilipino idiay CI. "A, o-oo..."

"Opo, kunam, a! Sika 'tay kaanakan ni Luming nga ur-urayenda?" Ilokana gayam, Enos Apok!

Bartolomea... Immiang. Luming gayam ditoy! "A... wen... Lela...!"

"Siak ni Mrs. Aliga... ninangnak ni Luming..."

Linettatna ti kandado ti agkupin a landok a rikep ti ridaw. Kinalbitna *ti switch*. Nagsasaruno a naggangat dagiti *fluorescent* lamp iti uneg.

Masungad iti kanawan ti Aliga's Flower Shop. Sumaruno dagiti desarming nga eskaparate a yan ti pingpinggan, kaserola, ken dadduma pay a gamigam ti karinderia. Inipitda ti agarup dua nga agpa ti kaakabana a nalitem a pasilio nga agarup duapulo nga agpa ti kaatiddogna a kumamang iti sabali pay a nakakandado a landok a ridaw iti daya.

Linidlidko ti agongko iti simmaray-ob nga angot. Limmanlan ti ulawko.

"Makitam daydiay?" intudo ni Mrs. Aliga ti agdan iti ungto ti pasilio. "Umulika idiay... Iti masungadmo a ridaw ti kuarto da Luming."

Nagyamanak. Bang-esak a bang-es a nangtalunton iti pasilio a kumamang iti agdan.

Adda dakkel a lamisaan a masungad iti nalawa a salas idi makauliak. Tallo ti ridaw, dua ti masango ken maysa ti adda iti kanawan. Adda dakkel a tawa iti malikudan ti agdan; nalawa ti yero a matannawagan iti amianan ken daya. Adda babai a managsapsapa nga agibalbalaybay iti linabaanna. Kataebko ngata. Nagsabat dagiti matami.

Diak pay nakatkatok ti ridaw idi mailukat. Naibaskag ti ayukos, nakuttong, eppes ti rupana, ken dadakkel dagiti nalesseb ngem naliday a matana. Adda bitbitna a naingpis a porpolio. Pinangatonak a pinababa.

Isu daydi Angkel Narcing, Enos Apok, wenno Narciso A. Cacananta nga asawa daydi Anti... Immiang idiay Baybayabas ngem Luming idiay Manila.

"Sumrekka," nauneg ti timekna. Panamien iti naimut nga isemna. "Agsaritatanto no kua. Luming..." kinuna a timmaliaw iti apagbingngi a ridaw sakbay a timmallikud.

Kasilia ti akinkanigid a ridaw; nailet ti akinkanawan a nagdardarasan daydi Anti Luming a nangsabat kaniak. Napudaw daydi anti iti nasurok a tallopulona. Adda lamiseta iti likud ti ridaw a nakaiparabawan ti bassit a makinilia. Adda akikid nga agdan a kumamang iti atep ti pasdek. Natangadko ti barongbarong a naiparabaw iti yero nga atep. Naammuak nga adda tallo a barongbarong iti tuktok ti Villongco Building. Maysa ti yan dagidi Anti Luming, sa ti yan daydi Mang Fely a taga-Laoag a katulongan da Anti, sa ti yan daydi Sabas Cacananta.

Tallo a barongbarong iti tuktok ti Villongco Building...?

"Kitaem man la ti panawen," kinunana idi makapagkinnomustakami. "Kasla kaano la daydi panangdigdigosko kenka 'diay Baybayabas!"

Inyam-ammonak iti napudaw a lalaki a naggapu iti barongbarong iti laud a tuktok ti dakkel a pasdek, a mapan iti banio iti sidiran ti serkan a ridaw. Isu ti kunak itay a Sabas Cacananta, kasinsin daydi Angkel Narcing. Napudaw, nalawa ti rungiitna no agkatawa ket agarko ti nabengbeng a kidayna. Nagturpos iti abogasia iti Manuel L. Quezon University ket agreprepaso para iti umadani a *bar exam*.

Dua a banag ti pakalaglagipak iti daydi Sabas Cacananta.

Umuna, ti pannakasaksik iti panangsabonna iti kamatis sakbay a pinittakna! Maikadua idi nangala iti *bar exam*.

"Innak la agtapuaken dita Quezon Bridge no diak mairuar, Manong!" inlastogna iti daydi Angkel Narcing a di met nangikaskaso.

Di met napan timmappuak idi nabitog, Enos Apok!

Inulitna ti nageksamin.

Bitog latta, Enos Apok!

Agtawen ngata iti sumurok kumurang nga uppat a pulo daydi Manang Fely, Enos Apok, a katulongan dagidi Anti Luming. Napudaw, tagaLaoag. Napasnek ti rupana, ngem ammona met ti agkatawa no saan la ketdi pay a nabannog. Isu ti para laba, plansa, luto, ken mangpadigos kadagiti annak daydi anti.

"Panggepko ti umay agbasa, anti," kinunak kalpasan ti panamigatmi. "Awan ti masakbayak no idiayak la away. Sayang met ti panagturposko iti *high school*. Adda *educational benefit* a para kadagiti beterano ngem mabalin nga usaren dagiti annakda."

"Nasayaat unay," kinunana a kimmita iti baba, a kasla adda sapsapulenna.

"Nadamagko a mabalin ti agtrabaho ken agbasa," kinunak.

"Ibagakto ken ni angkelmo a Narcing... Adu ti pakakumikomanna. Isu ti para singir iti bayad dagiti agup-upa iti kagudua ti sangabukel a Villongco Building. Isu pay ti agdalus iti komunal a kasilia... sayang, dimo nakamakam."

"Nakitak itay rummuar, Anti."

Adda bassit a Luminar Electrical and Plumbing Services daydi Angkel Narcing. Tallo ti tuberona ken dua ti *electrician*-na. Panfilo Piloton ken Mang Juanito Llagas nga aw-awaganda iti nuang ta tammi, ken Bart dagiti tubero. Crisanto a Diakmalagip ti apeliedona, ken maysa pay a Diakmalagip ti naganna dagiti *electrician*-na. Naggapuda kadagiti probinsia iti abagatan. Agpapadada, wenno padak ida nga agsapsapul iti gasatda iti Manila—nangnangngegko idi idiay probinsia a pidpiduten ti balitok iti Manila!

Kompadre dagidi Angkel Narcing daydi Mang Panfilo Piloton. Agbasbasa met iti MLQU. Maskulado ken kasla agruprupa a boksingero. Adda bassit a kuartona iti sirok ti agdan ti Villongco Building. Masansan nga ilasinan daydi Mang Fely iti kanenna, ken ilablabaanna pay! Kunam no adda relasionda. Kinapudnona, di met tuktoken ti kawitan ti irik!

Kukua daydi Mr. Villongco a taga-Malabon ti sangabukel a pasdek a pakairamanan ti Life Theater.

Dua dagidi Angkel Narcing ken Anti Luming a nangibaga a siak ti mangsukat nga agdalus iti kasilia iti rabii, no nangrikepen ti karinderia. Pinasurotnak daydi Angkel Narcing iti daydi Panfilo Piloton idi mapan agdalus iti umuna a rabiik iti Kalye Evangelista.

Dua ti kasilia, para lallaki ken para babbai. Nakalitlitemda, pati ti baldosa. Insuro daydi Panfilo Piloton ti aramidek. Dandani diak nayangsan ti sumaray-ob nga angot! Tinengtengngelko ti panagbakuarko ta mabainak iti daydi Angkel Narcing.

Iti sumuno a rabii, siakon ti pinatudonan daydi Angkel Narcing. Ket, ania ti makunak, Enos Apok?

Nakakarkaro ti atibuor! Mariakosina, ta saan nga in-flush dagiti nagusar, nangruna ti para lallaki! Napumpunno! Dugyot dagiti tagaManila, kinunkunak. Nalagipko ti kasiliami idiay Labut. No dika la ketdi agpaspasiar iti karemmengan iti aldaw, awan ti malang-abmo a nabang-i a ginango ti darang ti init!

Pinadasko nga in-*flush*. Madi! Sinibogak. Madi latta! Sangasalop ngata ti nakitak a bukel ti anangka! Agbakuarakon! Dinak insuro daydi Mang Panfilo no kasano ti aramidek.

Sabalin ti angot ti bagik, Enos Apok! Mariakosina! Rimmuarak nga agsapul iti tumulong kaniak. Nagpiaanna ta apagisu a sumangpet daydi Mang Panfilo Piloton iti kuartona iti sirok ti agdan.

"Problema sa... sa toilet." Kinunak.

"Anak ng huweteng na mga hinayupak!" nagbassawang idi makitana. *"Kagagawan ng mga tao sa kainan!"*

Rimmuar. Idi agsubli, addan intugotna a guantes.

Diak nairusok a binuya ti inaramidna. Nangngegko dagiti naibarsak a bukel ti anangka iti basuraan.

"Kuha ka ng tubig!"

Namin-adu a nangngegko ti arub-ob ti kasilia. Dinakon pinanawan daydi Mang Pilo agingga a nadalusanmi dagiti kasilia. Ti angot ti pagananayko, Enos Apok? Ha, diak nayangsan!

Ay, Enos Apok, aya! Kapilitan a nagdigosak iti dis-oras ti rabii!

KANAYON A PANGPANGKISAK ti makinilia daydi Angkel Narcing. Adda dagidi sarita nga insuratko iti ima.

"Anti, mabalin nga agmakiniliaak?" dinamagko idi awan daydi Angkel Narcing.

"Ammom, 'ya?" kinunana. "Annadam, a, amangan no madadael. Agunget ni angkelmo."

Tallo a limbang, kuna ti pakaammo ti *Bannawag*. Tinuladko ti makitkitak, nga agpababa.

Imbusonko ti saritak. Di nagbayag, nakaawatak iti surat a nakailukonan ti naisubli a saritak. Naggapu iti daydi Mang Amor Andaya.

"Saan a kastoy ti agimakinilia iti manuskrito," kuna ti surat. Ket inyikisna ti 'tallo a limbang.' "Umayka agpasiaar ditoy editorial ta agaammotayo," kinunana pay.

Nangitugotak iti dua a saritak idi napanak iti opisina ti *Bannawag*.

Dakkel ti pasdek ti Liwayway Publishing iti Soler Street, Sta. Cruz, Manila. Innem nga agsasaruno a lamisaan ti nasungadko. Adda pay sabali nga innem a lamisaan iti sikiganda. Tumarakatak dagiti makiniliada.

Kulisapsap ti adda iti umuna a lamisaan. Sinaruno ti katingraan ti kudilna. Sinaruno ti mestiso a natirad ti agongna. Sa ti sabali pay a mestiso a kaarngi ti maysa nga artista. Sinaruno ti kalukmegan a natingra met ti kudilna. Iti murdong ti linia dagiti innem, ubanan ti agkurkuridemdem nga adda agbibibitn a sigarilio iti nalitem a bibigna.

Kimmablaawak.

"Ah, sika daytay taga-Cabugao!" kinuna ti agruprupa nga artista. "Siak ni Jun Hidalgo." Ket inyam-ammona dagiti lima. Constante Casabar, Gregorio Laconsay, Guillermo Andaya, Juan Alegre, sa daydi Tang David Campanano.

Masmaslegak a nagkurnukurno bayat ti pannakayam-ammoda. Dagitoy dagitay mabasbasak a naganda iti Bannawag. Kunak la no asinoda a didiosen. Taoda met gayam a kas kaniak!

Daydi Manong Jun Hidalgo ti nakisarsarita kaniak ta isu ti mangigiggem iti Benneg dagiti Agdadamo a Mannurat, ken editor ti dandaniw. Inyawatko ti dua a saritak.

"Apagisu unay," kinunana idi maidissona dagiti manuskrito iti rabaw ti lamisaanna. "'Mayka ta inta idiay baba."

Adu ti dinamdamagna bayat ti yuulogmi.

Dinamagna iti eskribiente no adda naganko.

"Disiembre 10, 1962 ti *Bannawag*," kinunana.

Adda pinapirmaanda kaniak. Inyawatandak iti natingra a kayumanggi a sobre; sangapulo a pisos ti naguneg! Masmasdaawak. Napankami iti *circulation department*. Nangdawat daydi Manong Jun iti kopia ti *Bannawag*.

"Kitaem man no adda makitam a biddut," kinunana idi ipakitana ti parupa a daniw nga *Allon ti Biag*. Daydi daniw nga imbusonko! Aglagtoak koma iti uray-la-nga ngem naalak ti nagbain. Agaasem, Enos Apok, ta bayadanda gayam ti suratem a maipablaak!

Ania koma ti ammok a biddut? Nadlawko ti pingaw iti tuktok ti N a maudi a letra ti apeliedok ket isu ti intudok.

"Agbasaka kadagiti sinurat dagiti malalaki a ganggannaet a mannurat," kinunana. "Basa, basa, basa, basa... kasta ti aramidem tapno maasa ti plumam," innayonna sakbay a nagsinakami.

"Ikuadrom tapno adda pakalaglagipam!" kinuna daydi Anti Luming idi makaawidak, a kasta unay met ti rimat dagiti matana.

Sangapulo ti nagsasaruno nga insumitirko a manuskrito, a siam ti nagsasaruno met a naisubli. Daydi maikasangapulo ti nairuar iti Benneg ti Agdadamo a Mannurat, a nakayam-ammuak, ken adda pay ladawak. *No Di Agunget ti Akin-aywan* ti paulona. Ngem naduktalak idi addaakon iti Filipiniana Section ti UP Main Library a nakapusgak nga agurnos kadagiti manuskrito nga aggapu iti Liwayway, a nakaad-adu ti kakasla mata ti nuang ken nakagaggaged a kuruskuros ti manuskritok, a dandani diak nailasin a siak ti nangsurat! Marso 4, 1963 idi rimmuar. Binayadanda iti duapulo-ket-lima a pisos!

"Agingga a mabalin, liklikam ti agsurat ti maipanggep iti ay-ayat," kinuna daydi Manong Jun iti naminsan. "Naduddudogen dayta."

Idi ulitek ti agisumitir iti sarita, naiturongakon iti daydi Mang Amor Andaya.

Kalpasan ti no mano pay a nagsasaruno a naisubli a saritak, nakalusot ti maysa!

"Napintas daytoy saritam," kinuna daydi Mang Amor Andaya, a nagbalin a hues idi agangay idiay Laguna.

Ni Apong Sabel ti paulo daydi a sarita. Agosto 5, 1963 idi rummuar.

Adda maysa a dakkel a banag, Enos Apok, a naduktalak iti masansan nga isasarungkarko iti opisina ti Bannawag a mairana iti alas dos. Adu ti maranranaak a padak nga Ilokano a mannurat.

Agawis daydi Manong Jun iti kapiteriada. Yorderannakami amin, no dadduma, tallo, wenno uppatkami! Ay, ket agyamyamanak, a, Enos Apok. Agaasem ta apagisu met a mabisinak no kasdiay!

Kunak no libre a pamiriendaenda dagiti sangailida a mannurat.

Ngem aggapgapu met gayam iti bolsa daydi Manong Jun! Ti pannakaammok, naginnanakem iti inaramidna isu a nakadekdekket kenkuana dagidi sumarsarungkar a mannurat.

NAGTIBNOK TI GAGAR ken ngatangatak, Enos Apok, idi yulanak ti Lacson Underpass a nagtungedan ti Quezon Boulevard a puon ti Kalye R. Hidalgo. Agpadaya ti kalye nga inipit ti adu a babassit a pasdek iti agsumbangir ti kalsada a lumabas iti Manuel L. Quezon University.

Bareng koma, Apo, yes-esngaw ti barukongko. A maawatak nga agenrol ti kayatko a sawen.

Mawidawidan iti kanawan ti bassit a pagsenian nga *Esquire Theater* a pakaipabpabuyaan idi ti *Around the World in 80 Days.*

Binallasiwko ti bassit a rangtay, a kasla di agay-ayus ti nangisit a danumna. Kasla di ikaskaso dagiti tao ti makapadul-o a sumaray-ob nga angot ti danum. Nakasamsam-it ti innisem dagiti agkikibin, a kasla bangluenda la unay ti maang-angotko!

Dakkel ti Manuel L. Quezon University iti kanawan, iti labes a mismo ti rangtay. Dakdakkel nga amang ngem iti Cabugao Institute, ngem saan a maatiw iti kalitem ti marisna a nakusnaw a duyaw. Narasay ti sumrek ken rummuar a tao iti dakkel a ridaw; adda iggemda a plastik a supot a naglaon iti papel, a kaarngi ti igpilko a naglaon iti dokumento a masapulko. Iti agarup kabatog ti pasdek iti amianan iti daya, manggargari ti karatola ti *Dalisay Theater.* Napaliiwko nga adda dagiti rummuar iti pagadalan nga agsarimadeng iti sango ti pagsenian sakbay nga ituloyda ti magna, sadanto manen tumaliaw.

Sakbay a malipatak, Enos Apok, napadasak met ti nagbuya iti daydi a pagsenian. Napipintas ngamin ti pabuyada a Tagalog. Sagbibinting laeng ti bayad. Idiay ti nakabuyaak iti panagkaasmang dagidi Fernando Poe, Jr. ken Susan Roces, ken dagidi Romeo Vasquez ken Amalia Fuentes. Ken ti pay *Igorota* daydi Charito Solis.

Ngem kuidawka, Enos Apok! Adda dagiti babbai nga agpasiapasiar iti uneg, nga adda iggemda a rinolio a pagpunas.

"Gusto mo, sir?" yarasaasda, a yisemda pay iti napilpilit. Kunak no ania ti ibagbagada a *gusto mo,* nakitak iti bangir a tugaw ti ar-aramiden ti sabali.

"Hindi!" inabugko daydi dugyot a babai nga immasideg kaniak.

Narugit daydi a pagsenian. Ngem isuda laeng iti daydi Esquire ti sagbibinting. No awan ti kuartam, a, ket anusam, agannadka laeng kadagiti babbai a sairo!

Idi makastrekak iti dakkel a ruangan ti MLQU, nangmatamataak iti aglawlaw bayat ti panangsurotko iti pasilio nga agpadaya nga agturong iti Registrar's Office. Nadlawko dagiti nangmatamata met nga impapanko a probinsiano a kas kaniak.

Natinongkon sakbay nga immulogak iti kaserak a kayatko ti agbalin a mannurat. Idi maipakitak dagiti dokumentok, dinamagda no ania a kurso ti alaek.

"I like to be a writer," kinunak. diak pay idi ammo ti aw-awag kadagiti kurso.

Inyenroldak iti *AB Journalism,* a diak idi ammo a maipanggep iti panagiwarnak! No ammok koma idin, *AB English* ngata koma ti innalak. Awan ti adda iti panunotko no di makaadal nga agbalin a mannurat, saan a periodista. Ngem gapu ta awan ti nangisursuro kaniak, awan ti nagpatulongak, awan ti nangiwanwan kaniak, nagenrolak iti diak ammo a kurso! Ta iti kaputotantayo, Enos Apok, siak ti immuna a nakaangot iti ruangan ti pagadalan, nasaok dayta idin. Ipalagipko laeng a damok amin dagidi; bukodko a pangngeddeng; bukodko nga arapaap! No anianto man ti ibungana, saan a sisiak ti mairanud; maitag-ayto ti nagan a tawidko iti kaputotantayo!

No agballigiak. Dakkel daydi a NO!

Ipataldiapko biit kenka, Enos Apok, nga iti kaaddak iti kolehio, adda dagidi asignatura ken propesor nga arigda iti dadakkel a bantay a masapul nga uliek. Saanda a napunas iti lagipko ta uray kaskasano, pasetda dagiti tukad nga inulik.

Maysa daydi propesora iti Economics a kasla agngingiaw a pusa. Napudaw a balkat. Diak la ngaruden maaw-awatan ti isursurona, addaak pay iti asideg ti likud. Aragaag, no adda man, ladawan ti ekonomia nga inngingiawna! Sayang laeng ti orasko! Naimbag pay ta inikkannak iti nagsikkawil a grado!

Maysa daydi naanus a propesor iti Spanish. Maymaysan sa ketdi a nangisursuro iti espanggol ta iggemna ti Spanish 1 agingga iti 4. Isu daydi Propesor Abesamis. Diak unay inkankano ti 1 ken 2, nangruna ket diak met maaw-awatan. Nakaes-espanggol ti panagsaona ket awan met pay idi ti nangnangngegko no di *punieta, simberguenza* kada diablo idi addaak idiay away!

Ngem nagustuak bassit ti 3 ken 4 ta maipanggep kadagidi libro daydi Dr. Jose Rizal. Para iti Spanish 3 ti *Noli Me Tangere*; 4 ti *El Filibusterismo.*

No apay a nagustuak, Enos Apok?

Apay, kunam, a? Kasano ket saggaysaennakami nga estudiante a patakderen sana pabasa ti sumagmamano a parapo. Itag-ayko pay no kua ti imak, a, tapno siak ti agbasa. Uray man ketdi no ibusek ti maysa nga oras nga agbasa! Salsaluyotek, a, ania ketdin!

Agkaarngi ngamin ti Iluko ken Espaniol.

Idi nalpasko ti 12 *units ti* Spanish, kunak nga awan ti nasursurok no di ti kinabannuar daydi Dr. Jose Rizal. Ngem no panagsao iti Espanggol, *simberguensa* ti nainayon kadagiti Espaniol a binulod ti Ilokano. Kunak idi, diakto met la mausar dayta diables a pagsasao!

Ngem nagbiddutak, Enos Apok. Kunak no Ingles la ti pagsasao iti America, ngem idi nakadanonak ditoy yantayo ita, dandani ketdin inggudua ti agsasao iti Espaniol! Nakaad-adu a Mehikano!

Maysa ti History a no malagipko, ti la babbabawik. Kastoy, ney. Ugali dagidi propesor a payam-ammo dagiti estudiante iti damo ti klase—kasta met ti inaramidko idi napadasak ti nangisuro, pangpatpatayan iti oras! Idi madanon ti batangko, ama, ket imbagak met, a, a mannuratak. Kalpasanna, nagpabutos daydi propesor iti *class officers.* Ti la babbabawik a nagimpapangas a maysaak a mannurat. Pinilidak ketdin a Class President! Diak la pagan-ano ti aglidlider; kabusorko la unay ti pulpolitka! Malas!

Ket talaga: awan inar-aramidko a presidente ti klase! Bibiangko pay, kinunkunak iti un-unegko idi.

Daytoy sumaruno ti *discovery of the century,* Enos Apok! Maymaysa ti propesor kadagiti amin nga asignatura iti Journalism. Panagkunak, daydi a propesor ti kalatakan kadagiti amin a propesor iti MLQU. Agaasem ta adda *Take It Away* a programana iti telebision, adda pay kolumna iti Manila Times. No di pay agkibaltang ti lagipko, adda idi kolumna iti *Bannawag.* Sa propesor pay!

Isu ngata ketdi ti gapuna a no sumrek iti klasena, nakalablabaga dagiti matana. Nga ad-adda a pinalabaga ti natingra a kayumanggina.

Sa kanayon nga agkayangkayang—saan nga agpatpatigerger—a pangmurmurayna ngata iti dudungsana. Sa kasta unay ti paasimbuyokna iti sigarilio! Ken kulisapsap!

Nalaing ketdi nga umistoria. Magustuan dagidi kaklasek; sumagmamano kadakuada ti limmatak a reporter. Ngem maymaysa ti malagipko iti insurona: *Yellow Journalism.*

Maysa kadagidi kaklasek, ni Aniceto Llaneta a nagbalin nga editor ti *school organmi* a Quezonian—innalanak nga editor ti Pilipino Section— ti agkatkatawa a nangikissiim kaniak iti maysa a rabii.

"Anak ng katuray si sir! Yong mga test papers natin, basurahan ang nag-check!"

Ha-ha! Awan panawenna a nag-*check,* Enos Apok! Malagipko man ketdi ita, ket itarapnusko. Maysa daydi Mr. *Take It Away* kadagidi naghurado iti naminsan a pasalip ti Bannawag, a nalibtawanda a patarus manipud iti prize winner iti drama ti Palanca, ti pinangabakda iti umuna a gunggona—i-research-monto, Enos Apok, no pudno daytoy ibagbagak, no dimo patien daytoy pobre a lelongmo, he-he! Fidel Sicam ti awtor daydi drama. Diak ibagbagan ti nagan daydi nasiglat nga agkopia, Enos Apok, kasla daytay xerox machine ti FeDex!

Agsublita iti immuna a tawenko iti MLQU. Saan a gapu ta us-usarek ti *educational benefit* daydi Tatang, nasayuden ti panagadalko. Nagsayaat koman. Ngem ti met la matrikula ti libre. Masapul a panunotek ti pangalaak iti gastuek kadagiti dadduma a masapsapulko. Inkarik iti bagik a no makadanonak iti Manila, diak kunkondinaren dagiti dadakkelko. Nayanak amin idin dagiti kakabsatko, pati ni lelongmo a Jose a buridekmi. Innemkami a sibibiag, sa uppat dagidi nasapa a pimmusay a pakaibilangan daydi Maria a lima a bulanna laeng idi nasapa a naregreg ket saan payen nga imparehistro daydi Tatang idiay munisipio—intanemda iti sirok ti balaymi idiay Labut.

Isu a masapul nga agpanunotak. Idi damo, agyamanak laengen ta inramramandak dagidi Angkel Narcing ken Anti Luming kadagiti pakpakaanenda; ta no dadduma, kas nasaokon, isakem pay daydi Mang Fely daydi Mang Pilo iti isaganana a pangrabii. Tiptipdek ti mangan idi, Enos Apok... mamatika. Isu a di pay no kua oras ti pangaldaw, mariknakon ti kiraos ti boksitko. No makitanak la koma idi, kunam la ketdi nga awan dumak kadagidi burrarawit iti lipit idiay Abbarit a paguuyaoyan dagiti sumasapaw iti sardam.

Adda daydi naminsan a binaonnak daydi Anti Luming a gumatang iti bangos idiay Quinta Market iti sirok ti rangtay ti Quiapo, iti likud ti Plaza Miranda a nakapasamakan ti nadara a pakasaritaan, a sango ti simbaan ti Quiapo—no makabakasionka koma idiay Filipinas, Enos

Apok, mabalin a mapasiarmo dagitoy a lugar, a nalabit a naglupos itan.

"Daytay sag-sesesenta laeng ti gatangem," kinuna daydi Anti Immiang, wenno Luming. Dakkel idin, Enos Apok, ti agpateg iti sesenta sentimos. Idi met a naduktalak ti maysa a palimed dagiti tindero iti lames. Nasiputak ti inaramid ti tindero iti maysa a gimmatang iti sangakilo a galunggong. Ammom, adda pagayusan ti danum iti sangoda a pagbugguanda. Iti panangibukbokna iti kinilona iti supot, intarapnosna nga intinnag ti dua bukel a galunggong iti danum idi di sipsiputan ti gumatang ta mangir-iruar iti pagbayadna. Nagsabat dagiti matami iti tindero, ngem inalistuanna ti nagayab iti tao.

"*Galunggong kayo diyan, galunggong!*" pimmanaw daydi piman a parokiano a dina ammo ti napasamak.

Pinagdidiligko dagiti bangos nga agduduma ti kadadakkel. Agarup agkadakdakkel dagidi agpateg iti 60 ken 70.

Pinilik ti nalaklaka; adda pakatdak a dies! Adda nalabasak nga aglako iti tintinapay. Inggatangko daydi dies iti ensaymada. Apagbiit a nginusabko! Timmayab a dagus ti bisinko!

Diak imbagbaga iti daydi Anti Immiang ti inaramidko; diak maperreng idi inyawatko ti ginatangko a bangos! Kasdiay gayam no mabisin ti tao, Enos Apok!

Isu nga iti naminsan, napanunotko ti sumuknal iti Quiapo Church tapno ikararagko ti basolko. Inkawkawko ti tammudok iti pagbenditaan nga awanen ti danumna ket tinuladko ti sinarunok a nagugis.

Adda nasaksiak iti daydi nga isusuknalko. Idi intanggaya ti sakristan ti supot a pagikkan iti abuloy (diak malagipen no kasta ti termino), awan ti intinnagko. Pinaludipannak—kaykayatko ngem ti kusilap—iti nasakit ti nalukmeg a baket nga agruprupa a baknang idi nangitinnag iti lima a pisos.

Nalipatak la ngarud ti panggepko nga agkompesar—immapay iti lagipko daydi padi idiay San Isidro a namagtatakaw kaniak iti itlog! Pasensian dagiti gagayyemko, Enos Apok, ket ilawlawagmonto a pudno amin ti sarsaritaek kenka.

Di kad' kunak nga adda karinderia iti sirok? No aglutoda, dumanon iti ngato ti asimbuyok ti nabanglo a taraon. Pagbistradek pay ti luppap nga agongko a manglang-ab, bareng mabsogak!

Pudno ti ibagbagak, Enos Apok, amangan no kunam nga agdramdramaak.

DIMMUR-AS DAYDI Luminar Electrical and Plumbing Services daydi Angkel Narcing. Nakaala iti bassit nga opsinana iti sidiran ti karinderia iti sirok. Agreport nga umuna dagiti trabahadorna sakbay a mapanda iti kontrata ti Luminar. No dadduma siak ti ibatina nga agbantay no dinak pasuroten kadagiti taona. Nakasursuroak nga agsinsil a limlimtegan ti gemgemko no agkuldias ti martilio ket imbes a ti sinsil ti mamartiliok ti met gemgemko. Nakasursuruak ketdi nga agtarimaan iti silaw ken kasilia.

No agur-uray daydi Crisanto iti bilin daydi Angkel Narcing iti trabahona kas *electrician,* pambaranna ti agawag-awag iti babbai; usarenna ti telepono ti kompania.

Linda Abarquez ti nagan ti aw-awaganna. Naammuak a daydi nakitak iti tuktok ti yero idi sangsangpetko. Diak ammo no kasano a nagamammoda.

Daydiay? nakunak iti nakemko. Pamestisuen daydi Crisanto. Ket daydi Linda Abarquez? Kompurme la ti kursonada. Saanak met nga agimmimikki, ngem saan a kasdi ti pagtinnagan ti riknak.

"Maniwala naman ang sira ulo!" kinunana nga agrungrungiit iti naminsan.

Pagay-ayamanna?

Kadagidi a panawen, Enos Apok, masagid ti riknak no adda madamagko a babai nga abalbalayen dagiti gatel. Kaasida met, kunkunak.

Gapu iti kaasik iti daydi Linda Abarquez, kinontakko. Kinaguranak daydi Crisanto idi naammuanna.

Ti yanna a pagdaksan, siak ti nangituonan daydi piman a balasang ti imatangna.

Iti masungad a Domingo, inawisnak nga agbuya iti sine iti daydi Odeon Theater nga Odeon Terminal Mall sa itan, iti nagsulian ti Azcarraga ken Abenida Rizal. Adda lima a pisos a teddak iti daydi bayad ti daniwko ngem diak kayat a gastuen ta pakalaglagipak iti bayad ti immuna a naipablaak a sinuratko. Maysa pay, naannadak nga aggasto, nangruna ket agsalsalimetmetak para iti panagadalko. Saan a mabalin a ti la pangigasgastuak iti kuartak.

Agbabbabawiak iti yaannugotko iti awisna nga agsine. Damok ti mangibuya iti babai no kaskasano ket awan ti ammok a rikrikititosna! Kinapudnona, Enos Apok, diak ammo ti makisao iti babai! Kabaelak ti makisinnurat ngem no sinnaritaan... mariakosina, Enos Apok, pulos! Awan ti ammok a pangyaruangan. Napintaska, kunak ngata uray no di met napintas?

Tapno saan a maammuan dagiti kaduak ti papanak iti daydi a Domingo, tinulagannak daydi Linda Abarquez... wen, Enos Apok, isu ti nangtulag kaniak! Agkitakami iti sango ti Life Theater nga adda iti murdong ti pasdek nga akinsakup iti Aliga's Flower Shop, ti karinderia, ken ti Luminar Electrical and Plumbing Services.

Idckdekketna ti bagina idi un-unorenmi ti Quezon Boulevard nga agpaamianan, a pangkursadaanmi iti Kalye Raon, sami labasan ti Cinerama iti nagkurosan ti Quezon Boulvard ken Azcarraga (C.M. Recto), a nagsikkuanmi iti kanigid, sakami nagpakanawan idi madanonmi ti Abenida Rizal, nga isu ti yan ti Odeon a pagbuyaanmi.

Nasikkil ti takiagko a nangkaut iti kinupinkupinko a lima a pisos ta madi ta madi latta ti riknak a mangiruar.

Ngem nagdardaras daydi Linda Abarquez a nangtubeng kaniak ket isu ti nanglukat iti nangisit a purtamonedana.

"Huwag... ako na!" nagrimat dagiti matana a nangtangad kaniak. "Ako ang nagyaya, kaya ako ang taya!"

"A-ako na," naginkukunaak nga inyun-unegko a kinaut ti bolsak!

Ngem pinaunak a nangyawat iti pagbayadna.

Naragsak idi nagkaabaykamin iti tugaw! Ilagidlagidna pay ti abagana iti abagak, a pilpilitek nga ikayakay!

Balbalatongennak, Lelong, dimo kuna, Enos Apok! Agpayso ti ibagbagak. Diak sinagsagid, uray murdong la koma ti ramayna!

"Salamat sa pagtatanggol mo sa akin kay Crisanto," kinunana idi magmagnakamin nga agawid. "Napakabuti mo... 'di kita malilimutan."

Nasagid ti riknak.

Sabali ti simrekanna idi makadanonkami iti Villongco Building. Kimmamangak iti P. Paterno nga abagatan ti pasdek saak simrek iti Aliga's Flower Shop.

Daydi ti immuna, ken kakaisuna a panangibuya kaniak ti balasang, Enos Apok. Kalpasan daydi, saankamin a nagkita iti daydi Linda Abarquez.

NALAKAAK A NAKASURSURO nga agtubero ken ag-*electrician*. No di magabenan dagiti trabahador daydi Angkel Narcing dagiti awatda a kontrata, mataleknakon a mangituloy kadagiti babassit a pangtedda.

Iti naminsan a panangyentriga daydi Angkel Narcing iti bayad dagiti agupa, intugotnak ti balay daydi Mr. Villongco idiay Malabon.

"No diakton masango, sikanton ti agyentriga," kinunana. "Tandaanam ti papananta."

Adayo ti Malabon iti Quiapo, ken agatibuor ti lang-es kadagiti pagikanan. Adu pay ti pilawpilaw iti aglawlaw. Nalawa kano ti kukua daydi Mr. Villongco kadagiti pagikanan isu a dina mapanawan daydi a lugar. Adu met gayam ti kuarta kadagiti nabungsot a lugar, kunkunak idi, Enos Apok.

"Daytoy ti yentrigam," kinuna daydi Angkel Narcing. Inyawatna ti supot ti pandesal. "Ammom met la ti pagluganamon?"

"Agannadka," impakamakam daydi Anti Luming. "Dimo isarsarak ni angkelmo!"

No dimo ammo a dakkel a kantidad ti linaon ti supot ti pandesal, ipagarupmo a balon laeng ti mapan agtrabaho. Kasta unay ti panangannadko tapno diak maibbatan.

Saan nga immisem daydi Mr. Villongco idi awatenna ti supot. Napasnek ti rupana nga apagkimat ti panangkitana kaniak.

Idi laengen addaak iti luganko nga agawid nga immagibas iti panunotko ti nangisit a banag. Ania ngata no intaraykon ti kuarta?

Nagsiddukerak. Nadadael no kuan a namimpinsan ti arapaapko. Uray no kasano a kinapobre ti pamiliatayo, Enos Apok, ken kaadda ti mammartek nga ikitko—daydi Anti Sion—awan ketdi ti mannanakaw.

Sumaysayod ti panagdur-as daydi Luminar Electrical and Plumbing Services bayat ti panaglabas ti aldaw. Nailet unayen ti puesto iti Villongco

Building. Masapul nga adda nalawlawa ken nalaklaka a makita dagiti parokiano.

Sakbay nga inyakar daydi Angkel Narcing idiay España Extention, Enos Apok, nakapagbakasion pay daydi Lelong Iroy iti Evangelista, Quiapo.

Dakkel ti pakaigidiatan daydi am-ammok a Lelong Iroy idiay Bantay Baybayabas iti daydi Lelong Iroy a naidaw-as iti Manila. Daydi Lelong Iroy idiay tuktok ti bantay, a pulos a diak napuotan nga immisem, ken kanayon a kasla agpagpaguyod iti bulo iti kabatuan ti karayan nga agpababa gapu iti angkitna, iti Evangelista, nakarimrimat dagiti matana, nakasarsarangsang ti pangulbeten a katawana, ken kangrunaanna, nakapaspasig a nakisarsarita kaniak. Daydi ti pannakariknak iti pudno a singed ti dua nga agapo. Kas iti kinasingedta a dua ita.

Napasamak daydi a sinninged bayat ti panagtamdagmi iti paradipad ti alad iti tuktok ti Villongco Building. Nalukneng idi ti lawag ti lumlumnek nga init. No dadduma, agpadakami a mangiwaras iti panagkitami iti sim a tuktok dagiti pasdek iti aglawlaw; kadagiti babassit a barongbarong iti tuktok ti Villongco Building a pakaibilangan ti barongbarong dagidi Angkel Narcing ken Anti Luming ken dagiti babassit nga annakda, ken ti barongbarong daydi Sabas Cacananta iti laud. Iti abagatan, matannawagan ti akikid a Kalye P. Paterno. Sadiay, iti baba, matan-awak ti relohera, a no dadduma, agsarimadengak iti sangona no lumabasak ket mabayag a maisalat dagiti matak iti balitok a relo a Ceba.

"Adda magustuak a relo dita, 'Long," kinunak. "Bareng addanto pay no adda kuartak."

Nasulek ti imatangko iti tuktok ti Quiapo Church iti labes dagiti babassit a pasdek. Inestoriak iti daydi Lelong Iroy ti padasko.

Ababa daydi a panagkitami iti daydi lelong, Enos Apok, ngem nakallalagip ta daydin ti naudi a pannakakitak kenkuana ditoy lubong a pagluluaan.

Duduakami iti daydi Sabas Cacananta a nabati iti Evangelista idi immakar dagidi Angkel Narcing. Ngem dakkel ti pagdumaanmi. Saanko a pinadas a sabonan ti sidak a kamatis wenno tamatis. Saanak a nabitog iti eksamin iti bar ta diak ginamgam ti agbalin nga abogado.

Ngem malagipko latta, Enos Apok, kas iti pannakalagipko kadagiti adu a tao a nakapulpulapolko iti napaut wenno ababa a panawen. Itay nabiit, nalagipko nga inukag iti website no adda pay nga agkaykayaw-at. Ket, wen, adda! Ket agarup agkaarruba ti Estado a yanmi. Addaak iti Utah idinto nga iti la California ti yanna.

Ngem iti naminsan a komustaek koma iti **bing, obituary** metten ti nangsabat kadagiti matak. Sayang, ipadamagko pay met koma ngarud nga addan iti America daydi pasalsali idiay Evangelista. Uray kaskasano, uray apagbiit ti panagpulapolmi, adda met naadalko a tipping ti biag kenkuana.

Ken agpadakami a nakasaksi iti tallo a barungbarong iti tuktok ti dakkel a pasdek daydi Mr. Villongco. A pakaibilangan ti *Life Theater.* Teatro ti biag, Enos Apok, kunkunak no kua.

Saan a dita ti naggibusan ti biagko idiay Evangelista. Sakbay nga inawisnak daydi Angkel Narcing a makipagnaed kadakuada idiay España Extention, simmangpet daydi Kapid Enteng Renon a diak napakpakadaan. Malagipmo daydi maysa kadagidi ubbing idiay Caparinasan, Enos Apok, a pakaibilangan ni Paring wenno Palmareina Renon? No saan a nagpakaammo, diak koma payen nailasin. Nasdaawak no kasano a naammuanna ti yanko!

Simmangpet nga imaima, no kunak, Enos Apok, mabalinko latta nga ibaga. Intulod ti gayyemna nga agruprupa a walay.

Imaima, kunak, ta malaksid iti sangsangkapug-ong a lasona a bitbitna, kumanuskos pay gapu iti agtabtaba a gudgodna!

Ay ti la ariekko, Enos Apok! Mariakosina!

Umay kano agsapul iti trabaho ta nabannogen nga agbirbirhinia, ken agitugtugkel iti salog ti unas. Impagarupna ngata nga agpayso ti damag a pidpiduten ti balitok kadagiti kalsada iti Manila. Isu a nadardaras a naibus ti imbati daydi Anti Luming a bagas nga in-inutek kano nga apuyen. Ket idin ta awan ti apuyek, ta naal-alisto pay nga agipapel iti ipanganna iti nakset a tuyo, isun ti naginnanakem a nangukis iti agarup sangapug-ong a lasona. Isu ti pinaglangoyna iti sangataawan, ken minermeranna iti kurangna sangasupa nga asin!

Naimas ti lasona, Enos Apok, ngem anian! Ad-adda a sinaraaw ti tianko idi malpaskami! Nupay kasta, naimbag la nga adda ap-ap ti boksit a kumkumbet!

Ngem adda met medio nabagas a napanunotna. Inkam kano dumawat iti kuarta daydi kasinsinna idiay likud ti estasion ti Pantranco.

"Napintas ti panggedan ni Manang!" kinuna daydi Kapid Enteng. Nakadekdekket ti awagna iti kasinsinna. "Manangngaasi pay. Ammok a dinak paayen."

Nakananama ti panagsasaona. Naimbag unay no kasta, nakunak met iti unegko. Kinapudnona, agrubrubruatkami pay laeng, agrebrebolusionen ti boksitko!

Ay ket nalag-an, a, ti addangmi a kinumpasan ti agdangdanggay a widawidmi. Addanto igatangmi iti isaangmi inton bigat.

Ngem anian nga imas koma ti isaangmi, Enos Apok! Dimi nadanon ti kasinsinna. Wenno naglemmeng ket ngata, ta kinuna ti nagdamaganna: "Awan kano!"

No kasano ti lag-an ti widawidmi a nagpa-Pantranco, mamimpullo ngata ti kadagsen ti widawidmi idi agsublikami a nangunor manen iti dakkel a kalsada; Quezon Boulevard Extention sa daydi. Arigna diak mayaddang dagiti nakadagdagsen ken nautoyan unayen a ballawasko gapu iti panangta-laymi iti nawatiwat a nagbaetan ti Quiapo ken Pantranco!

Mangisarsarak a Vicente Renon!

"Pagpagnaentan, a, uray ta nakuyem met," kinunana a pangilingedna iti pampanunotenna. Ket ania pay koma ti maaramidak?

Uray no saan a nadagaang a kunana, nagkalimduosankami a nagsubli.

Limmag-an la dagiti addangko idi makabatogkami iti *Life Theater.* Teatro ti biag!

No agsubli iti lagipko daydi a kapiduak nga Enteng, Enos Apok, nasarangsang ti ngumarasngas a kanuskosna iti gudgodna ti agparang iti mugingko.

Daydin ti naudi a lagipko kenkuana, ta idi agsinakami, awanen ti damagko ket diak malagipen no kasano a nagsinakami! Maasianak met no malagipko ita, Enos Apok, ta awan duadua a maysa kadagidi nailaw-an a napan nakipagpidut iti agkaraiwara a balitok idiay Manila!

Adda pay gayam malagipko, Enos Apok. Napateg unay daytoy ta dakkel ti naitulongna iti panagsursuratko.

Nagenrolak iti Steno Typing iti daydi Samson Technical and Fashion School iti nagsulian ti Azcarraga ken Quezon Boulevard, idi arinunos ti kaaddak iti Evangelista. Sakbay daydi ti isusurotko kadagidi Anti Luming idiay España Extention. Innem a bulan sa la daydi a klase isu a nabiit nga inleppasko...

Maika-14 a Paset

España Extension, 1964-1965

Kitaennakami man pay biit ken ni lelangmo, Enos Apok, sakbay nga ipasiarka idiay España Extention.

Agpugpug-awak idi makastrekak; nagtugawak iti abay ni lelangmo iti salas a pagbuybuyaanna iti programa ti nadumaduma a billit iti YouTube. Indissok dagiti surat nga innalak iti *mailbox*, a pakairamanan ti pakete a naggapu iti Abbott Laboratories.

"Daydin sa Farxiga a pinakanselak iti doktormo daytoy," kinunak. Binidingko ti puraw a supot ti pakete. "Nalipatak nga imbaga iti Abbott... Adda **side effect** daytoy kadagiti dadduma nga agasmo."

"Kasano ngaruden?" dinamag ni lelangmo.

"Numona ta nagngina... Isublikto."

Insaganak ti pangrabiimi, Enos Apok, ken ti saglilima bukelkami a nadumaduma nga agas. Itay nagapuyak iti pangaldawmi, Enos Apok, insakemko ti pangrabiimi—kanayon a kasta. Saanakon a nagluto iti sidami. Sakbay a napan nagtrabaho da antim a Mimi idiay Merit Medical a para rabii a trabahoda a tallo kada LA a barona, a kasinsinmo, ken ni angkelmo a Dondon, adda inlasinna a para kadakami iti ginisana a giniling a balatong ken bulong ti paria a nasagpawan iti baboy.

Patigmaan ti doktormi a liklikanmi ti agsida iti balatong gapu iti *gout* ni lelangmo. Bumsog no kua ti sakana gapu iti nangato a *uric acid* ti balatong. Ken uray siak, diak mabalin ti agsida iti natataba ta mangrugin a kalupkupan ti taba ti dalemko.

Diak impalagip; kitaekto no bigat no dumadakkel dagiti saka ni lelangmo; inrasonko met nga uray ket bassit met la ti sindak a karne ti baboy, inikkatko pay ti tabana.

"Nabayagen a diak nakaraman 'ti balatong!" kinunana a maayayatan. Inimasna ti nagsubo. Idi malpas, nangan iti naluom a mangga; dimmawatak la iti sangakutsara a pangpagustok iti raasko. Maipawil kaniak ti mangan iti nasam-it gapu iti nangato nga A1Ck... agaasem ti kaadu ti maipawil kadakami a taraon, Enos Apok?

Idi malpaskami a mangrabii ken natomarmin dagiti agasmi, inatibayko ni lelangmo nga immuli. Sanguek koman ti pangtedko ngem pinalagipannak ni lelangmo.

"Isaganam pay 'tay buyaek, a... dimo kad' pay naiwakas 'ta araramidem?"

"Diak pay nagudua... isarunok ita a dalusan ti **España Extention...**"

España Extention, 1964-65

DENGGEM, ENOS APOK. Iti panaglabas ti panawen, gagangay, umadadu ti pagteng a masalsalawko iti panagdaliasatko. Lumawlawa ti panirigak iti biag ket matiltiliwandak no kua dagiti kaduak nga agmutmuttaleng. Immadu dagiti kayatko nga isurat ngem bumasbassit met ti panawenko a mangitakaw a mangsango iti dakkel a nangisit a Remington a makinilia daydi Angkel Narcing. Umad-adu ngamin idin ti kontrata nga awat ti Luminar Electrical and Plumbing Services. Manmanon a rummuar daydi Angkel Narcing ta dagiti lattan plano nga ikurkur-itna ti sangsanguenna. Sa masansanen a paikuyognak kadagiti tubero ken elektrisian.

Agurayka, Enos Apok, ta mapanta pay kadagiti padasko idiay España Extention.

Adda bassit nga entresuelo nga arigna naibitin iti sirok ti kadaklan, nga abay ti agdan. Diak ammo no pinaaramid daydi Angkel Narcing a para kaniak.

Iti pannakaisursurotko nga agtubero ken agelektrisian, manmanon a mamartiliok ti gemgemko! Karigatan ngamin a paset ti kastoy a trabaho ti panagsensil iti haloblak a pangimuntaran kadagiti tubo a pangipagnaan iti barut ti elektrisidad nga agduduma ti kababaked. Kabakedan ti nangisit a tubo a pagtarayan ti rugit iti kasilia. Naimbag ketdi ta siakon ti tinalek daydi Angkel Narcing a baumbaonen no adda napateg a paala ken paitulodna iti lugar ti kontratada.

Di nagbayag, simmangpet daydi Rudy Balboa nga anak ti kabsatna a taga-Bantay, Ilocos Sur. Lima a tawen sa idi ti in-inaunaanna kaniak. Simmaruno daydi maysa a baro daydi Angkel Narcing iti immuna nga asawana a taga-Aringay, La Union—diak gayam naagapad, Enos Apok, a maikadua nga asawana daydi Anti Luming. Nadlawko a nadagsen ti rikna daydi Angkel Narcing kadagidi dua a sangsangpet. Ad-addan ti panangibalona iti ulona iti trabahona.

Iti naminsan, adda *tester* a nabati daydi maysa nga elektrisianna ket imbilinna a mapanko ipan. Pinagtaksinak tapno nadardaras. Ngem iti panagdardarasko, nalipatak ti *tester* iti uneg ti taksi!

Mariakosina, napalalo ti danagko! Pangalaak pay ti pagbayadko, ta ammok a nangina ti *tester!* Maysa pay, madadael la ketdi ti panagtalekda kaniak. Didakton mapidua a talken!

Naimbag ta diak nalipatan ti nagan daydi taksi—nalipatak itan! Kinaduanak daydi Angkel Narcing a nangtunton iti garaheda idiay Mandaluyong. Naimbag la ketdi ta apagisu nga aggarahe daydi drayber, ken saan a tuso. Ken 'tay kunakon, diak nalipatan ti nagan ti taksi, ta no napasamak a kasdiay, todas ni laingen!

Malagipko la unay, Enos Apok, a no namin-ano nga indarirag daydi Angkel Narcing ti panagbasa daydi Anti Luming. Ngem anak met nga anak, a, ta nalapsat met a pangganakan! Ngem naallukoyna met la idi agangay. Ti imasna, kinamodesta laeng ti innalana. Isu nga inggatangan daydi Angkel Narcing iti makinana nga agdait.

Arigna saan nga agressat ti panagsangpet ti kontrata a naawat daydi Angkel Narcing. Kanayonen nga agpuypuyat a mangdumdumog kadagiti plano, no dadduma patnaganna payen ti agkur-ikur-it, a mangisagsagana iti *plumbing* wenno *electrical diagram* ti kontratana. Nalipatak, Enos Apok, adda met idi bukod a Plumbing Services daydi kabsatna a Cianing idiay Paco, Manila. Ngem gapu ta pumigpigsan ti negosioda, ken kumarkaro met ti panaguy-uyek ti kabsatna, napilitanda a nagsugpon. Agingga a pimmusay ti kabsatna isu a naigabur iti daydi Angkel Narcing dagiti awatda a kontrata. Rinabiin nga agtomar daydi Angkel Narcing iti agasna. Nadlawko a kumapkapsut iti baet ti yaadu ti masapul dagiti annakda ta nangrugidan nga ageskuela. Numona ta kasla awan ti paspasnek daydi Anti Luming nga agmodista. Awan nakitak a naileppasna a daiten, pasig a rugi. Nangruna ket itulodna pay dagiti ubbingda iti eskuela; malaksid idi daydin baro daydi Angkel Narcing ti sagpaminsan nga agitulod.

Wen gayam, Enos Apok, manmano nga impasurot daydi Angkel Narcing daydi Rudy Balboa kadagiti tubero.

Insikisikik met latta ti simsimrek iti klasek idiay MLQU, Enos Apok. Rabii ti panagbasbasak. Malagipko, adda dagiti dua nga asignaturak a magusgustuak. Daydi Philosophy ken daydi Psychology. Pinabaknangda ti panirigak iti biag. Sa nainayon dagiti padasko iti panagtubtubero ken panagpipeonko.

Adda maysa a nasaksiak idi dumsaagak iti panaggapuk idiay MLQU. Diak koma inaynayon iti istoriak kenka ngem saan a mapunas iti lagipko. Ababa daytoy a pasamak ngem naipinta iti lagipko ket agsublisubli tunggal malagipko dagidi nagluglluganak a dyipni.

Adda maysa a balasang, pay la ti panagkunak, a naglugan idi makadissaagak. Napataliawak ta adda met panalbanna.

Ngem dagus a napangangaak iti nakitak nga agar-aruyot iti istakingna a nangbungon iti nabagas pay met ngarud a gurongna. Mariakosina, Enos Apok! Kaasinto pay ti sumublat nga agtugaw iti naggapuanna inton dumsaag!

Naimbag laengen ta dika nagbalin a babai, Enos Apok! He-he!

Nakaawat ti Luminar Electrical and Plumbing Services iti kontrata idiay Subic Bay, Zambales. Siak ti impasurot daydi Angkel Narcing a peon dagidi Mang Juanito Llagas nga aw-awaganda iti Kalabaw ta kabul, ken Roger Bikolano—Bikolano, kunak lattan, a, ta nalipatak met ti apeliedonan! Nabati daydi Rodulfo Balboa a nangkadua iti sabali a grupo ti tubero a nangileppas iti pangtedda a kontrata.

Malemen, Enos Apok, idi makadanonkami idiay Subic Bay, Olongapo, Zambales. Addan agur-uray a balay a pagdagusanmi iti sikigan ti estero iti abagatan. Agdiwerdiwerak ta di pay napukaw ti panagulawko nga agbiahe iti adayo. Kasla pay bumtak ti basisawko.

Nagsapulak iti pagpaknian. Awan iti uneg ti balay. Adda kalantayan a kumamang iti tengnga ti estero, a yan ti bassit a sinankalapaw. Iti panagdardarasko, dandaniak natnag a nagkalantay, Enos Apok!

Nabangaranak idi makadiskargaak.

Nagawis daydi Roger Bikolano a mapan makitienda. Saanen nga agdadamo iti Subic isu nga ammonan ti turturongenna.

Nalabsanmi ti maysa a restawran iti amianan ti kalsada, nga asideg iti dagusmi, Enos Apok—tandaanam, ipasiarkanto dita... Nadanonmi ti bassit a rangtay ti estero nga agsina ti serkan ken ruaran iti Subic Bay. Apagisu nga agruruar dagidi... Purawda la ngaruden, puraw pay ti kawesda, nga awan dumada iti nalayog a kawayan a dupirdupiren ti angin no magnada. Adda met saggaysa a kaarngi ti aluten a dagiti la ngipen ken bukelbukel ti matada ti puraw—idi la a nakakitaak iti kakasdi a tattao, Enos Apok, ket ar-arigek a pagatkilikilidak laeng! Adda saggaysa a nakasakbat iti kamera.

Napasarimadengak, Enos Apok, iti pannakakitak kadagidi kayumanggi a tangtangken a labus nga ubbing nga aglalangoy iti nangisit a daum ket agiinnunada a mangitanggaya kadagiti dakulapda ken mangipukkaw iti: *"Hi, Joe! Some coins, Joe! Some coins Joe!"*

Adda dagidi dua a Puraw a kawayan, naliday ti rupa daydi maysa idinto nga agrimrimat dagiti bugagaw a mata ti maikadua a nagsarimadeng iti ngalay ti rangtay. Agarup naggiddanda a kimmaut iti bolsada ken nangipuruak iti sensilio.

"Thank you, Willy Shaw!" impukkaw ti ubing a nakasippaw iti impuruak ti naliday ti matana.

"Thank you, Roger Briant!" impukkaw ti nangisit nga ubing a nakasippaw iti sensilio nga impuruak ti bugagaw ti matana.

Tinaldiapak ni Roger Bikolano.

"Hindi ako kawayan!" inkatawa ti Bikolano. *"At hindi lahat ng Roger ay mayaman na namimigay ng pera!"*

Dagita ti inusarko a nagan iti daydi saritak a *Taaw ken Daytoy a Babilonia,* Enos Apok, nga impablaak ti Bannawag, a naibatay iti daytoy a padasko.

Adu ti nalabasanmi a club sakbay a nakadanonkami iti pakitiendaanmi. Naawis ti imatangko iti *Paradise Club* gapu iti bullalayaw a maris dagiti agsasala a silaw nga agarup nangbalkot iti pasdek, a langana ti kasla gumaygayebgeb. Kasta met kadagiti kaarngina

218

a pasek iti labesna. Uray iti ruar, napigsa ti garampingat a tokar iti uneg. Idi tumaliawak, a mangpennek kadagiti matak kadagiti bullalayaw a silaw, nadarimusmosak ti likudan dagitay Willy Shaw ken Roger Briant.

Idi agsublikami, a nakagatangen daydi Roger Bikolano iti tallo bukel a tilapia ken inigad a niog, addan dagiti kurang la lamulamo a babbai a lumned-tumpaw iti ridaw ti *Paradise Club.*

Adda metten saggaysa a sumsumrek iti restawran iti asideg ti dagusmi. Saan a Puraw a kawayan, ngem timmangken a kayumanggi. Impapanko a trabahadorda iti uneg ti Subic ket mapanda met ngata sumimsim iti tallo, innem, wenno mano a botelia ti beer.

Adda daydi simmirip a serbidora a nangipalagip iti daydi sinurotko idiay Gutong, a kimmuyog iti daydi Anti Emmang Tabugadir. Nakalikudkamin ngem timmaliawak pay laeng ket dandaniak la ngarud naitibkol!

Nalaing gayam nga agluto daydi Roger Bikolano, Enos Apok! Ginettaanna dagidi tallo bukel a tilapia. Nagimas man ketdi! Idi la a nakaramanak iti ginettaan a tilapia ket no mabalin laeng, kayatko a sidaen ti bagi dagidi kaduak!

Idi al-alaekon ti tuturogak, nalagipko pay laeng ti dayag iti ridaw ti restawran! Ammom, Enos Apok, adda panawen iti biag ti tao a dumteng dagiti karit wenno sulisog nga agpanggep a mangdadael wenno mangtungday iti panangtun-oy iti arapaap. Maysaak kadagita a tao, nga adda met dagiti panawen a naglasatak iti sulisog. Subliantanto dayta.

Mapanta pay iti umuna nga aldaw a panangrugimi iti kontrata ti Luminar iti uneg ti Subic Bay. Nalawa ti nagrikudo a danum a pagdudungsaan dagiti nangisit a higante a barko. Iti labes dayta a danum, adu dagiti mabangbangon a pasdek. Ita la nga immapay iti panunotko, Enos Apok. Kadagidi ngata ketdi a panawen ti kairut a panagbangon ti US Navy iti pasdekda idiay Subic Bay.

Saan a pasig a Puraw a kawayan dagiti adda iti uneg. Adu met dagiti Pinoy nga arigda iti kuton nga agkukunulkunol kadagiti mapatpatakder a pasdek.

Agarup a tallopulo a metro laeng ti kaadayo ti bantay iti daya manipud iti pasdek a nakaibatanganmi. Agarup met a kasta ti kaadayo ti arigna matmaturog a barko. Nadlawko dagiti Puraw a lumned-tumpaw iti andamio.

Iti agarup agtindek, immaweng ti serena a naggapu iti diak masinunuo no sadino. Palnaad kano ti pangaldaw.

Agpalpalpakamin, Enos Apok, idi nadlawko dagiti Puraw nga agtaltalaytay iti andamio nga adda inyabagada wenno bitbitda a nabungon wenno supot. Adda tallo a dadakkel a *dumpster* iti nagbaetan ti barko ken dagiti mabangbangon a pasdek.

Napaliiwko a di pay nakaad-adayo dagiti nagibelleng iti basura no ararigen, agiinnunan dagiti arigna kuton a Pinoy a mangtan-aw kadagiti *dumpster*. Ti la adda a mapidpidutda. Luplupot, taraon, kubiertos, ken no ania la ditan. Iranrantan sa met dagiti Puraw ti agibelleng iti banag nga ipatoda a magustuan dagiti Pinoy.

Iti naminsan, awan ti napan nagsukain iti basura. Nalpas ngata ketdin ti kontrata dagidi alisto nga agsukain.

Sinarunok ti Puraw a nasiputak a nangipalladaw iti lupot a nabungon iti plastik. Didak binibiangan dagidi Kalabaw ken Bikolano ta ad-adalenda ti plano ti sumaruno nga aramidenmi.

Bado a para lalaki ti nabungon iti plastik!

Apagisu kaniak idi imparamanko!

Istriktoda iti ruaran. Rikisaenda amin a rummuar. Ti namay-ak, impasukotko iti badok.

Naminsan, sabali met ti nasukainak.

Agarup dua a ramayan ti kabengbengna a karne a kadakdakkel ti nalukmeg a luppo. Nabungon met laeng iti plastik.

Ti namay-ak, nangsapulak iti pangibarabadko iti bagik, saak nagbado. Di kad' awan makita dagiti Puraw a kawayan a bitbitko? Naimas ti pinangrabiimi a linuto daydi Roger Bikolano!

Wen, pudno, Enos Apok, nagbalinak nga *scavenger* iti yan dagiti Puraw!

No malaglagipko ita, malagipko met dagiti agbasbasura idiay Manila. Ditoy? Awan dagidi Puraw a kawayan, ngem adda dagiti Puraw met laeng nga agiggem iti karton a nakaisuratan ti: *Homeless,* needs help. Nadlawmo? Wen, a, adu ti awan ti balayda, matmaturogda iti igid ti kalsada. Kunam sa, California, New York, Hawaii, dimo kunkuna, ta adu dita ti kakasta. Ditoy, di palimed kenka dagiti pakpakanen ti gobierno. No malpasdan a mangan, rummuarda manen ket ti la adda ditan a pangiturongan kadakuada ti panawen... no sadino, ti Dios laengen ti makaammo.

Ngem mapanta, Enos Apok, iti maudi a padasko idiay Subic. Malagipmo daytay kunak a dayag a nasaripattpatak iti sango ti restawran nga asideg iti dagusmi?

Iti maysa a sardam, inrantak ti napan nagingkakaan. Nagsam-it man ti isem daydi dayag nga immasideg kaniak. Kunam pay, limmagto ti pusok! Sakbay a nagorderak, inwarasko ti panagkitak. Adda saggaysa nga agiinum iti serbesa. Nagpangngaduaak. Agorderak? Diak pay napadpadasan ti imminum iti nasanger; adda naminsan a tuladek koma ti ulitegko nga agitangtanguap iti basi, ngem apagdekket la iti bibigko, kaslan nauram!

Nagrimat dagiti mata ti dayag, nga agur-uray iti orderko.

"Isang bote, miss," kinunak nga agarup nagtrimulo ti timekko.

Daydi maysa, nagbalin a dua. Tallo. Uppat. Panggepko pay la ti makiam-ammo ngem nangrugin a dua ti panagkitak iti dayag iti sangok.

Madin ti riknak.

"Lasing na po kayo," kinuna ti dayag.

Saanak a naguni, amangan no agmutalakon. Kinautko ti pagbayadko. Diak inurayen ti suplik.

Idi rummuarak, dimlawak ta kas met la nakalaglag-anen dagiti addangko. Kaslaak la agtatapaw iti ulep!

Naikarigatak ti simmangpet iti dagusmi ta asideg met laeng. Adda kayatna ti rummuar! Ammok ti agur-uray kaniak.

Naikarigatak ti nagkalantay a napan iti bassit a kalapaw iti tengnga ti estero. Kasla gurruod ti simmaruno a rimkuas iti ngiwatko.

Ikarigatak koma ti agsubli. Nakaaskawak iti tallo iti kalantayan ket idiayen ti nagpatingaan ti lagipko!

Idi makariingak, addan tattao a nanglawlaw kaniak. Linabusandak pay ketdin!

"Bakit ka naglasing?" agkatkatawa daydi Roger Bikolano.

"Gusto yatang mangisda sa kanal!" impasaruno daydi Kalabaw. *"Maligo ka, ambaho mo!"*

Diak naam-ammo daydi a dayag, Enos Apok. Sayang daydi kuarta nga inyinumko. Ngem nagsayaatanna met ta naadalko a saan a nasken nga aginumka tapno makaaremka!

NALIPATAK, ENOS APOK, a naisardengko idi ti panagadalko idiay MLQU. Naisidawsidawko ketdi ti nagsuratsurat. Adda daydi panawen a dandani binulan nga adda rummuar a saritak. Wen, a, malagipko latta. Ta kasano ket adda inaramidko a listaan dagiti sinuratko a no manen, no sumro ti iliwko, subliak nga ukagen—diak la ammo no adda padak a nakapanunot iti kas iti inaramidko. No awan ti listaan, a, ket mabalinko latta nga ibaga nga adu ti nasuratko ngem diak met ammo no ania ken no kaano a naipablaakda. Kitaemto, Enos Apok, ti *bibliography* wenno listaan.

Kumarkaro idin ti panaguyek-uek daydi Angkel Narcing. Kanayon nga agtilmon iti pildoras. Kanayon nga agsigarilio. Kanayon nga agpuypuyat a mangdumdumog kadagiti isagsaganana a plano dagiti awatna a kontrata. Umad-adu dagiti taona, kayatna a sawen, dumurdur-as ti Luminar Electrical and Plumbing Services. Nalipatak gayam, naggapu iti napagsilpo a naganda iti daydi Anti Luming ti **Luminar,** nga Ingles met laeng ket ammomon ti kayuloganna. Bartolomea ken Narciso. Dumaddadakkel met dagiti lima nga annakda a daydi Judy, Narciso Jr. Myrna, Marilou, ken diak malagipen dayhdi maysa. Ken masansanen nga adda masangailida nga aggapu iti probinsia.

Iti maysa nga agsapa a nakarubuaten a mapan agpa-*blueprint* iti lepleppasna a plano, sinaggaysana ti nagpakada kadagiti annakna, ken inarakupna pay daydi Anti Luming. Tumallikud koman nga agturong iti ridaw idi kinelkel ti uyek, a namaga idi damo, sa idi kuan, agrareken.

Nagdardaras a simmango iti lababo ket sadiay, nagruar ti adu a dara. Nasarapa daydi Anti Luming idi aglusdoy.

"Umawagkayo 'ti doktor!" inyikkis daydi Anti Luming.

Daydi Rodulfo Balboa ti nagtartaray a rimmuar.

Intaraymi iti Quezon Institute.

Saan a nasalbar dagiti doktor ti biagna.

Inkeddeng dagiti kakabagian daydi Angkel Narcing nga idiay Aringay, La Union ti pakaitabonanna. Naisursurotak met a napan nakipamumpon.

Dakdakkel ngem iti langit ti nagtupak iti daydi Anti Luming. Ta sadiay Aringay, adda rikut ti kasasaad ti ikitko. Adda pay la idiay ti immuna nga asawa daydi Angkel Narcing. Ken saan nga agkakatunosan dagiti agkakabagian, kasta ti naal-alimadamadko.

Isu a masapul nga agsublida idiay España Extention.

Lima ti annakna a babassit. Agup-upada iti apartment. Awan trabaho daydi Anti Luming. Awan ammona a trabaho; nagkatkatulong laeng sakbay a nangasawa, ta awan ngarud ti naturposda nga agkakabsat, sa dina met inggaed iti nagadal iti kinasastre wenno modista. Kasano pay ti panagbiagda? Ti pay pagbayadna iti katulong. Naimbag no adda urnongda. Ngem no maibusen ngay?

Kadagidi a panawen, Enos Apok, ammok a di makapagpanunot iti nalimpio daydi ikitko.

Asino ti tumulong kenkuana? Sadino ti papananda?

No ngata awisek ida idiay Labut? Adu ti gargaretda; masapul ti dakkel a lugan a pagkargaanda. Ken mayat ngata da Tatang a mangbunagak iti adu a tao a mainayon iti obligasion ti amak? Umanay ngata ti bassit a balaymi a pagkurinikonan ti mainayon nga ad-adu pay ngem iti bilang ti pamilia daydi Tatang?

Ay, ket nadagsen a yabaga daydi Tatang no kaskasano, Enos Apok! Mano met la ti pension daydi Tatang? No agkungkontar daydi Tatang, **Clemente tarti wan pipti,** kunkunana nga agrimrimat dagiti matana a mangsuksukdal iti sallabawan.

"Naimbag ta adda bassit a nayon ti ganansiak a makimarmaro iti ayup, Inada," kunkunana ket no manen aprosanna ti takiag daydi Nanang a mangsangsango iti tagibina a diak malagipen, Enos Apok, no asino kada lelangmo a Violy ken lelongmo a Sadiri—saan a da lelongmo a Herman ta nayanak idiay Baybayabas idinto a nayanak daydi lelongmo a Tessie idiay Abbarit. Wenno ni ngata, aya, lelongmo nga Osi?

Ngem bay-am pay la dagidiay kakabsatko.

"Ania ti panggepmo, Anti?" dinamagko idi iti daydi Anti Luming, Enos Apok.

"Diak ammo ti panunotek, Barok," nakalablabaga pay la dagiti matana. "Kawaw ti ulok..."

"Pampanunotek man. Ania ngata no ipankayo idiay Labut?"

"Diak ammo."

"Saan a mabalin," insampitaw daydi Rodulfo Balboa. Nakarupanget, a diak ammo no ania ti adda iti panunotna.

"Ania ngarud ti aramidenda?"

Awan met ti maibagana.

"No ditoyda, pangalaanda ti pagbayadda iti apartment? Kasano ti panagbiagda?" Ammok, awan met ti mabalinna a pangikamangan idiay yanda. Isu ngarud nga immay met iti Manila tapno agsapul iti masakbayanna.

"Kababain kada Manong," kinuna daydi Anti Luming idi agangay.

Awan ti naaramidan daydi Rudy no di immanamong iti singasingko, Enos Apok.

Nagsapulkami iti inarkilami a pangiluganmi kadagiti nagkaadu a gamigam a napanawan daydi Angkel Narcing.

Simmurot daydi Rudy idiay Labut. Pambarna ti itutulongna nga agbagkat.

Ngem nadlawko ti naidumduma a kinadekketna iti daydi Anti Luming. Diak ammo ti pudno nga adda iti panunotna.

Ti diak malagip, Enos Apok, no ania ti napasamak kadagidi pangted a kontrata ti Luminar.

Sabali pay ti adda iti panunotko idi, Enos Apok. Kasanon ti panagadalko? Kasanon ti bukbuklek a masakbayan?

Nagwerret ti lagipko iti daydi Anti Tacing.

Wen, idiay Shaw Boulevard... ngem mayat ngata dagiti de la Costa nga agyanak iti yanda? Sadino pay koma ti papanak?

Maika-15 a Paset

Shaw Boulevard, 1966

KET WEN, YUNAK, Enos Apok, ti mapaspasamak kadakami ken ni lelangmo sakbay nga ipanka iti kayatko a pangipanan kenka.

Nasapakami ken ni lelangmo a nagrubuat iti daydi nga aldaw. Alas nuebe ti *appointment*-mi ken ni Dra. Gonzales ngem awan pay alas otso, nakarubuaten ni lelangmo; kanayon a kasta no adda papananmi.

Kasla idi laeng a nadlawko ti tugot dagiti panawen iti rupa ni Dra. Gonzales, nga agduapulo a tawenen a doktormi. Adu ti sinalsaludsodna, no addan nasukatan nga agasmi. Ni lelangmo ti addan naisardeng nga agasna, sa naibaba ti *dossage* ti Furosemide a para iti *blood clot* ta adda *side effect*-na iti kidney-na. Masapul a balanse. Impaganetgetna pay idi ti panagpa-*booster*-mi ta adda kanon baro a bakona para iti COVID.

Dimmagasak iti pangaldawmi iti Teriyaki, Enos Apok; saanen a dimsaag ni lelangmo.

Iti daydi a sardam, bayat ti panagdengdengngeg/panagbuya ni lelangmo iti Ilokano a kankanta iti YouTube, sinangok ti pangtedko.

Shaw Boulevard, 1966

IMUTEKTEKAM, ENOS APOK dagiti es-estoriaek. Saan a nalaka a lagipen ti panagsasaganad dagiti pasamak gapu iti adun a tawen a naglabas ngem babaen ti petsa kadagiti rekord nga inur-unongmi ken ni lelangmo, kadagiti suransuratmi bayat ti panangsangsangalmi iti bukbuklenmi a masakbayan, ken iti *bibliography* wenno listaan dagiti sinursuratmi, a pakakitaak kadagiti napateg a petsa, agsubli ti umno nga urnos dagiti pagteng. Agpayso a di napunas iti mugingko, ngem maurnosko laeng ti panagsasaganadda babaen ti tulong dagitoy a listaan.

Kunak itay, a di ammo daydi Anti Immiang wenno Luming ti rumbeng nga aramidenna, isu nga insingasingko ti ipapanda idiay Labut. Dakkel a tulong kadakuada daydi, ngem dakkel met a dagensen para iti daydi Tatang, kas nasaokon.

Intulodko laeng ida idiay Labut. Naimatangak ti langeb iti rupa daydi Tatang. Nasirayak ti rimat dagiti mata daydi Nanang. Masmasdaaw met da lelongmo a Herman, daydi lelangmo a Tessie, ni lelangmo a Violy, ken ni lelongmo a Sadiri—din sa pay idi naitao ni lelongmo nga Osi. Ngem ti kadakkelan a parikut ket ti panagpapalunapinda iti bassit a balaymi. Agaasem ti pannakinayon daydi Anti Immiang, ken dagiti lima nga annakna a dagidi Judy, Mike, ken Jun, ken da Myrna ken ni Marilou. Panunotem laengen, idi damo, a, ket senias ngata, a, wenno kinnita la ti panagsasarita dagiti ubbing a simmangpet ken dagiti ubbing a nasangpetan.

Adda taguab ti balay iti amianan, nga isu ti sigud nga iddak, ken iti laud. Awan ti masao a gamigammi a sinangpetan dagiti simmangpet, ngem dagiti gamigamda. Mariakosina, Enos Apok! Kasanon ti pannanganda? Idiay away, Enos Apok, ugali ti aggigiddan a sumango iti panganan. Kasano ngaruden ti panagisagana iti taraon? Ken ti isagana?

Agaasem daydiay a parikut nga inggabsuonko iti daydi Tatang?

Ngem awan ti nangngegko kenkuana a pammabalaw, nupay nariknak. Gapu ta nagtalekda unay kaniak. Agaasem, uray kaskasano, maipagpannakkeldak ta sisiak, pay la idi, ti nakasagpat iti kolehio. Kangrunaanna, kakaisuna a mannurat iti pamiliada. Ken nobelista pay!

Maamirisko ita, Enos Apok, awan man la a pulos ti naitulongko kadakuada; diak man la ida napuruakan uray sentimo la koma a nagtaud kadagiti bayad ti sinursuratko. Ngem mano met la ngaminen... no lalausen ti manao, di pay immanay a pinagammusayko!

IDI NAGSUBLIAK ITI Manila, Enos Apok, binulodko iti daydi Anti Immiang ti dakkel a nangisit a Remington a nabati daydi Angkel Narcing, ta ilepleppasko idi ti sumaruno a nobelak.

Nagdagusak iti balay dagidi Judge Horacio de la Costa a pagserserbian daydi Anti Tacing ken maysa a kabagianmi met laeng a taga-Lapog, kas katulongan. Sabali la ti hardineroda a daydi Insan Warlito wenno Itok. Adda pay drayberda a nalipatakon ti naganna.

"Kinasaritak da Judge," kinuna daydi Anti Tacing idi intulodnak iti *quarter* dagiti katulongan. "Imbagak nga agbasbasaka ket awan ti pagdagusam gapu iti napasamak kada antim nga Immiang. Immannugotda idi imbagak a makipagdaguska ditoy. Tumulongka iti uray ania a maitulongmo ket isu ti pannakaupam nga agyan."

Tallokami iti daydi Insan Itok, ken ti drayber iti maysa a kuarto ti *quarter.* Insimpak ti Remington iti bassit a lamisaan iti suli. Inyabayko ti daan a Biblia nga intugotko. Nalipatak sa ketdi nga imbaga, wenno naibagak kadi a miembro daydi Angkel Poling iti maysa a sekta bayat ti panagtawtawatawna? Nagbalin a namagbaga ket inikkanna daydi Tatang iti Biblia. Isu daydi intugotko, a rinugiak met a binasabasa idi ta kas iti daydi Angkel Poling, adda met inipus-ipos daydi Tatang a maigidiat iti sekta a nagtakderan ti ulitegko. Nanaigan iti karkararag ken kankanta; kangrunaanna iti panagag-agas daydi aw-awaganda iti Apo Osi, ket adda pay daydi naminsan a pannakaisurotko iti napananda nangaskasabaan. Wenno mabalin kadi a sawen a pamalbalatong ta uray dagiti piglat dagiti kawayan, imbaga daydi Apo Osi a seniales ti kinadatdatlag ti Apo? Adu met ti napasurotna.

Kitaem, Enos Apok, naitawataw man ti lagipkon!

Agurayka ta isublika idiay Shaw Boulevard.

Nasayaat unay dagidi nga agassawa nga agpada nga abogado; hues pay ketdi daydi lalaki. Agpadada a nagtaud iti nasaliwanwan a kaamaan, sada pay agpada a retirado. No kunak a mabalinda a pagikamenan ti kuartada, mabalin latta. Isu ngarud nga uray la nga uppat ti katulonganda—saanda ida nga imbilang a katulongan. Sa kasla awan ti ania man ti pannakairamanko iti bilangda.

Ngem adda maysa a nagimutanda, Enos Apok. Maymaysa ti anakda sa sabali pay ti pagyananna. Dina pay masapul ti tawidenna kadakuada. Ti la apeliedo daydi Judge de la Costa ti tinawidna. Isu a ti naganna, Padre de la Costa!

Iti maysa a malem a panangwatwatwat daydi ina nga Atty. de la Costa, a mangsursursor iti aglawlaw ti dakkel a balayda iti 521 Shaw Boulevard, a panangsaep-saepna kadagiti sabong iti hardin bayat ti panangpukpukis daydi Insan Itok kadagiti ruot, naudi nga immayanna ti *quarter*. Madama a pumpunasan ti drayber daydi Chedeng idinto a madama met a pagin-inanaak nga imakmakinilia ti maysa a paset ti ilepleppasko a *Ramut ti Sinamar*. Insardengko ti nagmakinilia ket nagdaydayawenak.

Kasla dinak nangngeg ti donia, saan a kas iti nakairuamanna nga umisem ken mangomusta pay. Nagbannikes, a minulenglenganna ti Biblia iti abay ti makinilia.

"Kanino ang Bibliyang yan?" napasnek ti rupana.

"Sa akin, po," insungbatko.

"Bawal kang magbasa ng Bibliya, di mo alam? Mga pare lang ang puwedeng magbasa!"

Napangangaak. Diak impagarup, Enos Apok, a dagiti la padi ti maikari nga agbasa iti Biblia. Kasanon, ket kayatko met ti makasursuro iti kunada a nasantuan a balikas? Iti daydi a kanito, nalagipko manen daydi nagkompesarak a padi idiay San Isidro.

Apaglikudna no ar-arigen, madandanagan, nagdardaras daydi Anti Tacing nga immay iti yanko. Imbilinna nga ipaknik ti Biblia.

Agpayso a napasamak daytoy, Enos Apok. Saksik ti... huh, diak kayat nga iraman ti Mannakabalin.

Sɪɴᴜɴɢᴋᴀsᴜɴɢᴋᴀᴋ, ᴇɴᴏs ᴀᴘᴏᴋ no ania ti kasayaatan a pangtunoyko iti nasaysayaat a masakbayan. No ituloyko ti narugiak a kurso idiay MLQU, ania ti masakbayak? Nalab-ay ti riknak maipanggep iti panagirakurak. Kayatko laeng ti agbalin a mannurat, ket narugiakon. Mamatiak iti balakad daydi Manong Jun Hidalgo, a kasayaatan a pangasaan ti panagbasa kadagiti napipintas a libro iti ganggannaet. Ken agpayso met a naawisen ti riknak nga agbasa kadagiti sinurat da Hemingway, Tolstoy, ken dadduma pay. Panagriknak idi, Enos Apok, adadu ti maadalko babaen ti panagbasabasak ngem ti maagsawko iti isursuro daydi JQ—nasaok sa ketdi idin a ti la *yellow journalism* ti nakaisagudan ti imatangko.

Nagdamagdamagak no ania ti kurso a nalaklaka a pakaalaan iti trabaho no malpaska nga agadal. Kabarbaro idi ti Medical Technology ket nadlawko nga umad-adu ti maisagsagud ti imatangda iti daydi a kurso. Awan pay idi ti computer.

Ania ngata no padasek? Maibagay ngata kaniak? Kabaelak ngata? Makastrekak ngata a dagus iti trabaho no malpasak?

Nalagipko manen ti linikudak a Labut, Abbarit ken Baybayabas. Agpayso, no askaw koma, nakaduaak met ngatan. Ngem agingga kadagidi a panawen, Enos Apok, mangurkurangesak pay laeng. Malagipmo, a nalagipko a diak pay nakaipuruak kadagidi Tatang ken Nanang iti uray no siping la koma?

Padasek man ketdi. Kunada, padpadasli barbarengli. Diak naamiris a no biddut ti pinadasmo, agsublika manen nga agkali iti kamotit!

Kasta ti biag. Kuna daydi Anti Immiang, ti biag a kasla takiag!

Nadamagko nga adda Medical Technology idiay Far Eastern University. Ken awan ti entrance examination idiay. No awatendak, nasayaat unay.

Intakderko iti nalinteg. Nagpakadaak iti daydi Anti Tacing.

"Adda met la pagpletem?"

Wen gayam!

"Ammom met la ti pagluganam?"

Wen gayam!

"Agluganka 'ti Yujico..."

Ket natangar ti ulok a kimmita iti laud.

Saanda nga istrikto idiay FEU, Enos Apok. Iti ababa a pannao, inawatdak idi maitedko dagiti rikititos a dinawatda.

Ngem anian a babawik, Enos Apok! Mariakosina! Kaaduanna a *science subjects* dagiti naimuttaal a masapul nga alaek! Physics, Biology, Botany, Zoology, Chemistry. Ken adda pay Trigonometry! Malaksid iti Physics, a nakaalaak iti pullat a grado idiay Cabugao Institute, idi la a nangngegko ti Botany, Zoo, ken Chem. Numona ta tin sa Chem idi ti *major subject* ti Med Tech. Ngem saan la a dayta, agpaitugotda pay iti *specimen.*

Adda nakaklaseak a taga-Vigan iti ROTC a diak innala idiay MLQU. Corpuz sa idi ti apeliedona. Nadekket kaniak ta agpadakami nga Ilokano. Kunana, adda manongna a nangato ti ranggona a soldado.

Kinalkalsiotannak a mangala iti COCC wenno Cadet Officers

Candidate Course.

Diak koma kayat. Awan essemko nga agsoldado, ken nalagipko ti kuna daydi Nanang nga umanayen ti maysa a soldado iti pamiliami. Ngem pinabalbalatongak met. Kunana ngamin a siakto met ti mangmammandar kadagiti kadete no malpasko ti COCC.

Mariakosina, Enos Apok! Kasdiay gayam ti opisial. Mabalinmo a baumbaonen dagiti kadete nga aw-awaganda iti *dumbguard*. Kunak la no ania ti *dumbguard* a kunkunada, ta awengna laeng ket diak magustuanen— kas man la tanga! Ti gayam kayuloganna, dimo mabalin ti agsao iti NO iti ania man a bilin ti opisialmo, uray kasano ti kakaritna, ta kanayon a bugkaw ti panagmandarda. Bugkaw ditoy, bugkaw idiay. Didak la binugbugkawan dagidi Tatang ken Nanang, ken diak koma kayat ti mabugbugkawan.

Ken agbaonda pay! Di la gagangay a baon. Agpagatangda iti uray ania a para iti nobiada sada paipan kenka a *dumbguard*. Sakanto agreport no malpasmon ti nakaibaonam.

Napadasak ti kasta, Enos Apok! Pinagatangnak daydi lokdit (Tang Ben, pabulod, a?) nga opisial iti sabong sa impaitulodna idiay parte ti Sampaloc a diak malagipen no ania a kalye.

Ibagak kano a naggapu kenkuana.

Ti dakkel a parikut, Enos Apok, awan ti igatangko!

"Awan kuartak, sir..."

"Produce, you, Dumbguard!" imbugkawna ketdin.

Ti la babbabawik a nagbalin a dumbguard. Mababainak a dimmawat iti daydi Anti Tacing iti inggatangko. Numona ta isu pay ti nagbayad iti unipormek. Nakasaysayaat daydi nga ikitko, Enos Apok. Kayatnak la kano a tulongan bareng no siakto ti mangilalaem kadakuada a di nakaadal.

Rabii ti *training* ti COCC idiay campus ti FEU. Alas siete ngata idin madama ti *formation*. Adda daydi kaabayko a kadete a di nakatungpal iti bilin, ken nadlawko nga agkakapsuten gapu ngata iti bisinna. Diak unay idi nadnadlaw ti bisinko, Enos Apok, ta naruamakon a mabisbisinan.

"You stupid dumbguard!" inyikkis ti opisial a kinagiddan ti panangbayona iti boksit ti kadete. Naarinuknok ti piman a kadete ket

nawara ti pormasion ta adda immawag iti tulong.

Nagyamanak idi naammuak ti napasamak iti daydi nalaing nga opisial. In-expel-da!

Ah, adda pay gayam maysa a malagipko, Enos Apok, sakbay nga ipanawka idiay FEU.

No panawen ti *exam*, dika makaala iti *exam* no dika agbayad iti matrikulam. Didaka ikkan iti permit.

Idi nakipilaak a dumawat iti permit, adda napintas nga estudiante nga immasideg kaniak. Langana ti probinsiana.

"Sir," timmangar pay ti lapayagko a nakangngeg iti sir, **Enos Apok!** *"puwede... di ako makakuha ng permit, wala akong pang-tuition..."*

Nagpangngaduaak idi damo, ngem naawatak ti kayatna a sawen. *"Sorry, miss. Wala akong pera."*

Naadalko nga adda kakasdi nga estudiante. Uray ilakoda ti bagida, makaadalda laeng.

Kasdiay idi idiay daga a nakakalakalan daytoy lelongmo a manarsarita kenka, Enos Apok. Dagiti agar-arapaap a lumung-aw iti pitak a nagtaudanda, uray ania a bagyo sarangtenda matungpal laeng ti pumaypayapay iti mugingda. No dagiti sumuko sakbay a timmangadda,

kaano man awanto ti nabunga nga ulienda. Dagiti met nalaus ti panagdardarasda, dida makita ti natarumamis a maisudak iti bakrangda.

Daytoy naudi a linia, Enos Apok, mismo a pagarigan ti asideg unay iti pusok. Asideg, kunak, ta nasayaat kaniak, ken isu ti nangsursuro kaniak nga agsigarilio, a naikkatko met laeng idi agangay—mapantanto idiay no kasano ken no apay.

Isu daydi kasinsinko a Warlito Tadile wenno Itok.

Iti naminsan a panagawidko manipud iti klasek iti rabii, saankon a nadanon daydi Insan Itok iti kuartermi—saan nga stay-in daydi kaduami a *family driver*. Kinitak iti ruar no adda ketdi nga agsibsibog, wenno agdaldalus kadagiti mula, a diak patien iti kasdi nga oras, ngem uray anniniwanna diak nakita.

Gamdek pay la ti agsaludsod ngem naunaannak daydi Anti Tacing idi napanak iti kosina a pangsimsimpaanna kadagiti lunglongan bayat ti panangur-urayna kaniak a mangrabii..

"Awanen 'diay kasinsinmo, Barok," tiptipdenna ti luana.

"Nagawid kadi 'diay probinsia, anti?"

"Saan."

Mabisinakon ngem nagagaranak a mangammo iti napasamak.

"Manganka pay."

Nagdardarasak a nagipapel iti naimas a pangrabii. Intangguapko ti nalamiis a danum. Arigna bimtak ti karabukobko iti kadakkel ti tigabko idi malpasak. Sinangok daydi Anti Tacing kalpasanna.

"Adda 'diay pagbaludan..." ket nagsasarunon ti saibbekna.

"Ania? Naibalud? Apay?"

"Tinakawanna manen da Judge..!"

Manen?

Maikatlo kanon a daras nga inaramidna. Idi damo, bassit a kantidad ti insakibotna. Binagbagaanda; imbagada a dina ul-ulitenen. Ngem piniduana, kuarta manen ken lupot. Iti daydi a gundaway, saanen a bagbaga ti inaramidda; binallaagandan. Iti maikatlo ken naudi, maletan ti pinanggepna nga iruar. Ngem nadarimusmosan a mismo daydi Judge Horacio de la Costa.

Enos Apok, adda pagsasao: ti agbilang agpullo. Ket nagpullo daydi Insan Itok.

No apay nga inaramidna? Babai ti gapuna, kuna daydi Anti Tacing.

Mariakosina a talaga, Enos Apok! Adu ti annabo daydi Eva a kumiddakidday no magnaka. Isu nga agannadka di la ket mamin-ano ta sika ti masimpalonganda. Sayangka no kua, Enos Apok! Sayang no kua ti inaunaan kadagiti amin nga agkakasinsin nga appok! Dika mangibabain, laglagipem!

Saan a pinagbayag dagidi de la Costa daydi Insan Itok iti pagbaludan. Ngem didan pinagsubli a hardineroda. Awan naaramidanna, kasta met daydi Anti Tacing, no di agsubli idiay probinsia. Dikamin nagkitkita manipud idi ket nadamagko idi agangay a napan idiay Camalaniogan, Cagayan a nakasarakanna iti nakairusok kenkuana. Addan pamiliak idi nadamagko a napanen timmangad iti barsanga ket nakaibati iti asawana iti maysa nga anak.

Tallo a bulan idin ti napalabas kalpasan ti panaggibus daydi Ti Imetda nga Impierno. Nalpaskon ti Ramut ti Sinamar ket naisumitirko payen. Ur-urayek laengen ti iruruarna.

Iti naminsan a panangsurnadko, ken pambarak koma metten a dumawat iti *advance payment*—mabalin idi ti agpayuna iti bayad ti sinuratmo no mabalbalinen nga aprobaran—inikkandak iti kopia ti karuruar a bilang ti magasin, nga Agosto 1, 1966. No ranaem ti agpasiar iti editorial iti aldaw wenno lawas nga iruruar ti Bannawag, di masaaw a padawatandaka iti kopia ket malibre no kuan ti bintingmo. Sagbibinting pay la idi ti maysa a kopia., malagipmo?

Sigud a diak ikankano ti *Dakami Met* a pangipeksaan dagiti agbasbasa, ken mannurat metten, iti kapanunotanda iti nabasada a linaon ti magasin. Ngem iti naminsan a pananglukluibko iti panid ti impadawatda a kopia ti Bannawag iti naudi nga isasarungkarko iti editorial, nasulek ti panagkitak iti paulo ti *Dakami Met: "IMPIERNO."*

Ni lelangmo ti mangkabkablaaw, Enos Apok!

Timmarabangak a dagus idi mabasak. Agaasem, Enos Apok, damok ti makablaawan iti nasao a benneg. No adda mangsurat kenka, nalawlawag pay ngem iti apagtangkayag nga init nga adda mangbigbig iti insabikelmo a galinggaling! Ket ad-addan, a, no ti inar-arapaapmo a makaam-ammo ti mangsurat kenka. Kinapudnona, nabasbasakon ti nagan ni lelangmo—immun-unan sa pay ngem siak a nakaipablaak. Nagustuak la unay ti naganna; kas man la sinamar ti sumingsingising nga init iti bigbigat. Kinunkunak, nagpintas a naganen. Estudiante pay la idi iti Northern Luzon Teachers College wenno NLTC, idiay Laoag, Ilocos Norte, a siudad itan. Balasang ngata pay? Sako met la sinumra. Ay, amangan no addan umip-ipus nga agbubuteg!

Idi sinunotak ti nagpasiar, tapno ammuek no rummuaren ti *Ramut Ti Sinamar umis*-isem daydi Manong Jun Hidalgo, a nagkuna: "Adda nangkablaaw kenka... nabasamon?"

"Wen, manong," insungbatko.

"Immay nagpasiar idi naminsan," kinuna ni Manong Guillermo R. Andaya, a nagbalin nga Apo Hues idi agangay. "Kastaunay ti panangdaydayawna kenka. 'Ay, naglaing nga ubingen!' kinunana ket dandani la naburak ti sarming ti lamisaanko iti panangdanogna! Kasta unay ti panangap-aprosna 'toy nobelam!" kinitana ti nabengbeng a manuskrito iti rabaw ti lamisaanna. Sana kinita daydi Manong Jun. "Ania ngata no baliwanta ti ispeling 'diay... nobelana, Jun?"

Nagkakatawada. Naawatak ti berde a kayat a sawen ni Apo Hues. Ay, Enos Apok, nagdadakkel ti paggaakda no agtutungtongda, -kami a sangailida. Agtutuboda pay la idi ket kagatgatelan ti utekda.

"Suratam; agbasbasa idiay NLTC," imbilin daydi Manong Jun sakbay a nagpakadaak.

Kasta unay ti siudot ni lelangmo, Enos Apok, idi istoriaek ti napasamak.

"Salawasawda... Dinandanogko, 'ya, met ti lamisaan daydiay nga editor. Makitakto laeng, agaluad isuna!" inkabukabna.

Sakbay a sinuratak, inkeddengko a mapan pasiaren iti adres nga inusarna iti suratna: 1137 Concepcion, Ermita, Manila.

No lablabsen ti manarita, Enos Apok, kagudua ti maysa nga aldaw a nagrikusrikosak iti nasao nga adres. Nagkalkalimduosanak. Napudpudpod ti mukod ti kakaisuna a rutrot a sapatosko. Naul-ulawak; kasta unay ti siudot ti buksitko. Napanunotko: agbambannogak, santo met la adun ti buriasna, kaasiakto payen, piman a maim-ima! Kasta ti awag kadagiti maadiadi ti agsasaruno a babassit nga annakna.

Diak intuloyen ti nagsapul! Suratakto laengen.

Sakbay a sinuratak, inulit-ulitko a binasa ti suratna iti *Dakami Met.* Tunggal balikas, kasla apiras ti nabanglo a balsamo a mangep-ep iti bannogko a nagsapsapul. *Kayatko nga idanon ti naimpusuan a kablaawko ken ni maipagtangsit iti Kailokuan a mannuratna...* Agaasem, Enos Apok! *Gapu iti makaay-ayo ken dinto maumag a sinuratna!* Nanglangitak, ket nariknak ti nakaat-atiddog nga isemko. *Sapay koma ta agnanayon a tarabayen dagiti nasidap ken napintas a sirsirmata...* No namin-ano a dinanogdanogko ti barukongko. Ha-ha! Naglaingakon! *...tapno iti kasta napimpintasto manen dagiti isagutna kadatayo!* Talaga, a! Saak nagtukeng: balbalatongennak sa met daytoy!

Hanabale, suratak latta ket no ania man ti banagna, a, ket ania ngarud no isu't gasat 'toy daksanggasat! Inyadresko ti suratko iti 521 Shaw Boulevard, Mandaluyong, Rizal, a napetsaan iti Agosto 1966.

Naannadak nga agyibbet iti balikas idi, Enos Apok, no makisinsinnuratak, kas iti inar-aramidko kadagidi immuna a kinasinsinnuratko. Wen gayam, sagpaminsan pay la idi nga agsinsinnubalitkami iti daydi Lucrecia Macanas a taga-Bangar, La Union. Kadagidi a panawen, namais pay la ti panagyab-ablatko iti balikas. Adu a paspasikalyena. Mairamramanmo amin a nagan ti Mannakabalin. Ken isu amin a paniempo ti panawen. Pati salun-at ti kasinsinnuratmo, ikarkararagmo pay. Ita, siguradok nga awanen ti agsisinnurat iti imbuson. Addan sa aminen selpon ti tattao. Daytay la ngarud maysa nga ipagko, dua ti selponna; maysa ti us-usarenna no makiinnawag idiay kasabaan—inung-ungtan kano dagiti annakna idi naduktalanda—sabali la ti gagangay nga us-usarenna!

Adda idin naal-alimadamadko a saggaysa a mainaig iti biag ni lelangmo, Enos Apok. Kas iti lakay a paset ti biagna, kasta met no asino ti 'Gen S' a kasinsinnuratna a mannurat met laeng. Nagpayak a talaga ti dila a kunada. Kinomustak ida.

Sakbay nga impadalgisko dagidiay Marites a kunada ita, kas iti mangmangngegmi ken ni lelangmo iti panagdengngegmi iti kankanta iti YouTube, kinablaawak pay nga umuna kadagiti nabasak a saritana a *Panawen* ken ababa a nobelana a *Tungpal Tanem*. Impadalgisko ti panagbaliwbaliw ti panawen, no adda ketdi nasken nga agbaliw iti panawenna, kasta met a no nagtungpalen iti tanem ti napalabas, saan kadin a mangsapul iti mamagungar? Amangan, kunak, no addan immuna a naisibeten, ket masapul ti baro a mangipateg. Dagidiay, Enos Apok, panangtingitingko amangan no adda immun-una ngem siak—diak kayat ti maun-unaan, kayatko, siak ti umun-una! Agsalsala ngamin iti panunotko dagitay pagsasao a 'subsubra' ken 'nagalusan.' Ay, pakpakawan! A kunam met la no asinoak a kasayaatan!

Kangrunaanna, indawatko a mairusokna koma ti makisinsinnukat iti kapanunotan, no adda kaikarian 'toy numo! Ken dimmawatak iti retratona.

Saanak a natektekan a nanguray iti subalit ni lelangmo, Enos Apok. Napetsaan ti subalitna iti Agosto 18, 1966, ken nayadres iti Northern Luzon Teachers College, Laoag City.

Nagagaranak unay, ket ammomon, a, kasta unay ti annadko a nangpigis iti murdong ti sobre. Kasta unay ti annadko a nangukrad iti suratna. Nariknak a kasla timmangar dagiti lapayagko iti pannakabasak iti *Lore!* Idi la nga adda nangawag kaniak iti kasta. Idi addaak idiay Bantay Baybayabas, ken idiay Baba wenno Abbarit, *Ayong* a gumgumluong, a naganko iti *ngarab ti tayab*—sukatak man ti makauman a pagsasao a *sirok ti latok*—ti masansan a mangngegko idi.

Siputam ti laing met ni lelangmo a mamalatong idi, Enos Apok.

...idi lukluktak ti suratmo ken uray idi nakitakon ti nagan ti naggapuanna iti rabaw ti sobre, impagarupko pay laeng nga arapaap ti pannakaawatko iti surat ti agtutubo, nalaing ken maipagtangsit a mannurat ti Ilocos Sur...Ammom, Lore, ti panangipagarupko ti nobelam ti maipablaak iti 1st week of August. I saw your novel when I visited the office last summer... Impagarupko pay idi no makapgkitata iti personal, ngem nalabit nga inkeddeng ti langit a saan, gapu ta awan pay laeng ti kaibatogak a makipinnersonal iti pagrukrukbabak unay a mannurat!

Agaasem dayta, Enos Apok? Ha-ha! Nagan kano ti pagrukrukbabanna a mannurat ti Ilokandia... Impalagipna pay a nagsurat kano idi rimmuar ti umuna a saritak a nangyam-ammuan kaniak daydi Mang Jun Hidalgo, ta naipan iti Benneg Dagiti Agdadamo a Mannurat. Inap-apalanna kano ta nayam-ammoak idinto a dida inyam-ammo idi rimmuar ti immuna a saritana. Pinanglamlammiongko met nga insubalit; ken inulitko pay no malagipmi, a saan nga agdadamo ti kategoriana. Ngem kinapudnona, awan pay idi daydi a benneg.

Adu pay a pamalbalatongna, no mabasam la koma ti interamente a suratna. Idi impalagipko idi nakapagsimpakamin, kunana ketdin, 'narigaten no makabulos pay 'tay nabanniitan!'

Ngem impalagipna pay nga adda pasugnodna iti diak kano panangsubalit iti suratna a nangdayawanna iti kaunaan a napagasatan a naipablaak iti amin a sinuratko, ti daniwko nga *Allon ti Biag* idi Disiembre 10, 1962. Diak naawat daydi a suratna ta nayadres iti Sabang, Cabugao, Ilocos Sur.

Adu pay ti panangidaydayawna itoy lelongmo, Enos Apok. Diak malagipen no namin-ano nga inulit-ulitko a binasa ti suratna. Ti saan a napunas iti panunotko ti kinasinged ti pannakisarsaritana. Idi pay laeng, nariknakon nga adda napintas a masakbayan dagiti banniitmi.

A, wen, gapu iti suratna, pinutedkon ti makisinnurat iti daydi

Lucrecia Macanas—piman nga imnas, addan mannurat a kasukatna. Ngem sayang, nagin-uorderak pay koma iti Barong Ilokano, nga inar-arapaapko met idi. Ngem bay-amon dagiti abelna, total addan mannurat a kasinnuratko!

Kasta ti lagipko iti daydi Shaw Boulevard, Enos Apok.

Maika-16 a Paset

Labut 5, 1966

SAKBAY NGA ISUBLIKA idiay Labut, Enos Apok, ipanka man pay iti sumagmamano a bulan a diak nangted iti *testimony* wenno pammaneknek iti kongregasion a maar-aramid iti tunggal umuna a Domingo ti bulan. Iti daydi a bigat a pannakimisak—saanen a sumursurot ni lelangmo a makimisa ta dinan kabaelan ti mabayag nga agtugtugaw—siakon ti simmaruno iti immuna a nangted iti pammaneknekna. Impaneknekko ti kinapateg ti panagpaay iti Templo. Inistoriak ti napasamak iti daydi Brother Kinikini a maysa kadagiti napateg a gayyem ken kaduak iti *sealing department*, nga inatake iti puso bayat ti panagpaayna iti *endowment room*. Saan a paset ti aramidna iti *sealing* daydi ngem nagboluntario ta kurangda ti tao iti belo. Ammom kadin, Enos Apok, a maikari unay iti Namarsua ti pumusay bayat ti panagserserbina iti Templo?

Isu a bayat ti panagbuybuya ni lelangmo iti gagangay a buybuyaenna iti YouTube, sinangok ti pangtedko a daldalusan, ta iti panunotko, nasken a maiwakasko sakbay a maibus ti panawenko. Diak kayat a maipadaak ti kas iti napasamak ken ni Brother Kinikini. Awan ti makaipadto iti masakbayan ti tao, Enos Apok...

Labut 5, 1966-

NO MANEN, BASAEK ti kablaaw ni lelangmo, Enos Apok. Ammomon, a, no agdadamoka a makablaawan, arigmo ti agraraman a kasla di mapnek ket dika mauma a mangdilpadilpat kadagita bibigmo.

Im-imasek ti agar-arapaap idi aglulua daydi Anti Tacing nga

immasideg. Adda iggemna a telegrama manipud idiay Abbarit.

Agawidka. Tatangmo. Natayen!

Simgarak iti naammuak.

Ni Lelong Iroy, natayen? Kaano la daydi naudi a panagtungtungtongmi idiay Evangelista? Nakakilkilnet ti ayek-ekna idi a manarsarita. Naisupsupadi ti ragsakna, maigidiat unay iti kasla panagpagpaguyodna iti bulo idi idiay Bantay Baybayabas bayat ti panagtirtiritirna iti lapnit ti saluyot a talienna. Daydi kasla kanayon nga agsussusuon iti impierno bayat ti panagas-asug daydi Lelang Andiang idiay sagumbi. Nakarimrimat dagiti mata daydi Lelong Iroy a mangiwarwaras iti panagkitana iti aglawlaw iti siudad ti Manila bayat ti kaaddami iti tuktok ti pasdek daydi Mister Ruperto Villongco, sa daydi pannakaisagud ti panagkitana iti tuktok ti simbaan ti Quiapo. Malagipko latta daydi panangitudtudok iti balitok a relo, daydi Ceba a kayatko a gatangen idiay P. Paterno; kasla nakaparpartak ti panagtulid ti panawen, mangmangngegko ti nakapsut a tanektek daydi a relo idi addan iti pungupunguak.

Wen gayam, Enos Apok, nagatangko daydi a relo, a balitok ken agbennat ti kerelna iti lima a pisos—naliplipatak gayam nga inagagapad a dakkel ti naitulongna kadagidi panawen a panagkamkamatko iti oras no mapanak agbasa, ken no adda pagdardarasak a papanan; inadipennak daydi a relo, Enos Apok, diak la nasasao idi kenka.

Ket wen, ti ipupusay daydi Lelong Iroy, nakaipaay iti adu a nagbalbaliwan, wenno pannagna ti biagmi iti daydi Anti Tacing.

Saan a pinawilan dagidi de la Costa nga agawid daydi ikit; dinagdagda pay ketdi, ken pangwadwaden ti indonarda para iti pannakaitabon daydi Lelong Iroy.

Nupay pinagawidda daydi Insan Itok idi makaruar iti pagbaludan gapu iti nagbasolanna, binigbigda ketdi ti napudno a panagpaay daydi Anti Tacing kadakuada. Siak, awan nasaoda, ta didak met sinusuelduan. Siak ketdi ti agyaman kadakuada ta pinagdiandak iti sidongda bayat ti panagadalko idiay FEU. Isu a didak pinawilan idi imbagak nga agawidak met.

Isu a dudua ti katulonganda a nabati, daydi babai a kabagianmi a tagaLapog—talaga a diak malagipen ti naganna, Enos Apok, ngem malagipko man ketdi ita nga iti naminsan a panagsarsaritada iti daydi Anti Tacing, naagapadda ti maipanggep iti binulan a panagsangailida a babbai: pulos kano a di napadasan daydi a kabagianmi ti nagsangaili. Daydi napudno met a drayberda ti maikadua.

Awan imbatik a gamigamko, a kasla nagparikna a saanakon nga agsubli iti 521 Shaw Boulevard, Mandaluyong, Rizal. Ti kadakkelan a kamtudko, isu ti diak panagpakada idiay FEU; pimmanawak lattan a di nangibati iti ni oy ni ay.

Ti diak nalipatan nga intugot, isu daydi Standard a Remington a makinilia ta kadagidi a panawen isu ti maysa a kapatgan a paset ti biagko kas apagsulbod a mannurat.

Diakon nadanon idiay Labut daydi Nanang, Enos Apok, ken ti buridekmi, a diak malagipen no asino gapu iti kaaduda. Kasta met daydi Anti Immiang ken dagiti annakna malaksid ni Myrna nga agbasbasadan sa ketdi idin idiay Cabugao Institute kada lelongmo a Herman ken daydin sa Tessie, ken Violy no diak mariro. Awan ti ammok no apay a ni la Myrna ti nabati—siguro, maagapadkonto kadagiti dadduma a paset, Enos Apok. Napanda amin idiay Abbarit—Abbarit latta ti malaglagipko nupay nalatak itan ti Guimud Sur nga akin-sitio, segun ken ni Danilo A. Bautista.

Diak pay nakain-inana no ar-arigen, nagpakadaakon iti daydi Tatang ta innak met makiminatay, kas kangrunaan a gagemko iti panagawidko. Impambar daydi Tatang a di nakapan ta awan ti agbantay iti balay.

Adda salamagi iti sungaban ti dasdas nga aggapu iti kalsada iti amianan. Adda pay la iti mawidawidan iti kanigid daydi urno wenno pugon iti amianan ti bubon a linakub ti bua.

Addaak pay la iti sidiran ti urno idi mangngegkon dagiti agdudungaw, Enos Apok. Makapaseggar ti agpangato-agpababa nga ayug ti dungaw, a nakaad-adu ti idawdawatda, a diak maaw-awatan idi damo.

Naitukeng ti amin idi mapasungadandak. Kaaduanna ti nakamangisit, wenno nakapanes—panes, kunada idi, Enos Apok, ti nakamangisit. Nakapanes amin dagiti kameng ti pamilia ti pimmusay.

Idi nakitadak a di nakamangisit wenno nagpanes, sinabatdak a dagus ket imbagada a masapul a nakamangisitak. Adda nagsisapul iti nangisit a para kaniak.

Nadlawko idi agangay nga am-ammimian dagiti annak wenno kakabsat ti pimmusay ti pingir ti nangisit a dalungdongda. Daydi Lelang Andiang, nakalidliday a kasla lumlumnek iti kabassitna iti asideg ti uluanan daydi Lelong Iroy. Diak maitugotan ti uray sangkabassit a panagduadua iti rupana; kasman la nalipatannan a namimpinsan daydi di nasayaat a panangtrato kenkuana ti pimmusay a kapisina. Napakawannan, kasdi ti panagriknak. Wenno asawa la a talaga ti asawa.

Nagaabay dagidi Nanang, Anti Tacing, Angkel Aling, ken Anti Immiang iti maysa a bangko nga immurnos iti nakaimassayagan daydi Lelong Iroy. Agpapadada a nalabaga dagiti matada ken sagpaminsanda nga agsaninglot.

Adda met dagidi Insan Erwin nga Awweng ti naganna iti ngarab ti tayab, saan nga iti sirok ti latok, malagipmo Enos Apok? Nalawag ti rupa daydi Insan Awweng ngem ammok a tiptipdenna ti irurukuas ti ragsakna a nakakita kaniak. Daydi Insan Warlito nga Itok ti naganna iti ngarab ti tayab ti awan ta di kano makaruk-at iti nakaibaudanna idiay Camalaniogan.

Idi kumitaak iti ruar, Enos Apok, nadlawko ti ummong dagiti agsusugal iti sirok ti dakkel a sua iti daya.

Inabayko daydi Angkel Aling idi maikkanak iti gundaway. Nadlawko ti kinatalna ti tigtignayna.

"Awanen ni lelongmo, Ayong," napalting ti lapayagko iti nakaawaweng nga Ayong. "Pinanawannatayon!"

Nasdaawak, Enos Apok. Nalimpion sa ketdin?

"Wen ngarud, Angkel," kinitak ti balitok a Ceba iti pungupunguak. "Di la mamin-ano ti panawen."

Ket sinaritak ti panagpatpatangmi iti daydi Lelong Iroy idiay Kalye Evangelista.

Komustaek koma ti kasasaadna ngem naalak ti nagduadua; amangan la ketdi no adda masagidko a pakakuldingan ti riknana. Gagangay laengen ti nagsarsaritaanmi, a sangkasirigko ti balitok a Ceba iti pungupunguak; no anian ti oras.

"Napintas dayta relom..."

"Wen, Angkel, pakalaglagipak iti bayad daydi immuna a daniwko."

Kitaem man a talaga, Enos Apok. Ita la a maagapadko a nagtaud iti bayad daydi daniwko ti inggatangko. Isu a 'tay kunakon... malagimo? Aglibtalibtaw no kua ti lagip, pagammuan lattan ta malagipmo ti paset ti biagmo a nalipatam! "Komusta ti Birhinia itan, Angkel?" imbaliwko ti saritaan.

"Adu ti bimmaknangen... ngem saanak unay a makatultulong."

"Makipagladingitak iti panagpasinayo," kinuna ti maysa a kabagianmi nga immasideg. "Mayat sa man ti saritaanyo nga aguliteg?"

"Kasarsaritak ngarud ni angkel, Tata," kinunak. Nadlawko nga immatap dagiti mata daydi Angkel Aling.

"Napatangam ti kinalimpiona," inkissiim ti kabagianmi idi mailikud daydi Angkel Aling.

Iti sardam, immadu dagiti agaayam iti innipis iti ruar. Kunada, pangurnonganda iti yabuloyda iti nagminatay.

Nadlawko daydi Angkel Aling a sumrek-rummuar iti kadaklan. Idi kuan, nagtugaw iti suli nga agtantanamitim. Diak maawatan dagiti sasawenna.

"Kastana no sumro," kinuna daydi Lelang Andiang idi makasaritak. "Kaasi 'ta ulitegmo, Apok. Kasta lattan manipud idi napaay ken ni Caring. Nasayaat no makasayaat ngem no agpakaro... kasta, tanamitim a tanamitim. Pagpiaanna ketdi, saannakon a bugbugkawan a kasla aso ken dina ina, a kas idi addatayo pay idiay Surong."

Nagpalabasda iti tallo nga aldaw sakbay nga impumponda daydi Lelong Iroy—Cirilo Urmeneta Garcia. Iti unos dayta a panawen, saan a nagsardeng dagidi nagsusugal tapno kano makaurnongda... kas nasaok itayen, iti abuloy.

Inkalikagumko ti bagik a makipagbagkat iti daydi lelong ngem awan kadagiti asideg a kabagian ti pimmusay ti napalubosan nga uray mangsagid laeng iti assiw wenno iti lungon daydi lelong. Mabiit kano no kua a sumurot iti pimmusay!

Idiay sementerio ti San Isidro ti nakaitaneman daydi lelong, Enos Apok.

Inuray pay daydi nanang ti maikasiam daydi lelong sakbay a nagawid idiay Labut. Diak inuray ta nasken a sanguek ti maikatlo iti trilohia a biag ni Pupoy, ti *Agus*. Daydi Anti Immiang ken dagiti kinakuyogna nga annak ti saanen a nagsubli idiay Labut.

Ngem daytoy ti kunak itay a dakkel a biddutko. Dua a lawas a limmanganak iti klasek idiay FEU ket nagbainakon a nagsubli.

Isu a dropped amin idi ti gradok, Enos Apok!

Sɪɴᴜʀᴀᴛᴀᴋ ᴀ ᴅᴀɢᴜs ni lelangmo, Enos Apok, idi nakaawidak idiay Labut. Daclapan Sur, Cabugao, Ilocos Sur ti inlanadko nga adres. Napetsaan iti Setiembre 27, 1966.

...kas makitam iti adresko iti ngato, addaakon ditoy probinsia. Ti inlanadko a petsa isu pay laeng ti pannakaawatko iti suratmo nga imbusonda idiay Shaw Boulevard.

Imbagak nga addaak iti probinsia a pangsangsanguak iti Agus. Kasta unay latta ti panangannadko iti ibbatak a balikas. Kasta unay a sabsabongna! No intuloyna ti nangdaydayaw kaniak, kasta met kaniak kenkuana. Ngem no palpalabasak ita dagidi sursuratmi, maalep-ep man ketdi dagiti sikor a kasla di maminggga a mangsinsintir iti espiritu.

Sinungbatan ken inlawlawagko amin a ngatangatana iti suratna. A no naawatko koma ti kunana a suratna, nalabit nga idi pay laeng ket nagamammokami koman. Kasta met nga inannugotko a ti Gen S iti suratko isu daydi Genaro R. Sumaoang.

Naiparipiripko, Enos Apok, ti dakkel a karit a sangsanguek kadagidi a panawen. Diak inagapad ti pettat a panagsardengko nga agadal. Diak nasagid ti pampanunotek a nalabit a pannakaputed ti taliwanay a mamagsilpo iti agdama ken ti masakbayan. Kasano a matungpal amin nga arapaapko?

Nangruna la ngaruden idi nagsubli daydi Anti Tacing idiay Shaw Boulevard—panggepko koma idi ti agsubli met ta bareng no mabaliwak a planuen ti baro a pagrubuatan. Ngem saanen a nagbayag daydi Anti Tacing ta pettat ti ipupusay dagidi agassawa a de la Costa. Kapilitan a nagawid daydi Anti Tacing idiay Abbarit, nga awanen ti sinnublian.

Panagriknak idi, Enos Apok, naspaken a namimpinsan ti rayaraya! Kasano pay a makasubliak idiay Manila?

Awanen ti pakidagusak!

Gᴀᴘᴜ ɪᴛɪ ᴘᴀɴɴᴀᴋᴀᴋᴜᴍɪᴋᴏᴍᴋᴏ kadagiti sursuratek, Enos Apok, nga isamsamirak iti sagpaminsan a panangsarsarungkarko iti kadilian ken tangrib, a sinubliak manipud idi naggapuak idiay Manila, diak naimanmano ti panaglabas ti panawen. Kadagiti suransuratmi ken ni lelangmo, agpadpadakami a mangipekpeksa kadagiti dagensenmi. Dandani idin agsabat ti lubongmi!

Immuna nga intinnag ti langit ti ipupusay daydi Angkel Aling. Segun iti damag, natalna kano kadagiti naudi nga aldawna. Saanen a nagtantanamitim. Kas man la nalipatannan a namimpinsan daydi dayag a nangrebba iti lubongna. Kasta unay kano ti panangigingginana iti daydi Lelang Andiang kadagidi naudi nga aldawna. No mabalin dina kano payen kayat nga aggunay ti inana. Nagbalbaliw a namimpinsan.

Saanak a nakapan nakiminatay. Maysa pay, apagbiit la ti panangimassayagda iti bangkayna. Dida pinagpuyatan. Awan sugsugal.

Intabonda lattan. Iti met ketdi abay ti tanem daydi Lelong Iroy, a, Enos Apok.

Gapu ta diak ida nakadendenna iti kaaddada idiay Abbarit, dagiti laeng ladawanda idiay Baybayabas wenno Surong ti agparparang iti mugingko tunggal malagipko ida. Daydi lelong nga agtirtiritir iti lapnit ti saluyot. Daydi Angkel Aling a mangmangngegko ti nasam-it a sagawisiwna a Mona Lisa no sumungad iti sumipnget iti agdaldalluyon a kapan-awan iti laud a pingir ti homsted daydi lelong. No awanen dagiti tao nga impateg ken/wenno kinasimbronmo bayat ti pannakipulapolmo kadakuada, isu pay laeng ti pannakaamirismo ti pudno a kinasiasino ken ti kaimudinganda iti daytoy a lubong. Taoda met a kas kadatayo, Enos Apok, ket kas kadatayo adda met pagkuranganda; ngem annak met ida ti Mannakabalin.

Mainaig iti daytoy a pasamak, kitaem daytoy sumaruno a paset ti laglagipko. Nalabit a ngumato ti kidaymo: Apay daytoy? Iti pannakalagipko itoy, kunak man a pakpakauna daytoy ti isusurotmi ken ni lelangmo iti maysa a pammati.

Ney, saanak a mangaskasaba, Enos Apok! Ngem makitak man ita, dagiti nagkaadu nga agsisimparat a mangitangtangad iti langitda. Daytoy ti nalinteg a dalan, umaykayo, sumurotkayo, no kalikagumanyo ti maisalakan, no arapaapyo ti makasaklang iti Truno a Kangatuan!

Malagipko laeng, Enos Apok... diak matandaanan no

naipaspasagidko kenka idin daytoy, ngem no bilang ta nangngegmo idin kaniak, bay-am ta ulitek.... nga iti panagul-ulimek daydi Tatang, iti baet ti panangtingigna kadagidi immuna a nangitangad kenkuana iti awitda kano a langit, daydi pay maysa nga agnagan iti Apo Osi—diak sigurado no dayta ti pudno a naganna—a di masinunuo no naggapgapuan wenno nagtataudanna a suli ti lubong, ti nakaisagudan dagiti natinggaw ken napili a mata daydi nadungngo a lelongmo iti tumeng.

Diak ammo no kasano, ngem in-inut met la a nalukaisan ti lugar a nagbukaran daydi Apo Osi. Maysa kano a suli ti Tarlac. Ket iti panagallaallana, natiliwko ti bugas ti balikasna idi agangay, nga ab-abogen kano ti timek ti Mannakabalin: 'Magnaka, ala, magnaka, ket irakurakmo ti balikasko!'

Ket pagammuan lattan ta bimtak ti lawagna idiay Caronuan, a maysa a sitio wenno barangay ti Lapog iti deppaarna ti daya, a nagkunaanna:

'Umaykayo, Annakko, timudenyo ti timek ti Amayo a nagtaud sadi langit...'

Ngem kuedaw, Enos Apok, manmano ti nagasat a makasango kenkuana, a makapagmano wenno makalang-ab man la koma iti nabirtud nga asepna! Ta adda latta iti kuarto wenno sagumbi, a pakisarsaritaannna kano iti Apo! Nga umaw-awatanna iti nabirbirtud pay a bilin nga agtaud iti Langit!

Ket nasaksiak ti maysa a karkarna a pasamak.

Adda idi napuskol a pinuon ti kawayan. Nangngeg, ken nasaksiak, nga adda mapaspasamak a karkarna kadagiti kawayan.

"No mamatikayo, makitayo kadagiti puon ti kawayan dagiti ladawan... a pagilasinan. Ngem no awan ti pammatiyo, agdawatkayo iti Mannakabalin," kuna kano daydi Apo Osi. "Dagidiay dagiti marka a mangipaneknek iti kinamannakabalin ti Apo!"

Napanak met, a, nakipagsapsapul kadagiti nasantuan a ladawan! Narigaten, amangan no maikapisak kadagiti nasantuan a parabur.

Ti nakitak, Enos Apok?

Gaddil dagiti pinuon gapu ngata iti panagririnnidiridda no agangin iti napigsa. Dagidiay ngata ti kunkunana a ladawan? Wenno saanak a maikari a makakita? Sikan ti mangeddeng, Enos Apok.

Ket denggem pay, kasla ang-angaw ngem pudno. Natulnog dagiti pastorana, a kunam no naamo a karnero, a naannad a sumrek-rummuar iti lugar nga umaw-awatanna iti bilin! Idinto nga iti ruar, iti paraangan, pumuspuskol dagiti nakanganga a tattao, nga agur-uray iti milagro.

Agsublita iti daydi Tatang a lelongmo iti tumeng. Diak naimanmano, ngem pagammuan lattan ta nadamagko a nakadanonen daydi Apo Osi iti balay daydi Angkel Laur iti sitio a nagbaetan ti Labut ken Sabang.

Sadiay, inawisnak daydi Tatang a mapan dumngeg kadagiti nabirtud a balikas daydi nakaskasdaaw a tao ti Dios. Adda sumagmamano a kaduana a naggapu idiay Caronuan, a pakairamanan dagiti natudio a pastorana. Adda met ngata sumurok-kumurang, wenno sumagsangapulo a tattao a napan nakius-usiuso. A pakaibilanganmi iti daydi Tatang.

Ti immuna a nadlawko, Enos Apok, sakbay a rugianna ti mangasaba, adda nasantuan kano a kanta a panglukatda, sada pasarunuan iti kararag... Denggem, Enos Apok, Ilokano a nasantuan a kanta.

Sadiay ti nakaam-ammuan daydi Tatang iti daydi Tata Ayong, a kanagnaganko iti ngarab ti tayab. Kadua daydi Tata Ayong ti asawana, ken ti balasangna nga agtawen sa la idi iti sangapulo-ket-pito. Sepa ti naganna; in-inaunaak ngem isu. Isu kano ti puon ti nakapasurotan dagidi Tata Ayong. Nagkammaulaw kano idi ni Sepa ket naagasan ni Apo Osi.

Wen gayam, nalipatak, dayta ti batumbalani daydi nasayaat a tao.

Panagsapsapo nga adda kakuyogna a minimini... ti pangawisna kadagiti tao nga agtulnog iti balikas ti apo.

Diak ammo no kasano idin, ngem nasirpat daydi Angkel Poling ni Sepa. Ket napasamak ti naindaklan a milagro! Nagtugmok ti dalanda. Ngem sakbay dayta, malagipko, naestoriak sa idin, ket ipalagipko laeng, Enos Apok, nga immuna a nakaludon daydi Angkel Poling daydi Francing a kabsat daydi Anti Taling nga asawa daydi Angkel Romeo— natikawkan? Naputotanna daydi Francing ngem diak ammo ti pannakapasamak ti sabali pay a milagro. Nagsina ti Poling ken Francing, a nabati iti daydi ulitegko ti pututna a lalaki, ket sinublat daydi Lelong Roque daydi immuna a babai iti biag ti maysa nga ulitegko.

Isu a maikadua ni Sepa...

A, malagipko, Enos Apok, sinarsarigsigan kano met daydi Angkel

Poling daydi Anti Immiang idi balasitang pay ti ikitko ngem saan a nagsabat ti gasatda.

Nagangayanna, idi lumpaag ti uramda, napan met nagbalay dagidi Tata Ayong iti laud ti balay daydi Angkel Romeo iti asideg ti bubon a saksi ti adu a pasamak—makadanontanto iti dayta, Enos Apok.

Saan a dita ti naggibusan ti pakasaritaan daydi Apo Osi. Idi nagsubli idiay Caronuan, nadamagko laengen a nagbalinen a miembro ti grupona daydi Anti Tacing.

Kasano? Diak ammo. Nagbalin a natulnog daydi ikit, ket din sa kanon simminsina iti grupo daydi Apo Osi.

ADU DAGITI PAGTENG a di namnamaen a dumteng, Enos Apok. Dumtengda iti panawen a dimo mapakpakadaan. Apay nga ita, ken apay a napasamak? Ania a pakasapulan? Ania ti kaimudinganna iti biag a paggargarawan? Dimtengda kadi gapu ta kasapulan? Iti ania? Lasag? Kaamaan? Wenno dimteng nga ingkapilitan; a di nagay-ayatan?

Daydi Anti Immiang ti dakkel a pagarigan, Enos Apok.

Pagammuan laengen ta simgiab ti siddaawko idi nadamagko a naikkaten ti Cacananta a silpo ti nagan daydi ikit. Nasukatanen iti Saliganan.

Apay? Masapulna ngata ti katulonganna a mangpatan-ay kadagiti annakna? Adda kadi idin makatawenda idiay Abbarit?

Kasano?

Diak malagip nga adda kinasadarak idi a Tony idiay Abbarit. Adda maysa a Tony, ngem Antonio Oandasan, a kabagianmi, ken nakatrabahuak iti pagablan idiay Manggahan, Pasig. Ngem daytoy Saliganan? Awan malagipko.

Ngem napasamak a kasta, Enos Apok. Diak nakasarsaritan daydi Anti Immiang ta mabalin a saludsodek koma. Saanakon a nakasarungkar idiay Abbarit iti nabayag a panawen—daydi laengen isasarungkarko iti lugar a yan ti pakak, a nakaipasngayak kalpasan ti adu a panawen.

Ngem ituloyta daytoy a paset ti panagdaliasat 'toy lelongmo, Enos Apok

AGMAKMAKINILIAAK ITI DAYDI nasapa a malem; diak malagip no yan idi da lelongmo a Herman, ken dadduma a kakabsatko. Naisardengko ti ar-aramidek idi adda natan-awak a bassit a baket a manguddakudday a magmagna. Nagbitbit iti binakol a bay-on.

Nalasinko daydi Lelang Andiang, Enos Apok!

Dimmalagudogak iti agdan a simmabat kenkuana. Luminlinab ti kinelleng a pingpingna.

"Apay, Lelang?" Nagmanoak. Sinublatko ti bitbitna.

Saan a simmungbat. Kimpet iti takiagko. Inatibayko a kimmamang iti agdan. Nagtugaw iti umuna a tukad ti agdan. Pinukkawak daydi Nanang nga adda iti kosina.

"Nagnagnakayo, Lelang?"

Saan a simmungbat. Impunasna ti dalungdongna iti rupana.

"Ania't naknakanyo nga immay iti kastoy a nagpudot?" kinuna daydi Nanang a nagdardaras nga immasideg. "Apay nga immaykayo?"

Timmakder daydi lelang ket naginnarakupda iti daydi Nanang.

"Mailiwak unayen kadakayo, Nakkong!" tiptipdenna ti saibbekna.

Inatibay daydi Nanang daydi lelang nga inturong iti kosina.

"Aniat' kinagurayo idiay?"

Lua laeng ti insungbat daydi lelang.

"Kasano a nakadanonkayo ditoy?"

"Nagta-layak, Anakko..." nakapsut ti timekna, nakadumog a mangpirpirit iti gayadan ti kimonana.

"Pinagpagnam, Lelang?" narigatko a patien, Enos Apok.

Nagtung-ed.

Mariakosina, Enos Apok! Pinagpagnana ti nagbaetan ti Abbarit ken Labut? Agaasem! Manipud Abbarit... sa Bacil, Cabugao, Ruaran, Labut... mano a kilometro daytan?

"Ania metten," ket naluyaan daydi Nanang.

Kinablaawan laeng daydi Tatang daydi Lelang idi makitana. Nagdardaras a pimmanaw ta adda kano pakaringguranna.

No malagipko dagidi a panawen, Enos Apok, nasanay dagidi tattao nga agta-lay. Pagarigan no agud-udong daydi lelang manipud idiay Bantay Baybayabas wenno Surong agingga idiay poblasion ti Magsingal... agalabuelta kalpasan a maimarona ti inyudongna, ken magatangna dagiti kasapulanda idiay Surong... Idiligmo ita a panawen ti... no ania man a panawen... maysa nga addang la no lalausen ti manao, nakakotseka pay, a kasla ketdin dinaka pinaraburan ti Mannakabalin iti saka nga ipagnam. Agalem ti sangkabassit a dilpat ti darang ti init iti rupam. Duoy dagiti tattao itan, Enos Apok... dimo kuna a saanka a duoy, 'nia ti kunam?

Maysa a banag ti kangrunaan a pakalaglagipak iti yaay daydi Lelang Andiang, Enos Apok. Inasitgannak iti pagmakmakiniliaak. Binuybuyanak, nga adda immammingaw nga isem kadagiti kirriit a bibigna. Makitkitak pay laeng ti bituen kadagiti naasi a matana. Inarikapna ti nagbaetan ti kimona ken pandilingna. Adda inruarna a nasiglot a nangisit a panio.

Malagipko la unay, Enos Apok. Inukradna ti nakupinkupin a nakusnaw a derosas a salapi a dua nga apagkatlo ti gagangay a papel de banko ti kadakkel wenno kabassitna. Kinupinna met laeng, sana inyawat kaniak.

"Pakalaglagipam kaniak, Apok," kinunana, a nakalawlawag ti rupana.

"Saan, Lelang..."

"Pakalaglagipam," inulitna.

Kasano ngatan ti kabayag nga inim-imluyanna daydi a salapi?

Naggudengak nga immawat.

Kinunak: "Idulinko daytoy salapim, Lelang... sika daytoy..!"

Inarakupnak iti likudak. Nalang-abko ti asep ti nadungngo nga ina.

Agaasem ti kaadu dagidi a pasamak, Enos Apok? Nagdadarisonda iti adu a gundaway, iti adu a panawen, iti adu a lugar.

Makapatunglab a panunoten.

Ngem adu pay ti nasken a maammuam; ituloymo ti dumngeg.

Maika-17 a Paset

Ama dagiti Timpuyog

KITAEM TI AR-ARAMIDEK no dadduma, Enos Apok, no addaak iti opisina ti Sealing Coordinator. Magusgustuak ti agtugaw iti dumna ti diding. Bilangek dagiti kakaduak a *sealer*. Iti daydi a malem, walokami. Sagpapat nga agsisinnango. Nakapurawkami, a binagayan ti naisapawen a buokmi. Lallakaykami amin; awan ti nababbaba ngem pitopulo ti tawenna kadakami. Pitopuloket-siamkon, Enos Apok. Nakaul-ulimekkami nga agur-uray iti batangmi. Tallo ti agbasbasa iti Nasantuan a Kasuratan. Adda mangus-usig kadagiti nagan iti tunggal panid a naisigpit iti saggaysakami a *folder*. Siak, adda ti panunotko iti daldalusak nga ibatik kenka, bayat ti panangpalpaliiwko kadagiti kaduak.

Binurak ti Coordinator, nga adda iti likud ti lamisaanna, ti ulimek.

"Brother Grant is scheduled for a heart surgery in Monday, right?" kinitana ti tubabek a maikadua kenkuana iti sango ti grupomi.

Nagtung-ed ti agnagan iti Grant.

Nalagipko nga umarngi ti operasionko, pito a tawenen ti napalabas. Imbaga daydi Dr. Karwandi a nangsukat iti maysa a balbola ti pusok a sintetiko ti insukatna; ni lelangmo, balbola ti puso ti baboy ti insukatna, kas kadagiti dadduma. Idi dinamagko, no garantisado a sangapulo a tawen santo manen masukatan ti balbola ti pusok, kinuna ti doktor:

No malasatam! Maoperakanto manen...

Sangapulo a tawen? Tallo a tawen laengen ti nabati?

Masapul nga idarasko ti ar-aramidek Enos Apok!

Ama dagiti Timtimpuyog, 1966-

NAPASAMAK AMIN DAGITOY bayat ti panagsinsinnuratmi ken ni lelangmo, Enos Apok.

No agsurat ni lelangmo, ad-adda nga Ingles ti us-usarenna, ballaballaetanna laeng iti Iluko. Kunana kano idi, ngem dina met imparupa kaniak, a dina tutopan ti panangus-usarko iti nakayanakak a pagsasao wenno lengguahe. Naadalko dagiti nauneg a balikas nga Iluko iti panangbasbasak iti kolum daydi Propesor Santiago Alcantara, ket isu ti nagpidutak kadagiti nauneg a balikas. Isu nga Ingles nga umatiberret ti ipaspasaksakna kaniak.

Napanunotko idi agangay, a gapu ta umatiberret nga Ingles latta ti ususarenna, inkeddengko a Tagalog wenno Filipino ti usarek. Nagusarak la iti mano a linia nga Ingles, a no namin-ano nga indalusko. Kalpasanna, Tagalog daytan nga umatiberret!

Ngem naminsan la a nagsuratak iti sumagmamano kaputed nga Ingles ket sinilpuak ti Tagalog; tapno dina met kunaen nga Iluko la ti ammok a lengguahe. Kinunak idi agangay, apay nga ibainko ti nakayanak a pagsasao?

Iti maysa a suratna, kasta unay ti panangdayawna, manen, kaniak ta nagpasiar kano iti opisina ti Bannawag a nakakitaanna iti manuskrito ti nobela. Naibinggas kadagidi a sursuratmi ti adu a sansaning-i, napnuan ararapaap ken kasla awan ressatna a pinnadamag nupay dikami pay idi nagkita, ken nagkinnaawatan—basaemto ti libro a nakaurnongan dagiti linabag ti rosasmi.

Maysa kadagiti surat a naawatko bayat ti panagur-urayko iti panaglukat ti sabali a gundaway a mangituloy iti arapaapko a dumur-as, ken mamaglawag iti lumidlidem a namnamak, ti surat daydi Manong Juan Sanchez Peralta Hidalgo, Jr. idi arinunos ti 1966. Imbilinna a sapulek ti grupo ti GUMIL Ilocos Sur idiay Santo Domingo, Ilocos Sur nga impanguluan daydi Manong Pelagio A. Alcantara.

Ken impaganetgetna a sapulek dagiti adda arapaapna nga agbalin a mannurat iti Cabugao, nga inagapadna ti naganda, tapno bangonenmi ti GUMIL Cabugao. Parikutko idi ti kaawan ti essemko a makipulapol iti tattao. Ngem gapu ta nagbainak a di mangtungpal iti bilinna, sinapulko dagiti naagapad a nagan.

Sakbay nga ituloyko, agapadek man ditoy, Enos Apok, ti napateg a **pammaneknek** a puon wenno ramut ti GUMIL sakbay a malipatak.

Binukel ti grupo daydi Kompadre Cristino I. Inay, Sr. ti *Sta. Cruz Writers Guild* (SCWG) ti Sinait, Ilocos Sur, idi **Agosto 18, 1962.** Paneknekan dayta ti *SCWG: Immuna a Grupo dagiti Mannurat nga Ilokano* a sinuratko maipanggep iti SCWG a rimmuar iti isyu ti *Timpuyog Journal* idi Setiembre 15, 2014-Oktubre 15, 2014. Adda dita ti panagsinnurat dagidi Kompadre Cris ken daydi Apo Juan S.P. Hidalgo, Jr., nga agpada a nagbalin a ninong ni antim a Lingling.

Adawek iti baba, Enos Apok, ti paset ti sinnungbat dagidi dua a kompadremi, ta uray no isu la ti maballinko a pagsupapak iti kinaimbagda kaniak:

644 Newark Avenue Apt. 3

Jersey City, NJ 07306

...Patgek unay a kompadre ken komadre,

*Wen, agingga ita kadagitoy a darikmat a sursuratek daytoy, diak magawidan dagiti luak ta kasla yar-arasaas dagidi kaduami a nangmuli iti STA. CRUZ WRITERS GUILD (SCWG) idi **Agosto 18, 1962** a masapul a malawlawagan nga awan ti duadua a ti SCWG ti nangriing kadagiti mannurat iti probinsia ti Ilocos Sur kadagidi a panawen. Nalawag dagiti ebidensia a saan a sinsinan dagiti agdadata a kinapudno... Pumanawkami la ngatan iti daytoy a lubong a di malawlawagan daytoy? Namin-adu met a nagderderektorak iti GUMIL ngem namrayak la ti nagul-ulimek, ngem gapu ta kas man la mangmangngegko ti timek dagidi kaduami a nangbukel iti SCWG, diak kabaelanen ti agulimek ket tuntonek ti agdadata a kinapudno tapno addanto met idatagko kadagiti kakabsatko nga addan iti sabali a biag. Awan ti tuntuntonenmi a pammadayaw, ti laeng pammigbig nga immum-una nga amang a nabuangay ti SCWG ngem ti gunglo dagiti mannurat ti Iocos Sur. Mainaig itoy, gapu iti nainkabsatan a kiddaw ni Kompadre Juan Sanchez Peralta Hidalgo, Jr., a mabuangay idi ti gunglomi a mannurat iti Sinait, Ilocos Sur, nabuangay ngarud ti **Sinait Writers Association...***

Sumaruno ti surat ni Apo Hidalgo a mangpaneknek iti dawdawaten ni CIISr. Letterhead ti Liwayway Publishing, Inc. ti papel a nausar iti surat. 7/3/91

Hi, Kompadre Cris! Nagsayaaten ta adda pay la kenka dagiti sursuratko idi 1962. Dokumento dagitoy ti GUMILtayo, ket awan ti asino man a makarubsi iti kinapudno a dakayo idiay Sta. Cruz, Sinait ti pudno a nangirugi iti tignay a pannakabukel ti nasional ken internasional a gimong dagiti mannurat nga Ilokano...

Atiddog ti surat a nakabinsabinsaan dagiti kayat daydi Apo Hidalgo a maaramid, Enos Apok. Naagapadna iti suratna a dina sarurongan ti iseserrek ti GF iti politika. *...dagiti agaramid iti kasta a wagas isuda dagiti mannurat a naagum iti poder. Aduda ditoy tengngatayo, kompadre, dagiti oportunista. Ngem bagik lattan ti mamakawan, ta kakabsattayo met dagitoy... (Pirmado) Kompadre Johnny H.*

Adda pay la kaniak ti kopia ti Timpuyog Journal, Enos Apok, a nakaipablaakan ti kunak a sinuratko ket mabalinmonto a basaen no adda wayam.

Ita, asino, wenno ania ngarud ti AMA dagiti gunglo, gimong wenno timpuyog dagiti mannurat nga Ilokano?

Awanen dagidi Kompadre Cristino Iloreta Inay, Sr., Kompadre Juan Sanchez Peralta Hidalgo, Jr., Manong Pelagio A. Alcantara, ken uray daydi Reynaldo A. Duque, ken dadduma pay nga adda pakainaiganna iti gunglo wenno timpuyog dagiti mannurat nga Ilokano, ngem addada iti lagipko. Kasla koma daydi Terry (Teresito Gabriel Tugade) a nangsugsog kaniak a buklenmi ti Timpuyog dagiti Mannurat nga Ilokano (TMI) Global, a kaduami daydi Cristino Iloreta Inay, Sr., ni Dr. Aurelio Solver Agcaoili, ken ni lelangmo. Immuna a nagtaripnongkami idiay Las Vegas, sa idiay Hawaii idi 2006. Wen, Enos Apok, 'toy lelongmo ti nakapanunot iti ipanaganmi iti buklenmi a timpuyog. Saan a duplikado ti GUMIL ta kangrunaan a panggep idi ti timpuyog ti panagipatarus kadagiti sinurat dagiti mannurat nga Ilokano. Nagsanga idiay Isabela ket binukel da Franklin Macugay—dimmawat iti pammalubos—ti Timpuyog dagiti Mannurat nga Ilokano iti Filipinas; adda payen sangana iti Laoag. Daksanggasat ta natay ti TMI Global idi pimmusay daydi Terry, nga imbilinna a siak ti mangituloy. Diak masango ti mangipangulo, Enos Apok, ngem intultuloyko ti panggep ti timpuyog: tallo a libro ti inruarmi ken ni lelangmo, ti *Naabel a Linabag ti Rosas/Woven Strands of Roses, Ubbog ti Sirmata/Wellsrping of Foresight ken ti Adtoy, Siak, ni Jesus Crisostomo: Dramaturgo/Behold, I Am, Jesus Crisostomo: Playwright.* Panggepko nga ituloy daytoy a proyekto babaen ti pannakaipatarus ti dua nga immuna a nobela 'toy lelongmo; rinugiak ngem pattapattak ket diak makun-os ta daytoy ita, sangsanguem, ti kangrunaan a nasken nga ileppasko sakbay a diakton kabaelan ti agsurat.

Mapanta ngarud, Enos Apok, iti pangtedko iti ngato; ti panangtungpalko iti bilin daydi Manong Jun Hidalgo.

IMMUNA A NAPANAK idiay Santo Domingo sakbay a sinapulko daydi Manolito Rebibis—malagipko a nabukel ti GUMIL Ilocos Sur idi Oktubre 4, 1964. Napanunotko a saan a dakes no mapanak, bareng ketdi no daytoy ti puon ti pagkitaanminto iti agbalin a lelangmo.

Impanguluan daydi Apo Pelagio A. Alcantara ti nasao a miting ket itin sa pay ketdi balayda ti nakaangayanna idi. Ammom, Enos Apok, daydi Mang Pelagio ti umuna ken kakaisuna a nangtaraptap iti umuna ken maikadua a gunggona iti pasalip ti Bannawag iti sarita, iti maymaysa a tawen. Damok idi a makasarang ida nga agassawa ken ni Manang Crescencia Robianes Alcantara, a naammuak idi agangay a kasinsin ni lelangmo, ta agkabsat ti tatangda.

Naam-ammok met iti daydi a miting dagidi agkakabsat a Teñoso: Jose, Estanislao, ken Cecilio, nga agpapada a tubo ti Santo Domingo, Ilocos Sur. Addan sa kano bassit a panagkakabagiantayo kadagiti Teñoso ngem diak masinunuo no kasano. Ammok ketdi, Enos Apok, nga iti Pado Grande ti puon daydi Lelong Undo a lelongmo iti dapan.

Idiay met ti nakaam-ammuak ken ni Rufo Tinasa—laglagipem daytoy a nagan ta addanto manen pakaagapadak kenkuana —a retratista ti GUMIL Ilocos Sur wenno Santo Domingo. Ken naam-ammok pay dagiti nalibnos a singin nga Aurelia ken Mercedes Tabbada. Napaparatoda amin ket kumkumpesak ta idi la a napadasak ti nagatendar iti mitmiting. No malagipmo, Enos Apok, abogendakami daydi Lelong Iroy nga agpakni no adda sangailida ta saritaan la kano dagiti adda nakemna ti tallaongda—ta awan nakemmi nga ubbing! Isu a rikna ti awan ti manaknakemna ti riknak kadagidi immuna a pannakimitmitingko!

Imbaga daydi Manong Pelagio nga umatendarak iti kombension ti GUMIL Ilocos Sur ken Norte a maangay iti Nobiembre iti daydi a tawen.

TAPNO MATUNGPALKO TI bilin daydi Manong Juan Sanchez Peralta Hidalgo, Jr., inyunak a sinapul daydi Apo Manolito Rebibis, nga adda ti balayna iti murdong ti poblasion ti Cabugao iti abagatan sakbay a rummuarka iti ili, nga asideg ti sementerio iti daya.

Naragsak a tao daydi Apo Rebibis. Nalukay ti imana a nangawat iti singasing daydi Manong Jun Hidalgo. Nagpinnatudonkami a mangipangulo iti GUMIL Cabugao, ngem impettengko nga isu, ta ad-adu ti am-ammona. Siak laengen ti bisena. Kaduami dagitoy: Felix Baclig, James Serna, Mariano Gaerlan, Jr., Fernando Serrano, ken dadduma pay a diak malagipen ti naganda. Imbagana a ni Atty. Ernesto S. Somera, a naayat met iti literatura, ti dutokanmi a mamagbaga.

Napagnunumuanmi a mangipabuyakami iti drama iti masungad a piesta ti Cabugao, nga Abril 25, 1967. Siak ti nangsurat iti drama, a pinauluak iti Dagiti Ramen ti Panawen, a dagiti met laengen miembro ti GUMIL Cabugao ti agakem. Adda pay la kopia ti drama kaniak. Naawisko met ni Doming (Dominga Manuel) a kaarruba ken kapiduak idiay Labut a nagkameng ken naki- 'pagartitsta' iti GUMIL.

Sakbay a rinugianmi ti nagsanay iti akemmi iti drama, imbagak ti singasing daydi Mang Pe, a mapankami umatendar idiay Raquiza Garden.

Pinasingkedan ni lelangmo iti suratna a napetsaan iti Nobiembre 15, 1966, a maaramid idiay Raquiza Garden iti siudad ti Laoag, iti beinte iti daydi a bulan. Ti kano GUMIL Ilocos Norte ti agsangaili.

Nasayaat kano koma no makapanak met ta dakkel a gundaway a panagaammo dagiti Ilokano nga agessem iti literatura.

Insapitannak iti kopia ti school organ ti eskuelada. Agsursurat ken kameng ti staff ngem nairana nga awan ti sinuratna iti daydi a bilang. Ken wen gayam, agipatpatulod kano pay iti daniwna iti maysa nga estasion ti radio iti Laoag.

Diakon sinubalitan ti suratna ta amangan no dinanto pay maawat no dumteng dayta a petsa.

Inkeddengko a mapanak.

Ammom no nangalaak iti pinagletek, Enos Apok? Napanak

nangalesa. Malagipmo nga adda idi kalesami?

Di pay nakapagtatapuak dagiti manok iti lungboy iti amianan ti balay a pagap-aponanda no ar-arigen, nakadigosakon iti tangkia iti laud ti balaymi.

A, wen gayam, Enos Apok, nalipatak nga inagapad. Kadagidi a panawen, kanayon nga atiddog ti manggas ti pagbadbadok. Kamisadentro, *trubinize* kunada idi.

'Mom no apay? Ha-ha! Adda ilemlemmengko. A kabainko a makita ti tao, nangruna dagiti babbalasang. Diak kayat a makita ni lelangmo dagiti ilemlemmengko a mapa!

Immittip a kamanaw iti bagi, takiag... ken uray pay iti tengngedko! Sapsapsapuak idi iti salisilic acid, ken no dadduma, mangtaltalak pay iti bunga ti kalumay... malagipmo daydi kunak a pagtubtubami idiay kadilian? Ngem kasla sursuronendak dagidi a kamanaw.

Naalak iti panagpampanak idiay tangrib ken panagsilsilawko idiay kadilian ti Timmippang. Diak malagip no kasano a napukawda.

Isu nga idi agrubuatak a mapan idiay Laoag, pinagbadok ti imimluyak a kamisadentro. Dua laeng ti kamisadentrok idi. Nakusnaw nga ubi ken nakusngaw nga asul. Pinilik ti asul. Ken daytoy pay. Pinadaitko dagidi a badok. Uray daydi pantalonko idi, a gabardin. Awan pay ti maong idi. No nangalaak ti pinagpadaitko, awanen iti lagipko. Nalaka pay la idi ti padait, Enos Apok. Sagdudos sa no di bumasol ti lagipko. Uso pay ti nakapigpigket a pomada; Emilia daydi pomadak. Ti diak malagip, no ania ti pinagsapatosko.

Mapantan idiay Laoag. Damok idi ti maidakdak idiay ket ti la nagsalsaludsodak. Turod ti nakaipatakderan ti Raquiza Garden.

Nadanonkon dagidi Manong Pe Alcantara, dagidi Teñoso, daydi Rufo Tinaza, Agustin DC Rubin, ken dadduma pay a naggapu idiay Ilocos Sur. Adu metten ti taga-Norte, kas ken ni Severino Pablo, Peter La. Julian, ken dadduma pay a taga-Norte. Adda metten dagidi uppat a libnos ti Ilocos Norte—Lina Lorenzo, Virginia Alejandro, Maria Quigao, ken Amancia Pugat; ken Onofrecia Ibarra a taga-Sinait, Ilocos Sur.

Kailiwko dagidi panawen a panagkukombension ti GUMIL, Enos Apok. Nakaragragsak dagiti mannurat, a kunam no bukbukodda ti lubong nga awan inggana. Diak pay la ammo ti makibimbinnalatong idi, ket namrayak lattan ti nagisem-isem, isem ti daing a kunada, bayat ti panangipalpalawlawko iti panagkitak.

Pagammuan la ta adda dagidi dayag a kasla magagaran unay nga immasideg iti yanmi kadagidi Manolito Rebibis ken Felix Baclig.

Siak ti tinurong dagidi a libnos, Enos Apok, a kasla dida nakita dagidi kaduak. Maysa kadi kadagitoy ni lelangmo? Inyam-ammoda ti bagbagida.

Lina Lorenzo ti i-Laoag. nagbalin a Sumaoang idi agangay.

Virginia Alejandro ti naisem dagiti matana. A nagbalin a Dr. Duldulao.

Maria Quigao ti maikatlo. A nagbalin a Ventura.

Taga-Norte dagitoy.

Sa ni Onofrecia I. Ibarra, a taga-Sinait, Ilocos Sur, a nagbalin a doktor idi agangay.

Awan ni lelangmo!

Impangato nga impababadak a kinita.

"You are a prolific writer... ayna, naglaingka a talaga!" nakarimrimat dagiti mata daydi Lina (Lorenzo pay la idi) Sumaoang.

"Kunak no lakayen ti awtor ti Impierno!" binagi ti maysa.

Awengna laeng!

Napangangaak. Diak ammo no immisemak. Damok idi ti iseman ti dayag a diak am-ammo. Kinitak dagiti kaduak a kasla agpatulong.

"Magustuak daydiay *Impiernom!"* imbales ti katingraan ti kinaIlokanana a di paatiw iti isem dagiti matana.

Immisemak laeng a namedmedan ti tung-edko.

Nakaparparatoda a nangyam-ammo iti bagbagida.

Inyam-ammok met dagiti kaduak.

"Manolito Rebibis, ti Cabugao, Ilocos Sur!" indiayana ti dakulapna.

"Ken Fellix Baclig!"

"Ayna, kunami no lakayen ti awtor ti *Impierno!* Nagubing pay met la gayam!" nakais-isem ti i-Laoag. Duapulo-ket-duak la idi, Enos Apok, malagipmo? Agngalay ngata idin ti duapulo ti edad dagidi tallo.

Kunak no diak manen makita ni lelangmo idi, Enos Apok. Naladaw a simmangpet, a kinuyog daydi Lina Lorenzo (Sumaoang); diak malagip no kasano ta adda met idin daydi Lina.

Immuna a nadlawko idi sumungadda, ti panagbitin ti bag iti kanawan a takiagna, ti kasla mabilbilang nga addangna, ken ti natangatang a timidna, ngem nalanay dagiti matana.

Nabengbeng nga agbennat nga asul a *cordoroy* ti bestidona, panglawaen ti pessat ti tengngedna, ket apagapaman a naublagak iti kursing iti tengngedna! Imbagana idi lelangmon, Enos Apok, a napnapanda kano idi aglablaba ken agdidigos idiay Karayan Padsan ti Laoag.

Ngem magustuak la unay ti nasam-it, naumbi, i-Laoag nga ayugna, a kasla kanayon a mangipatpateg. Bay-amon daydiay kursing iti tengngedna!

Imbagana a sakbay kano nga immay, inkeddengna a no makitanak, salangadennak ta diak man la kano sinubalitan ti suratna kaniak a nangkablaawanna iti pannakabasana iti daniwko nga *Allon ti Biag* nga immuna a gapuanak—nasaok idin, iti kaaddak idiay Evangelista.

Nagbaliw kano a namimpinsan daydi panggepna a mangsalangad kaniak. Nakakapkapsut kano ngamin ti panagsasaok, namedmedmedan, kasla di makakeppet iti bulong ti baimbain!

Adu ti immap-apiring kenkuana idi, kas daydi Agustin DC Rubin a nagbalin a nasinged a gayyemmi idi addakamin idiay U.P. Diliman, ken simminged pay idi addadan idiay Delaware ken addakami metten iti Utah.

Saan met a nagpaudi daydi Rufo Tinaza a dina maibaba ti kamerana, ta isu ngarud ti retratista ti GUMIL Ilocos Sur.

Idi oras ti pangngaldaw, dakami ken ni lelangmo, Enos Apok, ti naudi nga immulog iti Raquiza Garden ta adda lugar a naituding a panganami. Dimi impagarup a rinetratonakami ni Rufo Tinaza sana impatulod kaniak; sayang laeng ta dimi ammon no nakaiwagwagatanna.

Daytoy ti kangrunaan a paset daydi a kombension. Denggem...

Nagkatugawkami ken ni Rufo Tinaza iti tengnga ti tallaong. Rinugian dagidi agpasken, a dagidi kameng ti GUMIL Ilocos Norte, ti nagiwaras iti *sandwich*. Idi mawarasanda amin dagiti nakipartisipar, adda maysa a sobra, nga iggem ni lelangmo.

No apay a siak pay ti immayna nangtedan ket addaak iti tengnga.

"Kukuamon, Lakay!" kinuna ni Rufo Tinaza, a kinidolnak pay— daytoy 'tay kunak a tandaanam, Enos Apok!

Timmarabangak, Enos Apok. Diak met naawatan no apay a siak pay ti nangtedan ni lelangmo iti *sandwich* ket adu met ti sabali a nalabasanna.

"No sika met ti am-ammok idi," kinuna ni lelangmo no malagipmi daydi a pagteng. Idi mabaybayagen, imbaga ni lelangmo a nagar-arem met gayam idi ni-wenno-daydi Rufo. Adda kano pay impatulodna a retrato a grupoda a dua. Awan ti orihinal a grupoda ngem gapu ta retratista, ammona a pagrupuen dagiti ladawan.

Daydi a *sandwich,* Enos Apok?

Diak kinnan! Kunam, kasta unay ti panangannadko a nangyawid. Inim-imluyak a kasla mangipateg iti kakkalik a balitok.

Impadamagko kadagidi lelong ken lelangmo iti tumeng. Kasta unay ti rimat dagiti matada ken matiptiped ti isemda.

Adda gayam nalipatak, Enos Apok. Kanayon nga adda daydi Lelong Undo, a lelongmo iti dapan, idiay balay no kasdiay nga aggapu daydi Tatang idiay ili. No adda surat nga aggapu idiay Laoag, umapiringen daydi lelong.

"Basaem man, Apok, ta denggenmi!" kunana. Ayna, no basbasaek, ken ipatpatarusko ta dida makaawat iti Ingles, kastoy man ti katawa daydi lelong, "Hiii! Hiii! Hiii!" nga aglemmeng pay dagiti matana. Ngamin, dina inarem daydi lelang... malagipmo ti estoriada, Enos Apok?

Idi imbagak ken ni lelangmo, kinunana: "No am-ammok la nga ammo ti sangabukel a Labut ti amin a suratko, dika la ketdi koma sinursuratan!" Kunak met: "Ti ragsak ti maysa, ragsakmi amin..." Isu a no malagipko, ket ulitek, kasla sumgar nga ampo ni lelangmo, ket kunana: "Ay, dika inararem, wen. No ammok la a nalungpos ti bagim iti kamanaw idi, pakpakawan berde man ketdi koma a kinayatka!"

Ngem agurayka, Enos Apok. Mapanta pay iti daydi panawen a panangiparipiripko ken ni lelangmo iti adda nga ir-iruken ti panunotko.

Nobiembre 26, 1966 idi sinuratak. Addaak pay la idi idiay Labut ngem Daclapan Sur ti yad-adresko.

Nalpas idin ti kombension ti GUMIL Ilocos Sur ken Norte idiay Raquiza Garden ket namnamnamek pay laeng ti ragsak nga impaayna gapu iti pannakaam-ammok kadagiti beteranon a mannurat idi.

Kitaem iti naagapad a linia no kasano ti kinamais ti panagiparipirip idi iti rikna:

Nadlawmo ti kinaulimekko idi. Ngamin, simngay kaniak ti maysa a dakkel a parikut, a diak ammo no kasano ti pannakarisutna. Amkek ta amangan no ti ammok a makarisut, isunto ketdi ti pakarpuogan ti singed ti panagam-ammo... No matengngelko la koma ti gasat, diak kayaten ti aglangoy manen iti taaw!

Itan ti pannakasapulko iti tulong itoy a parikutko ket namnamaek a sika la ti mabalin a dumawatak...

Disiembre 3, 1966 ti petsa ti subalit ni lelangmo, Enos Apok. 118 Rizal St., Laoag City ti adresna.

...In our brief time of changing letters, do you think you know me now? You have known me from my fictitious works. Perhaps I have known you more...

Imbagana pay nga adda kano dagidi panawen a mapukpukawna ti pammatina iti Namarsua gapu iti ipupusay daydi Tatangna. Naamirisko iti nagbabaetan dagiti binnatogna ti kadagsen met ti pinasarna kadagidi a panawen. Ditoy ti nangiparipiripanna ti kombension a maangay idiay San Fernando, La Union iti Disiembre 28, 1966.

Ita, Enos Apok, ibagam man no maar-aramid pay ti kastoy? Wenno mapankay lattan agsine ket inton rummuarkayo, agtaruskayo iti panganan. Inton rummuarkayo, agkibinkayon nga agin-innisem?

Naiparparna met nga iti isasarungkarko idiay Manila, kinasaritanak daydi Manong Jun Hidalgo ket inyunay-unayna a mapanakto ta addanto kano napateg a pagsaritaanmi. Ken adu kano ti maadalko sadiay.

Naagapad met ni lelangmo, Enos Apok, iti suratna. Ngem

kinunana: *"but to me, I'm in doubt because the 28th will be the town fiesta of San Nicolas, Ilocos Norte, and I need to be there to see their drama which your humble friend scripted..."*

Nupay kasta, kinunana nga umay kano koma met laeng, isuna laeng ta immadu kano ti trabaho nga awat daydi ninangna a Sima (Maxima Pacpaco) a dagusna, ken tumultulonganna. Daydi kano ninangna ti maysa kadagidi mabigbig a *caterer* iti intero nga Ilocos Norte.

TALLOKAMI LA A nakapan iti kombension ti GUMIL idiay San Fernando; daydi Maestro Manolito Rebibis, ken ni Felix Baclig.

Kapadesen nga agsangpet dagiti tao idi makadanonkami iti pakaangayan ti kombension. Apaman a nakapagpalistakami, rinugiak a linasin dagidi naam-ammok idiay opisina ti Bannawag. Naragsak dagiti siguden nga agaammo. Nakalawlawag ti rupada a kunam no mail-iliwanda unay a makakita iti tunggal maysa. Nagdadakkel ti garakgak dagiti sutil. Diak malagipen no asino dagiti nasagangko a nakitkitak idin idiay Bannawag. Pumarasipisda nga arigda iti natarikan a dalag!

Inwarasko ti panagkitak, Enos Apok. Pinaliiwko no adda met balasang a padak nga agpalpaliiw; ammomon, a, no asino ti sapsapulek.

"Ay... ni Sinamar ti sapsapulem?" nasdaawak iti saludsod daydi Lina Lorenzo. "Dida pinalubosan!"

Kasano nga ammona?

Babai la a talaga ti babai, ammom kadi, Enos Apok? Mabasada amin a kababassitan a tignay dagiti tiltillayon! He-he! Uray di pay naibukbuksilan ti arog ti adda kadagiti matana, ammodan ti naglaon iti pusoda.

Pinadasko met a binasa ti adda iti muging daydi a dayag, este, Lina Lorenzo. Nalansadko nga adu ti ammona maipanggep ken ni lelangmo. Ngem diak inuk-ukag. Kadagidi a panawen, diak pay kayat nga adda makaammo nga addan rumusrusing a puon ti rosas (he-he!) iti pingir ti puso 'toy lelongmo.

Pimmasnekda. Dinamagda no kasano a nasuratko ti *Imetda nga Impierno* iti kasdi a kinakattungbolko, no uong koma, iti lubong ti literatura.

Pammaliiw, bayat ti panagsursursorko kadagiti eskinita ti Tondo ken kabangibangna, iti panagsapulko iti pidutek a balitok—kadagidi a panawen, Enos Apok, balitok kaniak ti pannakasapulko iti ania man a panguartaan... Ken damdamag. Naadalko idi agangay a masapul nga ammom ti mangrikna iti anges ti aglawlaw. Ammom a yarig ti bagim kadagiti basura, dagiti dungrit nga ubbing, dagiti mannipdut a gapu iti panagdardarasda, madungpar ida ti nakapegpegges ti panagpatarayna iti sumilsilap a Mercedes Benz.

Diak idi ammo nga ilawlawag ti adda iti panunotko, Enos Apok. Namrayak a kinuti dagiti abagak, ken nagdalikepkepak.

"Pinadasko laeng," inyisemko.

Idi kuan, maysa, dua, immaduda nga immaasideg, a nagdamdamag. Lumablabba ti ulok idi, ammom kadi, Enos Apok? Agaasem, nobelistaak gayamen; iti tawenko a beinte dos?

Uray idi addakamin iti luganmi a mapan idiay Lagangilang, a nangawisan kaniak dagidi Manolito Rebibis ken Felix Baclig, tumartarabangak pay laeng a mangnannanam kadagiti kallabes a kablaaw itoy takkon a lelongmo... agtatakkon a makablaawan!

A, wen, diak koma simmurot idiay Lagangilang, ngem impletiannak daydi Manolito Rebibis. Maysa nga ababa ngem nalangto a lagip ti imbati daydi nga isusurotko. Adda nagkalantayanmi nga agbibitin a rangtay wenno kalantayan. Nakalanglangto ti patad a pagtatalonan. Ken makapasaligemgem ti klema. Yar-arigko man kadagidi nalawa a pagtatalonan idiay Abbarit.

Agpayso nga adu ti naawis ti imatangda kaniak, iti daydi a taripnong, ket diak pagbabawyan ti ipapanko, nupay nalab-ay dagidi kanitok sadiay, ta adda naadalko.

Naukagak ti suratko ken ni lelangmo idi Enero 2, 1967 a kaaddak idi idiay Cabugao. Idi ti panangisuratko iti *PATPATGENKA, KEN AY-AYATENKA UNAY...Ngamin, babaen ti panangisawangko kadagita a balikas umanayen a pakabang-arak no naimpusuan ti pammalubosmo...* Nakamamais, no malagipko ita. Agaasem ta inrehistrok pay tapno isu laeng ti makaawat!

Iti suratna a napetsaan iti Enero 30, 1967, imbagana a nairana kano idi ti isasarungkar ni lelangmo kada antina a Naria idiay Vigan, ket nagkitada iti daydi Agustin DC Rubin iti estasion ti lugan ket inawisna iti mitingda iti Rovida's Terrace—DC ti awagko kenkuana iti panagin-inemail-mi idi nakaakarda nga agassawa idiay Delaware; maysa ni DC kadagiti malalaki a mannurat iti Iluko. Awankami ken daydi Manong Pe Alcantara idi ta napankami idiay Manila.

Naawatan ni lelangmo ti mensahek iti naudi a suratko ket imbagana a pagsaritaanminto a personal.

Ken kinablaawannak manen iti panaggibusen ti *Ramut ti Sinamar* iti sumaruno a paset, iti Pebrero 6, 1967 a bilang ti Bannawag.

Nabukel idin ti GUMIL Cabugao ket adu ti arapaapmi nga isayangkat.

IDI MARSO 4, 1967, Enos Apok, inkeddengko ti ipapanko idiay Laoag a diak impakpakada ta kayatko a surpresaen ni lelangmo.

Diak ammo no adda pay daydi La Moda a panganan iti sango ti dagus ni lelangmo. Nagpalabasak idiay iti sumagmamano a minuto. Nadlawko a makumikomda. Adda mangmangegko a napigsa a timek ti baket. Narasaw, iramramanna ti mabagbagi ti ina ti ung-ungtanna sana pasarunuan iti balikas a para kadagiti nagatel a babbai. A sarunuen ti nagan ti ung-ungtanna, a Maria.

Inurayko nga agkirpa bassit ti gurruod ti baket sakbay a napanak nagdaydayawen.

Nasdaaw ni lelangmo a nakakita kaniak.

"Apay nga immayka... a di nagpakpakada?"

"Kayatka a surpresaen... ken adda napateg nga ibagak."

Nasingakami idi adda sumungad a pamalkaten a baket, ken buringetnget.

Dagus nga inyam-ammonak ni lelangmo.

"Hmm..." impangato nga impababanak a kinita ti baket, Enos Apok, a kasla laglagipenna no nakitkitanak idin. "Padanonem," nadagsen ti timekna. Pattapattak, maminsan la nga iwaradiwadna ti takiagna, maipullasitakon iti kuttongko! Nadagsen dagiti paddakna a nagturong iti kalsada.

Natimudko ti ariwawa iti likud. Makumikomda kano nga agisagsagana iti makmakan. *Catering* ti pamastrekan daydi Nana

Maxima (Sima) Pacpaco. Ti Sima Catering ti kalatakan kano idi iti intero nga Ilocos Norte.

"Pasensiakan," kinuna ni lelangmo idi agsangsangokamin iti kadaklan. "Narugit ti ngiwat ni ninang no makaunget." Taga-Vigan kano; malagipko daydi pamilia Bagoyo a nakaikamangan daydi Angkel Romeo, narasawda met. Di ammo ni lelangmo no kasano a nakomadre daydi Don Rafael Romano Robianes a Tatangna. Basta ti kuna ni lelangmo, Enos Apok, adu kano ti napnapan a politiko idiay Pagudpud a pakaibilangan dagidi Ablan, ta daydi Don Rafael ti pondador ti ili ket ni met Apo Sima ti kanayon a bagaanda nga agpakan. Idi kuan, pagammuan met lattan ta agkomadredan!

Adda estoria ni lelangmo. Adu kano ti umar-arog kenkuana iti daydi a dagusna. Kaeskuelaanna, ken kaduana iti panagsursuratna, saan la a kameng ti GUMIL, ngem iti pay radio ken iti maysa a pagiwarnak iti Ilocos Norte, a pakaiblangan ni Benjamin Castillo Chua.

Ngem adda kangrunaan a nasangsangailina iti dagusna.

Daydi kabsat a Francisco B. Quitasol. Diak nalagip a dagus no tagaano idi, Enos Apok, isu a nagdamagak iti *Facebook*. Adu ti simmungbat, ken nagkomentario. Agyamanak kada Delfin Dumayas, Jerry B. A. Malamion, Ariel Sotelo Tabag, Dionisio S. Bulong, Rudy Bragado Contillo, Edilberto H. Angco ken ti no asino pay a diak malagip. Sangsangkamaysada a nagkuna a taga-Barangay Naguilian, Caoayan, Ilocos Sur. Innayon ni Rudy a naikamang daydi Frank idiay Rissing, Bangar, La Union.

Kuna pay ni Rudy: Ti malagipko nga istoria daydi Manong Rey Duque, agkakaseraankayo kada Manong Frank idi agbasakayo iti kolehio. Nga idi pumusay daydi uliteg ni Manong Frank a mangpabpabasa kaniana, insagutna idi agiinumkayo, Manong. No husto ti lagipko.

Kuna met ni Jerry: daydi idolok a super-tayag a mannurat iti drama iti radio ken iti Bannawag.

Insungbatko ken ni Rudy: Laglagipek daytay kunam... adda daydi nakaisurotak a nakiinumak, idiay sa idi Azcarraga, ngem diak malagip no asino dagidi kaduak, ngem agparparang ti rupa ni Edilberto H. Angco a mayat ti katkatawana. Diak pay nagudua ti sangabotelia, naulawakon. Amangan no agpayso a kaduami dagidi dua a malalaki a mannurat, Rey ken Frank Quitasol.

Kuna ni Edilberto H. Angco: Loring...agpayso ti umap-appayaw iti lagipmo ita a dakami kadagidi Rey ken Frank ti nakakinkinnatawam kadagidi a naragsak a panawen ti panagbibinnugadalantayo kas agkakataraki ken agkakasiglat a mannurat ti Bannawag. Golden era ti Ilocano literature idi panawentayo a pakaibilangan pay da Peter La. Julian, Prescillano Bermudez, Teresito Tugade, Segundo Foronda, ken asino pay ti malagipmo?

Adda kano daydi naminsan a pinasiar daydi Frank ni lelangmo idiay NLTC. Uray adda klasena, pagammuan lattan ta adda mangayab kenkuana ket ibagada nga adda agsapsapul kenkuana, a napateg unay ti gagarana.

Ti la kano muriot ni lelangmo ta daydi met gayam Frank ti nakarungiit nga agur-uray kenkuana iti pagurayan ti sangaili. Nakakamisadentro iti pangmurengen a puraw. Laglagipem, Enos Apok, a daytoy ti ladawan daydi kabsat a Frank: natayag, ayukos, ken kanayon a puraw ti kamisadentrona. Ngem mannakigayyem, aglalo no kabaelam met ti agarub-ob iti makaulaw. Kunada man nga isu kano idi ti Edgar Alan Poe ti Ilocos Sur.

Dinamag kano ni lelangmo no apay a napan.

"He-he! Adda napateg nga ibagak... Agpatulongak koma ken ni Virgie..." ni Virginia Alejandro ti kayatna a sawen.

"Ay, pasensiakan ket madama ti klasek."

Impagarupna a saanen a maulit ti panagkitada.

Ngem nasdaaw laengen iti maysa a sardam ta pagammuan lattan ta naimuttalat ni Frank iti ridawda a nakalawlawa manen ti rungiitna. Ni manen lelangmo, Enos Apok, ti gagarana.

Daydi kano agnagan iti Lilia a kaanakan daydi Nana Sima ti nangawat.

Ti imasna, di kano metten pumanaw ket rumabiin. Di met agun-uni.

Di met masango ni lelangmo ta adu ti tao.

Nakasuron kano daydi Addo a kaanakan daydi Nana Sima.

"Agawidkayon, Lolo, ket iddak dita!" ket nagyaplagen.

Idi nagkitada manen ken ni lelangmo, kasta unay kano ti ungetna.

"Ibagam iti daydiay a tao, a. Saanak a lolo!"

Manmano a nagkitakami iti daydi Frank—nasao ni lelangmo a sinalangad kano ni Frank iti naminsan maipanggep kaniak: "Daydiay memmem ti pagtangtangsitmo?" Umis-isemak no malagipko. Ngem uray ta maestra kano met ti nakabanniit kenkuana, wenno nabanniitan dagiti dramana iti radio.

Agsublita iti pangtedko, Enos Apok, daydi panangkellaatko ken ni lelangmo.

Idi aggapukami iti dagusna, ket magmagnakamin iti kalsada nga agpalaud a pangalaak iti kalesa a mangitunda kaniak iti pangalaak iti luganko nga agpa-Cabugao, adu ti nagsarsaritaanmi. Sakbay a limmuganak iti nagsardeng a kalesa, dua a balikas ti kapatgan a nagaon kadagiti bibigna; ikadadakkeko tapno dimo malipatan!

"BASTA AGSINGSINGPETKA."

No diak la nagbain iti kutsero, Enos Apok, naglagtoak koma iti uray la nga uray dumanonakon idiay langit! Nagmaiskan, Lelong, dimo kuna! Dagita a balikas ti kapatgan iti amin a napateg a balikas a nangngegko... ammok, korni itan, ngem saan idi!

"Mangnamnamaka," nakalaglag-an ti timekko a diak ammo no nangngegna.

Idi sisiakon iti pagurayan ti lugan nga agpa-Cabugao, kayatko ti agriaw ngem nataliawko ti aglawlawko. Amangan no ipagarupda nga agballaak. Immesmesko, ken inngarietko lattan ti nalaus a ragsakko.

Kunana iti suratna maipanggep iti daydi a panagkitami; nga agpayso 'tay pagsasao a ti ngiwngiw ti ikan ti pakabanniitanna. Dina kano met inggagara, ngem kunana man a ti puso ti mangibalikas iti pudno nga adda iti rikna.

Daytoy pay, Enos Apok.

Inawisnak met ni lelangmo. Iti daytoy a gundaway, idiay Shamrock Elementary School. Agpa-*practice teaching*-da idi idiay a kaduana daydi Nardo a taga-Ilocos Sur, ken dadduma pay a nalipatannan ti naganda. Kayatnak la a pagpannakkel kadagidi kaadalanna.

"Oy, nalatak isuna, sa adda idiay Manila," kinuna kano daydi maysa a sutil a ka-*practice teaching*-anna. "Adu la ketdi ti chicks-na idiay!"

Saan a daydi ti puntos no apay a nalagipko daytoy a paset, Enos Apok.

Sakbay a nagsubliak idiay Labut, dimmagaskami iti panganan iti asideg ti pangalaak iti luganko. Pangaldawen, ket nalagipko nga awisen a mangan. Ti la babbabawik. 'Mom no apay? Diak nalagip nga awan gayam ti kuartak. Lima a pisos la ti kuartak. Diak malagipen no mano ti plete idi manipud Laoag aginnga iti Cabugao.

Isu a ti kalakaan ti inorderko. Diak inuray nga isu ti agorder amangan no pilienna ti di pakayanayan ti kuartak. Naspak ni rayaraya no kuan!

Apagpagisu a pinagpletek nga agpa-Cabugao ti supli ti kuartak. Ti yamyamanko idi makalugan ken makapagpleteak. Nalagipko, awan ti pagpletek iti kalesa!

Naimbag ta apagisu nga adda daydi Lelong Roque. Dimmagasak iti pagpletek idi makadanonak idiay Labut.

Iti maysa a sinnungbat ti suratmi, nagtulaganmi a mapanko alaen iti estasion ti lugan idiay Laoag ta dumagas idiay Cabugao iti panagbakasionna iti yan da antina a Naria idiay Vigan.

Impakadak kadagidi lelong ken lelangmo iti tumeng, Enos Apok, a sangailimi ni lelangmo ket mapanko alaen idiay Laoag.

"Di ngata kababain, Barok?" adda duadua daydi lelangmo iti tumeng. Inwarasna ti panagkitana iti uneg ti balay. "Maawatannanto ngata?"

"Dayta ti pangsintirak no pudno nga ipatpategnak," kinunak. "No maawatanna ti kasasaadko, mamatiakton a napategak kenkuana."

Ti dakesna, Enos Apok, idi addaakon iti nagtulaganmi nga estasion, agbabawin!

"Anianto la ti kuna ti taon... bimmabbabayan a mapan iti balay ti lalaki..."

Daytoy ti pinangsumrak, ta anianto laengen ti kuna dagidi lelong ken lelangmo iti tumeng no awan ti impampannekkelko nga ipakita?

"Awan pay ti naam-ammok a mannurat a di makatungpal iti karina," nababa ngem nadagsen ti timekko ta kinapudnona, tinengngelko ti irarasuk ti riknak, Enos Apok. Amangan no madlawna ti ilemlemmengko a riknak no adda pakapikarak.

Inannugotna idi nagbalinen a lelangmo, a nabainan kano iti imbagak. Isu a simmurot.

"Igid met la ti kalsada ti balayyo? Agalabueltaak ket 'diay papanko't Vigan."

Naawatak ti kayatna a sawen, Enos Apok, nga asideg ti pangalaanna iti luganna nga agpa-Vigan.

"Wen," kinunak, ta igid met nga agpayso ti kalsada ti balaymi.

Idi makadissaagkami iti Ruaran, ket ipaluganko iti kalesa, a nairana a daydi Lelong Roque, nagsarugaddeng.

"Kunam nga igid ti kalsada?"

"Wen. Igid ti kalsada." Diak imbaga a lima a kilometro ti nagbaetan ti Labut ken ti Ruaran.

"Nagadayo met gayam!" kinunana idi dumsaagkami iti ruangan a nakayaladan dagiti pinuon ti marunggi.

Adda saggaysa a mata a simmirip, nagpaliiw idi dumsaagkami iti kalesa. Nairana ni Dio Balling a nagatiddog ti isemna a mangpababa-mangpangato ken ni lelangmo.

Nailiwliwagna ti rikriknaenna iti kinapasig dagidi dadakkelko a nangsangaili kenkuana. Diak ammo no immud-udan daydi Tatang ti tinunona a barangan nga insagpaw daydi Nanang iti bulong ti marunggi a pinangibulonmi iti pangrabiimi. Naimas ni lelangmo ti nangan, Enos Apok, ta tinipedna pay ti nagtig-ab!

Nabayag a nakisarsarita kadagidi lelong ken lelangmo iti sardam, nga immay met nakidamdamag dagidi Lelong Undo ken Lelang Simona, a kunam la no asino a santa ni lelangmo a di naisina ti panagkitada kenkuana.

Insagana daydi Nanang ti kama a sigud a pagid-iddaak iti amianan a duag wenno pataguab—iti pataguab iti laud a ngatuen ti agdan ti iddak ta idiay ti pagmakmakiniliaak no agsuratak. Kallaba ti binakul nga ules ken naalmiduran a supot ti pungan ti insagana daydi lelangmo iti tumeng.

Iti agsapa, Enos Apok, pinunnok ti damili a tangkia a nalakub iti sinigpit a bulong ti silag, iti danum a pinagdigos ni lelangmo sakbay nga intulodko idiay Ruaran. Adda sumagmamano a simmirip idi lumugankami iti kalesa daydi Tatang. Nabagas ti isem ni Dio Balling, ngem diak inkaskaso ti kaipapananna. Natakneng daytoy lelongmo, Enos Apok, inkarik nga uray no dayta la ti mabalinko nga ipannakkel.

A nangpasingked iti ad-adda a panagdayaw ni lelangmo.

Naangsanak a nangileppas iti daytoy a paset, Enos Apok, iti kinaadu ti pasamak a naibinggas. Agsaganaka ta idaw-aska idiay Felix Huertas ken Cataluña.

Maika-18 a Paset

Felix Huertas, 1967

AY, Enos Apok, nagsakit ti siketko a bimmangon iti daydi nga agsapa. Kasla matukkol! Nalagipko ni Kompadre Prescy wenno Fred idiay Filipinas, a naopera iti siketna ket naduktalanda nga adda kanserna. Nalagipko pay, manen, ti kasingedko a naatake bayat ti panangawatna iti maysa a tao iti belo idiay templo. Nalagipko man la ngaruden ti kuna daydi Dr. Karwandi a nangopera iti pusomi ken ni lelangmo, a nangsukat iti maysa a balbola ti pusok iti sintetiko: sangapulo a tawen ti plasona santo manen masukatan, no malasatakto... dagdagullit sa met dagitoyen!

Adu pay ti nasken nga iringpasko, Enos Apok...3

Felix Huertas, 1967

Denggem pay, enos apok...

Mayaten ti rubuat ti GUMIL Cabugao idi pagammuan lattan ta adda naawatko a surat ni Clemen Uclaray manipud iti Manaila—sigud a tagaMagsingal, Ilocos Sur ngem addan idiay California—a mangaw-awis kaniak nga agpa-Manila ta pusgannak kano a maysa nga Associate Editor ti bangonenna nga Ilokano Magasin. Arinunos ngata ti Pebrero 1967 wenno serrek ti Marso 1967; sayang ta naiwagatko ti suratna. Magasin kano dagiti Ilokano! Nasaludsodko iti nakemko, apay ti Bannawag, saan ngata a magasin dagiti Ilokano?

Ngem nagturay iti mugingko ti nakangangan a gundaway. Wen, gundawayko daydin, Enos Apok. Dakkel a gundaway, a mangyaruangan iti pannakaisubli ti arapaapko. Agaasem, saan la a maysa a mannurat. Editor payen! Nagarapaapak, ania payen! Editor? Dakkel ngata ti sueldo ti editor?

Imbagak kadagidi lelong ken lelangmo iti tumeng, Enos Apok, ti panggepko.

"Daytoy ket ngatan ti sungbat ti inur-urayko a gundaway," kinunak. Kadagidi a panawen, no ania ti kayatko nga aramiden, wenno pangngeddeng, awan ti saan kadakuada.

Kinapudnona, uray no didak koma palubosan, naikeddengkon a mapanak. Diak unay napampanunot dagiti kakabsatko. No ananagek ita ti kasasadda idi, nanamnam-ayda ngem siak. Daydiay met ti pagsayaatan ti saan nga inauna ta mabalinmo latta ti agpatudon.

Ken adda gayam ni Myrna nga imbati daydi Anti Immiang iti sidong dagidi Tatang ken Nanang, ket naisursurot metten a nagbasa kada Herman, Violy ken daydi Tessie, ken ni Sadiri. Diak masinunuo no adda idin dua a tawen ni lelongmo nga Osi a buridekmi.

No daydi surat ni Clemen Uclaray ti nangrubrob iti arapaapko nga agsubli manen, iti maikadua, wenno maudi a gundaway, isu met ti nakaipuonan ti pannakalipatko a namimpinsan iti obligasionko iti GUMIL Cabugao. Kangrunaanna kadagiti kagungloak. Diak malagip no nakapagpakadaak iti daydi Maestro Manolito Rebibis, wenno nagpukawak lattan a kasla asuk, a kasla ketdin awan ti serserbi ti GUMIL Cabugao a binangonmi a napnuan arapaap, nga insursuratak pay iti drama, ken narugianmin a sinansanay, ken panggepmi nga idawat a 23 ti Abril koma ti batangmi nga agpabuya, ta basta lattan tinallikudak, ni oy ni ay. Ammok a dakdakkel ngem iti bagik ti panangbabalawda kaniak, a maysaak a tumantanor a nobelista kadagidi a panawen. Ngem maysaak met gayam a di mapagpiaran, ken parawpaw ti karkarina. Ta diak man la nagsursurat kadakuada. Diak man la inlawlawag ti nakaigapuan ti panagpukawko. Surat koma laeng ti mabalin ta awan pay idi ti selpon, Facebook, Messenger, ken dadduma pay a nalaka la a pangilawlawagan kadagiti pasamak. Ania ngata ti adda iti panunotko ta nakalipatak lattan a namimpinsan?

Idi sursuratek daytoy a paset, Enos Apok, Setiembre 11, 2022, nalagipko a sapulen ti nagan a MANOLITO REBIBIS iti Facebook, ta komustaek ken ilawlawagko no apay a kaslaak lattan nagpukaw nga asuk.

Ngem kasla nagtupak ti langit. Ti ladawan ti massayagna ti naipasabat kaniak: pimmusay idi Setiembre 2, 2022.

Nasakit la unay ti nakemko, Enos Apok, ta diak la ketdin nalaglagip a pulos iti uneg ti mano a dekada a limmabas, idinto nga isu pay ti nangiplete kaniak idi napankami a tallo kada Felix Baclig idiay La Trinidad kalpasan ti komperensia ti GUMIL nga inatendaranmi idiay San Fernando, La Union. No apay nga ita la ketdin a nalagipko kalpasan ti manon a dekada! Diak nailawlawag kenkuana dagiti gapu!

Ladingitek unay, Maestro Manolito Rebibis... sapay koma ta aginanakan iti Sidong ti Apo.

Ngem agsublita iti pangtedko, Enos Apok.

Diakon sinubalitan ni Clemen Uclaray. Napanak lattan. Ket dagiti sumaruno a pagteng ti nanggabur iti lagipko koma a nangipakaammo kadagiti kakaduak iti GUMIL Cabugao no anian ti mapaspasamak kaniak iti Manila.

Naparpartak pay ti panagtayab ti panunotko, Enos Apok, ngem ti United (wenno Partas ngata idi?) a nagluganak. Mapanak iti Manila nga awan ti adda iti panunotko a pagderetsuak no di idiay *Bannawag*. Idiay laeng ti adda am-ammok; kasingedan daydi Manong Jun Hidalgo, Jr. Bareng no matulongannak nga agsapul iti pagdagusak.

Bitbitko pay ti dakkel, a nangisit—dagdagullitek ti balikas a *nangisit*, Enos Apok; sapay koma ta maawatam no apay uray diakon balbaliksen— a Remington. Duan sa idi a paris a pagsukatak; an-anusakton ti aglabalaba agingga a makaurnongak iti igatangko iti nayonda. No pangrugiennak a dagus ni Clemen Uclaray kas manarawidwid nga editor iti bangonenna a magasin, ipanmo laengen nga agbilangak iti dua a lawas sakbay nga awatek ti umuna a sueldok, no mano... wen, mano ngata? Isunto pay la ti pannakagatangko iti nayon ti aruatek. Ah, ngem agurayka, Enos Apok, pagyanak ngarud no dinak matulongan ni Manong Jun? Agupaak? Sadino? Mano ti makabulan? Pangalaak ti pagupak, no awan sueldok?

Daytoy ti kadakkelan a pannakigasanggasatko, Enos Apok, tandaanam.

Nagkidemak. Immangesak iti nauneg. Apo laeng ti simngaw

iti panunotko. Linagipko no kasano nga agkararag daydi Tatang, ti naadalna iti daydi Apo Osi...

Pangwatiwaten ti pinagnak manipud iti nagestasionan ti lugan. Ammokon ti papanak ta asideg ngarud ti Evangelista iti Soler ngem sabali iti daydi nga agsapa. Agdiwengdiwengak a dinagnayan ti panagkirkiraus ti tianko.

Agarup alas sieten iti bigat idi makadanonak iti pasdek ti Liwayway. Agkakapsutak ta nagdanggay ti ugalik nga agulaw nga agbiahe iti adayo, ti puyatko, ken ti dagsen ti makinilia a bitbitko. Kayatko ti agdalupisak ngem awan ti mabalin a pagtugawan. Adda bassit a lamisaan ti guardia iti maikadua a kadsaaran, iti ridaw a sumrek iti Accounting Department. Adda iti makanigid ti agdan a kumamang iti Editorial Department a pakaibilangan ti *Bannawag*.

Sinitarnak a dagus ti guardia. Imbagak a maysaak a mannurat ti *Bannawag*, a gapgapuk idiay probinsia. Dinamagko no adda daydi Manong Jun Hidalgo.

"Ay, alas otso ti serrek dagiti taga-editorial," kinunana; maysa met nga Ilokano.

"Di la mabalin nga agurayak, Manong?"

"Kanayon a maladaw a sumrek daydiay... awan ur-oras ti serrekna. Agsublikanto laengen."

Papanak ngarud, Enos Apok? Bitbibitbitko pay ti nakadagdagsen a makinilia.

"Agurayak laengen, Manong," kinunak.

Saan a nagbayag, simmangpet ni Manong Joe Bragado. No saan nga agpalia ti lagipko, nabiit pay idi a kameng ti *Bannawag*—nasarita naminsan daydi Manong Jun Hidalgo a duakami a nagpilianda, ngem gapu ta adda daydi nobelana a *Saringit* nga insalipna ngem awan sa ti napili a nangabak, isu nga isu ti pinilida.

"Ay, serrek ti boss ti serrekna," kinunana idi nagdamagak. Diak malagip no dinamagna ti gagarak wenno saan.

Nadamagko idi agangay, Enos Apok, nga agpayso a kasdi ngem uray no maladaw a sumrek, maladaw met nga agaw-awid.

Naipagpagasat ta iti daydi nga aldaw, sumagmamano a minuto

la ti nakaladawanna a simrek. Bassit a pinnadamag. Indawdawatko a yuprisirna koma ti pannanganko—nakababain, ngem kasta ti igargaradugod ti boksitko!

Ngem saan, a, ta pasarna alas otso pay laeng idi!

Intedna ketdi ti adres ni Cristino I. Inay—dikami pay agkompadre idi! 1339-D Felix Huertas, Sta. Cruz, Manila.

Panagriknak idi, Enos Apok, diak kabaelanen a bagkaten pay ti makinilia, nangruna ket diak pay kabisado ti yan ti Felix Huertas. Dinamagko no mabalin nga ibatik pay la biit ta alaekto no addan masnop a pagdagusak. Sakbay nga immannugot, napan nakisarita iti uneg.

Nagpadayaak iti Soler Street, saak nagpaamianan iti Evangelista. Nagsapulak iti ballasiwak iti Azcarraga, a Recto Avenue itan. Awan pay idi ti MRT ken wenno LRT. Diak malagipen no nagpaanoak iti Oroqueta Road, sa Fabella Street, sa Felix Huertas Road. Itay nabiit a panangi-*download*-ko iti video maipanggep iti Central Market, adu a laglagip ti nagsubli iti mugingko—addanto gundaway nga iladawak amin, Enos Apok. Manipud iti nakitak iti in-*download*-ko, dakkelen ti nagbaliwan daydi ammok a Central Market.

Nailet ti Felix Huertas nga agparparang iti lagipko; nalawlawa ti nakitak iti video. Dakkelen ti nagbaliwanna kalpasan ti no mano a tawenen ti surokna a lima a dekada manipud kadagidi panagwakawakak kadagita a luglugar iti Sta. Cruz ken Quiapo. Makitkitak iti mugingko dagidi babbabassit a pasdek, ken namureng a pasdek.

Nagpangngaduaak nga agtuktok iti ridaw ti 1339-D ti Felix Huertas, Sta. Cruz, Manila. Marikriknak ti bain ngem nagturay ti tuokko a nagbiahe iti nagpatnag. A pinatibker ti kari iti awis ni Clemen Uclaray. Kunak iti nakemko, agsubadakto apaman a maawatko ti umuna a sueldok kas manarawidwid nga editor. Natibker ti pammatik nga iti saan a mabayag, agbunganton ti arapaapko a dumur-as. Nalabit a kumisangton ti maipablaak a gapuanak iti *Bannawag* ta ad-addanton a ti Ilokano Magasin ti pagsuratak, ti magasin a bangonen ni Clemen. Agaasem, duanton ti magasin dagiti Ilokano. Ket nasken a pimpintasenminto met, no asino man dagiti kaduak a mangtimon iti baro a magasin, dagiti iruarmi a gapuananmi.

Nasinga ti apagbiit a panagampayag ti arapaapko idi mailukat ti ridaw ket naimuttalat daydi Kompadre Cristino Iloreta Inay, Sr. Laglagipem, Enos Apok, saankami pay nga agkompadre idi.

Napartak ti panangpangato-panangpababana kaniak, ket nagturay ti siddaawna. Diak masinunuo no anian nga oras idi, ngem nailangaak nga agrubrubuat a rummuar.

"Brad... nayaw-awanka?" kinunana a kasla nakakita iti al-alia. Kinitana ti bitbitko a diak malagipen no karton idi wenno bay-on a yan dagiti lupotko. "Sumrekka..."

Nakitak ti nakasagana a pammigat iti bassit a lamisaan. Adda agalalisuaso nga impapanko lattan a kape iti puraw a nabengbeng a tasa a diak malagipen ti awagda idi. Ken sangasupot a pandesal.

Inlawlawagko ti puon ti pettat a panagpa-Manilak. Bayat ti panagsasaok, nagdardaras a nangisagana iti sabali pay a tasa ket binukbokanna iti agal-alisuaso a kape manipud iti asul a kapitera.

"Agkapeta pay, brad," kinunana ket saan a nagpangngadua a nangidiaya iti maikadua a tasa. Saanen, kuna ti isipko, ngem kadi, a, inkibur met ti boksitko! Ania payen, inkidemkon, a, ti kumkumpes a bainko! Kinapudnona, Enos Apok, idi la a napadasak ti nakipangan iti diak pay unay kaim-imuan.

Nagsaritaanmi iti apagbiit ti panggep ni Clemen Uclaray. Imbagana no kasano ti mapan iti pasdek a yan ti opisina ni Clemen. Adda serrekna iti daydi nga aldaw iti National Bookstore iti Avenida Rizal ket dinak makuyog. Laglagipem, Enos Apok, awan pay idi ti selselpon ken diak malagip no adda telepono iti balay wenno apartmentdan sa idi, ket dina kayat ti mangliwat a di nakapagpakada.

Sakbay a tinakderanmi ti pammigat, isu met nga immulog ni manongna a Felix. Sa ni Erning (Ernesto Arrocena) a kaanakanda kano. No kasano ti kapurked daydi kompadre Tino, pagat-abagan sa la idi ni manongna. Agdardaras met a rummuar a sumrek iti trabahona, ket saankami a nakapagsarsarita. Aggigidiat ti oras ti serrekda a tallo.

Saanak unay narigatan a nangsapul iti pagtartrabahuan ni Clemen, Enos Apok, ta nalawag ti panangimuestra daydi Kompadre Tino ti adres, ken asideg laeng iti Felix Huertas, ken iti Central Market. Isuna laeng ta diak malagipen no ania nga eskinita wenno kalye; nalabit nga iti Oroqueta... wen, Oroquetan sa idi... malas ta naiwagatko ngamin daydi suratna. Ngem nalawag pay la iti mugingko ti apeliedo ti amona: Lorenzana.

Bassit daydi opisinada; immatiddog ken maymaysa a grado, tallon sa la idi ti tukadna. Diak malagipen no namin-anokami la ken ni Clemen a nagkita idiay *Bannawag.*

Naragsakan ni Clemen Uclaray—addan idiay California, Enos Apok, nasaok kadin?

Adu ti sinarsaritana; inur-urayko nga agapadenna ti panangrugik nga agtrabaho, wenno kas Manarawidwid nga Editor, ngem adayo ti topikona. Kangrunaanna ti pagdawatanna iti anunsio, ken dagiti dadakkel a tao a makatulong a mangyabaga iti pannakaimaldit ti magasin.

Napangangaak, Enos Apok. Kayatna a sawen, awan kuartana a pangimalditna iti magasin? Malagipko ita a nangnangngegko idin a tapno agbiag ti maysa a magasin, nasken nga adda umdas a pangiruar iti lima wenno ad-adu pay nga isyu ket kalpasan dayta a bilang, isunto pay la ti panangrugi nga agsubli ti nagpuonan iti imprinta.

Adu dagiti inagapadna a nagan a kameng ti Ilokano Magasin. Nairaman iti Letterhead dagitoy a nagan: Crispina Martinez Belen, Juan A. Alegre, Benjamin L. Viernes. Kaduak iti Editorial Board da Edilberto H. Angco, Manuel S. Diaz, Roland Al. Bueno, Virgilio E. Vives, Prescillano N. Bermudez. Nairaman dagitoy: Estrella Miranda, Leticia Farinas, Crescencia D. Dela Rosa, Jose Castillo Galbis, Cristino I. Inay (saan pay a Sr. idi)... Agrirriri ni lelangmo, Enos Apok, no apay a saan a nairaman kadagitoy: Lina Lorenzo (a nagbalin a Sumaoang), Amancia Pugat, ken Maria Quigao. Dinamagna no kasano ti pannakapili dagitoy a tattao nga agkameng iti editorial. Amangan kano no ti laengen nagpidut ti inaramid ni Clemen Uclaray.

Diak nasungbatan, Enos Apok, ta uray siak, diak ammo no apay nga inramannak; isu ngarud a nagtartarayak a nagpa-Manila, malagipmo?

Ngem napaneknekak a kasla pudno ti panangipato ni lelangmo. Ta kaaduan dagiti nainaganan, adda napintas a trabahoda; siak la ngata ti nagkudkudaap a nangsungbat iti awisna, a nagangayanna a nakipangpanganak kadagidi taga-Felix Huertas iti no mano nga aldaw, wenno lawas sa pay ketdi idi. Idi agangay, dandanin diak matilmon ti taraon nga ipaunegko gapu iti nalaus a bainko. Nakasaysayaatda a tattao, ket makunak nga isuda ti immuna a nakautangak iti diak masubsubadan a kinaimbag. Natayen daydi kompadre Cris, Enos Apok, ngem dagdagullitek latta ti panagyamanko kenkuana babaen ni Komadre Betty (Beatriz Rebuca), kasta met ken ni manongna a Felix, ken ni Ernesto Arrocena—sapay koma ta makadanonto kadakuada daytoy a panagyamanko.

Isu met a kunak a siak ngata ti kangrunaan a namagbalin iti *Bannawag* a nagbagasanna, ta ti la adda a maisursuratko idi nga idatagko, ket no naaprobaranen—amangan pay ketdi no binalbalinda lattan—agarup yarasaaskon no mabalin nga ipaunak ti bayadda. Mabalin idi a payuna ti bayad ti sinurat ta yiskediulda metten. Mabainak, ngem kasano ket awan met ti sabali a pangalaak iti gastuek. Naimbag ta manangngaasi unay dagidi kameng ti editorial ti *Bannawag*, ta uray no adda kuskusel ti indatagko a sarita, wenno daniw, balbalinenda lattan. Baybayadandak idi iti beinte wenno beinte sinkon sa pesos idi ti maysa a sarita. Diak malagipen no kaano a pinagbalinda a trenta ti imbayadda kaniak iti maysa a paset ti nobelak...

Ania payen, inkidemkon, a, ti nakaipasungalngalak. Addaakon iti Manila, ania pay ti maaramidak?

Diak malagipen no asino ti akin-utek, ngem nangupakami iti opisina—kampay idi—ti Ilokano Magasin iti Cataluña Street iti amianan ti University of Santo Tomas, a lauden ti terminal ti Maria de Leon. Saan metten nga agparang iti mugingko no asino dagidi kaduak iti daydi a kalye ta saan a simmurot daydi Kompadre Cris, ken saan pay idi a pimmanaw ni Kompadre Prescy, wenno Fred, iti balay daydi antina idiay Sta. Mesa.

Daydi Tito (Teresito Gabriel Tugade) ti kasla agsublisubli iti mugingko ngem diak masinunuo no nagsaritaanmi ketdi idi nagsarakkami idiay *Bannawag*. Masaok ti kastoy, Enos Apok, ta isu ti kaduak a nagspul iti sumaruno a nakipagdagusak—intanto sadiay.

Agsublita biit ken ni kompadre Fred.

Iti naminsan, inawisnak a nagpasiar iti balay daydi antina. Malagipko unay daytoy ta adda dua a saritana nga impabasana kaniak, a pakisalipna iti umadani a pasalip ti *Bannawag*. Malagipko ta daydi imbagak a magustuak ken impagarupko a mangabak, isu ti naabak. Ti ketdi imbagak a diak magustuan ti nangabak, daydi *Daton iti Tumanor a Kaputotan.* Saan la a nangabak, isu pay ti nangyalat iti umuna a gunggona! Maikadua ken maikatlo dagiti dua a sarita daydi Samuel F. Corpuz, ti *Sawmill* ken ti *Hospital.*

Siak? Diak malagip no nakisalipak, Enos Apok... agpayso. Idi ti panangrugi a rumangpaya ti panagbalinko a nobelista. Ken kaaduanna idi a pot boiler dagiti sursuratek; nagbaliw la ti estilok idi immadu ti nabasbasak nga awtor manipud kadagiti ganggannaet a pagilian.

Duduada idi iti antina idiay Sta. Mesa. Ket dina parikut ti yapuyna ta segun iti panagawatko iti kasasaad dagiti taga-Pangasinan ken Isabela— dua ti probinsiana—nalawa ti madagdagada. Ken ti pay ketdi nagkauna a kaputotanna ti nanglukat iti dagdagada, kas ipasimudaag ti tema ti saritana.

Ngem bayat ti kaaddami idiay, dakami a tallo kadagiti dua a kompadrek ti naturtoran a nagsublisubli iti imprenta iti rabii a mangikuto kadagiti biddut. Malagipko gayam, ni Kompadre Fred wenno Prescillano ti nang-interview ken nangisurat iti kabibiag daydi Apo Quintin Paredes a nagbalin nga akkub ti Ilokano Magasin.

Kastoy ti napasamak, Enos Apok.

Nagnunumuanmi a daydi Don Quintin Paredes ti agpaay nga akkub ti magasin. Nagkuyog da PNB ken daydi Manong Jun Hidalgo, ken diak malagipen no asino ti kaduada, a napan nakisarita—saankami a naikuyog iti daydi Cris ta dakami ti nagbantay idiay imprinta. Bareng, kunkunami, no mangtedto ti lakay iti opisina ti magasin. Ken bareng saan la nga opisina ti maitulongna. Naadalmi ngamin idin a makagasto ti korporasion iti nasurok a sangaribu para iti sangaribu a kopia ti umuna a bilang ti magasin: P18.00 ti tunggal pahina, *P3.00 per 10 square inches per every cut*, P30.00 tunggal akkub (offset). Agbiag la ti magasin kadagiti maala nga anunsio. Ngem iti umuna nga isyu bassit la ti mabayadan nga aunsio ket talaga nga agpukaw ti magasin iti nasurok a kagudua ngem mangnamnama dagiti kakadua a addanton bayad ti amin nga anunsio iti sumaruno a bilang. Inarapaapmi pay a bareng no umannugot ti Soler Printing a makisugpon ta Ilokano met ti akinkukua ket immannugot met ti lakay.

Nasaok kadin? Amin dagiti kameng ti editorial board, malaksid ken ni Fred, nagusarkami iti parbo a nagan; kasta ti bilin daydi Manong Jun Hidalgo tapno kano didakami i-*black list* idiay *Bannawag*—kasdiay kano ti pagannurotanda. Isu a no ukagem daydi a magasin, awan ti makitam a naganko, malaksid ti Lorma S. T. Gabino a kombinasion ti naganmi ken niu lelangmo.

Makumikomkami unayen kadagidi a panawen. Serrek idin ti Abril, 1967. Siak ti nagisagana iti ilustrasion dagiti sarita, a walo ti Ilokano ken maysa ti Ingles. Ni Ed Angco, saan unay a nakatulong ta isingsingitna laeng iti trabahona, ngem kaduana da Jose Castillo Galbis ken Roland Bueno a nagaramid iti *illustration*.

Iti baet ti pannakakumikommi, Enos Apok, adda idin mapaspasamak a di panagkikinnaawatan dagiti kameng ti Ilokano Magasin, kangrunaanna a gapu ti pondo nga usaren. Impagarupko idi damo, nangruna idi inawisnak ni Clemen nga agpa-Manila, nga awan ti parikut. Ngem naammuak a nagpampannuray met la gayam iti donasion dagiti adda mabalbalinna nga am-ammona wenno gagayyemna, ken idi agangay, nairaman payen dagiti dadduma a kameng nga adda trabahona. Isuda ti nangabuno iti pagkurangan ti pagbbayad iti imprinta tapno laeng maituloy a mairuar ti umuna a bilang ti magasin.

Adda daydi naminsan a nagpuypuyatanmi a tallo kada Pres ken Tino, agingga iti alas tres ti parbangon ta kamkamatenmin ti panawen. Mayo 3 1967 idi, segun iti suratko ken ni lelangmo. Iti daydi a suratko, naagapadko ti iruruar ti saritak a *Taaw Ken Daytoy a Babilonia* iti Hunio 5 a bilang ti *Bannawag*. No apay nga ammok idi, awan duadua a nasingirko idin ti naipauna a bayadna! Kasdi ti kasayaat ti panagpuspuso daydi Manong Jun Hidalgo: naayat a tumultulong kadagiti mannurat. Adu pay ti patigmaanna maipanggep iti Ilokano Magasin, a dandani idin rummuar iti imprinta.

Bayat dagitoy a pasamak, limmanlan ti di panagkikinnaawatan dagiti kameng ti magasin. Aglalo la ngaruden idi naagapad ni Clemen a kabaelanna a bayadan ni Mang Jun Hidalgo iti dakdakkel ngem iti sueldona iti Bannawag.

Nagangayanna, inkeddeng ti grupo nga ituloymi ti natan-ok a panggep, tapno laeng mairuar ti umuna ken kakaisuna a bilang ti magasin. Ken naikeddeng nga ikkaten ti grupo ni Clemen gapu ngarud iti kimmaro a di panagkikinnnaawatan. Ngem narisut met laeng idi agangay.

Kabayatanna, intultuloymi met latta ti nagsinsinnurat ken ni lelangmo, Enos Apok. Imbagak amin ti mapaspasamak, ken ti tuokko nga agmaymaysa iti masasao idi idiay away, a siudad a pagpidutan iti balitok! Adda dagidi suratko, a nayadres pay la iti Felix Huertas ta diak inusar ti Cataluña, a napno iti dagensen, ket no dadduma, gapu iti panagdardarasko, ken iti napalaus a pannakabannogko, kasla payen kinaraykay ti manok ti suratko.

Nadlaw ni lelangmo, ngem dina la kano imbagbaga. Isuna laeng ta insingasingna nga imakiniliak koma ti suratko. Ngem nakunak sa, Enos Apok, a nabati ti makiniliak idiay opisina ti Bannawag.

Napagnanaminganmi nga adda mapan idiay Vigan, bayat ti kombension ti GUMIL, ta sadiay ti paglakuanmi iti Ilokano Magasin.

Siak ti natudingan ta siak ti awan ti trabahona. Ngem sakbay a napanak, nagtulaganmi kadagidi Tito ken Tino ti panagsapulmi iti upaanmi a kuarto. Panggepmi idin ti pumanaw iti Cataluña ta dimi mayangsan ti sumaray-ob nga atibuor ti rugit dagiti baboy—adda pagtaraknan iti baboy iti sikigan ti balay a naalami! Sa awan met gayam ti pagbayadmi!

Dakkel a karton ti nagkargaanmi iti diak malagipen no mano a kopia, a nangnamnamakami a dakkel ti maitulong dagiti agatendar iti kombension. Nabannogak unay a nangidanon iti karton iti pagkombensionan. Diak malagipen no kasano.

Ngem dakkel a biddut. Manmano ti gimmatang! Ta saanak met a negosiante, ken maysaak a memmem, kas kuna kano daydi kabsat a Francisco Quitasol, kuna ni lelangmo, ket diak ammo a pagbalbaliktaden ti dilak!

Maysa a natan-ok a panggep daydi a padas dagiti mannurat nga Ilokano, Enos Apok, a pakaibilangan daytoy lelongmo. Pammaneknek a saan nga umdas ti nalayog nga arapaap. Masapul a kabulig ti at-atiddog a pawayway dagiti kakasdi a dadakkel a panggep.

Iti panagsublik iti Manila, Enos Apok, agkatangkatang ti panunotko. Ania manen ti sumaruno nga aramidek? No makasapulkami iti pagdagusanmi, a diak pay idi ammo no asino ti kaduak, malaksid iti daydi Tito, ta agduaduaak idi no kayat daydi Kompadre Tino ti sumurot kadakami, no palubosan daydi manongna a Felix. Diak met idi ammo no naggapgapuan daydi Tito, ken no apay a tarigagayanna ti agsapul iti maupaan a kuarto.

Diak idi pinanunot ti dumaw-as idiay Labut ta agin-inutak iti nasingirak idiay *Bannawag*. Napigsa latta ti pakinakemko nga agsubli iti Manila. Nabileg ti panggepko a mangtunton iti naranraniag a masakbayan. No kasano, agkarkarawaak iti nabengbeng a kasipngetan!

Daydi ti rugi dagiti kasla di maputpot a nalidem a panagdaliasatko, Enos Apok. Nakalidlidem. A kasla saanen a sumingsing pay ti sabali nga agsapa.

Sakbay a rinugianmi ti nagsapul iti upaanmi a kuarto, bayat ti panangur-uraymi iti daydi Tito, nagtutulaganmi iti daydi Kompadre Cristino Iloreta Inay, Sr. ken ni Kompadre Prescillano Nisperos Bermudez, a sarungkaran daydi Manong Jun Hidalgo iti apartmentna idiay... Sampaloc sa idi. Diak malipatan daydi a pagteng, Enos Apok. Denggem no apay.

Malem idi. Pasarna ngata a panagaawid dagiti empleado. Ngem sakbayna, denggem pay.

Diak pay gayam nailadawan daydi Manong Jun Hidalgo nga inawawaganmi a tallo iti **Idolo** gapu iti kinadekketna kadagiti agtutubo a mannurat. Impakabsatna ti bagina. Kangrunaanna, pasensia laengen dagidi kakaduana idi panawenda iti editorial ti Bannawag. Mestiso, napudaw, napuner, agkikinnidol dagidi babbalasang a mannurat, ken saan a mannurat, a makakita kenkuana. Adda pay daydi maysa a mannurat a tagaAbra wenno Baguio, a damagmi a nagbalin laeng a mannurat gapu iti daydi Idolo.

Kadagidi a panawen, adda idi pasalip ti Bannawag a Miss Bannawag iti amin a probinsia iti Kailokuan. Ilocos Sur, Ilocos Norte, Pangasinan, ken daddduma pay. Dua ti malagipko. Cynthia Ugalde ti Magsingal ken Ruby a taga-Pangasinan.

Adda daydi maysa a kandidata a nagbalin a nadekket iti daydi Idolo. Daydi, diak malagipen ti naganna.

Mapanta iti daydi isasarungkarmi, Enos Apok.

Daydi yan ti apartment daydi Idolo, immatiddog a sumagmamano a ridaw nga agsumbangir. No sumangoka iti daya, maikadua iti maudi a ridaw iti kanigid ti apartment daydi Idolo.

Nagtarusanmi a tinuktok ti ridawna idi makadanonkami iti daydi a lugar. Awan simmungbat. Inkeddengmi ti napan naguray iti bassit a tiendaan iti sungaban. Adda landok a ruangan ket awan ti makapan kadagiti ridaw a di magna iti ruangan. Nabayag bassit a naguraykami. Ti la adda a nagsasaritaanmi; kangrunaanna ti maipanggep iti literatura.

Mangrugin nga agsaknap ti sipnget idi nagsilaw ti apartment daydi Idolo.

"Nakitayo a limmabas?"

"Saan... sika?"

"Saan!"

Naannadkami a nagtuktok iti ridaw daydi Idolo. Inlukatna ti ridaw.

Nasdaaw a nakakita kadakami.

Napangangakami a nakakita iti napintas a dayag iti lamisaan.

Inyam-ammona. Maysa kadagidi kandidata ti Bannawag!

Saanen a nagbayag daydi dayag.

Nabagas ti isem ken kinniddaymi a tallo.

"Lokokayo, dikayto man la um-umayen!" kinuna daydi Idolo a nakabagbagas ti isem ken nakakilkilnet ti ayek-ekna.

Ngem kuedaw, Enos Apok! Saan met nga amin dagidi babbalasang ket nagkulkulipagpag ti pusoda nga uray no mangngegda la ti naganna.

Kastoy. Di kad' kunak a masansanak a maisar-ong iti editorial ti Bannawag? Idi mabaybayag, naisingsingedko ti bagik iti daydi Idolo. Linuktanna ti biagna kaniak ket diak ammo no naaramidna kadagidi kaedadak a nangrugi iti bennegna nga *Agdadamo a Mannurat.*

Iti naminsan a panangawisna kaniak nga agmerienda iti kantina ti *Bannawag* idiay Soler, nasaritana nga adda dayag a nagtinnagan ti riknana. Napaut bassit a pinaspasiarna. Ngem napangina daydi a dayag. Gapu ngata ketdi ta anak ti maysa a heneral ket natawidna ti kinainget ti amana. Wenno sabali ketdi ti pagrukodanna iti maysa a lalaki. Saan a mapnek iti pisikal a pakabuklan ti manabsabong.

Napanunot daydi Idolo nga inikkan iti Biblia, kunana, bareng no daydi ti pakalunagan ti rikna daydi naimut ti aayatanna a dayag. Bareng, kunana, no maipakitana ti kinarelihiosona, ti kinaasidegna iti Dios.

Ngem saan a kimna ti appan daydi Idolo, Enos Apok! Diak ammo no nakarikna iti saem ket isu ti namkuatanna a nangigubet iti panawenna iti panagsuratna iti napipintek a nagbalin a wadan iti literatura ti Amianan. Pasensia laengen dagidi kakaduana iti editorial, ngem isu ti kaaduan iti natulongan iti grupomi a nangid-idulo kenkuana.

Wow, makabannog a lagipen dagidi a pagteng, Enos Apok! No manen, taliawek idi ni lelangmo a nakasikig iti kanawan a nagpungan iti kanawan a dakulapna, a nargaan manen kalpasan ti panaguyek-uyekna...

Isarunotanto a papanan ti Coromina. Agsaganaka.

Maika-19 a Paset

Coromina Street, 1967

PANAWEN MANEN IDI a panagpabaro wenno panangsukat iti *medical insurance* a maar-aramid iti tinawen, Enos Apok. Makumikomak nga agsapsapul wenno mamagdidilig kadagiti pagpilpiliak: Cigna, Humana, Aetna, United Health Care... agduduma ti benepisio dagitoy a seguro ti salun-at. Kayatko ti makapagsalimetmet, ngem ad-adu nga agas, ken nababbaba a bayad iti tunggal isasarungkar kadagiti dodoktor, ken hospital, ken botika. Maipadpadamag a nguina dagiti agas gapu iti agdama a parikut iti lubong; a pakairamanan ti ingangato ti binulan nga ik-ikkaten ti Medicare iti pension dagiti retirado, nga isu ti pagbayadda kadagiti seguro ti salun-at. Agsapsapulak iti pakalibreak iti insulin, daytay saanak nga agbayad iti $126 a para iti tallo a bulan. Ken daytay pakalibrean ni lelangmo iti sulsul-oyenna a pangep-epna no kumaro ti angkitna, a maysa kadagiti adu nga an-anayenna. Nagangayanna, nagbanag met la a ti Cigna ti pinilik, a dua a tawenen a yanmi... Wen, daytay makatulong a mangyatiddog pay iti panawenmi ken ni lelangmo. Di pay nagudua daytoy ibatik kenka, Enos Apok...

Coromina Street, 1967

DINANONMI ITI DAYDI Kompadre Tino daydi Tito wenno Terry Tugade iti opisina ti *Bannawag*, Enos Apok, kas nagtutulaganmi iti papanmi panagsapul iti upaanmi a kuarto. Naikuyog la daydi Komapdre Tino ta dina panggep ti makikadua kadakami. Ad-adu ti nagudaudanna iti Sta. Cruz ken Quiapo.

Makitkitak ita ti bagik, Enos Apok, a nakatakder iti nagkurosan ti Quiapo Boulevard ken Azcarraga iti arinunos ngata idi ti Mayo ken serrek ti Hunio iti daydi tawen 1967. Sumangsangoak iti daya, a kaduak dagidi Terry ken Tino. Adda iti makanigidmi ti kabarbaro idi a Cinerama a malagipko pay la ita a *Barbarella* ti immuna nga impabuyada, a nagbidaan ni Sally Field. Iti pangadaywen nga abagatan, agsinnango ti Life Theater ken Globe, nga adda iti labesda ti agsinnango a Plaza Miranda ken Quiapo Church ket adda iti dayaenda ti baro pay met idi a Lacson Underpass a sirok ti Quezon Boulevard. Iti labes dayta ti simmang-atan ti Quezon Bridge. Adda iti sirokna ti Quinta Market.

Agsublita iti nagtakderanmi sakbay a bimmallasiwkami nga agpadaya. Wen gayam, iti dayta a disso, agsisinnango dagiti *bookstores* ket masangomi iti abagatan a suli ti Samson Technical and Fashion School a nangalaak iti Steno Typing. Iti amianan-a-daya a suli ti yan ti National Radio School and Institute of Technology wenno NRSIT a nangturposan kano daydi Angkel Narsing iti Electrician, ket iti agarup kaaripingna iti amianan ti yan ti Far Eastern University ket iti saan unay nga adayo ti yan ti University of the East.

Agsinsinnublat nga agiddep ken agsilaw ti nalabaga ken berde iti nagkurosan dagiti dua a kadakkelan a kalsada kadagidi a panawen. Makiktkitak manen, Enos Apok, dagidi tumuyutoy a tattao a kunam no di mabannog nga agpagnapagna a di masnop ti turongenda, adda agdardaras, adda kasla magmagna a mapan pabitay. Ken dagiti pumanutpot a lugan— saan a kasla ditoy, Enos Apok, a di mabalin ti agbusina.

Nakidanggaykami kadagiti tao a bimmallasiw idi agsilaw ti berde a sumango kadakami. Idi makaballasiwkami, naimuttalat iti imatangko daydi Gaily Studio—malagipko ita ta isu ti nangipadakkel iti daydi retratomi ken ni lelangmo idi nagkasarkami; nakitam daytay retratomi dita salas, a kunam no kabarbaro, ta pulos a di nagkupas?

Sakbay a nakadanonkami iti sumaruno a kalsada, wenno eskinita ta awan ti makapagtaray a lugan, napasarugaddengak iti sango ti Bookstore ta nasulek dagiti matak iti nakadisplay a libro daydi Leo Tolstoy a War and Peace, maysa kadagiti libro nga insingasing daydi Manong Jun Hidalgo a basaek.

"ROOM FOR RENT!" intudo daydi Tito ti paskil iti poste iti sango ti dakkel a pagbiliaran iti masanguananmi, a mangitudtudo iti abagatan: 730-A Coromina Street.

"Intay kitaen," insingasing daydi Tino.

Apaglabas iti pagbiliaran idi madusangmi ti Buenviaje Street—dimo liplipatan daytoy nga eskinita, Enos Apok—nga immuluan iti Coromina. Mawidawidan iti kanawan ti tersena nga adda maysa a labus a lalaki a gumatgatang iti dippig ken durgokan nga adda igpilna nga agbubuteg, a mangitaktaktak iti kaggatangna a nangisit a sigarilio. Apaglikud ti labus a lalaki idi makasabatkami iti lampong ken dungrit nga agtutubo nga agturong met iti tersena.

Mawidawidan iti kanigid ti serkan a kumamang iti 730-A.

Nagsarugaddengkami ket nagkikinnitakami a tallo a kasla maymaysa ti kayatmi a sawen gapu iti nakitami a labus a nakadata ken nakanganga nga agur-urok iti akikid a bangko iti sango ti ridaw ti balay a pumaypayapay a paupaan.

Agsanudkami koman ngem limnek ti nakaat-atiddog nga isem ti baket, a nagparang dagiti gugotna, a nangisngisit ngem iti gugot ti maladaga, a nangkita kadakami, ken nangabog iti aguy-uyaoy ti ballawasna iti bangko.

"Doon ka nga! Kanina ka pa dyan!" nagsawaw ti baket; kinugtaranna ti saka ti bangko ket natappaak ti labus iti semento. Bassit ti baket a naisapawen ti maris dapo a pinggolna ngem nagdiwerdiwer ti nabugtak a timmakder sa nagtaray a limmaem.

Napanganga daydi Tito nga agduadua a mangitudtudo kadagiti nanukunok a lamok iti sirok ti bangko.

"Nabartekda!" inkalbitna nga intudo dagiti lamok.

"H'wag n'yong pansinin ang hinayupak na apo kong yon," kinuna ti baket. *"Numero unong lasenggo pero hindi marunong manggulo... basagin ko pa'ng bungo niya... Siya nga pala, Marta ang ngalan ko. Tawagin n'yo lang ako ng Lola Marta."*

Nalaing a manarita daydi Lola Marta. Kayatko a sawen, dimi nasaanan nga upaan ti kuarto ti balayna. Kinuyognakami nga immuli. Dua ti kuarto iti ngato. Ti akinlaud a pakatan-awan iti sabali a kuarto iti sabali a balay ti bakante. Kuatro por kuatro ngata idi ti sekkegna,.

Nalawlawa ti akindaya a matan-awan iti daya ti natayag a pader ti diak ammo no ania a pasdek daydi, ngem adda agassawa nga agupa; addan sa idi bassit nga anakda. A, wen gayam, Enos Apok, nagturpos kano idiay Muntinglupa University ti lalaki, kasta ti awag daydi Tito idi agbaybayagkami kadagiti nagraduar iti pagbaludan. Diak ammo no mano a tawen a nagbayad iti utangna iti uneg. Ngem kas met la di naggapu iti uneg ta nakasaysayaat met a tao. Adda bassit a kahon nga adda sakbatanna nga inaldaw nga isakbatna; napunno iti babassit a banag a tagilakona.

Komunal ti kosina iti sirok, a kaabay ti banio a sarsaripiten ti gripona. Naipalagip idi kaniak, Enos Apok, ti kasilia idiay Evangelista.

"Kailan kayo lilipat?" dimi pay imbaga a kayatmi ngem dinamagen daydi Lola Marta a nakalawlawan ti isemna ket ad-adda a nagparang ti nangisit a gugotna. *"Puwede kahit wala kayong paunang bayad. Mukha kayong mababait, e!"*

"Mga writers kami, lola!" kinuna daydi Tito.

Lallalon ti raniag ti rupa daydi Lola Marta.

INNEMKAMI NGA ARIGNA sardinas a nagririnnisiris ti abagana iti daydi nailet a kuarto, Enos Apok. Uppat nga i-Norte, a daydi Teresito Gabriel Tugade nga i-Marcos a pimmusay idiay California a nagdappatanna, ni Peter La. Julian nga i-Laoag-Isabela, Benjamin Castillo Chua nga i-Laoag a nagdappat met idiay San Jose California a diak ammo no adda pay idiay, Constante Al. Domingo nga i-Bacarra a nagdappat met idiay Hawaii; maysa a taga-Pangasinan-Isabela a ni Kompadre Prescillano Nisperos Bermudez, sa 'toy lelongmo nga i-Lapog-Cabugao a nagdappat ditoy Utah. Saan a simmurot daydi Komapdre Tino ta di pinalubosan ni manongna a Felix.

Nangitugot daydi Tito iti double deck nga iti ngato ti nagiddaak ket iti baba ti iddana—idi nagsisinakami, imbatina kaniak ti double deck ket adda pay la ita idiay Montalban, Enos Apok; pakalaglagipak. Adda met kama ni Fred (Prescy). Iti tawa—diak malagip ti awag ti kasla papag—ti idda ni Ben. Iti basar ti nagiddaan da Peter ken Tante.

Nais-istoriak idin daytoy a paset ti panagdaliasat 'toy lelongmo, Enos Apok, ngem nakallalagip ken kasla saanak a mauma a mangulit-ulit, a 'tay kunadan, arigna iti dadael a plaka.

Ken tapno maammuam met, ken dagiti dadduma a di pay nakangngeg.

Adda aldaw a naibatang iti tunggal maysa kadakami a patagabo: agluto ken agdalus iti kuarto, saan a mairaman ti panaglaba, lupotna labaanna. Lunes ni Prescy, Martes kaniak, diak malagip no asino ti para Mierkules, Huebes ken Biernes. Ngem diak malipatan ti para Sabado: ni Ben. Kasano a malipatak ti ipasangona ket ammomi lattan a misua a nasagpawan iti Ligo, a napanna pay dinawat iti kabsatna idiay Caloocan ti inggatangna? No batang ni Prescy, ha, mangarabukobkami; isu ti kaimasan ti luto. No siak, saggaysakami a pandesal ken sagsangatasa a nalabnaw a kape nga awan gatasna ti pamigatmi. Pangaldawmi ti birawbiraw a dinengdeng a nasagpawan iti galunggong a kakaasiak a nangtawtawar idiay Quinta Market iti sirok ti Quezon Bridge idiay Quiapo. Ammomon, a, in-inutek idi ti impayunak a bayad ti ania man a sinuratko.

Umuna, daydi damo a panagapuy daydi Tito, nakset a linugaw. Daydi igagatang ni Tante iti ipasangona a dina malagip ti Tagalog ti gatangenna. "Yung may ganung-ganon!" kinunana kano a pinaggarawgarawna dagiti ramayna iti agsumbangir a pispisna, a kasla daytay agkaykayaw-at a kurita! Pusit wenno laki ti kayatna a sawen, Enos Apok!

Sa ti paglinglingayan ni Peter nga agisunel iti rungrongna iti regkang a nagparutan iti lansa a tumannawag iti matan-awan a kuarto iti bangir a balay, a yan dagiti di naannad a babbalasang.

Adu a pagteng ti napasamak iti daydi a kuarto, Enos Apok.

Idiay ti nangadawak iti daydi saritak a *Dadakkel a Mata iti Babassit a Tawa.*

Idiay ti nangsuratan ni Prescillano iti nobelana a *Dagiti Billit-tuleng.*

Ti nangsuratan daydi T. Gabriel Tugade iti daydi *Puraw a Balitok.*

Ti nangsuratan ni Peter La. Julian iti nobelana a *Casa Fernandez.* Napannan sa idi inleppas idiay Isabela ta binulodna idi ti makiniliak. Nabayag bassit sakbay a naisublina.

Ti nangsuratak iti daydi nobela a *Dagiti Agtubbo* a pakasaritaan daydi lelongmo iti tumeng ken daydi Angkel Doro, ken daydi lelongmo iti dapan iti papanda pannakipagtubbo idiay Mindoro. Pinabalbaliwan daydi Editor Greg Laconsay ngem diak naikaskaso, kayatna a sawen, saan a naipablaak. Nayawyaw iti panagakar-akarko ket sayang ta dinamag naminsan ni Kompadre Diony Bulong

Nakasurat met daydi Ben iti maysa a sarita.

Agsursurat met idin ni Tante ngem diak ammo no adda idi nairuarna bayat ti panagkakadagusanmi.

Diak met malipatan ti masansan nga isasarungkar ni Edilberto H. Angco. Umul-uli pay laeng no ar-arigen, ipukpukkawnan: "Pagbagasanyo metten 'diay *Bannawag!*" Maysa ni Ed wenno Bert kadagiti mabigbig a mannurat, a portena ti salaysay. Mamatika, Enos Apok, isu ti maysa kadagiti kadalusan iti manuskrito—ammok ta... adda sabali a paset a nailatang iti daytoy.

Daydi Eldorado E. Licos a taga-Pangasinan, a naisar-ong iti naminsan a nairana nga agsakit ti tian daydi Tito. Diak malagip no ania ti inaramidna, ngem isu ti nangagas. Kuna daydi Tito wenno Terry a kasla kano napunas a lugit ti manok ti sakit ti tianna apaman a naaprosan daydi Eldo.

Adu pay a nakallalagip a pagteng.

Idiay met a naawat ni Prescillano nga agtrabaho iti daydi Katas Magazine.

Idiay met a naayaban ni Peter a kameng ti panagipatarus iti Biblia iti Iluko.

Ngem adda naminsan a nagtutulag dagidi kakaduak, Enos Apok, a mapan agbuya iti stage show. Addan sa ketdi idi kaduada a taga-*Bannawag.*

Diak naisurot.

Kuna kano daydi maysa sakbay a napanda: "Ay, Kursilista daytoy!" Ngem idi addadan iti pagbuyaanda, saan kano metten a paudi a gumawat!

Ngem agsublita idi makalawasmi pay laeng idiay Coromina.

Adda naangay a miting ti GUMIL Metro Manila idiay Cielito Lindo a kukua dagidi agassawa a Tata Jesse Bello ken Nana Luz Flores Bello. Maysa a dramatista daydi Nana Luz. Daydi ti damo a yaatendarko iti miting ti GUMIL Metro Manila. Napintas daydi a disso ket adu dagidi ganggannaet a turista.

Daydi ti pudno a nagpennekak iti agkakaimas a masida, Enos Apok! Sadiwa a lames. Adda pay suka a nagarteman iti sili ti sairo a naimas a nagisawsawan kadagiti tinuno nga ikan.

Malagipko man ketdi ita ti pannakakitak iti kinabassitko kadagiti a kanito.

Ti panangidiligko ti bagik kadagiti adda mabalbalinna. Piman, kunkunak ita no malagipko. Nagdakkel ti pagdumaan ti biag dagiti tattao. No manen, masaludsodko: nagbaliw ngata koma ti panagbiagmi no inggaed daydi Lelong Undo ti nangged idiay Hawaii? No nasaysayaat ti nariingak a biag, nagbalinak ngata koma a mannurat?

Manipud idin, ad-addan a naarunan ti reggetko a dumur-as.

Napanunotko ti agenrol iti Radio Electronics idiay National Radio School and Institute of Technology. Saan la a panagtarimaan wenno panagsangal iti transistor ti sakup ti rinugiak a kurso; karamanna pay ti *telegraph operator*—nalipatak metten ti awag iti kasdi a kurso, daytay adda di-di-dit-dit-na nga agipatulod iti telegrama. Total, awan namnamak idin a makapagturpos iti dua a rinugiak a kurso iti kolehio nga AB Journalism ken Medical Technology, bareng ketdi no nalaklakakto nga isapul iti trabaho ti *two-year* course nga alaek. No diak man makastrek iti kompania, mabalinko ti agsangal iti radio ket isunto ti ilakok. Daydi a kapanunotan ti nangsungrod iti gartemko iti radio.

Nalaka pay la idi ti matrikula kadagidi kakasdi a kurso. Nangilatangak iti pinagmatrikulak kadagidi saggabassit a masingsingirko iti masuratko a sarita, daniw, salaysay, a maibabaet kadagidi nobelak, idiay *Bannawag*.

Ti diak ammo, saan met la gayam a matrikula ti paggastuan. Ad-adda ti igatang kadagiti proyekto. Ta nasken a makasursuro dagiti estudiante nga agaramid iti transistor, nga isu ti kangrunaan a panggep; saanka a makasursuro no dika agaramid iti transistor. Nasken met a nalaingka nga agikabesa iti *color coding dagiti wiring, capacitor, receptor, speaker* ken daddumapay a mainaig iti radio.

Ngem gapu iti panangyan-anayko iti kuartak, ken panangisingsingitko iti panagsuratko, naitantantan ti pannakaileppasko iti transistor nga immuna a pinasangal daydi Mr. Ong a maestromi. Wen, Enos Apok, masaok a kaarrubami daydi Mr. Ong ta sumagmamano la a ridaw ti kaadayo ti balayna iti abagatan ti dagusmi. Insingsingedko ti bagik ta mannakaawat met ket dinak dinagdagdag a nangileppas.

Agiinnuna met idin daydi Tito, ni Peter, ken ni Prescy a mangileppas kadagiti nobelada. Marikriknak idin a pangpanggepen ti Bannawag nga ikkan met ida iti gundaway, ken amangan no tumamtamnayen ti panagraman dagiti agbasbasa kadagiti sursuratek. Panawenen tapno mangidasarda met iti maiduma a potahe.

Kadagidi metten a panawen ti panaglatak daydi Cecilio V. Gasmen gapu iti nobelana nga *Ay, Ay, Neneng.* Adda danagko idin, ta no kas pagarigan ta bumattaway ti pannakaipablaak dagiti sinuratko, kaipapananna nga awanen ti 'panggedak'!

Maawatak met ti mapaspasamak idi ket saan a nasakit ti nakemko; talaga met a panawenen tapno rumaniag met ti nagan dagiti kakaduak iti Coromina. Ken talaga met a napipintek dagidi pondarda, awan duadua. Agingga ita, adu pay la ti makalaglagip iti daydi *Puraw a Balitok* daydi Tito wenno Terry.

Imbes a nobela ti sanguek, nagsapulak iti mabalinko a suraten. Uray ania. Insingasingda nga agsapulak iti suratek a salaysay.

Isu a no kitaem ti bibliograpia wenno listaan dagiti nasursuratko, masdaawka no kasano ti panagut-utekko. No nagal-alaak iti insursuratko. Kunak ngarud, uray ania a mabalinko a suraten, ipapelko, ket diak pinampanunot no *pot boiler* ta masapul nga adda pagburekek.

Kasdi ti karikut ti biagko idi, Enos Apok, amangan no kunkunam ketdi a nasayaat ti biag 'toy lelongmo ta nakaumay ditoy America. Ngem makadanontanto iti dayta a paset.

Nakasangalak met laeng iti transistor a nakakahon, Enos Apok. Napagtokarko, uray kaskasano. Idi nagbakasikonak iti sakbay sa idi ti Paskua iti daydi a tawen, inyawidko ti transistor ket isu ti inregalok iti daydi Nanang Ispin a lelangmo iti tumeng.

Isingitko man biit ditoy, Enos Apok, dagiti kakabsatko a nabati idiay Labut. Ita la a malagipko a bassit-usit ti nakalagipak kadakuada. Kadagidi a panawen, pasensiada koman, kas met la diak idan nadnadlaw, ta pasig laengen a ti parikutko ti nakaituonan ti panunotko, a kas met la awanen ti kakabsatko. Kinapudnona, diak naikkan ida iti panangimatang. Diak ammo no ania ti inar-aramidda, ti napaspasamak kadakuada. 'Tay ngarud kunakon, kas met la awanen ti kakabsatko a pakaringgoran daydi Tatang. Ti la ammok ket intultuloyda ti nagbasa, nakaturposda iti sekundaria idiay Cabugao Institute.

Ken wen gayam, napadasan kano met ni lelongmo a Herman ti napadasak idiay kadilian ti Timmippang, ti libre a panagkugit!

Nupay kasta, makunak a nagballigida amin; daydi lelangmo a Tessie, natay a nalinteg ti nasurotna, ket nakapagadal pay ni Jomar a kakaisuna a baroda iti daydi Osi.

Agsublita iti daydi Nanang, Enos Apok.

Diak mailadawan ti napalaus a ragsakna ket kasla naalay-ayan ti kumarkaro idin a sagubanitna. Agmalmalem ken dandani patnaganna ti agdengdengngeg kadagiti drama iti DZJC ken DZVV, dagitan sa ti estasion idi iti Laoag ken iti Vigan.

Pagdaksanna, adda am-ammomi a taga-Sabang ket impadpadamag daydi Nanang a siak ti nangaramid iti transistorna.

"Ay, nagsayaaten!" kinuna ti kabagianmi. "Apagisu. Dadael ti transistorko, tarimaanem man bassit, Barok!"

Maysaak met a sumangkautro, Enos Apok. Uray saanak pay a batido nga agtarimaan iti radio, diak ammo met no ania ti naknakanko ta inawatko, diak la kayat nga ibagana a napaidamak. Ken kinayatko met ta naimbag la a pagsursuruak.

Intugotko idiay Laoag, ket impakitak iti agtartarimaan sadiay. Siakon ti nagbayad iti insukatna a piesa ken ti tangdanna. Ti la babbabawik a nangaw-awat iti daydi a radio!

Nalipatak gayam nga imbaga, a sakbay a nagbakasionak, nairanrana a nagpasiar daydi Genaro R. Sumaoang idiay Coromina ket idi naammuanna nga agbakasionak, nagpakaasi nga agpaw-it iti surat a para iti daydi Lina Lorenzo, a kasinsinnuratna idin. Nasaok sa ketdi idin a tagaSta. Ignacia, Tarlac daydi Genaro, a maysa met a napintas ti panagsursuratna iti sarita. Naisaw-atko ngamin nga agsinsinnuratkami ken ni lelangmo.

Isu nga idi naggapuak iti nagpatarimaanak iti radio, dimmagasak iti... balay sa idi dagiti ag-Lorenzo idiay sentro ti Laoag.

Magagaran unay daydi Lina a makadamag maipanggep iti daydi

Genaro. Adu ti dinamdamagna. No nasingpet met laeng, no ania ti araramidenna. Bassit ti naisungbatko ta dikami pay unay idi agkaimuan, malaksid iti pannakadamagko a naggapun sa idi iti Kabisayaan, sa naidawas idiay Bannawag ket imbagada nga umay agpasiar idiay Coromina.

Nabayag a nagsarsaritakami iti daydi Lina Lorenzo. Agingga a naiturong ti saritaanmi ken ni lelangmo.

"Ay, ni daydiay Sinamar?" kinunana a medio ngimmato ti kidayna. Nakakadkadlaw ti i-Laoag a tonona. "Saan a maymaysa ti saona. Makitultulag nga umay, dina met tinungpal."

Inyisem-isemko lattan bayat ti panages-estoriana, Enos Apok.

"Ken am-ammom kadi unayen isuna?"

Adu pay ti imbagbagana, nga ammokon ti kaaduan babaen ti pananges-estoria ni lelangmo bayat ti panagsinsinnuratmi. Kas pagarigan, tatangna ti naagapadna a lakay iti biagna.

Pinilitnak daydi Lina a pangaldawen ngem adu ti impampambarko ta mabainak a makipangpangan kadagiti diak pay unay kaimuan a tattao.

"Ay, no panggepmo a saraken ita, awan, ta sibsibetna a nagbakasion idiay Pagudpud," kinunana sakbay a nagpakadaak. Nangidaras iti surat nga agpaay iti daydi Genaro.

"Ibagam nga agan-annad, wen?"

Idi inestoriak ken ni lelangmo, Enos Apok, ti kuna daydi Lina a di maymaysa ti saona, kasta unay ti luksawna.

"Salawasaw daydiay a Manang Lina!" kinunana. "Kasano a mapanak ket yasonak met 'diay kabsatna!"

Ken mabain kano nga agpakita.

Naestoria la ngarud ni lelangmo a naayat met kano idi a makisinsinnurat iti dina am-ammo, ket maysa daydi kabsat 'di Lina. Napintas kano met ti panagsursuratna ngem ti nagbainanna met laeng a nagpakita ket daydi pannangtedna iti retrato ti baket, imbes a ti ladawanna! Pinatpatigmaanan kano ni Mang Elen Tabieros a kaanakan wenno kasinsinnan sa idi a maysa met a mannurat, ken nangisuro kenkuana nga agmakinilia.

"Dimo ar-aramiden ti kasdiay! Nasayaat met a tao. Suratam ket agpakawanka!"

Ngem saan kano a nagsursuraten ni lelangmo, Enos Apok. Isu a saan a nagtuloy iti tulagda iti daydi Lina.

Bayat ti kaaddak iti lugan nga agawid idiay Labut, kinungkontarko ti nabati pay a kuartak. Pinampanunotko no singirek ti kabagianmi a nagpatarimaan iti radio, wenno saan. Agingga iti mabalin, diak kayat nga adda masaona kaniak. Numona ta ti la 'kinaimbagko' nga ubing ti mabalinko a pagsadsadagan kadagiti makaam-ammo kaniak idiay Labut.

No diak singiren, ala, umanay pay met ngata a pagpletek ti nabati a kuartak nga agsublinto idiay Manila.

Isu nga idi immay innala ti nagasat a kabagianmi ti nangisarsarak a radiona, diak naala ti riknak a nangsingir kenkuana. Agpayso daydiay, Enos Apok. Isu nga iti kaano man, panagkunak, saanak nga agbalin a negosiante! Urayto pay dagiti librok ket mabainak a mangsingir kadagiti nadekket a gagayyemko!

Ket wen, a, imdasen daydi kasla di agpatingga a panagyamanna a supapak ti amin a bannog ken gastok iti radiona.

Idi agrubrubuatak nga agsubli idiay Coromina, nagari ti panangsungsungkak iti aramidek. Idiay ngata pay siudad ti pagsubliak wenno idiay kadilian ti Timmippang a sigud a pagsilawsilawak iti rinabii, wenno idiay tangribna a nagpanapanaak a nakaal-alaak iti kamanaw a nanglapunos iti takiag ken tengngedko, a nakapilpilitak a nagbadbado iti kamisadentro?

Nagari met laeng ti arapaapko nga aglupos, Enos Apok, nupay aragaag ti makitkitak a masungad nga aldaw. Ngamin, saan a mapunas iti mugingko dagidi ulitegko nga atiddog manen ti is-isemda no addan baraangan wenno ariwaiw wenno kurita a nayap-ap iti alatda iti inaldaw a panangikutoda iti manangaasi a tangrib ken kadilian. Narabaw ti pepennekan ti ragsakda; agtig-abda la iti maminsan, nasarangsangen ti katkatawada. Umis-isem manen dagiti bituen iti sardamda iti sibay ti sumangkarabaw met ti iisemanna a katakunaynayda.

Dakkel ti pakaigidiatak kadakuada.

Nagsubliak nga imaima idiay Coromina, Enos Apok, ngem

nakaibatiak iti namaglawag iti rupa daydi Nanang—dandani di maisina iti sibayna daydi imbatik a transistor.

Napanunotko nga ileppas ti kursok idiay NRSIT.

ADDA DAGIDI PANAWEN a nangrugi a nagampayag ti panunot dagidi kakaduak iti Coromina. Agpapadakami a nakaamiris a saan nga umdas a pagbiagmi ti ibaybayad ti Bannawag kadagiti sursuratenmi. Saan met la a dakdakami nga adda iti Coromina ti mannurat. Saan a mabalin a bukbukodanmi dagiti panid ti magasin. Ken saan nga agnanayon a kasdi lattan ti panagbiagmi, a dimin panunoten ti agpamilia. Kasla koma kaniak idi, Enos Apok, a marikriknak ti pannakasapulko iti kabadangak a mangyabaga kadagidi nagkaadu a parikut a mangpadpadagsen iti abagak. No manen, malagipko ni lelangmo. Kayatko nga adda koman iti sibayko tapno adda kaduak a mangilangoy kadagiti parikutko.

Ngem no amirisek idi ti kasdi nga adda iti panunotko, bainek met laeng ti bagik. Alaek kadi ni lelangmo tapno kaduak nga agsagaba, wenno alaek tapno agnam-ay wenno agragsak? Alaek kadi a makipagtawid iti kinakurapay a nariingak? Agpayso, adda idin sumagmamano a nobelak; nalatakak bassiten a mannurat. Ngem mabiag kadi ti kinanobelistak ti patanorek a pamilia? Kasanon ti masakbayan dagiti agbalin nga annakmi?

Masapul nga agpanunotak. Ngem kasano? Tallo a kurso ti rinugiak ngem awan met ti umdas a pangituloyko tapno koma makapagturposak. Daydi educational benefit daydi Tatang a lelongmo iti tumeng, nga inusarko, nasaok idin a di umdas isu a dagiti la nasursuratko ti nangalalaak iti pinagsilpok iti angesko.

Apo, apo! Dayta la a balikas ti ammok a kararag idi. Ania dagidin maulit-ulit a kararag a nangnangegko iti daydi sinurotan daydi Tatang? Adda kadi naadalko iti panagkumpesarko iti daydi Apo Padi idiay San Isidro? Wenno daydi donia a nangitinnag iti nasikkil a papel de banko idiay simbaan ti Quiapo?

Mapampanunotko ti kunkunada a milagro. Kasano ti maaddaan iti milagro?

Wen, Enos Apok, kunkunak idi a no pudno nga adda milagro, mapasamak koma kaniak. Tulongannak koma ta daydiay laengen ti patiek a makaiturong kaniak iti naranraniag a dana, a surotek nga agdaliasat.

No pudno nga adda milagro!

Bayat ti panagur-urayko iti milagro, in-inut metten nga agmata ti arapaap dagidi kakaduak iti coromina.

Immuna, naawat ni kompadre Prescy wenno Fred a kameng daydi Katas magasin, nga inserrek sa idi ti maysa met la a mannurat.

Ay, wen, nasaok kadin? Saan sa pay. Iti maysa nga aldaw, adda dimmagas wenno dimmaw-as a maysa a dayag nga inyam-ammona a kalugarannan sa idi wenno kasinsinna. Idi kinuyogna a napan iti pagpaknian, nabati daydi a dayag ti tulbekna iti lamisaan ni Prescy, ket iti *key chain,* adda naimuntar a nagan: Mercy Pascua. Nalagipko, nasasao idin ni Prescy nga adda 'asideg' kenkuana nga agnagan iti kasta. Daydi ti umuna a pannakakiktak ken ni Komadre Mercy, Enos Apok.

Daydi, wenno ni Ben—awan pay ti damagko, Enos Apok, no ania itan ti kasasaadna ta daydi naudi a panagsaritami, adda idiay San Jose California—ur-urayenna idin ti inaplikaranna a panagabrodna. No diak mariro iti lagipko, maysan sa met la a Sally ti nagbalin a kaingungotna, ngem saan nga Ilokana.

Daydi Terry, dandani metten mapan idiay California.

Saritaek bassit ti naes-estoria daydi Terry maipanggep iti pamiliana ken kadagiti dayag a dakkel ti pakainaigan iti biagna.

Idi agbasbasa pay idiay U.P. Los Baños, kaduana da Tessie ken Ruby. Idiay ti nangadawanna iti daydi saritana nga *Agluom Manen dagiti Lansones,* a rimmuar iti Bannawag. Nasingedkami unay idin ket naagapadna a nakadekdekketda a tallo. Ni Ruby, a taga-Pangasinan—nagkandidatan sa ketdi idi idiay *Bannawag*—ti nagbalin a nasingsinged kenkuana. Ammo amin ni Tessie ti relasionda. Ngem saanda a nagkatuloyan gapu ta din sa idi kayat dagiti dadakkel ni Ruby ni Terry. Ni Tessie ti nakaawat unay iti daydi Terry. Agingga a napanda dita California a nangbangonanda iti pamiliada. Maysa kadagiti singin a bungada ti pinananganan ni Terry iti Ruby. Kunkunak idi agsarsaritakami idi agpadakami a naawis idiay Hawaii idi 2016, a napintas a suraten a love story ti biagda a tallo.

Ah, wen gayam, ti tatangna, nalatak sa kano idi idiay Marcos (Banna ti sigud a naganna?) ngem pimmanaw daydi Terry ket naserrekna ti agitultulod iti natnateng nga aggapu idiay Baguio. Sakbay a nagkakaduakami, nalugi kano ta nadadaelan sa daydi trak a nagkargaanna ket nalungsot dagiti ibiaheda a natnateng. Ken maysa pay a lagip maipapan kenkuana. Saanna a padas, ken dina pay naad-adakan ti Alaska idi suratenna ti *Puraw a Balitok*. Kanayon idi a mapan agsukisok iti maysa a library idiay Makati, a nakabasaanna ti maipanggep iti Alaska. Naglaklako pay gayam idi iti Encyclopedea.

Adun ti nasaritak maipanggep iti daydi Terry.

Mapanta met ken ni Peter.

Naayaban a makipagpatarus iti Biblia. Impatarusda ti *Ti Baro a Naimbag a Damag BIBLIA*. Nagbalin pay a kameng ti Department of Public Information idi agangay. Limada a mannurat nga ammok a nagkameng—Pelagio A. Alcantara, Prescillano N. Bermudez, Manuel S. Diaz, Herminiano Calica, ken ni Peter.

Diak malagipen, Enos Apok, no asino ti immuna a nakisina iti grupo dagiti Coromina Boys. Amangan no siak met laeng.

Ngem intultuloyko ti klasek iti National School and Institute of Technology; sayang met, uray no isu la ti maileppasko a kurso.

Ta simmangpet ti kunkunak itay a milagro!

Wen, adda milagro!

Iti maysa nga aldaw, nakaawatak iti damag manipud iti maysa a kabagianmi a taga-Isabela—wenno Pangasinan sa ketdi idi; adda kakabagiantayo kadagidiay a probinsia, Enos Apok. Rudy ti naganna, nga anak sa daydi Lelong Pilis a kabsat daydi Lelong Undo. Imbagana nga agaw-awat ti United Textile Mills iti trabahador.

Saan a pagablan ti arapaapko a pagtrabahuan. Ken adayo ti Manggahan, Pasig iti Coromina. Ngem no isu ti adda, naimbag la a pangalaan iti pangsilpo iti biag, Enos Apok. Narigat ti agpilpili no awan met ti pagpili.

Maika-20 a Paset

Manggahan, Pasig, 1968

SAKBAY A RIMMUARKAMI ken ni angkelmo a Dondon, Enos Apok, iti daydi alas siete media ti agsapa, a mapan iti COB wenno Church Office Building, nangisaangak iti pangaldaw ken pangmalem ni lelangmo, ken insaganak dagiti agasna a para iti aldaw ken iti rabii—saan a mabalin a mangliwat. Dagiti agasko, inton sumangpetakon iti rabii, ken isunto metten ti panangitudokko iti insulinko. Iti daydi ngamin nga aldaw, Sabado, ti panangrugi ti Sapasap a Komperensia, a nangisublianda kaniak a maysa manen kadagiti ag-*interpret* kadagiti mensahe dagiti nabatangan nga agsarita a dadaulo ti pammati. Nasurok a duapulo a tawen a nagipatpatarus ken nagin-interpretak sakbay a pinagriterodak idi serserrek ti COVID. Agmalem ti komperensia, a tallo a sesion. Mangrugi ti umuna a sesion iti alas dies nga aggibus iti alas dose; alas dos agingga iti alas kuatro ti maikadua a sesion ket alas seis agingga iti alas siete media ti maikatlo ken maudi a sesion.

Nadlawko nga iti kadagupanmi nga *interpreter* iti nasurok a siam a pulo a pagsasao wenno lengguahe a naibatang iti COB—nasurok nga uppat a gasut amin a pagsasao agraman dagiti adda iti nadumaduma a pagilian—siak ti maysa, no saan man a kalakayan, kadagiti amin nga *interpreter* iti dayta a miting sakbay a mangrugi ti aktual a panaginterpret. Makalawas a nagurayak kadagiti innem a mensahe a nailatang nga *iinterpret*-ko ket tunggal adda maawatko, dalusan, ken sedsedek, a dagus dagiti biddut. At-atiddog dagiti patarus ngem iti orhinal; kayatko a nadalus sakbay nga agtugawak iti *booth*.

298

Iti pangaldaw, Enos Apok, bayat ti panagpalpami, immawagak ditoy balay tapno penkek no awan met la ti parikut iti pinanawak. Ni antim a Mimi, Enos Apok, ti simmungbat, ket inlawlawagko dagiti agas nga insaganak para ken ni lelangmo.

Diak sinamir ti bannogko a nangikamat kadagiti ininterpretko a patarus dagiti Ingles nga orihinal, bayat ti panangbasa dagiti nagsarita iti mensaheda babaen ti *teleprompter.* Dakkel ketdi ti yamanko ta nairamanak manen, uray no saanen a siak ti lider ti grupomi nga Ilokano.

Isu nga uray no maturogak koman a dagus idi makasangpetak iti Townhouse—nagderetso ni angkelmo a Dondon iti trabahona—dinanggayak pay la ni lelangmo a nangrabii ta inur-uraynak, nupay nangankamin idiay COB sakbay a nangrugi ti maudi a sesion. Ken diak nalipatan a tumaren dagiti agasko, ken intudok ti insulinko.

Manen, sakbay a sinangok ti pangtedko a surotem, Enos Apok, insaganak pay ti YouTube a pagdenggan ni lelangmo iti kankanta nga Ilokano.

Manggahan, Pasig, 1968

ENOS APOK, IMDENGAM ken imutektekam dagiti ibagbagak. Napategda amin, uray no putedputed dagiti dadduma.

Nasaok ti maipanggep iti milagro, malagipmo?

Tinungpalko ti imbaga kaniak daydi ulitegmi a Rudy nga aramidek. Napanak nagaplikar idiay United Textile Mills, idiay Manggahan, Pasig. Arinunos idin ti 1967.

Makitkitak pay la iti suli ti lagipko, Enos Apok, ti nagsaadan ti United Textile Mills wenno UTM. Adda iti daya a sidiran ti kalsada nga agpaabagatan. Babassit dagidi balbalay wenno pasdek iti aglawlawna. Makitkitak dagidi dyip nga agsasabat nga agitulod ken agyawid kadagidi trabahador iti pagablan. Adu dagiti agdardaras nga agpa-*punch-in* pay laeng ngem agdudungsadan. Ad-adu ti agdardaras nga ag-*punch-out*, nga arigda iti alutiit a naputotan ti ipusda, wenno maganatan a makaruk-at iti nadagsen a trabahoda.

Adda daydi barberia a kabatog ti ruangan ti pagablan. Adu dagidi trabahador a mapmapan agpapukis; maysaak kadakuada idi agangay. Iti amianan ti barberia, a kabatogna iti laud, adda dakkel a pinuon ti kayo nga algarruban sa idi.

Adu ti dokumento a pinaisagana ti *management* sakbay a nangrugiak nga agtrabaho. Sumagmamano nga aldaw a nagurayak iti resultana ket bayat ti kasla di maungpot a panaguray iti pannakatungpal ti kunak a milagro, nagwerret ti panunotko iti naglalaok a banag. Nalalayog nga arapaap, ni lelangmo, ti Labut a pinanawak, wenno panggepko a panawan nga awanen ti sinnublian.

Idi nagmatan ti bunga ti milagro, adda panagduadua nga immasibay iti mugingko, Enos Apok—pasensiakan ta no dadduma namaisak...

Agaasem ta *third shift* ti naited nga orasko? Diak ammo idi ti kayat a sawen *third shift*. Idi naammuak nga alas onse iti rabii agingga iti alas siete iti bigat, nasaludsodko iti bagik: kabaelak ngata?

Naibatangak iti Winding Department. Maysaak kadagiti tallo a *winder* iti grupomi, malaksid iti dadduma pay a grupo. Duakami a lallaki ken maysa a babai. Saggaysa a linia a sag-10 a rolio ti sinulid ti iggem ti tunggal maysa. Naisuro kaniak no kasano ti agisilpo kadagiti magurnot a sinulid. Masapul nga alerto dagiti *winder*. No dadduma, aggigiddan nga agpulsot dagiti sinulid ket masapul a saanka nga agpampamayan nga agisilpo.

Alas dos ti merienda—awan nangibaga nga agbalonak. Nadlaw ti babai a kaduami, a Bisayana, nga awan ti balonko. Inyupreserannak iti balonna. Mabainak koma ngem 'awatem' kuna met ti boksitko! Nasaokon a napalalo ti kinamanagbabainko, malagipmo? Mapaneknekan dagiti gagayyemko dayta, ken uray pay dagiti kameng ti Bannawag. Isu a no addaka koman idi, makitam ti kinakuttongko.

Kalkalpas pay laeng ti mirienda, agtinnagen dagiti kalub ti matak! Alas tres, mangrugin nga agpungngail ti ulok! Numona ta iniddepda ti makina dagiti *winding machine* ket impaisublatda ti panangdalusmi kadagiti *bobbins*. Ikkatenmi dagiti nabati a nagurnot a panait.

Ngem dagiti kaduak, ken dadduma pay a trabahador iti sabali a departamento, kasla dida iginggina ti puyat ken bannogda. Naragsakda, agsisinnutilda pay. Mano ngatan a tawenda iti pagablan, ket naawatan daytoy a lubongda?

Ket siak, Enos Apok?

Agsapsapulak iti lung-awak, naimbag la a pangrugian. Nasaysayaat ngem ti awan, isu't adda a kunada.

Idi dumanon ti alas singko, agarup naiwagsakkon ti panagpungngail ti ulok. Pampanunotekon ti idadateng ti maikapito iti agsapa.

Idi dumteng ti oras, nakiinnunaak a nakilinia nga ag-*punch-out*. Sinarunok ti babai a kaduak iti *winding*. Apaman a nakapag-*punch-out*-tak, nagdardarasakon a napan iti pagurayak iti luganko nga agawid idiay Coromina. Diak naikason ti impakamakam a panagpakada ti kaduak idiay *winding*.

Awan ti parikutko kadagidi aldaw a diak batang ti agpatagabo kadagidi kakaduak idiay Coromina. Mamigat-maturog, mangaldawrumidep saak mapan agbasa iti malem; dumagasak a mangan no rummuarak iti alas nuebe sa agtarusakton iti trabaho. Ngem idi dumteng ti batangko, ama, Enos Apok, dandani awan turogko. No maputed ti naalak a turogko ta masapul nga isaganak ti pangaldawmi, narigatakton a makaturog! Kasta unay ti rigatko idi iti pagablan. Ti panagriknak, saanak nga agbayag iti trabahok. Ken agnguynguy-a idin ti panggepko a mangileppas iti kursok idiay NRSIT.

Uray no saanko a batang ti patagabo, ket maturogak iti kunak, ama, ta naariwawa dagiti kakuartok, nangruna no maidaw-as ni Bert (Edilberto H. Angco) nga agkuna: "Diyo unay pagbagasan ti Bannawag!" Agriawak la koma ti kunak ngem agari met ti bainko.

Iti naminsan, Enos Apok, nakariingak iti timek daydi Gen (Genaro R. Sumaoang)—wen, daydi, kunak ta sumagdudua a tawen san a napanna sinurot daydi Lina iti maikadua a lubongda kalpasan ti panangigubetna iti biagna iti lubong ti drama iti radio; uray sa la kano a tallo ti dramana idi a maipangpangngeg iti radio idiay Laoag, a nakaigapuan ket ngata ti pannakapukaw ti sin-aw dagiti matana... Saanakon a nakaturog iti daydi nga idadagasna ta adu ti nagsarsaritaanmi; liniklikanmi a pagsaritaan daydi Lina ken ni lelangmo.

"Addanto sabali nga aldaw a pagsaritaanta," kinunana idi impalagipko daydi Lina. Nagling-i a nangkita iti aglawlaw, a kasla met didakami imanmano dagiti kakaduami iti kuarto. Naparegta ketdi iti pannakaammona nga addan trabahok. Nairana nga agsapsapul iti trabaho, nga uray ania ta dinan kayat ti agsubli iti Kabisayaan.

"Iserreknak man met!" kasta unay ti panagpakaasina, a no mangngegmo, Enos Apok, mapagbiddutam a kasla iti daydi Tata Bai idiay Labut.

"Narigat idiay," kinunak. "Amangan no dimo kabaelan ti agpuyat iti agpatpatnag."

"Kabaelak! Uray ania, basta pagbiagan!" kinunana.

"Bay-am ngarud ta bagaankanto no agawatda manen; nagsardengda bassit nga agawat ita."

Serrek ti Pebrero idi 1968 idi. Napan nagbakasion daydi Genaro idiay Santa Ignacia, Tarlac, ket isu met ti isasangpet daydi Lina. Napanmi sinarungkaran ken ni Peter iti nagdagusanna ket nakaad-adu ti dinamdamagna. Isu gayam a nagpa-Manila ta tulagda iti daydi Gen ti agkita ngem di pay idi simmangpet ti naud-udi.

Maysa gayam a paset ti biag dagidi Lina ken Gen ni Dr. Onofrecia Ibarra nga i-Sinait, Ilocos Sur. Ngem diak malagipen, Enos Apok, no kasano ta nakairamramanak pay, kas naukagak iti suransuratmi ken ni lelangmo. Nagpadespensarak iti daydi Gen, iti diak malagipen no ania a gapu ngem nailanad iti kunak a surat. Ngem kinunana nga agyaman ketdi ta narisuten ti parikut, a kas 'tay nakunakon, diak ammo no ania. Masaok laeng kas paset ti laglagipko. Tapno ammom, beterano amin dagitoy a mannurat. Kinapudnona, nagsaruno ti numeromi ken ni Dr. Ibarra idi nangabakkami iti maysa a pasalip ti Bannawag: ti saritana ti maikapat ket ti saritak a *Rupa* ti maikalima—daydi ti damo a panangabakko iti paspasalip.

"Kasla ubing daydiay Lina!" kinuna ni Peter idi agawidkamin, a nakalagip iti nagkaadu a dinamdamag ti dayag a sinudak ti pana ni Kupido ti pusona!

Idi ngaruden ta nagawat manen ti UTM iti trabahador, insurok daydi Gen no kasano ti agaplikar. Intulodko iti ruar ti dagusmi idi agpakada ket makitkitak manen ita ti lukay ti nalag-an a widawidna iti takderna nga agarup pagat-abaganak. Nataytayengteng ti kayumanggina ngem siak, Enos Apok, ket ti ngata ketdi kina-*tall-dark-and-handsome*-na ti maysa a nakabatombalanian daydi Lina. Agaasem, ta adda kano immuna a nobiona, ngem daydi Gen ti nagpasaganna!

Ha-ha! Wen, Enos Apok, adu ti nakaay-ayat a rekado ti biag 'toy lelongmo, nga isuda ti mamagrimrimat kadagiti matana ken mangpalpalag-an iti riknana.

Ngem agsublita idiay United Textile Mills.

Nakastrek daydi Gen, ngem diak malagipen no ania a departamento, basta saan nga iti Winding Department. Sakbay a nangrugi, nagtulagkami nga agsapul iti pagdagusanmi idiay Manggahan. Agbingaykami iti pagbayad.

Nagpakadaak kadagiti kakaduak iti Coromina, a kas nakunak idin, agsagsaganada aminen a mangabaruanan ket dandanin masinasina daydi naindaklan ken kakaisuna a bunggoy dagiti nagkakakuartuan a malalaki a mannurat ti Bannawag! Ngem sakbay a nagsisinakami, idi awanakon idiay, sinublat kano ni Jaime R. Luzano ti puestok. Ni Pete (Peter La. Julian) ti nakaibaga kaniak kadagidi panagsinsinnurat ken panagininnawagmi idi agpadakamin nga adda iti America.

Ne, nasurotannak met laeng, Enos Apok? Nagsisikkawil sa metten ti estoriak?

Ket daydi bassit a kasla balay iti eskuater, iti sirok daydi kunak itay a dakkel a kayo, ti naalami ken ni Genaro nga upaan.

Sakbay a saritaek ti langa ti lubongmi iti daydi Gen, Enos Apok, idiay Manggahan, lagipek man biit, a manipud iti yaay daydi uliteg Rudy idiay Coromina a nangipadamag nga agaw-awat ti UTM iti trabahador, manmanokami laengen a nagkita. Inawisnak pay idi a makipagdagus iti yanda idiay Manggahan kadagidi sumagmamano a taga-Daclapan Sur, ngem diak kinayat ta kaduada daydi nagsursuruak nga inarem ket diak kayat a pagungaren ti natayen a rikna ti uken, wenno 'tay kunkunada a *puppy love!* Ta adda idin ni lelangmo iti biagko, a kangrunaan a paratignayko iti amin nga arapaapko iti masakbayan. Isu nga agingga ita, diak ammon no yan ni-wenno-daydi uliteg a Rudy, tapno makapagyamanak met koma uray kaskasano.

Dikami pay nakapagsimsimpa iti daydi Gen iti baro a dagusmi idi rugianna a saritaen ti immuna a panagkitada iti daydi Lina. Gapgapuna kano idiay Laoag iti daydi naudi a panagkitami idiay Coromina.

"No kasta, naggapukan idiay Laoag?" kasla diak idi mamati.

"Wen, a," kinunana nga adda bassit paaruyot ti ayugna. Isu laeng ti kasdi ti bengngatna. Diak ammo no kasdiay ti ayugda idiay Sta. Ignacia, Tarlac a nakaipasngayanna. "Napintas met idiay Laoag. Ngem napimpintas ni Lina, sika!"

Pinadasko nga inladawan daydi Lina a naibasar iti nakitak a mismo iti daydi naudi a panagkitami. Ngem naputed idi agsao manen daydi Gen.

"Nakuttong ni Lina," kinunana a nanangad pay iti yero a sallabawan ti kuartomi, "ngem nasippukel met dagiti luppona, sika!" a pinasarunuanna iti agarup ayek-ek a katawana a medio inling-ina nga insadag iti abagana, a kasla padpadasenna a kitaen ni Lina iti lagipna.

"Nasippukel?" No adda koma pay daydi Gen, Enos Apok, paneknekanna ti ibagbagak.

"Nasayaat ti panangawat dagiti kakabsatna kaniak," dinak sinungbatan. "Nadekket a dagus kaniak ni Marlon nga adingna. Dinamagda no kaano ti panggepmi nga agsimpa; siguro, maganatandan ta agpadakamin nga addan iti ngalay ti duapulo. Ngem kunak, agsubliak iti Manila ta agsaganaak... isu nga addaak ditoy ita... "

Nalagipko, Enos Apok, ti nasarita ni lelangmo maipanggep iti pannangtedna iti ladawan ti baket ken ni Marlon a kunkuna daydi Gen.

Tunggal adda surat a maawatmi a naggapu kada lelangmo ken daydi Lina, kasla saankami a mauma nga agpimpinnadamag. Makitkitak ita ti impaayek-ek a katawana ken ti apagapaman a panangapputna iti ngiwatna, sa agrimat dagiti matana sana manen sublian a basaen ti kaaw-awatna a nakapatpateg unay a surat!

Maysa nga ugalina ti diak malipatan, Enos Apok. Kalpasan ti panagdigusna, pagdigusna ti nalatak idi a pulbos ti ubing nga ad-adda a mangpalitem iti kayumanggina.

"Agpulboska met tapno lumamuyot ti kudilmo!" kinunana. "Magusgustuan ni Lina ti lamuyotko, sika!"

Nagkatunosankami, Enos Apok. No ania ti madalapusmi a gatangen a lutuen, umanayen. Saankami nga agpilpili. Masansan a dagidi nalatak a babassit a sardinas ti panarasanmi a lukatan ket umanayen nga ibulonmi iti innapuy, a pagtig-abanmi metten iti dakkel.

Ditoy met ti nangestoriaanna iti adu a padpadasna iti Kabisayaan. Maysa kano a bayanggudaw, a ti la nakaipalpalladawan wenno nangipalladawanna iti bagina iti naminsan a panagpasugnodna iti mapaspasamak iti pamiliada idiay Sta. Ignacia, Tarlac. Adu a luglugar iti Abagatan ti nagakar-akaranna.

"Napadasak pay ti nagmekmekaniko. Nagsapulak iti uray ania a makatulong a mangpalag-an iti dagensenko," a madlaw ti lidayna a nanglagip. "Agingga nga adda pastor a nangikasaba iti biag ni Jesucristo. Nagustuak, agingga, a gapu iti kinamannuratko, nagbalinak a pastor."

Adda daydi naminsan a panangitugotna kaniak iti maysa a kultoda iti asideg ti Manuel L. Quezon University. Diak koma sumurot ta nalagipko daydi sinurotan daydi Tatang idiay Labut. Kadagidi a panawen, Enos Apok, maysaak kadagiti di mamatpati iti ania man a pammati. Kunak idi iti bagik, no adda masapulko iti Dios, apay, saan kadi a mabalin ti agderetso Kenkuana? Nalagipko ti nangnangngegko a no adda kayatmo, agkararagka. Adda kadi nagkuna nga agkararagka iti tao ta isu ti mangidanon iti kayatmo iti Dios? Ngem saanak a nakidebdebate iti asino man a pannakabagi ti sekta wenno pammati, Enos Apok. Ania man ti pammatida, pammatida laeng; sabali met kaniak.

Ngem gapu ta diak kayat a madadael ti singed ti panagpagayammi, pinagustuak.

Awan inaramidko iti uneg ti pagkultuan no di nagpaliiw. Panagkunak, ammok idin amin nga inagapadda. Malaksid ti maysa a banag nga immalseman ti riknak.

Iti ngamin maysa a paset ti mensahe ti ministro, nabukal ti malagipko a binatogna:

"Kakabsat, natayen ti maysa a kabsattayo." Nakintal ti panangbalikasna iti balikas a *natayen* ken ti nagan ti kunana a natay.

Tinaliawko daydi Gen.

"Di nakaited iti apagkapullo," inyarasaasna; naawatanna ti kaipapanan ti ikikitak kenkuana.

Nabati iti isipko daydi a nangngegko iti Ministro, a kas iti panagtalinaed iti lagipko daydi nangisit a tinta a naiwarsi iti badok— agururaykami iti daydi Jose Torres iti batangmi iti kuarto a pangalaanmi iti eksamen iti maysa a klasemi idiay Cabugao Institute—malagipmo pay daydi estoriak, Enos Apok? Idi kinalbitna ti imak, intarapnusko iti sangona. Dinanognak ngem naligidak. Idi adda aganawa, winarsianna daydi puraw a badok iti tinta daydi plumana. Nagpulongak iti daydi direktor Attorney Victorino A. Savellano, ngem unget ketdi ti naganabko!

Ti man la napnapananen ti lagipko, Enos Apok!

Isu nga idi inulitnak nga awisen daydi Gen, impambarko a madmadi ti riknak. Dinakon inulit nga awisen.

Nupay kasdi ti napasamak, saan a napalsian ti panaggayyemmi.

Nasaok sa itay nga adda nalatak a barberia iti sango ti pagablan? Napadasak met ti nagpapukis idiay. Nakaadawak idiay iti insuratko a sarita a *Ti Eden iti Biagda* a kabibiag ti barbero, dagiti gagayyemna, ken babbalasang iti pagablan, a makitkitada iti klab iti rabii. Siak ti maysa kadagiti agbibiag nupay saan a madlaw iti estoria. Namindua nga impablaak ti Bannawag. Immuna idi Hunio 7, 1968 sa idi Oktubre 16-31, 2021. Namindua pay a nailibro. Immuna a nairaman iti *Pakpakawan, Berde! Ken 22 a Sarita* sa manen iti *Ubbog ti Sirmata (Wellspring of Foresight)*. Naisalsalumina ti porma daydi a saritak, Enos Apok, ta isu ti ammok nga immuna a sarita a pasig a dayalogo a rimmuar iti Bannawag. No addanto panawenmo, basaem tapno makitam no kasano ti pannakaidumana. Makunak a saan a *pot boiler*. Addan sa kano sabali a naipablaak a kaarngina ngem napalabas pay ti adu a tawen. No saan a pumalia ti lagipko, nin sa idi Danilo Bautista nga i-Lapog ti akinsarita.

Nupay inan-andingaymi ti bagbagimi bayat ti kaaddami iti daydi a pagablan, masansan a pagsaritaanmi ti aramidenmi tapno matungpal ti nalayug nga arapaapmi a makisimpa kadagiti patpatgenmi a dayag.

Intultuloymi ti nagsursurat iti *Bannawag*, Enos Apok. No mannuratka ngamin, uray makumikomka iti sabali a banag, kasla bisio a narigat a malipatan; pagsasao man a naidaiten iti...kudil, ngem kunak, naidait iti utek! Tunggal adda makitam a baro a banag, wenno pasamak, panunotem manen no kasano a yabelmo iti suratem. Malagipko pay a maysa kadagidi patigmaan daydi Manong Jun Hidalgo, a kanayon a mangitugot ni mannurat iti pluma ken papel tapno adda sisasagana a pangikur-itanna iti ania man a karkarna a masaksian wenno mapanunotna. Naliplipatak metten nga aramiden, Enos Apok, ta uray iti panangaldawmi ken ni lelangmo, nagadu ti malaglagipko a napipintas koma a pangalaan iti suraten; ta no nalpaskamin, diakton malagip no addaakon iti sango ti computer.

Maysa ketdi ti diak nalipatan idi. No adda maiggamak a diario, agsapulak iti karkarna a mabalin a suratek a salaysay, kas singasingda met idiay *Bannawag*. Narigat idin ti sumingit iti nobela gapu ta umad-adun ti makabael nga agnobela; adun ti pagpilian dagiti editor, a sikbabaen dagiti agbasbasa. Ammomon, a, negosio met no maminsan dagiti diario ken magasin.

Isu nga iti naminsan a panangbidbidingko iti naiggamak a diario, Enos Apok, nasulek ti imatangko iti nagan a kaap-apiliedotayo a tagaMagsingal. Isu ti direktor ti *Board of Technical Surveys and Maps* a nabiit pay idi a nabangon idi 1961. Agaramid iti kartograpia wenno mapa dagiti marukod a dagdaga.

Saanak a nagtaktak. Inremediok ti panawen a papanko pananginterbiew iti daydi a kabagiantayo.

Nabayag a sinapsapulko ti nabasak nga adres iti San Miguel, Manila. Babassit dagidi eskinita; diak malagipen ti nagan daydi nga eskinita. Ken diak ammo no ania ti pagluganak a lumabas iti opsina ti BTSM. Basta adda nakaibaga kaniak a manipud iti Quezon Boulevard, mangalaak iti luganko a mapan iti San Miguel.

Pinagpagnak, no kasano ti kaadayona, diak malagipen ngem marikriknak pay la ti bannogko a nagna.

Bassit ti pasdek ti BTSM, wenno agup-upada ket ngata pay la idi ta pito a tawen sa pay la idi manippud iti pannakabangonna.

Ti adda iti isipko ita, nagkusay iti abagatan ti agdanna. Adda iti makanigid ti ridaw a sumrek iti opisina. Adda bassit a lamisaan a yan ti agaw-awat iti sangaili—laglagipem dayta a lamisaan, Enos Apok, ta masapulkonto iti sumaruno a paset.

Lalaki ti agaw-awat iti sangaili. Kakudkudil ti Ilokano a nangisit ti sikona! Kataebko ngata.

"Naimbag nga agsapam," impasaksakko. Inyam-ammok ti bagik.

"Ne... siak ni Leonardo Menor," kinunana.

Imbagak ti gagarak.

"A, ni Komander? Adda sangailina... kabagiam?"

"Diak ammo," kinunak. Diak ammo no apay a komander ti awagda; saan ketdi a komander iti kanigid.

"Urayem, adda sangailina," pinagtugawnak.

Diak pay nakatugtugaw idi adda karantiway a naggapu iti opisina iti kanawan.

Ni Clemen C. Uclaray! Nakalawlawa ti isemna, atitiddog ti wakawakana nga immasideg.

"Nakapasiarka man?" dinamagna idi agangay.

"Umayko koma kasarita ni Komander, no mabalin a suratek ti kabibiagna a para-*Bannawag.*"

"Kasta? Urayemon, malmalpasen ti mitingda iti sangailina."

Liniklikak nga agapaden ti napasamak iti Ilokano Magasin. Uray isu, kasla nalipatanna metten. Masdaawak laeng ta napintas ti puestona iti opisina dagidi Lorenzana ngem apay nga adda iti BTSM?

Nagsarugaddengak iti sango ti opisina ti komander. Ludingas ti di pay nakatugtugaw iti likud ti lamisaanna. Apaglabes la ngata a lima a kadapan ti tayagna; basbassit iti takderko a lima ken lima. Iti rupa ken kudilna laeng, Enos Apok, ammok lattan a kabagiantayo nga awan surok ken kurangna.

"Kasta?" kinunana. "Aponaka ngarud ni uliteg Undo? Tatangmo ni Minti? Ket maysaka a mannurat?"

Adu ti sinarsaritana. Adda idiay Magsingal ti pamiliana. Isu met la gayam nga adda ni Clemen Uclaray iti BTSM ta kailianna.

"Adu, a, ti kabagiantayo... naiwaraswarasda. Ammom kadi a malaksid iti Sto. Domingo a nakayanakan ni Uliteg Undo, adu pay ti kabagiantayo idiay Asingan, Pangasinan. Ken idiay Isabela."

Ammona met, Enos Apok, a ti kabsat daydi Lelong Undo, nga adda idiay Isabela, inasawana ti anak ti kabsat daydi Lelang Simona.

Imbes a sungbatanna dagiti saludsodko, inayabanna ti sekretariana ket imbilinna nga ikkannak kadagiti polietos ti pakasaritaan ti biagna, ken ti Board of Technical Surveys and Maps.

"Dika masango unay," kinunana. "Baliwantanto ti agsarita. No adda masapulmo, umawag wenno agpasiarka latta ditoy."

Sakbay a nagsinakami, impakamakamna, no kayatko ti agtrabaho iti BTSM.

A dina payen dinamag no ania ti ammok a trabaho, malaksid ti kinamannuratko!

Naadalko iti polieto a dakkel ti pagrebbengan ti Board of Technical Surveys and Maps. Saan la a ti gagangay a panagrukod iti daga dagiti agremensor. Nasken a masurot ti ituding ti gobierno para kadagiti babassit a mapa, topograpiko a mapa a maibasar iti moderno a pagannurotan, ken adu pay nga agpaay iti pagimbagan saan laeng a dagiti indibidual a tattao ngem kangrunaanna para iti pagilian. Kas koma iti Spratly Island... kasta met nga adda pakainaigan iti panagpatakder kadagiti pasdek, ken amin a proyekto ti gobierno nga adda pakainaigan ti daga.

Nadagsen met ti pagrebbengan ti *Chairman of the Board*. Ti Secretary of National Depense. Umawat laeng iti per diem singkuenta pesos iti tunggal sesion ngem saan a lumabes iti duagasut a pisos iti binulan. Idi 1961 a nabangon ti BTSM.

Isu met la a Komander ti awagda iti daydi Commander Marcelino Tabin ta isu ti sekretario ti National Depense; battikuting dimo kunkuna, Enos Apok, ta dakkel met gayam ti natugawanna!

Apaman a nabasa ken naisuratko ti naadawko iti polieto, ken ti kabibiag ti komander, indaraskon nga insurat.

Bareng no yiskediul a dagus ti Bannawag—daydin sa Tang David D. Campañano ti agig-iggem idi iti salaysay.

Idi inyawatko ti salaysay, intangadna ti nabengbeng nga anteohosna, a naguyaoy ti agbibitin a sigariliona iti nalitem a bibigna a nangpalabas iti umuna a panid, sana imbaga nga ibatik ta basaennanto.

Nalpayak. Naruamakon iti kasta a balikas dagiti editor. Agbibitin ti gasat ti manuskritom, kayatna a sawen, 50-50 ti gasatna no kasta ti mangngegmo. Sapay no panggepko koman a singiren ti pauna a bayadna.

Ken maibagak koman ken ni Komander Tabin a rummuaren ti pakasaritaanna, ken ti BTSM.

Ken mayarungaingko koman ti panagaplikarko. Ngem no kasta nga agbibitin, namak payen no di maipablaak? Ania ti rupak nga agaplikar?

Nagurayak iti dua a lawas sakbay a nagsubliak iti Bannawag.

Nalawag ti rupa daydi Tang David. "Nasingirmo 'tay bayad ti salaysaymon?" kinunana.

Napauluan iti *Mapa: Ammom ti Kaipapananna Kenka?* Abril 22.

1968 idi rimmuar. Nagtartarayak a nangted iti kopia ti Bannawag iti daydi komander.

Idi mapalabsanna ti salaysay, inayabanna daydi sekretariana.

"Ikkam man ti application form daytoy ubing," kinunana.

Nagkidemak a nangnanam iti nalag-an a rikna ti maikkan iti baro a gundaway, Enos Apok. Kitaem ti sumaruno a maikadua a Coromina idi 1968.

Maika-21 a Paset

![divider]

Coromina 2: 1968

SAKBAY A SANGUEK ti pangtedko, Enos Apok, ugalik a palabsan dagiti sursurat iti email-ko. Nabasak ti pakaammo ti WalMart: *your RX order is ready for pickup—see you at the pharmacy...*

Iti la napalabas nga aldaw a nagorderak. Maysa ti para kaniak, dua ti agpaay ken ni lelangmo. Para iti saggatlo a bulan ti laon ti tunggal order, maminsan wenno mamindua iti maysa nga aldaw.

Diak koma pay kayat ti rummuar ta ruamko ti rumidep tunggal malpaskami a mangaldaw ken ni lelangmo ngem masapulmi dagiti inorderko nga agas; kurang iti para iti makalawas idi warasak dagiti saggaysakami a *pill boxes.*

Pambarak metten a gumatang iti abokado a pagguduaanmi ken ni lelangmo ti sangabukel tunggal mamigatkami. Gumatangak koma pay iti Manila wenno Mexican mango ngem nalabesen ti panawenda. Masapul met a gumatangak iti *wheat bread.* Ken *brown eggs.* Binigat a saggaysaket-guduakami iti itlog.

Ngimmina amin dagiti gatgatangek nga agpaay kadakami, Enos Apok, gapu iti mapakpakadaan a debaluasion ti doliar. Naimbag ta saanakon a gumatgatang iti *non-fat dry milk* ken dadduma a masapsapulmi ta binulan nga umaw-awatkami iti aggapu iti Food Bank a paset ti benepisio dagiti *senior citizen.* Saan nga ammo dagiti gagayyemmi dayta a benepisiomi.

Idi makapangrabiikami, immunaak nga immuli ta pambarko ti

panagtudokko iti insulin tunggal alas otso ti rabii. Nagbati pay la ni lelangmo iti salas, Enos Apok, a nakisarsarita kadagiti kabbalaymi. Maganatanak a mangsango iti pangtedko a para kenka...

Coromina 2: 1968

KET WEN, ENOS APOK, nakalaglag-an ti riknak a nagpakada iti daydi Gen. Nadlawko ti liday iti rupana iti panagaddayomi. Iti ababa a panawen a panagkaduami, awan dumami iti pudno nga agkabsat; maibagami iti tunggal maysa ti amin nga ir-irukenmi, nangruna kadagiti kasinsinnuratmi nga agpada a taga-Ilocos Norte.

"Dinak pampanawan, kunak koma," kinunana, "ngem kablaawanka ta daytoyen ti rugi ti pannakatungpal ti arapaapmo. Daytoyen daytay kunam a milagro!"

"Aggayyemtanto latta uray no agaddayotan. Addanto latta panawen nga agkitata... idiay *Bannawag.*"

Kadagidi panawenmi, Enos Apok, narigat nga agkikita dagiti aggagayyem no dida rantaen ti agpipinnasiar ta awan pay ti selpon ken email ken no ania payen nga adda ita.

Gapu iti baro a trabahok, saankon nga intuloy ti kursok idiay National Radio School and Institute of Technology ta komplikado ti iskediulko.

Wen, nagsinakami iti daydi Gen, ta nupay nawaran daydi grupo dagiti malalaki a mannurat ti Coromina, nagkitakami pay la ken ni Jimmy Lozano. Malagipmo kadi nga isu idi ti simmukat kaniak? Nabati idiay Coromina ket nagtulagkami nga agkakuartuan iti sigud a kuarto daydi 'Iskolar-ti-Munti' a kaabay daydi sigud a kuartomi. No saan koma a kasdi, nalabit a nayan-anusko ti agawid-awid idiay Manggahan.

Adda *double deck* ni Jimmy. Nagsayaatanna ta impatawid kaniak daydi Terry ti double deck a nagid-iddaanmi, ket isu ti inyakarko iti bangir a kuarto.

Apagisu met idi a nagturpos ni Marilou idiay Cabugao Institute ket nagtutulagkami nga agkakadagusan idiay Coromina. Inkuyogna daydi Lelang Pilang, a kabsat daydi Lelang Simona, a mangipuspos kenkuana bayat ti panagadalna. Adda daydi Apo Rosa a kabsat ni Marilou iti ama, a kanagnagan daydi Anti Rosa a Nanang da Marilou, a nangibagan sa idi a mapan iti yanna. Ngem saan a kinayat ni Marilou ta dida agkasunguan. Ammomon, a, Enos Apok, no nagtaudka iti barbario, awagandaka iti 'taga mangmangkik' a nangngegko naminsan iti daydi nangato ti timidna; diak ammo, kas met la ketdi ngata karasay ti itta ti agawag iti kasdiay, ngem ammo payen. Saan a naawat ni Marilou nga adda kabsatda a baknang. Isu a kinaykayatna ti nakipagdagus kaniak.

Naragsakanak met, a, Enos Apok, ta saankon a parikut ti panaglutok iti kanek. Insaksakemannak metten daydi Lelang Pilang.

Makitkitak man ketdi ita iti suli ti lagipko ti naanus ken naliday a rupa daydi Lelang Pilang. Malagipko met ti pannakatagtagbat daydi Lelong Ipi nga asawana gapu laeng iti dulon ti dagdaga idiay Naglorantian a sitio ti Panay-ogan. Kas iti daydi Lelang Simona, napudaw met daydi Lelang Pilang, pulos a di makagudua ti kudil daydi Lelong Undo a naginawandan sa iti nangisit a tao, wenno kurita... Ne, ti man met la dagdagullitekon, Enos Apok—kaasi met daydi lelongmo iti dapan!

Okay, mapanta man pay iti daydi pannakayam-ammok kadagiti katrabahuak idiay Board of Technical Surveys and Maps.

Awan ti naidumduma a reaksion dagidi nadanonko nga empleado, a dandani pasig nga inhiniero. Ammoda latta ngatan a no adda kabagian ti pangulo ti maysa nga opisina, maipamuspusan ti pannakaalana nga empleado uray pay no awan ti pamalpalatpatanna iti aramid dayta nga opisina. Ania ngamin ti maitulong ti kas kaniak nga awan ti ammona iti panagaramid iti mapa wenno maysa nga agremensor? Ti adda iti panunotko, naalaak laeng nga agtrabaho gapu iti panangisuratko iti pakasaritaan daydi nga opisina.

Diak pulos ninamnama nga agdayawda iti maysa a mannurat, ta maigidiat met ti lubongko iti lubongda, a dandani pasig nga inhiniero, kunak ngaruden, malaksid da Clemen (Uclaray), ken ni (wenno daydi) Leonardo Menor. Estudiante idi ni Nardo. Dandani ketdi Ilokano amin nga empleado daydi nga opisina.

Adda maysa a nakaawisan ti imatangko, Enos Apok. Diak ninamnama nga adda maam-ammok nga inhiniero a kasla agbubuok a babai! Lampong, kunak koma, wenno baseng, ngem inrantana a pinaatiddog ta nagpinggol sa idi.

Fred Rivera ti naganna, taga-La Union... Agoo sa ketdi ti ilina. Idi nagsinakami idiay BTSM, kunak no dikami agkitan. Agaasem, serserrek ti 1968 idi, ket ania ti tawen ita? Agin-innawagkami pay laeng! Kinapudnona, Enos Apok, isu laengen ti nabatbati kadagidi nakatrabahuak iti pagmapaan. Isu ti immuna a nangawag kaniak idi addaakon iti America—madanontanto dayta a paset idiay 2460 N. 5th Avenue, Upland, CA 91784.

Ni Clemen Uclaray? Diak ammo no ania idi ti puestona iti daydi 'milagro' nga opisina.

Nanam-ay ti trabaho dagidi empleado. Diak ammo ti naituding nga aramidenda, ngem adu ti agpagnapagna.

Ket siak?

Masansan nga itugotdak dagidi agremensor iti pagrukodanda iti daga iti ruar ti Manila, kangrunaanna iti abagatan a suli ti Manila, a diak malagipen no Parañaque wenno Cavite. Agkaduakami iti daydi Leonardo Menor. Dakami ti para awit kadagiti ramit dagiti inhiniero iti panagrukodda. Naladawkami a rumrummuar ta adu ti isagsagana dagiti kaduami a kasapulanda, wenno kasla ibaybayagda pay ketdi. No dadduma, uppatkami nga agkukuyog. Nasapakaminto pay laeng nga agsubli iti opisina. No dadduma, no kunkuntarek, kasla awan ti naiwakasmi.

Nalag-an ti trabahomi, kunak, Enos Apok, kasla koma kaniak, ta ti la agbagkat kadagiti masapsapul. Dimo kasapulan ti utek! Ammom la ketdi ti magna ken agyabaga, umdasen. Saan a kasla idi addaak iti Luminar Electrical and Plumbing Services idiay Evangelista a lumlumteg ti gemgemko a mamarmartiliok! No saan, agdalusak iti kasilia a napumpunno iti 'balitok'!

Kaaduanna a no rumrummuarkami a mapan agrukod iti lutlote, agbalonkami. Agsapulkami iti paginanaanmi, uray dikami met unay nabannog, wenno pangaldawanmi. Atitiddog ti oras a panangaldawmi, kunam sa ketdi, Enos Apok, ha!

Diak ammo no apay, saanak met a nabannog, wenno amangan ketdi ta naikaaduk ti nangan, ta idi rumidepkami iti maysa a kalapaw idiay... Parañaquen sa ketdi idi. Wen, Enos Apok, narasay pay idi ti paspasdek ket ipalagipda man dagiti sinilong wenno kinelleng idiay Abbarit—bay-am kadi ta manglagipak latta.

No apay a malagipko daytoy a paset ti padasko idiay BTSM,

masansan idi a sarssaritaen daydi Manong Jun Hidalgo ti panagampayag ti kararua ta kapadesna ti mangad-adal iti kasta a banag. Sako la malagip daytoy no mapagsasaritaan ti BTSM.

Di kad' nairidepkami aminen iti daydi a kalapaw? Pagammuan lattan ta nariknak ti bagik a nakalaglag-an a bimmangon, a kasla tumtumpawak a kas idi agpampanaak idiay Timmippang ti Labut. Idi tumaliawak iti nagiddaak, nagkullayawak ta adda met idiay ti bagik!

"Apo Dios, natayak sa metten!" nagaligagawak ket nagusbliak iti bagik.

Saan nga ang-angaw daytoy, Enos Apok. Kinapudnona, kasdiay ti panangigibusko iti daydi saritak a *Puon* a nangabak iti umuna a gunggona iti Palanca.

Adda pay nasaysayaat a paset ti trabahok idiay BTSM.

No didak isurot iti ruar, siak ti mabati iti *reception area*. Agtugawak iti likud ti bassit a lamisaan—ha-ha, makitkitak manen, Enos Apok! Ay, narigrigat no maminsan ti adda iti *reception area*. Awan ar-aramidem, agur-urayka la iti sangaili nga agsaludsod no sadino ti yan ti no asino la ditan a pulano!

No ti Sabado a kaawan ti trabahomi, isu ti panawenko nga agpasiar iti opisina ti *Bannawag*—addada pay la idi idiay Soler Street. Pambarak ti dumawat—saan gayam, padawatandak lattan iti baro a kopia ti Bannawag, wenno no maranaak ti *break time,* ay, ket di masaaw nga awisendak metten a makisango; daydi Manong Jun ti maranaak, wenno -mi—pasensia dagiti dadduma, ngem isu la ti agaw-awis idi a makimerienda.

Iti naminsan, makumikomda idi nga agikamakam iti iramanda iti sumaruno nga isyu ti magasin, sinaludsodko no mabalin nga agsuratak iti makapakatawa. Nalatak idi dagidi nalaing nga agpakatawa, kas iti daydi (wenno ni) Cecilio V. Gasmen nga akinnobela iti daydi *Ay, Ay, Neneng!*— nasaok sa ketdin?

Nagutad ti panangtaliaw kaniak daydi Manong Jun. Naklaat sa iti nangngegna.

"Ania ti kunam?"

"No mabalin nga agsuratak iti comedy," kinunak.

"Comedy? Comedy, kunam?" dina patien nga ammok ti agpakatawa, nga agsangit la ti ammok!

Tallo idin ti rimmuar a nobelak a pasig a makaluya.

"Wen, manong, comedy."

"No kabaelam... padasem."

"Padasek."

Kari daydi a nasken a paneknekak. Kas idi damok ti agsurat, nakunak manen iti bagik: no kabaelanda, kabaelak met!

Ngem ania ti... uray no panggaw-atko man laeng iti daydi *Neneng?*

Iti panagawidko idiay Coromina, simmippayot iti lagipko ti estoria daydi Nanang maipanggep iti panaginnaremda iti daydi Tatang.

Daydi binatogna a *Pakpakawan, Berde!*

Napintas a pangibatayan, nakunak iti nakemko. Ngem imbes nga idiay Abbarit ti paggarawan ti nobela, impanko idiay Labut, Daclapan Sur, ken iti baybay.

Daytoy ti yan ti imasna, Enos Apok.

No ammok a maibatangak iti reception area ti BTSM, addan

nakasagana a pagsuratak, iti ima!

No dadduma, matiltiliwandak nga agisem-isem, wenno agayek-ek pay no dadduma. Diak pay maimanmano ti sangsangpet a sangaili.

Isu nga agingga ita, Enos Apok, no malagipko ti *Pakpakawan, Berde!* malagipko met ti BTSM. Nagbalin a mitsa ti ad-adu pay a rissik ti gargarikgik. Ken saan la a dayta, idi nagsubli ni Bart Wiscombe ditoy West Valley kalpasan ti panangpasurotna kadakami ken ni lelangmo, inikkanmi iti kopia ti libro uray no dina maawatan ti Iluko, naimbag la a pakalaglagipanna kadakami. Ti imasna, iti yaakarda iti balay, maysa kadagiti nabatida ti libro. Adun a tawen ti naglabas idi mabasak iti Amazon nga adda aglaklako iti kopia ti *Pakpakawan, Berde!* Gapu ta awan ti kopia a nabati kaniak, ginatangko.

Ammom no ania daydiay a kopia?

Daydi intedmi ken ni Bart Wiscombe! Pammaneknek ti dedikasion a napetsaan iti June 4, 1979, iti umuna a panid iti likud ti akkub.

Kitaem ti kinapateg daytoy a libro? Isu la ngaruden ti nangalaw iti panagtultuloyko a nagsurat iti nobela, adda pay la iti sangok ita, nga ibagbagak kenka!

Adda pay maysa a paset ti pakasaritaan daytoy a nobela.

Daydi panagpa-Pagudpudmi iti daydi Tatang iti ipapanmi idadanon, adda dua a babbai nga agbasbasa iti *Bannawag* iti sangomi.

"Kitaem man no anian ti napasamak da Asiong ken Perla," kinuna ti maysa.

Kinidolnak daydi Tatang a nakabagbagas ti isemna.

Sabali pay.

Sinarita daydi Insan Andres Escobar nga artek a kasinsinko, nga iti naminsan a panagawidna, adda met nakalugananna a kaarngi ti padasmi iti daydi Tatang.

"Siak ti akinnobela iti dayta," insampitawna kano a kasta unay ti isemna. Nasaok sa ketdi daytoy idin, Enos Apok?

No malagipko ita, namak payen no ipagarup dagidi nagkunaanna nga isu ti siak, a maysaak nga artek?

Inkarik ken ni lelongmo a Herman nga alaek iti Manila ta pagbasaek apaman a makapagraduar idiay Cabugao Institute. Isu nga idi nakastrekak idiay BTSM, immayen. Simmurot pay ni/daydi Rodulfo Salarzon a kabagianmi a taga-Sabang. Umay kano met agsapul iti trabaho. A kasla no makadanonkan iti Manila, addan agur-uray a pagtrabahuam.

Saan a nagbayag daydi Rudy ta di met nakastrek iti trabaho; maysa kadagiti adu a taga-probinsia nga inallilaw dagiti damag a kinadayag ti Manila. A nalaka la ti sumrek no adda am-ammom wenno kabagiam a kaptam. Diak met mapilaw ta kasta met ti napasamak kaniak. Diak man ketdi malagip no apay a diak impastrek idiay United Textile Mills.

Basta. Idi naibus ti balonna, nagsubli a napan nangadilian wenno Nanangrib—kasta ti awag kadagidi mangngalap idiay Labut ken Sabang. Imbag idiay ta uray no awan ti kuartam, agbiagka no nagagetka a mamaybay iti aldaw ken rabii, ken no awan ti nangato nga arapaapmo. Makiinnanuskan, a, Enos Apok, iti baybay a di mauma a mangipabpaburiraw iti kasla di maib-ibus a lames ken ruruotna.

Sabali ni lelongmo a Herman. Diak pinanunot nga ipastrek idiay UTM ta ammok a saan a matungpal ti arapaapna sadiay. Uray idiay BTSM ta kaniak, umanayen ti dua nga agkabagian nga agtrabaho iti maymaysa nga opisina. Impatigmaanko nga agsubli pay la idiay Labut ta aguray iti bassit a panawen bareng addanto napimpintas a gundaway nga agpaay kenkuana.

Ne, nalipatak metten ni Jimmy, Enos Apok. Taga-Pangasinan, ngem diak metten malagip no ania nga ili.

Iti naminsan, adda maysa a dayag nga insangpetna.

Inyam-ammona. Anak sa idi ti maysa a nangato ti ranggona iti militar daydi Josie.

"No mabalin nga agyan laengen ditoy," kinunana.

Ay, ket ania koma pay!

Naammuak idi agangay nga adda parikut ni darlingna iti Tatangna. Kasla nagtarayda. Diak ammo ti sangabukel nga estoriada.

Nakaawatak iti surat ni lelangmo, Enos Apok. Umay kano ageksamin iti First Grade Civil Service. Agtarus iti maysa a gayyemna. Imbagana no kasano nga agkitakami.

Nagtarus iti yan ni Sabel wenno Flory a kaanakan ken kinaubinganna idiay Pagudpud, ken nangpaypayong kenkuana no agpasiar.

Ti gayam parikut, Enos Apok, agdidian la ni Flory ket saan a mabalin nga agbayag iti nagtarusanna. Ad-adda pay a nagparikut ta dimteng ti bagyo ket nadadael kano ti rangtay idiay Santa Maria, Ilocos Sur.

Pagtarusanna ngaruden?

Dakkel a parikut.

Makasangsangit, numona ta imbagana kada manangna a Siding nga agalabuelta kalpasan ti eksamen.

Ania payen, kapilitan nga idiay Coromina. Uray ta adda daydi Lelang Pilang, ni Marilou ken adda pay da Jimmy Luzano ken ni darlingna.

Impanamnamak nga awan ti pagdanaganna idiay dagusmi.

Nasayaat kenkuana daydi Lelang Pilang, ken ni Marilou nga adda itan idiay Mecca, Calirfornia. Dida nagdamdamag no ania ti nagsaritaanmi ken ni lelangmo, Enos Apok. Daydi Lelang Pilang, nakaul-ulimek a baket— makitkitak manen dagiti naliday a matana ken ti naalumamay a panagsasaona. Malagipmo a naestoriak a tinagtagbatda daydi lelong Ipi a lakayna?

Iti damo a panagpasiarmi idiay Luneta ken ni lelangmo, Enos Apok, agtigtigerger, ken aglamlamiis dagiti dakulapna ta damona kano ti makikinnibin!

Napamulagat daydi Leonardo Menor idi inestoriak ti maipanggep ken ni lelangmo.

Ngem diak imbagbaga ken ni Clemen Uclaray.

No addaak iti trabaho, agpakpakada kano idi ni lelangmo kadagidi kabbalaymi. Kangrunaan a pagpaspasiaranna idiay Bannawag. Idiay sa ketdi ti nagkitaanda iti daydi Terry Tugade. Nagsisinakami idin idiay Coromina.

Sigud nga agam-ammoda. Nagsinsinnuratda kano idi adda pay daydi Terry idiay UP Los Baños, a kaduana daydi Ruby ken ni Tessie a nagbalin a kaingungotna—nasaok san, Enos Apok, nga agkakabarkadada a tallo.

"Komustakan?" dinamag kano daydi Tery.

Imbaga ni lelangmo nga adda iti dagusko.

Napamulagat kano daydi Terry.

"No siak ti manongmo, malmaluenka!"

Impatigmaanna kano a masapul nga agkasarkami.

Saan a maun-uni ni lelangmo iti naminsan nga isasangpetko manipud iti trabaho. Kinimkimkimanna ti pangrabii nga insagana daydi Lelang Pilang.

"Adda ibagak," kinunana idi nakaturogen dagiti kabbalaymi. "Napanak nagpasiar idiay *Bannawag* itay bigat."

"Ket, dida la imbaga no kaano a rummuar 'tay nobelak?"

"Inyunay-unay ni Manong Jun nga ingkanto agpasiar idiay opisina no bigat," nababa ti timekna.

"Wen, innakto," kinunak, a pampanunotek a yiskediuldan ti *Pakpakawan, Berde!* Adda manen singirek ti bayadna!

Dida pay nakatugtugaw no lalausen ti manao iti daydi nga agsapa ti Sabado idi sumangpetak iti editorial ti *Bannawag* idiay Soler. Addada amin. Nakapaspasnekda a mangdumdumog kadagiti manuskrito iti sangoda.

"Agtugawka," kinuna daydi Manong Jun Hidalgo bayat ti panangurnonsna kadagiti manuskrito iti sangona.

Nagurayak iti naimbag a damag.

Idi sanguennak, pinerrengnak iti nakapaspasnek.

"Ania ti inaramidmo ken ni Sinamar?"

Nakigtotak iti diak ninamnama a saludsod.

"Agpudnoka," marmaraisemen ni Manong Amor Andaya. Mangalala idin iti abogasia. "Palungsotka iti pagbaludan no kua..."

Diak ammo ti aramidek; ad-adda a nagbalinak a memmem, kas kuna daydi Frank Quitasol.

"Okay, no ania man ti napasamak, kastoy ti aramidentayo," kinuna daydi Manong Jun. "Ibagatayo ken ni Art?"

Binutongdak dagidi kameng ti Bannawag, a kunam no maysaak a napeklan a kriminal! Laglagipek ita, Enos Apok, no daydi pay la Manong Tante Casabar ti editor wenno nakapanen idiay California a nagkamanganna idi adda nangipangta kenkuana gapu iti daydi nobelana a *Dagiti Mariing iti Parbangon,* ket daydin Manong Greg Laconsay ti editor. Kasta met ni Manong Johnny Alegre, daydi Tang David Campañano, ken ni Manong Joe Bragado.

"Rumbeng," kinuna daydi Tang David, a kaprobinsiaan ni lelangmo, Enos Apok. Agkaarruba ti Bangui ken Pagudpud. "Saan a mabalin nga adda magamsaw a mannurattayo."

"Ania ti makunam?" kinitanak daydi Manong Jun. Agkaprobinsiaanda iti daydi Mayor Padua. Rosales ti ili dagiti Hidalgo idinto nga iti Sison dagiti Padua.

"Uray ania nga oras, Manong," kinunak. Narigaten no pagraranggawandak. Total naikarik metten a ni lelangmo, Enos Apok, ti kayatko nga agbalin a katakunaynay iti tungpal biag. "Ngem awan ti kuartak..."

"Kitaenyo no adda mayunayo..."

"Mabalinen ti maysa a paset 'tay nobelana."

"Ken awaganyo a dagus ni Art ta yiskediulna ti kasar!"

Inggunamgunamda nga umawagakto iti sumuno a Lunes tapno ammuek no kaano ti ipapanmi idiay Sison.

Nagdamag a dagus ni lelangmo idi makaawidak.

"Kurang la a kullalongendak!" kinunak. "Napanka gayam nagpulong, dimo imbagbaga. Ngem naimbag met ta maisapsapan."

"Pasensiakan," kinuna ni lelangmo. "Ni ngamin Terry..."

"Sapay koma ta maanusamto ti kabaelak..."

Nagtulaganmi a dimi pay la ibagbaga kadagidi Tatang ken kadagidi kakabsatna ti panagkasarmi iti mayor. Naipakpakauna kano ngamin dagidi manangna a Saling ken Siding a narungbonto ti kasarna, ken saan pay a mangas-asawa ta isunto ti ipatugawda a manedyer ti pangpanggependa a bangonen a groseria.

NATINONG TI PAPANMI idiay Sison, Enos Apok. Nagpakadaak idiay BTSM ket imbagak nga adda napateg unay a papanak isu a mangliwatak iti maysa nga aldaw. Diak imbagbaga a mapanak agkasar idiay Sison! Pinalubosandak ngem inyunay-unayda a maysa nga aldaw laeng ta kapades idi ti panagsurbeymi. Saan a kabaelan daydi Leonardo Menor a yabaga amin dagiti kasapulan.

Impakadak kadagidi kabbalaymi nga adda miting nga atendaranmi idiay Sison. Diak imbagbaga a mapankami agkasar!

Uray ken ni Jimmy Luzano, dimi imbagbaga.

Naiparparipiripna ketdi idin a dandanin marisut ti parikutda ken ni Josie a darlingna.

Nasapa pay idi immulogkami iti Coromina. Nagtibnok ti gagar ken aligagawmi idi lumugankami iti bus a mangidanon kadakami iti paggibusan ti agdama a biagmi, ken pangrugian ti baro. Kalpasan ti seremonia daydi Mayor Padua, maputedton ti awagko a memmem!

IDI MATALMEGAK TI maudi a tekla, Enos Apok, a manggibus iti kinabarok ken kinabalasang ni lelangmo, immangesak iti nauneg, a nakabagbagas ti isemko a nangtaliaw kenkuana. Sangsanguenna ti *puzzle* book a pangwatwatanna iti memoriana, kas patigmaan ti doktorna.

Ala, kitaem, Enos Apok ti sumaruno, a panangrugi ti baro a lubongmi.

Maika-22 a Paset

Subec: 1945

KITAEM MAN DAYTOY, Enos Apok. Kalpasan ti pannakaistrok ni lelangmo idi 2018, dinan kabaelan ti sigud nga ar-aramidenna. Sakbay ti panagsakitna, saan nga agpatpatudon no kabaelanna la ketdi. Pulos a diak nangngegan a nagreklamo iti ania man a pusposen iti uneg ti balay. Kayatko a sawen, manipud panagdennami, siakon ti kanayon nga ipusposanna. Ita, a, ket siak metten ti agsaad iti saadna.

Isu nga iti daydi nga aldaw, apaman a nainnawak dagiti lunglongan a nangaldawanmi ken ni lelangmo, nagdardarasakon nga immuli tapno mapan agdigos. Adda *dental appointment*-ko idi iti alas dos ti malem iti Pioneer Dental iti Harmon's Building.

Menos kuarto idi makadanonak. Pinaguraynak ti resepsionista. Pasado alas dosen idi awagandak.

Maikaduan a panagpadalusko iti Pioneer Dental, Enos Apok. Masadutak koma ngem sayang ti duaribu a doliar nga alawansmi iti makatawen nga ited ti *insurance*. Ni lelangmo ti talaga a sayang ta maamak gapu ta kumplikado ti salun-atna. Patigmaan ti *primary physician-mi* a dakkel ti maitulong ti kanayon a panagpadalusmi iti ngipen. Malagipko a karasrasay ti kannaway ti panagpadentismi idi addakami idiay Rodriguez. An-anusanmi lattan ti magatang iti botika nga agas ti sakit ti ngipen.

Kalpasan ti panagpadalusko, insingasing ti dentista nga agsubliakto ta pastaandanto ti binukbok a sangik. Kayatko met tapno awan sipsiparko a mangituloy iti ipaak-akemko kenka, Enos Apok; kas iti

323

daytoy panangisublik kenka iti sigud a lubong ni lelangmo.

Denggem...

Subek: 1945-

MARIA DE LEON ti pinilik a paglugananmi, Enos Apok, ta nalaklaka ti plete ngem ti Philippine Rabbit. Pinilimi a nagtugawan ti duaan. Siak koma ti dumna iti tawa gapu iti panagulawko ngem impabus-oyko ken ni lelangmo. Binay-ak a nakalukat ti tawa tapno makastrek ti pul-oy a nangyaplaw iti asep ni lelangmo a mangin-inuten a pakairuamak. Adda imnas a dumges a parnuayen ti anem-em iti nagbaetanmi.

Naparpartak ti idadanon ti panunotko idiay Sison ngem iti panagtaray ti lugan. Namin-ano pay la a nagsarangkami iti daydi Mayor Arturo M. Padua idiay Bannawag. Awan ti di makaam-ammo kenkuana gapu iti kolumna a *Malutluto, Maib-ibus*. Kadagidi a panawen, isu ti kalatakan. Diak malagipen no isu idin ti presidente ti GUMIL Filipinas. Adda aripapak a sumarang kenkuana ta umas-assibay dagidi dadakkel a tattao nga immuna a nakadayanggos itoy lelongmo, Enos Apok. Napaneknekak idi agangay, a naisalumina daydi a mayor.

"Madandanaganak," nasingaak idi agtimek ni lelangmo. "Diak ammo no ania ti aramidenda idiay balay no maammuanda ti inaramidko," simmapideng kaniak. "Imbagak nga umayak ageksamen... Sabali met ti..."

"...ti ineksaminmo!" pinanggepko nga alay-ayan ti ir-irukenna.

"Saanak nga agang-angaw. Pangpang-orendak la ketdi!"

"Nalpasen, maibabawida pay."

"Saan a kastoy ti inarapaapko... Kayatko, simbaan ti pagkasarak."

"Ket wen. Idiayto Cabugao, di met, aya?"

"Adda ibagak," kinunana kalpasan ti sumagmamano a kanito.

Kastoy, Enos Apok, ti panangiladawak iti nagtaud kadagiti bibigna... IDIAY SUBEK TI nariingak a nagubingan.

Denggem ta saritaek met ti nagtaudak tapno naan-anay ti pannakaam-ammom kaniak.

Adun a tawen ti naglabas ngem nalangto pay la dagiti ladawan ti Subek a naipinta iti lagipko; agtalinaedto dagidi a buya iti mugingko.

Iti bakras ti nalangto a bantay ti Subek, kasla melodia ti sam-it ti kanta dagiti kiaw, bullilising ken dadduma pay a kita ti billit. Sumirsirip ti sinamar ti init kadagiti baresbes iti sirok dagiti nabengbeng a bulbulong dagiti nababaked a pinuon ti nadumaduma a kaykayo, nga ilillili ti naumbi a pul-oy. Ti apros ti pul-oy, arig pasikalye ti anasaas dagiti adu a kimmarayan nga agsasabat iti dakkel a bagi ti karayan, a kumamang iti Padsian a pagsardengan dagiti lugan nga agpa-Cagayan, sa agaludaid iti bibig ti nalawa ken napudaw a kadaratan ti taaw. Iti adayo nga amianan, matannawagan ti Isla ti Babuyan.

Iti pagkusayan ti Pagudpud iti laud, kaarngi ti berde nga alpombra ti purok ti Subek a nagaarimutongan dagiti sumagsangapulo a kakasla uong a nagtagipan-aw a balbalay. Iti lauden dagita a balbalay, nayaplag ti agdaldalluyon a balitok a pinagayan.

Arigna man ti maysa a pirgis ti paraiso no pampanunotek ita!

Paraiso a kasla di kabaelan a mulitan dagiti sumangbay a panawen.

Manon a dekada ti naikupin manipud iti daydi tawen sakbay ken kalpasan ti pannakaipasngayko?

No awanak koma a maysa kadagiti saksi ti napalabas, nalabit a diak patien a napasamak ti amin a napagteng.

Ngem adtoyak.

Adtoyak a kaarngi ti gabat a naisadsad kalpasan ti narungsot a bagyo! Gabat a bunga ti nasam-it a panagsabat ti maipawil a rikna ti mabigbigbig nga agkabanuag ti Pagudpud ken ti arigna apagbukar a sabong ti rosas ti Subek. Isu dagita dagidi Don Rafael Romano Robianes ken daydi Elena Ferrer Alos. Sakbay ti amin, kayatko nga ipeksa ti pudno a rikna ken panunotko maipanggep iti daytoy napateg a pasamak. Napateg, kunak, ta no saan a gapu iti daytoy, awanak koma ita a mangibasbaskag iti paset ti biag a nariingak, ken nangngegak babaen met laeng iti pannarita daydi ipatpategko nga ama.

Tubo ti San Vicente, Ilocos Sur daydi Don Rafael a tatangko. Nabayag sakbay a nabirngasan iti Don. Nagtaud daydi Tatang iti gagangay a kaamaan iti ili a nalatak a pagaramidan kadagiti muebles a naaramid iti tangkiran a nara.

Nupay maibilang la idi ti ili a maikalima a klase, saan a mapaginsasaanan nga antigo dagiti patakder; uray pay ti dadapilan.

Daydi Apo Paer—kasta ti awagko ta arigna lelongko iti dakkel a nagbaetan ti edadda iti daydi Nanang—ti inauna kadagiti lima nga agkakabsat. Kas inauna, isu koma ti nagtawid iti nariinganda a negosio daydi dakkelda a lalaki, kas maysa kadagiti mabigbig nga agtaltali iti napudaw a bungsot iti ili ti San Vicente. Nadumaduma nga il-ili ti nagisursursuranda kadagiti partuatda, a pakairamanan ti ili a Luna idiay Cagayan.

No awan ti order wenno no saanda nga agisursor iti tali, pamrayan daydi Apo Paer ti nangisursuro iti katesismo idiay ilida—kadakuada nga agkakabsat, isu la kano ti nakadur-as bassit iti adal; diak la ammo no ania ti nalpasna. Wenno saan, agkumeg iti suli nga agsuratsurat iti drama. Adu ti naukagak a manuskritona iti antigo a baul idi agangay.

Nginayngayemngeman daydi dakkelda a lalaki. Ania kano ti maalalana iti panagsuratsuratna?

"Sursurotennak met laeng?" dinamag ni lelangmo, Enos Apok.

"Wen, ituloymo..."

Ket ti kayat daydi Apo Paer ti natungpal. Nalabit nga uman-anam idin nga adda masakbayan nga agur-uray kenkuana.

A saan nga iti panagsursuratna iti drama. Panagkunak, siak ti nakatawid iti essemna nga agsuratsurat.

Saan a nalawag iti estoriana no kasano a nagkitada iti maysa nga Intsik idiay Laoag. Diak malagipen ti naganna ngem awagak lattan iti Beho.

Nataytayag daydi Apo Paer ngem iti gagangay nga Ilokano. Maskulado ken nalinteg ti taktakderna. Sumarot ti perrengna. Gagangay nga agkawkawes a mayanatop iti nalawag a panagbalbalikasna. Di mapilaw nga adu ti dayag a naipiskot iti talugadingna.

'Langam matalek,' kinuna kano daydi Intsik. 'Kayatka agtrabaho kaniak.'

Naipalpalapayag idin iti daydi Apo Paer no ania ti katatao daydi Intsik.

'Padasek,' kinunana kano.

'Saan padasen,' kinuna ni Beho. 'Patiem, bumaknangkanto... Basta surotmo amin ibagak. Nalawag?'

Inikkan daydi Beho daydi Apo Paer iti kuarto, a naisilpo iti dakkel a balayna. Nangrugi a mensahero. No maitulodnan dagiti supot, a dina ammo idi damo no ania ti nagunegna, agsubli a dagus.

Saan la namimpinsan iti maysa nga aldaw. No dadduma, mamitlo pay nga agitulod...

"Dengdenggennak met laeng?" tinaliawnak ni lelangmo, Enos Apok.

"Ituloymo," kinunak, "ituloymo."

Saan a binilbilang daydi Beho ti kuarta nga it-itedna iti daydi Apo Paer. Kasla mangyawat iti mama. Saan a nagsalsaludsod daydi Apo Paer. Kayatna ti makaurnong. Maysa pay, kanayon nga adu ti sangaili ti Intsik. Dina idi ammo no ania ti pagsasaritaanda ta paruarenda ket pastrekento laengen ti Intsik no naisibeten dagiti sangailina.

Iti ababa a pannao, nadaras a nakaurnong daydi Apo Paer, wenno Tatang.

Di nagbayag, nadamagna a nagsakit iti nadagsen daydi tatangna, a lelongko. Naisursurot a kimmapsut ti negosioda a panagtali. Naliday daydi lakay iti naudi nga isasarungkarna.

Pimmusay ti ama ti pamilia. Simmaruno ti ina.

Naisursurot a narpuog ti pamastrekanda. Nabati nga imaima dagiti kakabsat daydi Apo Paer.

Nadarimusmosanna ti panagar-arakattot ti Intsik ken dagiti kamitingna iti maysa a naladaw a sardam. Naammuanna nga adda natiliw a kaduada, nga adda bitbitna a sinupot nga apiang a panggepna nga ilibas.

Sakbay a nariput dagiti agrebbeng ti Intsik, inkeddengna ti aglibas a rummuar iti Filipinas. Ti la addan a nagtaktakiasan dagidi kakadua daydi Beho.

Kinunana kano: 'Ngapu kinapudnom, Paer, imatik kuartak kenka.'"

Nadamdamag idin daydi Apo Paer ti kinapintas ti dagdaga idiay Subek. Ken nalawa pay ti mabalin a gatangen a dagdaga.

Inkeddengna ti umakar.

Imbaisna ti naurnongna, ken ti kuarta nga inted daydi Beho, iti nalalawa a dagdaga idiay Subek. Siteo pay la idi ti Subek iti dayaen ti Pagudpud a pannakasentro.

Idi damo, napaliiw ti lakay—saan pay a lakay idi—ti panagkikinnissiim dagiti nadanonna a pumurok.

Asino daytoy a tao?

Baknang sa.

Wen, a, ket no nagadu ti ginatangna a dagdaga.

Amangan no dimteng a sarut!

Naamo met ti langlangana.

Mangikulbo dagiti kakasta a langlanga.

Wen ngarud. Pagammuan lattan ta tumukkaw a kasla karasaen!

Dakayo, mangeddengkayon ket diyo pay nakapulpulapol.

Wen ngarud. Ammoyo, aya, no maysa ketdi met nga anghel?

Kitaenyo, no kumita, kasla sumulsultop dagidiay matana!

Ti taktakderna la unay!

Ken adu ti kuartana!

Uray maminsan laeng no kua, aya?

Hi-hi-hi!

Narimat pay la dagiti mata daydi Tatang idi saritaenna dagiti nangnangngegna, ken dagiti padpadasna.

"Nakiro ti pakasasritaan ti pamilia a nagtaudak," kinuna ni lelangmo, Enos Apok. "Diak ammo no maawatam. No saan a napasamak dagiti saritaek a napasamak, awanak koma ditoy a lubong; awanak koma a kasla gabat nga inyanud ti nalibeg a karayan... Ngem kayatko a maammuam, sanakto kedngan; samonto met kedngan ti nagtaudak."

Impasnekko ti nagdengngeg, Enos Apok. ket dumngegka met...

'Adda maysa a biddut a diak inggagara, anak,' nalagip ni lelangmo, Enos Apok, idi manarsarita daydi Apo Paer. 'Daydi pappapanko dita Luna... Nakaibatiak iti maysa nga anak a babai. Rafaela kano ti naganna.. Komusta ngatan?'

Pinasuratanna daydi Manang Rafaela idi nakapsuten...

Sakbay daydi a pagteng, sinaysayaat daydi Tatang nga Apo Paer ti nakilangen kadagiti agindeg. Impakitana ti pudno a nagtaud iti kaungganna; awan panaginkukuna.

In-inut a naawisna ti panagtalek dagiti lumugar. Nagbalinda a kasla pudno a kakabsatna.

Napaliiwna kano nga immadu dagiti dayag a nangilimlimed iti parukibda kenkuana.

Dina idi damo inkankano.

Ti dakesna, nagkurno ti sangabukel a Pagudpud, a Burayok pay la idi, gapu iti kinasayaatna a tao.

Ket binuniaganda iti Don Rafael.

Agingga a nakadanon iti daydi Presidente Ramon Magsaysay ti damag maipanggep iti Burayok.

Daydi Don Rafael Robianes ti binigbigna a dadaulo ti lugar. Duada a nakapanunot nga isukatda ti Pagudpud a nagan ti Burayok. Ket kasta ti napasamak.

Ad-addan ti pasig dagiti dayag iti daydi Don Rafael Robianes.

Agingga a nagsabat manen, ken manen, ti dalanda iti daydi Apo Maria. Saan a palimed kadagiti agindeg a maysa daydi Apo Maria kadagiti mabigbigbig a kalasbangan iti Pagudpud, a kaduana ti sumangkapusaksak nga adingna a daydi Jacinta.

Kangrunaan a panagsabat ti dalanda iti maysa a pabuniag. Daydi Apo Maria ti maysa kadagidi nanganak iti buniag.

Binagaanda daydi Don Rafael a maysa met kadagiti manganak ngem sidadayaw a nagkedked.

'Saanen a nasken a kompadriendak ta sisasaganaak a tumulong.'

Dakkel ti indonarna iti naaramid a pasken.

Narungbo ti pasken ket maibilang a maysa kadagiti kadakkelan iti sagana iti ili. Nalabes metten no kunaen a naawis ti sangabukel nga ili ti Pagudpud.

Awan duadua a napusaksak daydi Apo Maria ket awan ti di agrukbab iti libnosna. Ngem idi masirpat daydi Don Rafael daydi Apo Jacinta, nga arigna apagukrad a sabong ti rosas, adda karkarna a bitek iti barukongna a dina maibuksilan.

Isu ngatan daytoy ti kunkunada nga ayat?

Ngem nadekdekket daydi Apo Maria.

Adda idin maab-abel a sulisog iti nagbaetan dagiti dua a puso ta sumirigsirig metten daydi Jacinta iti daydi Don Rafael. Ngem maub-ublag nga umasideg ti buridek gapu ta madmadlawna ti kasla balikutsa a pannakaipigket daydi manangna a Maria iti Henio ti ili!

Isu nga impabus-oyna iti manangna.

Ngem agkulipagpag ngata met idi, a, ti pusona no matiliwanna ti nakilnet a paludip daydi Tatang... daydi baro a Don!

Kasla alipugpog, wenno nagkayamkam nga uram, ti nagwaras a damag.

Imbaud ti kalibnusan a Maria ti kaammuan nga abuyo ti Pagudpud!

Ket ania payen piman. Nagpanes ti lubong daydi Jacinta. Arapaap laengen ti nabati nga agpaay kenkuana!

Idi makapagsimsimpadan, ken nailiwliwagen daydi Apo Jacinta ti saem iti barukongna, insingasing daydi Apo Maria iti daydi Don Rafael, nga alaenda dagidi kakabsatna a nabati idiay San Vicente, Ilocos Sur, a dagidi Mariano, Martina, Bibiana ken Mateo.

Nangasawa daydi Martina ket nakaipasngay iti nagbalin a mannurat.

Nangasawa met daydi Tata Mateo ket nakaputot iti sabali pay a mannurat.

Ket intukit daydi Don Rafael iti daydi Apo Maria dagidi Felisa, Susana wenno Sanang, ken Rosalinda wenno Saling.

Saan kano a naragsak daydi Don Rafael iti kinaaburoy dagidi immuna a tallo nga annakna. Arapaapna ti maaddaan iti lalaki a mangiwaras iti naganna.

Babai pay ngamin daydi Manang Rafaela nga inauna a pututna.

Naikarin sa ketdi nga adda mapasamak ta iti panaglabas ti panawen, nagtalinaed a balasang daydi Apo Jacinta. Masansan a makitkita daydi Don Rafael daydi Jacinta nga immuna a nakaawis iti imatangna. Ket pumigpigsa ti pannugsog ti demonio iti kanigid a pispisna, nangruna ket madmadlawna met ti pigket ti paludip ti balasang. Pilpilitenna a lapdan ti sumarsari a riknana, saan la a gapu ta siaasawan iti kabsat, pay met ngarud, ti nasudi, natarnaw a balasang; ken addan bungada. Dina kayat a tulawan ti panagtalek kenkuana dagiti tao.

Ngem nabilbileg ti kidag ti demonio!

Simmari ti riknana.

"Diak koma saritaen dagitoy," tinangadnak ni lelangmo, Enos Apok. "Apay a bukitkitek pay la ti napalabas? Kaguradak la ketdi dagiti nabatbati a kakabagian iti panangiwarwarasko."

"Maawatandanto," kinunak, Enos Apok. "Agpayso la ketdi amin nga ibagbagam. Ammom, adda nabasak iti Biblia maipanggep iti panagadu... Ket pinutotna... Ket pinutotna... nagadu ti kasta iti Baro a Tulag, wenno Daan sa... 'Mom, no siak a maysa, nasken nga awaten ti tao ti kinapudno... 'La, ituloymo...'"

Ket iti naminsan wenno sumagmamano a daras, nagturay ti sam-it iti nagbaetanda... Iti ababa a pannao, agpadada a pinaiturayan iti nagari a sulisog.

Nagbunga dagidi tinaktakaw a nasasam-it a darikmat.

Saan la a daydi Manang Siding ti bungana.

Nagbunga pay iti adu a pinnaludip dagiti tao iti aglawlawda.

Ken ti gimmil-ayab a gura daydi Apo Maria iti daydi, **adingna,** a Jacinta.

Narpuog ti talinaay iti nagbaetan dagiti agassawa a Don Rafael ken Maria.

Ket natay daydi Apo Jacinta a nangipasngay iti daydi Manang Siding.

A di nasebseban ti gura daydi Apo Maria.

Nga awan naurayna a pammakawan daydi Apo Maria.

Daydi la Don Rafael ti immammingaw bayat ti panangipug-aw daydi Jacinta ti naudi nga angesna.

Ken nangyangsabanna iti naudi a balikasna:

'D-dimonto k-koma baybay-an ni...'

Arasaas iti lapayag daydi Don Rafael ti nagan ti ubing: Zenaida.

Masapul nga adda mangpasuso iti daydi Zenaida, wenno Siding.

Naimbag ta nairana nga adda kaan-anakna nga asideg kadakuada, ket nagbalin a dua ti pinasuso daytoy, ta isu ti nagtakder a pannakaina daydi Manang Siding. Isu daydi Apo Eduarda.

Nakiasawa daydi Apo Felisa—matiktikawak idi iti kaadu dagiti babbai—iti daydi Apo Ciano a maysa a kabaknangan iti ili.

Ket imbungada ni Manang Puring.

Nangasawa met daydi Apo Sanang iti nagbalin a mayor.

Ket naganakda iti adu, a nagpolitiko met laeng idi agangay...

Ngem agari ta agari latta ti bileg ti dara.

Ta naasian met la daydi Apo Maria iti daydi Manang Siding, nga anak ti buridek a kabsatna.

Ket nakaungar daydi dandani narpuog a pagtaengan babaen ti gargarikgik dagidi Manang Saling ken Manang Siding.

Ngem saan a nagpaut ti ragsak iti pagtaengan daydi Don Rafael.

Kinapet ti kanser daydi Apo Maria.

Ket nabalo daydi Don Rafael.

Ket nagpanes ti sangabukel a lubongna.

Awanen dagidi Apo Maria ken Apo Jacinta; a nangibati iti aburoy a babbai.

Sagpaminsan a malaglagip daydi Don Rafael daydi Manang Rafaela, gapu ta impawil dagiti nagannak iti inana, nga ipakita kenkuana.

Isu a ti lubongna, arigna dagiti nalawa a pagtatalonanna nga idi damo naaplagan iti agdaldalluyon a balitok a dawa, ngem itan, awan nabati a nalangto kalpasan ti panagani malaksid dagiti agrungrungarong a nagparaspasan iti garami, a nakerker ken nabuntuon iti maysa a suli ti nalawa a kataltalonan...

"Dika pay nabannog nga agdengdengngeg?" ginunggonnak ni lelangmo iti apagapaman, Enos Apok. Ket dumngegka met...

"Napintas... napintas nga estoria."

"Saan a sarssarita daytoy. Pudno!"

"Kaarngi dagiti estoria iti Baro a Tulag... *ket pinutot ni... ket pinutot ni... ket pinutot ni...*

NAGLABAS TI ADU a tawen. Nagturpos daydi Saling iti edukasion. Nangasawa iti padi ti Aglipayano.

Nagturpos met daydi Siding iti edukasion; nangasawa iti inheniero.

Sumagmamano pay a tawen ti limmabas, nagbalin dagidi Saling ken Siding, ken dagidi pay Sanang ken Felisa, ken daydi pay Rafaela, a kakabsatko, ket siak ti buridekda.

No kasano, agsubliak iti sumagmamano a tawen.

Gapu iti kabayag ti panagpaspasanaang daydi Don Rafael iti pannakapukawna iti daydi Apo Maria, dina nadnadlaw dagiti dayag iti aglawlawna.

Ad-adda nga imbukbokna ti panawenna iti itutulongna kadagiti katalonanna ken kadagiti mangngalap, nga inikkanna iti pagkalapda iti baybay ti Pagudpud.

Ket nagkurnoda amin iti kakaisuna a Don ken pondador ti Pagudpud.

Naikari ket ngata a mapasamak ta iti binigat a panagkabkabaliona a mangwanawan iti nalawa a kataltalonanna idiay Subek, kasla tagtagainep ti pannakasirpatna iti maysa a dayag nga aglemlemmeng iti rangrangkis ken agtaltalaytay kadagiti tamtambak dagiti kinelleng ti Subek.

Awan ngatan ti nangayngayed iti Subek ngem iti daydi dayag a nakasulek manen iti imatangna. In-inut a naglumen ti saem iti barukongna.

Dina impagpagarup, saanen a nawaya daydi a dayag.

Adda payen umip-ipus nga uriesna!

Nakarkaro pay ta naminduan a nangasawa!

Ngem kasla di narsaak ti kinalasbangna!

Calixta ti nagan daydi a dayag.

Nabannog wenno nauma ket ngatan nga agtaltalon daydi immuna nga asawana, ta idi nadamagna ti kalabon ti *gatas ken diro* iti America, saanen a pinaigawid iti daydi Apo Kalis. Masirsirmatak man ti napnuan rikna a panagsarsaritada.

'Gundawayko daytoy, Kalis,' kinunana kano. 'Maadakak met laengen ti pagdidinnamagan nga Amerika. Maramanakon ti kunkunada a gatas ken diroda!'

'Kasanokami ngaruden kadagitoy annakmo?'

'Kasano a malipatak ti kalibnoasan a dayag iti biagko? Dika agdanag, Kalis. Agsubliakto ta umaykayo alaen. Agsubliakto nga umay mangaon kadakayo manipud iti kapitakan ti Subek!'

Nakappapati a kari.

Ngem kari nga intayab ti angin, ta naglabas ti tawen, a ni oy ni ay manipud kenkuana, awan naawat ti masmasnaayan nga agur-uray a Calixta.

Kasla naigusod nga al-o iti tuktokna ti timmayab a damag kalpasan ti sumagmamano a tawen: Addan sabali a sidong iti America a pagnunnunogan daydi nagunggan!

Inkeddengna a lipatennan ti nagunggan nga asawana. Masansan a sanguenna ti tipping a sarming tunggal agriing iti bigat.

Adda nakadlaw iti di pay narsaak a pusaksakna.

A nangiruknoy iti pammategna.

A nagkari nga ibilangna nga annak dagiti annakna aginga iti maudi nga angesna.

A nangitalkan daydi Apo Calixta iti maikadua nga ayatna.

Ket saan a nagkamtud daydi Maskulado iti karina.

Pinaneknekanna babaen ti tinawen a panangitukitna iti bunga!

A kasla maib-ibusan iti panawen.

Nalabit a pasakbay dagidi ta pagammuan lattan ta nagpakada nga awanen ti sinnublian.

Inluges ti nalabes a kinagagetna: nasdo.

No saan nga impanesan daydi Apo Calixta daydi nagpukaw nga asawana, nairut ti panesna iti daytoy maikadua.

Nainayon iti abagana dagidi pagrebbengan a nabati ti asawana.

No idi damo ket naawis ti imatang daydi Don Rafael iti lasbang daydi Apo Calixta, nagbaliw ti paniriganna idi maammuanna ti naglabasan ti dayag.

Nagturay iti asi daydi mamulmuli a gartemna iti daydi Apo Calixta.

Iti kinaimbag nga imparparikna daydi Don Rafael, nasagid manen ti kaunggan daydi Apo Calixta agingga a nagrusing ti sabali pay a pammateg.

Ket dagidi rikna a nagrusing, in-inut a nagbanag a kinnaawatan.

Saan a nailimed kadagiti asideg kadakuada; saanen a nakibiang dagidi kakabagian daydi Apo Calixta.

Agingga nga insingasing daydi Don Rafael nga isurotda ida iti balayna iti poblasion.

Ngem dua laeng ti naitugotna.

Ta impawil daydi Manang Saling a rumangrangrang ti apoy iti barukongna gapu kadagiti naglabasan ti amana.

Ket maysa daydi Nanang kadagiti dua nga annak daydi Apo Calixta. Adda napasamak a di ninamnama idi agtawenen daydi Nanang iti sangapulo-ket-innem.

ALDAW TI BIERNES, segun iti nasukisokko iti Bing, iti maikatlo a lawas ti Abril idi pasikalennak daydi Nanang Elen. Saanen a natandaanan daydi Nanang no ania nga oras. Nadagaang kano idi ti paniempona ta agarup agngalayen ti kalgaw. Kasla makitkitak iti Subek a natangken a berde ti maris dagiti bulbulong ti kaykayo iti bakras ti bantay a dandani awan ti mangapiras a pul-oy. Nalangto dagiti kinelleng gapu kadagiti agduduma a natnateng a nangsandi kadagiti naparaspas ken nakerker a garami iti kallabes a panagani.

Narigatan kano daydi Baket Sabina a nangpaltot kaniak ta suniak kano, ken umuna nga anak daydi Nanang, nga agtawen la ngarud idi iti disisais. Sa nabun-asak kano a maladaga. Diak ngata agbasol no kunak a kurang la a magsat ti anges daydi Nanang ta yar-arigko kadagiti nagkauna a nasaksiak a nagan-anak.

Kas man la makitkitak ti panaglua daydi Nanang idi iparabawnak daydi partera a Baket Sabina iti boksitna. Napigsa kano ti ibitko.

Makitkitak a naem-em dagiti bibig daydi Apo Calixta a timmulong iti daydi Baket Sabina a nangestimar kadakami iti daydi Nanang.

Nalabit a marmaratubbog met dagiti matana. Nalabit nga agsisimparat met ti adda iti panunotna. Ngem adda ditan, napasamaken; gapu man laeng kaniak, ikupinnan a panunoten ti napasamak.

Uray dagiti dadduma a kakabagianmi, narigat a maawatan ti bagas ti kinaulimekda.

Makitkitak ti liday kadagiti mata daydi Nanang a kumitkita iti langit bayat ti panangililina kaniak.

Ngem inawatna ti singasing daydi Tatang nga ipanaganda kaniak idi agbuniagak.

Sinamar. Nalabit nga ammo idin daydi Tatang ti kaipapanan dayta a balikas isu a dayta ti pinilina a naganko.

Kadagiti di makaawat iti napasamak, awan duadua nga ibilangda a saan a maiparbeng ti napasamak.

Ket adu la ketdi a saosao, a pakaibilangan daydi Manang Saling, ti sinagrap daydi Tatang.

Bayat ti panagrangpaya ti isipko, naawatko nga awanak koma ditoy a lubong no saan a napasamak ti kasdi.

"Diak nagay-ayatan ti pannakaitaok," kinunak iti naminsan iti daydi Tatang idi addaakon iti sidongna, iti naminsan a pannakaungkat ti pasamak.

"Agyamanka ketdi ta naitaoka," kinunana a lumablabbaga dagiti matana.

Uray kasdi met ketdi ti napasamak, intultuloy daydi Don Rafael a tinulongan ti pamilia daydi Apo Calixta, a nakaibilangak.

Dandani binigat wenno minalem nga agkabalio a mangsursor kadagiti nalawa a pagtatalonanna, a pambaranna a mangsirpat iti pagtaenganmi.

Ngem liniklikanna ti immasideg; umanayen a masaripatpatannak. Nasaksianna manipud iti pagkabkabaliuanna ti in-inut a panagsulbodko; manipud iti panangub-ubbada kaniak nga ipasiar iti paraangan, ken panangkibkibinda kaniak idi damok ti umaddang.

Idi mangrugiakon nga agnakem, matiltiliwak iti tambak ti panangibabaonna iti maysa a lalaki a mangyeg iti sinupot a taraon iti balaymi. In-inut a naammuak a Manong Rico ti naganna, a kasinsinko kano.

Idi agangay, intulag dagidi kakabagian daydi Nanang nga inyasawa iti anak ti asideg nga am-ammoda. Isu daydi Tata Amin.

Isu ti nariingak nga ama.

Ket naaddaanak iti lima a kakabsat.

Idi kabaelakon ti agawyan, siakon ti pinagaywanda bayat ti panangiwakas daydi Nanang iti aramidna.

Diak koma kayat ti agaw-awir ta kaykayatko ti makiay-ayam kadagiti padak nga ubbing iti paraangan.

Isu a no di kumitkita daydi Nanang, irantak a kuddoten daydi Eliseo nga awyanko. No agsangiten, pukkawak daydi Nanang. No addan ti inami, agtarayakon a pumanaw.

Idi kuan, nadlaw daydi Nanang ti lemma ti nagkuddotak! Kinamatnak nga adda intallikudna a pagbasnot!

"Dengdenggennak met laeng?" inulitnak ni lelangmo, Enos Apok.

"Pumimpintas ti estoriam! Mabalin nga ipelikula!"

Ngem naalistoak a timmaray. Kimmamangak kadagiti tambak a pagtartarayak no malagipko a buyaen ti nakaparsuaan. Nakapimpintas man idi ti panagkitak iti aglawlaw. Magustuak a buybuyaen dagiti nalangto a ninatengan no panawen ti panagnanateng, wenno kadagiti agkurno a balitok a dawa no asidegen ti panagani. Ken magustuak la unay ti panangap-apros ti pul-oy iti pingpingko, ken denggen ti anasaas dagiti adu a kimmarayan iti Subek.

A pakababautak iti daydi Nanang.

'Saan a ti la pappapanam! Pidutennaka ti kumaw!' kuna no kua daydi Nanang.

"Asino ti kumaw, 'Nang?"

"Dagitay agkabkabalio nga agtakaw 'ti ubbing!"

Isu a no dadduma, no adda makitak a sumungad a nakakabalio, dagdagusek ti agtaray nga agsubli iti balaymi.

Iti naminsan a panagtaltalaytayko manen kadagiti tambak, apagisu a sumungad ti nakakabalio iti puraw nga alasaan.

Nagsarimadengak. Nalagipko ti imbaga daydi Nanang, a kumaw dagiti agkabkabalio. Nagtarayak a nagsubli.

Nakasabatak iti maysa a baket a nakadlaw iti panagtartarayko.

"Ania't kabutengmo?" dinamag ti baket.

Saanak a nakasao. Tinalliawko ti umad-adayo a nakakabalio.

"Daydiay ti Tatangmo!" kinuna ti baket.

"Saan a kumaw daydiay?" nasdaawak .

"Tatangmo daydiay!" inulit ti baket.

Agsarsarugaddengak a nagawid. Diakon intuloy ti naglemmeng.

Agung-unget pay la daydi Nanang, ilayatna koman ti pagbaut ngem nagtimekak.

"'Nang, Tatangko kano daydiay?" intudok ti umad-adayo a nakakabalio.

Saan a simmungbat daydi Nanang ngem imbabana ti nakalayat a pagbaut.

"Inka aywanan 'diay adim," kinunana iti naalumamay a timek. "Dimo kudkuddoten!"

"Daydiay ti Tatangko... saan a ni Tatang Amin?"

Timmallikud nga immadayo daydi Nanang, a di simmungbat...

NAPUTED TI ESTORIA ni lelangmo, Enos Apok, idi ipakaammo ti konduktor nga addakamin iti Sison. Diak met malagipen no ania ti naglugananmi a napan idiay munisipio.

Nagdamagak iti maysa a lalaki a kasla agur-uray iti ridaw no adda ti mayor.

"A, dakayo dagitay mannurat ti *Bannawag?*" kinunana a naraniag dagiti matana.

Pinaguraynakami iti salas.

"Adda la biit nakaisagudanna..."

Saan a nabayag ti panaguraymi. Langana ti agdardaras ngem naragsak a nakakita kadakami. Nagdamdamag maipanggep iti *Bannawag.*

Nakasagana aminen a dokumento. Adda pay tallo a lallaki ken maysa a babai a simmangpet. Isuda kano ti saksi. Ti dakesna ket nalipatak metten ti naganda, Enos Apok.

Apagbiit ti seremonia. Pinagpirmanakami iti dokumento.

Maysa a linia ti malagipko nga imbilinna: "Agpinnategkayo iti tungpal biag."

Insaganaannakami pay iti nagsasanguanmi, Enos Apok.

Anian a panangipateg kadakami dagidi nasayaat a tattao ti Bannawag, ken ti pagtamdan ken managluto a mayor ti Sison, Arturo M. Padua.

Saan a *maib-ibus* ti panagyamanmi kadakuada.

Ala, surotennak latta ngarud, Enos Apok. Adu pay ti kayatko a maammuam.

Maika-23 a Paset

Pagudpud: 1951

AGUR-URAYAK IDI ITI makatulong kaniak, Enos Apok, a mangipuesto iti *storm door* ta mangrugin ti *Autumn* ket di mabayag nalamiiston. Diak koma aramiden ta amkek nga agbetted manen ti makanawan a sirok ti paragpagko a nangiruaranda iti daydi kurang la naderder nga aprok, a dandani nagtinnag a kanser kas impasimudaag ti nangato a *white blood cell*-ko. Ngem awan ti patudonek. An-anawaennak ni lelangmo, ngem nakarkaronton no diak pay sanguen, kunak met. Diak kayat nga adda sabali a pampanunotek bayat ti panangsangok iti dakdakkel a pakaringgorak; ti panagkamkamatko iti panawen a mangted kenka kadagiti banag a kayatko nga ipakumit.

Nakaurayak met laeng iti nangtengngel.

Denggem, Enos Apok...

Pagudpud – 1951-

URAY ITI LUGANMI nga agsubli iti Manila, Enos Apok, pampanunotek pay la ti kalkalpas a pagteng idiay Sison.

"Nagasatta pay met laeng uray no kaskasano," tinaliawko ni lelangmo a mangsipsiput kadagiti malabasanmi.

"Apay met?"

"Di la manmano, aya, ti dua a mannurat nga ikasar ti maysa a mayor?"

Laglagipek man ita, Enos Apok, ti kunak a pagbaknangak, nga

awan kadagiti dadduma. Wen, baknangak met gayam! Malagipmo dagiti nasaritakon? Baknang nga arigna 'ti agtungtunglab!

Natungday ti panagar-arapaapko idi agtimek ni lelangmo. Kunak no nalpasen ti estoriana iti napalabasna, ngem rinugianna manen, a langana ti nagsubli iti adun a panawen a naglabas.

Intuloy ni lelangmo ti nagestoria; agarup kastoy ti panagtaray ti lagipna. Denggem...

INKAKAUBINGAK TI AGESSEM iti ania man a babasaen. No adda makitak a maiwara a magasin, libro wenno ania man nga adda suratna, pidutek a bidingbidingen. Uray no diak pay ammo ti agbasa, magustuakon a buybuyaen dagiti ladawan.

Iti maysa a tawen a dandanin panagririkep ti klase, umap-apalak kadagiti ubbing nga adda igpilda a libro wenno sakbat wenno bitbitda a bag a yan dagiti alikamenda a mapan agbasa.

Apagtapogko pay la idi iti innem ngem nalausen ti apalko a mapan agbasa.

''Nak met agbasan, 'Nang,' kinunak.

'Saan a mabalin. Ubingka pay.'

'Ngem dakkelakon... kayatkon ti agbasa.'

'Awan pay pitom... didaka awaten.'

'Adda met dagidiay babbabassit ngem siak ngem agbasadan.'

Inungtannak daydi Nanang iti kapipilitko.

Ngem saanak a namingga a nangpilit iti daydi Nanang iti simmaruno a panagseserrek.

'Agaluadka laeng no didaka awaten. Bambannogennak!' impangtana.

Kasta unay ti ay-ayatko, naglagtilagtitak pay a nagrubuat.

Immunaak a nagtalaytay iti tambak a nanglinteganmi a napan iti Baduang Elementary School, a paset ti Subek. Diak inginggina ti nabara nga aplaw ti agpakpakada a kalgaw. Nabang-i ti kataltalonan iti kallabes nga umuna a tudo ti tawen.

Adu ti nadanonmi nga agpalista.

'Agbasaak metten!' impangpangasko pay kadagiti nakasagangko a padak nga ubbing.

Ngem nasdaawak ta kasla awan ti gargartem dagiti dadduma nga ubbing nga agpailista. Adda pay dagiti aglinglinged iti pandiling dagiti innada, agsansaning-i a guyguyoden ti inada.

'Umayak met agbasan, Mistra!' kinunak iti agilislista a diakon inuray daydi Nanang a nagsao.

'Natarabit 'toy anakmo, Mang Elena,' kinuna ti maestra. 'Ania't naganmo, Ineng?'

'Sinamar, Mistra!' nalawa ti isemko ken narimat dagiti matak, nga agling-iling-iak pay.

'Napintas ti naganmo,' kinuna ti maestra. 'Ala man, kitaek no mabalinmon ti agbasa. Ania't apeliedom?'

'Kua, Mistra,' daydi Nanang ti simmungbat. 'Robianes.'

'Kasta?' pinagsinnublatnakami ti maestra a kinita iti daydi Nanang, a kasla manglaglagip.

'Mano't tawenmo?'

Impakitak ti innem a ramayko, a di nalapsi ti isemko ken rimat dagiti matak.

'Ubingka pay.'

'Kunak ngamin a di pay mabalin, Mistra,' kinuna daydi Nanang. 'Ngem nagpilit met nga umay.'

'Kitaek no mabalinka... Gaw-atem man 'ta kanigid a lapayagmo, a kaslat'toy,' imuestra ti maestra.

Dinardarasko a ginaw-at ti kanigid a lapayagko.

Ngem uray no kasano ti pananggaw-atko iti lapayagko, diak nagawat. Isu nga impagnak iti sangok ti imak, ket nalakakon a ginaw-at ti lapayagko.

Minulagatannak ti maestra.

"Ubingka pay, saurkan!" kinunana. "Di pay mabalin 'toy anakmo, Elena!" kinita ti maestra daydi Nanang.

Nabainan daydi Nanang ket makapungpungtot a nangiguyod kaniak nga agawid. Binasnotannak idi makaawidkami.

Uray kasano ti sakit ti nakemko iti dida panangawat kaniak, saan a napunas ti essemko nga agbasa. Intultuloyko ti nagbidingbiding kadagiti masagangko a babasaen.

Nasapa a nangrugi ti tudo iti daydi a tawen. Kasla makapungpungtot ti langit a nangibukbok iti pannusana kadagiti naguma ken nagtarikayo iti bantay ti Subek ket nagdinakkel ti Karayan Baduang a nangyanud iti adu a gabat manipud kadagiti nagtarikaywan. Maysa kadagiti nakaalaw iti gabat daydi Tata Amin a nariingak nga ama.

Idi sumirnaat ti tudo, nadarimusmosak ti yaay daydi kasinsinko a Rico a nangyeg iti abastomi a naggapu idiay ili ti Pagudpud. Diak pay idi ammo no asino ti agpapaited.

'Adda bilin ni Nana Saling,' natimud kano ni lelangmo, Enos Apok, ti pannakisarita daydi Mang Rico iti daydi Nanangna nga Elena a lelangmo iti tumeng, daydi Tata Amin, ken daydi lelangna a Calis. Dina inkaskaso ti nagsasaritaanda ta naituon ti imatangna iti panangay-ayamna iti duag iti daydi Eliseo ken ni Agging a kakabsatna iti ina. Nadlawna ketdi ti panangtaliataliaw kenkuana dagiti nataengan.

Naidumduma ti umbi ti pannakisarita kaniak daydi Nanang kalpasan ti panagsasaritada iti daydi Mang Rico. Siak pay ti inunana nga inikkan iti plato idi mangmalemkami.

Sangkataldiapnak met daydi Tata Amin.

Dinak pinanawan ni Nanang aingga a diak nagidda, ket naturogak nga adda iti sibayko. Karkarna daydi nga inaramid daydi Nanang ta sigsigud a panawannak lattan ket makaammoakon a maturog.

'Maturogkan,' imbilinna. Nakadungdungngo daydi Nanang a nangules kaniak, ket sakbay a pinanawannak, nagparintumeng a nangbillos iti mugingko. Iti silnag ti pagsaingan iti suli, nadlawko ti kinaliday dagiti mata.

Nasdaawak idi agriingak iti sumuno nga agsapa ta sisiakon ti nabati iti iddak. Awanen daydi Eliseo ken ni Agging a sigsigud a matmaturog pay laeng no agriingak. Ken idi la a didak riniing.

Sakbay a rimmuarak, kinupinko ti binakol nga ulesko. Insuro daydi Nanang a diak pampanawan ti iddak a diak kupinen ti ulesko, ken idalimanek ti nagiddaak. Impanko iti almason iti suli ti ules ken ti punganko a naseksekan iti nasaksak a bunga ti kapasanglay nga adda iti likud ti balay. Manipud idi insuro daydi Nanang a kasta ti aramidek, saankon a nalipatan. Imbagana a diak liplipatan dagiti isursurona ta balonkonto iti sadino man a papanak.

Addaak pay la iti ridaw idi malang-abko ti sayamusom ti lauya a manok manipud iti kosina.

Nadanonko daydi Lelang Calis a madama nga aggagao. Isagsagana met daydi Nanang dagiti plato a kayo ken duyog a naaramid iti nakirosan a sabot, iti dulang. Adda naipatengnga a bakka a pagbugguan.

Nagtataray dagiti addik a simmango iti dulang apaman a nangngegda ti ayab daydi Nanang.

'Impartianka 'ti manok,' nadlawko ti kasla napilpilit nga isem daydi Lelang Calis.

Inwarasko ti panagkitak.

Siak? Impartiannak?

Siak ti inuna daydi Lelang Calis nga inikkan iti plato, inapuy ken sidaen. Diak pay nakaisubsubo ngem al-alimonekon ti katayko ta ubingak pay ngem magustuakon ti lauya a manok a nasagpawan iti bulong ti paria ken nagalip a bunga ti papaya. Siak pay ti nangtedanna iti puso ken dalem ti manok.

'Siak met!' intanggaya daydi Eliseo ti imana.

'Ala, mangankayon,' kinuna daydi Tatang Amin idi nakasangokamin.

Nadlawko ti kaawan ti ganaygay a nangan daydi Nanang, daydi Tatang Amin, ken daydi Lelang Calis. No manen, taliawendak.

"Dika pay nauma a dumdungeg?" kinitanak ni lelangmo, Enos Apok.

"No yat-atiddogmo met...ngem sige latta," kinunak.

Daydi Lelang Calis ti naginnaw idi malpaskami. Sigsigud a siak ti sursuruanna nga aginnaw ket idi la a dinak binaon.

Napan daydi Nanang iti kadaklan, nga awan latta ti timtimekna. Nagdalupisakkami kadaydi Tatang Amin iti kadaklan, a saklotna ni Agging.

Inuraymi daydi Nanang ken daydi Lelang Calis agingga a naiwakasda ti aramidda. Idi rimmuar daydi Nanang iti kadaklan, adda bitbitna a tampong.

"Nia, siakon wenno sika?' kinita daydi Tatang Amin daydi Nanang.

'Sikan,' kinuna daydi Nanang a nakadumog, sanak tinaldiapan.

'Samar,' inrugi daydi Tatang Amin, 'di met kayatmo ti agbasa?'

'Wen, a, 'Tang... 'nia, agbasaakon?' magagaranak.

'Idiayto ili,' nakadumog a sumangsango kaniak.

'Saan a dita Baduang?'

'Alaendaka idiay ili ta idiay Pagudpud ti pagbasaam.'

Awan ti am-ammok idiay ili. Ken adayo unay a pagpagnaek.

'Nagadayo,' kinunak. "Sinno ti mangpaala kaniak?'

'Bilin ni Apo Saling.'

'Saling?'

'Agyanka idiay ili. Dimo met, 'ya, kayat ti agbasa?'

'Kaykayatko dita Baduang.'

'Dika makapagbasa no ditoyka,' nagbarbar ti timek daydi Nanang nga agarup pasikig ti ikikitana kaniak. 'No idiayka ili, itedda amin a masapulmo. Makapagbasaka a nasayaat; agingga iti kaykayatmo.'

'Diak kayat!'

'No ditoyka,' insalpika daydi Lelang Calis, 'para aywanka kadagita addim ket dika makapagbasa. Kaykayatmo ti agaywan ngem ti agbasa?'

'Pagyanak ngarud 'diay ili? 'Diay yan ni... 'sinno ni Apo Saling? Ken sisiak?'

Nagkikinnita dagiti tallo.

'Iti dakkel a balay... Umaynaka kadkaduaen ni lelangmo,' kinuna daydi Tatang Amin.

Diak pay idi ammo no ania ti kunkunada a dakkel a balay. Diak pay met ammo no asino daydi kunkunada nga Apo Saling.

Sakbay a nagpailikami, intugotnak daydi Lelang Calis iti karayan.

'Inka pay agdigos sakbay nga agpailita,' kinunana. Nangitugot iti malo ken batia a nangikargaanna iti labaanna.

Diak ninamnama a daydi ti maudi a panagdigosko iti Karayan Baduang.

Naannayas ti ayus ti karayan. Nakalitlitnaw ti danum nga aguy-uyas kadagiti babassit ken dalumpinas a bato. Maanninawan pay dagiti babassit a lames nga agkimawkimaw. Naawis ti imatangko ket agsublisubli iti lagipko dagiti mayan-anud a nagango a bulong aginnga a maisalat iti nagruyag a sanga iti pagpikuran ti agus. Nalagipko daydi gabat a naalaw daydi Tatang Amin.

Naanus daydi Lelang Calis a nanglidlid kaniak. Naidumduma ti lamuyot ti panangkusona iti buokko a sinabonanna iti sabon a paglaba—awan ngata pay idi iti nabanglo a sabon.

'Inton addatan idiay ili,' kinunana bayat ti pananglidlidlidna kaniak, "dika agal-alikuteg, wen? Diak kayat nga ungtandaka."

'Apay, naungetda, 'Lang?'

'Saan met... ngata. Ngem diak kayat nga adda mangung-unget kenka. Maysa pay, diak ammo no kasano ti kapautko a mangyamo kenka. Inton mairuammon ti bagbagim, agsubliakton ditoy away.'

'Ay, diak kayat a panawandak, 'Lang! Diak kayat ti agbati idiay!'

'Basta. Dimo liplipatan dagiti insursuromi kenka ditoy away. Tandaanam amin. Kayatko a dumakkelka a nasayaat nga ubing... Tapno di met kuna da Don Rafael a didaka insursuro.'

Apagisu a makaibalaybay daydi Lelang Calis iti likud ti balay idi adda nagsardeng a karison iti sango ti balay. Nalasinko ti dimsaag. Daydi kanayon nga agitultulod iti abastomi; daydi Manong Rico.

''Nia, intayon?' kinunana idi makaasideg. Naipigket dagiti naamo a matana kaniak.

Adda daydi Nanang ken daydi Tatang Amin nga agur-uray iti isasangpet ti mangsukon kadakami iti daydi Lelang Calis. Nakanganga daydi Eliseo a kumitkita kadakami.

Sakbay nga impalugandak iti karison, inarakupnak daydi Nanang. Nariknak ti naisalsalumina nga irut ti arakupna, a kasla ketdin saankaminton nga agkita. Nagmaratubbog dagiti matana. Kinuso laeng daydi Tatang Amin ti buokko.

"Dagiti insursurok, dimo liplipatan, Samar, a?" agarup di nakasngaw ti timek daydi Nanang. Adda intanamitimna, nga ipapanko ita, a kasna la kuna: dinak liplipatan, Nakkong, a? Inyamlidna iti suli dagiti matana ti gayadan ti manggas ti kimonana.

Naluyaanak ket diak koman kayat ti rumuk-at iti arakupna ngem binagkatnakon daydi Lelang Calis.

Nagbabayak iti daydi Eliseo, a diak impagarup a daydin ti naudi a pannakakitak kenkuana ta natay kano a nagsakit bayat ti kaaddak iti ili.

Taltaluntonenen ti karison ti akaba a tambak nga agpalaud sakbay a sumagpat iti lipit, sa iti kamino real, ngem di pay la nalapsi dagiti matak kadagiti pinanawak a nangisursurot iti panagkitada. Kas iti daydi Eliseo, diak met ninamnama a daydin ti naudi a pannakakitak iti daydi Tatang Amin. Naammuak idi agbaybayagakon idiay ili a sinippit ti uleg iti naminsan a papanna panagkalap idiay Karayan Baduang. Naidanonna pay la ti biagna iti paraangan, nakapadarada pay la iti sumagmamano a manok nga insulluopdan sa kano idi iti kilikilina, ngem dida naalaw ti biagna.

Dandanin mangalipuspos ti init idi makadanonkami iti ili. Nanangadtangadak kadagiti nalabasanmi a pasdek ta daddadakkelda nga amang ngem dagiti pinan-aw ken binulo a balbalay idiay Subek. Adu pay la ti pinan-aw ken binulo ngem adu metten ti nagtagisim ken kayo ti didingna.

Ngem awan ti nakitak a parnged a taraken kadagiti inaladan nupay adda pay la manok nga agkakarukay iti paraangan.

No namin-ano a nagsikkusikko daydi Manong Rico sakbay a nakadanonkami iti kangrunaan a kalsada iti tengnga ti ili, iti asideg ti munisipio.

Insardeng daydi Manong Rico ti karison iti batog ti kadakkelan a balay iti daydi a ligason. Dua a grado daydi a balay. Langana ti nalagda ti tabla a didingna, kulintipay dagiti tawa, sim ti atepna. Adda naisiping a karinderia. Nalawa ti naaladan a paraangan a napunno iti agduduma a kita ti agbunga a kaykayo; ken naparaigidan kadagiti agsabsabong a muyong. Natalna ti agkubkubukob a pamusian iti suli, nga adda sinallukobanna a sumagmamano a piek.

Nangngegko ti agngiwngiwat a babai iti likud ti balay.

'Agbakbaketka la a di makaaw-awat iti sao!' nangngegko ti biritna. Idi pay laeng, impapankon a dakkel a tao ti agsasao uray no diak pay nakita. Kinitak daydi Lelang Calis. 'Padi... Ammos, kitaem man daytoy...'

Kinitak daydi Manong Rico; insublatko daydi Lelang Calis.

'Ni Apo Saling daydiay,' kinitanak ni Manong Rico.

'Isu ti nagpaala kenka, apok,' kinuna daydi Lelang Calis.

Kimmiapetak ket iniggamak ti takiag daydi Lelang.

'Nauyong...?'

Adda agarup duapulo ti tawenna a matartaranta a rummuar-sumrek iti karinderia. Nagsardeng idi mariparna ti nagsardeng a karison iti sango ti balay. Miniranakami. Nagtalangkiaw sa nagdardaras a rimmuar, nga immasideg kadakami.

'Ay, Mang Rico!' matartaranta. 'Naranaanyo ti kaunget ni Ulang,' agarup arasaas ti timekna a sangkataliawna ti uneg.

'Umayko la koma ibaga. Daytoy, insangpetkon ni Sinamar...'

Nasingada idi sumungad, manipud iti uneg, ti sumanatsat pay laeng a nalukmeg a babai a sangkakanuskosna ti nabengbeng a buokna. Agarup uppat a pulo ti tawenna. Nakatugaw iti *wheelchair* nga idurduron ti panayagen, napudaw a lalaki a nagbado iti puraw a kamiseta nga awan ti kueliona; adda dua a butonesna iti sirok ti tengngedna. Kasla aglanglanga nga artista, no iladawak ita. Ngem naem-em dagiti bibigna, saan a makatalna dagiti matana.

'Naimbag nga aldawyo, Manang Saling,' inlugay daydi Manong Rico. 'Daytoyen ni Sinamar.'

Nagsardeng nga agkabkabukab daydi Manang Saling ket kellaat nga immulimek ti aglawlaw.

'Tumakderka man,' kinunana.

Agmarmarakedkedak a nagtungpal, nga iggemnak daydi Lelang. Impangato nga impababanak a kinita daydi Manang Saling. Inururayko ti panagbettak ti timekna.

'Dakkelka gayamen,' natalnan ti timekna; ngem adda latta nadlawko a turay iti ayugna. 'Rico,' kinitana daydi Manong Rico, 'awan panawenko ita... dugyot dagitoy katulongak. Baliwakto a kasarita dayta

Sinamar. Ipanmon ken ni Tatang. Agur-uray idiay dakkel a balay. Ngem agsublikanto ta adda pagsaritaanta... sakbay nga umawayka.'

'W-wen, Manang.'

Impannak ni Manong Rico iti aglanglanga nga antigo a napintek a balay a mangtantan-aw iti pangadaywen a baybay iti amianan. Dua kadsaaran met laeng, kulintipay dagiti tawa, nabebengbeng a tabla ti talebna. Saan a mailinged iti kinaantigona ti kaadun ti tawen a pinalabasna. Iti dagup dagiti balbalay iti purok, masinunuo a daydi a balay ti kadakkelan ti italtalimeng.

Awan unay ti adu a muyong iti arubayan ti balay ngem nalawa ti kaniogan iti abagatanenna. Adda narangpaya a pinuon ti kayo iti sidiran ti balay ket nakitak ti puraw a kabalio nga agrikrikus iti bassit a kuadra. Nalagipko ti nakitkitak a kabalio a nagsaksakayan ti kunada a kumaw idiay Subek. Iti saan unay nga adayo iti gayadan ti kaniogan iti daya, nalawa ti wangwang a lote nga adda saggaysa a naitugkel a krus. Naammuak idi agangay a daydi kano Tatang ti nanglukat iti dayta a kampusanto.

Panayagen ti lakay a napintek a naidarekdek iti sango ti balay. Naitugkel iti sikiganna ti ballatinaw a sarukod a nairut ti panangpetpetna iti killo a putan daytoy. Naem-em dagiti bibigna a paglanglangoyan ti apagbettak nga isem bayat ti di pannakalapsi dagiti matana iti yanmi a simmangpet.

Naulimek dagiti dua a katulongan a mangar-aramid iti rebbengenda iti sidiran ti balay; sabali dagiti nadlawko a makumikom iti kusina.

Diak pay nakadissaag iti karison idi nadlawko ti mabilbilang ngem natanang nga addang ti lakay nga immasideg bayat ti panangitugketugkelna iti ballatinaw a sarukodna. Saan a nalapsi dagit matana kaniak.

Pimmartak ti askawna a nangsabat kadakami iti daydi Lelang Calis idinto a bitbit daydi Manong Rico ti tampipik a nagyanan dagiti aruatek.

Nagsardengak iti sango ti lakay. Tinangadko. Iti panagkitak, tumukno iti nasin-aw a langit ti takderna. Iti panangdumogna kaniak, arigna adda batumbalani a namagsabat kadagiti matami.

'Sinamar, anakko!' inyesngawna. Inibbatanna ti sarukodna sanak dinagdagus a binagkat. Agarup diak makaanges iti irut ti panangarakupna kaniak. Agtantanamitim iti diak naawatan malaksid ti agarup arasaas a naganko. Nasay-opko ti nataengan ngem nakidser nga asepna. Diak naawatan ngem kas man la nakataltalged ti riknak iti ikut dagiti nabisked a takiagna. "Kinail-iliwka iti nabayag!" kinunana bayat ti naannad a panangibabana kaniak.

Inam-amlid daydi Lelang Calis dagiti suli ti matana bayat ti panangbuybuyana kadakami.

Tatangko gayam daydi impagpagarupko a kumaw! Daydi kanayon a makitkitak idiay kataltalonan ti Subek nga agkabkabalio.

Immadu ti tao iti aglawlaw.

Saan a nailaksid iti imatangko dagiti ubbing a kumitkita kaniak. Tallo a lallaki ken tallo a babbai. Maysa kadagiti lallaki ti naisalumina ti kadakkelna, a mangkalkallabay kadagiti dua a lallaki a babbabassit ngem isu.

Adda balasitang, agarup agtawen iti kinse wenno desiseis, a nagparang iti sakaanan ti agdan. Napintas iti nakusnaw a kayumanggi a kudilna ken iti apagsurok ngata a lima kadapan a tayagna. Pagat-abaga ti natingra ti ngisitna a buokna. Naisem dagiti matana. Kas man la pangawis iti imatang ti nakusnaw a nalabaga a kasla pilkat a siding iti kanigid a pingpingna.

'A, sikan ni Samar?' napasig ti timekna.

'Marie!' inyallawatko. Diak kayat ti naganko a Sinamar; nagan ti baket! Diak naisina dagiti matak iti kanigid a pingpingna: nakalitlitem idinto a nabusnag met ti kanawan a pingpingna. Kunak idi no isu a kasdi ti naganna. Zenaida gayam.

'Isu,' ni Tatang Paer ti simmungbat, 'ti adim, Siding.'

'Naimbag ta addakayon... Nakasaganan ti pangaldaw,' kinuna ni Manang Siding.

Pagammuan, adda nagdardaras a baket a naggapu iti likud ti balay; ipumpunasna ti dua a dakulapna iti pandilingna. Immabay iti lakay. Rimmaniag dagiti matana a nakakita kadakami.

'Ne, addaka metten, Gabat!' impasaksakna a di nalapsi dagiti matana kaniak. 'Dakkelen ni Gabat!'

Tinangadko daydi Lelang Calis idinto a simmalipengpengak

kenkuana. Kinitak met daydi Manong Rico.

Gabat? Apay nga inawagannak iti gabat?

Nalagipko dagiti al-alawenda a mayanud a troso iti Karayan Baduang. Nangngegko idin a gabat ti awagda kadagidiay a kayo.

Apay, gabatak ngata?

Nasiputak ti kasla nabennat a lastiko nga itataliaw daydi Tatang Paer iti daydi baket. Limmidem ti rupana.

'Dimo met aw-awagan ti gabat, a, dayta ubing, Biang!' kinuna ti lakay. Naammuak idi agangay a Bibiana ti nagan ti baket, ken in-inaudi a kabsat daydi Tatang. Ken lelang daydi kadakkelan kadagidi tallo a lallaki.

'Hi-hi, angawko laeng, Manong... Dakkelkan, Gabat!' inulit daydi Ikit Biang.

Nagtartaray a timmallikud idi kinusilapan daydi Tatang.

Kinibinnak daydi Tatang nga inyuli ken inturong iti kosina. Simmaruno daydi Lelang Calis. Saan a pinalubosan daydi Tatang daydi Manong Rico a nagawid a di nakapangaldaw.

Inyam-ammonak daydi Tatang kadagiti katulongan. Masmaslegak ta karkarna ti nakabagbagas a panangkitkitada kaniak.

'Kas nangnangngegyon, isu ti buridekko ket tulonganyo koma a mangyamo iti bagbagina kadakayo,' kinuna daydi Tatang. 'Diyo koma idaddaduma. Manipud ita, ibilangyon a miembro ti kaamaak.'

'Adda gayam adingkon,' naisem daydi Manang Siding a nakiabay kaniak iti dakkel a lamisaan. Dadakkel a latok ti inusarmi. Idiay Subek, nakirusan a likud ti niog ti duyogmi, ken kayo ti platomi.

Malaksid iti kappuros a natnateng nga inabrawda, nalingta pay a munamon ti matandaanak nga impasangoda kadakami. No pampanunotek ita, saan unay a nabaknang ti taraon a naipasango ngem ti kinakarkarna ti panangsaraboda kaniak ti nakaidumaanna. Diak unay naimas ti nangan ta agturturay idi ti pannakaslegko. No manen taliawennak daydi Tatang ket isemannak no agtugmok dagiti matami. No kua manen, simsimanna ti anisado iti kupitana—napaliiwko idi agangay a di sumango iti panganan nga awan ti sangakupita nga anisadona.

Daydi Manong Rico ti dadakkel ti kammetna; kasla mabisbisinan unay. Inas-asistirannak daydi Lelang Calis a nangan, a no manen, taliawenna daydi Tatang ket maawatak ita a kasla adda idi pagkinkinnaawatan dagiti agpingki a matada.

Naipatuldo kadakami iti daydi Lelang Calis ti naituding a siledmi. Sadiay ti nangipalunipinanna, iti bassit nga almason iti suli, kadagiti gargaretmi.

Inikkandakami iti kallaba nga ules a binakol, ken nadalus ti supotna a pungan.

Iti kadarrapat a kuarto, nasiripko dagiti libro ken magasin iti lamiseta; nakitak sadiay daydi Manang Siding nga agur-urnos sakbay a simrekkami iti daydi Lelang Calis iti kuartomi.

Diak nagawidan ti riknak. Naawisak a napan manen simmirip iti kuarto daydi Manang Siding.

Nadlawnak. Agarup kastoy ti nagtarayan ti saritaanmi:

'Adda masapulmo?' dinamagna.

'Librom dagita...'

'Manang, kunam. Wen, librok.'

'Agbasbasaka, Manang?'

'Dita Pagudpud Academy. Agturposakton no umay a tawen. Kunada, innaladaka ditoy ta pagbasaennaka kano ni Tatang. Kayatmo ti agbasa?'

Nagsasaruno ti tung-edko.

'Nabasam aminen dagita librom, Manang?'

'Saan pay. Magustuam ti agbasa?'

Nagsasaruno manen ti tung-edko.

'Ammom ti agbasan?'

Nagwingiwingak.

'Bay-am ta sursuruankanto.'

Nagsasaruno manen ti tung-edko.

'Kayatko koman ti agbasa 'di napan a tawen,' kinunak, 'ngem dinak met inawat 'di mistra. Diak kano pay magaw-at ti lapayagko.'

Nagkatawa daydi Manang Siding.

Pinidutko ti maysa a librona. Inap-aprosak ti akkubna.

Dimi nadlaw ti kaadda daydi Tatang iti ridaw, nga umis-isem a dumdumngeg kadakami.

'Kayatmo ti agbasan?' dinamagna.

Nagtung-edak.

'Tatang, kunam.'

''Sinnot' nagaramid ti libro?' kinunak a diak insina ti panagkitak iti libro nga ap-aprosak pay laeng.

''Sinno, kunam?' miningmingannak daydi Tatang; kasla di namati iti saludsodko. ''Sinno, kunam? Hmm, mannurat,' kinuna ti amak.

Kinibinnak nga inturong iti siledna. Iti salas, nalabsanmi ti dakkel a butubutuag a ballatinaw a nalagaan iti way.

Napasarimadengak iti sango ti ridaw. Nadlawko mga antigo amin dagiti gamigamna iti uneg.

Ballatinaw ti katre a naaplagan iti puraw a binakol. Abel Iluko ti supot ti pungan, a puraw met laeng, a nakaiparabawan ti nakupin a sabali a binakol nga ules, a puraw met. Ballatinaw met dagiti adigi ti katre a nakaibitinan ti puraw nga abel-Iluko met laeng, a naisalapay a moskitero. Puraw met dagiti maipalpalayupoy a kurtina dagiti tawa.

Iti sabali a suli, adda dakkel a lakasa, a ballatinaw met laeng, ken maris balitok ti tutulbekanna.

Uray ti lamiseta iti suli a nakaiparabawan ti desarming a lampara, ballatinaw met. Iti abay ti lampara, adda magasin a nayurnos. Iti abay ti lamiseta, ballatinaw met ti butaka a nalagaan iti way.

Naawis ti imatangko iti magasin. Nagin-inayadak nga immasideg.

Bannawag dayta,' kinuna daydi Tatang a nakadlaw kaniak.

Nabengbeng daydi kopia nga immuna a naiggamak. Nasurok ngata a sangagasut ti panidna.

'Napipintas dagiti mabasbasa dita. Inton agbasaka ket makasursuroka nga agbasa, maammuamto ti kapintasda.. Isurokanto. Nalalaing amin dagiti mannurat. Padaspadasek met ti agsuratsurat. Drama, saan a sarita wenno nobela; adda kopiak dita lakasa… basaemto amin…'

Saanak a nakaturog a dagus iti immuna a rabiik iti dakkel a balay. Nagay-ayam iti mugingko dagiti nasaksiak iti nagmalem.

Makitkitak ti isem daydi Tatang.

Ken daydi Manang Siding.

Ken ti kopia ti Bannawag.

Mangmangngegko met ti katawa daydi Ikit Biang. Ken ti kinunana: *Ne, addaka metten, Gabat!*

Apagsingising ti init iti sumuno nga agsapa idi riniingnak daydi Lelang Calis.

'Agriingkan, Apok,' umis-isem a nangikkat iti ulesko. 'Laglagipem, awantan idiay Subek. Sursuruem ti agriing iti nasapa… tapno awan ti masasao dagiti tao ditoy.'

'Naungetda kadi, 'Lang?' kinunak bayat ti panangkupinko iti ulesko, kas nasursurok iti daydi Nanang.

'Dita pay ammo. Ngem nasaysayaat no awan ti masasaoda kadata. Nangruna ket ni Tatangmo ti mangpaadal kenka.'

Idi nakapamigatkamin, dinamag daydi Lelang Calis no ania ti maitulongna kadagiti dua a katulongan.

Immulogak met idi nakitak dagiti lima nga ubbing a nakitak idi kalman, iti sirok ti narukbos nga anangka iti abagatan ti balay. Tumangtangadda iti yanko.

Inasitgak ida.

'Ania't naganyo?' dinamagko.

'Siak ni Amboy,' inyagaw a dagus ti kadakkelan. 'Aponak ni lelangko… ni Lelang Biang.'

'Siak ni Rodring,' kinuna ti kabassitan ken kangisitan kadagiti lallaki.

'Siak met ni Tony,' kinuna ti kabusnagan.

'Dakayo?' kinitak dagiti babbai.

'Siak ni Sabel,' kinuna ti kabusnagan kadagiti babbai. 'Tatangko ni

Tatang Rico.'

'A, ni Manong Rico?' kinunak.

'Wen, antika kano,' kinunana.

'Siak met ni Simang,' kinuna ti maikadua a babai; agkataytayagkami ngata. 'Adda kabsatko a lalaki, ni Manong Bening.'

'Siak ni...'

'Sika ni Samar,' inyagaw ni Amboy; nakadakdakkel ti iwa ti isemna. 'Ammomin no sinnoka; idi pay la sakbay a sumangpetka. Anaknaka kano ni Lilong Pair!'

'Sinamar ti naganmo... Anti!' kinuna ni Sabel a nagkinni nga immisem.

'Anti?' napadiwigak. 'Nagubingak pay, antinakon? Samar, kunam lattan. Kayatko, aggagayyemtayo lattan. Awan ti anti-anti!'

Kasdi ti panangrugi ti pannakailiwliwagko iti iliwko idiay Subek.

AGDUDUO DAGIDI PINANAWANMI a nasangpetanmi, Enos Apok. Mailadawan ti nakaro a kapsutda!

Piman! Awan gayam ti namanawanmi nga isaangda; nalipatak nga imbatian ida iti igatangda iti pannakaituon ti panunotko iti napananmi. Awan met ngarud idi da Jimmy ta mabalinda koma ti sumublat. Impakadana sakbay a pimmanawkami, a mapanda umamo kadagiti katkatuganganenna.

Nagpadespensarak iti daydi Lelang Pilang. Saanakon a nagsukat, dinardarasko a napan intienda ti sobrami a nagplete.

Saanen a nagbayag da Jimmy. Naragsak a nagpakada. Naurnos kanon ti parikutda. Nagyaman iti panagkakaduami iti ababa a panawen.

Inkeddengko met ti yaakarmi iti Buenviaje, nga asideg met la iti Coromina.

Bilangem, Enos Apok, maikamanonton daytoy a pagakarak? Ditoyen ti nangrugianmi ken ni lelangmo iti naragragsak a biag... wenno panagtuok?

Maika-24 a Paset

Buenviaje ken Labut: 1968-69

NAGTARTARAYAK A RIMMUAR manipud iti templo, Enos Apok, gapu iti nalamiis a damo a tudo ti *Autumn*. Arintigergerenak a nanglukat iti kotse, inwarsik ti tudo manipud iti ulo ken iti abagak apaman a nakatugawak. Danagek ta nupay mapukpukawen ti COVID, dikami pay napan nagpa-*flu shot* ken ni lelangmo, a salaknibmi iti makatawen, nangruna kadakami a *senior citizen* ken masaksakit.

What? Nagkuretret ti mugingko, Enos Apok, idi makitak ti nalabaga nga *exclamation mark* iti *speedometer* apaman a napagandarko ti kotsek. Nalagipko a tunggal lumamiis ti panawen, adda latta lumukneng a pilid ti kotse. Ita pay met ta sumurok-kumurang a sangapulo-ket-dua a milia ti tarayek nga agawid. Nasipsipnget iti daydi nga alas singko ngem kadagiti gagangay nga aldaw. Narigat ti agmaneho. Numona ta panggepko ti sumangpet a nasapsapa gapu ta awan ti kadua da lelangmo ken ni Lindsay a kasinsinmo nga agtawen iti nasurok nga onse. Napan nagtrabaho amin dagiti kabbalaymi.

Diak makapagpataray iti 70m. Nakurang a 60m ti sinurotko ta amangan no kellaat a bumtak ti pilid ket nakarkaronton a parikutko. Nagpuestoak iti kaigidan iti kanigid ket binay-ak a saligandak dagiti agdardaras a motorista.

Tallo ti pampanunotek idi, Enos Apok. Umuna, da lelangmo ken Lindsay. Maikadua, idagasko a bombaan ti pilid iti gasolinaan nga asideg iti yanmi, bareng saan a bumtak sakbay a makadanonak. Maikatlo, ti sumaruno nga idatagko kenka...

Buenviaje ken Labut: 1968-69

ULITEK, ENOS APOK, nagsaad ti Kalye Buenviaje iti nagbaetan ti kabalbalayan iti abagatan ken ti dakkel a biliaran iti amianan, a nagtunged iti Coromina iti laud, iti Quiapo, Manila. Adda bassit a pagtagilakuan iti sirok ti balay, nga agassawa ti agup-upa. Maymaysa ti banio, iti laeng sirok, ken kanayon a barado ket adda paleta nga inkabilda a pagbatayan dagiti mapan agdigos wenno agpakni. Nakangisngisit ti nabungsot a danum.

Pamaketen ti akimbalay iti Numero 824 ngem daydi Baby nga anakna ti agyan iti akinlaud a kuarto iti ngato. Malagipko pay laeng gapu iti unipormena a puraw, nga agbasbasa idi idiay Philippine Women's University. Maysa pay a pakalagipak ti inaldaw a kaadda idi ti baro nga agisursursor iti bangos. Kanayon a gumatang daydi Baby, agingga a nadamagmi nga intaray daydi bangosero. Diak malagipen no ania ti napasamakda.

Iti salas ti nagyananmi. Impuestok ti *double deck* iti suli ti kuarto iti amianan a daya. Saanen a simmurot daydi Lelang Pilang. Simmublat daydi Anti Rosa a nangipuspos ken ni Marilou bayat ti panagbasana idiay Far Eastern University, wenno panangurayna iti pannakaipagna ti papelesna a mapan idiay California

Sa simmaruno dagidi Charles ken Tata Osi nga anak ken asawa ni Nana Naria, nga agsaruno. Immay met nagbasa daydi Charles.

Nadamagmi itay nabiit, Enos Apok, a nagsakit daydi Charles iti nadagsen ket pimmusay a nakakutkuttong idiay San Sebastian, Ilocos Sur.

Sabali la ti nagsinnublat a nagyan iti kuarto iti suli ti balay iti abagatan a daya.

Immuna daydi Aling Sepa. Maymaysana ngem adda dagidi nataengan metten nga inaw-awaganna iti *engineer*, a simmarsarungkar kenkuana—diak ammo no pudno nga inhenieroda. No mabasam, Enos Apok, daytay saritak a *Rupa* nga immuna a rimmuar iti Bannawag a nangabakanna iti maikalima a gunggona, sa nairaman iti *Ubbog ti Sirmata/Wellspring of Foresight,* daydi Aling Sepa ti nakaibasaranna. Sa impatarusko iti Tagalog ket inruar ti Tagumpay idi Marso 17, 1971 iti paulo a *Mga Mukha Sa Basag Na Salamin,* sa *manen iti Kurditan*, 1978. Kanayon idi nga ikkan daydi Aling Sepa ni lelangmo iti napisi a sandia, a pambaranna metten a mangisarsarita kadagiti *Engineer*-na. Isuda kano ti mangmangted iti pagup-upana iti siled a yanna. Limmatak iti husto daydi Aling Sepa, Enos Apok, gapu iti saritak! Nagpabayadak koma met, aya?

Simmaruno da Tante. Malagipmo daydi Constante Al. Domingo nga i-Bacarra, Ilocos Norte a nakaduami idiay Coromina? Kaduana ni Lori a kaingungotna. Ipagpagnadan sa idin ti yaakardan idiay Hawaii. Immawag gayam itay nabiit ni Tante manipud idiay Hawaii ta naitagtagainepnak kano. Agaasem, mano a dekadan ti napalabas ngem adda pay met la makalaglagip itoy lelongmo! Nabayag a nagsarsaritakami. Nasirib kano dagiti annakna—talloda—a maysa ti nagturpos iti abogasia, kas kenkuana, iti maysa a nalatak a *law school* ditoy America. Iskolarda kano amin ngem addadan sa aminen iti Mainland. Ti diak nadamag no manon ti appokona. Siak, manokayo nga appokomi ken ni lelangmo? Siamkayo! Sagdudua dagidiay tallo nga antim, sa tallokayo nga aburoy nga agkakabsat. Dakami ken ni lelangmo? Nakapitokami... ngem mapantanto iti dayta.

Agsublita idiay Buenviaje.

Naisibeten ti bagyo ngem damag nga adu a kalsada ti nadadael. Nupay kasta, masapul nga agawid ni lelangmo idiay probinsia ta awan duadua a sapsapulendan. Imbagana a dumagas idiay Vigan a yan da antina a Naria tapno addanto pambarna idiay Pagudpud.

Nagtulaganmi a nasayaat no makapanakto idiay ilida iti umuna a lawas ti Nobiembre, nga isu ti pananglagipda iti ipupusay daydi tatangna a Don Rafael.

Sakbay a nagluas ni lelangmo iti maikapat nga aldaw ti Oktubre, Enos Apok, nangibati iti surat a nangilanadanna ti sakit ti nakemna nga umadayo. Pinasarunuanna ti suratna nga imbusonna babaen ti airmail gapu iti adu a nadadael a kalsada ken uray pay ti rangtay ti Santa Maria. Naggurigor kano a simmangpet iti yan da antina a kasta unay ti siddaawda, nangruna idi imbagana a naggapu iti Manila. Naagapadna kadagitoy dua a suratna nga ur-urayenna ti ipapan da Tatang iti umuna a Sabado wenno Domingo ti Nobiembre.

Ngem saan a natungpal daydi a plano ta inkeddengko a kaduakto daydi Tatang a mapan. Sakbayna, nagsuratak kadagidi Apo Saling ken daydi Mayor Tante Benemerito a nangipakaammuak iti panggepmi ken ni lelangmo nga agsimpa, ngem diak inag-agapad a nalpasen ti immuna a panaglantipmi.

Naagapad ni lelangmo, Enos Apok, nga idi naawat daydi naimbag a mayor ti suratko kenkuana, awan kano met ti panagkedkedna. Adda la maysa a linia a dina nagustuan. Ti panangibagak a subalitanna koma ti suratko.

"Bilbilinennak ketdin, a kunam no asino!" kinunana kano.

Nalabit a saan a nasayaat ti panagsaadna kenkuana, ngem kayatko la a maammuan ti kapanunotanna maipanggep iti panggepmi ken ni lelangmo.

No ibasbasarko iti petsa a pannakaipablaak ti *Pakpakawan,* Berde!, a Septiembre 16 agingga iti Nobiembre 4, arinunos ngata ti Oktubre idi napankami ken daydi Tatang dimmanon idiay Pagudpud. Adda ngamin dagidi dua a babbai iti sango ti nagtugawanmi nga agdama a pagsarsaritaanda ti nobela... naestoriak idin daytoy, no malagipmo pay...

Diak malipatan daydi idadanonmi ta isu ti damo a panagsarangmi iti daydi Apo Saling. Maysa a liniana ti dinto pulos mapunas iti lagipko, Enos Apok. Tunggal malagipko, agparang ti dakkel a balay iti puseg ti Pagudpod. Nabangon iti tangkiran a narra, kulintipay dagiti tawana. Adda tiendaan iti sirokna a sumango iti kalsada nga agpadaya. Adu dagiti kaykayo nga agbunga iti arubayanna.

"Kasano a biagem ti pamiliam?" dinamagna, a medio intingigna pay ti kimmita kaniak bayat ti nairut a panangpetpetna iti agsumbangir a sadagan ti ima ti *wheelchair*-na.

Diak ninamnama daydi a saludsodna. Siak met, Enos Apok, nakaisigudak ti di mangikari iti diak namnamaen a kabaelak.

"Tinto Namarsua ti makaammo, Nana," kinunak a napnuan pakumbaba, nga agarup paarasaas. Nana ti imbilin ni lelangmo a yawagko iti baket a kabsatna.

Dinak sinupla. Dina ngata ninamnama a kasdi ti sungbatko. Ururayenna ngata nga ibagak nga adda namnamaek a pangalaak iti pangbiagko ken ni lelangmo. A maysaak kadagiti mabigbigbig idiay Cabugao. Diak naibaga a ti la pension daydi Tatang ti nangal-alaanna iti pinangbiagna iti pamiliana. Ammok nga ammona a mannuratak, wenno tumantanor a nobelista ti *Bannawag,* ta nasasao kano idin ni lelangmo ti bassit maipanggep kaniak. No kitkitaek ita ti kasasaadko idi, Enos Apok, kayarigan ti nagbaetan ti langit ken daga ti kaadayok iti kasasaadda.

Maisingitko man ditoy ti estoria ni lelangmo maipanggep iti nagpatpataganda ken ni Rogie, ti kakaisunan a nabatbati kadagidi immun-una a Benemerito, ken kaanakan ni lelangmo. Kanayon kano met idi nga ung-ungtan daydi Apo Saling—idi nagkasarda ken ni Ego a maysa a nars; daydi kano Apo Saling ti nangigasto. Sa idi nalpas ti kasar, singirenna kano idan.

"Mangasawaka ketdin tapno mayadayoka iti dayta a baket!" insugsogna kano ken ni lelangmo, nga isu met ti nakapapigsa iti pakinakemna a nangeddeng. Maamirisna kano itan, nga iti panaglantipmi, ken pannakayadayo ni lelangmo idiay Pagudpud, nabaybay-anna dagidi imbagbaga daydi Don Rafael nga agpaay koma met a tawidna. Nain-inut a nayawyaw, a dinan kayat a panunoten no asino ti nagsagrap. Adda iti isipna ngem kunak a baybay-annan; kasta kano met ti patigmaan ni Elen Tabieros a kaanakanna ken nangan-antabay kenkuana bayat ti panagrangpayana kas mannurat.

Agsublita, Enos Apok, kalpasan ti panagsaritami iti daydi Apo Saling.

"Awan babain daydiay a tao!" kinunana kano a siak ti kayatna a sawen. "Nakapidpidutam iti daydiay nga awanan mudo?"

Nasao ni lelangmo, nga adda daydi pamilia a naggapu idiay Turod, maysa a bario ti Cabugao—nasasaok sa idi kenkan—a napan nagdappat iti maysa a bario ti Pagudpud. Nagdidianda kano met iti tattao. Ti la kano impadpadamagna iti daydi Apo Saling.

"A, dagidiay a tattao? Mangurkuranges dagidiay!"

Isu nga idi makaawidkami iti daydi Tatang, sinalangad kano a dagus daydi Apo Saling ni lelangmo.

"No dimo kayat ti maisursuro, sika ti makaammo. Ngem tandaanam ti saok: dikanto umas-asideg kaniak a dumawat iti tulong no agrigatka. Nungkanto a tulonganka!"

Nagsubliak idiay Pagudpud, Enos Apok, iti primero ti Nobiembre, a nairana a Biernes, kas panangtungpalko iti tulagmi ken ni lelangmo. Diak unay malagip ngem bakasion idi iti trabaho. Impasiarnak kadagiti lugar a nagubinganna iti asideg ti baybay, ken iti sementerio nga indonar kano daydi Don Rafael iti ili ti Pagudpud.

Mailiwkami unay iti tunggal maysa ket saak la nagawid iti kabigatanna. Naturogak iti balay dagidi agassawa a Mang Siding a maestra ken Mang Teddy nga inheniero.

Nasao ni lelangmo a dinamag kano daydi baket a kadkaduada no napanan ni lelangmo idi nadlawna nga awan iti iddana. Imbagana met a napan iti pagpaknian!

Didak pinalubosan idi nagpakadaak idiay BTSM nga agbakasion iti daydi arinunos ti Disiembre, 1968. Ngem impagusok ti napan idiay Cabugao, Enos Apok. Napatpateg ni lelangmo ngem iti ania wenno asino man. Nangnamnamaak a maawatannakto ti direktor gapu ta agkabagiankami.

Sakbay a nagawidak, napanak pay idiay *Bannawag,* a kas iti patigmaanda. Ammoda nga ulitenmi ti agkasar, kas kiddaw ni lelangmo ta isu kano ti kayat dagiti kakabagianna, ken uray payen dagidi lelong ken lelangmo iti tumeng. Laglagipem, awan pay ti makaammo idi a nalpasen ti immuna a minimini!

Diak malagipen no mano a paset ti *Virginia,* a rumrumuar idin, ti impaunada ti bayadna. Isun sa pay ketdi ti nangalaak iti imbayadko iti solar a nagtakderan ti balaymi idiay Labut—nalaka la idi ta kabaggiingan nga igid ti baybay.

Adu ti masapul nga isagana sakbay ti kasar. Daydi lelongmo iti tumeng ti nakakaammo kadagiti maparti a kalding ken baboy. Ken adda dagidi kakabagianmi a nangidonar iti nabantakanda a lames. Ken idiay away, Enos Apok, saan a parikut ti agpadara iti maparti ken agkosinero— ti la imasna, adda dagiti agilemmeng iti ulo sadanto yawid!

Nalipatak gayam, Enos Apok. Sakbay a nagawid ni lelangmo iti Oktubre, napankami gimmatang iti tela a padaitna a trahe de bodana— kunam met la no baknangkami, ania?

Adda parikut idi ta masapul a mayanunsio iti publiko ti mapangpanggep a kallaysa iti diak malagip no mano nga aldaw wenno lawas sakbay ti natinong a petsa. Ti imasna, makalawas laengen ti nabati idi napan imbaga daydi lelongmo a tumeng iti daydi Rev. Manuel D. Apostol, Bishop Rector ti Philippine Independent Church ti Cabugao.

Nagasat ta nasinged daydi lelongmo iti tumeng iti padi ta malaksid iti kinapadina, doktor pay. Nupay nakurangen a makalawas ti nabati a pawayway ta Disiembre 22, 1968 ti naituding a kallaysa, Enero 2, 1969 ti inkabil daydi nasayaat nga Apo Padi a petsa iti *marriage contract.*

No malaglagipko ita, Enos Apok, daydi Apo Padi idiay San Isidro... malagipmo? Daydi nagkuna nga 'ibagam lattan a nagtakawka iti itlog' idi binaonnak daydi Anti Tacing nga agkompesar; sa daydi nabaknang a donia idiay Quiapo Church... Wen, no malaglagipko, mapan latta 'tay kunada nga adda panawen ti panagulbod. No nasayaat ti panggep!

Adda sumagmamano a kannawidan iti away a nasken a masurot ta no saan, adda kano saan a nasayaat a mapasamak. Kunada, saan a mabalin a maymaysa a balay ti ulogan dagiti nobio ken nobia no mapanda iti simbaan. Malagipko a napan nagsukat, ken immulog ni lelangmo iti balay daydi Anti Rosa—diak sa pay nasao, Enos Apok, nga adda awag daydi Tatang kenkuana; Rosa Basa Barbarrosa. Pasensiakan, adda dagiti babassit a lagip a kellaat lattan nga agparang iti mugingko, nga iramankon ta amangan no malipatakto manen. 'Mom, panagkunak, isu ti nakatawidak ti laingko met nga agpanagan. Tallo a kakabsat daydi Tatang ti binuniaganna. Dagidi pay Angkel Poling a ninagananna iti Polikinterd, ken daydi Anti Sion a Palaksionga; dagidi la Angkel Marcos wenno Doro, Angkel Kanor, ken daydi buridek a Romeo ti timmangkenda iti pudno a naganda... Kitaem, ti man la napnapananen ti lagipko.

Ti nagsukatak? Daydi balaymi idiay Labut.

Sa manen idi naggapukami iti simbaan, maysamaysa ti nagkuna a saanak a papaudi nga umuli iti agdan. Anderennak kano no kua ni lelangmo!

Ngem saan a nagpaudi ni lelangmo iti kawayan nga agdan!

Palso daydi daan a pammatida, kanayon met nga isu ti ander!

Timmabuno dagidi Genaro R. Sumaoang, Cristino Iloreta Inay, Sr., Pelagio A. Alcantara ken ni Manang Crescencia Robianes Alcantara a kasinsin ni lelangmo nupay ibagbagada a nana ti yawagna ta dakkel ti tawen a nagbabaetanda... Malagipmo daydi nasaokon nga agkabsat dagidi Don Rafael (Tatang ni lelangmo) ken Mariano a Tatang ni Manang Ising?

Immay pay ni Guillermo Andres a taga-Daclapan Sur a nagessem met iti literatura, nga adda pay la panagkabagianmi ta diak malagipen no agkapin-ano daydi lelangmo iti tumeng ken daydi nanangna. Diak ammon no yanna itan ta nagadu met ti kanagnaganna idiay Facebook!

Uray ni Rufo Tinasa a retratista ti GUMIL Ilocos Sur... daydi namagrupo ti sigud nga agsina a retratoda ken ni lelangmo ken nagkuna idi idiay Laoag, 'kukuamon, lakay!' a kasla maysa a padto ta pimmudno. Dakkel ti yamanmi kenkuana ta isu ti nakakaammo iti piktorial.

Nakadulin pay laeng ti sumagmamano a ladawan iti daydi a kasar. Ti maysa, a kanayon a sarssarungkarak ti naala iti laem ti balay idiay Labut a nakairamanan daydi Pare Tino, ni Marilou (Marmaronga, kuna daydi Tatang!), daydi Gen Sumaoang, ken ni Guillermo Andres.

Dagidi kabagian ni lelangmo iti biang dagiti Robianes? Uray no anniniwanda la koma ti immagibas, nungka. Ti nangngegko ken ni lelangmo a rasonda, nagamakda kano nga immay ta adda kabusorda iti politka a taga-Cabugao. No saan nga agbasol ti lagipko, kayatda nga idiay Pagudpud ti pakaangayan ti kallaysa. Nasao ni lelangmo, Enos Apok, a kasdi koma ti panggepda ta kayatda a pabainandak, ta ammona a di kabaelan da Tatang nga igastuan ti kallaysa a kayatda a maaramid. Dadakkel a tattao ken politko ti manamnama a dumar-ay koma. Kitaem laengen, Apok, kasano a yabaga ti maysa a mamirmiraut a kas itoy lelongmo?

Pagyamanak laengen ta immay daydi lelangmo iti tumeng nga Elena a Nanang ni lelangmo, ken dagidi Tata Buena ken Nana Leona Hernandez nga uliteg ken ikitna, ken daydi Manong Rico Torrado a kasinsinna... malagipmo siguro daydi nangtultulong kenkuana.

Ken daydi Tata Osi, a nakidagus idiay Buenviaje a kaduana daydi Charles a barona, ken ni Nana Naria. Dakkel ti naitultulong dagitoy ken ni lelangmo. Isu kano idi ti tartarayan ni lelangmo no adda masapulna a dida maited idiay Pagudpud idi awanen daydi lakay.

Ken siempre, adda met, a, idi dagidi asideg a kabagianmi idiay Abbarit; daydi Lelang Andiang, dagidi Anti Tacing ken Immiang, ken daydi Insan Erwin.

Idi mairugi ti padaya, nupay adu met ti dimmar-ay, nakipagad-adu dagidi dimmagas a nakidaya, a di naimbitaran! Naimbag la ketdin ta saan a nalsok ti siliasi!

Kas nakaugalian dagiti agkasar idiay probinsia, Enos Apok, adda latta pasala kalpasan ti padaya, a kabulig ti bitor. Ad-adu ti nangyaspili iti papel de banko ken ni lelangmo!

Dandani awan kaniak! Ha-ha!

Adda met, a, bassit naurnongmi.

Idi nalpasen ti papakan ket nagin-inuten a nagpakada dagiti sangaili, isu ti pannakadlaw daydi Tatang a nagpukaw dagidi ulo dagiti naparti!

Kaniak, awan ti aniamanna, uray ta dakkel met ti naitulong dagidi nagparti.

Malagipko man ketdi ita ti inaramid ni lelongmo nga Osi, a *Bishop* itan iti maysa a *ward* idiay Rodriguez, a tallon sa idi ti tawenna, idi nakaiddakami ken ni lelangmo iti daydi bassit nga army *folding bed*. Binaon daydi Nanang a mangayab kadakami para iti pangrabii. Iggemna ti tambubong a pinangsilawna kadakami!

Nagustuak ti ariwaiw a napaisayan daydi Lelang Simon (wenno Simona) a sinangomi. Dimo pay met ngata nalipatan daydi lelangmo iti dapan, ania?

Ngem simmakit ti tianko!

Numona ta iti kabigatanna ti papanmi panagpakita idiay Pagudpud sakbay nga agsublikami idiay Buenviaje. Aringgurigorenak ken agkakapsutak gapu iti ariwaiw daydi Lelang Simona!

Adda imbitasion daydi Atty. Vigare a napateg a gayyem ti pamilia ni lelangmo, nga inkami agpalabas iti maysa a rabii iti balayna idiay Laoag. Pinagsulonakmi pay, a! Pinanawannakmi a dudua. Sinalbag nga ariwaiw, Enos Apok!

Maisingitko man pay, Enos Apok. Sakbay ti kallaysa, impatigmaanna kano, imbagana ken ni lelangmo, kadagiti Benemerito ken Robianes idiay Pagudpod, a bay-anda koman ti kayat ni lelangmo, ket didak dangdangilen.

Asideg ngamin daydi Atty. Vigare kadagiti mannurat. Ken nabasbasana met dagiti nobelak.

Ipapanko a dakkel daydi a gapu ti dida nangsagsagidan kaniak. Kuna ni lelangmo nga adda kano dagidi naginlalaing nga umar-arubayan kenkuana a pinabulbulloda!

"Mabutengda met gayam, aya, iti mannurat?" intingigko ken ni lelangmo.

Ken kunak met ken ni lelangmo, a no bilang adda inaramidda kaniak a di nasayaat, dakkel la ketdi a damag iti *Bannawag.* Dida kayat a mamulitan ti naganda gapu iti politika.

Makabannog met ti agkasar, Enos Apok! Ngem no taliawek ita, kitaem man laeng, uray kaskasano, adda met bassit nabati a ladawan daydi a kasar. Awan pay sangapulo a bubong ti nangbukel iti daydi daan a Labut ngem naaddaan iti kasdi a pasken.

Damagko, ken nakitak iti *Facebook,* a nagluposen a namimpinsan ti Labut ken ti Sabang. Awanen daydi daan a ladawan. No mapanak ngata agpasiar ita, a pagduaduaan no kabaelak pay, awan la ketdin ti makaailasin kaniak. Maymaysan ti nabati kadagidi pinanawak a tao ti Labut; ni laengen Dio Balling a managsaggaysa kanon a magna, kuna ni Insan Francia, nga isun ti agindeg iti lugarmi iti amianan ti kalsada manipud iti Pudtol a nakaikamanganna.

ANIA TI IMBUNGA daydi napnuan rosas a kallaysa idiay Labut, Enos Apok?

Kasla kanayon nga addaka iti rabaw ti ulep a kunam no awanen ti daga a pagtinnagam! Kunam no awanen ti asino man a makatubeng iti panagbukar ti naraniag a masakbayan.

Ngem kuedaw, Enos Apok. Masapul a mangisaganaka iti pawayway para iti di mapakpakadaan a pasamak. Saanka a mangnamnama unay iti dimo pay napetpetan a bunga ti balligi. Ubingka pay, ket ibagbagak kenka itan, nga adda dagiti gundaway, a saludsodem iti bagim: apay a kastoy?

Enos Apok, natalna ti panunotko idi napanak paigalut ken ni lelangmo idiay Labut.

Idi mapanak agreport idiay BTSM, nakalaglag-an ti riknak a nagparang iti pagawatan ti sangaili. Awan daydi Rodulfo Menor iti pagawatan ti sangaili. Diak nakita ni Clemen Uclaray. Uray ni Fred

Rivera, nga adda itan idiay Van Nuys, California—nasaokon, di met?

Awan daydi Cmdr. Marcelino Tabin.

Ti sekretariana ti nangsango kaniak.

"Pasensiya ka na," nalidem ti rupana. *"Pinasasabi ni Boss na sesante ka na, mula pa noong umalis ka."*

Kasla nagtupak ti langit kaniak, Enos Apok. Arigna nagpusipos ti lubongko.

Nalidem ti masirsirmatak a Baro a Tawen. Kasanon, ita pay met a karugrugi ti biagko a naestaduan? Kasano pay a biagek ti asawak? Asawa! Mano ti tawenko idi? Awan pay duapulo-ket-uppatko. Ngem kadagidi a panawen, lakayen no panagasawa ti pagsasaritaan.

Nasdaaw ni lelangmo idi makaawidak. Ad-addan idi imbagak ti napasamak.

"Manangaasi ni Apo Dios," inyandingayna. "Dinata baybay-an."

Napanak nagpasiar idiay Bannawag. Kinablaawandak, intudoda ti agur-uray a karton a naglaon iti masapsapul iti kosina. Sumilsileng a basbaso, tasa, pinggan ken no ania payen a kubiertos.

Rinabakdak pay. Namnatak kano! Wenno kimuttong!

"Ket?" dinamag daydi Manong Jun Hidalgo.

"Agsapsapulak iti trabaho, Manong," insungbatko.

"Di met, aya, adda trabahom?"

"Inikkatdak."

Puted ti katawana.

Nagyamanak iti nadagsen a regaloda idi agpakadaak.

"Umawag, wenno umaykanto man agpasiar no bigat," impakamakam daydi Manong Jun. "Padasek a kasarita ni Nam idiay Filipiniana Section, UP Library."

Diak malagip no agassawada idin, Enos Apok, ngem adda daydi naminsan a papanmi, naranaak ti dadduma a mannurat, idiay *Bannawag* iti maysa a malem ti Sabado.

Kinuna daydi Manong Jun: "Ne, panawankayo pay, a, ta innak 'biit agkasar!"

DUA A PARBANGON a nagsaruno a nariingak, Enos Apok, nga aglingling-etak iti napigket ken nalamiis. Saan la a dagiti takiagko.

Ken gurongko.

Ngem uray pay ti kuppukuppok.

Agsisimparat dagiti agpukawpukaw a nakusnaw ken natingra a ladawan. Maangsanak a makakita kadagitoy.

Iti immuna a parbangon, pinadasko ti bumangon. Bareng maalayayan ti marikriknak.

Ngem di kabaelan ti bagik.

Awan pay alas singko a gagangay a panagriingmi ken ni lelangmo tapno rugianmi ti mangrukod iti **blood pressure** ken **glucose**-mi.

Iti maikadua a parbangon a simro ti marikriknak, nakarkaron.

Inapruaprosak dagiti takiagko, ken kinusok ti buokko a mariknak a nabasan iti ling-et.

Pinunganak dagiti dakulapko bareng pumudotda.

Madi ta madi latta ti riknak.

Rinugiak nga isagana dagiti masapsapulko a pangrukod iti darami ken ni lelangmo. Diak nalpas. Agkapsutakon.

Imbagak ken ni lelangmo a riingenna dagiti kabbalaymi.

Pinabendisionanak kadagiti dua nga adda kinasaserdotena.

Kimmalma ti riknak kalpasan ti sumagmamano a kanito.

Pinilitko ti bagik a mangaramid iti masapul. Inturogko idi makapamigatkami.

Naglutoak iti pangaldawmi.

Sakbay a sinangok ti pangtedko a silpo ti Buenviaje.

Masapul nga idarasko ti ar-aramidek, Enos Apok, narigaten. Sakbay a maladaw ti amin.

Maika-25 a Paset

Buenviaje 2: 1969-70

DAMOK TI MAPAN iti UP Campus, Diliman, Quezon City, Enos Apok. Adda pay la idi bus a mapmapan iti UP. Yujico ken JD dagiti aggapu iti Quiapo ket binting ti plete a dumanon iti UP. Iti UP Campus, adu dagiti Ikot dyip nga awan ti inaramidda no di agrikusrikos iti uneg ti kampus. Dies ti plete.

No makapkapanka idiay, Enos Apok, kadagitoy a panawen, dimo la ketdi maliklikan a dayawen ti makaallilaw a kinatalna dayta a disso; no agtalna dagiti mamasirib, wenno aginsisirib, nga iskolar ti pagilian. Nakalanglangto dagiti algarruba iti aglawlaw. Masungadmo ti lamulamo a maskulado nga estatua nga aw-awaganda iti Oblation, a nagdeppa iti sango ti Administration Building. Iti likud ti pasdek, nalawa ti lagoon a natalna a pagpalpalabasan dagiti estudiante nga agsisinnanggol, no kasdiayen a nakababa dagiti nakapetpet a gemgemda no agraragupda iti sango ti Administration Building. Adda ti UP Post Office ken ti College of Engineering iti amianan ti lagoon, ket iti abagatanna ti yan dagiti pasdek ti College of Arts and Sciences ken College of Education. Nagbaetan dagitoy a pasdek ti Gonzales Hall a katinnallikud ti Admin, nga isu ti UP Main Library. Adda ti Old Balara iti daya a likud ti UP Campus. Adda iti adayo nga abagatan-a-laud ti White House, ket iti likud daytoy ti Krus-na-Ligas.

Adda idin saggaysa a nadlawko a naisurat kadagidi pader a kasla kontra iti gobierno. Ken addan saggaysa nga aguummong nga estudiante a kasla naulimek a natangken ti panagsasaritada. Ken damdamok idi ti makakita iti di nasayaat ti panagkawkawesda. Ken mangrugin nga agpapaatiddog iti buok. Awan a pulos ti nangipagpagarupak nga adda idin mabukbukel a grupo dagidi aw-awaganda iti maka-kanigid.

Ipakpakitak amin dagitoy, Enos Apok, ta dakkelto ti pakainaiganda iti panagtultuloy ti panagdaliasat daytoy lelongmo iti daytoy a lubong dagiti kunkunada a mamasirib.

Ti UP Main Library ti gagarak iti daytoy a gundaway. Pinaaayabannak ni Manang Namnama Prado Hidalgo idi nagsaritada iti daydi Manong Jun Hidalgo. Nakatangtangig ti pasdek a pagsaksakduan iti adal dagiti nadumaduma nga estudiante a naggapu iti, saan la nga amin a paset ti Filipinas, ngem adu pay dagiti naggapu iti sabsabali a pagilian.

Adda iti maikadua a kadsaaran ti Filipiniana Section a nakaibaonak. Dita ti yan ti opisina ni Manang Nam. Apaman a naaskawko ti maudi a tukad ti inulik nga agdan a sumango iti laud, sa iti daya, a sagsangapulo a tukad ngata, naimuttaal ti nakapudpudaw a pamalkaten ken buringetnget a nakabannikes a baket a mangimumuestra iti aramiden ti babaonenna— laglagipem daytoy a baket, Enos Apok. Pinangato a pinababanak idi madlawna a sangsangailiak. Intamedko ti panagdaydayawenko ta diak ammo no asino daydi a baket.

"Anong kailangan mo?" agarup parpar ti timekna.

"Si Mrs. Hidalgo, po," naalumamay ti agarup inangsab a timekko gapu iti bannogko a nagna manipud iti nagdissaagak, ken iti yuulik.

Insungona ti Filipiniana Section iti abagatan a murdong ti pasdek. Apagisu a rummuar ni Manang Nam. Naisem ngem napasnek ti rupana, maibagay ti pamengbengen nga anteohosna. Nalinis a kayumanggi ti kudilna.

Malagipko man ketdi ita, Enos Apok, ti innarasaas dagidi kakaduak iti Filipiniana Section iti naminsan nga idadaw-as daydi Manong Jun iti library.

"Ang guwapo'ng Mister ni Ma'am... mukhang artista!" Dida la ammo nga adda kano idi mangal-ala kenkuana nga agartista ngem kinaykayatna ti nagbalin a mannurat. Ken nangitandudo iti grupo dagiti Ilokano a mannurat. Malagipmo ti suransuratda iti daydi Kompadre Cristino?

Dagitoy man dagidi nakadkaduak: Rosalie Faderon, Valerio Nofuente (inluganna daydi nangpara kenkuana idi naggapu nga immawat iti awardna, nga isu ti nangbagsol ken nangala iti kuartana), Evelyn Nofuente, Carlos Manalo, Lourdes Manio, Jerrica Caballes, Patricia Somera, Patricia Evangelista, Luz Plopino... maysa kadagiti makitkitak ita ti rupada a diak malagipen ti naganda daydi taga-Batanes, wenno iti Isla Babuyan iti ungto ti Filipinas iti amianan, Enos Apok, agingga a nalagipko a kinontak ni Rosalie Faderon iti FB ket isu ti nangipalagip a Rose Sibayan ti nagan daydi taga-Batanes, a Mrs. Abarquez itan. Adu pay ti makitkitak ita ti rupada ngem nalipatak metten ti naganda.

Iti daydi umuna nga aldaw a papanko panangurnos kadagiti masapsapul iti panagtrabahok idiay UP Main Library, naam-ammok daydi Manong Juan T. Valbuena a naidaw-as idiay Filipiniana ket pinagamammonakami ni Mrs. Hidalgo. Maysa a librarian idi iti UP ngem diak malagipen no ania a Section. Ilokano a taga-La Union.

Iti Filipiniana Section ti naginnarman daydi Lerry Nofuente ken ni Evelyn de Leon.

Naulit ti panagpinnadamagmi ken ni Rosalie. Impadamagna nga addadan iti San Mateo, Rizal, a kaarruba ti Montalban wenno Rodriguez. Dua ti annakna, maysa nga abogada ken maysa a computer engineer. Sangapulo la kano a tawen a nagtrabaho iti library ta immakar iti ILS wenno Institute of Library Science. Nangisuro sadiay iti upppat a pulo a tawen, sa nagbalin a dekano a saadna agingga a nagretiro.

Wen gayam, Enos Apok, nakastrek met ni Esmenio B. Galera idi agangay iti biblioteka ngem iti Reserve Section. Nasoak kadin? Maysa met ni Kompadre Miniong kadagidi mannurat iti Bannawag, ken nairaman kadagiti napalladawan iti pammabalaw daydi Tang David D. Campañano a maysa kadagiti kameng ti Bannawag iti komento kadagiti agpangpanggep idin a 'mamaglupos' iti estilo ti Bannawag. Eksperimental, saan a naimbannawagan, a termino daydi Dr. Marcelino A. Foronda, Jr.

"Aginlalaing!" kasta ti termino daydi Tang David, nga inaw-awagan daydi Manong Jun iti Ari David.

Agaasem met ngamin, ta nangisumiti ni Kompadre Miniong iti maysa a daniw a pasig a *kukak, kukak, kukak* ti linaonna.

Agsublita iti Filipiniana Section, Enos apok.

Apaman a nayam-ammonak ni Manang Nam kadagiti staff,

imbagana ti aramidek.

Research Assistant ti puestok, Enos Apok. Saan a mabalin kaniak ti Library Assistant, ta awan ti *units*-ko iti Library Science. Nupay dakdakkel ti sueldo ti RA ngem ti LA, saanak a mabalin a ma-regular.

Ni Rosalie Faderon ti assistant ni Manang Nam ket isu ti nangisuro kaniak nga agaramid iti Ilokano Index; ken nag-index kadagiti magasin. Iti ababa a pannao, naisuro kaniak ti amin a basic nga aramid ti librarian.

Maysa nga assistant ni Carlos Manalo, a mangkita iti umno a panagshelve kadagiti libro. Ken isu ti mangasisti kadagiti local periodicals. Aggudua ti Filipiniana ken Engineering Library a pagpaayanna.

Siak ti natudingan nga agurnos kadagiti agsangpet a lokal a magasin, ken manuskrito ti Bannawag nga indundonar ti Liwayway. Kompletuek dagiti nobela ti tunggal awtor, dagiti isyu dagiti magasin. Kalpasanna, ipabind-ko. Naurnosda ket nairamanda a naideposito iti Rare Book Collection. Nagaramidak iti Ilokano index. Idi agangay, pina-microfilmko ida. Pina-bind-ko dagiti nakompletok a manuskrito dagiti nobela a rimmuar iti Bannawag. Kasta met dagiti naurnos a sarita ken salaysay. Diak malagipen no mano a volume ti sarita, ken salaysay, wenno kolum, ngem naurnosda babaen ti tawen a pannakaipablaakda. Kasta met dagiti kopia ti Bannawag, a naurnos met la babaen ti petsa.

Kasta, Enos Apok, ti nakaammuak a makorihir dagiti manuskrito sakbay a maiprintada iti magasin. Adda dagiti manuskrito a kakasla kadadakkel ti mata ti nuang dagiti koreksion, ken kaadu ti naragas. Uray pay dagiti manuskrito daydi Manong Jun, adda naugedan iti nakagaggaged, a nalasinko idi agangay nga isu a mismo ti nangkuros.

Ni Manong Amor Andaya (nagbalin a hues idi agangay) ti kadalusan ti manuskrito. Ni Edilberto H. Angco ti kadalusan kadagiti kontribiutor.

Kunak kenka, Enos Apok, daydi immuna a saritak a *No Di Agunget ti Akin-aywan, a rimmuar* iti B*enneg dagiti Agdadamo a Mannurat,* dandani diak nailasin iti kaadu ti nakurosan! Kakasla mata ti nuang, kunak ngarud! Tugot ti natingra a lapis daydi Manong Jun—wen, iti panaglasat dagidi manuskrito kaniak bayat ti panagurnosko, malasinko no asino kadagiti kameng ti Bannawag ti karanggasan nga agrugos; uray dagiti manuskrito dagidi bangbangolan a pagrukrukbaban dagiti agbasbasa, saan a nakalibas kadagiti natadem a mata dagiti naudi a naglasatanda. Kunak ngaruden, mabainak pay a mangibaga a siak ti akinsurat iti daydi a manuskrito ti saritak; ngem saanak a makapaglibak ta nakabatbatad ti naganko!

Nupay makabannog ti agudaod manipud idiay Buenviaje nga agpaUP Campus, dakkel a yamanko ti pannakapagtrabahok iti UP Main Library. Isu ngarud a sangkadagullitko, Enos Apok, a no kunak a daydi Manong Jun Hidalgo ti kadakkelan ti naitulong kaniak, saanak nga agbasol.

SAAN A GAPU ta nakastrekakon iti baro a trabahok, Enos Apok, insardengkon ti agsurat. No koma tela, naidaiten iti kudilko ti panagsuratko; uray ita, kunkunak pay laeng, a saakto la agsardeng nga agsurat no diakon kabaelan.

Isu a bayat ti panagtrabahok iti UP Library, intuloyko a sinurat ti *Virginia*. Segun iti bibliograpia dagiti sinuratko, nangrugi iti petsa ti Nobiembre 18, 1968 ket naggibus idi Hunio 9, 1969.

Isu met idi a nagsubli daydi Gen Sumaoang iti Manila ket intuloyna ti nakipagdagus idiay Buenviaje. Ti diak malagipen no kasano a nakapagsubli ta ti adda iti panunotko ket naggapu idiay Laoag kalpasan ti panagikkatna met idiay United Textile Mills, idiay Manggahan.

Kabulanos ti panagubbog ti imahinasionko idi, Enos Apok. Maysa la a sardam a sanguek ti maysa a paset daydi *Virginia*. Maysa pay, naisaganakon ti *chapter-by-chapter* synopsis ti nobela ket ti laengen mangisurat ti aramidek. Ken naadalko a nadardaras nga isurat ti estilo a dayalogo, a naadalko iti daydi Ernest Hemingway. No mabasam dagiti gapuananna, kaaduanna a kasta ti sinursuratna.

Ti nakaay-ayat a mainaig iti pannakasurat daydi a nobela, diak pay nalnalpas ti maysa a paset no ar-arigen, agur-urayen daydi Gen a mangsippaw. Kasta unay ti el-ellekna, nga uray la a pislenna ti tianna, sana kuna, nagkomikka metten! Ad-adda a maray-awak iti langana—kas man la makitkitak manen ita, Enos Apok, nga agbasbasa iti banggira ti tawa; ken mangngegko ti nalamuyot a timekna. No dimo am-ammo, mapagbiddutam a nalukay ti kinataona.

(Agurayka, Enos Apok. Adda nagparang a surat ni Gen iti sango ti *medicine cabinet* ditoy kuartok a napetsaan iti Agosto 6, 1999 nga idiay 48-A Cabungaan, Airport Avenue, 2900 Laoag City ti inyadresna.

Siguro, nakita ni Mimi nga antim iti pempen idi nagdalus iti kuartok. Uman-anap ngata ti panangkanselak iti immuna a bersion nga impawitko ta adda sumagmamano a napateg a nalibtawak, isu a mairamanko ti inagsawko a paset ti suratna. Daytoy man:

Komustakayo dita Salt Lake City? Mano a Pilipino ti kaarrubayo dita purokyo? A, uray kapammati ti kapulpulapolmo, no sabalinto pay met laeng a puli, dinto mapukaw ti diskriminasion. Addanto latta mayoria ken minoria. Ngem ti kapintasan, aramidem iti bagim a kababaan, kanunumuan, kapapakumbabaan ta dagitoy a saguday ti mangriing iti puso uray pay kadagiti tattao a mangibilbilinang iti bagbagida a dios! Uray no kasano ti kinabassitmo, makitadanto ti kinapintas ti pusom ket mapilitanda a mangraem kenka. Masiribkayo, nasariwawek ti panagpampanunotyo ta mannuratkayo, ket ammok a maidanggayyo dagiti bagbagiyo uray kadagiti tattao a nakiting ti panagpampanunotna. Gapu ta kastaak met ditoy nakaikamangak a pamilia. Masair man ti riknak, saanko a pukawen ti intalimudokko iti pusok—awan sabali nga aramidem no di laeng ayat, ayat ken ayat. Diak ipalubos a mangituray kaniak ti ilem, apal, apas, pungtot ken gura.

Adda inlukonna a ladawanda—awanen iti sobre—a naala idi Marso 27, 1999 a kasar ni Haidee a balasangna, dua a bulan ken sangapuloketdua nga aldaw sakbay a pimmusay ni Lina nga ipatpategna idi Hunio 15 iti dayta met la tawen. Adda ketdi ti daniw nga inruknoyna ken ni Lina ket adtoy nga iramanko kas pammigbig iti nasinged a panaggayyemmi.

ADIOS, LINA...

Pimmanawka, pimmanawka lattan,/mapanka iti papanam a saankan nga agsubli/ intugotmo ti amin nga ayat, dungngmo, ken pammategmo!/ awan pulos imbatim no di laeng/ dagiti pakalaglagipan!

Inton mailiwkami, asino ti kitaenmi?/ inton arakupendaka, asino ti iggamami?/ inton kasaritakada, asino ti sumungbat? Nagsaem metten ti ipapanawmo!

Ibagbagam dagiti arapaapmo,/ dagiti kayatmo nga armaiden,/ dagiti kayatmo a ragpaten./ Dagiti arapaapmo a nagbalin met nga arapaapmi!/ Ngem arapaap a ni kaano man/ saanton a matungpal!

Ngem, ala, saan a bale; adda met pay/ nagkaysa a biag/ idiay yuyeng a pagtaengan/ ti agnanayon a lawag! Naturposmo ti tarayem/ agur-uray kenka ti balangat/ a gunggona/ nga inkari ti Apo nga /itedna kenka!

Iti ipapawnamo, ipakuyogmi/ ti dinto maumag/ a panangipategmi kenka!

Sumurok-kumurang a dua a tawenen idi napan sinurot ni Gen ni Lina. Simmurot a napukawna ti lawag ti panagkitana.)

Sakbay nga immay nakipagyan kadakami idiay Buenviaje iti ababa a panawen, agsursuratda met idin ken ni Jaime R. Luzano iti makaparay-aw a sarita ket iti naminsan a panagraranami a tallo idiay Bannawag, insingasing daydi Manong Jun a mangsuratkami iti nobela a pagsusugponanmi.

Isu a nabukel daydi *Balay Ti Katawa*. Siak ti nangsurat iti umuna a paset; daydi Genaro R. Sumaoang ti maikadua, sa ni Jaime R. Luzano ti maikatlo. Kasta ti panagtaray ti iskedyulmi. Nangrugi iti isyu a Pebrero 17, 1969 ket naggibus iti Septiembre 8. 1969. Sakbay a rinugianmi, nagtutulaganmi nga adda agbibiag a naibatang a pagbiagen ti tunggal maysa kadakami.

Isu a daydi a tawen, agparparang a dua ti nobelak nga aggidgiddan a rumrummuar.

Saanen nga inulit ti Bannawag ti kasdi. Wenno awan ket ngata ti kas iti grupomi a mayat nga agsusugpon.

Ni Jimmy ti nakasurat iti bukodna a nobela idi agangay; agingga nga imbalud met ti radio idiay Baguio.

Ket daydi Gen?

Naibaud iti panagsursuratna iti drama a naipanggeg iti DZRH radio idiay Laoag idi addan pamiliada iti daydi Lina; naikuyog daydi Lina iti trabahona iti radio. Nagsusukot kano ti sinursurat daydi Gen a drama ta nagustuan dagiti agdengdengngeg ket nabaybay-anna ti Bannawag. Pito nga aldaw iti makalawas nga agsursurat; bassit la nga oras ti panaginanana. Uray idi pimmusayen daydi Lina gapu iti sakit ti puso, intultuloyna ti nagsursurat agingga a napukawna ti lawag ti panagkitana idi addan idiay Cabungaan, Laoag City. Damagko, Enos Apok, a kayatna met koma a mailibro dagidi saritana ngem saan sa ketdi a napasamak ta idi kuan, nadamagmi laengen a napannan sinurot daydi Lina. Nakaibatida iti dua a bunga.

Isu a kadakami a tallo, Enos Apok, siak la ti di nakapagradio. Adu ti makaigapu, maammuamto.

TI PANNAKASTREKKO NGA agtrabaho iti Filipiniana Section, Enos Apok, maysa a dakkel nga addang nga agturong iti naranraniag a masakbayan daytoy lelongmo a no subliam a taliawen dagiti adun a binallasiwna a pannubok bayat ti panagdaliasatna, ipapanmo la ketdi nga awanen ti dadakkel a bantay a sang-atenna, no yarigmo koma iti kasta dagiti adu pay a pasungadenna. Wen, Enos Apok, adu pay. Ngem 'tay kunakon, nasaysayaat laengen daytoy a pangrugian.

Wen, ta adu pay dagiti bantay!

Sakbay nga ipakitak kenka dagita a bantay, maysa pay a tulong ti impaay kadakami dagiti naasi ken mannakaawat unay nga agkaingungot a Hidalgo.

"Di met adda pay adingmo a nalpasen iti high school?" dinamag naminsan ni Manang Nam.

"Adda, Manang." Kasta ti kinasinged ti pannakisaritak kadakuada. Manong ken Manang.

"Ayabam ta umay agtrabaho ditoy."

Kunam pay, Enos Apok, dinagdagusko a sinuratan ida idiay Labut—awan pay ti selpon kada FB kada Messenger kada tiktok idi! Pagpiaanna, sumurok-kumurang la a makalawas, addan ni lelongmo nga Imman—kasta ti awagmi kenkuana nupay Herman wenno Efipanio ti naganna.

Nangrugi a dagus iti library ngem saankami nga agkaseksionan. Naipan iti Circulation Department. Ket idi makapagsimsimpan, inkeddengna nga agtuloy iti kolehio. Nagenrol idiay MLQU.

Mapanta pay kadagitay kunak a dadakkel a sinang-atko.

Kadagidi a panawen, kaduami pay la daydi Anti Rosa ta natalaan ti ipapan ni Marilou idiay Mecca, California.

Lagipek man pay biit ti napaspasamak daydiay a kasinsinko bayat ti panagur-urayna kadagiti papelesna.

Napintas ni lelangmo a Marilou. Panayagen, kayumanggi a mestisa ta putot ngarud ti Italiano-Amerikano. Natirad ti agongna ken kasla agmatmata nga Indian. Kasano ngamin a di kasta ket natingra a kayumanggi daydi Anti Rosa? Paninggiten ti timekna, nalaka a mapalpalpian ngem nalaka met nga umisem. Ket dita nga agparang ti pintasna. Talloda nga aburoy a babbai nga agkakabsat, malagipmo ti kunak idi? Isu ti nagtengnga. Ni Francia a timmultulong kadagidi Tatang ken Nanang a lelong ken lelangmo iti tumeng idi di pay nangasawa. Sa ni Miguela a buridek. Purawda; ni la Marilou ti kayumanggi.

No apay nga iramramanko ida, dakkel met ti akemda iti biagmi ken ni lelangmo, wenno ti kaamaan a nagtaudam.

Ket wen, bayat ti panagur-urayna, adu ti nakasirpat kenkuana bayat ti panagbasana idiay FEU. Ken adu ti nagayyemna. Ken adda idin nobiona a nakaeskuelaanna idiay Cabugao Institute. Ni Romeo Sajor.

Maysa kadagiti nakasirpat kenkuana ti adda koneksionna iti show biz. Inawisda nga agawdision. Uray daydi Charles Paculan... wen, malagipko ita—diak mabukel iti lagipko no kasano a nakaduami ida nga agama idi idiay Buenviaje. Mestiso ken panayagen met ngamin daydi Charles— napudaw ni Nanangna; daydi Tata Osi? Bay-amon, Enos Apok, uray ta nabayagen a timmapok... panesdespensaranna laengen!

Uray kadagidi a panawen, agrairan ti kinaalisto dagiti dadduma a direktor kadagiti nalalapsat nga *starlet*. Uray ngarud ita ket damag pay la a kasta. Tapno kano nadardaras nga aglatak dagiti artista. Damagko met la ketdi, a.

Isu a binallaagak ni Marilou. Wenno inungtak pay ketdi idi, a. Naimbag ta dinengngegnak met, ta saan a nagbayag, nakompleton dagiti papelesna. Kayatna a sawen, timmayaben, ket pinanawannan ni Romeo a masmasnaayan... piman! 'Tay bannatiran... A, bay-amon, kanta idi ununana daydiay, ngem napintas koma a pakaisakaban ti estoriada. Ta napan met 'simmurot' ni Romeo idiay California, ngem saan a nagsabat ti danada ta agpadada a nayaw-awan... Adu nga estoria, ngem bay-am pay laeng.

Agsublita kadakami a napanawanna.

Kinasaritak daydi Anti Rosa a di pay la agaw-awid idiay Labut ta kadkaduaenna ni lelangmo.

Malagipmo 'di kunak a kasasaad ti pagpaknian idiay Buenviaje? Saan a nakatulong iti kasasaad ni lelangmo bayat ti pananginawna iti daydi angkelmo a Lorimar. Gapu iti kinarugit ti danum gapu ta barado ti pagdigosan, naapektaran ti salun-at ni lelangmo. Nagebbal, a saan a nasayaat para iti masikog. Idiay Filipinas idi, ken damagko nga agpapan ita, awan ti medical insurance dagiti tattao. Dagiti la ngata babaknang a makabael nga agbayad. Awan pay idi ti Medicare, ken uray no adda koma idin, talaga nga awan kadakami ta serserrekko iti trabaho, ken saanak a permanente ta temporario laeng dagiti Research Assistant idiay UP. Gapu iti kasta a situasion, nagpampannuraykami laeng iti dispensario wenno panarasan a klinika ti gobierno iti asideg ti Buenviaje. Libre dagiti serohano ket iresetada laeng ti agas a gatangem.

ARINUNOS TI AGOSTO iti daydi a tawen, Enos Apok, idi agparikna a kayatnan ti rummuar daydi angkelmo a Lorimar. Saan pay nga impes ti ebbal ni lelangmo ket kuna dagiti am-ammomi a masapul nga agannadkami. Nangruna ket agdadamo nga aganak ni lelangmo. Naimbag ta adda daydi Anti Rosa a timmultulong kadakami ta nakaluas idin ni Marilou; addan idiay Mecca, California.

Saanko a naipamaysa a binantayan ni lelangmo. Idi maitulodko idiay Dr. Jose Fabella Memorial Hospital, idiay 1006 Felix Huertas, pinabantayak iti daydi Anti Rosa ta diak pay mabalin ti mangliwat iti trabahok; awan pay ti naurnongko a bakasion. Tunggal rummuarak iti trabahok iti alas singko iti malem, agtartarusak iti hospital.

Iti umuna pay la nga aldaw, impadamagen kaniak dagiti nars nga agbambantay a *dry labor* ni lelangmo. Marigatan a rummuar ti ubing. Marigatan metten ni lelangmo. Numona ta makedngan ti oras nga isasarungkar. Kayatna a sawen, no ania ti mapaspasamak iti pasiente, dagiti laeng nars a mangbambantay, no pudno a bambantayanda, ta nagadu ti pasiente a pagsisinnublatenda nga asistiran.

Naipatpatang met idi a simmarungkar daydi Manang Siding— malagipimo ti kabsat ni lelangmo? Sakbay a nagkitakami, dimmagasak pay iti pagpaknian idiay Central Market a mapagnaan no mapanka iti hospital. Adda nagparikna kaniak iti nakitak a bandalismo, wenno marisdara a naisurat iti pader a masangom no tumakderka bayat ti panagpaksaymo. Diak malipatan daydi a buya, Enos Apok, agpapan ita. No apay a nagtibbayoak a nakakita, uman-anam ngata ti parikut a dumteng.

Sumungsungadak pay la iti pagawatan iti sangaili ti hospital idi adda nalabsak iti ridaw a padak nga agtutubo nga agtabtabbuga a mangdandanog iti pader.

"Pinabayaan nila ang mag-ina ko!" natimudko, Enos Apok, nga ibagbagana kadagiti mangan-andingay kenkuana. Natay a nagpasngay ti asawana, kasta met a di nakalasat ti anakda.

Sumsumrekak pay la iti pagawatan ti sangaili, sinabatnakon ti nagdadakkel a mulagat daydi Manang Siding.

"Baybay-am 'diay asawam a matayen!" Nadagsen ti inngariet a timekna a dinagnayan dagiti arigna kumilaw matana.

Napaltinganak, nagdardarasak a nagturong iti agdan nga agturong iti *delivery room.* Diak inkaskaso ti pakaammo dagiti agbambantay a maiparit ti umuli. Uray ania't mapaspasmak idin, basta kayatko a makita ni lelangmo.

Adayoak pay iti kuarto ti siled a yan ni lelangmo, sinabatnakon ti maysa a doktor.

"Anong ginagawa mo dito? Bawal ang bisita dito..." Dr. Confesor ti nabasak iti *name tag*-na.

"Nahihirapan daw ang asawa ko, Doc. Gusto ko siyang makita." Imbagak ti nagan ni lelangmo.

"Ah, gano'n ba? May pera ka ba?" nagtalangkiaw.

Apagisu idi nga adda duapulo a pisosko, Enos Apok.

"Puwede na 'yan."

Apaman a naawatna ti kuarta, napanen iti yan ni lelangmo. Dinak pinasurot.

Saan a pangpangkusaw daytoy, Enos Apok! Diakto malipatan uray inton kaano man ti nagan daydi a doktor. PEDRO CONFESOR!

Nakaangesak iti nalukay. Uray kaskasano, maasikaso met laengen dagiti aginak. Bay-amon ti duapulo a pisos. Importante ket ti biagda.

Alas singko iti malem idi ipanda ni lelangmo iti paginanaan dagiti pasiente. Sakbay a napanak iti nangipananda, impakitada kaniak daydi angkelmo a Lorimar. Dinamagda ti nagan ti maladaga, imbagak ti nagsilpu a naganmi ken ni lelangmo. *Naka-oxygen* ken langana ti nakakapkapsut iti *incubator.* Ti panagkitak idi, Enos Apok, nagguduaanmi ken ni lelangmo iti rupa.

Nagawidak a napan naginana a naalep-epan ti dagensenko.

Ngem kasla nagtupak ti langit kaniak, Enos Apok, idi nagsubliak a nasapa iti hospital.

Dua a madre ti nangsabat kaniak idi mapanak iti yan ni lelangmo.

"Huwag ka sana mabibigla, Iho," kinuna ti baktbaket a nangpadas a mangliwliwa kaniak. *"Na sa langit na ang baby mo."*

Nagriawak iti sakit ti nakemko. Nalagipko a dagus daydi nalaing a doktor! Isu ti pinabasolko. No di nagbaybay-a iti obligasionna, saan koma a kasdi ti napasamak iti daydi angkelmo a Lorimar.

Nagdarraudo ni lelangmo idi maammuanna ti napasamak.

"Pinatay n'yo ang anak ko... pinatay n'yo ang anak ko!" inyikikkisna.

Inalay-ayan dagiti madre. Imbagada nga addan ti ubing iti langit; addan iti nasayaat nga ima ti Mangisalakan.

"Anong gusto mong mangyari sa baby n'yo?" sinaludsod ti maysa a madre.

Diak ammo ti aramidek. Sisiak a mangeddeng. Damo a mapasamak, ania ti aramidek? Yawidmi ti bangkay? Pangalaanmi ti pagpaitabonmi? Nakaad-adu a saludsod, Enos Apok, a diak ammo ti pagkarawaak iti sungbat.

"Kung gusto n'yo, iwan n'yo na sa amin at kami na ang bahala," kinuna ti madre.

Kadagidi a panawen, Enos Apok, daydi ti napanunotko a kalakaan nga aramiden.

Maysa a banag ti nabayag a pinampanunotko, Enos Apok, no rumbeng daydi nga inaramidko.

Binabalawdak dagidi gagayyemmi idi naammuanda ti napasamk.

"Apay a dika nagun-uni?" kinuna ni Komadre Prescy wenno Fred— dikami pay agkompadre idi—idi naammuanna.

Manon a dekada ti napalabas, Enos Apok, ngem itay nabiit, imbaga ni antim a Chichi a natagtaginepna daydi angkelmo a Lorimar, nga adda kano ubing a makitkitana.

A karuprupada kano. A kasla adda ibagbagana.

Adu ti dinamdamag kaniak ni antim, Enos Apok.

A pasig a saludsod ti sungbatko.

Iti naudi nga isasarungkarna, imbagana a di kano mapunas iti panunotna ti natagtagainepna. Amangan, kunana, no sibibiag daydi angkelmo a Lorimar. A saan a pudno a natay, ket adda iti sabali a pamilia. Dinamagna pay no nakitami ti bangkay.

Wen, aya? Nakunak iti nakemko. Diak nakita ti bangkay. Amangan no imbaga lattan dagidi madre a natay, ngem intedda iti sabali a pamilia! Nga adu kano ti kasta a mapaspasamak.

Padasenna kano ti agsukisok.

Ngem ti napalabas ti nakaituonan ti panunotko ita, Enos Apok. Ta adu pay ti rumbeng a maammuam.

Dimi nadnadilaw ken ni lelangmo ti panaglabas ti panawen, maininaw man gayam idin ni antim a Lingling.

Maysa a topiko ti panaginaw ni lelangmo.

Ken ti naginawan, a pammati idiay away.

Sadiay ngamin ti nakakitaanna iti husto ken ni Miguela.

Kasta unay ti panangmulengleng ni lelangmo. Nagustuanna la unay ti kinamestisa ti kasinsinko.

Ket dimteng ti pannakaipasngay ni antim a Lingling. Inkeddengmi ken ni lelangmo a saankamin nga agsubli idiay Fabella Children's Hospital. Nadagsen ti barukongko a makalaglagip idi iti daydi Dr. Confesor isu a nagsapulak iti sabali nga ospital. Diak malagipen, Enos Apok, no asino ti nakaibaga iti Saint Mary's General Hospital ngem nalabit a nakitkitak idin ta iti Felix Huertas nga asideg met laeng ti Fabella ti yanna.

Malagipko gayam, libre iti Fabella, isu ket ngata a dimmawat daydi nalaing a doktor iti duapulo a pisos—diakto malipatan daydi a kuarta, sangkaullitko, Enos Apok.

Saan a libre iti Saint Mary's. Pribado ngamin ket diak malagipen no nangalaak iti imbayadko a siento beinte. Dakkelen a kantidad dayta idi.

Sa ti pinagtaksimi a nangidanon ken ni antim iti nasao nga ospital. Gapu iti kaadayomi, ken agkarintaren a rummuar, dandani rimmuar iti uneg ti taksi!

Dida pay naisimsimpa iti paganakan idi agpilit lattan a rummuar.

Agosto 6 idi rimmuar. Nagsayaatanna, nasalun-atda ken ni lelangmo. Dakkel ti nakaigidiatanda iti daydi angkelmo a Lorimar.

Daytoyen daytay kunkunak a pammaneknek ti panaginaw, wenno naginawan.

Napudaw ni antim a Lingling. Isu ti kapudawanda nga agkakabsat. Idi ti panagkuna ni lelangmo a nanginawanna ni Miguela. Kunkuna pay ket dagiti kakabsatda nga isu lat' naisalsalumina.

Diak mamatpati iti inaw-inaw wenno naginawan, ngem kasta ti kunada. Ti ket ammok, ket napudaw met dagidi lelangmo iti tumeng nga Ispin ken Elen ket amangan no isu ti immalaanna.

Ala, ket napudaw man wenno nangisit, Enos Apok, ti napateg ket nasalun-at a naitao ni antim a Lingling. Sapay koma, kunkunak idi, ta nalimpion ti pannagna ti biagmi.

Maika-26 a Paset

White House: UP Campus, 1971-72

DIMO NADLAW TI *double deck*, Enos Apok? Manipud idiay Coromina 1 a nangisangpetan daydi Terry, nga insangratna nga agpaay kadakami a dua, no namin-anon a nayakar manipud idi nagsisinakami.

"Ibatik kenka," kinunana idi agsisinakami. "Ipategmo koma."

Uray dina imbaga, kayatko man wenno saan, masapul a tungpalek. Awan ti igatangko iti sabali, Enos Apok... ammomon ti gapuna.

Nadamagko iti daydi Carlos Manalo a kaduak iti Filipliniana Section iti bigat sa mapan iti Engineering Library iti malem, nga adu ti agpapaupa iti kuarto iti White House, ket maysa ti agassawa a kaarrubada. Napanunotko a makasalimetmetkami iti plete no agupakami iti asideg.

Iti daytoy a yaakarmi iti White House, iti akinlaud a pingir ti UP Campus, insurotmi manen ti kagasatan a *double deck*. Awan idin daydi Terry, ta napandan ken ni Tessie idiay San Francisco, California a nangbangonanda iti pamiliada, ngem ti impatawidna kaniak, adda pay la a maipatpateg. No ngata nabengbengbeng ti bolsak kadagidi a panawen ken adda nalawlawa a pagpusiposanmi ken ni lelangmo, nalabit a naipaknin ket diak koman nagrigrigatan a binagkabagkat. Ti dagsenna, kunam man ketdi, Enos Apok!

Napanaganan a White House daydiay a paset ti UP Campus ta napinturaan iti puraw amin dagiti pandaka a bunggalo a tallo a linian sa idi nga immatiddog a nagunnat iti laud. Dagidi agassawa a Badong ken Doti a taga-Pampanga ti akimbalay daydi naalami a pagdagusan. Uppat ti annakda, a dagidi Elizabeth, Fay, Pitong, ken adda pay maysa ngem diak malagipen ti naganna. Malagipko daytoy a pamilia gapu iti sumagmamano a gapu.

Agtartrabaho daydi Mang Badong iti UP—maikkan iti balay dagiti empleado ti UP. Daydi Mang Doti ti inaldaw nga agpasugal iti likud ti balayda.

Malagipko met daydi Elizabeth ta bulding daydi naasawana idinto a napintas ti panalbanna.

Diak malipatan ti kinuna daydi Fay, a bimmalbalasangan a salawasaw.

Kutimbaw kano!

Laklakay ti nakaasawa kenkuana ngem ni Elizabeth.

Saan ketdi nga istrikto dagiti agassawa a Badong ken Doti. Manokami la a simmangpet ngem in-inut nga immadukami idi immay ni Abring. A ti tulag, umayda makipagdagus ngem agtitinnulongkami iti upa—nalaka pay la ti upa idi, beinte singko laeng ti makabulan— ken iti gastos. Naimbag laeng ta nagbalonda iti bagas, nga inggapuda idiay Pudtol. Ngem idi agangay, di met regular ti sangpet ti abastoda.

Wen gayam, kayong ni Francia ni Abring.

Idi kuan simmangpet dagidi agkabsat a Liza ken Belen a tagaPagudpud a kaanakan ni lelangmo, a diak ammo no apay. Kaduami pay la daydi Anti Rosa uray no nakapanawen ni Marilou.

No addakami amin iti dagusmi, ultimo nga ariwawami. Naimbag ta no kasdiay, adda met dagidi Mang Badong ken Doti iti sugalan ket baybayandakami latta. Malagipko, danagenda ket ngata amangan no agpulongak; maiparit ti agpasugal.

Bassit daydi kuarto nga inupaanmi, Enos Apok, ket masmasdaawak ita no kasano a nalaonnakami. Nadlaw dagidi agassawa ti pannakapekpekmi a kasla sardinas ket inyupresirda ti maysa a kuarto a pagiddaanmi ken ni lelangmo.

Iti panagbaybayagko iti library, insingasing ni Mang Namnama nga ituloyko ti agbasa. Masapul kano, no kayatko ti agbayag iti trabahok. Imbagana pay a mangalaak iti kurso a Library Science. Diak imbaga kenkuana a diak kayat ta panagriknak idi, agpaay laeng kadagiti babbai daydiay a kurso, nupay adda idin lalaki a makanawan daydi Miss Dayrit. Nangalaak la iti *6 units.*

Kayatko met nga ituloy ti naputed a panagadalko isu a nagsubliak

idiay MLQU. Naimbag ta saanda pay a naiget idi ket inawatdak a sinsaludsod no naggapgapuak.

Sumrekak idi iti *library* iti alas otso ti bigat. Agawidak iti aldaw a mapan mangaldaw, saakto manen agsubli. Pagpagnaek idi ti nagbaetan ti Library ken ti White House. Adda met ketdi Ikot a dyip ngem masayanganak iti dies sentimo a pagpletek. Nayonak laengen a pagpleltek no rummuarak a mapan agbasa idiay MLQU iti alas singko. Apagisu a makamakamko ti umuna a klasek no iparpartakko ti magna manipud iti Quezon Boulevard, nga unorek ti R. Hidalgo a yan ti MLQU. Kadagidi a panawen, ken diak ammo no mapaspasamak pay ita, adu dagiti agsibbarut iti no ania la ditan a magustuanda, kangrunaanna dagiti alahas ti babai man wenno lalaki.

Iti naminsan a panagaawid iti rabii, iti panagur-urayko iti luganko iti abay ti Globe Theater, nasiputak ti maysa nga agtutubo a sumursurot iti daydi Jerrica Caballes, a di nadnadlaw ti naud-udi, ket idi gay-aten daytoy ti sumalpa iti lugan, inggay-at ti lalaki a lukatan ti bag ti sarsarunuenna. Ngem idi nakitana a kitkitaek, dina intuloy ti panggepna. Nagkaluganankami iti daydi Jerry ket imbagak ti nasaksiak.

Wen gayam, Enos Apok, nadlaw ni Manang Nam ti kinadekket daydi Jerry kaniak iti trabahomi idiay Filipiniana ket binallaagannak.

"Agannadka ken ni Jerry," kinunana. Nasdaawak, diak man nadlaw ti nadlawna. Ngem wen, kinunak lattan, a!

Isu nga iti naminsan a panangawis kaniak ni Jerry nga agmerienda iti asideg ti MLQU ta nairana nga adda pasken iti pagadalan, pinagustuak. Idiay, adu ti imbagbagana a parikutna iti pamiliana. Binagbagaak. Nagyamyaman. Sakbay daydi ti pannakiasawana agingga a naaddaan iti singin nga annak.

Saan la a dayta.

Isingsingitko pay ti agsurat iti nobela iti rabii apaman a makapangrabiikami ken ni lelangmo. Ad-adda a naituon ti panunotko iti panagsuratko ngem iti panagadalko. Kinapudnona, ti adda ti panunotko idi, mairuarko la ketdi dagiti asignaturak, nasayaaten. Diak inin-intunaran no nangato wenno pasig nga agsisikkawil dagiti gradok; nalabes ti panangipategko iti panagsursuratko.

Pagpiaanna, saan a nasken a pagbulladam iti agpatnag dagiti asignatura iti Bachelor of Arts a kurso, aglalo no makapatangka kadagiti propesor a padam a sadut ken saan nga istrikto ket ikkannakanto lattan iti nagsikkawil. Ti la nagrigatak idi ket ti Trigonometry. Ken daydi kunak a sinalbag nga Economics. Ti awengna, nalaka la ngata koma ngem awan ti naaw-awatak iti kasla ngiaw ti pusa a timek ti propesorami... nasaritak sa idin, di met? Nagustuak ketdi ti Philosophy ken ti Psychology. Dagiti English, mabalbalinen, ta paset ida ti literatura. No dadduma idi mapampanunotko no apay nga adda dagiti asignatura nga awan met ti pakainaiganda iti kurso nga alaem. No *engineering* ti alaem, rumbeng laeng nga uray no sangabarko a matimatiks ken kaarngina ti igabsuonmo iti utek dagiti wirdo ti utekda! Ngem no ti kas kaniak a dagiti la agiinnisem a balikas ti agsalsala iti mugingna apay a pasanguannak iti pisika wenno kaarngina? Masapulko ngata no agsolbarak iti no ania ti aramiden ti bida wenno kontrabida iti suratek a pangbalbalatongko kadagiti agbasbasa? Ammo la ketdi ti manangadtangad ken agpuyat, mabalinen. No agsuratka met iti aglinlinnailo, no dimo ammo ti aramiden ti bida iti sabsabongenna, di sika a mismo ti mangpadas! Problema kadi dayta?

Para kaniak laeng dayta, Enos Apok. Para iti kas kaniak a mangngabel iti balikas. No sabali ti pagesmam, kamatem ta salikepkepam! Ammom ti kayatko a sawen?

Ala, tapno dimo met kuna, no dadduma, umammingawak met iti library ti MLQU ngem diak agbayag ta kanayon met nga out dagiti libro a masapulko. Nakaad-adu man ketdi dagiti estudiante a sabalin sa ketdi ti pagawatanda daydi a disso, ta **loverary** ti adda iti utekda. Ken maysa, agum-umaak iti ginabsuon a libro idiay UP Lib.

Isu laeng ti magaw-at iti utekko, Enos Apok. Isu ket ngata a di bimmaknang 'toy lelongmo.

Agsublita kadagiti kaduami idiay White House.

Saan met la a nagpaut dagidi agkabsat a Lisa ken Belen ta iti maysa nga aldaw, pagammuan lattan ta nagparang daydi Manang Siding.

"Ania't kukueenyo ditoy?" inyungetna. "Agawidkayo, dakayo pay a wara ditoy!"

No diak mariro, umay ngata koma agsapul iti trabaho dagidi agkabsat, wenno naikkatdan sa ketdi idi iti sigud a trabahoda.

Idi makaur-urnong ni lelongmo a Herman, nagenrol met iti MLQU a nangalaanna iti BSE, major in Library Science. Sa idi nalpas, inderetsona iti master.

ITI PANAGBAYBAYAGMI ITI White House, Enok Apok, ken iti panangyan-anusmi ken ni lelongmo a Herman nga agtrabaho ken agadal, dandani awan ti panawenmi nga agsurat kadagiti dadakkelmi idiay Labut. No maikkankami iti gundaway, pambaranmi la a mangkomusta kadagiti nabati a kakabsatmi nga agbasbasa idin idiay Cabugao Institute. Naimbag ta saan a napukawan daydi Tatang iti regta a nangabasto kadakuada, a nakairamanan pay ti maysa a kasinsinmi a di simmurot kadagidi Anti Immiang ken kadagiti kakabsatna, idiay Abbarit, ta nagbasa idiay Cabugao Institute. Madamdamagmi ketdi nga awan ti nagbaliwan ti marikrikna daydi Nanang; masansan latta ti panagulaw-ulaw ken panagsaksakit ti ulona. Mailiwliwagna laeng babaen ti panagdengdengngegna iti daydi imbatik a transistor, ken iti panangibarbasa daydi Tatang iti Bannawag.

Naipatang nga adda programa ti gobierno nga obligado dagiti empleado a mapan mangmiting iti sadino man a lugar iti probinsia a pakaisaknapan ti programa. Naggapu ti bilin iti Presidential Assistant on Community Development, nga idi pay la panawen daydi Presidente Ramon Magsaysay a naipaulog babaen ti linteg a singasing daydi Jose Abueva ti UP. Natudinganak a rummuar iti daydi a panawen ket pinilik ti Labut a nagserbian.

Inkuyogko ni lelangmo. Kinasaritak daydi Tata Masong a kapitan idi ti bario. Nangmitingkami iti Daclapan-Panay-ogan Elementary School. Diak ammon no ania ti tinantanawtawko ta saanak pay idi nairuam a sumangsango iti tallaong. Adu met ti timmalantan iti daydi a miting a diak ammo no gapu ketdi iti kinamannuratko. Ngem uray anian, basta natungpalko ti nakaibaonak.

Ngem saan a dayta ti adda iti panunotko ita, Enos Apok.

Saanen a nagbayag daydi Anti Rosa idiay White House. No apay, diak malagipen. Ngem adda ketdi simmangpet a nangay-aywan ken ni Lingling.

Daydi Insan Erwin. Diak ninamnama nga agkitakami pay. Ngem nakaragragsak a simmangpet. Dakkel ketdi a katulongan ni lelangmo. No dadduma, isu payen ti patudonan ni lelangmo nga agluto. Isu pay ti agisagana iti kape—ay, nalaingak idi nga agkape, Enos Apok, kunam sa! No dadduma, ipasiarna ni antim a Lingling iti *playground* ti White House.

Malagipko unay ti naminsan a pannanganmi. Adda idi sangabotelia nga artem a sili.

"Ay kabaelak dayta!" impangasna.

Nangibukbok iti sangarakem iti platona.

Namimpinsan nga insubona.

Nasiputak ti panagmulagatna.

Sa nagpug-aw.

Madamdama pay, nagaruyoten ti dulnona!

Adda idi ginatangko a sinankaha a lata ti sigariliok. Wen, nalipatak, agsigsigarilioak idi. Naadalko ngarud iti daydi Insan Itok idiay Shaw Boulevard, malagipmo?

Nalalaing nga agsigarilio daydi Insan Erwin.

Iti naminsan a panangipasiarna ken ni antim a Lingling idiay playground, innalana a diak am-ammo ti pagik-ikkak iti sigarilio.

Idi agsubli, napitpiten ti kahita.

Nagungetak. Nabayag ngamin nga inim-imluyak daydi a kaha.

Saan a simmungsungbat ngem nariknak ti pannakapasakitna. Isu ngata ketdi ti dinan panagbayag iti sidongmi. Pagammuan lattan ta nagpakada.

Nasakit ti nakemko iti ipapanawna. Naikawaak. Ket daydin ti naudi a panagkitami.

Adda met ketdi sabali a simmangpet, wenno nagsubli ngata idi, ta kaduami idi idiay Old Balara, nga ubing a katulongan ni lelangmo. Ni Baby—kasta ti awagmi ken ni Marilou nga anak daydi Anti Immiang, malagipmo? Maria Luminar ti buniagna kano; diak malagip no nasaokon kenka, Enos Apok.

Saan nga umad-adayo iti nasurok a sangapulo ti tawen ni Baby idi. Naragsak nga ubing, ket awan ti iiliwanna kadagiti napanawanna idiay Abbarit. Kadagidi a panawen, marigatan ngata daydi Anti Immiang ta awan ti katulonganna kadagiti annakna a nabati iti sidongna. Isu a pinalubosanna ni Baby a nagsubli kadakami.

Malagipmo ni Esmenio Galera, Enos Apok? Maysa met a mannurat ti Bannawag nga impasatrek ni Manang Nam iti library.

Nakaala iti nagdagusanna iti asidegmi met laeng iti White House. *Bed space* laeng ta maymaysa met.

No kasdiay a bakasion, pamrayanna ti umay agpasiar iti dagusmi sakbay ti pangaldaw. Ket siempre, ayabanmi metten, a, a makipangaldaw.

Nasaok kadin a taga-La Paz, Abra? Kas kaniak, immay met nagdakiwas iti Metro Manila, nga agsapul iti pagluposanna. Naim-imbag kenkuana ta nakapagturpos idin iti edukasion. Ket yur-uraynan ti resulta ti eksamen para kadagiti mannursuro.

No umay idi iti dagusmi, adda nabangles a masay-op. No labaanna dagiti lupotna, saan ngata ketdi a nasayaat ti pannakamagada.

No dadduma, agpulpulong nga umay. Inungtan kano daydi Miss Dayrit ta imbagana a matmaturog iti lamisaan a nakaituddinganna nga agbantay kadagiti sumrek-rummuar nga estudiante iti Circulation Department. Nagsasawanna ti liklikudan ti baak a University Librarian.

Ti ketdi ammok, Enos Apok, adu a libro ti binasbasana, ket uray no adda iti puestona, agbasbasa, ket siguro nadungsaanna ti basbasaenna idi masalamaan daydi Miss Dayrit.

Ken adda idi dakkel a pagpuypuyatanna.

Adda rinugianna a suraten a nobela.

Dandanina kanon magudua.

Ti imasna, Enos Apok, adda simmangpet a narungsot a bagyo. Kapigsaan a bagyo daydi bayat ti kaaddami iti UP; diak sigurado no daydi Yolanda.

Nagkarkaraskami idiay Gonzales Hall ta sinerrek ti danum.

Malagipko pay la ita. Adda daydi kaanakan daydi Manong Badong nga agtartrabaho iti Binding Section ti library. Kadagidi naayat nga agbuybuya iti PBA wenno Philippine Basketball Associaiton, kalatakan dagidi Toyota ken Crispa. Maysa daydi Philip Cesar kadagidi pambato ti Crispa. Kalanglanga ti kaanakan daydi Manong Badong daydi Philip Cesar.

Iti panagawidmi iti aldaw a mapan mangaldaw, a kapigsa ti angin ken tudo, agtartaraykami iti daydi rupat' Cesar. Adda atiddog a linong a kumamang iti kalsada nga adda nauneg a kanal iti bakrangna ti kanigid. Sinarunok, ngem iti yaaskawna, apagisu a pimmugso ti napigsa nga angin. Kasla bislak a naipuruak iti kanal.

Ket ni Esmenio?

Naitayab ti bubong ti dagusna.

Awan ti naisalakanna uray no maysa la a panid ti duapulon a paset a nobelana!

Nabayag nga impampanesanna ti pukawna.

Saan met a nagbayag sa simmangpet ti maysa a kabsatna manipud iti trabahona, a diak malagip no sadino. Ngem maysan sa a kabambantayan ta bayat ti pananges-estoriana iti padasna, adda kano kaduana a kinaringgorna agingga a nagbinagsolda.

"Kasla man ketdi nambaan ti kalukneng ti bagina," kinunana. Diak man ammo no agpayso wenno saan.

Idi pabuniaganmi ni antim a Lingling, Enos Apok, maysa ni Esmenio kadagidi nanganak iti buniag. Kaduana daydi Manong Jun Hidalgo, ni Kompadre Diony Bulong a kain-innaremnan sa idi ni Eden Cachola a nagbalin met la a katakunaynay. Kaduada pay daydi Kompadre Tino. Ni pay Herminiano Calica. Daydi pay Rogelio Aquino. A, wen, adda idi daydi lelangmo iti tumeng nga Elena, kas paneknekan ti retrato; saklotna ni antim a Lingling.

Nasayaat daydi Mang Badong ta inregaluanna ni Lingling iti bassit a lamisaan. Karpintero ngamin ti trabahona idiay UP.

Saanen a nagbayag sa rimmuar ti resulta ti innala ni Kompadre Miniong nga eksamen, Enos Apok. Dua gayam ti Miniong, Esmenio Galera ken Herminiano Calica...

Nagsubli idiay La Paz ni Miniong Galera.

Nangisuro iti maikanem, a babbalasitangen dagiti eskulapisna. Nasaritana a maysa kano kadagidi sinuruanna ti nabun-as ket isu ti nagbalin a kasimpungalanna.

Wen, inos apok, adu ti ipapanmo a babassit a paspasamak bayat ti panagindegmi iti White House. Babassitda man, ngem dadakkel ti kaipapananda iti panagdaliasat daytoy lelongmo. Laglagip a diak maliklikan ta palubosak met latta a sumeksek ta isuda ti mangitunda kaniak nga agsubli iti no mano a dekadan a napasamak ket diak kayat nga aglaeg ti lagipko. Uray no ipapanmo a di malikkliman, padpadasek pay laeng a liklikan ti agkabaw! Ha-ha.

Ti maysa a kinapudno, isu ti kinadam-eg ti pagpalakayan a kunada! Kasta ti kaputotantayo, Enos Apok. Daydi Tatang, siamkami nga impalakayna iti daydi Nanang! Daydi Angkel Romeo a buridekda, sangapuilo-ket-tallo! Daydi Lelong Undo, pito ti naputotna.

Kunak man ketdi ita, Enos Apok, a saan a dakes ti agtungpal iti bilin ti Apo: **Inkayo ta umadukayo!**

Ngem kaslaak la nakangngeg iti bomba idi binannikesannak a sinabat daydi Miss Marina Dayrit, apagsagpatko pay la iti maudi a tukad ti agdan nga agturong iti Filipiniana Section.

"Wala na kayong ginawa kundi manganak ng manganak!" kinunana a kunam la no kumilaw dagiti matana. Nasaritak kadin daytoy idi? Naimnas ti agsublisubli a laglagip!

Diak nakasungbat. No koma mabalin nga i-rewind daydi a pasamak, kinunak koma idi:

"Di n'yo lang alam kung gaano kasarap... ang maraming anak. Di kayo kasi nag-asawa..."

Ngem ammok, adda met kalinteganna. Narigat ti agpatan-ay iti bunga a kunada. Ngem di met magatgatadan dagiti nasarangsang a katkatawa bayat ti *Family Home Evening*.

Ngem adda latta dagiti negatibo a paspasamak, Enos Apok.

Sakbay a naipasngay daydi angkelmo nga Arvin Salaknib, Enos Apok, kumarkaro idin ti tignay dagiti makakanigid nga estudiante. Masansanen ti panagraliralida babaen ti panangidaulo daydi Jose Ma. Sison, a tubo ti Cabugao, Ilocos Sur. Maysa idi kadagidi nalatak a propesor idiay UP Diliman.

Lumawlawa ti pagdakiwasan dagiti makakanigid nga estudiante. Kanayonda nga agrali ket ad-adda pay nga iti kalkalsada ti pageskuelaanda ngem iti mismo a pagadalan. Nakabatbatad ti panangitagtag-ayda iti kanigid a gemgemda a bulon ti panangyik-ikkisda: "IBAGSAK A PASISMO! IBAGSAK ANG.... no ania pay dita nga ibagsak ti inaldaw nga ipukpukkawda. Nagari idin ti dida panamatpati iti gobierno. Ti patpatienda ket ti pannursuro ti komunismo.

Pati ngarud daydi Lerry Nofuente, kas nasaokon, Enos Apok, ket pinadasnak a pasuroten iti kanigid a yik-ikkisda. Uray no maysa idin nga instruktor idiay UP, nasabidonganen ti utekna.

Daydi laengen JoMa ti patpatienda.

Idi kuan, saan laengen nga iti UP ti pakaang-angayan ti rali. University of the East, Politechnic University of the Philippine. Ken adu pay. Uray dagiti propeosr wenno instruktor, kas iti daydi Lerry Nofuente, sabalin ti tema ti asignatura nga isursuroda.

Dimteng pay ti panawen, Enos Apok, a nagkampuan dagidi estudiante ti DZUP. Sabalin a 'pagsayaatan' dagiti estudiante, ken ti pagilian, ti iwarwaragawagda.

Nasaok sa ketdin nga uray daydi Kompadre Tino Inay ket maysa metten kadagidi nakipagpukkaw iti palso a panangituray ti gobierno kadagiti makipagili. Kadagiti sinursuratna nga artikulo iti Ilocos Times, kanayon a ti kinadugyot ti gobierno ti sgbusbusi kadagiti artikulona. Limmatak gapu iti kasdi a tugot ti plumana.

Masansan idin a masuspende dagiti klase gapu kadagiti maitagtag-ay a bumegbeggang a gemgem, ken kadagiti agbusi a pilbaks kadagiti kalkalsada. Kunam pay, Enos Apok, agkaraiwara dagiti dapo ti pilbaks.

A, wen, mariakosina, Enos Apok. Sadiay ti nakaparparan ti ulo daydi Komapdre Tino Inay. Naimbag ta nalasatanna pay ti batota ti maysa nga agrebbeng.

Naipatpatang la unay ti panangin-inaw ni lelangmo iti daydi angkelmo nga Arvin Salaknib. Iti umuna a dua wenno tallo a bulan, naikaglis iti paglablabaanna iti likud ti balay ket nabayag bassit nga inagagalna ti likudna.

Pebrero 11, 1972 idi naitao daydi angkelmo nga Arvin Salaknib idiay Ortañez Hospital. Nakalanlanay dagiti matana ken nakapsut ti sangitna. Kangrunaanna, awan ti kayo ti sillitongna.

Masansan nga agsangitsangit. No dadduma, masikoranak nangruna no adda ilepleppasko a suraten.

Iti la ngarud maysa nga aldaw a panangitultulod ni Baby iti indayonna, napugsat ti singdanna iti uluananna ket naitupak ti ulona.

Nagdara ti agongna.

Impagarupko no gagangay laeng daydi a pasamak.

Ngem nagbunga iti masansan nga isasarungkarna iti UP Infirmary, nga inaw-awaganda iti *infirmatay.* Nakalatlatak, ta dida pay naisimsimpa, addaytan ti kablaaw: "Hi, Arvin!" ikablaaw a dagus ti doktor.

Ngem kasla dina ammo ti umisem. Nakaluklukay ti tengngedna ket kanayon nga isadagna ti ulona iti abaga ni lelangmo. A kanayon a kasla marmarbibi.

Adda pay sabali a parikut a simmangpet iti biagmi, Enos Apok.

Nakaawatkami iti telegrama a naggapu idiay Labut.

Intarayda dagidi Tatang ken Nanang iti ospital idiay Tamag... idiay Vigan.

Ken uray daydi lelangmo a Tessie.

Diak malagipen ti awag iti daydi nagraira a sakit.

Awan ti sabali a makatulong kadagidi dadakkelmi.

Kapilitan a nagpakadaak iti trabaho, ken iti eskuela ket nagdardarasak a nangiremedio iti pinagpletek a nagpa-probinsia.

Nagderetsoak idiay Tamag.

Nadagsen ti barukongko a nakaimatang iti kasasaad da lelangmo iti tumeng iti hospital. Napekpek, ket pasiente agingga iti pasilio. Kurang la agdidippiit dagiti kama. Sumaray-ob ti aglalaok nga angot, kurang la agsasallupang dagiti sangaili ken seruhano. Saan pay a maymaysa ti kuarto a yan dagidi Tatang ken Nanang, nga adu ti kaduada a pasiente iti yanda.

Daydi la ngaruden lelangmo a Tessie. Diak la koma kayat ti mapan iti yanna, ngem nasakit met ti nakemko a di mangkita kenkuana.

Sabali a pasdek ti naipatuldo a yanna. Adda iti lauden ti kangrunaan a pasdek ti hospital.

Saan nga agpaay kadagiti pasiente, Enos Apok!

Pasdek a pagipamanda kadagiti kauy-uyos ti biagna.

Sumagmamanoda a pasiente idiay. Adda oras a panangsarungkar dagiti dodoktor wenno nars, ket nasken a napigsa ti naturalesa ti pasiente.

"Yakardak koma, Manong," inyasugna. "Kaskami met la natayen ditoy. Dayta adda dita bangir, kaip-ipanda. Inlabasda ditoy yanko... inabbonganda iti puraw."

Nagkullayawak.

Adda agpukpukkaw iti saan unay nga adayo a pasilio.

Idi nagdamagak iti maysa nga empleado, imbagana nga agurayda la bassit ta sobra ti kaadu ti pasiente.

Nakadagdagsen ti riknak a nangpanaw kadagidi Tatang ken Nanang, ken daydi Tessie.

Ngem ania ti maaramidak?

Masapul met nga innak daw-asen a kitaen da Violy, Sadiri, ken Osi idiay Labut. Ken ni Myrna.

Awan ti kaduada ket diak ammo no kasano pay ti panagbibiagda.

Impanamnama met ketdi dagidi kakabagiantayo, a, Enos Apok, a taltaliawenda ida.

Uray kasano ti ayatko nga agbayag bassit, a yurayko koma ti pannakairuar dagidi dadakkelko iti hospital, ngem adda met dakkel a parikut a nabatik idiay White House.

Saanak pay unay a nabayag a nakasubli idi simmangpet manen daydi Anti Rosa a kaduana ni Miguela a kagagraduarna iiti haiskul.

Umay kano agbasa.

Ay, Apo, aya, Enos Apok!

Awanen ti pagturoganmi... naimbag ta pinaturogdakami ken ni lelangmo, dagidi agassawa a Kuya Badong ken Ate Doti, iti bakante a kuartoda.

Saankamin a nakapagpaut ta nagkari daydi Anti Rosa, ken da Abring, nga umakarkami ket agtitinnulongkami iti pagupa.

Napintas a denggen, Enos Apok!

Tinnulong!

Kasta ti kannawidan ti Ilokano... ti Filipino.

Kimmaro ti pannakaitag-ay dagiti kanigid a gemgem, Enos Apok. Agingga a kumaribuson dagiti partido ti politika. Pinnabasol. Uray dagiti soldado, ken no uray payen ania dita a kameng ti gobierno. Iti ababa a pannao, saandan a dengdenggen daydi FEM. Isu pay ketdi ti pabasolen dagiti makakanigid. A dina kabaelan a riendaan ti gobierno.

Isu a napilitan nga intinnagna ti Procalamation Number 1081, nga isu ti Martial Law, idi Septiembre 21, 1972.

Isu payen ti pannakabumba ti Plaza Miranda, a dandani nakatayan ni Jovito Salonga. Adda dagiti agkunkuna a nakem daydi FEM. Adda met dagiti pammaneknek a daydi Ninoy Aquino a kaduana ni Satur Ocampo, ken no asino payen dita, ti akinnakem.

Adu nga agsisimparat a sarsasrita, Enos Apok. No dadduma, ad-adda a makatikaw ngem iti pannakalawlawag dagiti pudno a pasamak. Ammomon, a, dagiti mamati iti daydi FEM, isu ti patienda. Dagiti akinmanok iti daydi Ninoy Aquino, isu met ti bannuarda.

Asino ti pudno?

Ti ammok, Enos Apok, ad-adda a limmatak ti Filipinas kadagiti agsisimparat a tinalitalida a pakasaritaan... kano!

Bay-amon no ania ti pudno.

Kitaem ketdi no ania ti napasamak kadakami idiay Firmeza ken Lepanto; no nagmata met la dayta kannawidan a tinnulong.

Maika-27 a Paset

Firmeza ken Lepanto, Sampaloc: 1973

NAGIMNAS KETDIN TI manglaglagip, Enos Apok. Kaslaak la kanayon a main-indayon ket kas man la agngudo ti agbiag no isardengko ti manglagip. Di la ngata umapal dagiti saanen a mangipateg iti napalabas ket baliwanda ti pammatida a makabannog ti taliaw a taliaw; ta didanto met la makasublin iti naggapuanda? Wenno kunada met a no taliawda a taliaw, dida makadanon iti kayatda a papanan? Ikkatenda koma iti bokabularioda ti **sungeg** ket patienda a makapasalibukag ti dumngeg itoy lelongmo. Kayatko ngamin nga ipaneknek nga awantayo koma ditoy no awan ti napalabas a nagpatawantayo. Rumbeng nga agyamantayo, Enos Apok, nangruna kadakayo nga adda iti agdama a henerasion. Diyo kunkuna: kasano nga agyamankami iti kinakurapay a nariinganmi? Aha, ket wen, lamulamokayo a nayanak ket sakay la nakawesan idi mapugawan 'ta kuppukuppoyo!

Malagipko la ngarud ti naisaw-at naminsan ni Daddym, nga apay a diak pay la ilako ti balay a nagubinganda idiay Kalye Pinatubo ket sabali metten ti agdidian, ken saankami metten a makaawid ken ni lelangmo? Pakalaglagipak daydiay a balay, Enos Apok, iti nagrigrigatak iti adu a tawen. Iti kaadda daydiay a balay, a daanen ken agur-urayen iti pannakarpuogna, yar-arigko man iti bagik, Enos Apok, nga agur-urayen iti panagsuek ti initko idiay likud ti Bantay Magna...

Ha-ha, kitaem, Enos Apok, kunakto met a naimnas ti manglagip! Ala, an-anusannak, ta dumaw-asta idiay White House sakbay nga ipanka kadagiti baro a lubongmi...

Maysa ti ipapanawmi iti White House, Enos Apok, ti mangsidsidir iti konsensiak no malagipko. Ni simpakada, nagbalkotkami a di nagpadpadlaw, nga inranami iti kaawan dagiti agassawa. Linasangmi ti *double deck* ket nagdardaraskami a nangikarga iti inarkilami a lugan a pagyakarmi kadagiti gargaretmi. Awan met ketdi ti atrasomi iti upami ngem kas nasayaat a tao, ken nadayaw nga Ilokano, nasken koma met a nagpakadakami. Uray kaskasano, Enos Apok, dakkel koma met a pagyamananmi ti panangyan-anus kadakami dagidi Mang Badong ken Doti, a dida nagpampanayon iti upa iti laksid ti kaadumi.

Maawatandakaminto ta nasayaatda a tattao, inyan-andingayko lattan iti bagik idi addakamin iti lugan a mangitulod kadakami idiay Kalye Firmeza. Dakkel kanon ti nagbaliwan dayta a lugar kalpasan ti nasuroken a lima a dekada. Ngem nalawag pay la iti mugingko ti sigud a langa ti inakaranmi a lugar, Enos Apok.

Adda iti lauden ti riles ti tren nga agpaabagatan. Idi damo, nakaluklukay ti angsenmi iti baro a yanmi. Simmango iti abagatan, panglawaen ti salas, dua ti kuartona ket adda iti nagbaetanda ti pagpaknian ken ti kosina.

Naipuesto ti *double deck* iti salas. Isu ti idda ni Miguela ken daydi Berta nga ading ni Abring.

Nalawa ti kuarto iti sulina iti daya ken amianan nga isu ti pinilik a para kadakami kada lelangmo ken da antim a Lingling ken daydi angkelmo nga Arvin Salacnib. Agaasem, manipud iti nakail-ilet a kuarto idiay White House, agkalkallasawankami kada lelangmo iti kuarto uray no adda krib daydi angkelmo nga Arvin.

Dakkel a desarming ti tawa ti kuartomi iti amianan. Nagustuak ta kasla nakalawlawa ti angsenmi no matan-awak ti kayo iti nagbaetanda iti balay iti amianan; ipalagipna dagidi kayo idiay Bantay Baybayabas.

Isu a diak napanunot ti kaawan ti kortina ti tawa. Diak pay no kua ididdepen ti silaw ta masapul dagiti ubbing.

Ngem iti maysa a rabii, natiliwak ti dua a lallaki a mangim-imas a mangtantan-aw kadakami manipud kadagiti babassit a tawa ti akinamianan a pasdek, a di masipar ti kayo.

Isu nga inyurnongak ti igatangko iti kortina tapno didakamin pagumumaan a buybuyaen!

Iti Sabado wenno Domingo, awan ti adda klasena kadakami a sangakabbalayan; ken awan ti trabahomi ken ni lelongmo a Herman. Kunam pay, Enos Apok, arigmi iti nadanuman a tokak, a kasla bukbukodmi ti lubong. A kasla awan ti pasungadenmi a parikut.

Idi kuan, nainayon ni Melba Suero iti bilangmi, ta immay met nagbasa iti Manila.

Ad-addan a kasla agpiesta a bat-og dagiti bumalay. Malaksid kadagidi agkabsat nga Andres Escobar ken Avelina a naikamang iti lakay a Hawayano nga ag-Laurente, adu pay dagiti sabali a kakabagianmi, ken gagayyemda a simarsarungkar, a nakipagkukak-kokak. Uray daydi bassit a lalaki a nanobio ni Melba idiay Cabugao Institute, nga immay met nagbasa iti Manila.

Adda pay dagidi dua a babassit nga agkabsat a babbalasang a tagaTarlac, a diak malagipen no kasano a nagaammoda ken ni lelongmo a Herman.

Malagipko la ida ta kurangda la ti nakakita ken ni Herman iti paggartemanda la unay a marabamban a salamagi. Masansanda a dumawas iti dagusmi ket ti la adda a masalsaludsodda. A kasta unay ti panagisemisemda, ken palpalamuyotenda man ketdi ti panagsaoda!

Dida la ammo a kadagidi a panawen, addan panggep ni lelongmo a Herman a mangsarigsig ken ni Miriam Manalo idiay UP Main Library.

Ngem no umay daydi Insan Andres iti uray ania nga ur-oras, sabali ti kumpas ti tokar iti Firmeza, Enos Apok.

Sumangpet a nakarkaro pay ngem nakirog a rasa ti rupana. Kasla agar-aruyot ti dara kadagiti matana. Kasla mapuri a bittaog a dalapusen ti turnado no sumungad. Kasla parpar a plaka no aglabid iti kasla binugbog, a no dadduma, agugaog a makalagip kadagiti di mamatpati kenkuana, a kakabagianna. Ti lupotna, kasla kakkali a kamas. Ti diak maawatan no apay a saan a mayaw-awan, ta napadasak met ti naminsan a nabartek... idiay Subic, malagipmo?

Dina ketdi ammo ti makiriri. Saan nga agkarkarit.

Ngem no agranada ken ni kabagisna nga Avelina, dimo ammo no agduduetoda nga agkanta wenno agdung-aw; no kasdiay a makainum met ti babai.

No templado ti sairo a nangituray iti daydi Insan Andres, ammona met ti agkatawa. No malagipna daydi nobelak a *Pakpakawan, Berde,* kasla di mapugsat a sinulid ti isemna a danggayan ti kasla kirriit a bunga ti kamantiris a kilit dagiti matana. Ket ulit-ulitenna dagidi nakaluganánna a nangibagaanna: 'Siak ti awtor dayta...!'

Maysa man ketdi a pakalagipak ken ni Avelina, Enos Apok, ket ti masansan a panangitugotna iti utek ti baka wenno baboy. Adobuenna, ket dandani awan ti mabagina apaman a malutona ta pagraranggawan dagiti di makarkaraman a madanonna. Idi damo, impagarupko a diak mairusok ti utek ta maariekak iti dalayudoyna, a kas man la sibibiag. Ngem idi inkidemko a ramanan, kunam pay, saanakon a nagpaudi a nagipapel!

"Isu pay a gatangen!" impalpallilitko ken ni lelangmo.

Iti naminsan nga awan sa ti malagip nga aramiden da Abring ken ni lelongmo a Herman, sinipsiputanda ti ipapan daydi Anti Rosa iti banio. Kinuniaan ni Abring ni Herman. Siningdananda ti balballugo ti ridaw ti banio sada inkamang iti adigi ti *double deck*. Agel-ellekda a nagpakni iti salas.

Idi rummuar koman daydi Anti Rosa, agtabtabbogan iti banio ta dina malukatan ti ridaw.

Nagdanag met la ni Abring. Nagin-inayad a nangikkat iti galut ti ridaw.

Kasla napulupuluan iti sili't sairo ti rupa daydi Anti Rosa iti nalaus a pungtotna ket ad-adda a timmingra ti kayumanggina. Nagsapul iti pinangsagsagna ken ni Abring; umanal-al a nagsardeng idi nabannog.

Idi dandanimin makun-os ti makabulanmi idiay Firmeza, Enos Apok, naimuttalat iti ridaw ti baket nga akimbalay ket nakasiksikkil dagiti sikona iti agdaldalayudoy a bakrangna.

"Narito ako para ipaalala sa inyo na malapit na ang bayaran... para wala kayong masabi!"

Dagidi kasla nadanuman a tokak, kellaat a kasla dinalapus ti kasibsibet a bagyo.

Awan pay ti simmangpet nga abasto dagiti taga-Pudtol.

Awan pay ti impaw-it ni Marilou idiay Mecca a para ken ni Miguela.

Ti nagasat a balay iti Firmeza, arigna sinallukoban ti manto iti panawen ti piesta dagiti natay.

Nagpalpaliiwak.

Ania ti mapaspasamak kadagiti pagbagasan dagiti agad-adal iti Manila?

Awan damag kadagiti agpagapas idiay Pudtol.

Awan damag nga aggapu idiay Mecca, California a yan ni Marilou—ania ti inaramid ni Nana Felicing kenkuana?

Im-impek a pagammuan lattan ta adda ti bariles a baket a mangtbayo iti ridaw ti dagusmi.

Ken mangpatapuak kadakami.

Madanagan daydi Anti Rosa, pinakuyog ni Miguela ken ni lelangmo, Enos Apok, a mapan umawag ken ni Marilou iti numero ti telepono daydi Nana Felicing.

Nagpulong ni lelangmo idi sumangpetak iti rabii. Armalait kano ti insungbat ni Marilou: saan kano a banko ti kuartana! Tinarattatna ni Miguela ket imbagana a dinton umaw-awag ta nangina ti *long distance call*, nangruna no *collect call*. Aguray lattan iti mabalinna nga ipuruak. Dandani dida nangngeg ti agarup nairidis a kinunana, a kasla nagamak nga adda makangngeg kenkuana: **diak nagay-ayatan ti yaayko ditoy!**

Nasarait dagiti nalitem a bibig daydi Anti Rosa iti nadamagna.

Siak ti ad-adda a nakumikom, Enos Apok. Kasanon no saan a tumulong dagiti pangnamnamaan dagiti kakaduami? Diak kabaelan a yabaga ti renta ti sangabukel a balay. Diak met ketdi masinunuo no ania ti nagparikutan dagiti taga-Pudtol ken -Mecca a gapu ti dida pakaipaw-itan. Diak pay idi ammo ti sasaaden dagiti kas ken ni Marilou. Dimi ammo no ania ti nagtulagan daydi Apo Rosa a kabsatda iti daydi Apo Barbers, ken ni Nana Felicing iti panangalana ken ni Marilou. Wen, Enos Apok, kanagnagan daydi Anti Rosa daydi Apo Rosa.

Nalagipko la ngarud ti pinanawanmi a White House. Agpayso a nailet ngem awan ti nangkarkarintar kadakami nga agbayad iti renta. Uray no dakami la ken ni lelangmo, Enos Apok, a kaduami ni Baby nga agayaywan idi ken ni antim a Lingling, ken daydi angkelmo nga Arvin Salaknib, kabaelak a yabaga. Makatulong idi ti masingsingirko a bayad dagiti sursuratek nga ipabpablaak ti *Bannawag,* uray kaskasano.

Ti met la bagik ti binabalawko. No saanak koma nga immannugot iti singasing dagidi nakidagus, nga umakarkami ta tumulongda, saanak koma a nagparikut iti kasdi.

Numona ta kumarkaro met idin ti sakit daydi angkelmo nga Arvin, Enos Apok. Ti la pagremremedioak iti kuarta a pangipakitami iti hospital. Umdas la idi a tarayanmi dagiti dispensario iti asideg; awan ti pagbayadko iti hospital.

Ngem awan ti nabati a pagpiliak. Makaasianak unay iti daydi angkelmo nga Arvin Salacnib. Kanayon nga agsansaning-i. Kanayon a nakasadag ti ulona iti abaga ni lelangmo a dandani awan sardengna a mangilillili tapno laeng sumardeng koma. Kasla awan ti tulang ti tengngedna a mangtengngel iti leppay nga ulona. Agling-et pay iti napigket ken nalamiis.

Masapul nga ipakitami iti nalaing a doktor. Masapul nga agsakripisioak. Impadpad-engko ti mabalin manen a pannakasingirko idiay *Bannawag.* Ti pay ket bainek idin, Enos Apok, ket awan met la ti sabali a pagkamangakon no di dagiti editor. Naimbag la ketdi ta mannakaawatda unay, nangruna daydi Manong Jun, a naital-o a *literary editor* idi naglusulos ni Mang Amor Andaya ta agsagsaganan sa idin a mangala iti *bar exam.* Uray sa met idin no di pay mabalin ti agsngir, balbalinennan. Isu a no aggapuak idi iti eskuela iti rabii ken kaiwarwarsik ti buggok, sangnguek manen ti nakasaang a paset ti nobela a madama a rumrummuar.

Kasdi ti inaramidko, Enos Apok. Napanak nangsingir iti imbayadko iti hospital a nangitarayanmi iti daydi angkelmo.

Saan nga iti dispensario.

Idiay UST Hospital!

Impatpatulengko daydi immay nagsingir iti renta ti dagusmi.

Inunak ti salun-at daydi angkelmo.

Indawdawatko a di koma mangibaon ti akimbalay iti umay agipuruak kadagiti gamigammi iti ruar!

Sakbay a rimmuarkami iti daydi nga aldaw, binilinko dagidi napanawanmi a mapanda agsapul iti akaranmi a nalaklaka ti renta.

Idi lumas-udkami iti pasdek ti University of Santo Tomas Pediatric Hospital, nagsubli ti nadagsen a riknak a bunga ti padasko iti daydi doktor idiay Fabella Memorial Hospital.

Indawdawatko a sapay koma ta awan ti kasdi a doktor iti UST.

Makaulaw ti panagsipsiputko kadagiti aglilinnagud a sangaili ken dodoktor ken nars. Adu dagiti ubbing a pasiente.

Nasulek ti imatangko, Enos Apok, iti maysa nga ubing nga asasistiran dagiti nars iti maysa a suli.

Nakalawlawag pay la iti mugingko ti buya uray no manon a dekada ti napalabas. Kasla piglat ti letteg a di napunas iti lagipko. Kasla diak patien ti nakitak; no istoria la koma ti sabali, diak la ketdi patien, ngem nasaksian a mismo dagiti dua bukel a matak!

Nasiripko ti lumlumsot a bagis ti ubing iti kimmotna! Agsansaning-i idinto nga agap-apppot ti inana a mangbuybuya iti mapaspasamak.

Iti nakemko idi, diak ammo no kasano a maisublida ti bagisna.

Ngem awan ti naalinagaak a danag iti mata dagidi mangas-asistir; langada ti natalna latta.

Kalpasan ti panangrikoniser dagiti tao iti hospital iti daydi angkelmo, Enos Apok, pinagpilidakami no kayatmi nga ibati wenno isubliminto.

Awan ti pagbayadmi iti panagyanna iti hospital isu nga inkeddengiko nga agsublikaminto tapno maammuanmi ti resulta ti *check-up*.

Ad-addan ti dagsen ti mugingko idi agsublikami iti hospital.

"Huwag kayong mabibigla," kinuna ti doktor, *"meninggitis ang sakit ng anak n'yo."*

Diak kayat a patien ti nangngegko, Enos Apok; nadagsen nga awaten ti palawag ti doktor. Diak kayat a panunoten a napukawmi la ngaruden daydi Lorimar, mapukawmi manen ti maikatlo.

Naliday dagiti mata ni lelangmo a nangsakroy iti daydi angkelmo nga Arvin Salacnib bayat ti iruruarmi iti hospital. Kasla ubbaw ti ulok ket awan ti masnop a turongen ti panunotko.

Masapul a patibkerek ti pakinakemko. Adda pay la ni antim a Lingling a pangibukbokanmi ken ni lelangmo iti panawenmi.

Indawdawatko iti Apo a saan koma a mapasamak ti agbalbalay iti panunotko.

Imbukbokko ti panunotko iti trabahok iti Filipiniana Section, iti UP Main Library. Inurnosko dagiti sangsangpet a manuskrito ken kopia ti Bannawag, Bisaya, ken Liwayway. Nagaramidak iti index card dagiti nakompleto a manuskrito dagiti nobela, ken naurnong a sarita dagiti mannurat. Uray pay dagiti salaysay ken dandaniw, insaganak amin a mapa-*bind*. Nasaok sa ket idin nga ammok no asino dagiti kadalusan ti manuskrito? Enos Apok, maymaysa wenno dudua laeng ti matandaanak a dandani awan ti makitam a naedit iti manuskritona. Ni Hues Guillermo R. Andaya—no di pay nagretiro—ken ni Edilberto H. Angco a sigud a tagaIlocos Sur ngem agnaed itan idiay San Fernando, La Union. Uray dagidiay editor, adda makitam a sinammata kadagiti manuskritoda, nga isuda met laengen ti nangedit.

Iti panangur-urnosko kadagiti manuskrito, ken kopia dagiti magasin, naisiasi bassit ti panunotko kadagiti parikut a nabatik iti dagusmi.

Ngem saan a nailimed kadagiti katrabahuak ti kaadda ti mangburburibor iti panunotko gapu iti naisalsalumina a kinaulimekko. Maysa ni Rosalie Faderon kadagidi nakadlaw—itay laeng nabiit a naammuak idi sinuratak iti Facebook ken Messenger a kalpasan ti panagtrabahona iti sangapulo a tawen iti Filipiniana Section, nagbalin a faculty member iti uppat-a-pulo a tawen iti Institute of Library Science idiay UP, sa nagretiro a dekana sadiay.

Maysa daydi Valerio L. Nofuente, a nagdamdamag iti parikutko, a nambaranna a nangisagidsagid iti panangkiwkiwna kaniak a sumurot iti natan-ok a tignay kano dagidi radikal, a diak idi maawatan. Ngem kinapudnona, iti isipko, awan bibiangko no natan-ok wenno barisungiad ti panggep ti grupoda. Awan panawenko kadagidi a banag; kapatgan ti pamiliak. Maas-asianak idin ken ni lelangmo, ta adtoy a kaduak nga agparparikut idinto a no sabali koma ti naasawana, nalabit a di koma agsagaba iti tuok iti sidongko.

Gumilgil-ayab idin ti aron ti komunismo a sinungrodan ni JoMa Sison babaen ti panangkiwkiwna kadagidi radikal nga estudiante ti UP bayat ti panangisurona sadiay; a nagsaknap kadagiti dadduma pay nga unibersidad kas iti UE, PUP, ken dadduma pay. Natangken dagidi maitagtag-ay a gemgem dagiti mamasirib nga estudiante, a nangipagpagarup a nasirsiribda ngem ti gobierno nga ipappapilitda a korap.

Nakaar-ariwawada kadagiti lanlansangan. Nagdadakkel dagiti bandalismoda kadagidi pader iti sadino man a kayatda. Adu pay dagidi panawen nga awan ti klase gapu iti aramidda. Malagipko, Enos Apok, a nagkampuanda idi agangay ti estasion ti radio ti UP ket sadiay nga impulpulikkaawda ti kinadakes ti gobierno daydi FM; nasaok sa ketdi daytan...

Nasaok kadi idi kenkan, Enos Apok, a daydi Kompadre Cristino I. Inay, Sr. a ninong ni antim a Lingling, napan met nakiraman a nagitagtagay iti plakard ken nangipukpukkaw iti pammatida a rinuker daydi a gobierno? Naaringan laeng kadagidi adu a nangipukpukkaw iti patienda nga umno. Diak idi maawatan ta iti baet ti kina-Ilokanona, a kas iti daydi FM, nagbalin a maysa kadagidi radikal. Naammuak idi agangay a saan la nga is-isu ti Ilokano a kimmontra iti daydi a gobierno—kalpasan ti mano a dekada, idi sabalin ti presidente ti Pinas, ken idi addan daydi Kompadre Tino idiay New Jersey, indawat dagidi nadangran bayat ti panangitagtagayda kadagidi natangken a gemgemda ken adu a nalabaga a bandera, ken panagpuorda iti ladawan dagidi lider a kabusorda, ken kalpasan ti panagayus ti darada kadagiti lanlansangan, pinanggepda a singiren ti danios, kano, a sinagrapda iti ima ti gobierno.

Naammuak a mismo iti daydi Pare Tino, Enos Apok, idi empleadon iti UP, a naparpar met ti ulona idi nairaman iti rapukrapok idiay University of the East—panagkunak, Enos Apok, balonna daydi a linak-amna idi immayen ditoy America, idiay New Jersey, nga isu ti nagpakadaanna itoy a lubong iti di pay unay nabayag.

Kas kadagiti immuna nga inakaranmi, intugotmi manen ti nagasat a double deck, Enos Apok, idi umakarkami iti Lepanto. Adda pay dakkel a karton a dram—sigud a bariles a nagbasiuan ti gatas a diak malagipen no nakaalaanmi. Nadagsen ta adu a gamigam ti inkargami.

Adda iti maikadua a kadsaaran ti salas a pannakakuarto ti inupaanmi. Diak malagip no asino ti nakasarak iti daydi a balay ti ninagananmi iti Bruha ta napalalo ti barisawsawna. Masapulna ngata ti kuarta, masapulmi met ti akaranmi. Diak manen malagip no masapul idi ti pauna nga upa wenno saan.

Adda ti marmarba a pagpaknian iti amianan a sikigan ti balay. Nakaam-amak, no dika agannad, amangan no mailabsongka no inka umigid ket maisursurotka iti impugiitmo!

Inanusanmi ta dimi idin kabaelan a bayadan ti pinanawanmi idiay Firmeza.

Agtataruptop idi ti parikutko, Enos Apok. Dagidi kakaduami ken ni lelangmo, kasla awan parparikutda. Uray no kasdi ti kasasaadmi, masangoda pay la ti aggagarakgak.

Nagustuan daydi Bruha ni Abring ket isu la ti palubosanna a mapan agdigos iti banioda iti sirok. Isu la ti palubosanna a mapan agbuya iti telebisionna.

Awan simmayaatan ti kasasaad daydi angkelmo nga Arvin. Dumakdakkel met idin ni antim a Lingling ngem nailling met. Kas man la mamalnoris idi ta nakuttong. Malagipko nga idi addakami idiay Firmaza ti nagsursuruanna a nagna. Nasurok sa idin a dua ti tawenna. No di pay imbaga ni Abring a sinitenna 'diay kimmotna, saan koma pay a nagna. Malagipko ti nagkintal a balikasna: atta takki yay kimmutko!

Malagipko man ketdi ita, Enos Apok, a diak idi malaglagip ti gapu daydi kasla naidardaras a panaglantipmi ken ni lelangmo. Kunak idi, maspulko ti kasapulak nga agpanunot, bareng lumag-an ti imetko. Kaarngi met ti adda idi iti panunotna. Gapu iti kinaiget daydi manangna a Saling, ken ti durog ni Mang Rogie a kaanakanna, a mangasawan tapno mapanawannan daydi manangna.

Am-amirisek ita, Enos Apok, nga arigmi iti simutsimot a nagsebba iti apuy. Ti la agdama idi ti adda iti panunotmi. Kas iti naibagak iti daydi Mang Saling idi dinamagna no kasano a biagek ni lelangmo: 'Ni la Apo Dios ti makaibaga...' Malagipmo daydi kunak a dida idadar-ay iti kallaysami idiay Cabugao?

Ket marikriknak idin ti sungbat ti amin a panagdardaras, a nupay napudnokami iti tunggal maysa, arigna dimi mayangsan dagidi nagtataruptop a pannubok.

No dadduma, maisawsaw-atko idi ti dua a balikas: **Apo... Apo!**

Ituloymo ti agbasa. Aglitlitek pay laeng iti pispisko ti patigmaan ni Manang Namnama Hidalgo. **Dika matulongan nga i-promote iti trabahom no dika agbasa.**

Ket iti baet dagiti agtataruptop a pannubok, sumrekak iti bigat idiay

Filipiniana Section. Agtarusak idiay Manuel L. Quezon University no aggapuak iti trabaho; no dadduma, makaturturogak iti bus—adda pay la dagidi JD ken Yujico bus a pagluglugananmi.

Naminsan a pannakaturogko iti lugan idi sumrekak iti klasek, nagtugawak iti asideg ti likud. Idi makariingak iti batog ti UST idiay España, awanen daydi petakak a yan dagidi IDk. Impagarup ngata ti mannipdut nga adu ti kuartak. Lokdit a mannipdut, dina la pilien ti dukotanna! Ti la tabbogak, inlunlunodko ti diak am-ammo a karasaen! Agaasem, nagadu la ngaruden a parikutko, innalada pay dagidi napateg nga IDk.

Agbalbalonkami idi ken ni lelongmo a Herman, Enos Apok; adda panganan iti sidiran ti library ngem dimi kabaelan ti aggasto. Isu a yananusmi ti agbalon. No dadduma, mapakpakbo ti digo ti balonmi, digo ti adda la ditan a masida!

Dikami nakapagbayag idiay Lepanto, Enos Apok. Kanayonen nga agtabtabboga daydi Bruha gapu ngata ta dina maparukma ni Abring iti kayatna.

Idi pumanawkami, nagsullat iti sakaanan ti agdanna ta dina kayat a pumanawkami, gapu ken ni Abring!

"Pakpakawan! Diak pay la mapan sumuso kadaytay kasla takong 'diay Pudtol!" kinunana, nga intanupra pay. Kasla kano agsaringgayad ti suso daydi uy-uyawenna, a nagpasaganna met laeng!

Ngem idi di latta papagnaen daydi Bruha, nakapungtot metten ni Abring ket kalpasan a maibabami daydi nagasat a *double deck,* impakaruskosna daydi dakkel a bariles ket nagtartaray met la a naglisi daydi Bruha a kasta unay ti bariwakwakna.

Umakarkami iti sabali manen a nagsakduak iti naidumduma a padas, Enos Apok! Kitaem no ania ti pakaigidiatan ti Times Street kadagidi immuna a Bantay Sinai-mi!

Maika-28 a Paset

Times Street, Sampaloc, 1973

MAIKAMANON NGA ESTASION daytoy, Enos Apok? Adu pay ti kalbario a sang-aten daytoy lelongmo. No kungkontarek, diak pay nakunos ti tallo nga apagkatlo. Sapay koma ta paraburannak pay ti Mannakabalin iti umdas a kired ken lawag ti panunot a manglagip kadagidi pagteng nga italekko kenka. Dinak koma kaum-uma.

Wen, bainek ti bagik a mangyarig iti daydi Natan-ok a nagbaklay iti krus, ammom ti kayatko a sawen ket saanen a nasken a baliksek; dagiti makautoy a pannubok a sagsagrapen 'toy lelongmo, dandanin diak kabaelan nga iballasiw...

He-he! Diak kayat ti agluasit, Enos Apok! Laklakayan!

Ket wen, nadagsen daydiay *double deck* a kadarrato nga isurutsurotmi no umakarkami. Kasta met daydi bassit a lamisaan a sagut daydi Mang Badong idi buniag ni Linging. Annugotek, diak nalaglagip daydi Terry Tugade tunggal umakarkami. Ti nagturturay iti panunotko idi, daydi a kama ti kakaisuna a makunak a *kukuak a bukbukod*. Ta awan idin daydi Terry a nangibati kaniak.

Isu nga uray no kadagdagsen ti krus, diak pulos nalaglagip nga ibati.

Times Street, baro a dagus, baro a pannubok.

Malagipko unay nga agrerekket dagidi balbalay. Pinadasko a sapulen daydi ammok a Time wenno Times Street iti Website ti mapa ti Sampaloc ngem diak nakita. Matandaanak nga adda iti abagatan ti España Boulevard, a sinaruno ti Lepanto a naammuak a nabaliwan metten ti naganna, ken asideg iti Azcarraga wenno C. M. Recto Avenue iti abagatan. Ken asideg ti Mendiola. Kinitak pay no nasukatanen, kas kadagiti dadduma a kalye iti Sampaloc West wenno East, ngem kaskasdi nga awan. Saan a mabalin a nagbiddutak ta makitkitak iti suli ti lagipko daydi a lugar. Kalpasan ngamin ti no manon a dekada manipud iti kaaddami iti daydi a tuldek ti lubong, di pagduaduaan a dakkelen ti nagbaliwanna; amangan pay ketdin no pinunasdan iti mapa ket binaliwandan ti naganna; wenno bassit ketdi unay ket saan a nailasin ti no ania a pagsapulda iti mapa.

Nalawag pay la iti mugingko daydi a balay; dua a kadsaaran. Adda ti ridawna iti amianan. Sumango iti laud ti agdanna no umulika. Nadalus met ti masungad a salas, nga adda dakkel a tawana iti laud, nga adda mabalin a pagtugawan wenno pagiladan—no adda matnagmo, agtartarus iti paglutuan iti barbecue.

Kalpasan ti salas, adda bassit nga agdan a nagilad iti daya, a kumamang iti sabali pay a pannakasalas wenno kosina, iti ngato, a yan ti dakkel a repriheradora.

Sabali la ti bassit nga entresuelo a kaariping ti bassit nga agdan.

Ti ay-ayatmi, a, napalalo! Agaasem, agupakami laeng ngem adda pay repriheradora!

Inkeddengko a dagus nga iti entresuelo ti pagturoganmi kada lelangmo. Umanay kadakami nga uppat! Isuna laeng ta agarup agkaradapka a sumrek, ngem hanabale.

Saan a kinedngan ti akimbalay no mano ti agupa. Importante ngata kenkuana, adda agupa. Agaasem, Enos Apok... manokami? Uppatkami kada lelangmo, Lingling, ken Arvin... Sa dagidi kakaduami: Anti Rosa, Miguela, Abring ken Berta, Melba... ken ni lelongmo a Herman!

Maysamaysa ti nagisimpa kadagiti alikamenda.

Ti nagiddaanda? Adda nagyaplag iti salas, adda nagidda iti tawa, adda nagidda iti kosina!

Diak malagipen no asino ti nangusar iti daydi double deck.

Daytoy ti yan ti imasna, Enos Apok.

Iti damo a rabiimi, nalag-an ti rikna ni lelangmo a nangyaplag iti ikamenmi. Ken nangisimpa kadagiti punganmi.

Awan pay maysa nga orasmi a nakaidda, addan nangsangaili kadagiti takiagmi. Ken tengngedmi.

Idi damo, maysa.

Sa dua!

Idi kuan adun!

Bimmangonak.

Nangisit a nagtitimbukel dagiti nakitak!

Nangpidutak; pinis-itko.

Inangutko.

Mariakosina!

Kiteb!

Nakaad-adu, naglulukmeg!

Nalaus metten no kunak a saankami a nakaturog a nagpispis-it!

Iti kabigatanna, napanak gimmatang iti pagpasuyot!

Ngem adda angotna a di nasayaat ken ni antim a Lingling ken daydi angkelmo nga Arvin. No agpasuyotak iti bigat, ipan da lelangmo dagidiay ubbingmi idiay salas.

Malaksid kadagidi kiteb, awan met ketdin ti nadagsen a parikutmi iti baro a dagusmi. Malaksid, a, dagidi inkuykuyogmi a parikut manipud idiay Firmeza ken Lepanto.

Intultuloyko ti panagadalko idiay Manuel L. Quezon University, ken ti trabahok idiay Filipiniana. No am-amirisek ita, Enos Apok, nalaglag-an ti barukongko iti kaadda ni lelangmo a pangisadsadagak kadagiti aginaldaw a dagensenko iti trabaho ken iti eskuela, ngem idi immun-una a panawenko iti Manila a sisiak a nangyab-abaga kadagidi adu a pannubok iti biagko. Ngem nupay adda ni lelangmo a pangipasaak kadagiti ir-irukek, dina kayat a sawen a naalay-ayan dagiti parikut iti kaadda da Lingling ken daydi Arvin. Agaasem, uppat dagiti taraknek, ket sangsangkabassit ti sueldok no idiligko kadagiti katrabahuak a regularen iti trabahoda.

Kadagidi a panawen, Enos Apok, sangkarengrengnak latta met daydi Lerry Nofuente a sumrek iti lubong ni Joma Sison. Pulos a dinak nakumbinse ta rumabraba idin ti aktibidad dagidi radikal nga estudiante. Kumarkaro idiay UP, umad-adu dagiti maitagtag-ay a plakard, nga aglalaok ti nakasurat iti agar-aruyot a maris dara, wenno diak pay ket ammon no talaga a sadiwa a dara ti impumpunasda. No dadduma, dida pay ketdin sumsumrek iti klaseda. Saan met nga in-intunaran ida dagidi sumangkaradikal met a mannursuro. Sumangkaradikal, kunak, Enos Apok, ta isuda pay ti ad-adda a mangar-aron kadagidi estudiante. Diak ammon no ania la ti masasaon dagidi nagannak a mangisaksakad iti panagadal dagidi ipagpagarupda a mamasirib nga annakda, nga agsaksakdo iti adal a mabalindanto a pagsadagan iti masakbayanda. Dagidi nagannak nga adda iti probinsia, nababan dagidi abagada a kababaklay iti tangbaw ti arado.

Kunak itay a diak inkaskaso ti panangitaptapik daydi Lerry Nofuente iti kapanunotan ni Joma Sison. Wen, Enos Apok, panagkunak, mabalinko lattan nga usaren ti nagan ni Joma ta ammo met ti intero a Filipinas, ken iti pay ketdi ngata sangalubongan, ti kinasiasinona.

Ngem naituon ti panunotko iti panagturposko iti kursok iti MLQU. Kababain ken ni Manang Namnama—kanayon a kastoy ti awagko, ta kayatko nga iparikna ti kadakkel ti panagyamanko kadakuada nga agassawa. No diak ituloy ti panagadalko, sayang ti namnamana a makatulong kaniak, ken ti pamiliak.

Isu a diak sinamir ti rigat. No nakitanak la koma idi, Enos Apok, dika la ketdi agbiddut no kunam nga arigko ti burrarawit—no agdagsenak itan iti agsalsala a siento singkuenta, idi, innem la ti surokna a sangagasut a libra. Diak ammo no nakaiwagatak iti daydi retratok idiay parke ti UP White House. Kudil la ti namungon iti rupak, nagdadakkel ti tulang a limsot iti pingpingko, ken kasla nagkautan iti bisukol dagiti matak. Bentahek met ketdi idi ti lag-anko nga aggunggonay. Agaasem, a. Trabaho, eskuela... saak pay la agsurat iti rabii! Wen, masapul nga agsuratak tapno adda panglitupko iti pagkurangan ti sueldok. Diak sa naagapad itay? Siento beinte laeng ti sueldok iti makabulan!

Awan idin daydi nangisit a higante a Remington a makinilia daydi Angkel Narsing—malagipmo pay daydi immuna nga asawa daydi Anti Immiang, a nagtawid iti daydi a makinilia? Malagipmo a binulbulodko, ken binulod pay ngarud ni Petter La. Julian ket inyawidna idiay Isabela, idi immay inywid ni Esteling, ket isu ti nangileppasanna iti daydi nobelana a *Casa Fernandez?*

Idi agkarigatanen daydi Anti Immiang gapu iti kaadu ti duolanna nga annak ket awan met ngarud ti panggedanna; isu pay ket ngata ti nakapilitanna a nakiasawa iti daydi Tony Saliganan—dinanto met inleppas daydi kursona a kinamodista—impaisublina, ta ilakona kano. Awan ti pangbayadko idi ta siak la koman ti nanggatang. Isu a kapilitan nga insublik.

Ngem kapilitan a nagsapulak iti segunda mano a *portable* a makinilia. *Underwood* sa daydi, kublakublang ti pinturana. Pininturaak iti nakusnaw nga asul tapno aglanglanga a baro. Ngem gapu iti kabassitna, no partakak ti agmakinilia; wen, napartakak idin nga agmakinilia, Enos Apok, ta nasanayakon bayat ti panagsursuratko, agtaray met iti lamisaan ket sangkasimpak.

Iti ababa a pannao, isu ti pinangituloyko a nangpalasbang iti imahinasionko nga agsurat.

Idi dandaniakon agturpos iti Bachelor of Arts in Journalism, a diak nausar ta di met kasapulan no agsuratka iti piksion, pinaurnos ti registrar's office dagidi naalak a *subjects*-ko. Nagpipintas man ketdi ti panagsasaganad dagidi gradok a dandani pasig a nagsisikkawil—saan a kas kenka a *valedictorian* idi agturposka iti *high school!* Nagadu, wen, ti gradok a 75! Manmano ti dua ti ulona! Addan sa idi dua nga Españolko a dua ti ulona! Ha-ha, siddaawek pay no apay nga inikkannak daydi Mr. Abesamis iti kasdi a grado ket awan met ti pinagkaritko no di ti partakko nga agbasa; agaasem ta agkaarngi met ti Iluko ken ti Español, di kad' tinartarastasko la ti nagbasa! Malagipmo 'di kunak, a pangtedennakami a pagbasaen daydi Mr. Abesamis iti mano a parapo iti daydi Noli Me Tangere ken *El Filibusterimo* daydi JP Rizal?

75, kunak sa itay? No adda pay daydi subject-ko a Chemistry a namindua nga innalak idiay FEU. Malagipmo a nag-shift-ak iti Med Tech idiay FEU idi? Iti daydi maikadua a panangalak, nakaalaak iti 75, iti *last grading!* Naimbag ta isu ti ipapatay daydi Lelong Iroy ket napupokak idiay probinsia ta awan a dagus ti pinagpletek a nagsubli, ket nagbainakon a nagpakita. Isu a *dropped* amin ti *grades*-ko.

Agsublita idiay Registrar ti MLQU.

Naalak aminen a kasapulan nga asignaturak tapno makagraduarak;

saan a balen no nagsisikkawil ti kaaduan!

Ngem adda nagparikutak iti dakkel.

ROTC! Mariakosina nga ROTC!

Ti la nagdamdamagak no kasano a mailibreak. Agpayso a nangalaak iti COCC idiay FEU, ngem awan ti essemko nga agsoldado! Nangruna ket saan a kayat daydi Nanang a lelangmo iti tumeng nga adda pay sabali a kameng ti pamiliana nga agsoldado gapu iti padasna iti daydi Tatang.

Adda nakangngegak iti napintas a rason.

Mabalin kano ti excempted. No addan asawam!

Imbagak iti Registrar nga addan asawak. Pinangaladak iti Marriage Certificate.

Ay ket, linaklakak, a! Uray la a dua!

Maysa ti naggapu iti daydi Mayor *Malutluto, Maib-ibus* Art Padua!

Maikadua daydi Padre Apostol a padi ti Aglipayano a nangyalud-od iti petsa ti kasarmi ken ni lelangmo idiay Cabugao, Enos Apok.

Nagyamyamanak ta makapagturposak met laeng, uray no nagadu ti sadut a gradok, ta nakasikkawilda!

Sinuratak da Nanang bareng no makaatendarda iti graduation-ko.

Ngem uray koma no diak nagsursurat, Enos Apok, nabayag gayamen a panggep daydi Nanang ti umay.

Kaduana ni lelongmo nga Osi a simmangpet, nga agtawen ngata idi iti lima. Nakutkuttong daydi Nanang ngem daydi naudi a pannakakitak kenkuana, idi nayospitalda kadagidi Tatang ken lelangmo a Tessie idiay Tamag. Malagipmo daydi ipapanko idiay Tamag, idiay Vigan? Uray ni lelongmo nga Osi, nakuttong met, ken saan a maun-uni, a kanayon a nakaariping iti daydi Nanang.

Idi damo, nadlawko a kasla adda nadagsen nga ir-iruken daydi Nanang. Kasla adda kayatna nga ibaga a dina ammo no kasano nga irugina.

Iti naminsan a panagsangomi a dudua, makalulua a nangsango kaniak.

"Ania't parikutyo?" siakon ti nangyaruangan.

"Ni Tatangyo..."

"Apay ni Tatang?"

"Nasayaat nga ama. Naanus. Awan pagkunaak kenkuana. Nadlawmo met ngata. Pusposna amin a puspos. No dadduma, maas-asianak pay ngarud ta no sumro ti sakit ti ulok ken ti panagulaw-ulawko, pulosen a diak makapuspos. Kasla agpuspusipos ti lubong no pilitek ti aggunay."

"Ket aginanakayo, a. Dikay aggunggonay no madi ti bagiyo. Ken adda met da Tessie, Violy, Sadiri... ken ni Myrna."

"Nanam-ay dagidiay addim. Dagidiay la libroda ti sangsanguenda."

"Ni Tessie... ar-aramidenna pay la 'di ugalina?"

"Saan metten, a... awanen ti buttaw a datar a pangilusotanna 'diay ulona!"

Pilppiliten daydi Nanang a palag-anen ti situasion, Enos Apok. Nasaok kadin nga adda pilpilia daydi lelangmo a Tessie? Napapilit idi bassit ket no adda dina mapaadda, isu daydiay, inserrekna 'diay ulona iti lussok a datar.

"Hanabale met ketdi no igaedda ti agbasa... kasta ngarud ti kayatmi ken ni Tatangyo... makaadalkayo amin tapno adda mangilalaem kadakami, nangruna kaniak a pulos a di makailasin iti letra..."

"'Su ngarud a sinuratankayo tapno umayyo saksian ti anakyo nga umuna nga agturpos iti kolehio."

Diak imbagbaga dagidi sadut a gradok, Enos Apok!

"Maipagpannakkeldaka, Barok... sapay koma ta kastanto met dagidiay addim." Dina la ammo no kasano ti rigatko a nangisakad iti panagturposko; a maidagnay pay ti parikutko iti daydi Arvin Salaknib.

Bayat ti panagpatpatangmi, adda sabali a pagtartarayan ti panunotko. Agpayso nga agturposakon, ngem diak ammo idi no pangalaak ti igatangko iti uray no bassit la a pagsasanguanmi. Kinapudnona, daanen daydi maymaysa a sapatos a paginaldawko. Awan met ngarud ti mabalinko a singiren idiay Bannawag.

Nagsay-a daydi Nanang. Nalagipko, adda gayam kayatna nga ibaga.

"A, wen... ni Tatang sa ti kunayo itay?"

Nagsay-a pay naminsan, sanak pinalabsan a kinita.

"Addan sa met sabali nga ar-aramidennan."

"Ania?" nagsala ti panunotko.

"Adda madmadlawko... a pakasulsulisoganna..."

Ni Tatang? Diak patien ti dagus a nagsala iti panunotko. Ni Tatang, a pulos nga awan ti nadlawko nga uray no nangisurotanna la iti panagkitana iti limmabas a dayag? Makaaramid iti kas iti turongen ti sao daydi Nanang?

"B-babai?"

Nagdumog daydi Nanang.

"Patienyo a maaramidna ti kasdiay?"

"Nakitak 'ti naminsan."

Diak patien ti nangngegko, Enos Apok. No adda man dayawek iti kinapudnona iti pamiliana, awan sabali no di daydi Tatang.

Ngem Nanangko ti mangibagbaga iti kasunganina. No adda babai a patiek unay ti sasawenna, awan sabali no di daydi Nanang; immala iti daydi Lelang Andiang. Malagipmo daydi yaayna idiay Labut, Enos Apok?

No naaramid daydi Tatang ti impulong daydi Nanang, ammok a dina nagay-ayatan. Nalabit a nasulisog... wenno no ania a gapu, diak ammo. Ti adda iti mugingko ita, Enos Apok, nga idatdatagko kenka daytoy a pagteng, liklikak nga agapaden ti kinasiasino ti bangir a partido. Diak ammo no ania ti puon ken gapu ti amin.

Inyaleng-alengko daydi pulong daydi Nanang. Inselselko iti mugingko a maysa laeng daydi a tagtagainep. Ta adu a tao ti maseknan.

Inan-andingayko daydi Nanang. Total, naipeksanan ti mangrirriribuk iti panunotna, inseksekko met iti mugingko nga umdasen dayta a mangpabang-ar iti barukongna.

Nadlawko ti panangang-angguyotna kadagiti dua nga appokona bayat ti panangip-ipig kenkuana ni lelongmo nga Osi. Mariknak la unay ti kinaumbina iti daydi Arvin ken ni Lingling. No agsaning-i idi ti apokona, ubbaenna sana ipakep iti barukongna, nga isadagna ti ulo ti ubing iti abagana.

No malagipko ita, Enos Apok, diak malapdan ti panagtutubbog dagiti matak.

Tapno adda pangalaak iti uray bassit la a pagsasanguanmi iti panagturposko, inkeddengko nga isalda daydi Underwood a makiniliak. Sakaekto no agsueldoak, ta di mabalin nga awan ti pagimakiniliaak kadagiti sursuratko.

Ngem adda pay sabali a parikutko. Awan pagsapatosko. Bassit la ti nakaisaldaak iti daydi a makinilia, dida koma pay kayat a saldaen ta daan.

Naimbag ta adda nangisit a lalat a sapatos ni lelongmo a Herman. Isu ti binulodko!

Nabatad pay la iti mugingko daydi entablado ti Manuel L. Quezon University iti amianan a sikigan ti R. Hidalgo Street, iti dayaen ti Dalisay Theater. Simmango iti kalsada ti entablado. Dita met la ti malagipko a nangalaak iti mano a klasek iti PE. Ti ammok diak nakompleto ti reglamento iti PE, ngem diak met ammo no apay a nakagraduarak... Ah, malagipko, kinasaritak daydi PE Instructor. Imbagak ti parikutko, a *self supporting student*-ak ket awan ti panawenko. Mannakaawat met ket linakuannak la iti uniporme ti PE ket PASSED metten ti *grade*-ko!

Idi naawagan ti naganko a mapan iti entablado tapno awatek ti nalukot a papel a tanda ti panagturposko, kaslaak la tumaytayok iti pannakaamirisko iti sangkatipping a nagun-odko. Diak malagip no immuna a nagturpos ni Aniceto Llaneta nga editor ti The Quezonian nga *school organ* ti MLQU—malagipmo, Enos Apok, a siak ti pinusgan idi ni Aniceto nga editor ti Pilipino Section ket rimmuar pay ti saritak nga Ang *Eden sa Kanilang Buhay* iti dua nga isyu, a patarus ti saritak a *Ti Eden iti Biagda?* Rimmuar pay daydi a sarita iti *Tagumpay*. Isu a namitlo a rimmuar daydi a saritak iti dua a magasin ken maysa nga school organ.

Wen, inyuray daydi Nanang ti panagturposko. Nakitak ti rimat dagiti matana a nangbuybuya iti panangawatko iti daydi nalukot a papel.

Duduada ken ni lelongmo nga Osi a nakadar-ay, kaduada ni lelangmo, ta awan ti panawen dagidi kabbalaymi. A, wen, diak malagip nga adda ni Miguela, ta adda iti ladawan a grupomi.

Daydin ti naudi a pannakaadakko iti MLQU. Diak metten

nasunotan ti napan nagbuya idiay Dalisay, no adda pay ita daydi a pagsenian. Ken daydi Esquire. Dagidi ti dua a pagsenian a sagbibinting iti asideg ti eskuelaan.

Immagibas ita ti lagipko iti naminsan a panangawis kaniak ti maysa kadagidi nakaeskuelaak a taga-Isabela nga agbuya iti bomba idiay asideg ti sigud a Lerma (no di pay nabaliwan ti nagan daydi a kalye) a diak malagipen ti naganna a pagsenian. Fred ti umuna nagan daydi bomba nga artista. Daydi ti immuna ken kakaisuna a panagbuyak iti kasdi a pabuya. Saan pay a siak ti nagbayad, Enos Apok. Nairana la idi nga awan ti klasemi iti maudi a period.

Dua gayam a saritak ti adda pakainaigan ti MLQU. Sadiay ti nagwerretan daydi saritak nga Estero: Iti Maysa a Panawen. Dagitoy sarita a naagapadko, nairamanda iti bibliograpia dagiti sinuratko.

Saanen a nagbayag daydi Nanang ken ni lelongmo nga Osi. Nadlawko ti panagdardarasna. Ngem saan a nakaluas a dina naarakup daydi angkelmo nga Arvin, Esnos Apok, ken ni antim a Lingling. A kasla ketdin daydi ti maudi a panagkitada iti daydi Arvin.

Kumarkaro met idin ti panagdul-odul-o ni lelangmo. Anta ininawenna man gayam idin ni angkelmo a Dondon!

Adda maysa a lagip idiay Times Street a diak malipatan. Daytoy, a, ket maipanggep ken ni Lingling.

Iti maysa a Domingo, a kaaddami amin a sangadagusan, nasarangsang ti katkatawa dagidi kakaduami a kasla di makarikna iti rigat ti biag.

Nabaybay-an ni Baby, nga addan pamiliana idiay San Fernando, La Union, nga ubing a kasinsinko nga agay-aywan ken ni Lingling. Anak daydi Anti Immiang ni Baby.

Agtugtugaw ni Lingling iti tawa nga addayo ti pannakadatarna. Nakataltalna.

Naputed ti panaggagarakgak dagiti kabbalaymi idi pagammuan ta agariwawa ti aglutluto iti turon iti sirok ti tawa.

"'Yong anak n'yo... 'Yong anak n'yo!" Saan a nagsusurot ti arisaksak ti tindera. Itudtudona ti kasla turon a tumtumpaw iti pariokna!

Dinardaras ni Baby nga imbaba ni Lingling, amangan no pasarutsotanna pay!

A, wen, pudno, Enos Apok! Kasano a malipatak ket maysa daydi a nakallalagip, umuna dagidi adu a kiteb!

PANGPANGGEPENMI IDIN TI umakar manen, Enos Apok. Saan ngamin a mapakpaksiat dagidi sinalbag a kiteb.

Iti maysa a Domingo, pagammuan lattan ta nasangailimi dagidi agkasimpungalan a Mang Pelagio A. Alcantara ken ni Manang Ising a kaingungotna.

Agsapsapulda iti akaranda nga upaan. Diak malagipen no naggapuanda idi. Ngem naital-on sa iti trabaho daydi Mang Pelang ket nasken nga agyanda iti Manila.

Nagtutulagkami a sumapolkami iti pagtitinnulonganmi a bayadan. Masapul a dakkel ta dakkel ti pamiliada.

Adda nakasao kaniak nga adu ti paupaan idiay Old Balara.

Nagpatulongak kadagiti am-ammok idiay UP. Saankami a narigatan.

Ngem saanen a makasurot dagidi sigud a kakaduami iti Times Street. Innemkami laeng: siak, ni lelangmo, ni lelongmo a Herman, ni Baby, ni Lingling ken daydi Arvin.

Mabilangmo pay no manon ti nagestasionan daytoy lelongmo, Enos Apok? Ala, ket surotennak latta ta di pay nalpas ti pagrebbengam!

Maika-29 a Paset

Old Balara: Mariano, 1973-

UPPAT TI NAPATEG kaniak idi, Enos Apok, a yakarko idiay Old Balara, iti dakkel a balay daydi Mariano. Umuna ti pamiliak, maikadua ti bassit a daan a makiniliak, sa ti *double deck* nga impatawid kaniak daydi Teresito Gabriel Tugade. Ken ti lamisaan ni Lingling nga inted daydi Mang Badong. Idi maipaluganko dagiti tallo nga agiinak iti dyip nga inarkilami a pagikargaanmi kadagiti gargaretmi, insarunok daydi *Underwood*-ko, sa ti *double deck*. Naudi ti lamisaan. Sangkadagullitko ti maikatlo a kapatgan kaniak, ngem kadagidi a panawen, diak nalaglagipen dagidi nakaduak idiay Coromina; rinimbawan ida dagiti inaldaw a pakakumikomak. Sakami la nakapagkikinnumostan kada Kompadre Fred wenno Prescy, ken daydi kompadremi a Cris wenno Tino no agkikitakami idiay opisina ti Bannawag. Adda idin daydi Terry ken ti pamiliana idiay California, kasta met ni-wenno-daydi Ben Chua a nakaasawa iti agnagan met laeng iti Sally a saan nga Ilokana ket awanen ti damagko kalapasan daydi naudi a panagsaritami sangapulo a tawen ngatan ti napalabas; ta nagadu met ti agnagan iti Benjamin Castillo Chua. Ken ti pamilia ni Tante Domingo nga addan idiay Hawaii— immawag itay nabiit ket naammuak a pimmusay gayamen daydi Lori a kaingungotna. Ket ni Peter? Agakarakar. No dadduma, adda idiay Temecula, no diak mariro, California wenno idiay Isabela—agaaddayo ngamin dagiti aburoy nga annakna. Makitkitak man ita, Enos Apok, ti aggigidiat a nagturongan ti biagmi.

Ket 'toy lelongmo?

417

Nasaok sa metten a ni laengen lelongmo a Herman ti simmurot kadakami kada lelangmo idiay Old Balara. Dagidi dadduma, ti la addan a naturturongda.

Agarup nagkakasangpetankami kadagiti Alcantara. Insangpetda ti sangabukel a pamiliada, a bassit pay idi ni Dylan a buridek, ket daydi Omar ti inauna, a sinaruno ni Djuna, ken Britt sa ti nagan daydi maysa. Diak ammon no asino kadakuada ti Junior, ken no asino ti Dodong. Adda pay maysa a babai a kabsatda ngem diak malgipen ti naganna, kasta met a diak malagip no intugotda. Prinsipal sa idi daydi Mang Pelang idiay Flora, Sto. Domingo sakbay a nagkameng iti Department of Public Information (DPI). Nayakar iti Manila isu nga intugotna ti sangabukel a pamiliana.

Kunak itay a dakkel daydi balay dagidi Mariano isu nga immanay a nagyanan ti dua a pamilia.

Adda ti Old Balara iti sidiran ti UP Campus iti daya-nga-amianan. No kasano ti kinalatak ti UP kadagidi a panawen, ken nalatak pay la ita ta isu la ngarud ti Unibersidad ti Pilipinas, maibilang idi nga eskuater iti abagatan ken dayana. Ti la NAWASA idi ti nangitagtag-ay iti Old Balara. Dita idi ti kangrunaan a paggapgapuan ti danum ti sangabukel a Metro Manila. Iti kabatogna iti abagatan, agarup matantan-awan ti University of the Philippines Integrated School wenno UPIS, ti Mirriam a diak malagipen ti sangabukel a naganna, sa ti Ateneo de Manila University.

Daydi balay dagidi Mariano ti kadakkelan iti amianan-a-daya ti UP Campus. Tantan-awanna dagiti babassit nga eskuater iti sidiranna, a ti maysa iti laudenna ti sumaruno nga akaranminto. Iti ballasiw ti kalsasda iti amianan, nalatak daydi Golf Course, a nalipatak ti nagannan, nga ararogen dagiti babaknang.

Tricycle ti kangurnaan a lugan a kumamang iti Payatas, ken iti ruar ti UP, manipud iti Old Balara kadagidi a panawen, Enos Apok. Sabali dagidi dyip nga aggapu iti Katipunan, lumabas iti Ateneo, sa mapan agrikos iti UP Campus santo manen agsubli iti Katipunan. Sabali dagiti dyip nga Ikot nga agrikusrikos lattan iti kampus, a sagdidies ti plete.

No dakkel ti balay nga inakaranmi, dakdakkel pay ti diak ninamnama a sangpetanmi a parikut. Adda met ketdi dagidi saggaysa a katkatawa a mangbalanse iti angsenmi iti daydi a lubong ken panawen, ngem kabilegan a nangpatpatibker iti pakinakemko ti kaaddak iti sidong ni lelangmo. Ammok, ken nariknak, a no awan iti sibayko, saanko a mayangsan dagidi nadagsen a pannubok a kas man la mangrim-it kaniak iti nagbaetan ti agpiangpiang a langit ken daga.

Yunak dagidi banag a babassit ngem mangiladawan iti pagdumaan ti addaan ken ti awanan.

Iti daya-nga-abagatan ti dagusmi, a dakkel a balay—imulam iti suli ti lagipmo daytoy, Enos Apok—adda matan-awan nga arigna maysa a bunggalo nga eskuater a kinabite, saan a napagtutugma a karton ken lata. Kanayon a nakawangwang ti ridawna ket amano a matan-awan ti telebision a kanayon a nakalukat iti malem a pannakaipabuya ti PBA, a lokal a bersion ti NBA. Nalatak idi nga agribribal dagidi tallo a team, dagidi Crispa ken Toyota; maikatlo ti San Miguel. Phillip Cesar ken Adornado ti pambato ti Crispa. Jaworski, Arnais, Fernadez ken dagidi dua nga agkabsat a Reynoso iti Toyota. Iti biang ti San Miguel, nalatak idi daydi Yoyong Martirez, ken daydi Mariano. Adu dagidi maka-Crispa idiay UP Library ket nakaar-ariwawada nga umay agtrabaho no mangabak ti manokda. Maka-Toyotakami ken ni lelongmo a Herman ket dikam maun-uni no kasdiay a kurang la aglabutab ti ngiwat daydi kaanakan daydi Mang Badong a nagdagusanmi idiay White House, a karuprupa ni Phillip Cesar.

Idi naadalmi ken ni lelongmo a Herman ti malem a kaadda ti tornio ti PBA, ammomin ti pagpuestuanmi a makibuybuya iti matan-awan a bunggalo. Dimi met matengngel ti bagimi ket maipigsami ti mangdayaw no makasiot ni Jaworski wenno ni Arnais wenno ni Fernadez. No kasdiay, magutad ti tengnged dagiti adda iti bunggalo a mangtangad kadakami a nakaal-alsem ti rupada. Siguro, dida manok ti manokmi. Pamrayanmi ti agkinnita ken ni lelongmo a Herman, ken agulimek.

Ngem no maayatanka, dimo met latta mapengdan ti riknam a mangdayaw iti paboritom.

Idi kuan, no nadlawen dagiti adda iti bunggalo, a nakapuestokamin ken ni lelongmo a Herman iti tawa, dagdagusendan nga irikep ti ridaw!

Todas ni laing! Awanen ti pagbuyaanmi iti libre!

No apay a malagipko pay la ita, Enos Apok, ket manon a dekada ti napalabas, isu ti dakkel unay a paggidiatan ti sasaaden ti addaan ken ti awanan. Eskuater laeng dagidi tantan-awanmi, ngem adda telebisionda!

Dakami ngarud, piman? Dakkel nga agpayso ti yanmi ngem dimi met balay! Ken awasn pagbuyaanmi iti Toyota!

A, ket piman a talaga ta adda pay dagidi gundaway nga awan ti igatangmi iti sidaenmi!

Malagipko ti maysa a pasamak iti maysa a pangngaldaw, Enos Apok. Denggem...

Ugalimi ken ni lelongmo a Herman ti saan nga agbalbalon iti aldaw. Agawidkami a mapan mangaldaw. Karkulok a sumagmamano gasut a dadakkel nga addang ti tal-ayem wenno pagnaem no manglintegka iti sinabaan a nagaarimutongan dagiti eskuater no agawidka manipud idiay UP Library; napartak bassit daydi a pannagna ket tumrem la ketdi ti linget iti kilikili ken sellangmo a makadanon iti papanam.

Awan ti nasangpetanmi a sidaen iti daydi nga aldaw. Awan kano ti nakaribnas ni lelangmo a dengdengen.

"Addan sa pay sobrami a sangalata a Ligo," kinuna ni lelangmo. "Isun, a, ti lukatanyo."

Adu ti trabaho iti daydi nga aldaw idiay *library* sa nabannogkami pay a nanglinteg iti sinabaan, a sumalog-a-sumang-at... ay, ket talaga a mabisinkami!

Kapilitan a daydi nagasat a Ligo ti nagbingayanmi ken ni Herman. Nakakitakan iti Ligo, Enos Apok? Bassit a lata daydi nagbingayanmi. Sa naglabaykami iti manteka ken asin!

Ngem saanak a nabsog, Enos Apok!

Nagsapulak iti mabalinko nga inayon.

Nasarakak iti bangkira daydi sangalata a Milkmaid a gatas daydi Arvin. Naimbag la a pagsinam-it, nakunak iti nakemko; saanko nga impakita ken ni lelongmo nga Imman tapno dinak tultuladen, isu pay 'diay mabati a gatasento ni Arvin!

Inlingedko ti simmusop; ngem diak nakasusop.

Adda ketdi nakulbet a narikna ti dilak.

Imposible met a nagbalay a gatas.

Kinitak.

Mariakosina, Enos Apok: alutiit!

Kasano a nakastrek ti sinalbag nga alutiit ket bassit met ti abut ti lata? Malagipko man ita, Enos Apok, nga idi pay la ngata ilatlatada ti kaadda daydi nga alutiit!

Nagsagkakak, dandani la ngarud rimmuar amin a kinnanko!

Imbes nga inapalannak ni Herman, ay-ayek-eken a timmallikud.

Inaldaw nga apaman a makapangaldawkami, mapanko iridep iti sumagmamano a minuto sakbay nga agsublikami iti trabaho. Sumurot no kua ni lelangmo...

NAGPAKARO ITI NAMINSAN daydi angkelmo nga Arvin, Enos Apok, ket intartaraymi ken ni lelangmo idiay Fe del Mundo Children's Hospital, sa idi, a Fe del Mundo Medical Center itan. Diak malagipen no nagremremedioak iti inyunak iti bayadmi, no pinagbayaddakami, ta malagipko nga adda daydi salaysay nga insuratko: *Dra. Fe del Mundo: Adda ti Pusona kadagiti Agasanna nga inruar ti Bannawag idi 1967.*

Tallo nga aldawna laeng iti hospital ta no bumaybayag ti kaaddana sadiay, ngumatngato ti bayadan. Pumipia met ngamin idin isu nga inruarmi. Arinunos ti Mayo idin.

Ngem kalpasan ti tallo nga aldaw, masapul nga isublimi ta kellaat a ngimmato ti gurigorna.

"Hundred twenty ang down payment, mister," awan pangngadua a kinuna ti *receptionist.*

"Miss, puwede ba... wala kaming maida-down."

"Hindi ho puwede, 'yon ang patakaran ng hospital."

"Pero pangatlong araw pa lang ngayon mula noong inilabas namin dito."

"Pasensiya na ho kayo..."

Simleng ti panagkitak. Nalagipko manen daydi Dr. Confesor idiay Fabella, siguradok nga awan itan, ken natay pay ket ngatan.

Tinengngelko ti riknak.

"Paki naman, o. Kailangan lang talagang magamot ang bata."

Nagwingiwing ti receptionist sa inggay-atna ti umadayo.

"Puwede ko bang makausap si Dra. Del Mundo? Kilala n'ya ako,"

impaspasarakko, a diak ammo no malagipnak. *"Sinulat ko ang tungkol sa kanya at ang hospital na ito."*

Impangato nga impababanak a kinita ti *receptionist.*

"Sandali lang, po..."

Diak nakasarita daydi Dra. Fe del Mundo.

Ngem inawatda daydi angkelmo, Enos Apok.

Imbatik ida ken ni lelangmo ta nasken nga agreportak iti trabahok. Kaadu idi ti trabaho idiay *library* ken sumaksakit ti papangreman kaniak daydi Miss Dayrit iti kaadu ti panagpakadak para iti pamiliak.

Sakbay a pimmanawak, tinan-awak pay naminsan daydi angkelmo nga Arvin nga umar-araraw a paubba ken ni lelangmo. Inlagidna kaniak dagidi naliday a matana, a kasla agpakpakaasi idi ipuestoda ti *dextrose* iti takiagna. Nangngegko ti apagasngaw a timiekna: Mama... Mama...! Nga itangtanggayana dagiti imana.

Nadagsen dagiti addangko nga immadayo. Diak ninamnama a daydin ti naudi a panagsabat dagiti matami, Enos Apok.

Diak pay nakaruruar iti *library* no ar-arigen idi nakaawatak iti damag a kurang la namagpiangpiang ti langit ken daga a nangrim-it kaniak.

Awanen daydi angkelmo nga Arvin Salaknib!

Sinarunona daydi Lorimar.

Agpadada a pimmusay iti hospital.

A rumbeng koma a nangyatiddog iti biagda!

Nasaem idi a panunotek dagidi a pasamak.

Ket manen, natangadko ti langit ket no ania la ti sinalsaludsodko; a makapungpungtot. Agtabtabboga!

Diak malagip no kasano a nayawidmi.

Ngem malagip ni lelangmo, Enos Apok.

Intulod kano dagiti tao ti hospital. Inkahonda.

Kahon, Enos Apok, kahon!

Iti pannakaaburido ti ulok, diak ammon ti inar-aramidko.

Aragaag ita ti lagipko, ngem adda dagidi tao a nasayaat ti panagpuspusoda a timmulong kadakami. Uray dagidi nangrikep ti ridawda no adda tornio ti PBA tapno dikami makabuya ken ni lelongmo a Herman, timmulongda met.

Uray idi maitabon... idiay sa Payatas idi, wenno diak malagipen no sadino.

Adda pay akinkukua iti traysikel a nangitulod kaniak iti nangpaaramidanmi iti bassit a balayna idiay sementerio.

A manipud iti pannakaitabonna, saanmin a nasarsarungkaran; awan payen ti palualo, awan payen ti pasiam. Awan ti adda!

Manon sa la a tawen ti plaso ti panagpaut ti tanem, sukotandan.

Kasta no awan ti kuartam a pangtaginayonmo iti tanem ti patpatgem.

No malaglagipko ita, Enos Apok, dagidi dua nga ulitegmo, awan ti adda iti panunotko no di mangnamnama nga addadan idiay Langit, iti sidong ti Apo, nga agur-uray kadagiti makapudno a patpatgenda, a makipagsagrap iti bendision ti Mannakabalin.

Nasaok sa idin, a naminduan a natagtagainep ni antim a Chichi daydi manongda a Lorimar, nga umis-isem. Kuna man ni antim a Chichi, nga amangan no sibibiag pay ta dimi met ammo no nangipananda iti bangkayna idi imbagada a dina nalasat ti gasatna. Kunana man nga amangan no saan a pudno a natay ket intedda iti awanan iti anak. Ket sibibiag pay ita.

Diak kayat a panunoten a kasdi ti napasamak, ta diak idi pinennek no agpayso a natay, ta nakiro ti panunotko. Ngem no bilang agpayso, sapay koma ta nasayaat ti sasaadenna ket addanto panawen nga agkikitakami, no saan a ditoy a lubong, itinton sabali a biag. Ket dinakto koma sidsidiren...

Dua a lawas pay la ti napalabas manipud iti ipupusay daydi angkelmo nga Arvin, Enos Apok, idi tumao ni angkelmo a Dondon iti ngalay ti Hunio. Maymaysa a hospital ti timmaw-anda; iti daydi Ortañez University Hospital, idiay Aurora Blvd., nga awan kano itan.

Narigatan ni lelangmo a nangyanak kenkuana ta dakkel ti ulona, a kas kaniak. Nataranta dagidi mangas-asikaso ken ni lelangmo ta mano a minuton a rimmuar ngem di pay nagsardeng ti dara ta dida mairuar ti kadkaduana. Inay-ayabanda ti doktor a pangulo dagidi agpapaanak.

"Ano'ng ginagawa n'yo!" nagunget ti doktora. *"Mamamatay na ang pasyente n'yo!"*

Nagdardaras a nangala iti guantes.

Sinarita ni lelangmo nga inserrek kano ti doktora ti imana iti puertana.

Kinautna ti kadkadua ni angkelmo a Dondon a kimmayammet iti rusok ni lelangmo.

"Congratulations, Mister," kinuna ti doktora idi makaruar da lelangmo iti operating room. *"Lalaki ang anak n'yo!"*

"May ari ba ang anak ko, Doktora?" dinamagko. Diak nasao, Enos Apok, nga awan ti kayo ti sillitong daydi anggkelmo nga Arvin.

"Ano ba namang tanong 'yan? Siyempre, lalake, e!"

"E, kasi, ho, 'yung kuya n'ya... wala, e..."

"Huwag kayong mag-alala... lalakeng lalake ang anak n'yo."

Diak sa ketdi naagapad a kasdi ti maysa a kaso daydi Arvin, Enos Apok.

Limmag-an ti riknak ta dakkel ti pakaigidiatan ni Dondon kadagidi immuna a manongna. Awan ti nagpadlaw a mansa ti salun-atna. Bassit pay ngem kabaelannan ti agsungbat iti ray-aw dagiti adda iti aglawlawna. Idi dumakdakkelen, no kunada: *Sayaw, Dondon... Sayaw, Dondon... Sayaw Dondon... Sayaw Dondon!* ay ket aggumgumintangen iti rabaw ti bassit a lamisaan!

Naminsan pay a simmarungkar daydi Nanang, a lelangmo iti tumeng, Enos Apok, a kaduana ni lelongmo nga Osi. Naraniag dagidi naliday a matana a nangaw-awir ken ni Dondon. Mariknak idin ti dakkel nga imresan ti bagi daydi nanang. Kasla adda nalamiis a pul-oy a nangapiras iti barukongko iti kas man la nagparikna a masakbayan.

Malagipko ita, nga imbatimi ni antim a Lingling iti naminsan nga ipapanmi idiay Labut, a diak malagipen no kaano. Malagipko laeng ta maipalagip ti panangkalbo daydi Nanang ken ni Lingling ket diak nagawidan ti nagunget; babbabawyek daydi nga inaramidko.

Makalulua a nakalagip iti daydi Arvin; nalabit nalagipna daydi panangap-apungolna iti daydi nga apokona idiay Times.

Diak met malagipen no apay nga immay idiay Old Balara. Makunak a maysa ket ngata a pammakada daydi. Maudi a pammakada...

Ta iti saan a nabayag manipud iti panagawidda, naplengkami iti simmangpet a damag.

Nagpakadan daydi Nanang.

Duduada kano ken ni Osi a nabati idiay balay... idiay Labut. Ta agbasbasa dagidi kakabsatmi.

Pagammuan, nangngeg dagiti kaarruba ti panagpukpukkaw ni Osi. Idi mapanda kitaen no apay, nadanonda a naidasayen daydi Nanang nga agar-aruyot ti dara iti agong ken iti ngiwatna.

Nagdardaraskami a nagawid, ti pamiliak, ken ni lelongmo a Hermam.

Idi nakitanakami daydi Tatang, imbulosna ti sakit ti nakemna.

"Apay a pinanawannak, kabsatko... Ania ti nagbasolak... ania ti nagbasolak!"

Iti paraangan, iti sirok ti lungboy, nakita ni lelongmo a Herman daydi Lelang Andiang. Agsansaning-i nga agparutparut kadagidi nagtubo a barsanga.

"A-apay, anakko, apay? Siak la koman... apay a sika pay?"

Wen, Enos Apok, Pebrero katorse idi pimmusay daydi Nanang. Aldaw dagiti puso.

Aldaw dagiti puso!

Narigat nga iliwliwag dagiti aglabas a pannubok, pudno unay. Ken adda latta dagiti di mapakpakadaan a pasamak.

Kunak no idi nagturposakon iti kolehio, saanakon nga agsubli iti eskuelaan.

Kinasaritanak ni Mang Namnama iti maysa nga aldaw.

"Gapu ta addaka iti *library,* masapul a mangalaka iti Library Science," kinunana. "Naibagak idin." Kayatna nga agmasterak.

Saan pay a napunas iti panunotko a saan a para iti lalaki ti kasdi a kurso. Talaga nga awan ti essemko nga agbalin a *librarian.*

Ken maysa, awan ti pagbayadko no ageskuelaak manen.

Naammuak ketdi a beinte singko porsiento laeng ti bayadak no iti UP ti pagbasaak, gapu ta empleadoak iti UP.

Ngem nalagipko dagidi sadut a gradok idiay MLQU... dandani nagsisikkawil amin!

Ken no mangalaka iti Masteral, masapul a mairuarmo ti *entrance exam*.

Awan, a, Enos Apok! Ti met la agsurat ti ammok.

Diak inkankano; diak imbagbaga ti gapu.

Ngem sakbay a nangrugi ti semestre, pinalagipannak manen ni Manang Nam.

Aggudenggudengak a napan nangala iti *transcript of record* idiay MLQU. Idi naalak, indatagko iti Registrar's Office, iti College of Arts and Sciences, a nairana a yan daydi Kompadre Tino Inay, ken ni Ernesto Arocena a kaanakanna. Naipatpatang pay nga Ilokano daydi Mr. Pambid a bossna.

"Awan problemam, kompadre!" kinunana. Insingasingna a mangaramidak iti *bibliography* dagiti sinuratko, tapno maammuan ti departamento a maysaak a mannurat.

Ngem tapno mapagustuak ni Manang Nam, nangalaak iti *subject* iti Library Science, ken *major subject* iti Pilipino Department.

Kasdiay ti napasamak, Enos Apok, no apay a nakastrek ti kas kaniak, a nagsisikkawil ti gradona, nga agbasa idiay UP. Laglagipem, UP Diliman pay, saan a UP Los Baños, wenno College of Fisheries! Kadagiti dua a naudi a naagapad, saanda unay a naistrikto iti annuroten.

Ay, apo, kunam pay. Nangrugi manen ti sabali pay a kalbario a sangatek! Ta mababainak kadagidi kaklasek iti Pilipino. Naglalaingda iti diskusion. Awan ti mayat a paatiw; agpipinnangatoda iti paturayok! Ken kasda la agbabakarda amin.

A, wen. Uppat, lima laeng ti bilang dagidi estudiante iti maysa a *subject* iti Pilipino. Immuna a naanderak iti daydi Dr. Bievenido Lumbera, a maysa kadagidi adigi ti Pilipino Department. Maysa met ni Virgilio Almario, a nalatak iti naganna a Rio Alma. Ken maysa pay gayam kadagidi adigi ti Pilipino daydi nalatak a nobelista a Rogelio Sicat ta nadekket kadagiti mannurat nga Ilokano a karanranana no agpasiar idiay Liwayway. Ken ni gayam Domingo Landicho.

Sisiak nga Ilokano iti grupo. Ay, kunam pay, ad-addan a kasla nasarait ti bibigko!

Ngem adda ketdi maysa a nalatak idi idiay UP. Daydi Propeosr Leopoldo Y. Yabes a maysa nga Ilokanista. Ken bigbigbigenda idiay UP. Isu ti nangipetpetteng iti panagbalin ti Pilipino a Filipino. Ta no Pilipino, Tagalog laeng ti itakderanna idinto a no Filipino, sakupenna ti amin a lengguahe iti Filipinas.

Idiay met College of Library Science, pasig a babbai ti nakaklasek!

Mariakosina, into no kuan agbalinak met ketdi a babai, kinunkunak iti bagik idi.

Adda ketdi dua a lallaki a mabigbig idi a Librarian. Pacing ti awagda ngem nalipatakon ti apeliedona, daydi natayag nga *Assistant Librarian*. Daydi Miss Marina Dayrit ti University Librarian. Maikadua ni Rod Tarlit, a nagbalin idi agangay a University Librarian agingga a nagretiro.

Ken adda pay gayam maysa. Daydi Manong Juan Valbuena, a nangtulong kaniak idi agangay a nangiruar iti immuna a librok a *Pakpakawan, Berde! Ken 24 a Napili a Sarita*.

Pagamuan lattan ta naidarekdek iti sango ti ridaw ti balay daydi Mariano. Idi la a nakitak daydi natingra ti kayumanggina a tinina ti kataltalonan idiay Subec, naangrag ti buokna ket arigna bumbumnel dagiti natangken a piskelna iti panagdaldalusna iti kulongan dagiti manok a taraken ti amona idiay Laoag.

Nagbitbit iti tampipi ken bay-on a naglaon iti natnateng.

"Adingnak ni Manang Samar," nalawa ti iwa dagiti gigisna a nangyam-ammo iti bagina.

Natarnaw ti rimat dagiti matana a nangipalikmot iti panagkitana.

"A, sika ni Erning!" naglitek iti mugingko daydi sinarita ni lelangmo nga agduldulno ken agbukbukros a nagiggem iti naibuyuboy nga itlog nga idatonna ken ni manangna nga agprakpraktis titsing idiay awayda. "Sumrekka!"

Nasdaaw ni lelangmo, Enos Apok, a nakakita iti kabsatna.

"Apay... kasano a nakadanonka ditoy?"

Adda kano nakaalaanna iti adresmi. Adda nangitulod iti yanmi ngem nagdardaras a pimmanaw ta inarkilana ti traysikel a nangitulod kadakuada.

"Nalpasakon iti haiskol, Manang," kinunana. "Kayatko ti umay agbasa... ken agtrabaho."

Kinitanak ni lelangmo, nga apagbingngi dagiti bibigna.

"Pasensiakayon... Adda intugotko a pamusian ngem nakatalaw itay dumdumsaagak iti bus idiay... Balintawak sa. Kinamatkamatko, ti la napnapananna ngem simrek iti inaladan ti dakkel a balay ket saankon a nasurotan."

Naisinged a dagus daydi Erning ti bagbagina kaniak, Enos Apok. Nagaget, saan a nasken a baonem, isu lattan ti makaammo nga agsapul iti aramidenna iti balay, saan a kas kadagitay mamanugang ti Ilokano a no malpas a mangan, ibatina lattan ti platona iti nangananna; a ti la mangan ti ammona, a kasla kadurmenna a sagiden ti tayab ken banga. Ti la makikaidda ti paglainganna, ken agilad a makisarsarita no adda sangailina. Daydi Erning, isu ngatan ti kagagetan a nakapulapolko. Maymaysa ti bisiona—agtrabaho; dina ammo ti sumusop ken pulos a diak nakita a bimmekkel iti botelia. Diak koma baliksen ngem saan a makakikit dagiti kakabsatko no panagpusposan iti uneg ti balay ti saritaan.

Iti naminsan a nadlawna nga awan ti maisaang ni lelangmo, impakitana ti medalia a naawatna idi agturpos ti haiskul.

"Innak isalda, Manang," kinunana a narimat dagiti matana a nangsipsiput iti panagtillayon ti medalia iti sango ti rupa ni lelangmo.

Ngem nagsubli a leppay ti abagana.

Dida inawat ti medalia ti sirib nga imparabur ti Dios kenkuana.

"Gambang kano," nalab-ay ti timekna. "Kunak no balitok!"

Naammuan da Manang Nam ti kaadda daydi Erning ken ti panggepna.

Adda negosio ni/daydi Dencio a kabsatna. Agar-aramid iti alkansia. Nairana nga agsapsapul iti kaduana.

Ket nakastrek nga agtrabaho daydi Erning. Nakayawid pay iti intedna kada Lingling ken Dondon. Diak ammo no naikkanna dagidi ubbing dagiti Alcantara.

No adda idi wayana, agbasabasa met iti *Bannawag*. Diak malagipen no nakamano met a sarita ti naipablaakna

Maypsa pay a diak ninamnama, Enos Apok. Pagammuan latta metten ta naimuttalat daydi Tatang ken dagiti kakabsatko: daydi Tessie, ni Violy, ni Sadiri, ken ni Osi. Ken insurotda ni... awaganta laengen iti Rina. Diak la ammon no ania ti nasasao daydi Manong Pelang iti kaadu ti nainayon a kaduami iti balay daydi Mariano. Naladawen tapno ibagak koma a di umumay dagiti simmangpet. Diak ammo no ania ti naknakan daydi Tatang a nangisangpet iti maikatlo a pamilia.

Ibagak koma a riniknana unay ti pannakapukaw daydi Nanang. Ngem agwerweret iti mugingko ti impulong daydi nadungngo nga inami iti namindua a yaayna, nga adda insangpetna a nadagsen a bato iti barukongna.

Ti pagsayaatanna, nadaras nga impaspasig ni Sadiri ti bagbagina kadagiti ubbing nga Alcantara. Nakadkaduana da Junior ken Dodong a napan nagpidpidut iti bola ti golf. Dandani pay napilidan iti trak idi kinamatna ti bola ti golf. Naglakulako met iti Balita, ken Liwayway— nagahente da Mang Pelagio idi. Kinamkamat pay ti aso ni Sadiri.; nagalala pay iti bulong ti ipil-ipil nga ipakan dagidi Alcantara iti baboy.

Ngem naplengak idi iparipirip daydi Tatang ti panggepna ken ni Rina. Uray ni Herman, kasla saan a mamati iti nangngegna. Dagiti kakabsatmi, a kaduada, awan ti un-unida. Ngem daydi Tessie ti nakamisuot. Nakaululimek met ni Rina a nakadumog, a di makaperreng kadakami; agarup kaedadna laeng ti maysa kadagiti kakabsatmi a babbai. No sadino ti nagadalanda, kadkaduada. Iti ababa a pannao, agarup kinagiddanda a nagbalasang.

Uray no ania ti irasrason daydi Tatang, saan a simrek iti konsensiak. Nariknak met ti nakadagdagsen a rikna ni Herman.

Nababa ti timek daydi Tatang, Enos Apok. Imbagana a dimmawat iti patigmaan daydi Dr./Father Apostol. Babaen ti linteg, no ania a linteg ti kayatna a sawen, awan kano ti nagbasolanna.

Ngem kabagianmi.

Kaanakan daydi Nanang.

Kadagidi a panawen, Enos Apok, serrado ti panunotmi ken ni lelongmo a Herman: saan a mabalin ti pampanunoten daydi Tatang.

Impapanmi pay a ti napasamak ti nakadagdagan, no di pay ket isu ti gapu ti nakatayan daydi Nanang, iti nakaro a sakit ti nakemna.

Daydi dung-aw daydi Tatang: *Ania ti nagbasolak?*

Inggasgastuak. Adu ti rigrigatko kenkuana. Kasla kasta ti immapay iti panunot daydi Tatang. Nasken a subbotenna ti nagrigrigatanna.

No dadduma, maam-amirisko: addan sa ketdi met biddutko—ti panangyasidegko kadakuada idi inawisko ida idiay Labut manipud idiay España Extention; malagipmo daydiay a paset, Enos Apok?

Ngem anian!

Tapno saan a lumanlan ti biddut, nagtulagkami ken ni Herman a kuniaanmi dagiti kakabagianmi idiay Lerma, Quiapo, a tulongandakami a mangyadayo ken ni Rina iti daydi Tatang.

Immay kinasarita ni... wen, nin sa idi Miguela no diak mariro. Impakadana iti daydi Tatang nga ipasiarda ni Rina.

Ngem saandan nga insubli ni Rina.

Impaluganda iti agpa-Lapog.

Kasta unay ti luksaw daydi Tatang idi maduktalanna ti naaramid. Intugotna ni Osi, nagtampong ket saanen a pinaigawid. Nagpaprobinsiada a dina oras.

Nadamagmi laengen idi agangay a dandani inutas daydi maikadua nga asawa daydi Anti Immiang idi nakitada iti maysa a lugan. Naimbag ta nairana a daydi Insan Erwin ti konduktor ket isu ti nangisalakan iti daydi Tatang iti di masaaw koma a pananggudasda kenkuana.

Diak malagipen no kasano ti pannakapukaw daydi balay nga inulianmi ken ni lelongmo, Enos Apok, idi kallaysami. Ipapanko a nabaybay-an daydi Tatang, wenno inlakona, gapu kadagidi a riribuk iti biagna.

Ni la Osi ti intugot daydi Tatang, ket nabati da Violy, daydi Tessie, ken ni Sadiri iti sidongmi.

Nalpasda idin iti sekundaria, ket saan a nalawag iti lagipko no kasano a naituloy da Violy ken daydi Tessie ti nagbasa.

Idi agangay, nagpakada dagiti Alcantara ta naital-o daydi Mang Pelang a mangidaulo iti DPI idiay San Fernando, La Union.

Masapul nga agsapulkami iti akaranmi ta dimi kabaelan a bukodan ti renta ti yanmi.

Nairana a nagbakante ti balay ni Aling Orang iti laud ti balay dagidi Mariano, ket sadiay ti inakaranmi.

Maika-30 a Paset

Old Balara: Orang, 1974

DAGDAGULLITEK, ENOS APOK, ket dika koma maum-uma. Awan ngatan ti nagasgasat a *double deck* ngem ti tawidko iti daydi Terry Tugade; kasta met daydi bassit a lamisaan nga impatawid daydi Kuya Badong ken ni antim a Lingling. No umakarkami, mayakarda met, kas idi immakarkami iti balay daydi Baket Orang.

Dua a kadsaaran ti balay. Adda salas iti ngato, maysa ti kuarto. Bassit ti salas iti baba, a nagkusayan ti agdan, a mapan iti kosina—dandani awan ti pagpusiposan iti paglutuan.

Adda bassit nga eskuater iti likud ti balay ket masansan nga agpatpatokar no mapanak kumaot iti banga wenno iti tayab iti mabalin nga isakmol no ikidol ti boksit ti panagur-urayna.

Adda iti sango ti balay ti paglabaan; kanayon a nakasuldong ti nakaban-uyat wenno nakawikaw no dadduma a host iti gripo.

Daytoy ti napateg a tandaanam, Enos Apok.

Adda kayo a bangko nga agarup maysa a metro ti kaatiddog. No kayat ti agpariir iti sango ti balay, bagkatem nga iruar. No oras ti pannanganan, iserrek iti kosina ket pagdidippiitan dagiti sumango iti naidasar a taraon iti lamisaan nga insagut daydi Mang Badong ken ni Lingling. No dadduma, usarek a paguldagan iti nailet a paglutuan no agdengngegak iti PBA manipud iti bassit a barongbarong iti lilkud. Napigsa ti panagpatokar ti eskuater no agaariwawa dagiti agbuybuya ta nakasiut wenno nakaribaon ni Jaworski wenno ni Fernandez wenno no Arnaiz; isulsulongko met ti gemgemko iti angin! No mangabak ti Toyota, nalag-an ti riknak a mangisubli iti bangko iti sango ti bassit a lamisaan ket kas man la immasiab a namimpinsan ti bannogko iti nagmalem.

A, wen gayam, Enos Apok, intultuloymi ken ni lelongmo a Herman ti agarup impataray a pannagnami iti sinabaan no mapankami mangaldaw, ken agsubli iti *library*. No ania man ti masangpetanmi a naisagada a pangaldaw, isu ti pamedpedmi agingga a makaawidkami iti rabii manipud iti eskuela. Mangal-ala idi ni Herman iti edukasion idiay MLQU ket itultuloyko met ti narugiak a masteral iti UP.

Idiay Talipapa ti pakititiendaan da lelangmo idi. Malagipko gayam, inserrek ni lelangmo ni Baby, ti kasinsinko a para-aywan kada Lilngling ken Dondon, nga agbasa idiay Talipapa.

Kanayon a yan-anay ni lelangmo ti pakitiendana. Adda daydi naminsan a nakidkidna aminen a naguneg ti petakana ket sumagmamano a pug-ong a balangeg, ken sangalata a Ligo, ti kakaisuna a nayawidna. Padayan no makayawid iti galunggong!

Adda dakkel a kaserola a pagdengdengdenganna, wenno pagababrawanna—abraw, kunada idiay Norte, dinengdeng kunami idiay Sur. Iti daydi nga aldaw, agbirawbiraw a balangeg ken tallo bukel a tumtumpaw a sardinas ti pinangibulonmi iti inapuy a nalaukan iti giniling a mais, iti nasapa a sardam, ket isun ti inyulesmi iti panangpalabasmi iti nagpatnag. Uray kaskasano, adda met latta agurok a maturog, a kas man la napnek unay iti inigupna a birawbiraw a digo!

Idi a panawen, wenno nalipatak sa nga inraman idi addakami idiay dakkel a balay ni Mariano, wen, Enos Apok, kakisang ti taraon idi ket uray pay ti bagas ket agnguynguy-a. Nagraira ti panaglakoda iti ginililng a mais, nga isu ti insupusopda iti pagkurangan ti bagas. Ken no adda man bagas idi, naagub, wenno saan, binukbok! Ngem gapu ta kasdi ti mapaspasamak, kasla dimi rinikrikna ti adda a kaipasangan ti kas kadakami.

Idiay met ti nakastrekan ni lelangmo nga agtrabaho iti opisina daydi nalatak nga Ilokano, nga adda idi iti prensa. Diak malagipen no asino ti nangirekomenda, no taga-Bannawag wenno maysa met la a gayyem a mannurat.

Idi damo, agyamyaman ni lelangmo ta uray kaskasano, adda pangalaanna iti isupusopna iti pagkurangan ti sueldomi ken ni Herman. Nalipatak metten, adda latta met, a, daydi Erning ken dagiti kakabsatko a simmursurot iti balay daydi Baket Orang.

Ngem idi kuan, nagreklamo ni lelangmo iti nadnadlawna iti trabahona.

"Uray addan annakmo, nalapsatka pay laeng!" kinuna kano daydi boss ni lelangmo kenkuana.

Idi kuan, dawatennan nga agobertaim.

Adu kano ti trabaho.

Ngem di nagustuan ni lelangmo ti panagisem-isem daydi bossna.

Ket saan nga immannugot nga agobertaim.

Impambarna dagiti annakna.

Naglusulos a dina oras.

Sayang daydi a trabaho; amangan no nagbiddut met ni lelangmo iti panangipapanna.

Nupay kasdi ti napasamak, masangomi latta ken ni lelangmo, Enos Apok, ti makiinnisem kadagiti bituen a sumirsirip iti apagbingngi a tawa.

Idi met ti panaglatak ti programa ti gobierno a *family planning*. Adda supot, a pangisupotan dagiti mayat nga agplano, ken ni Pedro. Adda nagpakapon—*vasectomy* kadagidi lallaki, *ligate* kadagidi babbai.

Adda nangisingasing kadakami nga aramidenmi ti maysa kadagidi a panglakagan nga agplano iti pamilia. Gapu ta adu kanon ti nayanak ni lelangmo!

Malagipko man ketdi, Enos Apok, nga adda maysa nga am-ammomi idiay Sabang a kaarruba ti Labut iti laud, a nagpakapon daydi lakayna. Ti dakesna, di metten kayat 'di gayyemna ti umingar! Nagbanaganna, nagsapul daydi babai iti natibker a tumakder a kasla heneral a soldado!

Supot koma ngamin ti inusarna...

Ha, wen man! Kas met la 'ta bagim ti... kain-innalam, termino daydi Manong Greg Laconsay iti Sex Education-na. Apay a pengdam ket di met agsardeng ti kiremkirem dagiti bituen sadiay langit?

Isu nga idi nadamag daydi Miss Dayrit nga adda manen bunga dagiti bituen iti sardam, kasla kumilaw dagidi matana bayat ti panangwitwitna kaniak!

"Sinabi ko na sa inyo na magpa kapon kayo... matigas talaga'ng ulo mo!" kinunana.

Talaga, kunak koma, ngem... Bagtit a bakbaketan! Pinalusposannanto met ngamin daydi kakaisuna a timmarektek kenkuana; no saan koma a nagpampamayan, di nakakita met koma iti nagdadakkel a bituen! Di saan koma nga umap-apal a maaddaan iti mamasirib nga annak, a kas kenkuana, ken natataraki nga appo, a kas kenka, Enos Apok! Di ngamin? Wen, kunam lattan, a, uray no panakkelen la bassit 'ta ngiwatmo; uray ta masiribka met!

Wen, Enos Apok, ni Mimi nga antim ti imbunga dagidi a sardam! Panagkunak, mapan idin ti ayona a sumursurotak iti dam-eg dagiti kaputotantayo. Agaasem, sangappulo-ket-tallo ti putot daydi Angkel Romeo; sangadosena daydi Tatang, mairaman dagiti tallo a kakabsatmi iti ama... Ne, maikalima gayamen ni antim a Mimi iti biangko!

Ay, ket isu ti maikatlo nga inyanak ni lelangmo idiay Ortañez iti umuna nga aldaw ti Agosto, idi 1974. Pagpiaanna, kasla awan sipsiparna a rimmuar! Bassit ngamin ti ulona, saan a kas ken ni angkelmo a Dondon... ken nasayuden, a, ta maikalima met ngaminen!

Diak malagip no mano a bulanna idi aggurigor ket intaraymi iti Infirmary ti UP. Adu ti agkunkuna idi nga impirmatay imbes nga *infirmary* gapu iti di nasayaat a serbisioda. Mapaneknekak met ta padasko a mismo.

Adda daydi naminsan a papanko panagpakonsulta ta adda met idi rikriknaek. Madama idi nga agay-ay-ayam iti ahedres daydi doktor a naituding a mangkita kaniak. Kalatak idi ti ahedres.

"*Anong sakit mo?*" dinamagna, a giddan ti panangiduronna iti maysa a piesa ti ahedres.

"*Masama ang pakiramdam ko, dok.*"

"*Kailan pa yan?*" nangiduron manen iti piesa.

Addaak idi iti sikiganna, Enos Apok, ket makataptapisenakon.

"*Baka nasubrahan mo kagabi!*" sabali pay a piesa.

Kumarkaro la ngarud ti sakit ti ulok.

Naimbag ta saan a kas iti daydi doktor a nangkita kaniak ti nangasikaso ken ni antim a Mimi. Nasayaat daydi a doktora, naisem pay, ket no sika ti masakit, maimbaganka la ketdi a dagus iti sam-it ti isemna. Nalagipko a dagus dagidi dua nga ulitegmo, Enos Apok, a pimmusay iti hospital. Sayang ta saan a daydi a doktora ti nangasikaso kadakuada.

Iti naminsan, adda pasken iti balay dagiti Hidalgo. Gagangay no adda paspasken, di maaw-awan ti serbesa.

Idi indiayaandak iti sangabotelia, nalagipko ti napasamak kaniak idiay Subic Bay, daydi pannakatnagko iti talaytayan a mapan iti pagpaknian iti tengnga ti estero, malagipmo?

Kunak, saan met ngata itan.

Ngem diak pay nagudgudua ti sangabotelia, agpusiposen ti lubongko! Agling-etakon iti nalamiis a napigket.

Intaraydak a dagus idiay Infirmary. Inasikasodak a dagus.

Naimbag ta saan a naipatang daydi doktor nga agay-ay-ayam iti ahedres ti nangkita kaniak!

NADAMAGMI A PIMMANAW daydi Tatang idiay Labut Enos Apok, a sangkatugotna ni lelongmo nga Osi. Isu ngata ketdi idi ti panangilakona iti balaymi idiay Labut ta awanen ti agbantay. Dina ketdi ngata kayat nga adda mabati a mangipalagip iti di nasayaat a pasamak iti biagna.

Adda met idin daydi Angkel Kanor ken ti pamiliana idiay Santa Maria, Ilocos Sur. Idiay ti nakasarakanna iti adu nga agpakali iti bubon a pagsakduan dagiti mannalon iti pagsibogda kadagiti mulada, wenno pagpasayakda. Malagipko a ti panagkali iti bubon ti nangituonan daydi Angkel Kanor iti panawenna imbes a ti la mapan agpampana. No diak mariro, isun sa la idi ti agkalkali iti bubon.

Idi nadamagna a duduan daydi Tatang ken ni Osi idiay Labut, insingasing daydi Angkel Kanor nga idiay laengen Santa Maria ti pangiwagsakan ti kakana iti nadagsen a rikriknaenna.

Saan unay a nagbayag ti kaaddana idiay Santa Maria idi sinugsogan daydi Angkel Kanor daydi Tatang nga agsapul iti baro a katakunaynayna. Diak ammo, ngem nalabit a nadagsen ti rikna ti mapukawan iti asawa, sa ti napukawna a balasitang.

Iti ababa a pannao, daydi Angkel Kanor ti nangsapul iti asawaen daydi Tatang.

Adda apagsagpat a balasang iti adayo nga away ti Santa Maria iti daya.

Ammom, Enos Apok, saan a marigatan dagiti pensionado a kas iti daydi Tatang nga agsapul iti asawaenna; wenno dagiti pay ketdi pensionado ti sapulen dagiti babbai; wenno dagiti nagannak ti piman a balasitang.

Masansan a mangmangngegko a dagiti nagannak ti mangyaso kadagiti annakda kadagiti lallakay a beterano; bentahe daydi Tatang ta awan pay ti innem a pulona idi mabalo. Naim-imbag ngem dagiti agtutubo a ti la agburburarog iti basi wenno lambanog wenno serbesa wenno krus de oro wenno anisado ti ar-aramidenda, imbes nga igaedda ti agtrabaho.

Isu nga idi malagip daydi Angkel Kanor ti maysa nga apagsagpat nga agbalasang, sinugsogannan daydi Tatang.

Awan innareman! Imbaga daydi Angkel Kanor ti panggepna. Inawat met a dagus dagiti nagannak ti naidiaya kadakuada.

Diak ammo no kasano ti kapartak dagiti pasamak, Enos Apok, nagassawa daydi Tatang ken ti agarup kattungbol.

In-inaudi nga amang ngem siak ti nagbalin nga agsiuman kadakami, nga agnagan iti Norma. Isu a diak maawagan iti Nanang—dispensarenna laengen ta -*kayo, wenno -yo* laeng ti maisilpok no agsarsaritakami.

Immuna a naam-ammomi ti agsiuman kadakami idi pagammuan lattan ta naimuttalatda iti daydi Tatang, ken ni Osi, iti ridaw ti balay ni Baket Orang.

Nasakit pay la idi ti nakemmi iti inaramid daydi Tatang iti daydi Nanang. Impatomi a ti naduktalan daydi Nanang ti nakadagdagan ti ipupusayna. Ngem nagyamanak laengen iti nalimed ta saan a ni Rina ti naukopan daydi Tatang.

Isuna laeng ta daydi antim a Tessie, Enos Apok, ti kasla di nakapakawan iti daydi lelongmo ti tumeng. Nalab-ay ti pannakipulapolna iti daydi Tatang ken iti agsiuman kadakami ta nariknak ti sakit ti nakemna iti pannakapukaw daydi nadungngo nga inami. Naisaw-atna naminsan ti adda nga ir-irukenna. Ngamin, nakadekdekket iti daydi Nanang ket isu ti kanayon a paganil-ilanna no adda masapulna. No kasdin nga aganil-il, lamlamuyoten metten daydi Nanang daydi Tatang, a di met makasaan iti inami.

Saan a nagbayag daydi Tatang, ni Osi ken ti baro a katakunaynayna iti balay daydi baket Orang. Insurotda ni Sadiri idi napanda idiay Tanay, Rizal, a nakadamaganda a nangtedan ti gobierno iti daga kadagiti beterano.

URAY NO KASANO ti pannakakumikom 'toy lelongmo, Enos Apok, iti aginaldaw nga obligasionna, saan a napukaw ti essemna nga agsurat. Awan sa ketdi ti sabali a mapanunotna nga aramiden no di agsurat. No manen, kasla di mabannog dagiti tekla nga agiinnuna a mangderder iti napurporen a ribon ti Underwood; no dadduma, agsisikkawil payen ti dua wenno tallo a saka dagiti tekla iti panagdardaras dagiti ramayko a mangitalmeg kadakuada. Pagyamyamanak iti Mannakabalin ta kasla di matiktikagan ti dam-eg ti imahinasionko. Ken naan-anusandak idiay Bannawag iti diak pannakauma nga agidatag iti manuskrito. Ken naimbag ta awan ti nagreklamo kadagidi kabbalaymi iti dida pannakaturog iti makatitileng a takatak ti makinilia; ken uray no agreklamoda koma, a, ket nagbainda ngata ta awanda koma a kaduami nga agig-igup iti birawbiraw a digo ti balangeg no saan a gapu kadakami. Saak la agsardeng nga agmakmakinilia no malagipko ni lelangmo a mangur-uray kaniak nga aginana.

Isu a naputarko iti daydi a lubongmi ti sumagmamano a sarita ken daniw. Mairaman kadagidi saritak a rimmuar iti Bannawag kadagidi a panawen ti *Isu a Makilumlumba Kadagiti Darikmat* ken ti *Keppeten ti Rabii ti Agbukar nga Aldaw;* ken daniw a kas iti *Sabong ti Bato ken ti Ayat ti Mangngadilian.* Iti paulo dagiti naagapad a sarita, ammom lattan a naadaw iti pasamak iti biag 'toy lelongmo, Enos Apok; kasta met dagiti dua a daniw.

Ditoy met a lubong ti nakaisuratan daydi daniwko a *Babilonia ni Kayumanggi Ken Dadduma a Daniw* a nangyalat iti maikatlo a gunggona iti pasalip ti DPI-GUMIL Ilocos Sur Poetry Writing Contest idi 1975. Walopulo a pisos ken maysa a tropeo ti gunggona a naawatko. Nababa ti gatad ti kuarta idi no idilig ita, ngem kadagidi a panawen, saan metten a dakes. Ti kangrunaan, ti panangabak ti insalip ti mannurat. Kasla ngamin kurang ti kinamannurat no awan ti mayalat a gunggona. Premiado dayta, awan ti agkuna. No koma baka, marka dayta a pagilasinan. Sayang ta napukaw ti kopia 'toy lelongmo. Nairaman ngata ketdi kadagidi inugmokan ti anay, wenno kadagidi tinumoy ti nepnep iti abong a nakaipempenanda—diak la ammo no adda iti pempen dagiti Alcantara.

Diak malagipen no asino ti nangyalat iti umuna ken maikadua a gunggona. Kasla umaw-aweng ti nagan a Roland Al. Bueno ken diak ammo no ania ti inyalat idi daydi Rey Duque.

Ngem daytoy ti kasla saan a mapunas iti lagipko, Enos Apok.

Kalpasan ti pannakayawat ti gunggona iti opisina ti DPI La Union, nagawis ni Kompadre Herminiano Calica iti balayda idiay Aringay, La Union—kameng idi ni Kompadre Miniong iti DPI, nagkakaduada kada Kompadre Prescy Bermudez. Ken ni Peter La. Julilan. Ken daydi pay gayam Manuel S. Diaz.

Daydi Rey Duque ti maysa kadagidi simmurot. Ken diak malagipen dagidi dadduma.

Diak koma sumurot iti awis ni Komapdre Miniong ta agdardarasak nga agawid. Ken di masaaw nga adda la ketdi inninuman a sumaruno. Diak kabaelan ti uminum. Malagipmo daydi yiinumko iti lima wenno innem a botelia ti serbesa idiay Subic Bay idi? Ngem pinagustuak ta amangan no ania ti masaona.

Ti malagipko, adu ti pinuon ti mangga iti arubayanda... ken malagipko pay, Enos Apok, naidaw-asak met idin iti Aringay idi pimmusay daydi Angkel Narcing—malagipmo ti asawa daydi Anti Immiang? Nakidagdagusak kadakuada idiay Evangelista ken idiay España Extention, malagipmo?

Ala, bay-amon.

Agsublita idiay Aringay.

Agpayso daydi agsalsala iti panunotko. Dikami pay nakatugtugaw no ar-arigen, rinugianen ni Kompadre Miniong.

"Dagitay nangabak dita, agpaalan!"

Mariakosina!

Kunkontarek ti naawatko a kuarta. Sa ti pagpletek nga agawid. No mano ti mayinum, ay, ket amangan no maibus amin ket awanto la ngaruden ti mayawidko a maidatagko ken ni lelangmo! Saan a makan ti tropeo. Awan ti namanawak a pakitienda ni lelangmo. Sa man ketdin awan ti maisangpetko nga igatang iti pagbiag?

Kunak iti nakemko: awanton ti rupak nga isarangko kadagitoy a gagayyem no 'ipaidamko' ti premio nga inawatko. Narigat a pasublien dagiti mapukaw a gagayyem.

Ngem narigrigat a panunoten dagiti agsagaba nga agur-uray.

Nangikeddengak.

"Pasensiakayon, gagayyem. Ngem masapul a yunakon. Adda trabahok no bigat; naiget ni Ms. Dayrit a University Librarian—dinak koma pay pinalubosan a mangliwat ngem nakipakpakaasiak. Diak kayat a mapukawko ti trabahok... Dispensarendak laengen."

Saandakon a naigawid.

Mabayag ngata sakbay a maawatandak.

Idi maisibetak, nalag-an ti barukongko iti pannakalagipko iti pamiliak.

Diak ammon no mano a dekada ti napalabas, Enos Apok, manipud iti daydi a pagteng; itay la nabiit a rinugianmi ti agsinnurat ken ni Komapdre Miniong iti Messneger ken iti Facebook.

Wen, iti tenorna, nalipatannan daydi a pagteng. Politika ti ad-adda a nagsarsaritaanmi. Napeklan a loyalista. Kas iti kaadayo ti langit iti daga ti pammatida ken ni Komapdre Prescy maipanggep iti daytoy a banag, nupay agpadada a nagtrabaho iti DPI.

Itay nabiit, imbagana a masakit. Kasla diak patien ta dagiti postena, napigsa pay la nga aggabgabion kadagiti paggargardenanna.

Sinuratak.

Awan ti naawatko a postena, Enos Apok...

NAGDINAMAG A DANDANIN malpas ti *low-cost housing* a bangbangonen ti UP iti abagatan a pingir ti kampus, a kaariping ti Krus Na Ligas. Saan a nagpaudi 'toy lelongmo idi maibaga nga agawaten ti UP iti aplikasion dagiti mayat a maaddaan iti balay. Indawdawatko a maaproaran koma ti aplikasionko. Agduaduaak ngamin idi ta saan a permanente ti posisionko kas Research Assistant iti Filipiniana Section. Napagus ti tarigagayko idi a makaaon iti kasdi a situasion ti biag ti pamiliak.

Dinengngeg ti Dios ti dawatko ta maysaak kadagiti immawat iti *award,* a maaddaan iti maysa a yunit. Salary deduction ti renta, sa isu met idin a naingato ti minimum a sueldo. Daydi nangrugiak a siento beinte, nagbalin a mil dos sientos.

Adda la maysa a parikut. Saan a sementado ti pagnaan a sumrek iti ridaw manipud iti kalsada. Masapul a ti agyan ti makaammo.

Imbaga daydi Carlos Manalo, a librarian iti College of Engineering, nga agit-ited ti kolehio kadagiti nageksperimentuanda a mohon.

Iti panagsagsaganami nga umakar, Enos Apok, isu met a simmangpet daydi Genaro Sumaoang, a kibinna ni Sonny Boy.

"Umaykami bassit makipagdagus kadakayo," kinunana. Adda kano dida nagkinnaawatan iti daydi Lina (Lorenzo) isu nga intugotna ni Sonny Boy a lima ngata ti tawenna idi, ket imbatina ti babai nga in-inauna— nalipatak met ti nagannan, Enos Apok.

Mariakosina! Dua a mannurat nga agsina?

Katoliko daydi Lina.

Iglesia daydi Genaro.

Malagipko ita, Enos Apok, a pinampanunotko nga awan ti tugaw a sangpetanmi.

Napanunotko ti bangko ni Baket Orang.

Ania ti agur-uray kadakami idiay Kalye Amorsolo, Low-Cost Housing, Enos Apok?

Maika-31 a Paset

22-D Amorsolo St., Low-cost Housing, UP Diliman Campus, 1: 1975-

KAS KADAGITI MANON a nagakar-akaranmi, Enos Apok, manipud idiay Coromina, saan manen a nabati ti *double deck* a patawid daydi Terry; kasta met ti lamisaan nga impatawid ni Mang Badong ken ni antim a Lingling, ket itoy a gundaway, mailabas iti naggapuanna a White House, a kaarruba met laeng ti Low-cost Housing. Unay la ketdin a panangipategmo, kunam ngata, ngem adda daytay pagsasao idi ugma nga uray bassit makapuling met. Adda dagiti kasla awan ti pategna kadagiti dadduma a tattao, ngem ad-adda pay nga ipategko. Uray ti makinilia. Kadagiti tallo, ti Underwood ti kaudian a mapili no kapilitan nga adda mabati; isu ti maysa a paset ti biagko, Enos Apok. Ammom met a saan nga agbiag ti mannurat no awan ti makiniliana... idi nga awan pay ti computer.

Aminkami, pati payen daydi Genaro, magagaran a makastrek iti baro nga 'umok' a pagpalabasan iti... no mano a bulan wenno tawen; diak masinunuo, Enos Apok, iti pannakalagipko iti adun a nagumangumanganmi ken ni lelangmo, ken no mano metten dagiti immip-ipus kadakami. Ngem kadagidi a panawen, nakariknaak iti talged ta iti pannakaited kaniak iti gundaway a maaddaan iti nataltalged a pagpalabasan iti paset ti biag 'toy lelongmo, dakkelen a pagyamananna. No dumtengto man ti yaakar... manen—sapay koma ta saanen—wen, diak kayat a panunoten!

Dua kasilpo, wenno dua a ridaw daydi a bunggalo, a kas iti diak mabilang no mano. Addakami iti akinkanawan a ridaw no sumangoka iti daya. Dua ti kuartona iti kanawan a mawidawidan apaman a makastrekka iti kalalainganna kalawa a salas, a sumango iti bassit a kosina, nga adda iti kanigid ti kalalainganna met iti kadakkel a banio. Adda ridaw a masango no rummuarka iti kosina, a mangiturong iti kalalainganna met a kalawa iti likud. Pasig a kalalainganna, Enos Apok!

Arigna man ti nakanganga a diak ammo ta awan a pulos ti nadanonmi a naguneg.

Ngem napunno a dagus idi makastrek ti bunggoymi, a kunam no sangabatalion a nagiinnuna iti maymaysa a *foxhole!*

Wen gayam. Naimbag laeng ta saan a naisurot daydi Tatang ken ti agsiuman kadakami, ta sakbay nga immakarkami, adda inted ti gobierno kadagiti beterano a lugarda idiay Laguna. Nasayaat unay ta bareng no idiayen ti pagtalnaan daydi Tatang ket agsardengen nga agumang-umang.

A, wen gayam. Intaraymi 'di bangko ni Baket Orang—malagipmo 'di kunak a laglagipem, Enos Apok? Daydi bangko? Isu ti nangipatugawan ni lelangmo kada antim a Lingling ken angkelmo a Dondon.

Naganatankami a nagiserrek kadagiti gargaretmi. Pinilik ti akindaya a kuarto para kadakami kada lelangmo. Impabagik kada lelongmo a Herman ken daydi Erning, ken no asino pay, ti akinlaud a dumna iti kalsada. Da Herman metten ken daydi Erning ti nangipuesto iti daydi kagasatan iti amin a nagasat a *double deck*, ket isuda ti naisangrat nga agidda.

Ngem agurayka, Enos Apok. Isublika iti daydi malas a bangko ni Baket Orang!

Di pay napudpudotan ti likudmi no lalausen ti manao, addaytan daydi Baket Orang a kasla dragon nga umap-apuyen ti ngiwatna iti panagarmalaitna, numona ta imbandona pay, a siguradok a nangngeg ti sangakaarrubaan. Diak la ammon no ania ti nasasao daydi abogado a kaarrubami a nairanrana met idi nga immakar. Diak ammo no nakadamdamaganna ti yanmi!

Lumlumbuak ti darak ket sippadongek man la koma ti kunak, wenno iduronko tapno maidaramudomen iti ruar daydi baket nga Orang. Naimbag ta nakapagteppelak met laeng ket indiram-osko laengen ti nalaus a babainko... ania ngarud ket basolko met!

Dakami ken ni lelangmo? No kasano a nairemediok ti napanko intaray iti kayo a kama idiay Cubao, diak malagipen. Basta kasdi ti inaramidko.

Adu pay ti kasapulan a masapul a sapulen... kas iti tugaw.

Ken telebision... tapno makabuyakami iti PBA!

Ken pridieder.

Ba, ambisioso, aya, Enos Apok? Kunam met la no miliones ti insakibutko!

Idinto a masapul pay gayam a mapanko alaen dagiti orderko a muhon idiay College of Engineering tapno adda ipuestok a talaytayan a sumrek iti balay manipud iti kalsada.

Nangarkilaak iti Ikot a nagikargaak kadagidi tallopulo wenno limapulon sa idi a pedaso a muhon. Impagarupko a laglag-anek a bagkaten dagidi annak ti kabalio a muhon ngem ultimo dagsenda met gayam. Numona ta di man la pulos timmulong daydi sumangkadugyot a drayber; nakaim-imas ketdi ti panagpayubyobna iti sango ti manibela bayat ti panagwang-iwang-itna a mangdangdanggay iti *Lawiswis ng Kawayan* ni Pilita Corrales sa idi no diak mariro.

Aguyaoyen ti dilak ngem diak pay nagudua dagiti muhon nga ikarkargak. Idi makun-osko ti agikarga, mapugsatan ti angesko ti panagriknak ket dandani diakon mabagkat dagiti sakak nga immuli.

Nadaraskami a nakadanon iti Low-cost Housing. Diak pay nakaininana no ar-arigen, masapul manen a diskargaek dagidi kagasatan a muhon! No napnapanan dagidi kabbalaymi a tiltillayon, diak malagipen.

Ay, Apo, aya, Enos Apok! Diak kabaelanen ti bagik ket idalupisakko latta koman idi madiskargak dagidi muhon, ken mayawatko ti arkilak.

Sagdudua pidaso ti pinagsisilpok, ken pinagaabayko agingga a naipuestok amin dagidi muhon. Nangipatakderak iti uppat a pidaso iti agsumbangir a murdong iti sungaban ken iti kimmamang iti agdan.

Aniat'tayen 'tay naisaw-atko? Pridiedir ken konsol a tibi?

Nangnangngegko idin dagiti matintinnagan nga aplayanses.

Inkeddengko ti mapan agaplay iti daydi Uniwide iti nagkurosan ti EDSA ken Aurora idiay Cubao, a kaabay ti Max. No adda idi aglasat a kuarta iti dakulapmi, mabisbisinankami ken ni lelangmo a dumagas iti daydi Uniwide, nga agorder iti lugaw nga adda laokna a liningta nga itlog. Napuoran wenno inrantan sa kano idi a pinuoran ti akinkukua.

Napaspasarakak ti nakayawid iti Console TV a black and white.

Simmaruno a naigasatak ti nangyawid iti pridiedir!

Idi kuan, kanayonen a diak mapagsabat ti sinturonko, kas pagsasao!

Naminsan, kinasaritanak daydi Genaro.

"Mabalin a mangkuyogak iti umay makisarita kenka?" kinunana. "Bareng makatulong kadakayo…"

Ammok lattan ti kayatna a sawen. Nasasaona idin a naisursurot kadagidi pangpangulo ti pammatida a napan nangasaba idi adda pay iti umabagatan, a nalipatakon no sadino.

Saan, kunak, koma ta kadagidi a panawen, naimulan iti panunotko nga awan dulianan dagiti mangikaskasaba iti pammati. Agpapadada nga adda Diosda. Isu a diak nakimismisa—wen gayam, Enos Apok, kanayon nga itugot ni lelangmo ni Lingling no mapan makimisa idiay UP Chapel. Ngem ni naminsan, dinak napasurot.

Ti adda iti panunotko: no agpayso nga adda Dios, ket itedna amin a dawatem, apay a nasken a magnaka pay la iti sabali a tao, a mangidanon iti dawdawatem Kenkuana? Nabilbileg, a, no mismo a sika ti mangidanon, saan a paingalngalngalanka pay laeng. Adda sagpaminsan idi a yaawagko Kenkuana, ket maymaysa a balikas ti us-usarek: Apo, Apo! Para kaniak, no agpayso ti kunkunada a mangngegna amin a makisao kenkuana, umdasen dayta a balikas a mangidanon iti masapulko.

Idi dayta!

Isu a daydi panangipakada daydi Genaro ti yaayda pannakisao kaniak, diak napagkedkedan, gapu ta nasinged a gayyemko ket diak kayat a paayen. Nasayaat ti panagkaduami idi idiay Manggahan, Pasig. Ken bigbigek met ti pannakikabsatna kaniak ta immay pay ngarud idi idiay Buenviaje, sa manen nagkamang kaniak idiay balay ni Baket Orang, a nakaigapuan ti isusurotna idiay Amorsolo.

"Ket umaykayo latta, a."

Daydi laeng ti nasaok. Ngem adda idin maab-abel a panggep iti ulok.

Naraniag ti rupa daydi ministro a kinuyogna. Nakialamano a dagus idi mapastrekko ida.

Pinagtugawko ida, tapno dina met kuna nga awan ti sursurok.

"Magtanong ka lang kahit ano tungkol kay Kristo, Brad," nakataltalged ti timekna.

"Wala na akong itatanong dahil lahat ng tanong ko, e, alam ko na ang sagot," kinunak a diak insina dagiti matak iti ministro.

Nagkinnitada iti daydi Genaro.

"Kung ganoon pala, e... hindi na kami magtatagal."

Mababain daydi Genaro a nangkita iti kaduana, a dinak pay binawingan.

Saan a nagbayag, simmangpet daydi Lina Lorenzo Sumaoang a mangsukon kadagidi agama a Genaro ken Sonny Boy. Naragsak a nakakita kadakami ken ni lelangmo, Enos Apok—malagipmo, isu daydi nagkuna idiay San Fernando: 'Ubing pay met gayam ti impagarupko a lakayen!'— ken nagyamyaman iti panangpasangbaymi kadagidi agamana.

Nadamagmi a tapno saan a marakrak ti talna ti pamiliada, tinallikudan daydi Lina ti nariinganna a pammati ket nagpabautisar iti pammati daydi Genaro.

Daydin ti naudi a panagkikitami. Nadamdamagmi laengen nga impuged daydi Gen ti panawenna a nagsursurat iti drama a para radio. Tallon sa wenno uppat pay ketdi ti naggigiddan nga iniggamanna a programa ket pulos nga awan ti inanana a nagsursurat. Sagpaminsan la idin nga adda mabasami a saritana iti Bannawag.

Uray no kasdi ti kinarikut ti sasaadenmi, Enos Apok, kas man la bituen daydi nalidem a bombilia a nangkiremkirem kadakami ken ni lelangmo bayat ti nargaan a turog ni antim a Lingling, angkelmo a Dondon, ken antim a Mimi iti ginatangko a kayo a kama a naaplagan iti ikamen, a rinabii a matumoy iti angseg. Naglaingda ngamin nga aggatas; ni la ngaruden angkelmo a Dondon, mano a tawennan di pay naisina ti mamador iti subsobna! Kunam man ketdi, Enos Apok, ti laingda nga agbayuot iti rabii; awan dulianan!

Ammom no ania ti iddami ken ni lelangmo, Enos Apok?

Aplaganmi ti nalamiis a baldosa... nga isu ti nangsirsiripan kadakami ti rayray ti bombilia.

Nga isu ti nakainawan ni antim a Chichi.

A naitao iti maikadua nga aldaw ti Enero 1976, idiay Project 4 General Hospital sa idi ngem Project 4 Health Center sa itan. Diak malagipen, Enos Apok, no apay a saanen nga iti daydi Ortañez Hospital ti nangitarayanmi, amangan no nanginngina. Nagbayadak idi iti sangpulo a pisos idiay Project 4 General Hospital.

Adu ti pasiente iti daydi a hospital. Diak malipatan daydi maysa a pasiente a babai a kurang la aglabutab ti ngiwatna iti di agsarday a tarattattatna, nga impanda idi agangay iti pasilio ta agatibuor. Addan sa kano idi gunoriana wenno ania man a kita ti sakit isu a sumaray-ob ket dida kayat a matuba dagidi dadduma a pasiente. Diak ammo no ania ti napaspasamakna idin.

Naitao a natingra a kayumanggi ni antim a Chichi, Enos Apok. Kinunak nga agang-angaw: *"Bakit ang itim ang anak ko... Pinalitan n'yo yata!"*

"Ay, hindi, mister... baka na sa lahi!"

Bagtit a nars daydi, a!

Ngem agkarkarupada met ketdi ken ni antim a Mimi; kunkuna pay dagiti makakita, nga agkasinginda.

Ket manodan, Enos Apok?

Uppatdan, kaipapananna a nakainnemkamin ken ni lelangmo! Kumamkamakamkamin kadagidi lelong ken lelangmo iti tumeng! Ha-ha! Miss Dayrit... ditaka lattan, a, library!

Isu a simmangpet daydi Nanang Elen a Nanang ni lelangmo, a para laba iti lampin. Kunam pay, Enos Apok, no aglaba nagadu ti tumpaw manipud iti lampin, nga ipaanudna. Ngem naanus daydi lelangmo iti tumeng, pulos a diak nangngegan a nagreklamo. Saan ketdi idi a maawawan ti nangisit a sigarilio nga ammulanna nga akin-uneg ti sindina bayat ti panangpayanudna—ulitek—kadagiti tumpaw iti lablabaanna!

Idi kuan, insangpet daydi Anti Rosa daydi Estreling a naggapu pay idiay Pudtol. Isu ti para aywan, daydi Nanang Elen ti para laba.

Ti pakalagipak la unay iti daydi Estreling, Enos Apok, ket ti laingna nga agprobitsar iti lutuenna a sidaen no awanen ti adda.

Adda managbunga a sili't sairo iti likud ti balay. Isu ti pagburasanna iti adobuenna.

Naimas met gayam, Enos Apok, ti maadobo a sili't sairo!

Ngem mariakosina! No orasen a rummuar, kasla metten maur-uram daydiay ruaranna!

Gapu iti panagburas daydi Estreling iti sili iti likud, naipalagip met kaniak daydi Jerrica Caballes ta kabatog ti balaymi ti balayna. Malagipmo, Enos Apok, daydi nagkunaan ni Manang Nam nga annadak? Adda idin singin a lallaki nga annakna. Ket saan a naksayan ti sigud a kinasingedna a makisarsarita.

Ken simmaruno metten a nalagipko ti adda iti abagatanmi, nga isu ti balay ni Ofelia Silapan, nga itay laeng nabiit, sinuratak iti Messenger kalpasan ti lima a dekada. Ti nakalagipak kenkuana, natulongannak kadagiti papelesko—addanto paset a pangtratarak. Ket nalagipnak met idi nakitana ti ladawantayo a naala idi Thanksgiving.

"Ti pakalagipak a sika daydi kaarrubak ket dagita matam, Kabsat!" kinunana. No agranakami idi a rummuar, ket agkinnnablaawkami, parimrim ti panangkitana kaniak, a kasla likliklikanna dagiti matak! Linagipko la ngarud no ania ti adda kadagiti matak a nakalagipanna kaniak. Sinaludsodko dayta idin ken ni lelangmo, no ania ti nangayatanna kaniak. Malaksid iti nobelak, dagiti kano matak!

Kitaem man, Enos Apok, ania ti adda kadagiti matak?

Simmangpet da sadiri a dimi ninamanama, Enos Apok; kaduana daydi Tatang, ni Osi, ken ni Norma—pasensia laengen ta diak maawagan iti Nanang ta nagdakkel ti tawen a nagbaetanmi; nasaok sa met idi kenkan. Biddut daydi panangipapanko a nasayaaten ti biagda idiay Tanay ket saandan a mapanunot ti agumang-umang.

Agpapyso a napintas ti benepisio dagiti beterano idiay Tanay, Rizal. Panglawaen ti naited kadakuada a daga ket ti la sadsadutda a mangsukay.

Ngem pambar daydi Tatang ti panagsakitsakit ti luppona nga

inaradu ti bala ti sallakong ket dina maipamaysa ti agsukay iti daga.

Ngem ti ket ammok, saan a panagsukay iti daga ti pagaayatna a trabaho. Kaykayatna pay ti agipuduspudos iti baka ken kabalio—no sadino ti nagsaadan ti alipuspos a masarakan iti uray sadino a paset ti ayup malaksid la iti tuktokna, dakkel kano ti kaipapananna. Ngem kasla dina naipudosan daydi kabaliomi nga alasan, a maniador—malagipmo daydi sa la nagaget a mangguyod iti kalesa no adda babai a sarsarunuenna? Iti ababa a pannao, saan a kanayon a mangab-abak iti pannakisukat-gatangna.

Nangruna pay a pambarna ti salun-atna a saan a kas iti sigud.

Ngem adda sabali a rasonna—saan a maaw-awanan iti pangliklikan, Enos Apok! Kunak ngarud a no nakapagadal koma, ay, ket awan duadua a maysa koma met kadagiti mamasirib!

Nasakaw kano ida ti trangkaso idiay Tanay.

"Diak kayat nga idiay ti pakaitanemak, Barok," kinunana. "No matayak met laeng, kaykayatko nga iti lugar a nakayanakak."

Talaga met, a! Nasaona dayta idin!

Saan met a ti adik nga agyanda iti sidongmi, ngem ad-adda ketdi nga umirut ti sinturonko, Enos Apok. Sa bagay, malagipko met a dakkel ti sakripisiona iti panangpatan-ayna kadakami nga agkakabsat, nangruna ket saan met unay a nakapagpuspuspos daydi Nanang gapu iti an-anayenna.

Nadlawko a kasla naaronan ti lumlumpaagen a rikna daydi Tessie iti kaadda daydi Tatang.

Idi kuan, kanayonen a rumrummuar daydi Tessie. Agingga a nangisangpet iti gayyemna, a makipagyan metten kadakami!

Agbalbaliw idin ti aramidna ta madmadlawmi a maibarbarkada kadagiti babbai nga adda manmanokenda nga artista. No kitkitaem, kasla agbalbalinen a tomboy!

Naisaw-atna iti naminsan ti sakit ti nakemna iti daydi Tatang. Isu kano ti saksakitenna unay.

Dolly ti nagan daydi insangpetna iti naminsan. Naimbag ta adda entresuelo iti ngato ti banio ket idiayda a nagyan.

Saan a naksayan ti giwang a nagbaetan daydi Tatang ken daydi Tessie, Enos Apok. Kanayon a nakamisuot ti kabsatko idinto a pulos met a di nagun-unian daydi Tatang. Nagin-innurayda a mangbettak iti ulimek.

Saanen a nagbayag da Tatang. Nagpakadada a napan idiay Santa Maria, Ilocos Sur. Imbatida ni Sadiri.

Saan met ketdi a naliwayan daydi Erning ken ni Herman ti mangted iti pangsupusop ni lelangmo iti pakitiendana, ken igatangna iti gatas da antim a Lingling ken ni angkelmo a Dondon, ken ni antim a Mimi gayam!

A, wen gayam, Enos Apok! Adda dakkel a banag a nalipatak.

Ti ikakaro ti panagsigariliok! Nabileg daydi Insan Itok a nakasursuruak. Ken daydi payen, a, Tatang a sigud a di agsigsigarilio ngem napatpatulad laeng iti daydi Angkel Poling ta kanayonda idi nga agtungtungtong idiay Labut.

Tandaanam, Enos Apok. Daydi sangakaha a payubyobek iti makalawas, nagbalainen a sangakaha iti maysa nga aldaw! Dakkel a nayon iti paggastuak. Numona ta puon no kuan ti pagsubsubanganmi ken ni lelangmo. Idi ngamin damo, Kent ti nagsursuruak idiay Shaw Boulevard. Idi kuan, nagbalinen a Marlburo!

"Nakaing-ingelka!" inreklamo ni lelangmo.

"Daytoy la ti bisiok," inkalintegak. Ket yad-addak pay ti agpayubyob!

Nangruna la ngaruden no agmakmakiniliaak, a kasla ketdin nakaatatap dagiti pasamak iti sursuratek; diak makapagpanunot no awan ti sussusopek, iti atitiddog a susop, sa aggiddan ti agong ken ngiwatko a ruaran ti nakapuspuskol nga asuk! Sa pasarunuak ti umarub-ob iti nakaingingel a kape. Ama, ti annayas ti panagpanunoten, 'ya, no kasdiay, Enos Apok!

No umat-atendarak idi iti miting ti GUMIL, saanak a paudi nga agpayubyob ken agarub-ob iti nakaim-imas a kape! Saanak a maawawanan iti kaha ti sigarilio iti bolsak; uray di nakasindi, magusgustuak a langaben ti ayamuom ti sangakaha iti bolsak. Ammom kadi, gimmatangak pay iti napintas a lata a kahita ti sangakaha—malagipmo daydi dinadael daydi Insan Erwin idiay White House? Ken kunam pay, gimmatangak metten iti lighter a zippo!

Agaasem a bisio, Enos Apok?

Nasursurok pay ti agpaatiddog iti barbas. Kayatko a tuladen daydi Roger Sikat a maysa a nobelista a Tagalog ken mangisursuro idiay Pilipino Department ti UP.

Ken agpalampong! Numona ta nakapigpigket ti pomadak a Tancho, a diak ammo no adda pay ita. No agdigosak idi, ad-addan ti kilet ti buokko, a lampong la ngaruden, napunno pay iti pomada, a di nabaelan nga ikkaten ti sabon a nabanglo. Uray pay ti Perla a sabon a paglaba! Ha-ha! Kunam, ania ti banagna?

No agsagaysayak idin, Enos Apok, kalpasan a makapunasak, ama, aya, ta pimmuraw metten daydi Tancho gapu iti sabon nga inusarko!

Awan pay ti shampo idi. Panunotem laengen, a, no ania ti langak idi.

A, wen, agpomadaak latta, a, tapno adda met bangbanglona. Nakasilsilap ti lampong nga ulok ket kurangko pay ti maysa nga ermitanio! Samo inayon ti atiddog a barbasko—kunada, nasayaat kano a pagbrutsa!

Ngem diak nadlaw ti dakkel nga imresak. Ken nagbalinak a managpungpungtot. No diak masarakan ti paris ti mediasko, agungetakon. Diak imbagbaga, ngem maysa a makagapu ti kaadumi iti balay. Diak met idi kabaelan a patapuaken dagidi kakaduami ta diak kayat nga adda masaoda kaniak.

Nagpakada daydi Estreling, gapu ketdi ngata ta masansan idin a maladladaw ti sueldona. Isu pay met ngarud idi ti panagap-aplikaren ni lelangmo a mangisuro—nalibtawak nga inagapad ti pannakairuarna iti eksamen dagiti mannursuro.

Adda daydi nayam-ammo kenkuana a nangato ti saadna iti edukasion, a makatulong koma iti iseserrekna.

Ngem dumawat iti manok!

Nangato ti pagkitkitaak idi iti bagik, Enos Apok, ken kaluksawko dagiti rinuker a kameng ti gobierno.

"Uray dika mangisursuro no agpasuksokka!" kinunak ken ni lelangmo. "Naim-imbag pay nga agdildiltayo iti asin (dandani pay awan idin ti dildilenmi nga asin) ngem ti agpasuksokka!"

Isu a naipadpad-eng ti panangisuro ni lelangmo, Enos Apok.

Naimbag ta adda daydi nangirekomdaan ni Manang Ising Alcantara nga am-ammona idiay Quirino Elementary School. A di dimmawdawat iti pasuksok. Mangisuro iti Kinder.

Masapul ni lelangmo ti kadua daydi Nang Elen a mangasikaso kada Lingling, Dondon, Mimi ken Chichi.

Kapilitan a nagpasapulkami idiay Labut.

Inyeg daydi Anti Rosa daydi Glory a kabsat ni Balling—malagipmo, Enos Apok, daydi kakaisuna a kabunggoyak a nasibsibogan iti isbu iti naminsan a pannakaisurotmi a nagtapat?

Nangrugi ni lelangmo a nangisuro idi 1975.

Naiserrek met idin daydi Erning ni Sadiri iti *piggy bank* a negosio daydi Prudencio Prado a kabsat ni Manang Namnama Hidalgo.

"Adu ti nasursurok ken ni Mang Dencio, Manong," insurat ni Sadiri idi inusisak iti Messenger itay nabiit. "Nagbalinak a *factory worker, delivery boy...* idi kuan, kinunana a siakon ti mangasikaso iti negosiona. Adayoda ngamainen ta immakarda idiay San Pedro, Laguna."

Sakbay a nagsisinada iti piggy bank business, nakastrek daydi Erning iti Rex Bookstore. Daydin sa Manong Juan Valbuena ti nangirekomenda.

Naayat met idi daydi Manong Johnny a sumursurot iti miting ti GUMIL Metro Manila ket sadiay ti nakapatibkeran ti panagam-ammomi, malaksid iti kina-Librarian-na iti maysa kadagiti kolehio ti UP.

"Dimo panggep nga ilibro dagiti saritam?" dinamagna.

"Wen koma, a, Manong, ngem awan met ti kuartak."

Iti ababa a pannao, tinulongannak a mangilibro iti sumagmamano a saritak, a pakairamanan daydi umuna a makapakatawa a nobelak, a *Pakpakawan, Berde!* Nasinged nga am-ammona ti akinkukua iti Rex Bookstore ket idiay ti nakaiprintaan ti librok a *Pakpakawan, Berde! ken 22 a Napili a Sarita.*

Intuloy daydi Erning ti nagbasa. Ni Sadiri, nakagayyem iti maysa a miembro ti maysa a pammati, ket napan nakipagdagus iti daytoy.

"Mariknak ti rigatyo idi," kinuna ni Sadiri idi agangay, isu kano a limmasin.

MASANSAN A KASARITANAK daydi Valerio L. Nofuente a sigud a kaduak iti Filipiniana Section, idi mangisursuron iti Pilipino Department. Kadagiti lallaki a nakaduak iti Filipiniana, isu ti kadekketan kaniak. Ammona a mannuratak, ket gapu ta *contributor met idi iti The Philippine Collegian, masansan a pagsarsaritaanmi dagiti sursuratek.*

"*Kamusta ang writing activity mo?*" dinamagna iti naminsan.

"*Tuloy pa rin... kailangan kasi, dagdag sa panggastos... meron nga pala akong bagong libro.*" Ket nasaritak ti Pakpakawan, Berde!

"*Narining ko nga, kaya balak kitang kausapin hinggil sa mga kuwento mo. Puwede?*"

"*Mayroon ba namang hindi puwede sa 'yo... Pero bakit ba?*"

"*Ilalagay natin sa Collegian.*"

Nagayek-ek idi mangngegna ti nagan ti maysa kadagiti agbibiag iti saritak.

Lucia. No gayam Tagalog, adda aweng ti Lucia a madi... kasla koma lusyang.

Ang Sikolohiya ng Pagkasakal sa mga Kuwento ni Lorenzo G. Tabin ti paulo ti *interview*-na iti *The Philippine Collegian* iti isyu a Mayo 12, 1977.

Diak malagipen, Enos Apok, no asino ti nangyam-ammo kaniak iti *Chanel 4* nga estasion idi ti gobierno. Naawisak nga agparang iti maysa a programada maipanggep iti librok.

Isu a napadasak met ti nai-*tv* idi.

Ngem saan a nagbaliw ti taray ti panagbiagmi. Yan-anaymi ti lubidmi iti makabulan.

Iti maysa nga aldaw, agdardaras ti katulongmi a nangibaga kaniak nga adda agsagsagana a mangputed iti linia ti danummi.

Dinardarasko nga innala ti iduldulinko a badang ket arintarayenak a rimmuar. Isagsaganan a putden ti linia idi nakitanak a makapungpugnot a mangitagtag-ay iti badang.

Binagkatna a dagus dagiti alikamenna ket nagtartarayen nga immadayo!

Simmaruno daydi ipatpategko nga aso.

Kasuron ni Dondon ta tinukmaan a dagus ti aso ti naibbatanna a karaykay sana intaray iti ruar; kasta unay ti baraso ni Dondon a nagsubli iti panganan.

Adda agsapsapul iti gatangenna nga aso.

Inlako ni lelangmo, Enos Apok.

Agan-anang-ang ti aso a mangkuskusilap kaniak bayat ti panangulod ti gimmatang iti talina. Nagdardarasak a simrek ta diak kabaelan a denggen ti pakaasi ti ayup a kasla mangpabpabasol kaniak.

Maika-32 a Paset

22-D Amorsolo, Area 17, UP Diliman Campus, Quezon City: 2 -1982

NO IM-IMASEK TI uminum iti nalamiis, Enos Apok, diak malaglagip a sangsangkabassit pay ti nabayadak iti tintinnagak a pagpalamiisan. No ngamin kalkalpasmo a nagsigarilio ken nagkape, nalamuyot ti isasayad ti makayelyeluen a danum iti pitser. Ay, ket ikidemmo pay, a, a nanamen ti ganas ti addaan iti pagpalamiisan—kasdiaykami idi nga agdadamo a maaddaan iti BASSIT a repreheradora!

No makain-inumka met iti nakabangbanglo a kapepuro wenno neskape, nga ikiwaram pay iti gatas—agawam pay ti gatas dagiti annakmo—saankan a makauray iti mangtempla; sikan ta maganatanka unay a lumidok.

Iti naminsan, Enos Apok, a makain-inumak la unayen, siakon ti napan nangtempla iti kosina. Iti panagdardarasko a nagbuelta iti nagtemplaak, diak napakpakadaan ti panagtaray ni antim a Chichi nga immasideg. Nadungparna ti imak a nagiggem iti tasa.

Ay ket ania payen! Naibuyat ti agal-alisuaso a kape iti barukongna; inungtak pay laeng ket kasta unay la ngaruden ti ikkisna, ken dina met nagay-ayatan!

Dinan nataw-an ti imbati ti kape a pakalaglagipanna.

Agurayka, kanayon a Chichi ti awagko ket Sinamar II ti buniagna. Nagbalin laeng a Chichi ta kayatko a doble amin ti naganda iti sirok.. iti ngarab ti tayab! Lingling, Dondon, Mimi, Chichi, Jojo...

Sabali pay ti malagipko a napasamak ni Chichi.

Agtartaray manen; itoy a gundaway, agturong iti ridaw. Isu met a sumrek ni antim a Mimi. Iti panangilukat ni Mimi iti ridaw, naipasngat ti tangan ti saka ni Chichi iti rikep. Napalalo manen ti ikkisna.

Agingga ita, pisi pay laeng ti kuko ti tangan ti sakana.

Dimteng ti gundaway a no gandatek ti uminum iti nalamiis, malagipko a diak pay gayam nakabayad iti makabulan a tintinnagak iti pridiedir. Agpayso, naganas ti uminum iti nalamiis... ken agbuya iti PBA no awan pay ti agsingir. Awan met ti adda iti pagpalamiisan no di pasig a binotelia a danum; kas iti karasay ti kabus ken lenned ti kaadda ti naimas a taraon a maipalamiis.

Paos! Kasta ti kunak ita, Enos Apok, no malagipko.

Ta dimteng ti diak ninamnama. Ken diak ammo a mapasamak.

Ti mangguyod iti daydi pridiedir!

Daydi Tessie ti nairana nga adda iti balay.

Inungtak idi nakitak nga awanen daydi pagpalamiisan.

"Linapdak ida ngem didak met dinengngeg, manong. Dua a bulan sa kano ngaminen a diyo natinnagan," inkalinteganna idi binabalawko.

Iti suli ti lagipko, nasayaat met ta isu pay a pampanunotek. Ngem naikawaak iti kaawan ti mainum a nalamiis.

Adda kangrunaan a nagay-ayam iti panunotko: namak payen no adda kaarruba a nakakita? A, naremataan dagita, kunadan a!

Hanabale, diak la ketdi mangmangngeg!

Uppat, kunak sa ketdi idi ti subsubra dagidi dua a napukawmi?

Kastoy, ney.

Nasayaat man ketdi a pangiwagsakan iti babantot wenno dadagsen ti rinabii a panangsirip iti regkang ti tawa kadagiti kumiddakidday nga umisisem a bituen, Enos Apok. Bay-am pay la dayta makinilia. Tallo a kalbit laeng, umis-isemen nga aglinged dagiti bituen!

Nakaalaak sa manen!

"Lalaki ti isarunok!" Wen, kasdiay ti kinunak idi, saan nga angangaw. Tallo ngamin ti babbai idin, a da Lingling, Mimi, ken Chichi, idinto a maymaysa ni Dondon.

Ay, ket napadtuak, Enos Apok! Lalaki daydi saksakloten ni lelangmo; Marso 18, 1978 idi tumao ni Daddym.

Adda estoria ni lelangmo.

Gapu ta dina kano koman kayat ti aganak, kinasaritana daydi doktor idiay impermatay, ay, Infirmary.

"Wen, dika agdanag!" impanamnama kano met daydi naimbag a doktor.

Ngem pangpakapet met ti pildoras nga inted daydi... ulitek, *naimbag a doktor!*

Arapaapko ti maaddaan iti singin nga annak. Magusgustuak a buybuyaen dagiti nasasaranta a singin a makitkitak. Kas kadagiti annak ni Jerry a kaarrubami.

Isu a nakunak manen: agaramidak iti singin! A kasla ketdin paktoria a pagarimadan iti tao ni lelangmo!

Ngem namaysaannak!

Idi madama a pasikalenna ni Daddym, inasitgannak ti doktora nga adda papirpirmaanna.

"Hinihiling ng misis n'yo na gawin namin ito... payag kami dahil manipis na ang bahay-bata..."

"E, me pangarap po ako..."

"Kung mahal mo ang asawa mo, pirmahan mo na ito."

Ligation daydi, Enos Apok. Agpakapon ni lelangmo!

Ket ania payen, ni Daddym ti kimmot!

Kunam pay, nakarkaro ngem ti agbusi a mais ket kurang la nga aglabutab ti ngiwat daydi Ms. Dayrit idi madamagna a naganak manen ni lelangmo!

"Kapon na'ng asawa ko..." diak payen minam daydi a baket! Ma'am ma'am ma'amka dita!

Maagapadko met ditoy, Enos Apok, a pimmanaw ni Herman iti UP Library ket napan iti maysa a pasdek ti UP sakbay a nagasatanna ti nakastrek iti ADB. Nagturpos idin iti edukasion, ket nakaala payen iti masteralna iti Library Science, iti MLQU met laeng. Addan sa idin nagkinnaawatanda ken ni Mirriam ngem saanda a makapagkallaysa agingga a di agpabuniag ni Herman iti pammatida.

Masaok ita: naminduaak a nalaslasan iti bolsa!

Diak malagip no naggapuanmi ken ni lelangmo iti daydi a panagawidmi iti rabii. Adda iti panunotko a naggapukami nga immawat iti premio, ngem awan met iti listaan dagiti gunggona a naawatko iti panagsuratan. Wenno daydi ket ngata panagbuyami iti sine; a nangpanawak kenkuana iti uneg ti pagsenian ta tinuroganna, nga inurayko met la idiay ruar, a kasta unay ti luksawna—daydi ti maymaysa ken kakaisuna a nangguraanna kaniak, Enos Apok, nga inay-ayok met laeng.

Im-imasek ti nakikatugaw ken ni lelangmo iti talluan a tugaw ti bus. Adda nakikatugaw kaniak. Diak immanmano. Madamdama, dimsaag ti nakikatugaw.

Idi dumsaagkami ken ni lelangmo, nadlawko a nalag-an ti bolsak.

Nalaslas ti bolsak! Awan ti aniamaanna ti napukaw a petakak ta awan ti napateg a naguneg no di ID ken retaso a pappapel. Ngem ti sinakit unay ti nakemko, ti kabarbaro a pantalonko! Karasrasay ti ginggined ti pannakagatangko iti pantalon.

"Di pay la maustel ti animal!" ingngarietko. Sa insublatko a binabalaw ti Dios. "Apay a siak pay? Ania ti basolko? No pudno nga addaka, apay a binaybay-annak? Awan met ti inar-aramidko a dakes iti padak a tao... APAY?"

Inan-anawanak ni lelangmo, Enos Apok. Amangan kano no maatakeak; mapukawna la ket ngarud no kuan ti kakaisuna a burrarawitna!

"Maysaka met!" nakunak la ngarud iti nalaus a pungtotko.

Idi agmawmaw ti pungtotko bayat ti pannagnami iti nadalus a kalsada nga agpaabagatan iti sirok dagiti algarruba, immapay iti panunotko: no adda Dios, yanna? Mangibaon koma iti mangiwanwan kaniak a mangtunton Kenkuana...

Naipatpatang ngata, wenno dinengngeg ti Dios ti dawatko? Daydi panagtabtabbaawko, ken ti dawatko a mangyeg iti makatulong kaniak...

Awan sa pay ti makalawas idi adda nagtuktok iti ridawmi, Enos Apok. Agay-ay-ayamkami ken ni lelongmo a Herman iti *chess* ket maababakak. Kanayon nga abakennak ket kayatko ti sumubbot. Isu nga idi impakaammo daydi Tessie ti kaadda ti mangsapsapul kaniak, binugtakko.

Ngem nagsubli.

"Dida kayat ti pumanaw," kinunana. "Kayatda la kano a makasao biit ti.. *head of the family* sa ti kunada."

Kapilitan a tinakderak ti ahedres; nabannog kano metten ni Herman.

Nasdaawak, Enos Apok, a nakakita kadagidi dua a karantiway a... Purawda la ngaruden nakapurawda pay, a langada ti agassinuso. Pagattengngeddak la ngata. Nagatiddog ti isemda, rumimrimat dagiti matada, ket kasla nabayagkamin nga agaammo idi itanggayada ti kanawan a dakulapda.

"*Hello, how're yah!*"

"*Mabu...*" diak naituloy ta napanunotko nga Amerikano dagiti kasangsangok. Binasak ti *name* tag-da: Elder Wiscombe ken Elder Harvey.

"*Oh, yah, good...*" kimmita iti ngato sana kinuna, "*Mabu...Mabuteh-teh! I'm Elder Wiscombe...*"

"*Correction... Mabuti,*" inyaturko.

"*And I'm Elder Harvey...*"

Maipasungalngalak iti inninglisan no agir-irrado. Malmalpasakon iti masteralko, isursuratko payen ti tesisko, ngem Tagalog wenno Filipino ti *medium*-ko..

Misionarioda kano ti The Church of Jesus Christ of Latter-day Saints. Imbaon ida ti simbaan a mangirakurak iti pannursuro ni Jesucristo iti sangalubongan. Isuda ti dua kadagiti adu a naibaon iti Filipinas a pannakabagi dagiti dadaulo ti simbaan nga idiay Salt Laske City, Utah ti puonda.. Ni Elder Wiscombe ti maysa kadagidi immuna a naibaon idiay Ilocos Sur. Inistoriana idi agangay a narigat nga ikasaba ti pannursuro ni Jesucristo idiay Vigan. Kunamto, pay, Enos Apok, ket dandanin sa pasig a rebulto ti makitkitam idiay. Uray dagiti pasdek nga idi pay la tuagong a naipatakder, idi panawen dagidi Kastila, nga uray ita ket nakatakderda pay laeng a bassit-usit no adda man, nabaliwan. Adda pagsasao a ladawan ti Kastila ti Vigan.

Isu nga idi panawen da Elder Wiscombe idiay, awan sa a pulos ti napasurotda. Maymaysa ti nabukelda a mision iti intero a Filiplinas. Ti laeng Manila Mission. Ngem itan, Enos Apok, duapulo-ket-maysan san iti intero a Filipinas. Dua payen ti agkurkorre a templo—ti Manila Philippines Temple ken ti Cebu Philipppines Temple. Inton malpas ti pito pay nga agur-uray a mabangon, siamton... ay, sangapulo-ket-tallonto kanon.

Ngem agsublita kadagidi dua a misionario.

Idi imbagada no mabalinda ti agsubli kalpasan ti dua nga aldaw, ken no mabalin a kaduakton ni lelangyo; no apay a diak napagkedkedan ida, kasla ngamin nabalbalikutsaan ti isemda.

Idi damo, inyam-ammoda ti Book of Mormon, ni Joseph Smith, ti pakainaiganna ken ni Jesucristo. Diak unay inkaskaso; kunak, amangan no kas met la kadagiti dadduma a pammati. Nga adu ti panggutigotda tapno sumurotka.

Idi kuan, impandakamin iti pakainaigan dagiti ipauneg, nga awawaganda iti Word of Wisdom. Dagiti makadangran iti bagi...

Naipatpatang met a kabasbasak ti artikulo a naipablis iti Ingles a magasin a diak malagipen ti naganna, a maipanggep iti sigarilio. Ibagbaga ti nabasak nga artikulo a makadangran iti salun-at ti sigarilio. Ket agkontimplarda iti inlawlawag dagiti misionario.

Immagibas iti panunotko: kakaisuna la a bisiok, ikkatek ketdin?

Nalagipko met ti kanayon a reklamo ni lelangmo, a kinaingelko ket no dadduma kaykayakayannak payen; no ager-errado, dinakton kayat!

Kinitak ti bagik: kurangko payen ti burrarawit a kas kadagidi pagsalsalapayan dagiti sumasapaw iti lipit nga agturong iti Limas idiay Abbarit. Nakalaglag-anak; apagsurok la a sangagasut a libraak idi. Bentahek ketdi ti lag-anko nga aggunggunay, a kaslaak la agtatapaw. Ngem uray no kuttongiak idin, awan pay la ti marikriknak a ganna ti salunatko.

Nasaludsodko iti kanawan a pispisko: no agpayso ti ibagbaga ti nabasak nga artikulo ken ti ikaskasaba idi dagidi agassinuso a misionario, di ngata pagimbagak met no surotek? Napanunotko ti dumakdakkel a gastok iti inaldaw nga igatangko iti sigarilio. Nangnangngegko idin nga adu dagidi nagpanggep a mangisardeng iti panagsigarilioda, ngem napaayda. Iti ababa a pannao, dida nagbayag sada manen sinublian ti makagargari nga ayamuom ti sigarilio. Nalagipko met daydi lelangko a Simona. Nagbiag iti nasurok a sangagasut a tawen idinto a kasla takiag ti ubing ti pinadisna. Agmalmalem pay a di mangmangan no mapan iti kadilian; santo la uminum iti sangatimba no tumakdang iti malem ket malabasanna ti bubon daydi Lelong Roque idiay Gutong.

Ngem sigarilio ti pagsasaritaan, saan a takiag ti ubing! Adu kano ti inlaokda iti tabako a birhinia, a makadangran iti bagi ken panunot; nikotina, kunadan sa. Ken no isardengko ti agsigarilio, maksayan no kua ti parokiano ni Apo Singson, nga isu ti Dios ti tabako idiay Ilocos Sur.

"Brother... are you okay?" sininganak ni Elder Wiscombe iti pannakailabegko.

"Oh, y-yes."

Malaksid iti Word of Wisdom, adu pay dagiti inlawlawag dagidi agassinuso a misionario, nga iti panagbaybayag ti diskusion iti no mano nga aldaw a panagsublisublida, mangrugi a maparukmada ti natangig a kapanunotak, a diak kasapulan ti asino man a mangiturong kaniak iti Dios... a kunada nga is-isu ti pakaisalakanan. Adu dagiti bentahe nga imbagbagada, Enos Apok, ket ammom dagita, ta nayanakka iti pammati nga inkaskasaba dagidi dua a misionario.

Adda maysa a kasla mangiwadwadag kaniak a rumukma. Mapukawko no kuan ti adu a gagayyemko. Ammok nga adunto ti di makaawat kaniak. Ammok a kunadanto, a kunak no asinoak a nagkunkuna a diak kasapulan ti asino man a mangiturong kaniak, ngem adtoy, gangannaet met la gayam ti makaparukma kaniak. Nalagipko pay dagidi radikal nga agrarali, a pakaibilangan daydi Lerry Nofuente, a mangipukpukkaw iti *ibagsak ang imperialismo.* Patapuaken dagiti gangannaet...

Adu la ketdi ti mapukawko a gagayyem.

Ngem ania ti napatpateg, ti salun-atko, ti pamiliak, wenno dagiti gagayyemko? Nangngegko a kinuna dagidi dua a misionario, nga awan ti makaawit iti ulo ti sabali, no di ti akin-ulo met laeng. No mangngeddengak, bukodko a pangngeddeng, para kaniak ken para iti pamiliak.

Sakbay a nangeddengak, Enos Apok, inawisdakami dagidi dua a misionario nga agpaliiw idiay kunkunada a Ward, iti maysa a Domingo. Nariknak ti bara ti panangawatda kadakami nga agassawa. Isuna laeng ta maminduakami nga aglugan, sa adda pay pagpagnaenmi sakbay a makadanonkami iti kapilia ti Quezon City First Ward.

Iti idadateng ti maudi a pangngeddeng, dinamagko ken ni lelangmo, Enos Apok:

"Ania, kayatmo?"

"Ket wenen, a."

"Daytoy, a, ket awan agbabbabawi. No kunak ita a wen, wenton nga umaw-aweng. Awanton ti makasupring."

"Ket awanton, a."

"Dimonto dengdenggen ti kuna ni kayongmo a Padre Nieto?" ti padi ti Aglipayano nga asawa daydi Apo Saling a manang ni lelangmo ti kayatko a sawen, Enos Apok.

"Diakto dengdenggenen, a."

"Dikanton mapmapan dita UP Chapel?"

"Ket saanton, a."

"Ad-adayonton ti pakimisaam."

"Ket wenton, a."

"Ket wen ken saan met lattan ti sungbatmo!"

Ti panangawatko iti ididiaya dagidi agassinuso—sangkaullitko ti agassinuso, Enos Apok—ti nangrikep iti adu a paset ti biagmi ken ni lelangmo.

Sakbay a natinong ti aldaw a pannakaipabatokmi iti danum ti bautismo, pinalagipannakami ti nanginterbiu kadakami. Impalagipda ti pagbatbatayan ti simbaan.

Iti suli ti isipko, Enos Apok, natibker ti pagtaktakderak: TI KARIK ISU TI RUPAK. Saan a maisin dayta.

Sakbay ti panangawatko iti baro a turong ti biagko, impaknik ti tasa ti kape, impainumko kadagiti agkapkape a kaduami ti sobrami a kape. Gapu ta sisiak ti agsigsigarilio iti balaymi, impaibellengko daydi sangakaha a diak naibus; saan a siak ti nangibelleng amangan no agbaliw ti pangngeddengko ket sumusopak pay!

Sabado, Nobiembre 18, 1978 daydi kagasatan nga aldaw a nagbaliwan ti turong ti biagko, Enos Apok.

Iti rabii sakbay ti Domingo a damo a pannakimisami, pinaisaganak ken ni lelangmo amin a masapsapulmi tapno saankaminto nga agdardaras nga agrubuat iti kabigatanna.

Inkarik a mangtedkami iti pawayway tapno saankami a maladaw. Idi makadissaagkami iti naudi iti dua a luganmi, pinagpagnami ti agarup maysa a milia a kaadayo ti kapilia.

Naragsak dagidi napusgan a mangpasangbay kadagiti agsangpet a miembro.

Iti ababa a pannao, Enos Apok, sinurotko dagidi naibaga nga aramidek. Nagayunoak iti umuna a Domingo ti bulan, a dandani nakatalimudawak gapu ta diak nairuam a mangliwat iti pannangan. Narigatanak a nangrissing iti apagkapullo iti natgedak iti makabulan.

Tinungpalko ti karik.

Ket wen, a, Enos Apok. Nasdaaw dagidi makaam-ammo iti kinalaingko nga agsigarilio. Adda pay nangkarit kaniak iti pinnustaan nga agsigarilioakto manen inton bigat.

Ngem tinakderak ti karik kadagidi agassinuso a misionario.

Saankami a nangliwat uray maysa a Domingo a nakimisa. Adu ti miembro a naay-ayo iti kaaddami. Dakami ti kaaduan iti annak a babassit, a nasasaranta. Ket siempre, masapul a mangedngedan no dadduma dagiti ubbing.

Naiget daydi Brother de Rama a Second Councilor ti Quezon City Stake Presidency nga agipatungpal iti alagaden ti simbaan. Mairaman ditoy ti pannakaaywan dagiti ubbing.

Maysa ni angkelmo a Dondon, Enos Apok, kadagidi nasaranta nga ubbing ket ti la maturturongna. Kanayon a sitsitan daydi Brother de Rama. Ammom, dakkel a tao ken nangisngisit ngem iti kaaduan a Filipino, sa panakkelen dagiti matana. No itudona sana mulagatan ni angkelmo, makiminnulagat met a mabutbuteng, ket agkinnadadakkelda iti mata!

Agkatkatawa ita ni angkelmo a Dondon no malagipna ti ingkuentroda iti daydi Brother de Rama.

Idi damo, nadlawko ti ilalab-ay dagidi gagayyemko a mannurat. Ngem nasanayda met laeng agingga a kinunada a didak yup-uprisiran iti mainum ta Mormonakon—kasta ti awag idi ngem ammom metten, Enos Apok, nga impaulog ti baro a kangatuan a panguluen ti pammatitayo a The Church of Jesus Christ of Latter-day Saints wenno Ti Simbaan ni Jesucristo dagiti Santo iti Ud-udina nga Aldaw ti maitutop nga awag ta simbaan ngarud ni Jesucristo, saan a ni Mormon.

Putdenta ditoy, Enos Apok. Ipalagipko laeng a nagsasaruno dagiti rebbengen nga impakumit kaniak dagidi dadaulo.

Adda naam-ammomi nga agassawa a taga-Pangasinan, daydi Manong Juan Molina ken ni Manang Pering. Empleado ti UP, iti Laboratory Department daydi Manong Johnny, ket adda balayda iti UP Campus, iti asideg ti Low-Cost Housing.

Inyam-ammomi kadagidi misionario. Nadarasda a nasursuruan, gapu ket ngata iti kinadekketda kadakami, ket idi panawen a mabuniaganda, siak ti indawat daydi Manong Johnny a mangirarem kenkuana iti danum. Limada a nabuniagan, isuda nga agassawa ken ti tallo nga annakda, a nagbalin a kasinged dagiti annakmi.

Di nagbayag, nabuniagan met dagidi Faulan, nga inyam-ammo dagiti Molina.

Naammuanmi met a dagidi agiina a Cabo a nakaarrubami iti yan dagidi Kuya Badong ken Ate Doti a nagkaseraanmi, miembroda met!

Cabo, Panganiban, Lorayna, Molina, Faulan, Madriaga, ken ti pamilia daydi Brother Remigio Julian a maysa idi a security guard idiay Manila Philippines Temple, Enos Apok, ti miembro iti UP Campus. Iti grupomi iti UP, siak ti kasla pannakabagida gapu kadagidi naipaima kaniak a pagrebbengan. Umuna, napusganak nga Elders Quorum President. Idi kuan, Stake Sunday School President.

Innalak daydi Brother Sabado a First Councelor, maikadua daydi Brother Lorayna iti Sunday School. Secretary ni lelangmo, ken Stake Sunday School Teacher ni Sister Betty Cabo, ti buridek iti maysa kadagiti agkabsat a Cabo. Dinomingo nga agsursorkami kadagiti Ward a masakupan ti Quezon City Philippines Stake; maysa a ward iti tunggal lawas.

Gapu iti dayta, binukelmi nga adda iti UP Campus ti panangangaymi iti Family Home Evening iti tunggal Lunes. Adda naituding a balay a pangangayanmi iti tunggal Lunes. Idiay ti pagiinnadalanmi nga adda iti UP Campus iti naituding a maadal iti dayta nga aldaw.

Diak malipatan dagidi agama a Salen a di nagliwat a nangsarungkar kadakami iti binulan. Isuda ti Home Teacher-mi idi.

Saan met a nagbayag, intugot daydi Anti Rosa daydi Lelong Undo a lelongmo iti dapan, Enos Apok, idi inyegna ti baro a katulong ni lelangmo, a daydi Glory a kabsat ni Balling—malagipmo ni Balling a kaduak a nasibsibogan iti isbu iti pannakaisurotmi a nagtapat idiay Daclapan Sur? Daydi Glory, addan sa idi riknana iti daydi Erning ta no agdigos idi, payisnapna ti brana. Al-alunggigiten met idi daydi Erning nga ikawit, a kas man la mangyalikaka iti masagidna a bulong ti baimbain!

Agsublita iti daydi Lelong Undo.

Pinasuruak iti baro a grupo dagiti misionario daydi lelong. Dida koma idi kayat a suruan gapu ta lakay ken di makaawat iti Ingles, ngem nagsasaritaanmi iti *Priesthood meeting*. Kapilitan a nasursuruan, ken nabuniagan idi agangay. Kadkaduami a nakimismisa bayat ti kaaddana kadakami.

Idi kuan, binulanen nga umay daydi Anti Rosa tapno laeng agbuya iti sine. Magusgustuanna idi nga itugtugot ni Mimi no mapan agbuya. Malagipko met ita, nga insupsupotna ni Chichi iti sako no agpakaloka ket adda ni lelangmo iti pangisuruanna idiay Quirino Elementary School.

A, wen gayam, nalipatak. Adda daydi aldaw, diak ammo no manon ti tawen idi ni angkelmo a Dondon. Agbuybuya iti telebision idi nadlawna nga awan ni lelangmo ket nagtartaray a rimmuar nga agbibitin ti tiltillayonna, a nagpaabagatan a mangpukupkkaw ken ni lelangmo, nga adda la iti likud ti balay. Binutong dagiti tao a nakakita kenkuana. Napan sinapsapul ni Glory.

Addaak idin iti maudi a benneg ti isursuratko a tesis, Enos Apok, nga

Ang Migrasyon sa Maikling Kuwento at Nobelang Ilokano ket masapul nga ileppasko sakbay ti naituding a panangisumitirko iti *adviser*-ko, a daydi Valerio L. Nofuente. Daydi Manong Jun Hidalgo ti innalak a kritiko. Ken inaprobaran daydi Prof. Pacita G. Fernandez a katulong a dekano. Kayatko nga ikamakam iti sumaruno a *graduation*.

A, wen gayam, Enos Apok. Ita la nga immapay iti panunotko. Nasaokon, nga awan iti arapaapko iti makaadak iti ganggannaet a lubong. Ngem daytoy a tesis, pakpakauna idin ti iruruarko iti Filipinas.

Kadagiti inadalko a sarita ken nobela a naipablaak iti Bannawag, nga addaan iti tema a migrasion, wenno iruruar iti Kailokuan, kabatadan ti *Puraw a Balitok* a nobela daydi Terry Tugade. Impanna ni Alvaro, maskulado nga Ilokano, idiay Alaska, ket nangitukit iti kadakkelan a banag a dinto pulos malipatan ni Annulah, maipanggep iti maysa nga Ilokano: saan a kalkala a parukmaen ti ania man a pannubok.

Ngarud, gapu ta nadungeten ti panawen, inkeddengko a mangliwatak iti simbaan iti daydi a Domingo tapno isuratko ti kasapulan a paset ti tesis.

Umuna, ken kakaisuna daydi a panangliwatko a makimisa.

Ngem awan ti nasayaat a nagmaayan daydi nga inaramidko, Enos Apok.

Adu ti pagkurangan daydi a paset ket imbaga ti adviser a masapul a rebisarek. Inkarik a surotek, ngem saanen a Domingo!

Para kaniak... wen para kaniak, Enos Apok, adu koma ti sabali nga aldaw nga inusarko, a saan nga iti aldaw ti Apo, kas kunada iti aldaw a panaginana.

Diakon inulit ti nangliwat.

Balbalatong, kunam, Enos Apok, ngem saan. Isu nga adtoy ti *graduation ring*—kanayon nga us-usarek no rummuarak sadino man ti papanak, agingga ita.

A, wen. Dakkel ti naitulong daydi kompadremi a Cristino I. Inay, Sr. a hepe idi iti Student Records Management & Management Education Section ti College of Social Sciences and Philosophy ti UP Diliman. Kasta met daydi Ernesto Arrocena a kaanakanna a kaduana iti nasao a benneg. Isuda ti nangidiaya iti pannakai-*mimeograph* daydi tesisko,

Enos Apok. Ken daydi pay Kompadre Cris ti nangpailet, a libre manen, iti nasao a singsing ta adda lawlawana—adda idi reloherada.

Isu pay ti timmulong kaniak, Enos Apok, a simrek a mangisuro iti daydi Quezon Memorial Colleges a pangisursuruanna met, ken kukuan sa idi dagiti Yabes.

Adda maysa a biddut a naaramidko idi agserra ti semestre, a nangbabalawanda kaniak.

Binitogko ti maysa nga estudiantek ta iti pagrukodak, saan a maikari a mangiruar. Diak napanunot a dandani amin dagidi estudianteda, agtartrabahoda bayat ti panagadalda.

Iti naminsan a panagpasiarko idiay Bannawag iti maysa a Sabado, nagranakami iti daydi Tang Ben (Atty, Benjamin M. Pascual). Daydi ti beterano a mannurat ti Bannawag a di mangibilbilang iti bagina a nangatngato ngem kadakami a padana a mannurat iti laksid ti kinaabogadona.

Idi damo, masansan nga awagak iti Attorney. Ngem dinillawnak.

"Awagannak lattan iti Tata... saan nga *attorney,*" kinunana. Nabasbasana idin dagiti sinursuratko a nobela ken dadduma pay, kasta met ti pannakabasak kadagiti nobela ken saritana a naglatakan daydi Kabo Timot a bida dagiti saritana.

Nasaok ti panagsapsapulko iti *part time* a mangisuro.

"Umayka agaplay idiay PNC," kinunana. "Ibagam nga imbaonka." Maysan sa idi a dekano sadiay. Diakto malipatan daydi Tang Ben, saan la a gapu iti kinapakumbaba ken pasigna, ngem iti pagsasaona a 'lokdit'. Naminsan ngamin a panagkaduami a hurado iti pasalip ti sarita ti GRAAFIL, adda sarita a naisalip a dina nagustuan.

"**Lokdit,** nakisalsalip pay laeng, dina met tinartarimaan!" kinunana bayat ti panangamirismi kadagiti naisalip.

Di nagpangadua ti PNC a nangawat kaniak a mangisuro. Tallo idi ti iggemko a kurso. Idiay PNC, awan idi ti nakitak nga estudiante a lalaki. Pasig a dayag, Enos Apok!

Dua ti pasamak a no malagipko ti PNC, malagipko latta dagidi dua a dayag.

Umuna daydi klasek maipanggep iti World Literature. No dadduma, maud-udiak a sumrek iti klase ta dumagasak pay nga ag-research iti biblioteka ti pagadalan.

Adda dua a nadlawko a kanayon nga agkinnalbit no mapasungadandak. Naammuak idi agangay ken ni lelangmo, Enos Apok, nga imbaga kano kenkuana daydi Elizabeth Caburian idi nagranada iti miting dagiti mannursuro iti Quirino Elementary School a pangisursruan ni lelangmo ken ti haiskul a pangisursuruanen daydi estudiantek.

"Huwag kang magagalit, ha? Total pareho na tayong titser. Alam mo, crush ko noon si Sir, yung mister mo!"

Ti maikadua a dayag, iti maysa a final exam. Saan a nagatendar. Ketdi nagpaited iti fried chicken. Maysaak met a tuso idi. Diak kayat ti mapaspasuksokan. Naimbag pay a nakisarita koma kaniak, ta sigurado a pinaruarko, koma.

Diak inawat daydi *fried chicken.* Binitogko!

Naammuak a working student daydi piman nga estudiante. No malaglagipko ita, Enos Apok, agbabbabawiak.

Sakbay a nakaawatak iti damag maipanggep iti Saudi Arabia, simmarungkar dagidi agassaawa a Siding ken Teddy, manang ken kayong ni lelangmo. No kasano ti misuot daydi Mang Teddy idi simmarungkarak iti balayda idiay Pagudpud, nakalawlawag ti rupana idi immayda idiay Amorsolo.

Daydin ti naudi a pannakakitak kadakuada.

Iti maysa a Domingo, kinasaritanak ti maysa kadagidi miembro ti Stake Presidency. Ingatoda kano ti Priesthood-ko. Ipandak iti High Priest. Naglasatak ti amin manipud iti Deacon, Priest, Elder, sakbay ti High Priest. Dakdakkel ti pagrebbngam no kua.

Nobiembre 15, 1981 idi maordenanak a High Priest, Enos Apok.

Dida imbaga no ania ti panggepda. No ngamin kasdiay nga ingatoda ti *priesthood-*mo, adda pangpanggependa a pangipatugawan kenka, a nangatngato a pagrebbengan.

Kunak itay maipanggep iti damag iti Saudi.

Adda daydi Emy Elagio nga *staff* iti a*cquisition department* idiay UP Library, a nakasao kaniak nga agaw-awatda idiay ARAMCO iti librarian. Adda idin idiay Saudi daydi Orly Elagio a lakayna.

"Maganda raw doon," kinuna daydi Emy Elagio. *"Mag-apply ka."*

Pinaspasarakak ti nagaplay idiay IPAMS, Enos Apok. Inawatdak ta adu kano ti masapulda idiay ARAMCO Recreation Library, idiay Dhahran. Awan ti binayadak, malaksid iti imbayadko iti ID picture nga isapitda iti aplikasion.

Napamulagat daydi Brother de Rama, a 2nd Councilor ti Stake Presidency, idi imbagak ti pangpanggepek.

"Huwag... huwag kang aalis!" napasnek ti timekna.

Dina imbaga no apay, malaksid iti panangipalagipna a saan a nasayaat ti rummuar. Maamirisko ita, Enos Apok, adda idi pangpanggependa a pagrebbengan nga ited kaniak. Agal-alus-os ti bilang dagiti agat-atendar iti Ward-mi ket panggepda a sukatan ti agdama a Bishop.

Isu met idi a mabangbangon ti maysa a baro a kapilia idiay asideg ti Pantranco. No kasdi nga adda mabangon a pasdek ti simbaan, mabagaan dagiti miembro nga agidonar iti serbisioda. Maysaak kadagidi napan timmulong; nagkuyogkami iti daydi Manong Johnny Molina.

Agkalkaliak idi kellaat a nagling-etak iti nalamiis ket pagammuan lattan ta naarinuknokak. Inar-arayatdak.

Naammuanda nga agrubrubuatak a mapan idiay Saudi.

"Huwag ka na lang tutuloy, Brother," kinunada. *"Mas mahirap ang trabaho doon, at sobrang init daw."*

Ngem nakaikedengakon.

Adda la dakkel a parikut.

Idi, ti ammok, no aglusuloska iti UP, papanawendaka met iti balay a yanmo.

Pangipanak kada lelangmo?

Nairana nga adda co-teacher ni lelangmo idiay Quirino, daydi Tessie Caraang, nga Ilokana, nga ahente iti *house and lot idiay* Montalban.

Adayo, ket diak koma kayat ti sumurot a mapan mangkita, ngem kasta unay ti panangawis daydi Tessie ken ni lelangmo, a tapno adda met makomisionna.

Pinatubo Street ti yan daydi balay nga impakitana. Saanak a naayayo.

Impasiarnakami iti subdibision, tapno maawisna ti mamayatak.

Nakitak, Enos Apok, iti saan unay nga adayo ti maysa a pasdek ti simbaan nga adda naikitikit a naganna iti sango: The Church of Jesus Christ of Latter-day Saints.

"Ha, sige, ditoyen!" kinunak nga awan pangngadua. Adda idi iti panunotko, a masapul nga asideg ti simbaan iti pangibatiak kada lelangmo tapno manamnama ti dida pangngliwat a makimisa.

Impagnak ti papelesko, Enos Apok, iti panaglusulosko idiay University of the Philippines Library.

Ken ti *separation fee* a maawatko iti GSIS. Nga isu ti nangalaak iti impaunak iti balay idiay Montalban.

Nasken a maasikasok amin a dokumento sakbay nga agluasak iti Marso 1982.

Sabado ti luas ti grupomi. Biernesen, di pay nai-finalized dagiti dokumento ti balay a gatangenmi. Awan no kuan ti pagyanan da lelangmo, Enos Apok.

Pinaguraynakami daydi Tessie Caraang iti opisina ti realtor. Aglamlamiis idin dagiti dakulapko, ta amangan no maunsiami ti gatgatangemi.

Dandanin alas otso ti rabii idi pirmaak ti katulagan.

Ngem ad-addan a nabingay ti panunotko. Damok ti maipusing iti pamiliak, kasano ngata? Uppat a tawen ti kontratak iti ARAMCO. Makatawen, sakaminto manen agkikita, ta tinawen ti bakasion.

Maika-33 a Paset

Dhahran North Camp, 1982-83

ENOS APOK, DENGGEM. Diak unay nakarikna iti pannakaikawa iti pannakaipusingko kadagidi lelong ken lelangmo iti tumeng iti daydi immuna nga ipapanawko idiay Labut, ta naranga ti tarigagayko a dumuras manipud iti namuidak a pimmanaw. Agpayso, awan ti nalawag a pagturongak ta kayatko la ti rumuk-at iti pammekkel ti kinakurapay a nariingak: pannakigasanggasat ti agturturay idi iti panunotko.

Nagadayo ti pakaigidiatan daydi pannakaipusingko kada lelangmo, Enos Apok. Nalawag ti panggepko idi nga aglupos, ken adda manamnama a trabaho nga agur-uray iti papanak, ngem ti riknak, kasla aggudeng nga umadayo. Makababbabawyen ti riknak; ngem nalagipko daydi agananang-ang nga aso a nangkuskusilap kaniak bayat ti panangulod daydi gimmatang.

Ngem naglagawak idi addakamin iti eropuerto a mangur-uray iti pannakabagi ti IPAMS. Saan a simmangpet iti naituding nga oras ket adukami a nagdanag. Nagsala iti panunotko kadagidi nangnangngegko nga adu ti suitik a *recruiter* ket nagsubli nga imaima dagidi inallilawda. Ti pay imasna, adu ti naglako iti mabalinda nga ilako tapno laeng adda gastuenda, nangruna dagiti naggapu pay iti probinsia. Iti biangko, awanen ti trabaho a subliak no kas pagarigan, ta nagikkatakon kadagiti trabahok. Ken awan ti pangalaak iti binulan a pagbayadko iti kaal-alami a balay idiay Montalban, a nangibautak iti naalak a *separation pay,* a nagkarian pay daydi Manong Johnny Molina a tumulong kada lelangmo inton umakarda idiay Montalban.

Nakaangeskami met la iti nalukay idi simmangpet ti tao nga ururayenmi, maysa nga oras laengen sakbay nga agtayab ti eroplano a mangipusing kaniak kada lelangmo, Enos Apok. Inlawlawag daydi tao nga adda napateg a banag a nakatalaananna.

Nakadagdagsen ti riknak idi agpipinnakadakami kada lelangmo idiay Manila International Airport, idi nagsisinnublat nga immarakup kaniak dagidi nakipagtulod, nangruna ni lelangmo ken dagiti lima a bungami. Idi maibilin ti ipapanmin panaglugan, kasla nabuttuonan metten dagiti sakak iti nadadagsen a bato!

Idi rugianmi ti umaddang nga umadayo, saanakon a timmaliaw ta amangan no agbaliw ti panunotko ket ulodendak dagiti sakak nga agsubli!

Kasta met ti nadlawko kadagidi kakaduak, a padak nga agdadamo a maipusing kadagiti patpatgenda.

Nangruna daydi kasla agruprupa nga Arabo, a sangkakepkepna ti impapanko a kaayan-ayat no dina man kasimpungalan. A kasla siping a saba.

Air France daydi nagasat nga eroplano a nangipusing kaniak, Enos Apok. Daydi nga eroplano ti naranggas idi a mangipusing kadagiti mangipatpateg iti ipatpategda.

Kasla adda naibuttuon a bato iti barukongko. Katugtugawko pay laeng, ilinglingedkon ti panagubbog dagiti matak! Diak impagarup, mangitak met gayam!

Nagkuy-os ti rusokko idi ag-take off ti eroplano; inapputko dagiti lapayagko ta kasda la bumtak. Nagngangaak ket kayatko ti agriaw ngem awan simngaw a timekko.

Sa la in-inut a napukaw ti pellengko idi makapagsimpan ti eroplano iti tangatang. Gagangay ti agdadamo, Enos Apok, masmasdaawak idi addakamin iti rabaw dagiti puraw nga ulep, a natalnan ti eroplano, a kasla saan nga aggunggunay.

Idi agtaltalnan ti riknak, kinitak ti kaabayko iti tugaw, a nairana a daydi kunak a karuprupa ti Arabo. Nalabaga met dagiti matana.

"Ngayon ka rin lang ba?" sinaludsodko.

"Oo... naawa ako sa misis ko..."

"Saan ka sa atin?"

"Cabanatuan, Nueva Ecija. *Librarian sa* Nueva Ecija University of Science & Technology."

Imbagak ti naggapuak. *"Saan ang tungo mo?"*

"Dhahran... ARAMCO Recreation Library..."

"Doon din ako!" Inyam-ammok ti bagik.

"Ako naman si Manny... Manolo Naagas."

Saan la a maymaysa ti destinasionmi, Enos Apok.

Agkapammatiankami pay!

Salsaligemgemenak idi nag-*stop over*-kami idiay New Delhi, India, a diak maawatan iti kaadu ti agsasallupang a tao nga agduduma ti maris ken pagsasaoda iti pagurayan ti pasahero. Kasdiay ti riknak idi, Enos Apok, ammomon, a, gagangay ti agdadamo a mayadayo iti wangawangan ti agongna!

Kas idi ag-take *off* ti Air France idiay MIA, inapputko manen dagiti lapayagko idi ag-take *off* idiay New Delhi.

Pinadasko nga inlinged ti kinaignorantek, Enos Apok!

Ngem adda latta nakadlaw. Imbagana nga inton maminsan, gumatangakto iti ear plug.

Idi makapagsimpan ti Air France iti tangatang ket kasla manen matmaturog a higante, immagibas iti panunotko dagiti nadamdamag a na-crash nga eroplano. Agpapan ita, di pay napunas iti panunotko dayta; kinapudnona, Enos Apok, nasuroken a sangapulo a tawen manipud iti daydi naudi a panagluganko iti eroplano, daydi panangsukonmi ken ni lelangmo kada angkelmo a Dondon ken ni antim a Mimi ken ti anakna, ket no di kapilitan, diak kayaten ti ageroplano, uray no kasano ti iliwko a mangkita manen iti daga a nakayanakak... nangruna ti Abbarit, Bantay Baybayabas, Labut, ken ti Montalban! Barko koma, ngem nakabumbuntog kano met ken pagbaliktadenna kano ti intero a kinarakaram iti nalaus nga ulaw.

Ken adda latta di mapakpakadaan a disgrasia kas iti daydi *Titanic*.

Napunas ti aligagawko idi kumitaak iti ruar. Iti laksid dagiti narasay nga ulep, agkiremkirem dagiti bituen iti tangatang a nangipalagip kadagidi bituen idiay Abbarit, a sumirsirip iti regkang ti sapawmi iti bangkag, dakami nga agkakasinsin, a nasangal babaen ti kinerker a garami. Diak inkaskaso ti pabuya iti telebision. Sa la nasinga ti panagpampanunotko idi agiwaras dagiti *stewardees* iti makan ken mainum.

Pinadasko nga intuon dagiti matak iti telon ti telebision iti sango. Nupay diak napagsisilpo ti buybuyaek, naimbag la a nangkerras iti kebbakebbak. Ken nangkessay iti kasla di mapulsot nga oras ti panaguray.

"Ladies and gentlemen, we have ten minutes until touchdown... welcome to Dhahran!" immaweng ti timek iti mikropono.

Saan a nagbayag, immawengen ti : *"Ladies and gentlemen... fasten your seat belt..."*

Idi kuan, kasla awanen ti mangngeg nga ungor ti eroplano iti baet ti kasla panaguyasna nga agpababa; arigna mapuri dagiti pasdek iti daga. Kimpetak iti tugawko.

Ngem apagapaman ti nariknak a panaglag-oy ti eroplano idi sumagirad dagiti pilidna iti daga. Nagpapalakpak dagiti pasahero.

Sakbay a nakaruarkami iti *airport,* inamiris dagiti guardia dagiti kargami.

Nalipatak gayam, Enos Apok. Inggunamgunam ti *management* ti IPAMS idi agrubrubatkami a maiparit ti agitugot iti ania man nga adda pakainaiganna iti relihion; nangruna ti Biblia. Pagsublienda kano dagiti matililwanda nga agiserrek iti kontra iti pammatida.

Ngem nangitugotak latta iti Biblia ken Book of Mormon. Manangaasi ni Apo Dios, ti nagturay iti panunotko.

Naibatang kaniak ti ubing a guardia nga Arabo a nagkawes iti puraw nga atiddog ti manggas ken pagatlansalansa ti kagayadna. Ken adda turbanna. Naglagawak idi rugian ti guardia a sukimaten ti bagko. Nakitana dagiti librok!

Apo kaasiannak, indawatko.

Nagkidemak ket inur-uraykon ti kusilapna idi kitaek, ken ti panangiturongna kaniak iti panguloda.

"Welcome to Dhahran!" kinuna ti guardia ket umis-isem a nangiwagis iti papanak.

Napangangaak.

"Welcome to Dhahran," inulit ti guardia iti nainayad a timek.

Nagdardaraskon a nagtungpal amangan no ibabawina ti bilinna. Nagtibnok ti yaman ken siddaaw a nariknak.

Naammuak idi agangay nga awan la ketdi ti makitada a krus ken mabasada a *Christ,* awan bibiangda no ania a libro ti itugotmo. Di ngata nakita ti guardia ti *another testament of Jesus Christ* a silpo ti paulo ti Book of Mormon.

Agur-urayen iti ruar ti amarilio a bus nga agud-udaud iti Dhahran North Camp a mangitunda kadakami a *new hires* iti pakaangayan ti *orientation.* Adukami a naglalaok a puli. Filipino, Sri Lankan, Indian, ken no sadino payen a suli ti lubong ti naggapgapuanda.

Lumuglugankami pay laeng, nariknakon ti sumuyop a naidumduma a lamiis iti serserrek ti bulan ti Marso. Nagtitibnok ti diak mailadawan a rikna nga ad-adda a namaglamiis kadagiti dakulap ken dapanko, Enos Apok.

Apaman a nakaruar ti bus iti airport, simmabat ti kasla taaw a disierto. Apagtangkayag pay la ti init ket nakitak iti ruar ti tawa ti bus dagiti narasay a ruot ti disierto a kaarngi dagidi tartaray idiay Panay-ogan... malagipmo ti Panay-ogan, Enos Apok? Awan makitam ni sangapuon a kayo iti nawatiwat a kalsada, awan ti kakumpitasan ken kabuluan ken kapan-awan ti Baybayabas.

Immatiddog a kasla puted ti tren ti agur-uray kadakami a TCN (Third Class Nationals) iti *orientation* wenno pakailawlawagan ti rumbeng ken saan a rumbeng nga aramidenmi iti uneg ken ruar ti ACC Dhahran North. Saan a mabalin, daytoy ti kangrunaan a reglamento, ti mangiserrek iti babai, wenno uray no makisarita laeng, iti uneg ti kampo.

Maiparit ti arak (adu ti makaammo nga agaramid, naammuak idi agangay).

Maipawil ti agsusugal (adu ti mangikurkurimed, a napagawid idi naduktalan ida dagiti Security.)

Diak mabilang, Enos Apok, ti kaadu dagiti agaabay ken agsasaruno a kampo. Dua a mangmangged ti naibatang iti tunggal kuarto, a saggaysada iti tulbek. Naipatuldo kadakami ti Post Office iti kampo a pagibusonanmi iti surat: ACC Dhahran North P.O. Box 943, Dhahran K. S. A. Idiay ti paggatangan iti selio ken amin a masapul iti koreo.

Idi maisimpami dagiti gargaretmi iti naituding kadakami a kuarto dagiti nagaabay ken agsasaruno a kasla tren a dormitorio, naitundakami iti departamento a pakaidestinuanmi.

Naggiddankami ken ni Manny Naagas a naipan iti ARAMCO Recreation Library iti Main Camp ti Dhahran. Pamalkaten daydi Dolores Pratt nga Amerikana a Head Librarian. Taga Inglatera met daydi Gordon Hazeldine nga Assistant Librarian; masansan a nakapuesto dagiti dakulapna, a nakaluklukay dagiti ramayna, iti sirok ti timidna. Nadanonmin ni Nestor Cusay (addan idiay Australia) ken daydi Edzel Palacio a napan idiay California, a pimmusay sadiay idi agangay. Ken daydi Alfredo Espiritu a taga-Zambales a diak ammon ti yanna, Enos Apok. Ken ni Celso Malabayabas—ni, kunak ta awan pay nakadamagak no timmangaden iti barsanga wenno adda pay a makigubgubal iti biag; adda kanagnaganna iti Messenger ngem ubing met ti ladawan ket amangan no peke. Ken tallo nga Indian a nalipatakon ti nagan dagidi dua. Daydi la Salim ti malagipko ta nadekket iti daydi Gordon Hazeldine. Dakkel a tao ken nangisit daydi Salim ngem naragsak ketdi... Ken daydi gayam Munirah a maysa nga Arabiana a kanayon a nakaabungot, a kasinsinna kano ti asawana—nangina kano ti mangasawa kadagiti Arabo isu a mabalin dagiti agkakabagian ti agaassawa. Dagiti makaas-asawa nga awan ti mabalinda nga asawaen ta awan ti kuartada, mang-rape-da kano iti padada a lalaki, nangruna no makasarakda iti bakla. A no masukalan ida dagiti agturay nga Arabo, sigurado a magerret ti tengngedda.

Naipalagip la ngarud kaniak, Enos Apok, daydi maysa a pasamak. Idiay Dhahran North Camp, adda nakitak a naglapsat. Ania ti ar-aramiden daytoy ditoy?

"Bakla 'yon!" kinuna ti nagdamagak. *"Huwag kang lalapit-lapit doon kung gusto mong magtagal sa trabaho mo!"*

Adda Audio-Visual Room ti library. Adda *snack/launch room* iti amianan a sikigan ti library.

Nabingay dagiti staff iti dua a shift—7-3, ken 3-11. Naibatangkami ken ni Manny iti *second shift*.

Ordinario nga aldaw ti Sabado ken Domingo idiay Saudi, Enos Apok, ket ti Huebes ken Biernes ti pannaka-Sabado ken Domingoda. Ngem pito nga aldaw ti trabaho idiay Library. Adda naituding a *day-off* dagiti *staff,* a saan nga *aggigiddan.*

Adda *Mess Hall* a panganan iti Dhahran North, iti dis-oras a mamitlo iti agmalem. Iti met *mess hall* ti pangalaan iti balon dagiti di makapan mangan iti *mess hall* iti naituding nga oras gapu iti iskediul ti trabahoda. Masapul a kamakamem ti maudi a biahe ti TCN Bus iti sakbay ti pangaldaw.

Saankami a nagkakuartuan ken ni Manny Naagas, Enos Apok. Filipino met laeng ti kakuartok. Pulos a dinak iniseman idi nagranakami iti kuarto. Kasla dina kayat nga adda kakuartona. Ngem paglintegan ti kompania nga agpaay iti dua ti maysa a kuarto.

Naammuak nga agpadakami iti kasangay. A diak malagipen no kasano. Pulos a dinak pinagpagunian agingga a nagsinakami idi agangay. Saan latta a nagun-uni; nadlawko a dina kayat ti kaaddak.

Sakbay a nagiddaak iti daydi umuna a rabiik, Enos Apok, iti tren a dormitorio, nangikur-itak iti surat para ken ni lelangmo. Impeksak a dagus ti nakaro a pannakailak iti damo a rabii a pannakaipusingko kadakuada. Manipud iti kaadda ti pamiliak, pulos a dikami nagsina iti nagiddaan ken ni lelangmo.

Nautoyanak iti napalabas nga aldaw, ket apagkupinko pay la ti surat no ar-arigen, nagkeppeten dagiti matak.

Naikawaak iti panagriing iti sumuno a bigat nga immuna a pannanganmi iti Mess Hall 764 a para kadagiti Asiano; sabali ti Mess Hall a para kadagiti sabali a puli. Masapul nga agriingka iti sakbay ti naituding nga oras ti pannangan no dimo kayat ti agayuno a dina oras. Iti panagdardarasko, simmabat ti karkarna a lamiis ket kellaat a naglulok ti riknak a kasla mapukaw ti angesko iti arsadanan ti agdan ti kampomi. Naglagawak. Diak la ketdi kayat ti mapukaw iti ganggannaet a lugar a diak makapagpakada iti pamiliak. Nagtugawak ket nabayag bassit nga inalawko ti riknak.

Iti Mess Hall, Enos Apok, agpilika iti kayatmo nga ipauneg. Manok idi rabii, manok manen... manmano a makapagsidakami iti manok idiay balay. Kaaduan a letson a manok, prito wenno liningta nga itlog iti Mess Hall. Mangalaka ti kayatmo nga inumen kadagiti agur-uray a napudot wenno nalamiis—agumaka iti *ice cream*, itayam laeng ti basom ket uray no paspas-ulam.. Gatas, kape... adda pay dadakkel a sili ti sairo, wenno berde a kakasla kikit; adda dagidi agkilaw iti sili nga isawsawda iti patis wenno suka.

"Wala nang iba kundi manok... manok sa umaga... sa tanghali... sa gabi!" intanabutob ti butiog a Pinoy iti sangok. *"Bukas, tutubuan na ako ng pakpak!"*

"Kaya nga ako kain ng kain ng manok, e!" inggarakgak ti adda iti sango, nga intarapnosna nga inaprosan ti sumilsilap a tuktokna.

Idi makapamigatak, napanko imbuson ti suratko iti Post Office. Adda met la iti dayta a pasdek ti *recreation area* a pangiwagsakan dagiti mailila iti iliwda. Adda idi maymaysa nga agbilbiliar.

Kaarruba ti pasdek ti *laundry mat.* Simmiripak, diak malagipen no mano a *washing machine.* Ken dryer. Para kadagiti Asiano. Dita ti naituding a paglabaan dagiti TCN.

Idi napanak nangaldaw, manok manen! Prito! Mano a pannangan pay laeng a kanayon a manok, naumaak metten! Naibilin a mangala dagiti agtrabaho iti rabii iti *packed lunch* manipud iti dakkel a *freezer.* Gudua ti sangabukel a manok ti naguneg ti *Styrofoam!* Nga adda nayonna a *sandwich!* Iti langana laeng, Enos Apok, alidukdukenakon!

Immuna nga inaramidko idi makatugawak iti puestok iti counter ti Library, linasinko no adda aglanglanga a kapammatitayo, nupay agduaduaak no adda idi idiay Dhahran, a pagilian ti Arabo!

Sanguek koman ti computer idi mapasungadak ti rummuar a pamilia ti lima: tallo nga annak ken agassawa. Nakakaki ti ama ket nabasak iti badge-na ti Boy Scout of the United States of America. Adda immapay iti panunotko.

"Excuse me, sir," kinunak. *"Do you know something about the Mormons?"*

"Yes. I'm a bishop... of The Church of Jesus Christ of Latter-day Saints!"

Kunam pay, Enos Apok, napalalo ti ragsakko!

Naammuak nga adda Arabian Peninsula Stake, ket adda Dhahran Branch.

Iti maikadua a rabii, diak napakpakadaan ti yaay ni Manny Naagas. Nakalidliday a nakisarsasrita ta mailiw kano unay iti pinanawanna a pamilia.

Sabali ngata ti nangipapanan daydi kakuartok, ta idi sumangpetak iti sumuno a rabii, addan nagatiddog a tape a naipigket iti tengnga ti kuartomi. Senial ngata dayta ti diak ilalas-ud iti sabali a bangir.

Saankami nga agkaorasan iti trabaho.

Wenno kayatna ngata a sawen a diak sagsagiden ti tallo katuon nga *stereo set*-na? Kinapudnona, Enos Apok, idi la a nakakitaak iti tallo katuon nga stereo. Ngem diak ugali ti agsagsagid iti diak kukua.

Iti damo a yaatendarko iti Sacrament Meeting iti Dhahran Branch ti pammatitayo, Enos Apok—nagtulaganmi ken ni Manny nga agsinnublatkami nga umatendar iti miting—iti Dhahran Academy a binulod ti simbaan, naam-ammok dagiti dadduma a miembro a Filipino. Malaksid ken ni Manny Naagas a naam-aammok idiay eroploano, maysa daydi Brother Juanito Asuro a taga-Bulacan, Juanito Mariano ken ti pamiliana, ni Efren Sorilla a taga-abagatan—diak malagip ti probinsiana, ni Ramon Marcelino a taga-Manila, ken daydi Honorio a maysa a tagaPampanga a diak metten malagip ti apeliedona. Nadlawko a dagus ti kinadekket daydi Honorio kadagiti miembro a Puraw— Amerikano, Australiano, ken dadduma pay. Kadakami a Filipino daydi la Jun Mariano ti nakaitugot iti pamiliana ta adda iti kategoria a Senior. Dakami a TCN wenno Third Class Nationals, saan a qualipikado a mangitugot iti pamiliada.

Umuna a Domingo ti bulan daydi, ket kas ammomon, Enos Apok, aldaw ti pannangted iti *Testimony* wenno pammaneknek. Diak pinalabas daydi nga aldaw. Impeksak ti ir-iruken ti maysa nga ama a naipusing iti pamiliana. A nasken a napintek ti pammatina ken ti panangitakderna iti katulagan nga inawatna idi maipabatok iti danum ti bautismo. Nasken a natibker ti pammatina tapno maitakderanna ti kinapudno, ken tapno makapagbayag iti makatawen sakbay a makita manen ti pamiliana. Dagiti dadduma, kas kada Ramon Marcelino a saan nga empleado ti ARAMCO, addan sa idi iti BECTEL, kada dua a tawen nga agbakasionda. Uray sa idi ni Efren Sorilla.

Iti daydi nga aldaw ti nangyam-ammuan kaniak daydi Bishop Henderson kadagidi dadduma a lider ti Dhahran Branch, a pakairamanan daydi

Sterling Rigby. Laglagipem, Enos Apok, addanto dakkel nga akem dagitoy a nagasat a tattao iti biag 'toy lelongmo.

Tunggal malpas ti Sacrament Meeting, adda nadlawko a pagsarimadengan dagiti tao nga agsada iti luganda a mapan iti Dhahran North. Dua a dadakkel a *bulletin board*. Nakipagbasbasaak met kadagiti paskil.

Adu dagiti naipaskil a tagilako; aglalaok—karpet, makinilia, kamera, ken dadduma pay. Kaaduanna ti menus presio. Naisagud a dagus ti imatangko iti makinilia. Electric typewriter! Daytoy ti kasapulak unay. Masapul a mangilatangak iti umuna sueldok iti igatangko.

No kunkuntarek ti sueldok iti makabulan, marigatanak a makaurnong iti igatangko, nupay menus presio dagiti tagilako dagiti agbakasion wenno nag-*finish contract;* wenno nagikkaten ket masapul nga ilakoda dagiti didan kayat a yawid idiay America wenno iti Inglatera, wenno sadino man a pagawidanda.

Masapul nga adda pangalaak iti pangsupusopko iti igatangko iti makinilia.

Masapul ti pagsuratak, Enos Apok. Adda idin mabukbukel a panggep iti panunotko: mangsurat iti salaysay, wenno ania man maipanggep iti obserbasionko iti Saudi.

Napaliiwko dagidi agkopkopia met iti kayatda. *Part time house cleaner.*

Dinamagko ken ni Celso Malabayabas a naal-alimadamadko nga adda maikadua a trabahona.

"Pitik," kinunana. *"Di mo kaya 'yon,"* insuldongna. Nasasaok ngamin idin dagiti napanawak a trabaho.

"Ano ba'ng pitik?" dinamagko.

"Part time," imballaet daydi Fred Espiritu.

"Kuskos!" binagi daydi Nestor Cusay. *"Tiga linis ng bahay. Tiga sisid ng iniduro!"*

Pinarparimrimannak daydi Edzel Palacio.

Nakarawak ti nabiit pay a singsing iti ramayko. Nagturpos iti master's degree nga agkuskuskos?

No part time met laeng… part time met ti panagsurat. Ngem kasano a makasuratak no awan ti pagsuratak?

Iti panagsasao dagidi kakaduak, kasla dakkelen ti padasda iti panagkuskosan. 12 Saudi Ryals kano ti maysa nga oras. Kinse pay dagiti natahur, ken no makitada a pulido ti aramidmo, aramidendakan a permanente a kuskusero!

Pitikero! Wen, Enos Apok, pitikero!

Ket apay koma? Ibagbagamto kadi pay no addakan idiay Pinas? Ken saan la gayam a maymaysa ti pagpitpitikan dagiti pitikero. Dua… tallo pay dagiti nagaget! Awan innanaan… naim-imbag ngem daydiay agkumkumegka iti kuartom idiay North Camp a ti la adda a mapampanunotmo! Into no kuan, agluluasitkan. Into no kuan, ipukpukkawmon: *"Ibalik n'yo ako sa Pilipinas! Ibalik n'yo ako sa asawa ko!"*

Napaliiwko dayta idi agangay, Enos Apok. Adda kano pay daydi nakatallo a bulan laeng, saanen a pinaigawid. Nagawid ta nagawid lattan nga agwidwidawid.

Adda daydi nagayyemko nga *Ilokano a life* saver iti *swimming pool* ti ARAMCO a kaarruba ti Recreation Library. Nalipatak ti nagannan, Enos Apok, ngem malagipko unay ta isu la ti pilay kadakuada nga agkakadua. Nagbalinkami a nasinged iti tunggal maysa ta masansankami nga agranrana idiay Mess Hall. Ken saan a nalangsot; maigidiat unay kadagidi kakaduana.

"Wen, a," kinunana idi dinamagko no agpitpitik met, Enos Apok. "Agsapsapulak ti mangreliebo kaniak ta agbakasionakto no *next week*."

"Kasta? Adu ket ngata ti *mayawidmo?*"

"Makayawidak iti *stereo set*… tallo a katuon. Naggapu amin iti pitik ti inggatangko."

"Kasta?"

"Idi naminsan a bakasionko, saggaysa a kuentas ti nayawidko para iti tallo nga annakko ken ni misis. 14 k, 20 k dagiti balitok ditoy. No matiempuam ti panagbaba ti presio, nakurang pay a 30 riyals ti maysa a gramo idiay Al Kobar ken Dammam. Makitam dagidiay nagdadakkel ti pulseras ken kuentasna a kaduak idiay *swimming pool?* Naggapu amin iti pitik dagidiay!"

"Talaga?"

"No diak agpitik, brad, awan, a, ti mayawidko. Ammom ditoy ARAMCO, saan unay a dakkel ti sueldo kadagiti kas kadatayo a TCN ti kategoriana. Ngem adda ketdi *repatration allowance*. 1k daydiay. Isu ti pangal-alaak iti pangipletek kadagiti bagahek no kua."

"Ne, nagsayaaten."

"No kayatmo, kasaritak 'diay amok ta sika ti irekomendak a mangriliebo kaniak. No kayatmo."

"Kabaelak ngata?"

"Kabaelam, a, no laglagipem ti ragsak dagidiay umawat... Dinaka no kua malagip nga isukat ni baketmo! He-he! Angawko laeng... 'Mom, adda idi kaduak dita *swimming pool* a kinallong ti komparena a soldado ni baketna. Idi naammuanna, nag-*emeregency leave*. Huh, idi nasangpetanna a madama ti innimas ni baketna ken ni komparena, pinaratupotnan!"

Iti ababa a pannao, Enos Apok, inawatko ti karit daydi gayyemko. Ket inawatnak met daydi amona.

Saanak unay a naikawkawa ta malagipmo? Nagsudsudsodak met ti kasilia idiay Evangelista idi... malagipmo?

Kunam pay, daydi ti immuna a pitikko. Ken nangrugiak a nangsirigsirig itoy *graduation ring*-ko. Nasaludsodko idi, daytoy kadi ti katukad daydi masterko idiay UP Diliman?

Huh, wen, Enos Apok, diak ibain nga ibaga ta isu ti pudno!

Ken nakagatangak iti electric Underwood a makinilia. Nalaklakakon ti agsurat, a dandani inaldaw nga agibusonak ken dandani met linawas a makaawatak iti subalitda.

Manipud iti Volume 3 ti *Sursurat Manipud iti Saudi, 1982-1986, immuna ti subalitko iti surat ni lelongmo a Herman, Enos Apok, a napetsaan iti Agosto 1, 1982, imbuksilak ti riknak iti panangiladawanna iti kinadayag ti lugar a nakaalanmi iti balay idiay Montalban. Kinunak iti paset ti suratko, "Gapu ta addaak ditoy, adda dayta. Ngem gapu ta addaak ditoy, diak met makita ken marikna ti ngayedna. No kitkitaek babaen ti panangiladawanyo a dua ken ni Erning, kas man maysa a bassit a paraiso... diak nagawidan ti nagkatawa iti puted ta kinitadak dagiti tao iti Mail Center idi basbasaek ti suratmo: 'Ay-ayabannaka 'ta baka, Uncle!' gapu ngata ta Emmaaa, kuna 'diay baka, ha-ha! Adu a talaga ti mabalin a suraten ditoy... uray obra maestra... a kas kadagiti nalalatak a ganggannaet a mannurat kas kada Albert Camus, Bertrand Russell, Ernest Hemingway..."*

Iti suratko ken ni Kompadre Diony (Dionisio S. Bulong) idi Oktubre 27, 1982, naagapadko a sinerrekna ti humorous a nobela, kasta met nga idi a rimmuar ti umuna a nobela ni Cles—isu itan ti editor ti Bannawag, Enos Apok, a Rangtay... nagyamanak met iti panangiruar ni Manong Joe Bragado kadagiti daniwko, kas *Iti Dormitorio...*

Maysa pay a suratko ken ni lelongmo a Herman ti nangipalagip iti daydi Emy, nga asawa daydi Orly Elagio, a *librarian* idiay UP a nangibaga nga agaplayak iti IPAMS. Kanayon idi a kamkamatek ti orasko, Enos Apok... Nagsursurat met dagidi Molina a pinanawanmi idiay Amorsolo.

Ah, adda pay maysa a mannurat nga immawag kaniak, kas naagapadko iti suratko ken ni Kompadre Diony idi Nobiembre 13, 1982. Benjamin Gapasin ti naganna, adda idiay Riyadh. He-he! Aliwegweg met gayam, ket Ilokana pay ti sinimpalonganna. Diak la ammo no kasano ti inaramidna ta ultimo istrikto dagiti Security.

Sabali la ti suratko iti daydi Brother Cornelio idi Nobiembre 24, 1982 maipanggep iti panagpaw-itko iti itedna ken ni Sister Asuro idiay Bulacan nga isunto ti pangalaan ni lelangmo. Naagapadko met ditoy nga imbes a ni Ramon Marcelino ti pagpaw-itak, ni laengen Brother Cornelio ta umuuna nga agawid.

Masaok amin dagitoy, Enos Apok, tapno makitam no kasano ti panangipamuspusak a makaited iti uray ania kadagiti patpatgek a nabati idiay Filipinas.

Sinaggaysak met a sinuratan dagidi adda idiay balay a kadua ni lelangmo, kas kada antim a Lingling, angkelmo a Dondon, ken antim a Mimi. Kasta met daydi lelangmo iti tumeng nga Elen. Impaganetgetko ken ni lelangmo a dida agliwliwat a makimisa, a kas met iti ar-aramidek iti kaaddak iti Saudi.

Iti immuna a Paskuak iti Dhahran, Enos Apok, ti kalidayan iti amin a Paskuak. Mapalubosankami nga empleado iti Library nga umawag kadagiti patpatgenmi iti Filipinas, ngem awan ti teleponomi idi idiay Montalban, ket bagbagik la ti immap-apal kadagiti kakaduak nga adda telepono iti balbalayda, kas iti daydi Edzel Palacio ken ni Nestor Cusay. Salawasaw pay daydi Edzel ta isursurona ti aramiden ni baketna bayat ti panagsarsaritada iti telepono.

Enero 4, 1983 ti suratko iti daydi Manong Jun Hidalgo, Enos Apok, a nakaagapadak met iti daydi Ben Gapasin, ken ti pannakadamagko a napan ni Esmenio Galera idiay Singapore. Ken isu met ti pannakadamagko iti ipupusay daydi Andres Somera a maysa met a nalatak a mannurat nga Ilokano. Naipalagip la ngarud kaniak a sinuratannak idi sakbay a napan idiay Singapore, ket dumawdawat iti makinilia.

Diak napagustuan, ket diak la ammon no ania ti nasasaona iti liklikudak...

Ha-ha! Dayta met a suratko ti nakaagapadak ti maipanggep iti panagmodelok! Babbai dagiti agipinta iti ladawam.

Huh, saan a mabalin ti aguksob! Tipikal a Filipino ti kayatda nga iladawan dagiti 'artistada'! 20 Riyals ti imbayadda kaniak!

Sinuratak met gayam idi daydi Mrs Dolores Pratt a superbisor ti Dhahran Library, Recreation Services Department. Napetsaan iti Enero 10, 1983. Iti daydi a surat, dumawdawatak iti pammalubos nga irugik ti bakasionko iti Marso 31. Maudi a trabahok iti 28, ta 29 ken 30 Martes ken Mierkules ti *day off*-ko. Marso 8 koma ti luasko ta isu ti anibersariok ngem inyalud-odko iti makalawas. Ken dimmawatak iti sangapulo nga aldaw a pawayway tapno matamingko dagiti nabati a parikut iti kaggatangmi a balay idiay Montalban.

Idi kuan, rinugiakon a sinurat ti *Kastoykami Ditoy Saudi,* a nangrugi a rimmuar iti *Bannawag* idi Pebrero 1983.

Iti baet ti pannakakumikomko iti trabahok iti ARAMCO Recreation Library, ken kadagiti pitikko, naisagud pay ti nabati a panawenko iti panangsursuratko iti salaysayko. Ti la pagal-alaak iti ladawan nga isapitko para iti salaysay. No dadduma, aggettengak kadagiti pagiwarnak, ken magasin. No dadduma, makaaramidak pay iti basol ta agalaak kadagiti daanen a libro a saan unay a maus-usar.

Ngem diak binaybay-an ti rebbengek kadagiti napanawak iti

Filipinas. Kanayon a suratak ida. No dadduma, kasinnuratko pay ni Mila a nagbalin nga ipagmi ken ni lelangmo ta nagassawada iti daydi lelongmo nga Erning a kabsat ni lelangmo. Napetsaan daydi suratko kenkuana iti Marso 7, 1983, maysa nga aldaw sakbay ti makatawenko iti Saudi.

'*Shokran* iti naudi a suratmo' ti panangyaruanganko. '*Salamalaykom*' ti panangrikepko. Iti panangkomustana iti napalabas a Paskuak, imbagak nga adda nasayaat a kapammatitayo a nangawis kadakami a Filipino a nangpalabas iti Paskua iti pagtaenganda. Nangtedda pay iti regalo. Sinarungkarandak met ti dua a naibatang a Home Teacher-ko, a maysa kadakauada daydi Brother Juanito Asuro, kaduana daydi Rich Hunter... nangitugotda iti sangatiklis a regalo, a nakairaman ti maysa a parker a ballpen a nabayag nga inim-imluyak.

Dawdawatak idi ni Mila iti retratona iti Saudi ta iramanko nga isurat ti padasna iti serie ti salaysayko. Agrubrubbuatak idin nga agbakasion iti umuna a bakasionko, iti Marso 28, ket agsubliak iti Mayo 12.

Maisingitko laeng, Enos Apok. Nakapagsinnuratkami pay gayam iti daydi Luz Plopino a nakaduat idiay Filipiniana Section—malagipmo daydi a Library? Napan met idi idiay Lagos, Nigeria, nagserbi iti National Library of Nigeria, sa itay nabiit, naammuak nga adda metten ditoy America.

Sakbay a nagawidak, nakaipaw-itak iti *colored* ken *remote controled* a Sony a telebision. Mabalin pay a pagbuyaan iti betamax. Ken dagidi nagruar nga ay-ayam iti telebision. Nayawidak met daydi Tatang iti relo nga orderna.

Iti daydi a bakasionko, Enos Apok, nakayawidak iti imbayadko iti apagkapullok *wenno tithing,* kas patigmaan daydi Bishop Henderson. 25k a pisos a nakaisukatan ti doliar a nakaisukatan ti Riyal, ket masmasdaaw ni Brother Delfin ta idi la kano a nakaawat ti *bishopric* ti Burgos iti kasdi a kantidad. Naurnongko daydi.

Daydi met ti pannakapabakudmi iti balay a sinangpetak—diak ammo no kaanonto a maisaparmo ti agbakasion, Enos Apok, ket makitam ti lugar a dinakkelan ni Daddym ken dagidiay iikitmo, ken ni angkelmo a Dondon.

Nakariknaak idi iti apagapaman a bang-ar iti naminsan a

panagtakderko iti sango ti balay. *At last,* addaytan ti makunak a bukodmi a balay nupay makatawen pay la a binaybayadanmi. Dadakkel dagiti letra ken numero a nailanang iti landok a ruangan:

Blk 8 Lot 13

Pinatubo St., Motaña Village

Burgos, Montalban, Rizal

Naragsakanak met idi imparipirip ni lelongmo a Jose ti panggepna nga agmision. Inabuloyak. Isu ti buridekmi, ngem nagyamanak ta iti no manokami nga agkakabsat, isu la ti nakasurot iti 'tugotko' iti pammatitayo. Dakami nga agkakabsat, aggigidiat ti pammati a sinurotmi. Ngem makitam met, Enos Apok, a nakaur-urnoskami nga agkakabsat, uray no kaaduan kadakami ti addan iti America. Agyamanak ta awan ti nagririri gapu iti panaggigidiat ti pammatimi.

Kasla nagtubo nga uong dagiti naawatko a surat, Enos Apok, apaman a rimmuar ti salaysayko. Kaaduanna ti agpatpatulong. Adda pay dagiti babbai a mangiparparipirip iti riknada.

Imparipiripko, nga adda dagiti naragsak nga umarakup iti parikutda a sumangbay. Ibilangda a sagut kadakuada ti Namarsua ti umay a parikutda. Gapu ta dayta a parikut ti mangisuro kadakuada nga agpanunot iti nasayaat. Ta ammok a saan nga ited ti Apo ti parikut a di kabaelan a yabaga dagiti tao. Addaantayo amin iti pannubok a nasken a parmekentaayo tapno matun-oyantayo dagiti arapaaptayo. Napintas ti lubong, no ammotayo nga awaten ti kinapudno.

Malagipko gayam, Enos Apok, maikatlon a bulan a rumrummuar ti salaysayko ket mangrugi met idin nga agangin-angin iti Dhahran, a makamermer dagiti darat ti disierto a karudkoden ti angin ta yabyabayabnan ti *desert storm.* Kumagkagat metten ti pudot ngem saan pay unay a nasaniit ti rupa ken kudil a billubillosen dagiti anay nga agkarayam iti arigna awan igidna a disierto. Nairana nga impabuyada iti open space daydi pelikula a *Happy Birthday To Me.* Nairanrana la unay a kasangayko! Nangilatangak iti panawenko a nangbuya.

Tunggal agkasangayak, Enos Apok, maipalagip kaniak daydi a kasangayko.

Malagipko, nga idi diak pay pimmampanaw idiay probinsia, ken sibibiag pay daydi lelangmo iti tumeng a nanangko, kanayon nga isaganaannak iti sinoman no agkasangayak—pulos a dina nalibtawan, uray kano idi addakon idiay Manila, insagsaganaannak latta.

Ngem iti daydi nga aldaw, kalpasan ti panangbuyak iti daydi *Happy Birthday To Me,* nakaad-adu a laglagip ti nagsasanggala iti mugingko.

Diak man ketdi ammo, Enos Apok, no daydi ti gapu ti kanayon a pannakaitagtagainepko iti daydi nadungngo a nanangko bayat ti kaaddak idiay Dhahran North, Saudi Arabia. Saan nga ang-angaw daytoy Enos Apok. No malaglagipko ita, kunak man, kasnak la binambantayan bayat ti pannakaipusingko iti pamiliak.

Ken nasangsangok metten ti napan nag-Kobar Kobar ken nagDammam Dammam. Idi damo, nagar-arapaak laeng a *nagwin-window shopping.* Idi kuan, nangrugiakon a nagplanoplano iti kayatko a gatangen.

No kasdin a mangrugi nga agsasala dagiti makitkitak idiay Al Kobar, mangrugi metten a maalay-ayan ti iliwko kada lelangmo.

Aglalo ket naikkanak iti baro a *calling,* kas paneknekan ti suratko iti daydi Carlos E. Asay idi Mayo 31, 1983.

Magazine Representative ti Dhahran Ward.

Maika-34 a Paset

Dhahran North/High Rise, 1984-86

NO ADDA MAN di mangikankano kadagiti babassit a banag, Enos Apok, maisupadiak ta maysaak kadagiti mangibilang kadagitoy a banag a maregmeg ti balitok. No ipapan dagiti dadduma a ti maysa a surat, ladawan laeng ti agdama ket no nabasan ipakni lattan wenno gelgelenen sa ipuruak iti nakanganga a pagbasuraan, maigidiatak.

Ta napateg kaniak ti tunggal balikas nga agaon iti mugingko; isu nga iti kaaddak iti ganggannaet a lubong, adda duplikado dagiti amin a suratko. Inurnongko ida ket ti orihinal ti imbusonko. Kalpasanna, idi addan panawenko a nangurnos, impa-*bind*-ko idiay Filipinas.

Dagidi a sursurat, Enos Apok, nga inrugik itay kallabes a paset, ti katulongak ita a manglagip kadagidi balitok a panawen bayat ti agtultuloy a panagdaliasatko; kas kadagiti naagapadko iti kallabes a paset. Agaasem, no awan dagitoy a sursurat, iti panagkunam, malagipko pay ngata amin nga uray dagiti dadakkel a banag? Itoy paset a yanmo ita a nangsakup iti tallo a tawen, aragaag ti makitam a ladawan, ngem gapu iti linaon dagitoy a sursurat, uray kaskasano, makatulongda a mangidawdaw iti pabelo ti agkurkuridemdem a lagip ket makaipintaak iti putedputed a ladawan.

Iti naudi a suratko iti napalabas a tawen, Enos Apok, Disiembre 28, 1983, imbagak ken ni antim a Lingling ti ragsakko a nakaawat iti suratna a naisapit iti surat ni lelangmo.

Wen, isingitko man pay ni lelangmo, malagipko ita. Dakkel ti sakripisiona bayat ti panagmaymaysana a nangtarabay kada Daddym ken

488

dagiti kakabsatna. Arig la di maturog ni lelangmo ta nasapa nga agriing iti agsapa a mangriing kadagidiay agkakabsat tapno agdigos ken agsukat ken agsaganada a mapan iti eskuela. Sa no sumangpetdan iti malem, mapan manen ni lelangmo aganggkat iti itlog ti pugo wenno ania ditan a pangalaanna iti inayonna iti alotment nga ipawpaw-itko. Wen, isu laeng ti pannakapanda mangan idiay Uniwide wenno idiay UP Coop a pakaragragsakan met dagidiay agkakabsat. No maisagananan dagiti tagilakona, isunto pay la ti panangsangona iti lesson plan-na aginga iti tengnga ti rabii, nga isunto pay la ti panagiddana a no dadduma madungdungsaanna ti ar-aramidenna. Ay kaasi daydi lelangmo, Enos Apok.

Agsublita iti suratko ken ni antim a Lingling. Impalagipko nga inton maawatna ti subalitko, nakasublidanton iti eskuela. Mangrugin nga agbalasang ket umas-asideg no kuan ti sulisog. Isu nga imballaagko kenkuana ti panagannadna, ken ti dina panangbaybay-a iti pagrebbenganna iti Simbaan ta dakkel a salaknibna no kua ti kinapudnona iti Mannakabalin. Sumagmamano pay a bulan, agturposton iti umuna a tukad ti sekundaria. Iti maudi a paset ti suratko, kinunak:

Regards to your sisters Mimi and Chichi, and to your brothers Dondon and Jojo, and to Mama, and also to your uncles and aunties, and lola... regards also to the Molinas.

Nagadayo ti nagtayaktakan ti lagipkio iti pannakabasak itoy a paset ti surat, Enos Apok, a kaduada daydi lelongmo nga Erning, ni lelongmo nga Jose, da lelangmo a Basion, Grace... ken daydi lelangmo a Tessie ken 'di gayyemna a Vilma; ken daydi lelangmo iti tumeng nga Elena, a dimon nakitkita...

Dagidi Molina—malagipmo daydi kunak nga inraremko iti danum ti bautismo? Wen, uray adayodan, ta nabatida idiay UP Campos, saan a nakerrasan ti kinasinged ti tunggal maysa kadakami. Imbilangnak daydi Manong Johnny a maysa a kabsat ta no adda parikutna kadagidi kakabsatna idiay California, agpulpulong kaniak.

Adda met naisapit a surat ni angkelmo a Dondon a nagorderanna iti ay-ayam iti J.C. Penney, ngem imbagak a naladawen ta aggapu pay ditoy America.

A, wen, imbagak kenkuana nga ibagana ken ni Chichi nga agsagana iti pannakabuniagna.

No diak pay nasao, Enos Apok, imbaga kaniak dagidi misionario a nangbuniag kadakami ken ni lelangmo, a siak ti mangbuniag kadagiti annakko; isu nga imbes nga iramanda idi a buniagan ni antim a Lingling ta adda idin iti umno nga edad, impayur-urayda iti pannakaited kaniak ti kinasaserdote wenno *priesthood* tapno maikariak a mangbuniag. Isu nga idin umdas ti tawen da angkelmo a Dondon ken Mimi, siakon ti nangbuniag kadakuada.

Isu nga amano a binuniagak ni antim a Chichi idi nagbakasionak iti Abril ta Enero 2 ti kasangayna.

Adda met latta maisidawsidawko a surat para kada Manong Joe Bragado nga editor idi iti dandaniw, ken literaturan sa, ken daydi Manong Jun Hidalgo a mangas-asikaso kadagiti salaysay nga impatpatulodko.

Iti suratko ken ni Manong Joe, a napetsaan iti Enero 11, 1984, imbagak ti pannakakumikomko ta adu ti *overtime* iti *library* gapu iti panagbakasion ti maysa a kaduami, a ni Manny Naagas, sa naipatang pay ti panaglusulos ti dua nga Indian... sa dagiti pay part time-ko. Imbagak a masapul nga aramidek ta di iggem ti masakbayan iti agdama a trabahok. Ken diak met nalibtawan a kinomusta ti GUMIL Filipinas.

Iti met suratko iti daydi Manong Jun Hidalgo a napetsaan iti Enero 12, 1984, innayonko iti dadduma a naagapadko iti suratko ken ni Manong Joe, ti panag-*maternity leave* daydi Munirah a kaduami nga Arabiana. Daydi a suratko ti nangilukonak iti maika-65 a paset ti *Kastoykami Ditoy Saudi*. Naagapadko met ti kaadu ti agsursurat kaniak gapu iti nasao a salaysay, ti adu nga agpatpatulong. Ti imasna ket pati ti personal a problemada ket ikamangdan kaniak, a kaslaak ketdin nalaing a mamagbaga! Adda pay nagsurat a balasang a taga-Honululu, Hawaii, a nagkuna a no saan a gapu iti seriek, dida koma kano nagam-ammo ken ni Benny Real a maysa kadagidi insuratko ti padasna. Isu a masapul a tulongak kano!

Daydi met a surat daydi Manong Jun Hidalgo ti nakaagapadak a nadamagko nga adda baro a kameng ti *Bannawag*, a babai—simmadutak idi a nangukag iti kopia ti magasin nga impaw-it ni lelangmo, Enos Apok. Ngem ni Linda Lingbaoan ti adda iti panunotko... a nagbalin idi agangay nga ipag ni Kompadre Diony (Dionisio S. Bulong) a diak malagip no isu idin ti editor ti *Bannawag*.

Naiturong ken ni Manny Naagas ti simmaruno a suratko, Enos

Apok, a napetsaan iti Enero 14, 1984. Maysa a pammaneknek daydi a surat iti kaadu ti pasamak a nangisubli kaniak iti nasao a tawen. Ken daytoy met a surat ti nakalagipak nga addaak iti 542-27, a kayatna a sawen maika-542 a dormitorio, kuarto 27. Nagkakuartuankami gayam iti daydi Alfredo Espiritu iti 551-19 sakbay a nagsublikami iti 542-27.

Adda met pitik ni Manny a pinanawanna idi napan nagbakasion ket riniliebuan ni Nestor Cusay nga adda itan idiay Australia. Nasayaat kano dagidi pamilia Handcock ket indawdawat ni Nestor a saan koman nga agsubsubli ni Manny.

Impalagip met ti suratko, Enos Apok, nga adda dagidi pamilia Iverson a nagbakasion ditoy America. Sakbay a nagawidda, dinamagda kadakami a Filipino no kayatmi ti agpagatang iti pagimeng. Adda kano katalogoda iti JCPenney. Pinagpilidakami iti kayatmi a pagatang manipud iti nasao a katalogo. Nagorderak iti berde a nabengbeng a jacket a burboran ti tengngedna—nagpaut kaniak daydi a jacket ta inkuykuyogko pay idi immayak iti America. Naammuak met iti dayta a surat a pinaginteresan dagidi Security idiay *airport* dagiti *cartridges* a pinagatang ni Manny. Linukatanda kano dagiti Gemini—diak malagipen no ania daydi a Gemini, Enos Apok. Diak innala dagidi orderna ta imbagak nga isunto ti mangala tapno mailawlawag daydi Sister Iverson ti napasamak.

A, wen gayam, nairaman pay iti suratko ti pannakapagawid daydi kapammatiantayo a Ramon Marcelino a kakuartuan ni Manny. Na-*surplus,* ngem mabalin nga agsubli ta inrekomenda kano daydi Bishop Henderson iti ARAMCO—pinadasko a suratan itay nabiit iti Messenger ken Facebook ngem dinak sinungbatan.

Nalagipko met ditoy, Enos Apok, daydi Miss Arlene a simmaruno a Supervisor idi nagikkat daydi Dolores Pratt. Adda idin diak magustuan kenkuana gapu iti kasla panangipangpangrunana iti maysa a kaduami.

Indardarasko nga immakinilia daydi a surat iti A.V. Room sakbay a nagawidak iti alas onse media ti rabii.

Ibaetko ditoy ti suratko iti daydi Manong Jun Hidalgo idi Enero 18, 1984, kas pammaneknek no kasano ti pannakakumikomko. Makitam iti ngato, a kaipawpaw-itko ti maika-65 a paset, ngem ditoy a surat, naisapit manen ti maika-66. Ken iti daytoy a surat, imbagak a bareng no maisuratko ti paset a para iti semana santa.

Ken ibaetko man ditoy, Enos Apok. Nga adda pay idi ubing a nagsurat kaniak. Florence ti naganna, taga-Isabela. Kaedad ni angkelmo a Dondon, agpadada a Grade IV, ken adda iti SPED Class. Adda idi ni angkelmo a Dondon iti Quirino Elementary School a pangisursuruan ni lelangmo.

Naayatanak man, ta ultimo ubing ket nagsurat pay kaniak... isu nga imbaetko.

Ngem diak naas-asikaso gapu iti kaadu ti nakaisangolak.

Adda pay daydi maysa a nagsurat kaniak, maysa a babai—ilimedko laengen ti naganna—a diak ammo no 'pudno' a balasang. Imbagana ti kaadu ti parikutna. Idi damo, nakasingsinged ti panangyam-ammona iti bagina. Sa idi agangay, nangipatulod payen iti valentines card, a diak met sinubsubalitan. Idi kuan imbagana nga adda sakitna ket masapul a maopera ngem awan ti kuartana. Diak ammo no pudno nga adda sakitna. Kasano a tulongak ket awan met ti kuartak? Ken uray no adda kuartak, saanak a basta lattan makaipaburiraw iti tao a diak met kaim-imuan.

Kastoy ti insungbatko, Enos Apo, nga inadawko iti surat:

Dimonto malipatan ti maysa a mannurat nga immasugam iti tulong gapu iti emergency a pakasapulam ta agkurang ti kuartam. Malaglagipmonto dayta a mannurat saan a gapu iti kinaimbagna no di ket ti panangpaayna iti kalikagummo. Aglabasto ti aldaw ket tunggal makitam ti piglat ti operasionmo, malagipmonto latta met dayta a mannurat. Kasimbronmonto ta nagbiddutka iti panangipapanmo a mannakaawat ti mannurat. Dua ti nagsaruno a suratmo; maikatlo ti valentines card. Ngem sangkaputed la a balikas ti nauraymo... Makatulong kadi ti balikas laeng?

Ta dayta laeng ti kabaelanna nga ipaay. Nalabit a dimonto maawatan, ken malipatan.

Ngem laglagipem: ikarkararaganna dagiti tao a makasapul iti tulong ti Mannakabalin...

Diak ammon, Enos Apok, no ania ti napasamak iti daydi a tao. Awan ti naawatko a subalitna, ket kinaykayatko met a kasdi.

Maysa pay ti surat daydi lelangmo a Tessie, Enos Apok. Agpagpagatang iti sapatos ken *cassette*... ken relo koma kano daydi kadkaduana a Vilma. Awanen daydi Tessie, dua a tawen san a pimmusay bayat ti panangsursuratko itoy a paset. Dimi idi ayonan ti 'pannakitiponna' iti daydi Vilma, ngem impagpagapumi la iti kinakabsatna. Ken ti nagbalin a parikutna iti daydi Tatang, gapu iti naaramid ti amami a nanggurguraanna, ken nagbalinanna, kano, a kas iti nagbalinanna. Nagbabawi met la idi agangay, ket nakaasawa iti ub-ubing ngem isu, a nakaaddaanna iti bugbugotng nga anak.

Saanak a nagkari a magatangko amin ti bilinna. Ngem no makaalaak iti sapatos ken relo, saanak no kuan a makaala iti *cassette*.

Kinapudnona, Enos Apok, diak la koma kayat nga igatangan daydi Vilma. Diak la ngamin kayat nga idanem daydi lelangmo a Tessie.

Nasaok iti surat nga Abril 16 ti luasko, a 17 ti sangpetko, 2:45 ti malem iti Filipinas.

Makitam no kasano ti panagruedo ti utekko idi, Enos Apok? Nalablabesak pay ngem 'tay kunada nga agtayyek a tarampo!

Huh, kunam pay, awan ti paatiw kadakami nga agkakadua idiay *Library* no kinnaaduan iti pitik ti pagsasaritaan. Pangatiwak la kadakuada ti panagsursuratko iti *Bannawag*.

Ket wen, agkikinnaaduankami idi iti pitik ta ngimmato ti kantidad ti doliar. Adda pay daydi *part time*-ko a balay dagidi Shelton, dua nga agassawa a Nangisit (dida kayat ti maawagan iti Negro...wen, ammom dayta). Inawagandak iti naminsan ket imbagada a mabalinko a yawid ti nalukot a karpet iti asideg ti ridawda. Ay ket, ay-ayatko, a, Enos Apok, ta baro pay ti nasao a karpet. Napimpintas ti karpet a magatang iti Saudi. Imbagahek, a, daydi a karpet!

Ngem diak ammo no daydi ti namkuatanda a nangikkat kaniak, ta nakaawatak laengen iti awagda a saanakon nga agsubli; diak ammo no *finished contract*-da.

Nagyamanak met iti nalimed ta talaga a nabannogakon kadakuada. Isuda ngamin ti karugitan ti balay! Inaldaw a mapunno ti lababo iti nagibarbasan daydi nga Igoy!

Adda pay daydi Puraw nga agmaymaysa iti *Flat*-na. Sabali pay daydi a sariwagka. Saan la a dagiti nanganan ken sobrana a nangan, platplato, pappapel, ken adda amin ditan, ti agkaraiwara. Pati pay dagiti karsonsiliona! Daydi a Puraw ti kadugyotan a nakitak!

Ken nakarabraber ti ruot iti aglawlaw ti *Flat*-na. Saan a nayon ti trabahok, ngem kunak man, bareng maay-ayo ket nayonanna ti sueldok. Naginnanakemak a nangpukis iti aglawlaw babaen ti nakitak a pagpukis iti garahe.

Maysa a pakagustuak iti daydi a Kano ti panangiwarawarana kadagiti sensilio, a supli ngata ti no ania a ginatangna.

Ay, ket ibulsak no kuan, a, Enos Apok! Kunak, dinanton malaglagip, ta agkaraiwara ngarud. Ken kasla saan a kuarta kadagiti Puraw dagiti sensilio.

Ngem dimteng met ti panawen a dinakon pinagsubli. Dina imbaga ti gapu, ngem impapanko a nagikkat wenno inikkatda ta diakon nakitkita iti *library* manipud idi.

Adda maysa nga ubing pay nga agassawa. Adda anakda nga agtawen ngata iti nasurok a dua.

Nasayaat daydi Carol Smidth. Tunggal malpas ti trabahok, ket agpakadaak, isurona daydi anakna nga agkuna: *"Bye, Mister Lorenzo!"*

Australianodan sa. Wenno taga-Inglatera. Basta saanda nga Amerikano.

Ngem daytoy ti diak pakalipatan kadakuada, Enos Apok.

Segun iti tulag, ti la maibaga ti aramidem. Agsaplid iti tapok, ag-*vacuum*, agpunas kadagiti sarming ti tawa. No saan, agurnos iti kuartoda.

Nakigtotak iti naminsan ta adda agkutkuti iti uneg ti ap-ap ti katre— maysa gayam a pusa ti simmuksok!

Binagkatko daydi pusa ket iti panagtugawko iti igid ti kama bayat ti yaangesko iti tallo sakbay nga intuloyko ti obrak, naisagud manen dagiti matak iti singsing iti pasiraw-atko. Daydi *graduation ring*-ko iti master, malagipmo?

Idi naumaakon a mangsirsirig iti singsingko, nagsapridak iti *drawerda*. Naisagud ti pagsapsapridko iti *drawer* ket nauyos iti apagbassit; adda simmirip a ladawan idi ginuyodko ti *duster*.

Dua a ladawan ti nasiripko iti uneg. Saggaysada! Umis-isemda, a kasla sirsirigenda ti nagiggem iti kamera. Namindua. Namitlo. Nga insublik. Ken kinitak—kasdiay gayam ti ilemlemmengda!

Mariakosina... pasensiada laengen kadagidi masmasdaaw a matak!

Sabali la daydi Linda Johnson; nasayaat met daydi nga amo. Bassit a babai, nataytayagak la ngata iti dua a ramayan. Amerikana. Adda met maysa nga anakna. Siguro agtawen ngata iti tallo wenno uppat. Kanayon a naka-short no umay iti library. *Tennis player* ngamin.

"Ang ganda ng legs ng amo mo!" inkalbit dagidi kaduak iti naminsan a yaayna iti library.

"Loko kayo, mabait 'yan!"

"Totoo?"

"Sira ulo kayo... kung ano'ng iniisip n'yo!"

Iti naminsan a panagbakasionda, adda padada a Puraw a nangitalkanda iti balayda.

Iti naminsan a panagdaldalusko, nakitak a nalukatan iti apagbingngi ti pridiedirda iti garahe.

Nalungsot dagiti naguneg. Diak kinayat a sinagid. Imbagak iti nangitalkanda. Dumayamudom a nangdalus. A kasla adda panangpabasolna kaniak.

Naminsan pay, nagdalusak met iti apagbiit iti dagus dagidi Brother and Sister Rigby idi sangsangpetda ngata iti Dhahran. Diak ammo no apay nga inderetsoda ida iti Dhahran North, nga agpapay kadagiti TCN, iti sungaban ti kampo. Adda dua a babbalasitang nga annakda.

Naminsan, apagserrekko idi nagdamag kaniak daydi Sister Rigby.

"Have you seen the ring..."

Iti panagawatko, nalawag nga ipatona nga adda pakainaigak iti napukaw a singsing. Agduadua iti palawagko.

Iti kaadu ti nagpitpitikak, idi la a napagduaduaanak.

Saanakon a nagsubli, wenno didak sa idin pinagsubli... diak malagipen.

Ngem idi nagkikitakami iti maysa a *sacrament meeting*, inasitgannak daydi Sister Rigby. Daydi kano maysa a balasangna ti nakaiwagat iti sapsapulenda a singsing.

Iti amin a nagpitikak, Enos Apok, karigatan ti agpunas iti ruar ti sarming a tawa wenno ridaw. Masapul a sanayka a mangipasuyot iti *Windex,* ken mangikarus iti *squeegee,* ken manginasnas iti *duster.* Unay ket a kettangen ti aggumgumintang iti dua nga oras, depende no kasano ti kadakkel ti 'balaymo.' Aglalo no kasibsibet ti tudo wenno isno wenno *desert storm.* Mamitloka nga agsublisubli iti maysa a balay iti makalawas, wenno mamindua no saggatlo nga oras. Maysa nga aldaw ti *dusting,* maysa nga aldaw ti *window cleaning,* maysa nga aldaw ti *vacuuming.* Ti kas kaniak a third shift—3 to11—bigat ti panko panagpitik. Iti Martes ken Mierkules a bakantek iti library, dua ti pitikko iti agmalem.

Kasla diak idi marikrikna ti bannog, Enos Apok, bayat ti panagpitpitikko. Ngamin, agpaspasiar met ti panunotko kadagidi pagtagilakuan iti nadumaduma idiay Al Khobar wenno Dammam; sadiay ti pangkungkuntarak iti pakaibaisan ti mapitikko iti makabulan. Malaksid ngamin iti kaadu ti *overtime* iti ARAMCO Recreation Library, ken dagiti pitikko, insidawsidawko latta ti panagsursuratko iti *Bannawag.* Sa nagimas met ti maturog no mabannog ken mabsogka iti manok ken sorbetes. Kaska metten dekoriente no kua a nai-set iti oras a kayatmo a panagriing, ta awtomatiko metten nga agriingka.

Ken adda latta gundawayko nga agsubalit kadagidi adu nga agsursurat kaniak.

Ken naragsakkami nga agkakadua iti library. A kunam la no awan ti parparikutmi.

No addaka iti sasaadenmi, Enos Apok, saan a makasiki ti negatibo a pampanunot. Masapul a pagrueduem ti panunotmo, kadagiti makalinglingay a banag a pangiwagsakmo kadagiti babantot wenno dadagsen.

Dagidi mail-iliwan a kakaduak iti library, dida magawidan ti riknada a mangsipsiput kadagidi rabanos a lakko ken gurong...ken agpallayog a patong... ken nasilap a barukong!

Maysa kadagiti pangiliwliwaganmi iti pulkokmi dagidi Filipina a nars ti ARAMCO nga um-umay agpalabas iti orasda iti *library.* Diak ammo no talaga a panggepda ti umay agbasa iti magasin wenno libro a kayatda a basaen, wenno agbuya iti video iti AV Room, wenno kayatda laeng met ti umay sumirpat ken pasirpat.

No saan la a Saudi ti yanmi, Enos Apok, a, ket nalaka la koma nga agbasol dagiti kakaduak a buburog, nga agtallo -uppat a pulo ti tawenda, sa adayoda iti pamiliada. Adu ti damag a pakaliplipat iti napanawan ken pinanawan, ken pimmanaw.

Ngem natadem ti mata dagiti Security nga Arabo. Dimo malasin ida. Addada la nga agsisiim. Ken wen gayam, Enos Apok, saan met a mabalin nga ipabpabuya dagiti nars ti rupada. Nakamaskarada met a rummuar. Adda sabali a yan ti apartmentda.

Damagmi nga idiay Al Kobar, adda agpada a babai ken lalaki nga inlibutda sada ginerret ti tengngedda.

Isu a di mabalin ti agal-aliwegweg, Enos Apok.

Diak ammo no kasano a nakalusot daydi padami a mannurat, a naagapadko iti ngato.

A, wen gayam, malagipko daydi Filipino a kaduami iti Simbaan, a nalukay dagiti langanat' nalami a takiagna; Filipino, saan a Filipina! Baymon ti naganna, basta isu ti maysa a kalaingan nga agingles kadakami a Filipino. Naglaing ketdin a manarita. A kunam la no agpayso amin a sasawenna. No dengdenggem, wenno damom a makasarita, ipapanmo la ketdi a kanayon nga adda iti pedestal.

Ngem kuedaw.

Mismo a ni Manny ti nakasao kaniak, iti maysa a milagrona. Iti kuartona, adda pinastrekna nga 'atiddog' nga Arabo.

Maiparit, a, Enos Apok, wen, pudno, ngem no Riyal ti agandaren, a, ket uray asinon ti agdepdeppa... agmilagro, ta agmilagro latta!

Saan la a dayta ti nagmilagruan daydi nalupoy ti dilana a kabsat.

Agpayso nga adu ti parikut nga imbatimi iti Filipinas, dakami nga adda iti ganggannaet. Ket adu ti pakaibagaan dagiti dadduma. Bareng, kunada ngata, a, ta adda maasian.

Iti ababa a pannao, daydi kabsat a nalanlanaaan ti dilana, napamatina dagiti Puraw a manangngaasi a kakaduami iti Simbaan iti inestoriana a kasasaad ti pamilia a pinanawanna.

A ket ania payen, nakaur-or, a, iti inggatangda iti dyip a pampassahero ti kabsatna idiay probinsiada.

Milagro a talaga, 'nia, Enos Apok?

Wen, uray iti Saudi, mabalin met ti agmilagro. Milagro, kunam ngarud!

Ket nalaka met a pagmilagruan dagiti Puraw!

Ngem dagupmi a Filipino iti pammatitayo, daydi laeng a kabsat ti nakapagmilagro!

FLASH! FLASH! FLASH, Enos Apok! Adda isingitko. New Years Eve LIVE ti 2022-23 ita a sangsanguek daytoy yanmo a paset. Alaek daytoy a gundaway a mangikur-it iti paset ti panagdaliasat 'toy lelongmo. Sisiak ita a siririing ta matmaturog ni lelangmo—kellaat a kimmaro ti an-anayenna ket inar-arayatmi sakbay a napan amin dagiti kabbalaymi ditoy West Valley, ken kadakayo idiay Ogden, iti balay da antim a Chichi idiay Orem a pangsarabuan koma ti sangabukel a pamiliatayo iti Baro a Tawen. Ngem adtoykami ita a dudua ken ni lelangmo, daytoy a maika28 a tawenmi iti America. Pagsinsinnublatek a kitaen ti isursuratko ken ti *video call* a yanyo bayat ti panangselebraryo iti panagsabat ti Daan ken Baro a Tawen.

Iti America, kalkalpas ti parambak idiay Squire ti New York ita nga oras...

Ipakpakitak daytoy a paset, Enos Apok, tapno ammom a bayat ti panangilepleppasko itoy nakaablan ti kinasiasinotayo—adda pay sumagmamano a paset—masangok pay la ti agsurat bayat ti panangsaksik iti Baro a Tawen. Ita la a maymaysaak a mangsarabo iti kastoy a panawen, ta matmaturog met ni lelangmo...

Ala, isublika iti 1984.

Ad-adu koma ti kayatko nga iraman itoy dua a paset ti pannakigasanggasatko iti Dhahran, ngem maysa a dakkel a libro no kasta. Kas naagapadko, 66 a paset ti nangbukel iti serye a sinuratko a *Kastoykami Ditoy Saudi.*

Nain-inutak idi 1984 ti gimmatang iti saggaysa a piesa ti TEAC nga *stereo component.* Malaksid iti tallo katuon ti *component,* nakagatangak pay iti turn table-na. Sa ti kabinetna. Imbagahek sakbay a nagbakasionak, nasaok idin a libre ti bagahemi isu nga al-alaenmi a gundaway dayta a panagyawidmi iti dadakkel a banag.

Kalakaan idi ti TEAC a *component,* Enos Apok, saan a kas kadagidi Sansui kada Sony ken adda daydi kanginaan a JVC. Imdas kaniak idin nga adda mayawidko. Ngem para kaniak idi, dakkelen a banag ti maaddaan iti kasdi a banag. Idi agpilpiliak iti gatangek, diak nalaglagip ti rigatko a nagpitpitik, ken diak inkaskaso ti singsing iti ramayko! Nadamagko idi nagbakbakasionak a daydi a *component* ti kanayon a buloden ti simbaan no adda paskenda.

Adda maysa a nakallalagip iti Paskua ti 1984. Addaak pay la idi iti kuartok idiay Dhahran North Camp.

Adda dua a *home teacher*-ko a di nakalipat a nangsarsarungkar kaniak iti binulan. Daydi Bro. Juanito Asuro ti Bulacan, ken ni Rich Hunter ti Orem, Utah—naammuak idi addakamin ditoy West Valley.

Nalidayak iti daydi a Paskua ta umap-apalak pay laeng kadagiti kaduak a nakaawag kadagiti patpatgenda idiay Filipinas idinto a siak, panggepko ti agkumeg manen.

Ngem adda nagtuktok iti ridaw ti kuartomi ken ni Fred Espiritu; sisiak idi. Nasdaawak iti diak ninamnama a pannakakitak kadagiti home teacherko iti saan nga oras ti isasarungkarda.

Dakkel a linaga a basket ti bitbitda. Adu a banag ti naguneg daydi a basket. Ngem kapatgan ti *stainless* a Parker a bolpen. Nabayag nga inararapaapko ti maaddaan iti kasdi a pagsurat, Enos Apok. Daytoy ti laglagipem a ladawan 'toy lelongmo: pagilasinan a siak ti kasangsangom no adda makitam a naisab-it a pluma wenno bolpen iti bolsana, uray no dimo kitaen ti rupak. Ta saanak a makaruar nga awan ti nakasab-it a pagsurat iti bolsa ti badok. Agingga ita, adda latta makitam a bolpen iti bolsak no rumuarak.

Idi addaak pay la idiay North Camp, no agpasiarak idiay Al Khobar iti rabii ti Martes wenno Mierkoles a *day off*-ko, ti la adda a mapaspasiarko a pangiliwliwagak iti iliwko, ken pambarak a mangplano iti kayatko a gatangen para kada lelangmo.

No diak pay naagapad, nagsarakkami pay iti daydi manong ni lelangmo a Mirriam nga asawa ni lelongmo a Herman. Dida pay idi agassawa. Ket iti panagkitami, binallaagannak ni Manny Manalo.

"Mag-ingat ang kapatid mo," kinunana. *"Huwag na huwag niyang lolokohin ang kapatid ko. Kundi...!"*

Sakbay nga ikupinko ti 1984, Enos Apok, napateg a subliak ti suratko ken ni Kompadre Esmenio B. Galera. No malagipmo, nagkaduakami idi idiay UP Library, ken nagkaarrubakami idiay UP Whitehouse. Naibinggas ngamin dagidi arapaapmi a dua iti nasao a surat. Kitaem ti suratko idi Oktuber 10:

Kitaem man la ti panawen, ti la pangipalpalladawanna iti tao. Idi addata pay idiay UP, asino ti mangipagarup a makapanka dita Palawan, wenno makaumayak ditoy Saudi? Uray no iti arapaap la koma. Ketdi, adal; agbalin a tao. Ngem adu dagiti pasamak a namagbalbaliw iti agus. Inabalbalaynatayo ti panagdur-as ti historia; awan dumatayo iti gabat a di masnop ti pakaisadsadanna.

Maragsakanak ketdi a makaammo a narugiamon ti maysa a paset ti biagmo... ti pamiliam, nawaywaya itan ti panagdakiwas ti panunotmo...

...idi damomi ditoy, nagaakaba ti kuarta a Saudi Riyal; kasna la kunkuna: "Agmulagatka, kitaennak ket panunotem no apay nga addaka ditoy!

Iti sumaruno a suratko ken ni Kompadre Esmenio idi Nobiembre 15, impariknak ti maysa a pannubok a napasarak kadagidi a panawen. Nabingay idi ti panunotko gapu iti di nasayaat a trato ti superbisor ti biblioteka kadagiti taona. Iti ababa a pannao, adda ipangpangrunana. Pampanunotek idin, Enos Apok, ti aglusulos ngem dakkel a tubengko ti pamillia a pinanawak iti Filipinas. Adda kaduak, ni Manny Naagas, a graduado iti master, ngem 'napigpigket' ti isem ti maysa a kaduami a nangipilot iti superbisor. Ditoy, naagapadko met ti in-inut a panagkerras ti kompania iti tao gapu iti *critical condition* gapu iti panagkerras iti *oil production*. Ngem no aramidek ti pampanunotek, agsubliak manen nga agkalkallautang, a kas iti adun a nadaliasatko.

Iti panangam-amirisko iti kasasaadmi ken ni Kompadre Miniong, nasaysayaat ti pagtaktakaderanna itan idiay Palawan ta nagretiron a mangisuro, ken nalawa ti dagana a minulaanna iti kaykayo malaksid ti taltalonna. Addan natalged a pagtaktakderan ti pamiliana—napagadalna daydi iskulapisna a nagbalin a kapisina agingga a nagturpos met iti edukasion.

Suratko iti daydi Tatang, Enos Apok, ti immuna iti 1985, Enero 16. Ditoy ti nangipeksaak iti liday ti maipusing iti pamiliana, nangruna iti panawen ti Paskua. Kinunak:

Naragsak met a naliday ti Paskua ken Baro a Tawenko ditoy Saudi.

*Adu ti sagut a naawatko kadagiti Puraw a kakabsat. Adda pay sangatiklis a makmakan ken dadduma pay iti **noche buena**. Naragsakak ta adda met dagiti mangipatpateg kaniak ditoy, ngem nalidayak ta awan ti kabinglayko a mangsasrabo iti Paskua. Kunkunak idi luklukatak ti sagut: 'Naragsak a Paskuam, sika!'*

Nasaok iti daytoy a surat, Enos Apok, nga agbakasionak iti Marso 28. Isu met ti nagkariak nga igatangak iti bilinna a relo. Nasaok pay gayam a naigatangakon ni Charlie iti cassette...

Adda maysa a suratko iti maysa a Sister Corpus idi Pebrero 22.

Malagipko ita gapu iti surat, nga immatendarkami ken ni lelangmo iti *writers workshop* idiay Suso Beach, Sta., Maria, Ilocos Sur. GUMIL Filipinas ngata daydi. Idiay ti imbagak a pangipaw-itak ken ni Emma Pasion Aguinaldo iti dawat ni Sister Corpus.

Gapu kadagiti sursuratko kakdagiti adu a tattao, a diak mairaman ditoy, maipalagip nga addaak idin iti Dhahran High Rise, Main Camp iti ARAMCO, P.O. Box 3599, Al Munirah Mail Center—Bldg. 129 Rm. 113 a kaduak ni Manolo Naagas, kalpasan ti panagyanko iti sumagmamano nga aldaw iti kuarto daydi Bro. Asuro. Nabiitak pay idi a nakasubli manipud iti naudi a bakasionko, a nangyawidak iti pridiedir. Maysa kadagidi surat, Mayo 29, 1985, ti naiturong kada Bart ken Vennetta Wiscombe. Impadamagko ditoy, Enos Apok, ti *endowment ken sealing* ti pamiliatayo idi Abril 17, 1985—pitokami a ni Daddym ti buridek; nairaman dagidi angkelmo a Lorimar ken Arvin Salacnib babaen ti proxy wenno insaup ida dagidi dua a kakabsat a lallakay a Puraw.

Daydi ti ibilangko a kapatgan kadagidi tallo a kallaysami ken ni lelangmo, Enos Apok, ta kadatayo a mamati, ti *Sealing* wenno Panaglantip ti kapatgan kadagiti agassawa ken dagiti annakda. Kas ammom, no napaglalantipen ti maysa a kaamaan, agdedennadanto met la a sangaamaan iti maikadua a biag. No makapudnoda amin; ta *Families Can Be Together Forever*. Paneknekamto, Enos Apok, a dayta ti kangrunaan a gapu iti pakaipatpatakderan dagiti adu a templo iti sangalubongan.

Inagapadko pay, Enos Apok, ti pannakabingay ti Dhahran Ward iti innem a grupo ta saan a mapalubosan iti Saudi ti dakkel a grupo, kas iti Ward. Duapulo-ket-lima ti bilang ti maysa a grupo, ket maysaak kadagidi Assistant Group Leader. Sumagmamano nga aldaw kalpasan ti isasangpetko a naggapu iti bakasion, natudinganak a *home teacher* dagidi Rigby—malagipmo daydi nagpitikak a nakapabasolak iti maysa a singsing? Kabatbatang idi daydi Brother Stirling Rigby a First Councelor ti Arabian Peninsula Stake Presidency; daydi sigud a Bishop Henderson ti baro a presidente. Kaduak idi ni Efren Sorilla, a naammuak itay nabiit a nagserbi a Regional Representtative idiay Filipinas. *Semi active* idi, agingga nga ininterview ni President Rigby.

Malagipko la unay ti nasao kaniak ni President Rigby iti naminsan:

"You will be one of the leaders in the Philipppines," a diak idi inkankano.

Daytoy pay: *House sitting.*

Agbantay iti balay ti pamilia dagiti mapan agbakasion iti America.

Siak ti napusgan nga agbantay iti balay ti pamilia daydi Brother Yearsley. Awan ti arammidem no di agbantay iti rabii. Ngem diak ammo a masapul pay gayam a dalusam. Ken pukisam dagiti ruot iti aglawlaw.

Iti naminsan a panagpasiar daydi Bro. Asuro, nadlawna ti pagattumengen a ruot. Imbagana a masapul a pukisak. Ti rigatna, awan ti panawenko iti ekstra nga aramid; ngem kapilitan nga aramidek. Iti daydi ketdi a balay ti immuna a nakangngegak iti cassette tape dagiti Carpenters. Napintas, ket inarborko ti maysa.

Adda nasalawko a bisikleta a *racer* a para lako. Daanen ngem ginatangko, ken imbagahek.

Adda napateg unay a di mabalin a libtawak, Enos Apok. Daytoy ita ti ibilangko a kapatgan a material a banag a nayawidko, a bunga ti panagpitpitikko.

Ginatangko idiay Al Khobar. Makitkitak pay la ti langa daydi nanggatangak, sumango iti laud ket nakasilsilap dagidi kubiertos, ngem naipangruna daytoy tinidorko: isu ti kalinisan. Tinidor!

Laglagipem, Enos Apok: TINIDOR!

Daytoy laengen ti nabatbati kadagidi adu met a nayaw-awidko. Saan a balitok a kas kadagidi kuentas nga agsisinsin da lelangmo ken da antim a Lingling, Mimi, ken Chichi. Nga in-inut a napukawda. Daydi kuentas ni lelangmo, ginurnotda iti tengngedna idiay Plaza Miranda, Quiapo, Manila. Sa daydi Rayban a ginatangko a para kaniak, rinabsutda manipud iti bus a naglugananmi ken ni lelangmo; diak la impagarup idi a pati rayban ket paginteresan pay daydi labus a limmagto iti tawa ti bus tapno magaw-atna.

Wen, ti tinidor. Iti kaadun ti nagakar-akarak manipud idi mayawidko idiay Montalban agingga ditoy Townhouse a yanmi ita, adda pay laeng! Daydi parisna a kutsara, nairaman a naibasura idi nagibellengda iti basura idiay kosina. Nabayag a diak nailiwliwag daydi parisna a kutsara; nagpungpungtotak a diak masinunuo ti pabasolek, ken maitudo no asino ti nagbiddut a nangiraman iti naibelleng a basura.

Gagangay laeng daydi a kutsara; kaus-usarko itay ti parisna a tinidor... Naaramid idiay Japan, awan ti ar-artena, *stainless* a nakalinlinis.

Adu ti kubiertos idi nga inyawidko. Ngem daytoy laeng ti naisalsalumina. Sayang daydi a kutsara, ket daytoy la tinidor a parisna ti nabatbatin kadagidi babassit a banag a naggapu iti pitikko!

Isu a kunak, Enos Apok: **dimo liplipatan!**

Adda gayam pay maysa a suratko iti daydi Tatang, a nangilawlawagak iti naawatko a surat ni lelangmo maipanggep iti pannakaaksidenteda ken ni angkelmo a Dondon. Nayospital ni angkelmo, ket naagapad ni lelangmo ti kuarta nga impaw-itko a maigatang koma iti sangkadisso a talon idiay Santa Maria, Ilocos Sur; malagipko laeng a nakagatangkami met la iti sabali a talon, nga agingga ita, Enos Apok, ket taltalonen pay la ni Insan Patring; tinawen nga agpaw-itda iti bagi ti talon, a da antim a Lingling ti umaw-awat.

Adu pay a surat ti di naagapad ditoy, ngem basaemto laengen ti libro a nagadawak iti linaonda no adda wayam.

Gapu iti kumarkaro a krisis iti ARAMCO, agdadanagkami amin a trabahador ta amangan no dakamin ti sumaruno a ma-*surplus*. Isu nga adda dagidi gundaway a pinadpadasko ti agaplikar iti ruar ti kompania. Ngem dinak pinalubosan daydi kunak a superbisor, daydi Mrs. Arlene, a puon ti panagkinnagat ti saritaanmi. Nakalawlawag idin ti panangidumdumana iti sabali nga emplerado.

Agingga nga iti maysa nga aldaw, nakaawatak iti surat. Daytoy ti sangabukel a surat:

ARABIAN AMERICAN OIL COMPANY
Dhahran
M210-3, Al-Mujamma
January 18, 1986

Mr. L. G. Tabin
Badge #187834
Dhahran

Dear Mr. Tabin:

Recent changes in the Company's operations have caused a reassessment of corporate manpower requirements. As a result the servises of certain individuals within various departments have been identified as no longer required by the Company.

Unfortunately, your services have been identified as no longer needed by this department. Efforts will be made in an attempt to determine if your skills can be used in another department in a position for which you may qualify. If these efforts are unsuccessful, the Company will regretfully terminate your employment effective March 23, 1986.

In Accordance with Saudi Arab Government directive, it is necessary for all employees possessing I.D. card for restricted areas to turn over such cards upon receipt of this letter. Therefore, if you have an I.D. card for restricted areas, please give it to the individual giving you this letter. You should retain your regular I.D. Card for access to community facilities.

It is suggested that you contact Ali Al-Hamlah, telephone 874-3434, regarding the details of your final processing. Please acknowledge receipt of this letter by signing in the space provided below. We wish you success in your future endeavors.

_____

A.R.AL-AHMED,
Manager
Central Community Services Dept.

Acknowledged: _____   ___*1/20/86*____
              Employee Signature   *Date*

Naglulokak idi mabasak ti surat, Enos Apok. Nagdadarison ti napampanunotko. Kasano pay ti balay a diak nabayadan?

Iti nabati a plaso a panagtrabahok iti ARAMCO, pinadasko ti amin a kabaelak a nagsapul iti akarak. Ngem tulengda amin. Pati ti inaplayak idiay Bahrain.

Naimbag pay ni Manolo Naagas ta nakapanaw iti Dhahran sakbay a nasurplus. Nakaakar iti maysa a kompania iti diak malagipen, Enos Apok.

Uray pay daydi President Henderson ti Arabian Peninsula Stake, nagpupudotanda.

Pinagsublida idi adda naduktalanda a video cassette ti simbaan idi agsublida manipud iti panagbakasionda.

IMPALAWLAWKO TI PANAG KITAK sakbay a nagluganak iti mangitulod kaniak iti airport, Enos Apok. Simmuyop ti tartaraudi ti lamiis kadagiti dapan ken dakulapko. Nakadagdagsen dagiti dapanko a nangiturong kaniak iti eroplano bayat ti ikakayab ti *desert storm.*

Immangesak iti nauneg idi makatugawak. Nagparang ti Montalban iti mugiKinuna daydi Richard Goodfellow ngko, da lelangmo ken dagiti ikit ken ulitegmo, ken ni Daddym.

Maika-35 a Paset

Blk 8 Lot 13 Pinatubo St., Burgos, Montalban, Rizal: 1986-1994

TINURONGKO TI CONVEYOR a pagpulpuligosan dagiti kargamento, Enos Apok, idi maibulsak ti pasaportek kalpasan ti panangtimbre ti empleado ti Manila International Airport. Malaksid ti *hand carry* a bag, adda dua a karton nga alaek iti *conveyor*, a naglaon kadagiti naudi a pasarabo a di naikamakam iti inyunak a bagahe. Maysa ti naglaon iti *Second Hand a 20 volume a The World Book Encyclopedia* a nagatangko iti menus presio idiay Dhahran Main Camp—nasao idi ni angkelmo a Dondon, a dakkel ti naitulong daydi nga *encyclopedia* iti panagadalda nga agkakabsat.

Iti panangur-urayko iti bagahek, immagibas iti lagipko ti nalikudak a lubong. Nupay adu a tuok ken panagibtor ti linak-amko, nasulnitan kadagiti banag a diak koma napaadda no nagtalinaedak lattan idiay Filipiniana Section ti UP Library. Kangrunaanna ti balay idiay Pinatubo a masao a bukodko a pondar.

Iti yaappayaw daydiay a balay iti mugingko, Enos Apok, adda apagapaman a kullayaw nga immapiras iti barukongko.

Balay!

Ita nga agawidak, kasano pay a bayadak? Sadinonto man ngatan a paset ti lubong ti pakaidakdakak?

Naputed ti panagampapyag ti panunotko idi agsardeng ti conveyor ket nakitak ti maysa a kargak iti sangok. Yan 'tay maysa?

"May darating pa bang bagahe?" dinamagko iti mangimaton.

"Wala na po... 'yon ang huli," intudona ti bassit a karton a naudi iti sumagmamano a minuto.

Tallopulo ngata a minuto ti panagurayko sakbay a naibaga a maysa ti kargak kadagiti tallo a nayaw-awan iti sabali nga eroplano. Matalaan iti sumagmamano nga oras ta sabali ti rota ti nakaikargaanna.

"Pasensiya na boss... Balikan na lang ninyo bukas," kinuna ti nakasaritak. Nangted iti risibo nga idatagko iti naibaga a pangalaak, a saan a mismo nga iti *airport*.

Tineppelak ti nagtabbaaw, Enos Apok. Sakbay a nakaruarak, adda pay la nangpalukat—pagrebbengan kano dagiti guardia a kitaen no adda maiparit a naguneg ti kargamento.

Napasarimadengak iti sango ti balay idi makadissagaak iti inarkila da lelangmo a lugan. Nalabaga ti pintura ti ruangan a landok, puraw dagiti dadakkel a letra: **Blk 8 Lot 13.**

Naiturong kaniak ti amin nga imatang dagiti nadanonko a manmano ti nalasinko. Adu ti makumikom iti kosina. Naiturong ti imatangko iti uppat a katuon a *component* ti TEAC nga agarup naisapideng iti abagatan a diding; agtuktokar. Napartak ti panagandar ti *electric fan* iti suli ngem naalunapet ti sang-awna.

Idi makapagsimsimpaakon iti baro a lubongko, Enos Apok, iti Sabado a maikatlo nga aldaw manipud iti isasangpetko, napankami ken ni lelangmo iti Cubao tapno mangipasukatak iti pagbayadmi kadagiti aguruyu a bayadan, ken ti inurnongko a para iti apagkapullo. Kasta unay ti panangyalikakak iti ig-iggamak a kantidad, di la ket mamin-ano ta adda dagiti nasidap a mata, ket pagammuan lattan ta tumayab ti naglinglingetak idiay Dhahran iti adu a tawen.

Intedko ti apagkapullo iti kabigatanna.

Natalged ti riknak, Enos Apok, iti sidong ti pamiliak iti panagaabaymi a nangpalabas iti Sacrament Meeting. Nalag-an ti riknak iti pannakiramanko iti nabendisionan a tinapay ken danum ti sakramento. Natalna ti riknak iti klase ti Priesthood.

"Inton a kinse," insungbat ni lelangmo idi sinaludsodko no kaano nga agbayadkami iti balay.

Adda pay pagbayadmi iti sumagmamano a bulan ngem nasken ti panagsalimetmet.

Masapul nga agsapulak iti baro a trabaho.

Mabainakon nga agsubli idiay Filipiniana.

Impadamag ni lelongmo a Herman nga adda bakante iti yan ni lelangmo a Mirriam—agassawada idin—iti UP Manila Medical Library iti Pedro Gil Street, Ermita, Metro Manila.

Naawatak a dagus. Sumagmamano kadagidi nadanonko ti nakitkitak idin idiay Diliman. Saanen a Research Assistant ti trabahok; maysaakon a LibraryAssistant. Polo Barong met la ti unipormemi, a kas idiay Diliman.

Nagyamanak ta nakastrekak iti trabaho. Saan a kas iti natnatgedak idiay Dhahran ti sueldo ngem ti napateg adda pangalaak iti pagbayadmi iti balay.

Saan pay unay idi a narigat ti agsada iti lugan, Enos Apok. Maminduaak nga aglugan: manipud iti UP Manila Medical Library agingga iti Cubao, sa mangalaak ti mapan iti Montalban. Adda pay pagpagnaen agingga iti Pinatubo. Mabalin ti aglugan iti *tricycle* ngem sayang ti plete. Ngem in-inut a rimmigat iti panaglabas ti aldaw gapu ta immadu ti subdibision iti Montalban ken iti San Mateo. No dimo anusan ti agbitin no awan ti matugawam, dika makaawid. Idi agangay, masapul payen nga ag-*round trip*-ka tapno makaawidka.

Naam-ammok daydi Brother Tan, maysa nga Insik a taga-Marikina 1st Ward. Linawas nga agat-atendar iti Burgos Branch ta isu ti imbatang ti Marikina Philippines Stake a mamagbaga ti sanga.

Masansan nga agsarsaritakami. Adu ti dinamdamagna. Nagbalinkami a nasinged.

"*Galing ka daw ng Saudi... anong ginawa mo do'n?*" dinamagna iti naminsan.

"*Isa akong librarian doon...*"

"*Babalik ka pa ba?*"

"*Hindi na siguro, Brother. Nakapasok ulit ako sa UP Manila... dati ako sa UP Main Library.*"

Iti panagbaybayag ti panagsarsaritami, tunggal Domingo, naammuak a kontraktor iti Purchasing Department ti Presiding Bishopric Office idiay Makati sakbay a nabangon ti opisina ti PBO iti sango ti Manila Philippines Temple.

Naagapadko met, Enos Apok, a maysaak nga Ilokano a mannurat.

"Ganoon ba? Gaano ka nang katagal na nagsusulat?"

"Matagal na..."

Iti sumuno a Domingo, imbaga daydi Brother Tan a pappapanennak daydi President Ananias Bala nga Stake President ti Marikina Philippines Stake iti opisinana idiay Marikina 1st Ward nga Stake Center. Sakbay kano a mangrugi ti Stake High Council Meeting.

Dina imbaga no apay ngem kas natallugod a miembro, Enos Apok, nagtungpalak iti awis apaman a nakaruarak iti trabahok.

Mierkoles daydi.

Adu ti dinamdamag daydi President Bala maipanggep iti padpadasko.

"I want to call you as member of the Stake High Council," kinunana idi lima a minuto laengen sakbay a mangrugi ti mitingda.

Nalagipko a dagus ti naibaga idi daydi Brother Sterling Rigby: *you will be called a leader in the Philippines.*

Imbaga daydi President Bala a siak ti mangsukat iti daydi Brother Tan a mamagbaga iti Burgos Branch.

Ad-adda a rimmigat ti panagbiahek, Enos Apok. Kanayon nga agdardarasak a rummuar iti Mierkoles idiay UP Manila Medical Library. Adda pay ngamin pagpagnaek no makadissaagak iti sango ti Providence Village a yan ti Stake Center. Umanangsabak a makadanon, saak pay umuli. No dadduma, lima la a minuton sakbay a mangrugi ti miting no makadanonak.

Ngem awan ti miting a nalibtawak, Enos Apok! Ammom metten, inkarik idi a tungpalek amin a pagrebbengan nga ipakumit kaniak ti Simbaantayo. Ti unipormek iti trabaho isu metten ti badok a nakimitmiting. Idi saanak pay a sanay, mababainak kadagidi kakaduak iti Stake High Council ta langada ti adda mabalbalinna. Napintas amin ti trabahoda. Adda pay agtartrabaho iti San Miguel—dakkel ken nalatak a kompania daydiay idiay Filipinas. Ken adu kadakuada ti nakaanannayas ti panagsaoda iti Ingles. Ti la mangal-allilaw kadakuada ket ti polo barongko. Ken ti aweng ti UP a pagtartrabahuak!

Siak ti kaulimekan iti grupo; ugalik daydiay—malagipmo, Enos Apok, ti kinuna kano daydi kabsat a Frank Quitasol ken ni lelangmo maipanggep kaniak: daydiay memmem ti pagpampannekkelmo? Saak la agsao no adda damagen daydi President Bala maipanggep iti Burgos Branch a naipaaywan kaniak.

Isingitko man biit, Enos Apok...

Enero 7, 2023 ita a sangsanguek daytoy... Inyimailko iti Coordinator ti Sealing Department itay alas kuatro media ti parbangon a diak makapan iti sesion ti grupomi iti alas dos agingga iti alas seis ti malem, gapu ta di kabaelan ni lelangmo ti umulog a mapan iti salas a pakakitkitaan koma dagiti kabbalaymi bayat ti kaawanko iti agmalem—maidagnay pay ti diak nakapanan ti diak pannakaturog iti nagpatnag iti napalabas a rabii gapu iti nagsasallupang a pampanunot a diak nariendaan, kas itoy sursuratek, sa ti parikut kadagiti or-orderek nga agasmi ken ni lelangmo, ken adu a ngatangata, ket inamakko ta amangan no diak mabaelan ti bagik. Makalawasen nga agpapaungar ni lelangmo manipud iti isusumbro ti sakitna ket uyek nga uyek ta nabayagen a naibus daydi *albuterol*-na a nakangingngina ti *co-pay*-na... Idi kalman, naduktalan ni antim a Mimi a kinapet ti Covid ni lakayna... Sa nasuroken a makalawas nga aguy-uyek ni angkelmo a Dondon ket ipatok nga isu ti nakaakaran ni lelangmo.

Ita, madmadi metten ti riknak, a nariknakon manipud idi sangaldaw. Kinapudnona, nagtomarakon iti tylenol a kakaisuna a mabalin a tomarenmi ken ni lelangmo a maibagay kadagiti regular nga agasmi.

Masapul nga agannadak, Enos Apok. Kalpasan daytoy, lima pay ngata ti nabati...

Ala, agsublita iti pangtedko...

Marigatanak unay idin iti panagudaodko iti trabahok ken iti yaatendarko iti linawas nga Stake High Council Meeting. Marigatanak payen a mangala iti luganko nga agawid iti rabii. Kanayon a pekpek dagiti dyip nga agpa-Montalban wenno uray San Mateo laeng. Adda bus nga agingga la iti San Mateo ngem *standing* payen. Nasursurok ti ag-*round trip*, kas nasaok itayen. Mangsadaak iti dyip nga aggapu iti

Montalban a mapan iti Cubao. No makadanon idiay Cubao, saanakon a dumsaag.

No kastoy laeng, masapul nga agpiliak: agikkatak iti trabahok idiay UP Manila Medical Library, a magustuak unay, wenno agpa-release-ak iti akemko iti Stake. Agpada dagitoy a napateg kaniak. Tinimbangko ida a naimbag. Ti trabahok, temporario laeng. Ti panggepko a kumamang iti Mannakabalin, awan patinggana para kaniak.

Pangngeddeng: agsapulak iti baro a trabaho.

Ammomon, a, masansan nga adda koneksion dagiti agkakaburik a kunada. Saan a maigidiat dagiti *librarian*. No daddduma, adda maisarsarong iti Medical Library nga aggapu iti sabali a biblioteka. Maysa daydi *head librarian* ti Philippine Heart Center for Asia. Naisaw-atna nga agsapsapulda iti *staff*. Nadlawko nga awan ti agessem kadagidi kaduak iti Medical Library nga umakar; awan ngamin ti problemami idiay idi.

Awan ti nangibagbagaak iti panggepko. Sa la naammuanen dagidi kakaduak, kas iti daydi Mrs. Rodriguez a maysa kadagidi kadekketan kaniak ta addan sa idi pagkabagianda ken ni Mirriam nga ipagko. Malagipko a nagpatulong kaniak a mangaraamid iti tesis daydi lakayna ta ammona a mannuratak; diak inawat ta awan idin ti panawenko.

"Good luck," kinunana.

Naawatak a dagus idiay Philippine Heart Center for Asia idiay East Avenue, Quezon City kas Librarian—1987-89. Asistirak dagidi dodoktor, residente, interna ken daddduma pay nga empleado ti PHC. Iturongko ti teknikal ken mekanikal a proseso dagiti material ti biblioteka. Kapintasan a puestok daydi, Enos Apok, ta sisiak iti puestok; a nanggurguraan kaniak daydi nangnamnama a mangala iti puestok sakbay a nakastrekak. Siak ti makaammo iti amin. Ditoy ti nakaadalak a dagiti agas nga iresresta dagiti dodoktor, no daddduma, paspasarak laeng. Wenno pangpadasanda. Nangngegko no kasdi nga adda dodoktor wenno residente nga agsasarita maipanggep iti iresresetada nga agas.

Ad-adu pay ti panawenko nga agpanunot iti kayatko nga isurat, a sarita, wenno ania payen.

Kangrunaanna, maminsan laengen nga agluganak a mapan iti Stake Center a pagatendarak iti miting.

Daytoyen ti imasna, Enos Apok. Nagsusukoten ti dimteng a parabur wenno *blessing* ti Mannakabalin bayat ti kaaddak iti PHCA. Kasano ti pannakalagipko ti panagsasaruno dagiti pasamak, kunam, a?

Ibagak kenka ti 'igamko' a manglagip iti nakaad-adu a pasamak. Nasaokon kenka a dakkel ti naitulong dagidi inur-urnongko a sursurat. Ita, mainayonko pay ti insaganak a Summary of Qualifications and Academic Background nga inusarko kadagiti nagap-aplikarak— nabirtud kadagiti dadduma, ngem nagbalin nga *over qualified* kadagiti sabali, nasaok daytan. Kadagiti nailista ditoy, nakapatpateg dagiti petsa a naagapad. Dagita ti nagsurotak, Enos Apok. No awan dagitoy, ammok payen no ania ti immun-una, wenno kasano ti panagsasaganadda? Iti uneg ti dua, maysa a tawen wenno mano pay; panunotem laengen a 1980's pay idi.

Ken saan la a dayta.

Makitam dagiti libro ti historia wenno biograpia dagiti malalaki a tao iti lubong?

Ken ipanmo laengen iti Biblia wenno Nasantuan a Kasuratan. No di naisurat dagidiay, adda kadi pay pamalpalatpatan dagiti tao ita no ania ti napaspasamak idi ugma?

Isu nga ipatigmaanko kenka, Enos Apok, nga ita ta nasapa pay, no dimo pay narugian, rugiamon ti agaramid iti journal, bibliography, wenno ania man a lilstaan dagiti napateg a banag iti biagmo. Masapulmonto ida kadagiti masungad nga aldaw.

Ket wen, kitaem daytoy.

Idi dimteng ti komperensia ti Marikina Philippines Stake idi Nobiembre 1987, naipakaammo a maudin a tawen daydi Brother Ananias Bala a presidente ti Stake.

Sakbay ti pangaldaw ti Sabado, makumikomak idi a mangsangsangal iti kabinet a pangisalansanak kadagidi pina-*bind*-ko nga urnongko a kopia ti *Bannawag* a rimuaran dagiti nobela ken dadduma pay a sinuratko, ken sinurat ni lelangmo, ken dagiti sursuratko/subalit nga urnongko idi addaak idiay Dhahran.

Adda nagdaydayawen. Pinunasak ti ling-etko sakbay a linukatak ti ridaw.

Daydi Brother Rogelio Canto a First Councilor ti Stake Presidency ti nalukatak.

"O, President, napasugod ka...?"

"Busy ka yata?"

Paay-ayabandak kano idiay Stake iti malem; dina imbaga no apay. Impapanko lattan a maysa dayta a rebbengen dagiti kameng ti Stake High Council. Ammomon, Enos Apok, awan ti saan kaniak no maipanggep iti simbaan ti pagsasaritaan.

Adun ti nadanonko kadagidi padak a miembro ti konseho; adda pay dagidi nalasinko a presidente ti High Priest Group ken Elders Quorum. Agsasaritada iti maysa a kuarto. Pinaguraydak.

Idi kuan, inayabannak daydi sekretario ni President Bala—nalipatak met ti nagannan. Pinastreknak iti Stake High Council Room.

Uppat dagidi agur-uray kaniak. Dagidi tallo a miembro ti Stake Presidency—Bala, Canto, ken Ortiz. Ken maysa nga Amerikano, daydi Elder Jacob de Yeager.

Pinagtugawdak. Kinomustadak; ania ti ar-aramidek. Adu ti dinamdamagda maipanggep kaniak. Adu met ti naibagak, uray pay ti papanko idiay Dhahran.

Iti ababa a pannao, Enos Apok, napaliiwko a maysa daydi nga *interview*.

Kalpasanna, pinaruardak; impandak iti yan dagidi nadanonko nga agur-uray. Nangpastrekda iti sabali.

Mano pay ti pinastrek ken pinaruarda.

Idi kuan, nagsubli manen daydi sekretario.

"Pinababalik ka, Brother," kinunana kaniak, a nalawag ti rupana.

"Take a seat, Brother," kinuna daydi Elder de Yeager. Nakabagbagas ti ikikita dagiti uppat kaniak. "After confering to each other, and analyzing, we decided to offer you a callling," kinunana. "You are being considered as the next President of the Stake?"

Naklaatak. Pulos a diak ninamnama. Diak inarapaap.

"W-why me?" dandani di simngaw ti timekko.

"I'm not the one calling you..." kinunana a giddan ti panangitudona iti ngato.

Naibilin nga itugotko ti sangabukel a pamiliak iti kabigatanna nga umuna nga aldaw ti Stake Conference tapno saksianda ti pannakadutokko.

Naibilin pay a mapanak iti sabali a kuarto ket ikararagko ti kayatko a First ken Second Councilor. Saanak a narigatan para iti umuna ngem narigatanak iti maikadua a mamagbaga. Umuna daydi Brother Canto, maikadua daydi Brother Tan.

"Tama'ng kutob ko!" kinuna daydi sekretario idi duduakamin. *"Ikaw lang kasi ang pinapasok ng dalawang beses."*

Mayo 3, 1987 idi, Enos Apok.

Idi magmagnaakon a mapan iti kongregasion a pakaangayan ti umuna a miting ti komperensia iti malem, nangngegko ti anabaab: *"Sana hindi siya ang natawag!"* Diak ammo no asino ti adda iti panunotda. Saan met ngata a siak ta saan met a siak ti kitkitaenda.

Idi agtakderakon iti pulpito kalpasan ti pannakayam-ammok iti kongregasion, kasla malmesak iti pannakaiturong ti amin a mata kaniak. Napekpek ti kongregasion. Miembro ti walo a Ward a pakairamanan ti dua a Branch, a Burgos Branch ken San Mateo. Sag-300 a miembro ti mangbukel iti maysa a Ward. Nasurok a duaribu ti pakabuklan ti maysa nga Stake. Marikina 1, 2, ken 3 Ward; Quirino 1 ken 2, ken Cubao Ward.

Awan ti ammok idi, Enos Apok, a maibabaon dagiti kameng ti Stake Presidency nga umatendar iti tunggal General Conference ti Simbaan dita Salt Lake City. Panggep ti komperensia nga iwanwan dagiti lokal a liderato.

Oktubre ken Abril ti pannakaangay ti sapasap a komperensia, kas ammomon. Iti Abril iti sumuno a tawen, 1988, ti Stake President ti nakatoka nga agatendar. Kayatna a sawen, siak daydiay! Awan pay makatawenko, makapanakon idiay America?

Naammuak a daydi Brother Canto ti naibaon idi Oktubre ti napan a tawen.

Tapno makapanak, nasken a maaddaanak iti visa. Nangnangegko

idin nga adda dagidi saan a nakapan gapu ta dida nairuar ti interview iti US Embassy idiay Manila.

Adu ti dinamdamag daydi Puraw a nanginterbiew kaniak. Nadlawko a tiltiliwennak.

"If you are given a good chance to stay in the US, what will you do?"

Narabaw a pangtiltiliw.

"I will not entertain that chance. I have a calling in my church here in the Philippines. I can't go to the US if not because of that. I'm a devoted member of the Church of Jdesus Christ of Latter-day Saints."

No impadlawko koma ti ayatko nga agindeg iti US, awan duadua a didak inikkan iti visa. *Multiple indefinite* pay! Uray mamin-ano nga agsublisubli!

Dua nga aldaw laeng ti komperensia, Enos Apok, ammom dayta, Sabado ken Domingo. Ngem dimmawatak iti pawayway tapno masarungkarak dagidi kabagiantayo idiay Mecca, California. Nasurok a makadomingo ti dinawatko. Nagbakasionak met iti trabahok.

Simmangpetak idiay Mecca iti Sabado. Sinabatnak da Frank Ramos nga asawa ni Marilou idiay airport ti Los Angeles. Agdidianda idi iti balay daydi Nana Felicing. Sinapulko ti kaasitgan a simbaan iti Mecca. Adda idiay Indio, California. Kinatulagko ti maysa a kameng ti simbaan nga agindeg iti asideg ti Mecca a mangala kaniak.

Ngem iti Domingo, diak nasaanan ti bilin da Marilou a sumurot ken ni Frank ta adda aramidenna.

Pinasukondak idi simmangpet ti dumagas kaniak. Apagisu idi a *Testimony meeting* ti simbaan, a maaramid iti tunggal umuna a Domingo, ngem gapu ta sapasap a komperensia ti nairana nga umuna a Domingo, naangay iti daydi nga aldaw. Isu a naikkanak iti gundaway a nangted iti pammaneknekko.

Ti nakaipalagip kaniak iti daytoy a paset, Enos Apok? Nakitak ditoy sirok ti lamisaan a pagsursuratak ti nakusnaw a nalabaga ti marisna a *briefcase*. Inted ni Marilou iti daydi nga idadagasko; pinasurotnak idi napan naggatang iti maysa a pagtagilakuan idiay Indio. Nadlawna ngata ti napigket a panangkitkitak kadagidi naka-display a maleta; malaglagipko ngamin idi ti *briefcase* daydi Brother Bala.

"Alaem daytan, manong," kinuna ni Marilou.

Agaasem, Enos Apok! Nabayagen ngem sibibiag pay la daytoy a briefcase! Naglaon itan kadagiti napateg a dokumento.

DAYDIAY DOUBLE TREE Suite dita *downtown* Salt Lake City ti nakaitarusanmi, dakami a naggapu idiay Filipinas. Uray adda *jacket*-ko, kaslaak la mayup-uper iti yelo idi makadanonak iti hotel.

Agassideg ti kuartomi iti daydi maysa nga Stake President a naggapu idiay Bacolod, nalipatak metten ti naganna; malagipko laeng ta nadadael ti tianna iti dina nakairuaman a taraon. Idiay Salt Lake Tabernacle ti nairanta a pakaangayan ti kombension.

Iti panagur-urayko a sumrek, ta napekpek ti Salt Lake Tabernacle, adda nangkablaaw kaniak.

"Brother Tabin, glad to see you!"

"President Henderson!"

Agaasem, Enos Apok, diak impagarup a masagangko daydi Stake President idiay Arabian Peninsula Stake.

Ket agpadakamin iti akem iti simbaan. Naammuak idi agangay, Enos Apok, nga aduda nga agkakabagian a nagbalin nga Stake President iti Utah.

Saan a nalaon ti Salt Lake Tabernacle dagiti immatendar isu a kapilitan nga impanda dagiti dadduma iti Assembly Hall a kaabayna met laeng—isu nga idi agangay, binangonda ti Conference Center iti ballasiw ti kalsada iti amianan.

Sakbay a napanak idiay San Jose a nagtulaganmi iti daydi Anti Rosa a dumagasak sakbay nga agawidak idiay Montalban, pinadaw-asnak pay ni Brother Luis Delfin idiay Idaho a yanna idin.

Malagipko ita, nga adda intugotko a panakkelen a karton a yan dagiti tagilakok a libro.

Napanunotko ngamin nga adu ti Ilokano idiay California isu a nangitugotak.

Iti yan ni Brother Delfin iti asideg ti Snake River, nakalamlamiis met. Siak ti pinangusarna iti daydi kakaisuna a *heater*-na. Pinabalonannak iti $50.00 idi agsinakami iti kabigatanna.

Uray no nadagsen daydi karton a yan ti libro, nangnamnamaak a makalakoak idiay San Jose.

Greyhound ti bus a nagluglluganak.

Addan sa man uppat a kopia a nalakok iti librok a *Pakpakawan, Berde!* Pinaibati daydi Anti Rosa dagiti di nalako ket inkarina nga ipawitnanto ti paglakuanna.

Kalpasan daydi komperensia, Enos Apok, diak ammon ti kudkudek iti kaadu ti pagrebbengan a sanguek. Ad-adda nga immingetak iti pamiliak. Diak sinardayan nga impaganetget kadakuada a dida mangipakpakita iti pakababalawak, ken dida mangliwliwat iti simbaan. Malaksid iti maminsan iti makalawas a panagmimiting dagiti miembro ti konseho iti Stake, nagtutulaganmi a tallo iti Stake Presidency a pagsisinnublatenmi a sarungkaran dagiti walo a Ward ken Sanga. Isu a linawas a saggaysakami ti sarungkaran. No kasapulan, mangtedkami iti mensahe, nangruna no adda napateg a pakaammo ti First Presidency manipud iti Salt Lake City.

No adda idi agngayangay nga agmision, masapul a magna iti nainget nga *interview,* umuna ti Bishop wenno iti Branch President. Maudi ti Stake President. No dadduma, no awan ti panawenko iti Stake Center, awisekon ti kandidato iti PHCA ket idiay ti pangpalutpotak iti oras a kaawan ti parokiano. Masapul a nadalus ti puso ken konsensia ti agngayangay nga agmision, kangrunaanna ti Law of Chastity—ammom daytan, Enos Apok.

Naminsan, adda maysa a taga-Marikina a pinalubosak. Bayat ti interview, pinennekko a mangted iti maudi a pangngeddeng, ken no sadino ti pakaidestinuan ti misionario.

Sayang daydi nga ubing. Tallo a bulanna la iti *mission field,* nagsublin—gagangay a dua a tawen ti kapaut ti lalaki a misinario, sangapulo-ket-walo a bulan dagiti babbai.

Adda gayam balasang a napanawanna ket dina maipamaysa ti panunotna iti obligasionna.

Adda daydi naminsan a yaay iti trabahok, imbes nga iti opisinak idiay Stake, ti maysa a misionario a nakakun-osen ti misionna, tapno i-*release*-ko. Maganatan unay nga agpasiar. Kas pagaammom, Enos Apok, dida mabalin ti rummuar nga agmaymaysa a di mai-*release* nga umuna, kanayon latta nga adda kaduada, kas iti dida pannakabalin nga agmaymaysa a rummuar no mapanda mamalaybalay a mangisuro.

Sakbay man a mapanta iti sabali a topiko, isingitko ti kellaat a nagparang iti mugingko: maipanggep iti *scripture chase* a tinawen a maararamid idi iti Simbaan.

Nagsaruno da angkelmo a Dondon ken ni antim a Mimi a nangabak iti Scripture Chase. Idi panawen ni angkelmo a Dondon, New Testament ti napagsasalipan ket anak daydi Elder Lim nga immuna nga Stake President ti Marikina ti nakasalipna iti *finals*. Siak pay la ti Stake President idi nangabak ni angkelmo ket diak nagawidan ti riknak a nangidir-i kenkuana, a di koma rumbeng nga inaramid ti kas kaniak iti anakna.

Imbagana iti namainsan a pannakalagipmi iti daydi a pagteng, nga adda *technique* nga inaramidna. Sakbay a rugianda a sapulen ti naibaga a sapulenda iti *scripture*, maibaga nga iparabawda ti dakulapda iti *scripture*. Imbes nga intalmegna ti libro, imbatogna laeng dagiti dakulapna tapno saan nga agdedekket dagiti panid, idinto a sungani ti inaramid dagidi kalabanna. Intalmegda pay ti libro, a narigrigat no kua a lukiben ta agrerekeket dagiti panid.

Ni antim a Mimi, Doctrine and Covenants ti nagsasalipanda iti sumuno a tawen. Nangabak met!

Saan a nalaka ti agserbi a presidente ti estaka. Adu ti parikut kadagiti Ward ken Branch a di kabaelan a solbaren dagiti Bishop, a masapul a tamingen dagiti adda iti Stake. Pagarigan daydi babai a miembro iti maysa a Ward iti Marikina a masapul nga agdayalisis iti linawas; saan nga angangaw ti magasto iti kasdi a sakit, nasurok a sangaribu iti maminsan, saan a kasla ditoy America, Enos Apok, dakkel a katulongan ti masakit ti kaadda ti *medical insurance* a mangyabaga iti dakkel a kantidad. Gapu ta awan ti kuarta daydi pasiente, nagkamangda iti Ward, a gapu iti adu a tultulonganda, inyamang met ti Ward kaniak, ket gapu ta awan met ti umdas a kuarta ti Stake ta agpaay laeng iti aktibidad dagidi nadumaduma a sangana, inyamangko iti opisina ti Area Presidency iti PBO, ta isu ti bilinda kaniak.

No kasdi a mapmapanak, malabasak ti opisina ti PBO, ket kanayon a pangpangngegannak daydi kabsat a Micairan.

'O, nandito si President Tabin...' adda awengna a mangin-insulto. Kayatda ngamin ket isuda ti asitgam, saan a ti Area Presidency. Ania ngarud ket isu met ti bilinda kaniak?

Nalag-an ti riknam, Enos Apok, no makatulongka ket daydi ti nangpatpatibker iti pakinakemko nga agserbi.

Ken adu pay ti banag a nasken a risuten ti presidente ti estaka; saankon a maagapad amin ditoy. No nalpasen ti linawas a mitingmi iti rabii, parikutko pay ti panagawidko. Kadakami a tallo iti Stake Presidency, siak la ti awan ti kotsena, ket masapul nga ag-*round trip*-ak—malagipmo 'tay kunak? Tapno makaawidak iti dis-orasen ti rabii.

Ngem saanak a nagrekreklamo. No nakaiddaakon iti rabii, agawen ti turog ti laglagipko kadagidi napalabas a nagdaldaliasatan 'toy lelongmo.

A, wen gayam, idi nagsukat ti panguluen ti Stake Relief Society Presidency, insingasing dagidi kakaduak nga alaenmi a maysa kadagiti miembro ti Presidency ni lelangmo. Kunada pay nga isu ti ipatugawmi a presidente. Ngem nagkedkedak, ket impanmi laeng a First Councilor. Ni Sister Hubertalina Camba ti Cubao Ward sa idi wenno Quirino ti napusgan a presidente; maysa met nga Ilokana a maymaysa nga eskuelaan ti nagadalanda ken ni lelangmo idiay Laoag, iti daydi sigud a Northern Luzon Teachers College, maysa a taga-Marikina ti Second Coouncilor.

Bayat ti pannakakumikomko kadagiti pagrebbengak iti Simbaan, Enos Apok, makumikom met ni lelangmo iti rebbengenna iti eskuela, iti simbaan, ken iti balay. Malagipmo daydi nakunakon? Tapno adda panglitupmi kadagiti paggastuami, nasumokanna ti aglakulako iti uray ania ditan, pati tosino, itlog ti pugo, *crispy dilis*—nalugi iti tosino ta impautang ni Sister Marilou Millan ti impailakona ket saan a nagbayad ti nangipautanganna... Isu ti pangal-alaanna iti pagpleteda. Mapan agangkat iti ginasut nga itlog ti pugo idiay Montalban no sumangpetda iti malem. Lingtaenna, tumultulong met da antim a Chichi nga agpili kadagiti buong, ta amano nga isakmolda. Wen gayam, Enos Apok, gapu iti panaglaklako ni lelangmo iti itlog ti pugo idiay eskuelada, pinanaganan dagidi *co-teacher*-na iti Mrs. Pugo. Ni antim a Chichi ti timmultulong ken ni lelangmo a nagluto iti *crispy dilis*. Isu ti kaanepanda a tumultulong, ket nakasursuro met nga agluto. Ni antim a Lingling, awan ti inaramidna no di mangsaksaklot iti *journal* a pagsursuratanna iti diak ammo no ania.

Tapno makasalimetmetda iti pleteda, agsisinnaklotda; ngem idi kuan, agreklamodan. Idi kuan, inyakar ni lelangmo ni Chichi iti Montalban. Ni antim a Lingling ti intultuloyna ti nagbasa idiay UP Integrated School, a nangrugianna idi addakami pay la idiay Amorsolo ta adda idi pribilihio dagiti empleado ti UP a kas kaniak. Naimbag ta iti Burgos Elementary School iti Montalban ti nakabatian ni Daddym nga agbasa. Ni angkelmo a Dondon ti nabati idiay Quirino ta adda idi iti SPED. Isu idi ti kasiribanda nga agkakabsat ta nairamraman a nakisalsalip iti Spelling Bee... Ken nagturpos iti Quezon City High School...

Dandani ngatan malpas ti rebbengek iti PHCA idi makaawatak iti pakaammo ti PBO wenno Presiding Bishopric Office a makasapul ti Simbaan iti agipatarus kadagiti libro ti pammati, kas iti The Book of Mormon. 1989 idi. Daydi ngata ketdi Bro. Gapis a pangulo idi ti PBO ti nangpaawag kaniak. Diak maitudo no asino ti nakaammuan ti PBO a mannuratak iti Iluko; diak ammo no daydi Brother Tan wenno daydi Brother Bala.

Impakitada ti naipatarus a napili a paset ti Libro ni Mormon. Ladingitek nga ibaga, Enos Apok, a saan a nagaw-at ti nasao a patarus ti umno a pannakaipatarusna base iti umno a panagsurat iti Iluko. Isu a siak ti tinudingan ti PBO a mangipatarus iti sangabukel a Libro ni Mormon. Adu ti nangimaton: Ed Borrup, Curtis Parker, John Ball. Insurotdak pay da Bro. Gapis ken ni David Frischknecht a manager ti *translation department* idiay COB iti Salt Lake City, idiay Bulacan a nangsarungkar kadagidi dadduma a *translator*. Idi kuan, natudingan daydi Remi Mataoa a superbisor iti Filipinas; nagyanda iti pamiliana iti Filipinas iti tallo a tawen. Binukel ti innem ti Ilokano team. Siak ti *translator*. Da lelangmo ti *reader*, mangusig kadagiti biddut, a kaduana da Grace Baradi Baay, Lilian Diaz San Diego, Sister Manlogon. Ken daydi lelongmo a Hernelio Baradi a kabsat ni lelangmo ti *reviewer*. Mannurat da lelangmo ken daydi Erning.

Idi nalpas ti nasao a libro, simmaruno ti Doctrine and Covenants (Doktrina ken Katulagan), sa ti Pearl of Great Price (Perlas a Kapatgan). Kalpasanna, simmarunon ti adu pay a pagbasaan ti simbaan, sabali la dagiti nailadawan nga estoria.

Kadagidi a panawen, Enos Apok, dumakdakkelen ti bilang dagiti miembro iti Montalban. Napagnunumuan dagiti nangangato a panguluen ti Simbaan a panawenan a mabangon ti baro a distrito manipud iti Marikina Philippines Stake. Ti Montalban ti naitudo a pakabangonan ti baro a distrito. Masapul nga adda madutokan a baro a District President, ket kaipapananna a maikkatakon a presidente ti Marikina Philippines Stake ta saanakon a kameng iti dayta a lugar.

Uppat a sanga ti nabukel a mangbukel iti Montalban District. Burgos Branch, Manggahan Branch, San Rafael Branch, ken maysa pay a sanga ti indauluan daydi Brother Cruz.

Daydi Brother Jose P. Gisala ti napili a presidente ti distrito babaen ti binnutosan—saan a kas idi siak ti napili a presidente ti Marikina Philippines Stake a no asino ti 'itudo ti Nailangitan' babaen ti kararag isu ti mapili.

Siak ketdi ti napili a presidente ti baro a Burgos Branch. 1st Councilorko ni Bong Delfin ken diak malagipen daydi 2nd Councilor. Intultuloyko ti nagserbi a Sealer idiay Manila Philippines Stake, Enos Apok.

Adda dagidi baro a parikut a naipasango kaniak. Maysa a miembro ti nagaplikar nga agmision. Kas padasko, nasken a nadalus ti aplikante tapno makapagmision. Ngem sakbay a nagna kaniak, inaprobaran ti District President, a panagkunak, dinan pinalutpot no 'nadalus' met laeng. Pinirmaanna lattan ti aplikasion.

Ngem idi pinalutpotko daydi aplikante, impudnona nga adda 'nagarawna' a balasang. Dakkel a NO, NO daydi, Enos Apok. Isu a diak pinalubosan. Inikkak iti innem a bulan a pawayway nga ag-*repent*. A no pampanunoten, ababa unay daydi a panawen. Impagpagapuk laeng iti naaramid a biddut ti immuna a nang-*interview*. Naawatan daydi mannakaawat nga ama ti agngayangay a misionario, ket inawatda a sipupuso ti pangngeddengko.

Ngem nagbalin a dakkel a kasok iti imatang ti Mission President, nga akin-iggem iti Distrito daydi nga inaramidko. Diak maawatan no apay a binabalawnak ket nalawag ti annuroten ti Simbaan—idi nagsasarakkami idiay Provo Missionary Training Center a panangitulodmi no saan a ni Daddym, ni antim a Chichi, kalpasan ti adu a tawen, nadlawko ti nalidem a rupa daydi sigud a Mijssion President idi kinablaawak.

Nai-*release*-ak a Branch President ti Burgos kalpasan daydi a pasamak, idi Marso 4, 1994. Ti rasonda, total agpapaayak metten a Sealer idiay Manila Philippines Temple.

IDI MALMALPASEN TI Ilokano team ti aramidmi, Enos Apok, nasao ti Bannawag nga adda proyekto daydi Apo F. Sionil Jose, ti akinkukua iti Solidarity Foundation, a makasapul iti *translator* iti libro a ganggannaet. Itoy a gundaway, Filipino wenno Tagalog, saan nga Ilokano. Naipaima kaniak ti *The River With No Bridge (Ang Ilog Na Walang Tulay)* ni Sue Sumii.

Inawisnak pay daydi Manong Jun Hidalgo, Enos Apok, nga agipatarus iti sumagmamano kadagiti awatna a libro ti Aleman.

Makitam amin dagitoy iti bibliograpia a nairaman iti libromi ken ni lelangmo nga *Ubbog ti Sirmata (Wellspring of Foresight).*

Diak met binaybay-an ti 'nagramutak' nga aramid, ti kinamannuratko. No adda panawenko, ken no adda mitmiting ti GUMIL Metro Manila, saanak a naaw-awan. Agingga nga iti maysa a pannakapili ti sumaruno a panguluen ti gunglo, siak ti napili a presidente. Kalpasan ti tallo a tawen, saaanakon a nagkandidato. Nagbalinak laengen nga ExOficio Director, wenno *lifetime member.*

Idi kuan, inawisnak ni Brother Gapis a Translation Coordinator. Nagay-ayatak, a, ta kaipapananna ti idudur-as ti saadko. Sinarungkarak dagidi translator ti Ilokano, Cebuano, Bicol, Ilongo. Nakadandanonak idiay Cebu, Bacolod, Samar, Albay, Pangasinan, San Fernando, La Union, Laoag...

Sakbay nga inawatko ti awis ni Brother Gapis, inkeddengko nga aglusulosak iti PHCA. Adda ngamin idi marikriknak a problema. Ken impagarupko no agbayagak a kas Translation Coordinator.

Ngem saanak a nagpaut iti daydi a trabahok. Naibaga kaniak a saandakon a masapul iti PBO. Diak nagreklamo. Binabalawko ti bagik ta nangeddengak nga aglusulos idiay PHCA.

Nagsapulak iti pangisuruak. Nakastrekak nga Instructor iti Ateneo de Manila University, ken iti UP Diliman gapu kadagidi kontakko, ken nakaklaseak iti Masteral a natalged idin ti puestoda kadagidiay nga unibersidad.

Kamkamatek idi ti orasko, nangruna idi naawaganak nga agserbi iti Manila Philippines Temple, kas Ordinance Worker, nga idi agangay, inaramiddak a Sealer.

Agluganak iti dyip a lumabas iti Ateneo, magmagnaak a sumrek iti napanayag a kampus ti unibersidad. Pilipino Literature ti insurok idiay. Babaknang amin nga estudiante. Braboda.

Naminsan, kinasaritanak ti maysa nga estudiantek.

"Sir, saan ang wheels n'yo?" dinamagna iti naminsan a pannakalabasna kaniak a magmagna a rummuar iti kampus.

Diak nakasungbat a dagus. Ngem kinunak met laeng:

"Huh, wala..."

Sabali nga aldaw ti panangisurok iti UP Diliman. Bigat.

No aggapuak kadagidi a nangisuruak, agtarusak iti templo.

NAMITLO A NAGSUBLISUBLIAK iti Salt Lake City, Enoc Apok. Maikadua idi indauluak ti grupo dagiti Ilokano a nangkorihir kadagidi patarus iti Iluko dagiti Temple Ordinances, sa idi immaymi inrekord. Agpada nga iti Church Office Building.

Iti naminsan a panagtantan-awko iti tawa ti DoubleTree Suite a nagtarusanmi, Enos, ket buybuyaek ti aglawlaw iti amianan a plasa ti hotel, adda nabukelko salaysay. Ngem kapatgan ti yaapay ti panggep a mangsurat iti maysa a nobela. Dita a hotel ti nakainawan ti balabala ti *Adtoy, Siak, ni Jesucristo: Dramaturgo.*

Tunggal umayak idi ditoy Utah, dumagasak latta idiay Mecca, California, a yan ni lelangmo a Marilou a kasinsinko—naagapadko ti naganna kadagidi napalpalabas a paset.

Nalipatak gayam, nga iti daydi damo a yaayko, kinunana:

"Hangka nga agaw-awiden, Manong. Dakami ti makaammo kenka ditoy. Ideborsiom ni manang ta mangasawaka iti sabali, kampay idi, tapno makaalaka laeng iti papelmo. Sakayonto met la agsinnublian, a."

Impagpagarupna ngata a kasta la ti kalaka a maallukoy ti riknak.

Dina la ammo a kapatgan kaniak ti pamiliak. Iti ababa a pannao, diak immannugot iti singasingna.

Iti naudi a pannakaibaonko iti Salt Lake, inawagak daydi Manong Severino L. Lazo nga adda idi idiay Torrance, California.

Kinunana:

"No kayatmonto ti agsubli, awagannak latta ta tulongankanto a sumrek iti trabahom ditoy."

Naiparparna ta daydi met a panagawidko ti pannangted kaniak ni lelangmo a Marilou iti sangaribu a doliar.

"Idepositom idiay Manila, Manong, ta isunto ti gastuenmi no umaykami agbakasion," kinunana.

Nagsisinnalig iti mugingko ti panggepko nga aramiden, Enos Apok. Agsubliak a mangisuro? Ngem kinuna dagidi nagaplikarak: *Sorry, sir, you're over qualified!* Dida pay la imparupa a lakayakon! Agsubliak iti Filipilniana Section? Iti Saudi? Iti UP Manila?

Nalagipko ti singasing daydi Manong Verin Lazo.

Nalagipko ti bisak: *Multiple indefinite visa.*

"Innak sa ketdi idiay California," inkuldingko ken ni lelangmo.

"Rummuarka manen?" agkatangkatang ti sungbatna. "Uppat a tawen a naipusingka kadagita annakmo... amangan no malipatandakanton."

"Saan koman, a, ngem kasano ngarud daytoy balayen?"

Nadamag kano naminsan ni Daddym ken ni lelangmo: *"Ma, apay a kanayon nga awan ni Papa?"* Kadakuada nga agkakabsat, isu ti nakadennak iti kaababaan a panawen.

Isu ketdi ti nakabatian ti natingra a lagipko.

Denggem, Enos Apok; isublika iti maysa a pasamak...

Iti naminsan a panangsukonko kenkuana idiay Burgos Elementary School a pagbasbasaanna iti naminsan a panagbakasionko, imbisikletak iti daydi daan a *racer* a nagatangko idiay Dhahran Main Camp... malagipmo daydi kunak a ginatangko a bisikleta? Idi makadanonkami idiay balay, idiay Pinatubo, kasla bumtak ti pus-ongko. Imbes nga ikamangko pay iti pagpaknian idiay uneg ti balay, nagtarusakon iti igid ti pader iti abagatan, ket sinangok ti dakkel a puon ti kaimito. Apagisu a nalpasak idi pagammuan lattan ta nakariknaak iti rimmasuk a bara a kimmamang iti ulok ket nagsipnget ti panagkitak.

"Pa, ano'ng ginagawa ny'o?" nagsubli ti riknak iti nangngegko a madanagan a timek ni Daddym a nagtakder iti abayko. Umarikiak

dagidi pato ken itik a nanglawlaw kaniak.

"Naulawak metten..."

Natan-awannak kano iti tawa gapu iti arikiak dagidi pato ken itik a nanglawlaw kaniak, isu a nagdardaras a rimmuar.

Pato ken itik laeng, Enos Apok, ngem no saanda a nagariwawa tapno maawis ti imatang ni Daddym, nalabit nga awanak koma itan. Ti dakesna, in-inut a pinartida dagidi pato ken itik gapu ta dudua a pamusian laengen ti nabati kadagiti manok, sada pay agit-itlog.

No manen damagen da Daddym ken ni lelangmo no kaano a sumangpet ti *allotment*-da nga aggapu idiay Dhahran. Tunggal adda maawatda, mapanda mangan idiay Uniwide wenno idiay UP Cooperative Store—awan kanon, Enos Apok daydi coop. Idiay idi ti pagpappapukisak iti daydi Ilokano a nalipatakon ti naganna ngem makitkitak pay la iti mugingko ti salingkadang wenno saklay a nayipit iti kilikilina, ken nalawag pay la ti narakab ken naamo a rupana iti lagipko.

Naamirisko, nga agpayso ti kuna ni lelangmo, nga amangan no didakton am-ammo da daddym no pumanawak manen.

Ngem awan ti pagpiliak, Enos Apok. Sakripisio. No diak rummuar... Wen, adda daydi nasinged a gayyemmi a mannurat, ni Fely Abril a nayasawa ken ni King Roman idiay Australia, a nangipanamnama a no kayat ni lelangmo ti mapan idiay, matulonganna uray ania nga oras. No dadduma idi, masaok iti bagik, apay a saan?

Ngem pagrebbengak kas ama a yabaga ti kaamaak.

Isu a rumbeng laeng a siak ti agsakripisio.

Inawagak ni Marilou.

"Basta ikarim a bayadam," kinunana idi imbagak ti panggepko.

Inkeddengko, Enos Apok, a mangalaak iti *driving lesson* idiay Marikina sakbay nga immayak ditoy America. Malagipko ta idi ikkandakon iti lisensia, dinamagko no kasano ti maaddaan iti International Driver's License.

Kuna daydi taga-Land Transportaiont Commission nga aggagatel ti dakulapna a mapal-idan iti papel de banko: "Ay, sir, sinabi n'yo sana kaagad para naayos natin!"

Sinuratak a dagus daydi Manong Severino L. Lazo.

"Ibagam latta no kaano ti yaaymo," insubalitna. "No addakanton idiay airport, awagannak ta umaydaka sabaten."

Isu a nagpipinnakadakami manen kada lelangmo, Enos Apok, a nagdakkel a saludsod ti agur-uray iti masungad a panagdaliasatko.

Maika-36 a Paset

Crystal Care Center, Lynwood, California: 1994-

NOBIEMBRE 25, 1994 idi agluasak idiay NAIA, Enos Apok, segun iti journal-ko. Nakallalagip a padas! No namin-ano a rimmuarak iti Filipinas, ngem idi laeng a nakaing-inget ti panangsitarda kaniak iti *airport,* manipud iti *baggage check-in* agingga iti *boarding section.* Tsinekda ti bagahek, ti la sinalsaludsodda, a dida met imbaga no apay. Imbagak pay a mannuratak, ken Mormon, ta dayta a balikas ti ammoda. Linukatan pay daydi naudi a tao ti *oil vial-*ko ket inlawlawagko ti usarna kadagiti LDS. Saan a para iti ania man no di ketdi pangbendision kadagiti adda parikutna.

Napanunotko idi nga amangan no nagbiddutandak a 'taga-ruar' gapu iti kamisadentrok a patig a sabungsabongan. Diak malagip no apay a daydi ti inusarko ket adda met koma sabali.

Wenno gapu ngata, aya, ta kapaminduakon ti rummuar iti uneg ti makatawen?

Diak ammo no ania a gapu, ngem madanaganak idin, Enos Apok. No ager-errado, sayang ti kuarta ni Marilou nga inutangko. Pangalaak pay no kua ti pagbayadko?

Napigsa ngata ketdi ti naulimek a kararagko ta pinalubosandak met laeng. Nagpadesepensar daydi naudi a nangsita kaniak.

Ngem sabali manen a parikut idi addaakon iti *airport* ti LAX wenno Los Angeles. Alas nuebe media idi iti bigat, segun iti *Journal-*ko, Enos Apok. Inawagak daydi Manong Verin; naimbag ta adda nabatbati a sensilio iti naurnongko idi agpitpitikak idiay Dhahran; *pitik,* malagipmo?

Namindua a nangitinnagak iti sensilio iti *telephone booth*, nga awan ti simmungbat. Iti maikatlo, ken maudin a sensiliok, indawdawatko, 'Apo, sungbatannak koman ni Manong Verin!' No saan, diak ammon no kasano a makadanonak. Adda met ketdi adres ngem awan ti pagbayadko iti taksi!

Ay, Apo, Enos Apok! Nakaangesak iti nalukay ta daydi Manong Verin a mismo ti simmungbat. Gapgapuna kano iti diak malagipen no sadino.

Adda bassit nga ekstension iti likud ti balayda idiay Torrance, California a nairanrana a nagbakante ta adda napanan daydi barona nga agdidian ket sadiay ti nangitarusanna kaniak. Sabado idi. Ay, tumulang ti lamiis iti panagriknak, Enos Apok! Bunga daydi ti naglabbet a bannog ken bisinko ta sangsangkabassit ti impakanda idiay eroplano. Naikawaak la unay iti lamiis iti Torrance ta nadagaang latta idiay Montalban uray no asideg ti Paskua idi pumanawak.

Uray no nakayanakak ti kinamanagbabainko, Enos Apok, inkidemkon idi yawisda ti pannangan. Uray no idi la nga agam-ammokami iti daydi Manang Prescilla Lazo, nariknak met ti kinasayaatna.

Idi agpalpalpakami, adda nataldiapak a *telephone directory* iti abay ti teleponoda.

Inukradko ti direktorio idi maaddaanak iti gundaway. Kinitak no adda simbaan ti LDS iti asideg. Naipagpagasat, Enos Apok, ta adda! Alas onse iti aldaw ti Sacrament Meeting iti Carlson 1st Ward.

Iti kabigatanna, impakadak ti papanko pannakimisa kalpasan ti adda ladladawna a panamigatmi.

Nagdamdamag daydi Manang Prescila maipanggep iti pammatitayo. Innalak daydi a gundaway a nangestoria no kasano a nagmiembroak iti Ti Simbaan ni Jesucristo dagiti Santo iti Ud-udina nga Aldaw, a nalatak pay la idi iti awag a Mormon. Awan ti nadlawko a naisalumina a riknada.

"Bay-am ta idagaska," kinuna daydi Manong Verin. "Adda daw-asek biit ket dagasenkanto."

Malagipmo, Enos Apok, nga immuna a nakimisaak idiay Indio, California iti daydi immuna a yaayko iti America? Maikadua iti Carlson 1st Ward, iti asideg da Manong Verin.

Nalag-an ti riknak no makasuknalak iti simbaan iti tunggal Domingo. Kas man la nagdakkel a dagensen ti mapukaw ket malipatak dagiti parikutko iti aglawlaw. Ipalagipko a kalpasan ti panangirarem kaniak ni Bart Wiscombe iti danum ti bautismo, naglukaten ti sabali a lubong iti imatangko.

Iti Carlson 1st Ward, adda saggaysa a miembro a saan a Puraw; diak pay la idi kabisado ti paggigidiatan dagiti nagtaud iti sabali a puli ken kadagiti Puraw. Iti daydi damo a papanko idiay Mecca, California, nadlawko a dagus a saan nga Ingles ti naipangruna a lengguahe dagiti tao—Español, wenno EME a naammuak idi agangay. Iti Carlson, Ingles, ket nalaing amin nga ag-Ingles dagiti saan a Puraw.

Iti rabii, inkuyogdak dagiti Lazo a nagatendar iti *birthday party* idiay San Diego, California. Awan pay idi daydiay kunada a maysa a kapintasan a templo ti pammatitayo, Enos Apok; kayatkonto met koma ti mapan ag-*temple* idiay.

Iti Lunes, impannak daydi Manong Verin iti CESTA Staffing Services. Naragsak daydi Jasmin Apostol nga Ilokana a nangasistir kadakami. Dinamagna no ania ti kaykayatko a pagtrabahuan, Care Center wenno Warehouse. Awan ti ammok maipanggep iti Care Center ngem iti awengna laeng, nalaglag-an ngem ti Warehouse.

Ken adda idi bassit a 'pannakkel' iti mugingko, Enos Apok, idi malagipko ti singsing a sa la mauksot tunggal agdigosak manipud idi narugian a mayusong iti pattungaganko. Warehouse laeng ti pagtrabahuak? Nagkallasawan iti ubbaw a langit ti namnamak a makastrek iti nasayaat a trabaho iti America!

Ngem dudua ti naited a pagpiliak. Pinilik ti immun-una. Panagkunak, dakkel daydi a biddut!

Pinag-*fill-up*nak daydi Jasmin Apostol iti adu a papel.

"Puwede ka nang magsimula ngayon!" kinunana idi maawaganna ti imbilangko idi damo nga impierno a trabaho!

Inikkannak iti *calling card*. Imbagana a no kas pagarigan agsapulakto iti sabali, umawagak latta.

"Maiparit ngem adu ti pamuspusan," kinuna daydi Manong Verin idi dinamagko no apay a di dinamag daydi Jasmin Apostol no adda *green card-ko*.

Nakapaspasig kaniak daydi Manong Verin, Enos Apok. Nariknak man ti nalablabes pay a kabsat nga imparieknana kaniak. Nasaok kadin nga adda kano pay la panagkabagianmi, ta Santo Domingo met ti puon daydi Lelong Undo? Nasayaat met daydi Manang Priscila Lazo, ken daydi balasangna.

Diak sa pay ketdi nasarita nga immuna a nagkikitakami iti balayda idiay Quezon City iti naminsan nga adda paskenda; adu a mannurat ti naawis idi. Nagdakkel a tao iti panagkitak idi iti daydi Manong Verin, ta malaksid iti talaga a kinatayagna—pagat-abaganak sa la idi— makapakessen iti rikna ti kinadaeg ti pagtaenganda. Napintas ti teggedna idi idiay Bureau of Custom. Dakkel ti pakaigidiatan ti balayda iti Torrance, California; saan unay a nadaeg, ngem nasayaaten ti biagmo no adda balaymo iti America, nangruna iti California, ammom met dayta, Enos Apok.

Indagasnak daydi Manong Verin idiay 3141 Euclid Avenue, Lynwood, California nga address ti Crystal Care Center.

"Makitam dagidiay sapatos?" kinunana idi un-unorenen ti daan a Chedengna ti naulimek a Euclid Avenue. Intudona dagidi dua a sapatos a naibitin iti waya ti elektrisidad iti batog ti tawa. "Ipakitana nga adda natay dita... pinatay dagiti *gangster,*" kinuna daydi Manong Verin. "Agannadka no agpaspasiarka."

Nababaked a landok a rehas ti nakawangwang a dua nga agsabat a dadakkel a ruangan ti pasilidad. Mawidawidan iti kanawan ti dua a grado a pasdek. Adda dakkel a nangisit a buringetnget a babai a manglukat iti naipideg a dakkel a mail box iti sango ti agdan.

"Are you a new resident?" dakkel ti timekna idi siripennak iti apagbingngi a tawa ti Chedeng.

"He is your doctor!" insungbat daydi Manong Verin, sa nagayek-ek.

Panglawaen ti nagbaetan ti nasao a pasdek ken ti masango a sanganayon a pasilidad. Linakub ti natayag a pader, nga adda sumagmamano a babassit a balbalay iti laud.

Adda dua a kotse a nakaparada iti kanawan. Inyabay daydi Manong Verin daydi Chedengna.

Adda dua a baseng a naibuang iti ridaw; langada ti maul-ulaw a nangpennek ngata no asino ti simmangpet.

Adda nagsardeng a nangisit nga SUV iti sango ti ridaw.

"Hi, Emy!" nagkurno dagidi dua nga arigda ti agtatapaw a kararua. Saan nga inkaskaso ida ti nakablaawan ta naiturong ti imatangna kadakami.

"Ikaw ba'ng padala ni Jasmin?" dinamagna ti naganko. *"Tuloy kayo!"*

Pagallapayagko ti tayagna, pagattengnged daydi Manong Verin. Maitimkam, Enos Apok, ti kanayon a panagdardarasna. Naparagsit. Pilipina latta iti tigtigngay ken taktakderna. Pattapattak nga agngalay ngata nga uppat-a-pulona.

Sumsumrekkami pay la iti pasilidad, alidukdokenakon, Enos Apok! Kumutikot iti agong ti ingel ti sigarilio. Daytoy sa ketdi daytay kunak a dakkel a biddut!

Adda dagidi nangsipsiput kaniak; nailangaanda a kabarbaruak iti pasilidad. Naipangruna ti panangkitkita kaniak daydi Igay a natimbukel ti bagbagina, basbassit ngem siak. Kasnak man la al-alunosen, Enos Apok!

Mariakosina!

"Anusamon," inyarasaas daydi Manong Verin idi nadlawna ti panagsarugaddengko. "Naimbagto la no addan papelmo."

Sanganayon daydi pasilidad, nga agaabay ken agsisinnango dagiti kuarto a sagdudua ti kamana; sabali la ti sangkaputed a silpona iti amianan. Nasurok nga innem-a-pulo dagidi matartaraken a residente wenno pasiente nga adda an-anayen ti bagi wenno utekda, lallaki ken babbai. Pilipino ken Indonesian dagiti *stay-in* a trabahador ti pasilidad. Mehikana daydi maymaysa a labandera, ken *janitor* metten. Isu la ti saan nga *stay-in*, ta adda pay sabali a trabahona.

Nakitak a dandani amin a residente, nakaammal wenno nakaipit ti ramayda iti 'umas-asimbuyuok' a sigarilio; ammomon, a, manipud idi insardengko ti agsigarilio, kabusoren ti agongko ti naingel.

Adda dagiti agudaod iti atiddog a pasilio ti pasilidad—no makadanon iti murdong iti amianan, agsublida manen, susop a susop iti sigarilio. Babai ken lalaki. Neurotikoda amin. Dagiti dadduma, dadakkel ti kayangda iti *dining hall*, a naipigket dagiti nabullad a matada iti nakamulagat a telebision iti salas ti pasilidad bayat ti panangpaasimbuyokda iti agongda. Adda dagiti mangkurkuriro iti mangimaton iti opisina, agdawdawat iti sigarilio, wenno dumawat iti pauna ti *allotment*-da iti makabulan, nga igatangda iti kayatda iti kantina iti ruar ti pasilidad. Saan a lock-in ti pasilidad ket nawaya dagiti residente a rummuar. Mestiso ngem bassit a Filipino daydi Martin a kurkuriruenda; isu ti Assistant Administrator ken drayber payen wenno baumbaonen ti akinkukua.

Agassawa a Filipino ti akinkukua, Enos Apok. Nars daydi Emy Cananea, daydi Zack a lakayna ti mangiturturong iti parmasiada, a paggapuan metten ti agas dagiti pasiente wenno Residents. Sagggaysa dagidi pasiente wenno residente iti doktor wenno nars a mangsarsarungkar kadakuada; inaldaw dagiti dadduma, wenno linawas, wenno binulan depende ti kagrabe ti sakitda. Naipaima iti pasilidad ti pannakasaluad ti salun-at, taraon, ken ti kuartada.

Adda daydi maysa a lalaki nga adda agtiltillayon a plastik a botelia iti siketna nga adda naisukbit a tubo iti sinturerana, a kumamang iti sellangna. Natingra nga amarilio ti maur-urnong iti daydi plastik.

Nangrugiakon a dagus—imbaga daydi Manong Verin a yegnanto dagiti kargak. Innem a gasut ti sueldo dagiti *staff* iti makabulan, *free board and lodging*.

"*Tumulong ka dito sa opisina, Mang Lorenzo,*" kinuna daydi Emy. Inyam-ammona daydi makanawanna a Pinay—Mekene Abe, kunata lattan, Enos Apok, ta Kapampangan, a diak masinunuo no ania a talaga ti puestona iti pasilidad ta daydi met Martin ti Assistant Administrator. Nataytayag ngem ni Emy, nadlawko a dagus iti damo pay la a panagsarangmi, nga adda sumsumngaw nga ang-angin iti tuktokna. Adu ti sinasaona ngem dagiti la imbaga ni Emy ti nagbati iti lapayagko, Enos Apok. 'Mom, siak daytay saan a nalaka nga itayab ti angin, ammom ti kayatko a sawen? "*Kapag oras ng kainan, sa umaga, tanghali at hapon, ikaw ang magbibigay ng gamut ng mga pasiyente,*" insilpo ni Emy.

"*At itanim mo sa utak mo, Mang Lorenzo,*" insalpika daydi nalaing a Mekene Abe, "*America na dito!*"

Ammok, kunak koma, Enos Apok, ket Ilokanoak nga awan surok ken kurangna. Ta naawatak ti kayatna nga ipaawat. Ngem diak binawbawingan, a kasla diak nangngeg, ket impigketko dagiti matak ken ni Emy a kasla nakapaspasnekak a dumdumngeg kenkuana uray no insardengnan ti agsao ket adda bukbukitkitenna iti bagna.

Adda Pinoy a mestiso a nangisangpet iti residente. Nangato ti timidna ta pamandeken, pangatiddogen ti subsobna, kasla nabayagen a di nagaraban ti getteng ti apsay a buokna. Martin ti naganna ken diak malipatan ti naaweng a timekna. Nasayaat met a kasarsarita ken nalawag ti rupana a nakidinnakulap kaniak. Nadlawko a dagus nga ad-adu ti ammona ngem daydi nalaing a Gilda—ne, nasaok met ti naganan, Enos Apok! Iti damo pay laeng, ammokon nga agkatunosankami.

Inggunamgunam ni Emy ti panagannadko sakbay a pimmanaw. Adu kano dagiti nasikap a residente nga aginsusubo iti pildorasda, ngem ikabilda la iti sirok ti dilada sadanto yula no saanen a kumitkita ti nangted. Adda pay mangitugot iti naited a pildoras iti kuartona. Makapatalek no agsasao, ket ibagana, a kunam la no awan ti korona ti ulona no agsasao, a kanennanto no madamdama. Ngem kuidaw, dina met in-inumen wenno kankanen ti pildorasna—naduktalanda ti mano a rakem a pildoras a pinampandaganna iti punganna. Dina ngata maako a nalukay ti turnilio ti ulona.

"And this is a law," kinuna daydi Emy Cananea idi mayam-ammona kaniak daydi Eddie Garcia—kanagnagan daydi nalatak nga artista a Pilipino—a pakikuartuak iti murdong ti *main building,* ket magmagnakamin nga agsubli iti opisina. *"Bawal makipagrelasiyon sa sino mang Resident."* Oras kano a maammuan ti *licensor* nga adda mapasamak a kasta saan la a ti *staff* ti maikkat, madaksan pay ti *licensee* ket mabalin a maibabawi ti kontratana.

Lunes ken Mierkoles ti naited a day off-ko, ngem no adda pakasapulan ti serbisiok, masapul a kanayon a nakasaganaak.

Idi naaddaanak iti panawen iti opisina, adda nakitak a *telephone directory* iti abay ti telepono. Nagsapulak iti kaasitgan a mabalin a pakimisaan. Ken ti kaasitgan a templo. Lukat ti Los Angeles Temple iti agsapa ti Lunes. Kinitak no kasano ti mapan, ken no ania ti pagluganan. Kinitak met no sadino ti pagibusonan iti surat. Ken naikawaak iti kaawan ti makiniliak, a kanayon nga agur-uray kaniak idi addaak pay idiay Filipinas.

Immay indaw-as daydi Manong Verin dagiti gargaretko iti malem.

Dinamagko no sadino ti pakagatangan iti makinilia.

"Inton adda wayam, umawagkanto ta intanto agsapul idiay Wet Market," kinunana sakbay a nagpakada.

Iti damo a rabiik iti pasilidad, nabayag bassit a nagsarsaritakami iti daydi Eddie Garcia. Panagkunak, agpadakami a nasuroken a limapulona idi—ne, ita man la a maamirisko manen, Enos Apok, a lakayak gayamen nga immay iti America, *for good*, no adda gasgasat! Adda kano met ti pamiliana iti America ngem diak naintunaran no sadino ti yanda. Diak malagipen no sadino a suli ti Filipinas ti naggapuanna. Naragsak met a kasarsarita, ngem awan sa ketdi ti inaramidko no di mangarikap iti kababalin ti tao, Enos Apok. Segun iti panagsarsaritana, nadlawko ti angin nga agpugpug-aw iti agongna. Naagapadna a namindua a nangasawa, nga adda naigamer a pannakkel. Diak ammo no patiek ti imbagana a gapu ti nagsinaanda iti immuna nga asawana. Uray ti maikadua... diak ammo no ingkasarna dagidi a babbai. Linikliklikanna nga inagapad no mano ti annakna. Nadlawko ketdi a kabisadona ti pay-od dagiti babbai.

Nasapaak a nagriing iti kabigatanna ta diak pay nai-*adjust* ti *jet lag*ko. Agdigosak sakbay a mangrugiak nga agtrabaho iti alas seis.

Mariakosina, Enos Apok! Nalamiis la ngaruden ta panawenen ti Fall idi ket dandanin mangrugi ti Winter, awan pay ti *heater* ti danum! Mailadoka a dina oras! Numona ta *shower* pay; itayam 'ta bagim iti arigna yelo a danum! Awan timba a pagtayaan iti danum ta tarastasek koma ti agbuyat. 'Nia payen, digosen, a, ti wak ti namay-ak! Kasla agmakinilia ti inaramidko. Mano la a sabon ken kusukuso ken kuskos, ken balnaw! Agngasibakon iti nalaus a kuyegyegko! Naimbag ta idi mabungar ti riknak, simngaw met la ti pudot ti bagik.

No idiligmo, Enos Apok, ti lamiis idiay Los Angeles ken ti lamiis ditoy Utah, awan ti pakaikarkarian ti immun-una. Ngem kanayon a napudot ti danum ditoy ta saan a maaw-awan ti heater. Ngem gagangay ti saan a nairuam nga agdigdigos iti nalamiis, agkuyegyegka, a, a dina oras! Diak malagip no adda sabali a banio dagiti residente, ngem no awan, ay, ket diak ammo no nabengbengbeng ti kudilda ngem siak ket didan ikankano ti lamiis! Wenno saanda ketdin nga agdigdigos!

Kas nasaokon, Enos Apok, naisaangak iti opisina. Agsungbat iti telepono ken tinulongak daydi Martin nga agited iti agas dagiti residente.

Indaw-as daydi Manong Verin ti nabati a gargaretko, a nambaranna a nangipadag nga inawaganna ni Kompadre Diony Bulong idiay Bannawag ket impadamagna ti situasionko iti Crystal Care Center.

Iti kabigatanna, inawagak daydi Bro. John Ball. Dinamagko no naawatna met la daydi paset ti Alma ti Doktrina ken Katulagan nga infaxko. Impadamagko met ti agdama a kasasaadko.

Immawag daydi Jasmin Apostol iti opisina ket siak ti nakasungbat. Napagsaritaanmi ti panangpetision ni Emy kaniak. Imbagana nga agurayak iti tallo a bulan ket no awanto pay ti resultana, kitaennanto ti maaramidna.

Adda gayam maysa pay nga Ilokana a kaduami, daydi Letty Pichay. Naglusulos iti daydi nga aldaw ta mapanna danonen ni lakayna idiay Hawthorne.

Dinamagko iti daydi Martin no mabalinko ti umakar iti kuarto a naggapuan daydi Letty Pichay, ta mayadayoak koma iti makasael nga ingel. Kasta met a mangrugin a kasemsemko daydi Eddie Garcia a kaduak iti kuarto. Nadlawko nga adda dagidi ipangpangrunana a residente. Sutilstuilenna pay daydi Julie. Adda pamuyaan, a no saan koma nga inaplat ti utekna, wenno kunata laengen, Enos Apok, nga agtatapaw a kararua, adu la ketdi koma ti balla a mangsaepsaep iti payodna.

Saan a nailimed kaniak daydi agtatapaw a kararua. Naipangruna ti dekketna iti daydi Eddie Garcia. Idi damo, impappapanko a tultulongan laeng ti kakuartuak a makalipat nga agbibiag iti pasilidad.

Naminsan, maal-alakon ti turogko idi adda agin-innarasaas a simrek iti kuarto. Daydi Eddie Garcia ken daydi Julie a kunak nga agtatapaw a kararua, a nakitak iti suli dagiti matak.

Nalagipko ti inggunamgunam daydi Emy idi serserrekko iti Crystal Care Center.

Inulitko ti dawatko iti daydi Martin ta amangan no diak maliklikan ti agsalsala iti panunotko a maibusor iti ar-aramiden daydi Eddie Garcia. Awan ti nalawag a sungbat daydi Martin.

Kadagiti simmaruno nga aldaw, naibatangak iti kosina a kaduak daydi Danny nga Indonesian a kosinero. No saan nga aggalip iti patatas, ag-mop iti *dining hall*. Naipalagip daydi panagdaldalusko iti kasilia idiay Evangelista; sa kasimbronko la unay ti ingel dagiti residente a kasla simborio nga agpayubyob. Kasdiay gayam ti riknam, Enos Apok, no sigud nga agsigsigarilioka sa isardengmo, kas met la saanen a sigud nga arigna simborio ti agongmo.

Immawag ni Marilou. Naragsakan iti isasangpetko ken ti kaadda ti trabahok. Inistoriana met ti problemada idiay Mecca ken Indio a yanda nga agkabsat ken ni Miguela.

Inawagak met daydi Manong Verin ket imbagak ti day-off-ko. Imbagana a sukonennakto.

Kasta met a saanak a nakaatendar iti miting ti simbaan ta diak ammo ti yan ti kapilia. Immuna nga immawagak iti Bradfield, ken sinarungkarak, ngem para kadagiti Samoan. Nasao dagidi agassawa a Sinc a mabalin nga iti Downy 1st wenno 4th ward, ken iti South Gate, ti pakimisaak. Ti naudi ti mabalin, a daydi Bishop Langton ti agdama a bishop. Mabalin a makaatendarak iti dinomingo ngem maysa laeng a miting. Mabalin a Sacrament, wenno Sunday School, wenno Priesthood. Kasla idi idiay Dhahran.

Inawagak ni Miguela, Enos Apok, ket imbagak a mabalinda ti umawag iti rabii idiay opisina.

Sakbay ti panagpakape kadagidi residente iti malem, imbaga daydi Eddie Garcia a nalabit a diak makapagbayag nga agtrabaho iti Crystal Care Center. Diak ammo no ania ti namkuatanna a nagkuna iti kasdi. Impadamagko kadagidi katrabahuak nga Indonesian; daydi la kano Emy ti addaan iti maudi a sao.

Adda dagidi gundaway a kasla kiniwar a binugbog ti utekko, Enos Apok. Ay-ayek a saan ti bagik. No dadduma, agsala ti panunotko kadagiti tao a mabalin a makatulong kaniak, iti baet ti kaadun dagiti nagpatulongak. Ngem masapul a maaddaanak iti legal a papeles tapno matungpal ti arapaapko. No manen, malagipko daydi sangapulo a pisos a dinawatko iti daydi Tatang a pinagpletek a nagpa-Manila. Ita, addaaakon ditoy.

Daytoy kadi a kita ti biag nga inar-arapaap dagiti agpanggep a mangalut-ot kadagiti dapanda iti pitak? Kastoy kadi ti kita ti biag iti America, a dimo kunaen a gapu ta adda diplomam manipud iti nalatak a pagadalan iti Filipinas, nga uray no kunam pay nga addan mastermo, aginggaka laeng iti kastoy a trabaho?

Ania a talaga ti America? Kaniak idi, Enos Apok, maysa a palso a paraiso kadagiti kas kaniak. Malagipko man ita dagiti agbibiag iti daydi saritak a *Taaw Ken Daytoy a Babilonia*. Mariknak met ita ti panagkatangkatangko idi iti taaw a kasla awan ti parola a mangitunda iti nalawag a sangladan.

Inwaksik ti lidem a mangdaldalungdong iti namnamak ket imbawingko iti positibo a panirigan. Imbes a pagturayek ti uppapay, apay a diak aramaten ti napintek a panangimutektekko iti aglawlaw ket aramatek a timonko nga agaramid iti nasayaat? Saan kadi a ti kangrunaan a gapu ti kaaddak iti yanko ket tapno palawaek ti panirigak iti aspeto ti biag?

Kunak: usarem daytoy a tukad a sumalpa iti nangatngato a pangal ti biag.

Imbaw-ingko, Enos Apok, ti panunotko iti Mannakabalin. Ammok nga ammom ti pannursuro kadatayo ti Simbaan.

Nasapaak a nagriing iti agsapa ti Disiembre 9, 1994, gapu ta para rabiiak iti daydi nga aldaw. Inkeddengko ngamin ti mapan idiay templo ti LA. Ken isu met ti panangrugi dagidi agassawa nga Arturo ken Hilda a naggapu idiay Bataan.

Sakbay a rimmuarak, inawagannak ni John Ball maipanggep iti index ti D&C ken PGP. Imbagana nga ipaw-itna kaniak ngem ninto lelangmo idiay Montalban ti umawat iti bayadna.

Nagluganak iti Bus Line 60 iti Long Beach Blvd. a nagtungedan ti Euclid Ave. Nagtransperak iti Broadway Blvd. iti Bus Line 4 a mapan iti nakaat-atiddog a Sta. Monica Blvd., a lumabas iti LA Temple (10777). Nakitam kadin ti ladawanna, Enos Apok? Dakkel a templo.

Sesion iti alas dies ti inatendarak. Dakkel a kuarto ngem duapulo-ketlimakami laeng; sangapulo a *priesthood holders* ken sangapulo-ket-lima a babbai. Idi malpas, dimmagasak a gimmatang iti *temple garment* nga aggatad iti $3.45. Dimmagasak pay iti *bookstore* ti Simbaan iti ballasiw ti kalsada ngem saanak a gimmatang iti libro. Gimmatangak ketdi iti Los Angeles Time, a $0.35.

Atiddog ti biahe nga agsubli ta inabutnak iti dua-ket-gudua nga oras gapu iti trapiko.

Dinanonnak daydi Emy iti opisina idi mangrugiak iti rabii ta immuestrana ti aramidek.

Ken dinamagna no kayat ni lelangmo ti maesponsoran met nga umay agtrabaho. Imbagak a mabalin siguro.

Nga awan idi iti panunotko iti mabalin a mapasamak kadagiti ubbingmi; pati ni Daddym, Enos Apok.

Ngem iti rabii ti Disiembre 10—malagipko man ketdi ita, a panangisursuratko itoy, Enos Apok, a kasta a petsa idi 1962 a rimmuar ti *Allon ti Biag* nga immuna a daniw ken kaunaan a gapuanak iti *Bannawag*—a panagtrabahok manen, kinumprontanak daydi Eddie Garcia. Kasla kayatnak a talaga a maikkat iti trabahok. Inawaganna daydi Emy ket imbagana a diak ar-aramiden ti trabahok a kas guardia ken agnasnas iti baldosa ken iti kasilia. Inawagannak a dagus daydi Emy Cananea, a makaung-unget. Ngem idi nagpadespensarak, ken imbagak ti panangpalubos daydi Eddie Garcia a maturog daydi Julie iti namindua iti kuartomi, kasta unay ti ungetna. Innayonko pay ti panangibaga daydi Eddie Garcia a mabalin a saanak nga agbayag iti trabahok. Gapu iti daydi a pasamak, nagyamyaman kaniak daydi Emy ket imbilinna pay ti panagsiputko iti di nasayaat a mapaspasamak iti pasilidad.

Iti malem, nalag-an ti riknak a napan nangibuson iti suratko ken ni lelangmo, Enos Apok, iti Compton Store iti Long Beach Blvd., a nambarak a gimmatang iti lima paris a medias. Natalgeden ti riknak iti pannakalawlawag ti kinatao daydi Eddie Garcia—maysa kadagiti kappi iti takdang, iti California. Piman!

Nupay adda dua a residente a nagriri sakbay a naiwakasko ti trabahok iti rabii, naturogak iti maysa nga oras ket gudua saak namigat ken nagsukat a mapan makimisa. Uno singkuenta ti pinagpletek nga agpapan ken agawid a nakimisa iti South Gate Ward. Nasasayaat dagidi miembro a nangpasangbay kaniak.

Ngem idi makaawidak, nadlawko ti naipangruna a gura kaniak daydi Eddie Garcia. Iti uneg ngamin ti dua nga aldaw a kaaddak iti opsina, naawatko ti pammalubos nga ag-*day-off*-ak iti Domingo; nga isu met ti pannakaawatko iti surat ni lelangmo, Enos Apok. Ken kalpasan ti panangitugot kaniak, a kaduak ti sumagmamano a trabahador, dagidi agasssawa nga Emy ken Zack wenno Noli iti maysa a pasken ti HOP idiay Lakewood. Inikkandakami a saggaysa iti suiter.

Naammuak laengen kalpasan ti tallo nga aldaw, idi Disiembre 14, a pannakaammok nga imbaga ni Emy Cananea iti daydi Eddie, ti panangpaturogna iti daydi Julie iti kuartomi.

Isu met ti isasarungkar da Miguela ken daydi Elmer a mangala iti paw-it ni lelongmo a Herman, Enos Apok.

Iti sumuno nga aldaw ti yaawag kaniak daydi kamannurat nga Arsenio B. Cortes nga adda met iti LA. Nabayag a nagsarsaritakami maipanggep iti panggepna a mangawis kaniak nga Associate Editor ti Tagalog Section ti Ang *Pilipino* a panggepna nga iruar.

Iti panangsukon kaniak daydi Manong Verin iti aldaw a kaawan ti trabahok, napankami iti Swap Meet a paggatangan iti nalalaka, kas iti para trabaho a pantalon, shampoo, ken dadduma pay. Isu met ti panangusarko iti Olymia portable a ginatang daydi Manong Verin, a nangbayadak iti $20.00. Sinuratak ni lelangmo, ken ni Brother Delfin.

Isu met ti pannangted daydi Manong Verin ti adres ti *poetry writing contest.*

Iti baet ti kaadu ti parikut a nayabel iti daydi a panawen ti biag 'toy lelongmo, Enos Apok, ammo met ti pasilidad a selebraran ti Paskua. Ammo met dagidi agtatapaw a kararua ti agkatawa ken mangtangad iti langit.

Adda gayam *placement fee*, ket siningirnak daydi Jasmin Apostol— ($300.00)!

Saak pay la napusgan nga ag-*duty* iti balay dagidi Cananea idiay San Dimas para iti kasangay daydi Jonathan nga inauna nga anakda. Adu dagidi Pinoy a naam-ammok ket agduduma a padpadas ti nasagapko a damag. Idi agawidkami iti alas dose media, nabartek daydi Martin.

Iti bisperas ti Paskua, immawag ni Miguela. Damdamagenna no makapanak iti yanda. Ngem nairana nga adda riribuk dagiti pasiente. Nagalburuto daydi Alberto Herrera, a nakairamanan ti kosina. Tinulongak daydi Benny nga Indonesian idi dinarup daydi Alberto. Inawaganmi daydi Emy. Nagreport daydi Eddie Garcia iti CPMS; agrubrubuat idi a mapan idiay Las Vegas. Siak ti nanguray kadagidi taga-CPMS, ken ti ambulansia a nangala iti daydi Alberto.

Anian a padas iti Paskua, Enos Apok! Namrayak ti immawag kadagiti Wiscombe, a nakaamamuak a naital-o ni Bart a manager iti JVC. Kasta met nga inawagak dagidi Velasco, ti sigud a Bishop ti Burgos Ward, nga adda idi idiay San Jose, California. Ngem immakardan, ken nagbaliwen ti teleponoda. Nagsuratak ken ni lelangmo a panggepko nga ibuson iti kabigatanna.

Iti kaaldawan ti Paskua, Sacrament Meeting laeng ti serbisio iti simbaan. Intuloyko ti panangisaganak iti fotenote ti D&C. Immawagak pay iti eskuela da lelangmo, a nalipatak nga awanda idiay ta Paskua ngarud!

Makabannog ti agbiag, Enos Apok, no kastoy latta. No dadduma idi, mapampanunotko a kasdi latta ngatan ti kaipasangak; agar-arapaap iti ubbaw? Masapul idin a mai-*renew* ti pasaportek, sa ti pay sueldok, ti SS, pannaka-sponsor, ken dadduma pay. Kasta met ti awis daydi Emy a yaay ni lelangmo. Makauraykami ngata iti makatawen?

Wenno makapagppautkami ngata ditoy, ken maalami ngata dagiti ubbingmi?

Masapulko kano ti Social Security Card, ngem masapul kano nga adda *bank account*-ko sakbay a maikkanak iti SS card. Naammuak kadagidi agassawa nga Arturo ken Hilda Roxas a nalaklaka ti mangala idiay Carlson. Ibagam laeng a manglukatka iti *bank account*.

Inawagak daydi Manong Verin, Enos Apok, ta kuyogennak a mapan iti SSA. Nagpakadaak iti daydi Martin. Alas onse media idi simmangpet daydi Manong Verin. Nangaldawkami iti balayda iti alas dose sa iti ala una kinse, napankami iti SS idiay Torrance. Iti ala ona kinse, imbaga ti eskribiente nga agurayak iti maysa wenno dua a lawas.

Iti alas seis ti malem, imbagak ken ni Emy no mabalinkon nga alaen ti sueldok. Into kano no bigat.

Sinangok ti *footnoting* ti PGP.

Awan latta ti tagtagiurayko a surat ni lelangmo, Enos Apok! Ammom, manayonan ti angesko no makaawatak iti surat!

'Nia, masurotannak met laeng?

Saak la nakaanges iti nalukay iti kabigatanna a pannakaawatko iti maikadua a surat ni lelangmo! Dua a damag: napintas ken saan a napintas. Nagriri daydi Brother Lando Sanchez ken dagiti Villanueva. Nairuar ni antim a Lingling ti exam idiay UP. Kasta met a naawatko ti $670.00 nga umuna a doliares a sueldok! Ken imbaga daydi Emy nga intal-onak a kas Fascility Manager! Ken ituloyna nga i-*sponsor* ni lelangmo.

Ket inurayko ti Baro a Tawen iti kosina! Anian a baro a tawen. Inyawawanko ti pannmakailiwko iti ambulabog idiay Abbarit ken dagidi agkarkaroling idiay Pinatubo babaen ti panangituloyko iti *footnoting.*

Adda daydi aldaw a masapul a dua a Domingo laeng ti pannakimisak ta kayat met dagidi agassawa a Roxas ti ag-*off* iti Domingo. Agsisinnublatkami. Naimbag laeng ta saan a nagbayag ta naibaga kadakuada a masapul nga agawidda ta maipagpagna idin ti petisionda ket masapul nga addada idiay Filipinas.

Enero 9, 1995 idi dinamagko iti daydi Emy ti panangesponsorna kaniak. Inawagak met daydi Jasmin Apostol, ket imbagana nga adda Filipino nga abogado, nga agnagan iti Amigable. Inawagak daydi Manong Verin ket impatigmaanna a diak mangal-ala iti abogado a Filipino.

Iti sumuno nga aldaw, nagtudo iti nagmalmalem. Inawagannak daydi Emy ket impalagipna a kuyogennakto iti abogado iti Biernes Trese, iti alas dies media—dagasennakto kano iti alas nuebe media. Kadagidi nga aldaw naibaetbaet ti pannakaawatko kadagiti suratda idiay Pinatubo, Enos Apok. Impalagip ni Emy ti appointment-ko iti Biernes. Kasta met nga immawag daydi Manong Verin maipanggep iti pannakapabaro ti visak.

DAKKEL TI PAKAINAIGAN ti Biernes Trese iti kaaddatayo ditoy, Enos Apok. Masasao a malas daytoy nga aldaw. Idiay Filipinas, sangkasaoda: agannadka, Biernes Trese ita! No saan, kunada, dika la koma mapmapanen, Biernes Trese ita!

Ngem iti daydi nga Aldaw, diak nalaglagip ti kinamalasna. Nagturay iti panunotko iti pannakaam-ammok iti abogado nga inkarkararagko a makatulong kaniak.

Nalatak iti puseg ti Los Angeles ti Popkin, Shamir and Golan Law Offices. Adda iti maikadua a kadsaaran ti 3250 Wilshire Blvd. Suite 1918 LA. CA 90010. Ngem no agdadamoka nga agmaneho, masapul nga adda mapa a pagsurotam tapno saanka a mayaw-awan. Saan a kas iti Utah a nalaka a suroten dagiti kalsada ta kas ammom metten, adda amin South, North, West, East iti murdong dagiti numero ti kalye.

Naragsak dagiti empleado a nangsangaili kadakami, Enos Apok. Daydi Mrs. Alcantara a Filipina ti *executive secretary* ti bupete dagiti tallo nga abogado.

Agsarugaddengka no damo a mangngegmo a maysa a Hudio ni Atty. Jack Golan, ti maysa kadagiti tallo nga agsusugpon iti nasao a bupete, ta kaaw-aweng ti Golan Archipelago ti naganna. Ngem dakkel a biddut— maammuamto no apay a kunak ti kastoy, Enos Apok.

Daydi Atty. Golan ti napusgan a mangiggem iti kasok. Taga-Sinait, Ilocos Sur daydi Nely Tubera a sekretariana, Enos Apok. Nabiit pay iti daydi a bupete idi maam-ammok.

Naalumamay nga agsasao daydi Atty. Golan; mariknam latta ti kinapudnona. Maawis a dagus ti panagtalekmo.

Ngem idi makapagrikusen ti saritaanmi, imbes nga agyamanak ta addan abogado a mangiggem iti kasok, nagdakkel a saludsod ken duadua ti immapay iti panunotko. Ammom met kaniakon, Enos Apok, diak kayat ti inuulbod nga aramid. Kayatko a tungpalen a sipupuso ti katulagan nga inawatko iti Apo.

Denggem.

Nalaklaka kano no mangalaak iti sertipiko a nagtrabahuak idiay Filipinas iti pagtaraknan kadagiti nataengan. Ammok, nalaka ti mangala ta agkaraiwara ti agited iti ania man a peke a sertipiko idiay Quiapo; adda la ketdi pagbayadmo!

Gumatangak iti sertipiko? *No way!*

"Is there no other way?"

"You have to do some white lies."

Imbaga daydi Manong Verin, Enos Apok, a tulonganna ni lelangmo a mangala iti peke a sertipiko.

Naibilin ti panagsublimi iti abogado para iti pannakapabaro ti visak. A kaduak daydi Arturo Roxas.

Iti sumuno nga aldaw, nakaawatak iti surat ni Brother Delfin.

Iti panaggapuk a nakimisa, impakaammo daydi Martin ti yaawag daydi Emy. Awagak kano. Imbaga ni Emy nga adda kontakda idiay

Filipinas a makaaramid iti sertipiko a para iti pannakaesponsorko. Nagpapaunaak iti $250.00 iti sueldok a pagbayadko iti pannakapabaro ti *visak*.

Iti simmaruno nga aldaw, napankami iti daydi Art Roxas idiay Popkin, Shamir and Golan Law Offices para iti visak ken nambarak a nagaplay iti H-1 visa. Malaksid iti impaunak a sueldok, nakautangak pay iti $350.00 iti daydi Adi Roxas nga anak ni Art.

Sa kinasaritanak daydi Emy maipanggep iti panangesponsorna ken ni lelangmo, Enos Apok.

Iti simmaruno nga aldaw, napankami idiay DMV para iti *finger printing*, ngem saan a natuloy ta diak naitugot ti pasaportek.

Adu ti nagsarsaritaanmi iti daydi Emy maipanggep iti pasilidad ken ti panggepna kaniak. Immawag daydi Elmer a mangsukon koma kaniak a mapan idiay Indio, ngem awan ti panawenko a napan.

Immawag daydi Arsenio Cortes...

Napankami ken daydi Art Roxas iti DMV tapno agfinger printing. Immutang daydi Albert iti $40.00 kaniak.

Iti rabii, Enos Apok, alas otso, tinulongak daydi Emy iti opisina a nangrisut kadagiti parikut iti pasilidad. Nakaawatak iti awag daydi Gale Ard a kadua ti abogadok ket pangisusumitirennak iti *resume*. Binayadan daydi Albert ti utangna. Adu ti naawatko a surat a pakairamanan ti naggapu ken ni Brother Delfin. Inawagannak met daydi Manong Verin., kasta met nga inawagannak ti abogadok ket impatigmaanna ti panagannadko. Nangisaganaak iti *resume* ken surat para iti abogadok.

Masurotannak pay met laeng, Enos Apok? Nakad-adu a pasamak!

Nagsusukot ti parikut kadagiti nagsasaruno nga aldaw. Adda pay nagtubo a tukaktokak iti kanigid a pispisko.

Impaw-itko ti resume iti daydi Mrs. Roxas, nga agpaay iti abogadok.

Imbaga daydi Emy nga isagana ni lelangmo dagiti dokumento a masapul iti yaayna. Iti sumuno nga aldaw, nagatendarkami iti *training* dagiti *board and care staff* idiay CPC (comprehensive primary care) Alhambra Hospital.

Iti primero ti Pebrero, Enos Apok, immakarkami ken daydi Robby iti apartment iti laud a sikigan ti pasilidad. Napintas a lugar. Aglalaok ti paspasamak. Kas iti panagsangsangit daydi Emy nga immawag kaniak, a diak ammo no apay. Makapungpungtot daydi Emy idi immay iti pasilidad gapu ta saan a nadalus.

Nakaawatak iti surat ni lelangmo a nakaisapitan ti *transcript of record*-ko. Iti yaawagko iti abogadok, dinawatna ti sertipiko ti panagtrabahok. Nagpaw-itak ken ni lelangmo, Enos Apok, iti $220.00, a P5,346.00 ti sukatna. Isu met ti panangnayon daydi Emy iti sueldok. Dinamagna pay no adda mairekomendak nga agtrabaho iti pasilidad. Pinalubosannak nga umawag ken ni lelangmo ta ibagana no kayat ni Brother Delfin ti umay a dagus. Immawag iti alas otso media; imbagana a sumangpet iti sumuno nga aldaw, Domingo. Pebrero 12 iti alas nuebe iti agsapa.

Nakaawatak iti awag daydi Gale Ard maipanggep iti papelesko. Imbagana a mapanak iti opisinada iti Lunes, alas onse iti bigat. Sapay koma ta dida kasapulan ti sertipikasion ti padasko a trabaho.

Iti sumuno nga aldaw, kurang ti *staff*. Siak ti *fascility mananger*, siak pay ti *housekeeper*. Iti Domingo, saanak a nakapan nakimisa ta kinuyogko daydi Martin a nangsabat ken ni Brother Delfin idiay LAX.

Iti ipapanko iti abogadok, saan a napintas ti damag para kaniak, ngem napintas para ken ni lelangmo. Nangrugin a dagus iti sumaruno nga aldaw.

Iti simmaruno a pannakimisak, Enos Apok, naipakaammo a simmangpeten ti rekordko iti South Gate Ward. Naammuak a dinawatda metten ti rekord ni lelangmo ngem imbagak nga agurayda pay bassit.

Adda nagringgor a residente. Binagsol daydi Rodelio Umiga a Filipino a residente daydi Alberto Herrera. Immawagkami iti 911.

Sangkaurayko dagidi dokumento ni lelangmo, Enos Apok, ngem sabali dagiti simmangpet—naammuak idi agangay a saan nga inted kaniak daydi Igay nga immuna a nakitami iti abay ti Mail Box idi sangsangpetko, malagipmo? Ketdi, nakitak iti basuraan iti abay ti mail box. Ammok a daydi awanan nakem nga Igay ti akin-aramid!

Ngem nakaited met iti nasaysayaat a resulta, maammuamto.

Sangkadawatko iti Apo ti panangtarabayna kaniak, ti pannangtedna iti kired tipakinakemko. Idi inawagak, imbagana a naipatulodnan idi pay Pebrero 6.

Agsusukot latta ti parikut iti pasilidad, kadagiti residente. Mairaman pay ni Brother Delfin ta panggep daydi Emy nga ikkaten, segun iti daydi Gilda. Kasta met a naawatko ti sueldok, a kas met la iti sigud a $600.00, nga awan met ti nayonna kas iti kari daydi Emy.

Sabali manen a seminar ti inatendaranmi, ti CPR/First Aid, a nagpatingga iti alas nuebe media ti rabii.

Iti Lunes, Marso 6, 1995, a *day-off*-mi ken ni Brother Delfin, napankami iti *downtown LA* ta panggepmi ti mapan ag-*temple,* ken iti opisina ti abogadok. Pagdaksanna, simmakit ti tianko ket kapilitan a dimsaagkami ket nagsapulak iti mabalin a pagdiskargaan.

Nupay dikami natuloy iti templo, nakapanak ketdi iti opisina ti abogado tapno isumitirko ti papeles ni lelangmo. A nambarak a nagbayad iti $215.00 a para iti papel ni lelangmo. Iti dayta nga aldaw, nakaawatak iti suratna a napetsaan iti Pebrero 27, 1995, a nakaisapitan ti daniwko a *Yan dagiti Bituen?* A rimmuar iti Bannawag.

Nakaawatak iti awag ti abogadok, a pappapanendak iti katorse ti bulan, ngem saanak a nakapan ta nairana iti seminar iti trabaho.

Arigna diak makaaanges iti kaaadu ti trabaho iti pasilidad, Enos Apok!

Iti nuebe ti bulan, nakaawatak iti surat ni lelangmo a nakaisapitan ti surat ni Kompadre Tino ken ti PNB Remittance Center. Sinubalitak da lelangmo ken daydi Kompadre Tino.

Makabannog ti agpayospital kadagiti agtatapaw a kararua! Adda dita dagidi Jalal Shannish, Renee Praadt ken Georgina Jennings. Ken daydi Alberto Herrera. Pinadas pay ni Jennings a puoran ti kuartona ken ti sibubukel a pasilidad. Iti daydi nga aldaw, pinanggep da Marilou ken Miguela ti umay ngem saanda a natuloy.

Iti dose daydi a bulan, napankami ken ni Brother Delfin nakimisa idiay South Gate Ward. Ngem naammuanmi nga awanen ti nasao a ward. Intiponda iti Downy 2nd Ward iti napalabas nga Stake Conference. Daydi met la Bishop Langton ti nagtuloy a bishop. Napapirmaak ketdi ti temple recomendko iti daydi President Canning.

Iti isasarungkarko iti Popkin, Shamir & Golan Law Office, masapulda ti sertipikasion ti Bannawag. In-xerox-ko ti *Lingka* a yan ti naganko.

Makitam ti rigat ti sasaadek idi, Enos Apok? Adda pay dagidi gundaway a mapampanunotko ti agsapul iti sabali a trabaho, ngem awan pay met ti *green card-ko*.

Naibaga kaniak a positiboak iti daydi *tuberculin test* iti napalabas nga aldaw. Inikkannak daydi Mrs. Roxas iti *mutlivitamin*.

Iti disiotso ti Marso, nakaawatak iti surat ti simbaan maipanggep iti pannakare-*align* ti Downy Stake, ken iti abogado maipanggep iti papeles ni lelangmo.

Daytoy ti maysa a nagdandanagak, Enos Apok! Nakaawatak iti subpena maipanggep iti pannakabagsol daydi Alberto Herrera. Mierkoles ti bista. Napanak pay iti dayta nga aldaw iti DMV a mangala iti California ID ngem didak inikkan.

Pinatigmaannakami daydi Emy maipanggep iti bista iti sumuno nga aldaw. Ngem naisanud manen, sa imbaga pay daydi Mekene Abe a diak ammo ti agsungbat iti telepono.

Idi natuloy ti bista, napankami ngem didakami pinagsaksi.

Nagatendarak iti *training* nga inted daydi Mr. Beehamy, ti maysa a miembro ti *licensing*.

Nakaawatak iti surat ni lelangmo babaen ti EMS a nakaisapitan ti biodata ken ti sertipiko ti panangabak ti saritak iti umuna a gunggona.

Nakaawatak iti surat daydi Tatang ken ni Mercy maipanggep iti panggepda nga umay iti America. Adda idin da Bro. Ken Sister Delfin. Nakaawatak iti *assignment for home teaching*.

Immawagak iti opisina ti abogado. Imbaga daydi Annie, ti para review iti papelesko, nga ikkak iti dua nga aldaw a mangadal.

Ket dimteng ti Marso 28, 1995, Enos Apok. Kasangay ni Daddym. Ngem nalidem ti kasasaadko iti trabahok idi. Masapulko ti pammakired. Masapulko ti naur-urnos a plano. Ti la indawdawatko iti Apo, tulongannak a mangtun-oy iti arapaapko para iti pamiliak.

Lord, I need special blessing! Forgive me! Nabatad dayta iti panunotko.

Immawagak iti abogadok. Paisusumitirda ti *broshure* ti aplikasion ni lelangmo. Lumidlidem ti kasasaadko iti trabahok. Mariknak, gapu iti daydi nalaing a Mekene Abe! Amangan no marikriknana a dumekdekket kaniak daydi Emy, ket madanagan amangan no agawek ti puestona.

Iti sumuno nga aldaw, Enos Apok, dimteng ti nadagsen a karit kaniak. Imbaga daydi Mekene Abe nga agtrabahoak iti kosina iti kabigatanna. Sa addanto kano bista iti kaso daydi Alberto Herrera iti 18 ti Abril.

Nadagsen ti riknak iti pannakaibaba ti puestok. Kusinero laengen! Agsasallupang ti mapampaanunotko.

Aglalo idi maibatangak a *housekeeper.*

Kangrunaanna, awan pay ti nalawag a banag ti papelko. Idi immawagak iti Popkin, Shamir & Golan, imbagada a mapanak iti sumuno nga aldaw, a mangisumitir kadagiti kasapulanda a dokumentok, nga impataruko pay ti artikulo daydi Tata Ben maipanggep kaniak, iti nangabak a saritak.

Kinontaknak daydi Atty. Golan. Inikkak iti kopia ti Lingka. Naammuak nga adda hotel daydi Atty. Golan ket agsapsapulda iti trabahador a Filipino. Naammuak pay iti daydi Hector a nars, nga adda sabali a pasilidad a makasapul iti para rabii a guardia, 11-7.

Impataruko ti komento daydi Manong Pe Alcantara iti saritak a nangabak iti umuna a gunggona a *Tallo a Tugot*, ta diak idin makanamnama iti nasayaat iti trabahok. Immakiniliak pay dagidi patarus iti komento daydi Rey Duque ken Manong Joe Bragado iti komentoda. Iti kabigatanna, nakasaritak manen daydi Hector ket impalagipna ti nasaona nga agkasapulan iti trabahador.

Daydi a kinse ti Abril, Sabado, Enos Apok, ti kadagsenan nga aldawko iti Crystal Care. Nabannogakon idinto a kasta unay ti imas ti panagkikinnatawa daydi Mekeene Abe a kaabayna daydi lakayna a kasta unay met it isem-isemna. Nadlaw ngata daydi Mekene Abe ti nadagsen a gargarawko isu a dinillawna. Diak natengngel ti riknak ket nasungbatak iti nadagsen. Timmakder daydi lakayna a mangmesmesmes, a kasla kayatnak a duklosen.

Awan ti nangkanunong kaniak. Uray dagidi agassawa nga Arturo ken Hilda a kosinero. Iti umuna a gundaway, siak ti kontrabida! Binalllaagannak daydi Vito a *delivery boy*, a nairana nga adda, nga amangan no sisantiennak ni Zac Cananea a nairana a kabagianna.

Iti kabigatanna, Domingo, napanak nakimisa. Nagdamagak iti daydi Bishop Langton ti trabaho a mabalin nga akarak. Insurona daydi

Brother Ilagan a Pilipino, a nangisingasing a mapanak idiay Deseret Industries.

Ngem saaanak a nakapan, Enos Apok, ta isu met idin ti pannakayakarko idiay Upland.

Maika-37 a Paset

2460 North 5th Avenue Manor, Upland, CA.:
Iti Lubong dagiti Agtatapaw a Kararua, Abril 18, 1995-

DENGGEM, ENOS APOK. Namin-anon a pinanggepko a tugawan daytoy a paset ti panagdaliasat 'toy lelongmo a maipadpad-eng gapu iti nagadu a tubeng. No saan a ni lelangmo a no manen palukatanna ti telebision ta agdengngeg kano iti kankanta nga Ilokano iti YouTube iti disoras ti rabii, wenno iti aldaw, agtabbed nga agandar ti nautoyanen nga utekko ket diak maarikap no kasano a rugiak.

Ngem itoy a gundaway, sabali ti nakaisagudan ti imatangko itay nakariingak iti alas dos ti parbangon. Adda sungbat ni Cary Leach iti suratko iti Messenger. Malagipmo ni Cary Leach?

Kellaat, nagruedo ti utekko kadagidi panawen a kaaddak idiay Upland, California. Nalagipko ti nasaokon a Journal, ken ti suratko ken ni lelangmo a naadresan iti 2460 North 5th Avenue, Upland a naglaon kadagiti napateg a banag a mangtulong kaniak a manglagip. Daytoy a surat ni lelangmo, naukagak a di naigagara, ken naitugotko iti yanmi ita. Kasta met ti kopia ti *Bannawag* a napetsaan iti Pebrero 26, 1996, a rimmuaran ti salaysayko nga *Iti Abroad: Ania, Nagasatak?* Maipanggep kadagiti agtatapaw a kararua ti nasao a salaysay, a naipagpagasat a naitugotko ditoy. No apay nga iti kaadu ti kopia nga urnongko daytoy pay ti naipatpatang a nairaman a naitugotko idinto a karkardayo idi a panggepko a suraten daytoy basbasaem ita. Daytoy Journal a naalawko iti likud ti Townhouse a yanmi, a maysa kadagiti nayaw-awan iti nakaibasuraanna idi nalayus ti *basement,* ket tinumoy ti isno. Masaok a mirakulo ti pannakaitugotko iti yanmi ti surat ni lelangmo, ken ti kopia

549

ti *Bannawag.*

Wen, amin dagitoy, napategda a taliwanay ti laglagipko, Enos Apok. Dumngegka ket imutektekam dagidi naggagampur a paspasamak iti 2460 North 5th Avenue Manor a lubong dagiti agtatapaw a kararua, a pangipasiarak kenka.

DAYDI VITO A delivery boy dagidi Cananea ti nangitulod kaniak iti baro a lubongko, Enos Apok. Inranada ti panangyakarda kaniak iti linawas a panagitulodna iti abasto dagiti residente iti 5th Avenue Manor. Nalabaga daydi Subaru a pinangitulodna kaniak... nakatingtingra ita iti suli ti lagipko!

Sumang-at nga agpa-amianan ti rusanger ken akikid a 5th Avenue nga agtunged iti arigna nababa a pader a natuontuon a batbato— inlakoda kano idi 1998. Iti kanawan a sikigan ti abenida ti nagkul-oban ti pasilidad nga iti sangona iti kanawan adda dua kapuon nga *apricot* a narnuoyan iti amarilio a bunga—agkaraiwara ti naregreg iti sirokda. Iti nalawa nga abagatan a sikigan ti pasilidad, nabengbeng ti pagattumeng a ruot a langana ti nabayagen a di napukisan. Natannawagak iti likud ti pasilidad ti sangapuon a *plum* a narnuoyan met iti bunga. Iti laksid ti nabuntuon a bato a bakud, nabengbeng ti plantasion ti mandarin a narnuoyan iti natingra nga amarilio a bunga.

Nagsasaruno dagiti lima a residente ti 5th Avenue Manor a timmungraraw iti ridaw ti pasilidad iti sango; agur-urayda iti abastoda. Kinablaawanda daydi Vito. Nalimlimpio ti tigtignayda ngem dagiti agtatapaw a kararua idiay Crystal Care Center.

Iti sikigan ti pasilidad iti abagatan ti nagiserkanmi iti daydi Vito iti makalawas nga abasto dagiti residente.

Sinaggaysa daydi Vito nga inayaban ida.

"Arthur Ramirez."

Eme daydi naawagan—kasta ti awag kadagidi 'M' Mehikano—a nabagi ken kasla kankanayon a matmatnag ti akimbaba a bibigna. Inyawat daydi Vito ti sobre a yan ti ayudana.

"Mark Stagner..."

Puraw nga agsaringgayad ti buokna iti abagana daydi Mark Stagner; nabuntog a magmagna, a nakatingtingra ti nikotina iti pattungagan ken tammudona a kanayon a nakaipit iti sigarilio. Pagallapayagnak ngata, Enos Apok.

"Bismark Heffermann!"

Nalimlimbong ti ulo ti naawagan. Nakurang ngata a tallopulona, a taga-Nicaragua. Isu ti kaubingan.

"Sean Waters!"

Isu ti karapisan, Enos Apok. Ubing pay met, awan pay ngata ti tallopulona. Neurotiko met, nakangisngisit met dagiti ramayna a tinina ti nikotina.

"Alan Singers!" Puraw met laeng; isu ti kalakayan. Kataebko ngata, Enos Apok. Saan a taga-California; naggapu kano iti Dumaya nga estado ti America. Isu ti kalidayan, kasla kanayon a makasangsangit— napaliiwko idi agangay a pawpaw-itan ni Nanangna iti naisobre a sensilio, a maiparit ngem baybay-an ngatan ti koreo ta ammoda ti pagpaayanna.

Adda maysa nga agtawen ngata iti nasurok a tallopulo nga aglanglanga met la nga Igoy, a di inayaban daydi Vito. Kalalaingan ti katayagna, pangrapisen ken tangad a magna a kasla kanayon nga adda tantannawaganna iti adayo—naammuak a sigud a soldado nga intayab ti gubat idiay Vietnam ti limbong ti panunotna. Adda tukkol a sanga ti kayo a kasla pagsarukodna no magna-taray a kasla di mabannog a manglawlawlaw iti pasilidad. Deretso amin ti kuartana ken ni Emy.

Sakbay a pimmanaw daydi Vito, imbatiannak iti listaan a pagsurotak iti aramidek iti inaldaw. Isaganak ti pamigatda a tinapay ken kape nga adda gatasna; diak liplipatan ti naituding nga agasda iti bigat, aldaw ken malem. Masapul a diak agbiddut iti bilang ti agasda, ken no ania nga agas ti maited kadakuada. Cogentin. Prolexin. Buspar. Ativan. Risperdal. Trazodone... Iti aldaw, adda nailista a lutuek, kasta met iti malem. Kangrunaanna, masapul a masurot ti naituding nga oras.

Wen, Enos Apok, sisiak ti nangbantay kadagidi nga agtatapaw a kararua! Siak ti puon ti biagda... wenno mangpatay kadakuada! Adda oras a pannangtedko iti sigarilio daydi Alan Singers; agpakaro no malabsanna ti agsigarilio. Dagidi dadakkel daydi Mark Stagner ken daydi Sean Waters ti mangmangted iti sigariliooda, isu a 'tay kunak, kasla simborion ti agongda!

Adda saggaysa a bukod a kuarto dagidi Mark Stagner ken Sean Waters iti tengnga ti pasilidad. Napunno ti rungrong ti pagyarsangan iti kuartoda. Iti lilkud ti yan ti kuarto dagidi dadduma a residente, a kasilpo ti salas a yan ti kanayon a nakalukat a telebision a pangisagudan dagiti agtatapaw a kararua iti panawenda tapno maalay-ayan ti panagiwet-iwet ti panunotda. Adda met banio a pagdigosan, ken yan ti *washing machine* ken *dryer.*

Adda daydi maysa a residente nga insangpet daydi Vito iti naminsan. Nalipatakon-ti-naganna, Enos Apok!

Dina annugoten a maysa kadagiti agtatapaw ti kararuana. Dina kayat ti agtomar iti agas.

"I'm not crazy!" kinunana. Igoy met daydi, Enos Apok.

Insuro daydi Emy ti aramidek.

Imbes a pildoras ti itedko nga agasna, likido ti ilaokko iti inumenna. Dina impagpagarup nga adda agas, ta kunkunana ngata, ah, espesialak, ta isaganada pay ti inumek! Dina la ammo...

Sabali pay daydi agruprupa a nalimbong, ken adda pay, a, nobiana a taga-ruar. No kasarsaritam, nakalimlmbong nga agsungbat. Ngem estoriana no apay a nairaman kadagiti agtatapaw a kararua.

Adda kano mangmangngegna a mangmammandar kenkuana. *"Run! Run! Run! Keep on running!"* A kasla adda mangbasbasnot iti likudna. Isu a taray met a taray. Dina kano marikrikna ti bannogna. Agingga a madalupisak lattan.

"No awan dagita agasda, ken dadduma pay, *plop!* Arigdan ti bumtak a lobo!" kinuna ti *psychiatrist* a nagdamagak no adda pay namnamada nga umimbag. Saggaysa ti doktor dagiti residente, adda aldaw a nailatang nga isasasrungkar ti tunggal maysa kadagiti pasienteda.

Dakkel a parikutko, Enos Apok, ti panangsurnadko iti aplikasionko iti abogadok no mapanak iti opisinada. Awan ti pamanawak kadagiti aywanko nga agtatapaw a kararua. Awan dumak iti naiparnged a baka wenno nuang idiay Baybayabas ken idiay Abbarit.

Kasano pay a magna ti papelko?

Pinalpaliiwko dagiti aywanko; no adda mabalinko a talken, a pamanawan.

Daydi Arthur Ramirez ti kanayon a makisarsarita kaniak, a ti la adda a masalsaludsodna.

Inungtak iti namainsan nga isusumro ti iliwko kadagiti napanawak, ken ti kasla diak pannakaanges iti pannakabaludko iti agdama a trabahok.

"Why are you so mean?" sinaludsodna

Nakariingak, Enos Apok! Ania, naistriktoak?

Nalagipko daydi Emy. No agpulong, amangan no kugtarannakon ni Zac a diak pay naurnos ti petisionko.

Linamlamuyotko nga inlawlawag ti parikutko. A kasla ketdin saan nga agtatapaw a kararua ti kasarsaritak! A kasla nagparikna a mabalin a makatulongto kaniak.

Dinangdanggayak no makisarsarita kaniak. Agingga a nasaona no apay nga adda iti 5th Avenue Manor.

Mabuteng kano iti adu a tao, dina kayat ti makitaltallaong. Uray iti bus, dina kayat ti aglugan. No masapul a rummuar, masapul nga adda mangilugan kenkuana, wenno mangkadua a magmagna. Kasla kano ngamin sisasaganada a mangrugma kenkuana.

Nalabit a matulongannakto ni Arthur Ramirez. Ngem adda pay sabali a parikutko, Enos Apok. Masapulko ti lugan. Saanak a makapan iti kayatko a papanan no awan ti luganko, uray pay adda lisensiak nga agmaneho. Ken saanak a mapalubosan nga agmaneho no awan ti lisensia a naalak iti Estado a yanko, kas koma iti California. Awan ti serbi ti naalak idiay LTO, idiay Quezozn City, uray koma no International Driver Lisence. Malagipmo, Enos Apok, ti kinuna daydi nadayaw a tao ti LTO? "Ay, sayang, Sir, sana sinabi mo kaagad!"

Napanunotko ti mapan mangala iti California ID idiay DMV (Department of Motor Vehicles), idiay Rancho Cucamunga. Inadalko dagiti aldaw a yaay dagiti doktor ken ti panagitulod daydi Vito iti abasto dagiti residente. Inyawagko met ken ni Miguela no mabalindak da Elmer a kabbalayna, nga itulod. Intugot ni Elmer ni Ralph, ti maysa kadagiti annak ni Miguela iti immuna nga asawana a nabati idiay Filipinas, a nangsukon kaniak.

Naikkanak iti *handbook* nga adalek sakbay a mangalaak iti *driving test.*

Malagipko, Enos Apok, Sabado ken Domingo ti *day off*-ko. Adda daydi Benny, nga Indonesian, nga imbabaon daydi Emy a mangriliebo kaniak. Isu ti pappapanko idiay Indio. Daydi Elmer ti naanus a mangdagdagas kaniak ta adda met trabahona, ket isu la ti pannakasarungkarna kada Miguela.

Iti Lunes, Mayo 8, nagsubliak iti DMV. Nairuarko ti eksamen ket naikkanak iti temporario a lisensia. Naibilin kaniak nga iti 22 ti Mayo ti panangalak iti *road test*; agaasem ta kasangayko pay! Isu met ti panangitukon kaniak ni Miguela iti kotsena a bayadak iti $1,300.00. Kunana a tintinnagak.

Adu ti surat a naawatko kadagidi simmaruno nga aldaw, nga intulod daydi Manong Verin ta naiturong iti balayda; ken nagkunaanna a nangina daydi kotse ni Miguela. Maysa ti surat ni lelangmo nga agpaay ken ni Emy, nga inkeddengko a diakon ited. Agkibitkibit ngamin idin ti sasaadek iti trabahok. Adda pay ngamin naawatko a surat ni Brother Delfin a nangipadamaganna iti pangpanggepen ni Emy a mangikkat wenno mangsukat kaniak gapu ta nadamagna ti panangpampanawko kadagiti agtatapaw a kararua, kas iti ipapanko iti DMV. Isu nga ultimo annadkon, uray ti pannakimisak. Imparipripko iti daydi Manong Verin ti panggepko nga agsapul iti sabali a trabaho. Adda ammona ngem $5.50 per ora laeng. Kayatko koma.

Diak gayam nasao, adda dagiti suratko ken ni lelangmo maipanggep iti idadawatko iti sertipikasion manipud iti daydi Tata Ben Pascual, daydi Kompadre Cristino Iloreta Inay, Sr. nga adda pay la idi iti UP. Ken ni Ofelia Silapan a kaarrubami idi idiay Amorsolo, UP nga adda itan ti pamiliana idiay Sta. Cruz, Ilocos Sur, nga itay laeng nabiit a nabiuda. Impaw-itko amin dagidi a sertipiko iti abogadok. Dinak pinalubosan daydi Zack nga ag-*day off* iti Lunes, nga isu koma ti panangalak iti *road test*. Iti daydi nga aldaw, inawagak daydi Manong Verin a mangkuyog kaniak idiay Indio iti Domingo a panangalak iti kotse ni Miguela.

Iti sumuno nga aldaw, adu ti naawatko a birthday card. Inawagak ni Miguela maipanggep iti papanmi panangala iti kotse a kaduak daydi Manong Verin. Iti dayta met la nga aldaw, addda dagidi tao ti Crystal Care Center nga immay agpukis iti naraber a ruot iti arubayan, dagidi agassawa nga Art ken Gilda, daydi Robby ken daydi Mekene Abe, Enos

Apok.

Iti bisperas ti kasangayko, immaydak sinukon da Miguela ken Elmer iti Upland, sa nagderetsokami idiay Torrance a pangsukonanmi iti daydi Manong Verin a mapan idiay Indio, a pangalaak iti daydi kotse. Kalpasan ti pangaldaw, napankami iti daydi Manong Verin idiay Mecca. Adu ti nagsarsaritaanda ken ni Marilou maipanggep iti panggep daydi Manong Verin a gumatang iti lote, ta adda idi maipatpatakder a balbalay iti asideg da Marilou.

Nagluaskami, Enos Apok, idiay Indio iti 6:20 ti agsapa ti Lunes, Mayo 22, 1995, a naipatpatang nga aldaw a pannakaipasngayko idi 1944. Diak pay idi nairuar ti *road test* ta dinak ngarud pinalubosan ni Zac a mangala iti daydi aldaw nga *schedule*-ko koma. Daydi ti immuna nga aldaw a panangmanehok iti umuna a kotsek!

Nagsinnublatkami iti daydi Manong Verin, bayat ti panangsurotmi kada Miguela ken Elmer. Immannugot ni Miguela nga alaek ti kotse nga awan ti pauna a bayad. Sa iti malem, napanak idiay Foothill a nangpakopiaak iti plaka ti kotse. Sakbay dayta nakaawatak iti surat ni lelangmo a lima a pahina. Adda pay surat ni Brother Delfin a nangisapitanna iti surat daydi Patriach Velasco.

Idi makapagsimpaak iti trabahok iti daydi nga aldaw, naitalimudok ti panunotko iti kotse. Kalpasan la ti innem a bulanko iti America, addan kotsek! Umuna a kotsek! Ha-ha!

Diak pay gayam nailadawan ti inap-aprosak a kotse sakbay a simrekak iti kuartok, Enos Apok.

Thunderbird 77. Atiddog a maris dapo—kuna kano da antim a Mimi idi makitada ti impaw-itko a ladawanna: "Kotse ni Batman!"

Naragsakak iti daydi a panawen; apagapaman a nalipatak dagiti parikutko.

A diak ninamnama nga ad-adu ti insangpetna a parikut! Ken parabur!

Makapabang-ar, uray kaskasano, daytoy a surat. Pinampanunotko a dakkel ti maitulongna kadagiti sertipiko a kasapulan ti Popkin, Shamir and Golan Law Offices.

Sinuratak idi daydi Tang Benjamin M. Pascual, daydi Kompadre

Cristino I. Inay, ken ni Ofelia Silapan nga adda idi saadna idiay UP ken kaarrubami iti Amorsolo; nagyamanak kadagiti sertipiko nga intedda. Nangted pay gayam idi ni Honor Blanco Cabie iti surat—isu ti simmublat kaniak a presidente ti GUMIL Metro Manila kalpasan ti saanen a naulit a panagpresidentek. Pati ti kopia dagidi sertipiko ti panangabakko iti paspasalip iti panagsuratan. Dinawatda pay ti kopia ti tesisko idi nagturposak iti masteral idiay UP. Intedko amin dagitoy iti ahensia babaen ni Gale Ard. Kadagidi met a panawen ti pannakisalsalipkon iti daniw iti North America Open Poetry Contest, ket nangtedak iti kopia ti sertipiko ti kinamiembrok iti American Society of Poetry.

Intedko amin a namnamaek a makatulong iti petisionko.

Kas inkarik ken ni Miguela, masapul a mapanak idiay Indio tapno agbayadak. Ngem sakbayna, masapul nga alaek pay daydi Benny a mangriliebo kaniak. Daydi ti damo a panangmanehok iti kotse iti kasdi kapautna, agarup dua nga oras manipud Upland agingga idiay Indio. Idi makadanonak, nagpatulongak ken ni Elmer a nangpasukat iti lana ken *oil filter* ti kotse. Nangyunaak iti $150.00 ken ni Miguela.

Inim-imasko a minaneho ti kotsek a Batman idi agsublilak idiay Upland, Enos Apok! Kasdiay gayam ti rikna ti agtatakkon nga agmaneho! Laglagipem, Enos Apok, temporario laeng ti lisensiak. Itinto pay la trese ti Hunio ti impalubos da Emy a panag-*driving test*-ko gapu ta adda miting idiay Crystal Care sakbay daydi nga aldaw, idiay DMV Pomona, iti alas dies ti agsapa, *window 2*.

Hulio idin mairuarko ti *driving test*, Enos Apok, idiay Indio ngem diak pay la nairehistro ti luganko ta nagpason ti timbre ti pasaportek. Masapul nga agurayak pay iti 60 nga aldaw. Idi napanak iti Rancho Cucamunga a parehistro ti lugan, masapul ti pirma ti sigud nga akinkotse. Sangkaullitko met daydi Gale Ard. Ayna, ta nakarigrigat ti aguray, Enos Apok. matektekanak la unayen. Aglalaok, diak ammon ti panunotek!

Ngem awan ti narugian a di aggibus; adda pagbanagan ti amin a nausatan nga aramid. Agngalayen ti Hulio idi, iti kamaudiananna, nairehistro met laengen ti luganko iti naganko. Napanak idiay DMV Rancho Cucamunga iti alas 7:30 ti bigat ket 10:10 idi maiwakasko.

Limmag-an ti panunotko; ti laengen papelko ti nabati a parikutko. Nakasuratak iti sumagmamano a daniw.

Kadagiti simmaruno nga aldaw, agduduma a surat ti naaw-awatko. Adda dagiti pasiente nga impanko iti hospital. Adda pasiente a nagpaitulod iti gayyemna, nagkari a bayadanna ti gasko.

Napanunotko a lamlamiongen daydi Arthur Ramirez tapno saan nga agpulpulong kada Emy no kasdiay a rummuarak; inkarik nga itulodkonto iti kayatna a papanan. Isu a nakapagsarangkami met la iti daydi Gale Ard a personal. Minanehok ti Batmanko agingga idiay LA. Nagbayadak iti $825.00 para iti pannakai-file ti papelko iti immigration. Nadadaelan ti luganko; naimbag ta adda naasi a timmulong kaniak idiay City of Industry—Mr. Salazar ti naganna. Imbagana a programa kano ti siudad ti tumulong kadagiti kas kaniak a madadaelan iti dalan.

Ngem immawag ni Emy, Enos Apok, iti daydi nga aldaw ket di met nakapaglibak daydi salbag nga agtatapaw a kararua! Naammuanna a napanak idiay LA para iti papelko; biddutko met ta diak koma imbagbaga iti daydi kinatulagko ti papanak. Impatpatulengko lattan ti panangunget kaniak ni Emy.

No maibusanak iti gas, ti la pagut-utangak iti igatangko. Naminsan, nakautangak iti daydi Mark Stagner iti $10.00. Mayatda met latta ta itultulodko met ida no adda papananda. Naminsan, inawagak ni Brother Delfin ket nangibagaak iti $10.00, nga ipaw-itna iti daydi Edgar, a nangriliebo iti daydi Vito. Ngem $100.00 ti intedna.

Inawagannak ni Ralph a nangibagaanna nga adda surat ti DMV nga agur-uray kaniak. Diak gayam nasao, Enos Apok. Singsingirendak ti abogadok iti $825.00. Naimbag ta daydi ipapaniko idiay Indio, nayutangannak ni Marilou ken ni Mico iti $1,000.00. Iti panagdardarasko nga agawid, naaksidenteak ta nagiddep ti headlight ti lugan.

Imbusonko ti pinagbayadko iti Popkin Shamir & Golan babaen ti *money order*.

Iti maysa nga aldaw, immay da Miguela ken dagiti annakna, ken daydi Elmer. Inyegda ti kontrata ti utangko.

Bareng no bateria ti problema, gimmatangak iti baro a bateria. Ngem dandani metten di agandar! Tinarimaanko ti kablena; nagandar. Awan ti ammok kadagitoy, sangsangkabassit ti naadalko idi iti *vocational course* idiay Cabugao *Institute*.

Nakaawatak iti awag ni Miguela; singsingirennak iti bayad ti telepono, daydi panangusarko iti teleponoda: $29.95!

Isu nga iti yaatendarko iti Sunday meeting idiay Upland 3rd Ward, a nangawisan kaniak dagidi pamilia Nelson a makipangaldaw, dimmagasak a gimmatang iti *fonecard* ($10.00) tapno maawagak ni lelangmo.

Masapul nga agbayadak ken ni Miguela iti $80.00 para iti kotse, ken $200.00 ken ni Marilou. Naimbag ta nagsueldoak ket isu ti biningaybingayko.

Kasla saan a maputputpot dagiti agsangpet a parikut, Enos Apok. Inyawag kaniak daydi Aling Gilda Roxas a kinasarita daydi Gilda Macaraeg, ti Mekene Abe, ket indiayana kenkuana ti panangsukatna kaniak, ngem dina inawat. Isu nga immawagak manen ken ni Gale Ard, tapno laeng maammuak nga am-amirisenda pay laeng dagiti dokumentok, a mabalin nga i-*file*-da iti masungad a Martes. Madandanaganak ta apay a nagbayagen ket nagbayadak metten? Peken sa metten, Apo!

Iti laksid ti adu a parikutko, Enos Apok, inkeddengko ti agbayad iti apagkapullok iti simmaruno a Domingo, ta nangnamnamaak a tulongannak ti Dios. Nangipatulodak pay iti $150.00 iti BPI Remmitance Express para ken ni lelangmo.

Ken wen gayam, Enos Apok. Uman-anam sa ketdi idin a suratek daytoy basbasasem ita, nga awan iti panunotko, ta rinugiak a suraten ti *Daytoy Man ti Pamiliak,* segun iti *journal-ko* a diak ammo no nakaiselselsela. Isu met ti pannakaawatko iti surat ti DMV a nangibaga nga isumitirko dagiti kasapulan a dokumento para iti Driver License ken California ID.

Iti yaatendarko iti umuna a Domingo ti bulan idiay Upland 3rd Ward, imbaga ti Ward Clerk ti panangyakarda iti rekordko. Nangtedak iti pammaneknek, wenno Testimony. Inawisdak dagidi pamilia Richardson a makipangaldaw kadakuada. Wen, Enos Apok, nariknak ti kinaimbag dagidi miembro iti 3rd Ward; naammuak itay laeng nabiit a maysa ti Upland City a kabaknangan a siudad ti San Bernardino County, CA. Agaasem, miliones itan ti presio ti ordinario a balay. Diak idi impagpagarup a kasta gapu iti nagsisimparat a nakakumikomak.

(FLASH! Itay alas kuatro ti malem, 2/12/2023, Enos Apok,

kinaumannak, babaen ti video call, ni Jessa Sariah Mae Ramones, estudiante ti BYU Hawaii, a taga-Bacarra, Ilocos Norte maipanggep iti panangipatarusko iti *Ti Libro ni Mormon*. Nabayag bassit a nagsarsaritakami. Nayeskediul daytoy dua a lawasen ti napalabas. Aramatenna ti innumanmi iti kursona.)

Naimbag la ketdin ta adu ti maaw-awatko a surat a nadumaduma ti naggapgapuanda. Dakkel ti naitulongda iti panangiwagsakko iti adu a salimukok. Adda aggapu ken ni lelongmo nga Imman... ken dadduma nga am-ammo 'toy lelongmo iti Filipinas ken ditoy pay America. Uray pay dagiti magasin a maaw-awatko, ken ti transistor a pagdengdenggak iti *Country music* a kas dagidi agkabsat a Carpenters nga immuna a nangngegko idi nag-*house-sit*-ak iti balay dagidi Yearsley idiay Dhahran. Dagitoy ti inusarko a nangpalag-an ken nangyaw-awan kadagiti salimukok a sumangbay. Wen, Enos Apok, masapul nga iwagsakko dagiti makapadagsen iti pampnunotko ta no saan, amangan no tumpaw met ti kararuak a kas kadagiti bambantayak! Narigaten, saan la a siak ti mapukaw ngem mairamraman pay dagiti napanawak a patpatgek... amangan no awanka koma a mangsursurot kaniak ita!

Adda daydi *aircon* nga us-usarek idin no napudot ti paniempona. Ngem ti dakesna, natiempuannak daydi Zack Cananea a mangus-usar ket imbilinna a diak pagan-andaren ta nangina kano ti koriente! Parikutko no kasano a makaturogak ket kapudotna idin ta panawenen ti Summer wenno kalgaw koma no Filipinas.

Nakaawatak idi iti surat ti Sparrowgrass Poetry Forum a nangipakaammo a naawat ti daniwko a mairaman iti antolohiada. Dinardarasko ti nangipatulod ken ni Gale Ard iti kopia ti nasao a daniw, nga inggiddanko ti surat a naggapu iti DMV.

Dua a bulan ti limmabas nga awan ti naawatko a napintas a damag maipanggep iti petisionko. Mangrugin nga agdanagak. Ania ti talaga a napasamak iti papelko? Nadispalkon sa metten ti inut-utangko a pinagbayadko. Pangalaak pay iti pagbayadko kadagiti nakautangko?

Awan ti nangibagbagaak iti adda iti panunotko; uray ni lelangmo... uray maysa, inukopak a sisiak!

Awan ti sabali a kinaraptak, Enos Apok, no di ti Heavenly Father. Agarup insangitko pay ti nagkararag!

Idi inawagak manen ni Gale Ard, imbagana nga i-file-da iti sumuno nga aldaw.

Napanak nagatendar iti maysa a sesion iti Los Angeles Temple, a pangpatibkerko iti pammatik, nga addanto maawatko a supapak dagiti rigrigatko. Gimmatangak pay iti *key chain* a *Hold To the Rod* ken *sticker* ti kotse nga LDS. Nangaldawak iti bassit a Chinese Restaurant sakbay a nagsubliak idiay Upland.

Sakbay a napanak idiay Indio, nakaawatak, manen, iti surat ni lelangmo, sa idi nakadanonak idiay Indio, agur-uray ti suskripsionko iti Ensign a sigud a magasin ti Simbaan a kas ammomon nagbalinen a Liahona; ken surat ti Sparrow Poetry Forum. Ken ti pakaammo ti National Library of Poetry a rummuar ti daniwko nga "Abbarit, My Abbarit" a mairaman kadagiti sangapulo a maibasa. Kasta met nga inikkannak ni Marilou iti *jacket* ken *sweeter* ken dua a pungan. Ala, uray no kaskasano, a, Enos Apok, ket adda met naawatko a pangliwliwa iti agpaspasugnod a rikna 'toy lelongmo!

Isu a nagatendarak iti Sacrament Meeting idiay Shadow Mountain Ward, idiay Indio. Ababa a panaginana, ngem uray kaskasano, nabangaranak, Enos Apok!

Idi nagsubliak idiay Upland, rinibisarko dagiti daniwko nga Ilokano. Di pay met idi in-*file* ni Gale Ard ti petisionko. Sinuratak ti administradorda a daydi Mellie Hernandez. Impulongko daydi Gale Ard.

Makitam, Enos Apok? Mailadawam kadi no kasano ti pannakaturumentok kadagidi a panawen? Adda ngata sabali a makabael kadagidi a sinagabak?

Intuloyko latta ti ammok a makayaw-awan iti paglanglangoyak a tarumpingay! Saan la ketdi met a tumpaw ti kararuak, nasayaaten!

Insuratko ti daniwko a *"Byebye, Baybayyabas".* Imbusonko iti National Library of Poetry.

Nagpadpadesepensar daydi Gale Ard idi inawagak iti daydi nga aldaw. Iti malem, inawagannak ni Atty. Shamir a mismo a siento por siento a kalintegak ti impulongko ket imbilinna nga awagak iti sumuno nga aldaw. Isu a mismo ti mangasikaso iti papelko. Limmag-an ti riknak, Enos Apok.

Nakaawatak met iti surat daydi Brother John Ball; impakaammona a di pay nai-*release* ti Libro ni Mormon. Maigiddanto ngata iti Tagalog ken Cebuano. Imbagana pay nga adda bakante iti opisinada ngem masapul nga addan legal papers-ko.

Imbes a daydi Atty. Shamir ti immawag, daydi ketdi Atty. Golan. Adda paipatpatarusna kadagidi dokumento nga insumitirko. Kas kadagidi nangabak a saritak ken sertipiko ti panangabakko.

Iti naminsan a panagsublik idiay Upland manipud idiay Indio—masaok man ketdi ditoy nga adda dagidi gundaway nga agdungsaak nga agmaneho ket mariingak laengen no agtaragatag ti kotse a makaladdit kadagiti batbato a nairanta a naimuntar iti tengnga ti kalsada a pangriing kadagiti kas kaniak—nakitak nga inusar ni Benny, ti mangrelreliebo kaniak, a pinagnasnas ti *temple garment*-ko! Imbilin kano ni Vito. Nagalasen! Ammom metten no kasano ti kinapateg ti pagan-anay a para templo!

Aysi, masurotannak met laeng, Enos Apok?

Napateg dagitoy sumaruno a paset ti panagdaliasatko.

Maika-38 a Paset

DENGGEM, ENOS APOK. Nagtultuloy ti pannakainaigko iti panagipatarus idi addaakon idiay Upland bayat ti pannakakumikomko kadagiti pagrebbengak iti 5th Avenue Manor, ken iti panagur-urayko iti napintas a bunga ti petisionko. Maysa a pammaneknek ti umuna a kopia ti *LIBRO NI MORMON, Mainayon a Pammaneknek Ken ni Jesucristo.*

Nobiembre 13, 1995 idi maawatko ti nasao a kopia ti Ti Libro ni Mormon idiay Upland. Iti pananguk-ukagko kadagiti libro nga Ilokano a naitugotko agingga ditoy yanmi ita, diak ninamnama, ken awanen iti panunotko iti daytoy a kopia nga adda ita iti sangok bayat ti panangsursuratko itoy a paset. Laglagipem, Enos Apok, adu dagiti kasla di nakappapati a mauk-ukagak bayat ti panangsugodko kadagiti luglugar a nagdaldaliasatan 'toy lelongmo. Manen, ulitek, no saan a gapu kadagiti mauk-ukagak nga urnongko a pammaneknek, diak la ketdi malagip amin, ultimo petsa ken napateg a babassit a paspasamak.

Kayatko nga ibinglay kenka, Enos Apok, ti surat ti Scriptures Committee, a nangparegta itoy lelongmo.

THE CHURCH OF JESUS CHRIST OF LATTER-DAY SAINTS
The Quorum of the Twelve Apostles
47 East South Temple Street, Salt Lake City, Utah 84150

3 November 1995

Lorenzo and Sinamar Tabin, Sr.
2460 North 5th Avenue
Upland, CA 91786

Dear Brother and Sister Tabin:

We extend to you our sincere apppreciation for your work and participation in the Ilokano Book of Mormon scripture project. We recognize and acknowledge your dedication and the many hours you have devoted to this important work.

The publication of the scriptures will provide lasting blessings for all who will read them and live the teachings of the Lord found therein. The scriptures contain the gospel truth that lead to eternal life. Those who gain knowledge do so through a serious, sustained study of them. Your efforts, combined with the efforts of others, have made it possible for all who speak Ilokano to study Book of Mormon in their own language and thereby receive an additional witness of Jesus Christ.

The volume of scriptures accomnpanying this letter is one of the first to be printed in your language. Please accept it as a token of our appreciation. May our Father in Heaven continue to bless and protect you as you continue in His service.

Sincerely

SCRIPTURES COMMITTEE

Dallin H. Oaks
Jeffrey R. Holland

Pirmado dagitoy dua, Enos Apok. Miembro pay la idi iti Sangapuloket-dua ni President Oaks, a kas ammomon, Umuna a Mamagbaga iti Sapasap a Panguluen itan. Ken naagapadkon sa idin a nagkalanglangkami iti pangaldaw idiay Makati, iti immuna a komperensia dagiti lokal a lider ti simbaan nga inatendarak kas kaipatpatugaw a presidente ti Marikina Philippines Stake... malagipmo? Addakami idi idiay Pinatubo.

Idi Nobiembre 15, 1995, nakaawatak iti awag ni Nely Cabacungan Tuvera, nga Ilokana, a nangsukat iti daydi Gale Ard. Impapanko nga inikkatda ti naud-udi gapu iti reklamok. Uray kaskasano, limmag-an ti panunotko ta saan la a Filipina ti sukatna, ngem Ilokana pay, a taga-Sinait, Ilocos Sur. Lima nga aldaw kalpasanna, nakaawatakon iti napintas a damag manipud ken ni Nely Cabacungan Tuvera.

"Agsapsapulkami iti makaammo iti kultura, lenguahe ken literatura ti Ilokano, Manong," kinunana. "Segun kadagitoy dokumento nga insumitirmo, adda kenka ti sapsappulenmi a galad."

"Agyamanak unay, a, no kasta," kinunak; pimmigsa ti bitekbitek ti barukongko, Enos Apok!

"Amirisenmi pay dagitoy."

"Agyamanak unay, a, Nely. Sapay koma ta sikan ti sungbat ti karkararagko!"

"Dika agdanag, Manong. Siakon ti mangiggem iti papelmo, saanen a ni Gale Ard. No maurnosko amin dagitoy... dua agingga iti tallo a bulan laeng, makaawatkanton iti green card. No adda gasgasatmo."

No namin-ano a dinanugdanogko ti angin. Insardengko idi agbalawak ket impalawlawko ti panagkitak, amangan no ibaga ketdi dagidi aywanko a maysaakon kadakuada nga agtatapaw a kararua!

Saanakon a nagpakabatubat, insuratko a dagus ken ni lelangmo, Enos Apok; kasta met nga impakaammok kada Miguela. Ken daydi pay Manong Verin, a... ken ni Brother Luis Delfin! Ammomon, a, lumag-an met ti riknak no maipakaammok kadagiti makipagrikrikna kaniak.

Ah, wen, uray ni lelongmo nga Imman, Enos Apok, saan a nakaliklik. Diak sa ketdi nasasao, isu ti nangipadpadamag kaniak iti mapaspasamak idiay Filipinas. Agrikrikus la kada lelangmo ti ipadpadamagda idinto a ni lelongmo nga Imman ti mangidandanon iti maipanggep iti ruar ti Montalban. Ah, wen, a, uray met ni lelongmo a Violy, indanonko met ti ragsak a marikriknak iti daydi a kanito—saan a narigat ti agsurat no adda paratignaymo. Kunam pay, uray daydi Brother Orlando Olonan, a nagsursurat met kaniak ken nangipadpadamag ti maipanggep iti Burgos

Branch a pinanawak—isu ti natulnog a sekretariok idi siak ti Branch President ti nasao a sanga ti Montalban District... Ken ni pay Manolo Naagas a nakadkaduak idiay Dhahran Recreation Library, ken nakakuartuak idiay Al Munirah. Wen, Enos Apok, malaglagipko ita amin dagitoy a tattao!

(ANOTHER FLASH! Enos Apok, itay pasado alas dose ti rabii ti parbangon ti 2/13/23, pinaspasarakak a sinapul ni Nely Cabacungan Tuvera iti Facebook, ket anian a naggasat, adda idiay! Agaasem, kalpasan ti agarup 30 a tawen. Kastoy man ti saritaanmi kalpasan la ti lima a minuto a panagurayko iti sungbatna:

'Nely, sika kadi daydi administrator ti Popkin, Shamir and Golan Law Offices a timmulong kaniak, adu a tawenen ti napalabas? Adda ditoy journalko ti Nely Cabacungan Tuvera, bareng no awan ti sabali a kanagnaganmo.'

*'Wen, Manong! Siak ti nangi**process** daydi application-mo nga extra ordinary ability idiay USCIS. You translated the Bible ti Mormon ania, manong?'*

'Hay nagsayaaten! Nabayag a sinapsapulko ti naganmo! Nakitak ditoy Journalko! Diak mabaybayadan ti tulongmo kaniak. Wen, siak ti nangipatarus iti Libro ni Mormon, kasano nga ammom? Yanyo kadin? Addakami ita ditoy Utah, maysa laengen ti anakko nga adda idiay Pinas, ken ti dua nga annakna. Balon...'

*'Oh, kasta, Manong? In petitionyo 'diay anakyo idi? Inkabilko a maysa a rason daydi aplikasionmo nga in-**translatemo** 'diay Bible ti Mormon ken ammok nga dita Utah ti ayanyo idi. Addakami pay la ditoy LA daydi dati nga balaymi, Manong. Ngem weekly-kami a mapan dita Victorville ta adda pay balaymi dita ngamin.'*

'Ay, nagsayaaten. Wen, uppat nga annakmi ti addan ditoy Utah; maysa laengen ti awan ti asawana. Tallo a Puraw ti manugangko; siamen ti appokok... appokomi ken ni Sinamar... Maragsakanak a makasaritaka, kalpasan ti around 30 years! Regards to your family ngarud... surusratek daytoy memoir (biografikal a nobela) isu a mairamanko amin a tattao a nakatulong kaniak.')

Ne, kitaem man, Enos Apok! Diak nalipatan nga inraman iti paset ti Journal a napetsaan iti Nobiembre 24, 1995 ti maipanggep iti panagtawenko iti America! Nobiembre 24, 1994 idi simmangpetak! Agaasem, makatawen gayamen nga agturturomentoak!

Awan ngamin ti nabati a pagpalabsak iti oras no nalpasen ti pagrebbengak kadagidi agtatapaw a kararua no di agsuratsurat iti uray no ania dita, isu a dakkel ti panawenko a mangsango iti Journal. Tunggal tinta ti bolpen nga aguyas iti papel arigna iti ubbog ti matak nga agburayok iti papel, nga agbalikas a sansaning-i! Ha-ha!

Ala, ket wen, Enos Apok, inkagumaak met ti di mangliwat a sumuknal iti Upland 3rd Ward—maawatandak koma dagiti gagayyemko, diak idaddaduma ti pammatitayo, ammom met, awan ti liblibbiantayo a pammati. Dinto agbaliw ti panagkitak kadagidi sigud a gagayyemko... No kasdi a makasuknalak, nakalaglag-an man ti riknak nga agawid. Iti ababa a pannao ti isusuknalko ti salakanko; mariknak a kas man awan ti makabael a mangrippuog iti arapaapko a lumung-aw.

Ngem iti panagtawenko iti sidong dagiti residente, iti Nobiembre 28, nagdanagak iti kellaat nga isisippayot ti nalidem a panunot. Saan pay a nabayag idi a nangrugi a marikriknak ti naidumduma a panunot. Impagpagarupko pay ketdin a maipadaakon kadagiti tarakenko.

Diak maawatan no apay a kabutengko metten ti matay! Ammok met, Enos Apok, ken yad-adal ti Simbaan, a maymaysa ti pagtungpalan ti tao. Sumina iti daytoy a biag, ket no makapudno la ketdi, ket maikari, awatento ti Apo iti Pagarianna. No sumro idi ti danagko, Enos Apok, agkarayam ti lamiis iti intero a bagik, ket kaslaak la mapukaw!

Daydi a riknak, diak pulos inag-agapad iti uray asino man. Diak kayat nga ipapanda a naaringanakon kadagiti tarakenko!

Masapul a parmekek daytoy negatibo a pampanunot. I HAVE TO FIGHT IT OUT! Inyinglesko pay, a, Enos Apok!

Iti serrek ti Disiembre, kas paset ti pananglipatko iti agdama a sasaadek, nasuratko ti salaysay a *Denggem Kadi* a nasukatan iti *Iti Abroad: Ania, Nagasatak?* idi rummuar iti Bannawag. Kasta met ti daniwko nga *Innak, Kunam, Mapanka lattan*. Nainayon met a pangyaw-awanko iti problemak ti panangdutok kaniak daydi Brother Kunze, ti Umuna a Mamagbaga ti Bishopric, a teacher kadagidi 12 years old, a naipan iti 14 kalpasan ti makalawas.

Kanayonak a mangnamnama iti inaldaw, Enos Apok, nga adda

napintas a damag a maawatko. Pimmayso, ta iti kamaudiananna, nakaawatak iti awag ni Nely Cabacungan Tuvera, a nangipanamnama a mai-file ti petisionko iti Biernes.

Iti Huebes ti sumuno a lawas, inawagannak ni Nely.

"Nasken nga umayka, Manong," kinunana. "Adda napateg a pirmaam."

Dandani pay diak nakapagpakada iti daydi Arthur Ramirez, ken naiparparna a saan nga aldaw ti panagited daydi Vito iti abasto dagiti pasiente, ken awan ti iskediul dagiti doktor. Nagdardarasak a nagrubuat. Nakaparpartak ti panangpatarayko iti luganko. Idi makasubliak, nakariknaak iti ulaw; impapanko a pagilasinan iti high blood.. hmm, mangrugi manen nga agnegatibo ti pampanunotko, Enos Apok! Iti sumuno nga aldaw, nakaawatak iti Christmas card a pirmado ni lelangmo ken da antim a Lingling, Mimi ken Chichi, ken ni angkelmo a Dondon, pati ni Daddym. Naragsakanak, koma, ta uray kaskasano, didak met nalipatan. Ngem ad-adda la a dimges ti iliwko, Enos Apok! Mano a tawenen nga awanak iti sidongda iti Paskua—uppat idiay Dhahran, sa manen ita! Mano pay ngata; addanto pay ngata Paskua a kaduadak a mangpasangbay iti pannakaitao ti Mesias?

Enos Apok, aya! Kasta ti pampanunotko idi...

Awan inaramidko kadagiti simmaruno nga aldaw no di nagpadaan iti napintas a damag, nagbasa kadagiti nagsangpet a sursurat ken magasin, ken no ania la ditan a mabalin a mabasa... ken nagsurat iti ania man nga umappayaw iti panunotko. Ken nangunget kadagiti napapilit nga agtatapaw a kararua. Ken nagited iti agasda, ken nagluto iti matemtembeng a taraonda, maibatay iti order dagiti akinkukua iti pagtaraknan, a masansan a kontrolado, depende kano met iti sumangsangpet a pensionda. Wen, pensionado dagidi residente a tarakenko, Enos Apok. Lima gasut sa idi ti pensionda iti makabulan, depende no kasano ti kapautda a nagtrabaho idi dida pay napukaw ti sembeng ti panunotda. No dadduma, mangmangngegko ti ibabaleda iti daydi Emy. Ti la imasna no kasdiay, Enos Apok, kissayento met ni Emy ti nabaleda iti sumaruno a pensionda. A ta ni Emy ti pagdalanan amin a pensionda. Ti diak ammo no adda pay aggapu iti Medicare a mapan a mismo iti Care Center. Kas kadakami, Enos Apok, a pensionado. Kissayen ti Medicare iti pensionmi ti ibayadda iti Medical Insurance.

A, wen, no kasdiay nga agaburidoak, ungtak, a, ida. Ngem daydi Arthur Ramirez ti agreklamo no kua, nasaok sa idin. Kunana, 'You are so mean...'

Mainayon a parikutko ti luganko. No namin-ano a pinatarimaan ken inggatangak pay iti baro a pilidna, ken bateria. Nagangayanna, nagpatulongak pay ken ni Brother David Kunze, ket inrekomendanak iti shop daydi Brother Jim Orrs. $179.85 ti siningirna, a binayadan ti Simbaan; wen, Enos Apok, ti simbaan ti nangbayad! Inan-anusak daydi Batmanko ta naimbag la a paglugluganak no mapanak idiay Indio wenno Mecca, wenno idiay LA no sarungkarak ti papelko. Wenno no mapanak makimisa; ad-adda a diak makapagliwat gapu iti panangisurok kadagiti ubbing a *14 years old.*

Sinuratak manen ni Nely Cabacungan Tuvera ket impadamgna a naipablaaken ti *press release* nga impatulodko iti World Reporter, ken kasta met a dida pay naawat ti surat daydi Art Padua.

Wen, Enos Apok, nangipatulodak iti surat iti daydi Mayor Art Padua, nga inyakarna iti letterhead. Ninamnamak nga awagandak ti abogadok idi maawatda ti nasao a surat. Ngem awan! Idi umawagda, imbagada a masapulda ti orihinal! Ti ketdi kopia ti Poetic Voices of America, Spring 1996 a rimmuaran ti daniwko nga *Oblivion* ti naawatko.

Ngem siningirnak man metten ni Miguela!

Kadagidi a panawen, inawisnak daydi Cecille Piros, a publisista ti Philippine Maui Wave Bulletin nga agsurat iti kolum a Tagalog.

Nakasulsulit daydi Aldaw ni Washington ta awan simmangpet a surat. Namrayak nga insurat ti daniwko a 'Labut: The Wizend Utopia."

Idi inawagak manen ni Nely Cabacungan Tuvera, impadamgna a naisumitirnan ti papelko iti aldaw sakbay nga inawagak.

Nakagatangak iti electirc typewriter nga agpateg iti $10.00.

Idi serrek ti Marso iti daydi a tawen, 1996, diak ninamnama a makaawatak iti surat ni Fred Rivera. Nabayag a nagsarsaritakami iti telepono kalpasanna. Agaasem, kalpasan ti 28 a tawen manipud iti daydi panagkaduami idiay Board of Technical Surveys and Maps, idiay Quiapo, Manila, naaddaankami iti kontak. Ket ditoy pay America! Kayatna nga agkitakami, ta adda la iti Van Nuys, California, nga asideg iti Upland.

Sabali manen a parikut ti insangbay ti awag ni Nely Tuvera. Nakaawatda iti surat ti INS, nga agdawdawat iti nayon a dokumento, nga adda pay 83 nga aldaw a deadline!

Inawagak ti International Society of Poets maipanggep iti panagmiembrok. Awan kano ti rekorda iti imbayadko a $107.00 nga imbusonko idi Pebrero. Dimmawatda ketdi iti kopia ti *xerox copy* ti resibo ti nagbayadak.

Adda pay dagiti sabsabali a resresibo iti panagsursuratko iti Ingles.

Isu met idin, Enos Apok, ti panangas-asikaso daydi Tatang ti yaayda iti America, kas benepisio kadagiti beterano idi *Second World War.* Addada idin idiay Montalban ket ni lelangmo ti ad-adda a nangasikaso kadakuada. Ma*interview*da iti 16th ken 19th daydi a bulan. Napanak iti yan da Marilou tapno ibagak ti umadanin nga isasangpet daydi Tatang ken ti pamiliana, ken ti manamnamanto a panagyanda iti yanda idiay Mecca.

Nakaawatak iti pakaammo ti INS para iti green card, nga imbuson ni Nely C. Tuvera. Dinawatko ken ni lelangmo, Enos Apok, ti kopia dagiti sertipiko ti panaghuradok kadagiti pasalip iti literatura.

Ni pay Fred Rivera ti nangipadamag kaniak a nangabak iti 3rd prize ti daniwko a *Sakbay a Marunaw ti Niebe* iti pasalip ti Ulopan a rimmuar iti Bannawag idi Abril 17, 1995, sa nairaman iti antolohia idi 1996.

Kamaudiananna, naawatko met la dagiti xerox copy dagiti dokumento a kasapulak, manipud ken ni lelangmo, Enos Apok. Isu pay idi ti panagsurat kaniak ti Famous Poet Society, a dawdawatenda ti pammalubosko a mairaman ti daniwko a *My Brothers My Sisters* iti antolohiada—sayang ta maymaysa ti nabati kadagiti antolohia a nakairaman dagidi dandaniwko iti Ingles; naimbag ta nangaramidak iti bibliograpia dagiti sinursuratko.

Immagibas iti lagipko dagitoy:

Nagsursuratak iti Ingles a daniw. Intultuloyko ti petisionko kadakami. Tunggal malem ti Sabado a mapanak idiay Indio. Nagatangko ti kotse ni Miguela a Thunderbird 77 iti $1,300.00. Nagat-atendarak iti Upland 3rd Ward. Nakasuratak iti salaysay maipanggep kadagiti pasientek. Nakasuratak pay iti daniw maipanggep iti paliiwko iti aglawlaw ti Upland, a naipablaak idi Enero 29, 1996 iti panid 46. Kayatko nga ibinglay kenka, Enos Apok, ta nakutkotko ti sangsangkabulong a yanna, iti no sadino a naggapgapuanna—naituding ngata ketdi a mairaman ditoy isu a limtaw a kasla milagro! Adtoy man, napauluan iti *"Kasano ti Agsubli?"* Kitaem, Enos Apok:

Kasano pay nga agsubliak ita / Ket nawatiwat metten ti innak napagna? / Awan pay nabati a tugot iti dana, / Freeway nga atitiddog ken akakaba: / San Bernardino, Long Beach, Pomona, / San Diego, Riverside, Santa Monica; / Abenida a Euclid, Wilshire, San Antonio,/ Foothill, Santa Fe, Mission, Arrow--/ Ay, arigda ti nakulkol a sinulid ti siglo!/ Inda yakar ti init yanna iti ngato.

Dagiti sabong iti bakras ti Upland, / Montclair, Rancho Cucamonga, / Fontana, Pomona, Covina / Inda ipalagip sabong ti mais, birhinia,/ Kawayan, badumbadok ken ledda.

Makaulaw dagiti tagilako iti Big Guys,/ Lucky, Payless, Thrifty, Radio Shock; / Agrimrimat dagiti bituen iti Hollywood / Ngem diak makitat' gagan-ayan ken barukbok-- / Nabatidan sa idiay Limas ken Baybayabas;/ Kailiwko man marunggi naimeng a pagtaengan / Ngem sadino pay ita imeng ti Montalban / Agur-uray a sanggir a pagsadagan?

No am-amirisek dagiti pasamak, Enos Apok, adu dagiti kasla di nakappapati ta nairanranada kadagiti napateg a petsa. Kitaem ti kasangayko idi Mayo 22, 1996.

Iti malem, immawag ni Nely Cabacungan Tuvera ket impalagipna dagiti pinapirmaanna a dokumento. Imbusonko iti kabigatanna. Kadagidi simmaruno nga aldaw, naawatko ti surat ni lelangmo, Enos Apok, a nakaisapitan ti kopia ti visa daydi lelongmo iti tumeng ken ni Norma nga agsiuman kadakami, ken dagiti tallo nga annakda a da Mercy, Murmuray ken Mildred. Sumangpetda kano iti primero ti Hunio. Sinarungkarannak ni Brother Leach ket tinulagmi ti panangsabatmi kada Tatang.

Inawagak ti ahensia a nangasikaso iti tiket dagiti sumangpet. Imbaga ni Marilou nga ibusonna iti daydi nga aldaw. Nasken pay nga inawagak ni Marilou ta isu ti nangyabaga iti tiket dagiti sumangpet. Siak ti nangipagpagna iti isasangpet daydi lelongmo iti tumeng, Enos Apok, ken ti pamiliana iti America, idinto a ni met lelangmo ti nangas-asikaso kadakuada idiay Filipinas. Inyawag kaniak ni lelangmo iti alas onse ti oras ken aldaw nga isasangpet dagiti paspasungadenmi. Idi met a sinungbatak ti naawatko a card a naggapu ken ni antim a Mimi, Enos Apok, nga agmismision idi idiay Bacolod.

Iti primero ti Hunio, dinagasdak da Brother Cary Leach ken ti barona a ni Benjamin a napan nangsabat kada Tatang. Tallo nga oras a naguraykami idiay LAX, manipud ala una agingga iti alas kuatro. Isu pay ti nangbayad iti $16.00 para iti paradaan. Ken $2.00 iti nangtulong a nangiduron iti *wheelchair* daydi Tatang.

Agingga la da Brother Leach iti 5th Avenue Manor; alas singko agingga iti alas siete. Nakaawatak met iti surat da lelongmo a Herman ken Osi; ken *voice tape* idi intulodda dagiti simmangpet idiay NAIA.

Idiayen Indio ti nagturogak. Nabannogak unay ngem nasangok pay la a linukatan dagiti paw-it da lelangmo, Enos Apok. Ken ti kopia ti nobelak a *"Burayok nga Apuy"* ken ti sabali pay a nobelak nga *"Adtoy, Siak, ni Jesus Crisostomo: Dramaturgo."*

Iti maysa nga aldaw, inyawag ni Fred Rivera ti pannakabasana iti sarita ni lelangmo, Enos Apok, a *"Ti Arapaap ni Tata Basil."*

Nakaawatak iti sertipiko manipud iti Iliad Press gapu iti daniwko a *"Labut: A Wizened Utopia"* a nangabak iti honorable mention.

Rinugiak manen ti nagsapul iti akarak a trabaho, Enos Apok, ket maysa ti panag-test-ko idiay Fairfox, LA.

Nakaangesak iti nalukay, Enos Apok, idi maitedko amin a dokumento a kasapulan ti USCIS. Nakaad-adu a dokumento ti pinaipawitko ken ni lelangmo, amin a kabassitan a di mangan-ano. Nasaok ngaruden nga amin a tao nga ammok nga adda nasayaat a masaoda kaniak, dinawatak iti pammaneknek. Nagsayaatanna ta saan a nabannog ni lelangmo nga immasideg kadakuada uray no kurang la dina makudkod ti nabudo iti kaadu ti sanguenna. Kaudian daydi sertipiko ti panagkamengko iti maysa a gunglo dagiti mannaniw iti America, a diak metten malagip ti naganna ta napukaw daydi sertipikok. Dakkel ti naituong daydi a sertipiko.

Ngem kadakkelan a dokumento ti kopia daydi tesisko iti masterko idiay UP.

Saanakon a natektekan a naguray iti aldaw a panang-*interview*-da kaniak. Iti panagdardarasko a nangdagas iti opisina ti Popkin, Shamir and Golan Law Offices kadagiti kasapulak sakbay a napanak iti UCSIS, ket simrekak a nagpasirok iti dakkel a pasdek, diak naaluadan a naisagud ti bakrang ti Batmanko iti dakkel a poste! Dakkel ti kuppit ti kotse ket dinillawnak pay ti guardia. Saankon nga inkankano, ti napateg ket sumangoakon iti kadakkelan a pannubok—arigna biag ken patay ti agururay kaniak!

Aglamlamiis dagiti dakulap ken dapanko bayat ti panagurayko iti batangko a ma-*interview.*

Agarup kataytayagko ti nangkablaaw kaniak. Pamestisuen ket narigat a lasinen no sadino a suli ti lubong ti naggapgapuanna.

Uray ti apeliedona a Canlas, pagduaduaan ta nupay immapay iti panunotko a kaaw-aweng ti Filipino, adu met ti Ispanggol kada Eme a mapagbiddutan a kaburik dagiti Filipino.

Napasnek; pulos a di immisem. Ngem apaman a naluktanna ti tesis, kinunana a dagus, *"Pilipino ka pala!"*

"Opo," dinayawko uray no langana ti ub-ubing ngem siak.

Nakaad-adu ti dinamdamagna maipanggep iti tesis, Enos Apok. No kasano a sinuratko, no apay a daydiay a tema ti insuratko. Ken no ania la ditan.

Ay, ket nasungbatak amin, a, Enos Apok, ket no siak met ti nangsurat!

"Welcome to America!" kinunana idi mairikepna ti tesis. *"Alam mo, may mga katulad mo na may dalang tesis... but if you ask them about the book, they don't know what they are talking about, as if they completely lost in the dark. Obviously they bought the thesis!"*

Kabagianna gayam daydi Yoly Canlas a maysa a Librarian idiay UP Library.

Iti kamaudiananna, Enos Apok, nakaawatak iti awag ni Nely Cabacungan Tuvera a nangipadamaganna iti pannakaaprobar ti aplikasionko iti GREEN CARD!

Sabali pay ti awag ni Nely idi Septiembre 18, 1996; imbagana a mapanak ta kayatnak a kasarita ni Atty. Golan.

Dinamagna idi agsarangkami no adda anakko a dandanin agtawen iti duapulo-ket-maysa. Ni antim a Chichi, Enos Apok, ti ag-birthday iti Enero 2, 1997.

"We can expedite their arrival," kinuna daydi Atty. Golan.

Nagpintas ketdin a damag! Naidanogko iti angin ti ragsakko, Enos Apok!

Ta gapu ken ni antim a Chichi, maisapsapa met ti yaay da lelangmo ken ni Daddym.

Ngem nasken pay nga asikasuek ti medical exam a bayadak iti $60.00, sa $45.00 iti x-ray. Nasken nga umutangak kada Marilou. Immutangak pay iti daydi Benny iti $20.00 a paggasko.

Ngem nagrimat ti ladawan ti doliar iti mugingko!

Pangalaak ti pagbayadko? $6,000.00 amin ti bayadak; agarup $2,000.00 pay la ti nayunak. Pangalaak ti $4,000.00?

Nangibagaak kada Marilou ken Miguela. $600.00 ti inkarida ngem masapul nga agbayadak iti $300.00 iti binulan. Nangibagaak iti daydi Manong Verin Lazo; saan a nalawag.

Gapu iti dayta, napanunotko nga awagan daydi Brother David Kunze a First Councilor ti Bishopric a 2157 Kelly, Upland, CA. 91784, USA ti adresna.... Nadekdekket ngamin kaniak ngem iti daydi Bishop David (R.) Peel a 55 E 26th Street, Upland Ca. 91784 ti addressna. Innayonko ti adresda amangan no addanto pakasapulak.

Biernes daydi yaawagko ken ni Brother Kunze, Enos Apok. Inlawlawagko ti pakasapulak.

"I will try to contact the members of the Priesthood group," kinunana. *"You must be there on Sunday."*

Kayatko nga ibaga kenka, Enos Apok, a pulos a diak napadpadasan ti immutang idiay Filipinas, malaksid ti tintinnaganmi a house and lot idiay Montalban. Ita ketdin nga addaak iti lugar a maaw-awagan iti lubong ti Gatas ken Diro. Agpayso daydi daan a pagsasao a kumagat ti aso no maipit.

Isu nga idi dumteng ti Domingo, siak ti kasapaan a dimteng iti *priesthood class*. Agkebbakebbaak, Enos Apok. Ti la adda a napampanunotko. No didak tulongan, makimisaak pay ngata?

Idi addakami aminen a miembro ti Priesthood, daydi Brother David Kunze ti nanglukat iti miting. Imbagana ti nagsaritaanmi. Inlawlawagna ti parikutko.

Nagpalpaliiwak. Awan ti nadlawko a limmidem ti rupana. Adda dagidi nangipadalgis ti panagkitada kaniak.

Idi kuan, addan nagkari. Gary Shaumann, Todd Nielsen, M. Lee Frandsen, Cary Leach & Mary Leach, Winifred Benton, Nedra Rasmussen, Floyd Munson, Joseph Morgan, Gerald Griffin, Robert & Donna Ellis, Clifton & Joyce Chandler, ken Brian ken Donna O'neil.

Awan nagpangngadua, Enos Apok!

Dagidi Cary ken Mary ti maysa kadakuada; ni Brother Leach, ken ni Benjamin a barona nga addan ti pamiliana iti West Valley, Utah, ti *home teacher*-ko idi. Ni Cary ti kadakkelan ti naitulong malaksid iti pinasial.

$600.00 ti naitulong dagidi pamilia Shaumann.

$25.00 ti kababaan; ngem dakkelen a pagyamanak ta nakatulong met.

Nagsursurok pay ti naur-or ngem ti kasapulak, Enos Apok.

Wen, dagidi nasasayaat a tattao, diakto masubsubalitan ida.

Tinulongannak ni Brother Cary Leach a nangibanko. Indepositona iti *bank account*-na. Sa nangted iti tseke a nainagan iti Shamir, Popkin & Golan Law Offices.

(FLASH, ENOS APOK! Iti pannakabasak iti suratko ken ni lelangmo, a nakailistaan ti nagan dagidi timmulong kaniak, napanunotko a suratan ni Brother Cary Leach iti FaceBook. Kastoy ti sungbatna:

'Thank you, Lorenzo for sharing these beautiful memories and pictures of your family. It is hard to believe that 30 years have passed since then. My son Benjamin and his wife Karen and their two boys live in West Valley City, UT. Perhaps they know the Dasalla family. Ben was with me when we picked up your family at the LAX airport. Thanks again for sharing this with me. With your permission, I will share it with those who are still here in Upland. There are only a few of us. Best wishes to you and your family for the new year!)

Saanak a nakaakar a dagus, Enos Apok, ta sinugsogannak ni Marilou nga agaplikar idiay Los Angeles Library; clerical idiay Indio ken idiay Palm Spring. Kaarngi met la dagiti nageksaminak idiay Manila, ket agpapadada a nairuarko. Ngem napigpigsa ti awis ti Salt Lake City, ta idiay a mismo ti nakaitalimudokan ti arapaapko. Daydiay ti arapaapko uray pay sakbay nga inkeddengko ti umay ditoy America.

Ken ti dakkel a diak nakaigawidan iti Los Angeles Library ket ti kaawan ti pagdagusak.

Diak kayat ti agudaod, Enos Apok, a Mecca-LA—adda idi kaluklukat a *house and lot* idiay Mecca ket imbaga ni Marilou nga igatangannak ta isunto ti pagbayadak.

"Ania ti papanam idiay, Manong!" kinuna ni Marilou. "Mailadoka... nalamiis kano idiay."

"Sadino ti yan dayta Utah?" kinuna met daydi Manong Virin. Dina kano pay nangnangeg ti Utah, a kasla ketdin nalipatannan a ditoy ti nakaigapuan ti kaaddak iti America.

Adu a pananglaplapped kaniak da Marilou; isuda amin.

Aduda iti California a nakautangak iti naimbag a nakem.

Wen gayam, nagsarakkami ken ni Fred Rivera nga adda pay la idiay Van Nuys sakbay a pimmanaawak idiay Upland. Agingga ita, agpimpinnadamagkami pay laeng babaen ti Facebook ken Messenger.

Sakbay a nagluasak, nagtutulaganmi iti daydi Tatang a no makapagsimpaak iti Utah, alaekto met ida.

Maysa pay, Enos Apok, no pinaigawidak, awanka koma ita a mangsursurot itoy basbasaem; ta maysa ket ngata met koma nga Eme ti naasawa ni Daddym.

Adda nasao daydi Bobby a taga-Indonesia a nakaduak idi idiay Crystal Care Center sakbay a naglusulos.

"When Emy learned my plan to quit, she did not give my whole salary," kinunana. *"That's why, don't tell her that you are leaving."*

Nagduaduaak met, Enos Apok. No ibagak ti ipapanawko, amangan no dina met ited amin a sueldok.

Ngem diak met kayat ti basta lattan pumanaw a di agpakada.

Awan ti simmungbat idi immawagak iti balay da Emy; nangibatiak lattan iti mensahe. Imbagak pay iti daydi Arthur Ramirez idi maibunagko amin dagiti gargaretko iti kotse a yawagna ken ni Emy ti ipapanawko; diak imbaga a dagus amangan no madanondak da Emy a di pay nakasagana.

Sakbay a nagluasak, insaganak pay ti pangmalem dagiti residente.

Ti pagdaksanna, Enos Apok, iti panagdardarasko a makapanaw iti umok dagidi nakakaasi nga agtatapaw a kararua, diak metten nalaglagip ti nagpakada kadagidi nasayaat a miembro ti Upland 3rd Ward!

Addaakon iti West Valley idi naammuak a naatake daydi Benny idiay 5th Avenue Manor. Ken iti pannakadamagko a naala ni Brother Luis Delfin daydi Sister Pelang, ken ni Lehi. Nagyanda idiay Crystal Care; impakamakam ni Brother Delfin nga awagakto koma no adda makitak a nasaysayaat a trabaho iti Salt Lake City—nagsarsaritaanmi, diak gayam nairaman, Enos Apok, a nagkakuartuankami iti maysa nga apartment sakbay a nayakarak iti 5th Avenue Manor. Kunkunana idi a naragsakton a sumina maaprosanna la ketdi ti pader ti Salt Lake Utah Temple!

Nakiro? Kasano, ket talaga met a kasta ti biagko, Enos Apok!

Maika-39 a Paset

Chippewa Place

ADU TI LADAWAN nga agsublisubli iti lagipko, Enos Apok, iti ipapanawko iti Mecca a nagbedngan ti California ken Mexico, ken iti panagdaliasatko nga agturong iti Salt Lake City a baro a lubong a pakigasanggasatak. Kas man la addaak iti tangatang a mangtantan-aw iti pakabuklan ti Mecca a nakayaplagan ti nalawa a plantasaion ti asparagos, mandarin, sandia, ubas, ken dadduma pay a muyong nga agbiag iti disierto. Saggaysa pay la idi dagidi pandaka a balbalay, ken madama idi a mabangbangon ti dua kadsaaran a balay nga impabalay daydi Nana Felicing Baldovino kada Marilou ken ni Frank Ramos. Ti baket ti nangorder ken ni Marilou babaen ti panangirekomenda daydi Apo Rosa. Kabsat ni Marilou iti ama a Barbers daydi Apo Rosa, a kanagnagan daydi Anti Rosa.

Iti puseg ti Mecca ti nagunnatan daydi bunggalo a nangibatiak iti daydi Tatang a lelongmo iti tumeng, Enos Apok, ken ti maikadua a pamiliana a pakairamanan ni Norma—marigatanak a mangawag kenkuana iti Nanang ta ub-ubing nga amang ngem siak—ken da Mercy, Moray, ken Mildred nga annakda.

Nailet ti kuarto iti amianan a murdong daydi bunggalo nga agarup nagkurinikonan ti pamilia daydi Tatang. Adu pay ti gamigam a napempen. Dandani awan ti pagpisipisanda. Masansan nga ireklamo daydi Tatang ken ni Norma ti rigatda a makibagay iti pamilia a sinangpetanda; dina la maiparupa kaniak a biddut daydi pananguy-uyotko kadakuada nga umay iti America. Saan la ngamin a ni Marilou

577

ti nasken a bagayanda. Kasda la kano saan a makaanges no adda ni Mico nga anak daydi Nana Felicing. Daydi bunggalo ti inaramid ni Mico nga opisinana no agsingir iti upa dagiti *trailer*da, ken no panagbabayadan iti buis. No addada amin, pati dagiti annak ni Mico iti asawana nga ikitna pay, malipatandan a mamimpinsan ti pamilia daydi Tatang. Mabisbisinanda kano ta yurayda pay a makapanaw dagiti akimbalay—adda sabali a balayda, iti amianan ti Indio a yan da Miguela ken daydi Anti Rosa, a lugar dagiti babaknang—sakbay a makapangrabiida iti naladawen a sardam. Kanayon kano a kasta.

"Nasaysayaat ti biagmi idi addakami idiay Santa Maria!" kinuna ni Norma iti naminsan. "Uray narigat ti biagmi, dimi napadpadasan ti nabisbisinan!"

Simmippayot met iti lagipko daydi panangsursurok ken ni Mercy a nagmaneho. Nagaradgadan ti bakrang daydi Batmanko ta impasaksakna iti kaubasan... Wen gayam, Enos Apok, diak naitugot iti Utah daydi kotsek ta diak ammo ti rota; awan pay idi ti GPS. Inlako kano ni Marilou iti $500.00 idi agangay.

Diakon innala ti naglakuanna.

Makitkitak met daydi naminsan a pannakisarita kaniak ni Brenda a balasang ni Marilou. Naagapadna ti panggep ni nanangna a mangyasawa ken ni James a baro ni Francia a kabagis ni nanangna nga adda idi idiay Pudtol, Kalinga Apayao. Iti daydi a kanito, Enos Apok, immapay iti lagipko daydi singasing ni Marilou a panangisinak ken ni lelangmo ta yasawanak iti sabali idiay Indio tapno nadardaras ti pannakapagindegko iti America. Singasing ni Marilou ken ni Brenda tapno kano nadardaras a makaumay ni James; isu ti namnamada a makatulong iti pamiliada, uray no dida mabisbisinan idiay Pudtol ta uray kaskasano, adda met dagada. Diak imbagbaga ken ni Marilou ti naisaw-at ni Brenda.

Ngem saan a natuloy daydi a panggep, Enos Apok. Nakalpas ni Brenda iti adalna ket nasayaat itan ti biagda iti lakayna a Puraw, ken dua a bungada, idiay Berkely, California.

Irapinko man ti lagipko iti daydi lakay nga Ilokano a nagupa iti maysa kadagidi *trailer* ti amo ni Marilou iti asideg daydi bunggalo. Saan ngamin a mapunas iti lagipko daydi nakalidliday ti rupana a lakay.

"Komustakayo, Tata?" kinunak iti naminsan a panagranami.

"Agur-uray iti ilelennek ti init!" parpar ti timekna.

"Yan ti pamiliam?"

"Sisiak nga agbibiag."

"Dikay mailiw 'diay Filipinas?"

"Napalalo."

"Diyo kayat ti agawid?"

"Awan ti pamiliak... Nagtalawen dagidi dudua a kakabsatko idiay lugarmi; diak ammo a suli ti lubong ti yandan."

Nasagid ti riknak, Enos Apok. Naidiligko ti bagik iti daydi a lakay. Adda la ketdi met arapaapna idi isu nga immay iti America, ngem nagpatinggaan daydi nga arapaap? Siak, addaakon iti America. Iti daydi a panawen, impagarupko a magawgaw-atkon ti arapaapko. Wen, impapanko a magawgaw-atkon ti balligi!

"It's the place," kinuna ni Bart Wiscombe idi misionario pay laeng nga immay nanursuro idiay Amorsolo.

"It's the place," inuliltko idi iti nakemko. *"I want to go there!"*

Agpayso ngata a ti Salt Lake City ti napili a lugar?

Ngem ala, kasditi kasasaad daydi Tatangken ti maikadua a pamilliana sakbay a nakaakarda iti *trailer* a pinaupaan ni Marilou iti asideg ti kabangbangon a balayda.

Imbagak iti daydi Tatang a kitaek no addanto gundawayda a sumurot iti Salt Lake City.

Wen, ti Salt Lake City, Enos Apok. Awan ti makitkitak ita, a makitkitak idi, no di ti Doubletree Hotel nga immuna a nagturogan 'toy lelongmo idi immay nagatendar iti sapasap a komperensia ti pammatitayo. Ken ti estasion ti Greyhound Bus Line nga adda pay la idi dita Downtown Salt Lake City. Uray mariknak ti napalaus a pananglapped ni Marilou iti ipapanawko, inggatangannak pay laeng iti tiketko, saanak a pinaigawid.

Kasko pay la marikrikna ita ti utoyko a nagbiahe iti nasurok a maysa nga aldaw—nagluasak iti alas 3:20 iti malem ti Oktubre 4 ket simmangpetak iti 4:50 ti malem iti sumuno nga aldaw. Simmangpetak a nagbakroy iti nabuslon a namnama. Makitkitak daytan uray pay idi agkarasardeng iti nadumaduma nga estasion daydi nagasat a lugan a nangisangpet kaniak iti Salt Lake City.

Ha-ha! Wen, Enos Apok, saanak a naib-ibusan iti namnama! *Count Your Blessings,* kuna 'tay maysa a himno, malagipmo?

Ket, wen, nakaragragsak ni Bart Wiscombe a nangsabat kaniak iti estasion ti Greyhound—ulitek man ditoy nga espesial ti Greyhound idiay Saudi; isu ti lugan dagiti empleado ti ARAMCO a mapan kadagiti sabali a siudad a sakup ti kompania. Isu latta daydi Bart Wiscombe a nakarimrimat dagiti matana idi damomi ti agsarang idiay Amorsolo, UP Low Cost Housing. Inarakupnak iti nairut.

"Welcome to Salt Lake City!" kinunana.

"The promised land?" kinunak. Adda iti likud ti panunotko dagidi pioneer a miembro a nagkamang iti Salt Lake idi pinapanaw ida dagiti kabusor ti pammati idiay New York.

Nagkatawa; kinitanak iti napigket.

Tinulongannak a nangikarga kadagiti gargaretko iti luganna a van. Kasla saan a mabannog nga agdamdamag ken ages-estoria idi agtartarayen ti luganna iti agpaabagatan a Redwood Road. Lima kanon ti annakda ken ni Venetta; uppat ti tawen ti buridekda.

Sakbay nga inyawidnak iti 5134 W Chippewa Place, a sakup pay la idi ti Salt Lake City sakbay a nabukel ti West Valley City, indagasnak iti maysa a panganan iti nagsulian ti 3500 South ken Redwood Road iti West Valley.

Naragsak ni Venetta a nangpasangbay kaniak. Kasla metten amammodak dagiti ubbingda iti kinapasigda a simmarabo.

Nabaknang ti pangrabii a nagsasanguanmi iti nalawa a kosinada. Nagpalpaanmi ti nagsasarita iti salas. Nagbalin a silulukat a libro ti biagko, ken ti biagda. Ammoda a mannuratkami ken ni lelangmo ta inikkanmi ni Bart iti kopia ti immuna a librok a *Pakpakawan, Berde! Ken 22 a Napili a Sarita idi* nagawid kalpasan ti misionna. Inestoria dagiti agassawa ti panagtugmok ti biagda.

"Before going to the Philippines for a mission," kinuna ni Bart, *"I had a girlfriend whom I promised to marry when I get back."*

Ngem di pay nakagudua iti mision idi nadamagna a nangasawan ti nobiana.

Idi simmangpet, nasirpatna ni Venetta ket isu ti indatagna iti altar. Nagbunga iti innem ti pinnategda, agingga a napili ni Bart a Bishop ti Ward a yanda.

Nadekket da Daddym, Enos Apok, ken ni Heidi nga inauna nga anakda. Nagkanta pay idi despedida ni Daddym a mapan agmision idiay Hawaii. Ngem inungtan ni antim a Chichi; kasda la kano ngamin agkabsat ket saan a mabalin nga armenna... isu a nagsinnirpat da Daddym ken ni Mommym idi agbasbasada iti computer science. Saan a napintas ti nagbanagan ti ayat ni Heidi ket ipapanko a gapu iti saan a natuloy a pinnaludipda ken ni Daddym.

Nairana a General Conference idi simmangpetak iti Salt Lake City ket inawisdak a nagatendar iti kapilia ti Granger 10th Ward da Bart a nakaibrodkasan ti Saturday Session ti komperensia.

"He is a member of my golden family in the Philippines!" napnuan pannakkel ni Bart a nangyam-ammo kaniak kadagiti miembro ti Ward. Impadamagna ti liderato a nagtaktakemak idiay Filipinas.

"Welcome to Utah!" nabara ti panangsarabo dagiti miembro kaniak, Enos Apok.

Iti rabii, inawagak ni Delia Rochon a tubo ti Sud America ngem addan iti Bountiful. Kameng idi iti Marikina Philippines Stake bayat ti kaaddana idiay Filipinas. Ken gayyem ni Hubertalina Camba a presidente idi ti Stake Relief Society ti Marikina Philippines Stake, a ni lelangmo ti First Councilor. Siak idi ti presidente ti Stake, malagipmo ti estoriak, Enos Apok?

Impadamag ni Delia nga adda Filipino Fireside iti alas seis ti malem iti sumuno nga aldaw, Domingo, kalpasan ti komperensia, ket inawisnak. Kanayon nga adda panagtitipon dagiti Filipino ken dagiti nagmision iti Filipinas tunggal malpas ti General Conference, iti alas 6:00 ti malem. Binukel ni Aida Mattingley ti nasao a Fireside; isu ti nangiturong iti 38 a tawen.

Nailiw met ni Bart kadagiti Filipino ket simmurotda ken ni Venetta.

Kunam, Enos Apok, napunno ti kongregasion iti Puraw nga imimmay nagmision idiay Filipinas, ken Filipino a naggapu pay iti sabsabali nga Estado ti America a kas iti California. Dagidi dadduma, intarapnosdan ti nagatendar iti Fireside kalpasan ti panagatendarda iti General Conference idiay Taberncle—awan pay idi daydiay Conference Center. No kasano ti ragsak ni Bart a nakakita kadagidi am-ammona idiay Filipinas, kasta met kaniak, kadagidi nakadkaduak a lider. Nagkitakami met kadagidi agassawa a Parayno a taga-Pangasinan nga immuna a naamammok idi siak ti Translation Coordinator iti apagbiit a panawen; nakasinningedmi ida ken ni lelangmo idi agangay. Uray daydi Remi Mataoa a superbisormi iti panagipatarus idiay Filipinas. Ken ni John Ball a diak ammon ti yanna ta napan nangisuro idiay Peking University idiay Beijing, China idi naglusulos iti Finance Department nga immakaranna kalpasan ti Translation Department—pinadasko a sapulen iti Website ngem nagadu met ti kanagnaganna.

Naganas man ketdi ti riknam, Enos Apok, no makainnabrasaka iti kakudkudilmo iti ganggannaet a pagilian; a padam met ngata nga agdaldaliasat!

Iti kabigatanna, kinuyognak ni Bart a nagaplay iti nadumaduma nga opisina. Kinuyognak pay a nagimpormar maipanggep iti panangpasukat iti Drivers License idiay DMV. Ammom sa met, Enos Apok, a masapul a sukatam ti lisensiam tunggal umakarka iti estado.

Daydi met nga aldaw a nangipaw-itak ken ni John Ball iti surat para ken ni lelangmo, ta napan idiay Filipinas a mangsarungkar kadagidi agipatpatarus a Filipino.

Enos apok, malagipmo idi sakbay a pimmanawak idiay Upland? Imbaga ni Nely Cabacungan Tuvera a naaproboran ti pannaka-*expedite* wenno pannakaisapsapa ti petisionko kada lelangmo. Ti gapuna? Maika21 a kasangay ni antim a Chichi iti dos ti Enero iti sumuno a tawen. Sakbay a madanonna dayta a petsa, masapul nga addan ditoy America. Maikuyogna ni lelangmo ken dagiti kakabsatna nga ub-ubing ngem isu. Naipatpatang a ni la Daddym ti ub-ubing. Isu a talloda a nairaman iti nasao a petision. Aprobado met ti petisionko kada antim a Lingling ken Mimi, ken ni angkelmo a Dondon, ngem saanda a mairaman a maisapsapa; maududida. Ken ad-adda pay a maitantan ti yaayda no mangasawada sakbay a makaumayda.

Ngem adda pay sabali a parikutko, Enos Apok. Ket saan a sinsinan a parikut!

Masapul nga adda maipakitak a dokumento a mangpaneknek a kabaelak ida a tarak¬nen bayat ti panagur-urayda iti green card a kasapulanda no agaplikarda iti trabaho. Ti yan ti adatna, diak pay idi nakastrek iti trabaho ditoy West Valley City. Ket nadungeten! Oktubre idin, mano a bulan laengen sakbay a dumteng ti plaso.

Nasken a makastrekak iti trabaho iti kasapaan a panawen. Isu nga inaldaw a rimmuarak nga agsapul. Diak sinamir ti bannogko a nagnagna, ken agbasbasa iti Classified Ads iti pagiwarnak.

Ngem inaldaw met a nagsubliak iti Chippewa Place nga agwidwidawid. Madanaganak unay idin.

Iti naminsan a panagsapsapulko iti trabaho, nakitak ti Chinese Gourmet iti sikigan ti 3500 South iti amianan, a batog ti kalsada a kumamang iti Chippewa Place. Alas dose iti aldawen ket mabisinak unayen.

Linagipko no adda pay met la kuartak sakbay a simrekak. Agbayadka nga umuna iti *counter* sakbay a mapanka kadagiti nakaeskaparate a taraon.

Agpilpiliak iti taraon idi kellaat nga adda nangtapik iti abagak.

"President Tabin!" naklaatak a nakakita ken ni Danilo Mabunga a maysa kadagidi Councilorsko iti Burgos Branch a nagpresedenteak idi nai*release*-ak nga Stake President ti Marikina. *"Kelan pa kayo dito?"*

Kaduana dagidi Patriach Moises Mabunga ken Sister Mabunga nga asawana—malagipmo ni Patriach Mabunga, Enos Apok? Isu ti nangted iti Patriachal Blessing kadakami ken ni lelangmo... ken ni Moises Mabunga, Jr. a nag-bishop kano idiay New York, ken ni Ampy nga asawana. Ken tallo pay a babbai a kakabsatda. Naragsakda amin a nakakita kaniak.

Manager kano idi ni Moises Mabunga, Jr. iti *custodial department* ti simbaan. Idi a panawen, Enos Apok, adda pay la empleado nga agdalus kadagiti pasdek ti simbaan. Ammom met, adu ti pasdek ti simbaan iti Utah.

Impadamagko ti panagsapsapulko iti trabaho.

"Kung interesado ka, tawagan mo ako," kinuna ni Moises Mabunga. Intedna ti teleponona.

Nalagipko daydi panagdaldalusko iti kasilia idiay Kalye Evangelista, Quiapo.

Nagyamanak; diak imbaga nga agsapulak iti sabali. Imbagak lattan nga awagakto.

Bayat ti pannakakumikomko, sinuratak met ni lelangmo, Enos Apok, ket inggunamgunamko ti panangasikasona kadagiti dokumento a masapul iti panagbiaheda. Ta pinatulodan idan ti imigrasion iti dokumento a pammaneknek iti pannakaaprobar ti yaayda. Masapul laeng ti kunak a dokumento nga aggapu kaniak.

Impadamag ni lelangmo nga idi damo, saan kano a mamati dagiti padana a mannursuro iti Quirino Elementary School iti Project 2, Quezon City. Ngem idi impakitana ti surat a naggapu iti imigrasion, nasdaawda kano.

"Hala, ang suwerte mo nanan! Anong ginawa ng mister mo? Kami, matagal nang naghihintay pero hanggang ngayon, wala pa!"

"Ang galing naman ng mister mo! Sabihin mo nga sa kanya at tulongan kami."

"Ay, hindi na biro ito!" kinuna kano ni Esther a sekretaria ti prinsipal idi makitana ti surat. *"Mag leave ka na at asikasuhin mo kaagad!"*

Ammo da Bart ti parikutko. Tapno nalaklakak ti agsapul iti trabaho, kinuyognak ni Bart iti DMV a pangsukatak iti lisensiak. Ammom sa met, Enos Apok, a masapul a masukatan ti lisensia tunggal umakarka iti estado; diak mausar iti Utah ti lisensia a naalak idiay California.

Pagpiaanna, nairuarko ti written exam a masapul sakbay ti *road test*.

Ngem nabitogak iti immuna a road test! Agpasang-atak, ket nagdardarasak ta no makasang-atak, nalpasen ti pannubok. Diak nadlaw ti bassit a silaw, nga agarup nalingdan pay, iti kanigid. Nakasindi iti nalabaga. Saanak a nagsardeng! Naspak ni rayaraya!

Iti maikadua a panangpadasko, naannayasen ti amin. Awan pay kinse a minuto, inikkandakon iti lisensia. Naan-anayakon a drayber ti Utah!

Idi Oktubre 16, 1996, sinuratak ni lelangmo, Enos Apok, ket adu ti impadamagko. Kitaem ti paset ti suratko:

*...kunak no napankan idiay **immigration;** nasken a surnadam dagiti papelyo tapno maasikaso a dagus. Nadungeten ti panawen, amangan no maabutankayo. Mano a lawas laengen. Diyon sa met kayat ti umay. Naibus 'tay phone card-ko itay iti kauuray ti awagda kenka isu a naputed ti panagsaritata.*

Adu ti kayatko itay nga isurat ngem nagluko daytoy makinilia nga inted ni Bart; mayat ti tugotna ngem natarakatak...

*Adun ti nagaplikarak. Adda metten nang-**interview** kaniak. Saan a matuloy ti O.C. Tanner ta didak met inawagan. Ngem kas nakunak itay nagsaritata iti telepono, mangrugiakon no Oktubre 25 idiay Deseret Industries. Nababa laeng ti sueldo, ngem pangyur-urayak iti panangrugik idiay Post Office. Nangato idiay ken adu pay ti overtime... ken ti banag dagiti dadduma pay a nagaplikarak. Naimbag la a pangrugiak ditoy DI nga imatonan ti Simbaan, a paglakuan iti segunda mano nga indonar dagiti miembro.*

*Malaksid iti daytoy, innakto pay no bigat, Huebes, idiay California ta inawagannak ni Marylou. Adda kano sungbat daydi inaplikarak a nag**test**-ak idiay Riverside County. Kunana ngamin a sukatanna ti pagpletek no awan ti kuartak. Kayatna a diak mayadayo iti yanda. Kayatna pay nga idiay ti pagtarusanyo. Adu kano ti trabaho nga agpaay kenka. Diak ammo, a, ta awan met ti nakitak idi. Ditoy Salt Lake City, adu ti trabaho. Adu pay ti tumulong. Ti la rigatna ti aguray iti resulta. Idiay Califonria awan ti kakastoy nga ahensia a tumulong. Naanus ti Church Employment a tumulong kadagiti miembro nga agsapul iti trabaho. Kinapudnona daytoy ti nangisapul iti serkak, wenno nangrugiak, a no makasarakakto iti nasaysayaat, nawayaakto a pumanaw iti yanda. Mangrugiak iti $6.50 per ora. Imbagak a masapulko ti lugan, ket kasla adda namnamak a maikkan, babaen ti tulong ti Bishop ditoy, ken ti bossko idiay DI...*

*Idarasyo dagita papelyo. Di met, aya, **fly now pay later** ken ni komadre Eden? Kayatko a maammuan no ania ti rotayo...*

Subalitam a dagus 'toy suratko tapno ammok ti aramidek...

Iti suratko idi Oktubre 23, impadamagko a nasurok a sangapulo a surat ti imbuson da Tatang para iti nadumaduma a tattao, kas sungbat iti saludsod ni lelangmo, Enos Apok. Imbagak nga adu ti makagapu no apay a dida met la agsuraten. Maammuandanto ti gapu no addadan ditoy.

Kanayon a kuarta ti problemata—kaanonto a ditan agproblema iti kuarta?

Paset dayta ti suratko ken ni lelangmo, Enos Apok. Innayonko pay: *saan kanon a masapul ti affidavit of supoort ta addaak metten ditoy, ken siak ti nangorder kadakayo. Basta ibagam dita **immigration** a mannuratak, nga isu ti inaprobaran ti immigration. Isu ngarud nga Alien with Extraordinary Ability.*

Sadiri? Diak ammo, a, no mayat ta isu met ti nangyabaga iti yaay da Tatang ditoy. Insalda ni Herman ti dagana idiay Sta. Maria kenkuana... Awan ti mabalinko nga utangan ditoy ta nautangak aminen, ket diak pay nakapangrugi nga agbayad. Saak la ngata maaddaan iti kuarta no pagmilagruen ni Lord. Sapay koma ta malakom dayta lote dita Amityville, no nainagan pay la kadata...

Impabulod da Bart ti maysa a kotseda nga usarek nga agsapul iti trabaho. Diak mabilang ti nagaplikarak, Enos Apok. Inrekomendanak pay ni Bart iti O. C. Tanner a pagtartrabahuanna ngem didak met inawagan. Napanak pay idiay Church Office Building (COB) ngem awan latta. Adu a rason.

Napanak iti awis ni Marilou. Ngem umaw-awis ti gasat, Enos Apok, ta nababa ti naidiaya a sueldok ket diak inawat.

Nagsubliak iti West Valley City a nalidem ti panunotko.

Sinubliak ti nagsapul iti trabaho.

Napanak iti Remedy Job Agency a nangala iti eksamin.

Napanak iti Murray Library, ngem natnagak iti interview.

Napanak iti University of Utah Library. Tinagibabak ti $7.00 per oras a pangrugian a sueldo. Sapsapulek ti $10.00—nalibtawak, Enos Apok: tapno napigpigsa ti petisionko, nangisagana daydi Atty. Golan iti *employment offer* a $10.00 per ora ti pangrugian a sueldo, nga insapitna kadagidi dokumento ti aplikasionko. Parupa la daydi, ngem ammok a tinungpalna koma no inriingko; ti imasna, naitalimudok a talaga ti isipko iti Salt Lake, Utah. Isu a diak inawat ti indiaya ti UofU Library, a nagbabbabawiak—no inawatko, napintas koma nga *stepping stone* iti idudur-asko. Diak met ngamin ammo idi a ti UofU ti kalatakan nga unibersidad iti Utah; a kabimbinnalubalna ti Brigham Young University (BYU).

Malagipko laeng ditoy, Enos Apok, a maysa ni Brother Delfin kadagidi di nakalipat a nakisinsinnurat kaniak.

Kitaem daytoy suratko ken ni lelangmo idi Oktubre 31, 1996.

Tallo a suratmon sa daytoy subalitak—maysa ti imbusonmo, ken dua ti impaw-itmo ken ni Bro. Ball, a nakaisapitan ti surat ni Dondon. Adda pay dagiti dadduma a surat a diak pay nasubalitan, kas iti sirat ni Bro. Delfin, ken ti surat ni Manny Naagas a naawatko pay la idi addaak idiay Upland. Ti kasasaadko ditoy? Nasayaat unay da Bart ken Venitta. No mabalin, didak kayat a paggastuen iti para iti kanek, ken pati payen ti **bus pass**-*ko, nga isu ti ipakitam no agluganka iti Utah Bus tapno saankan nga agplete. $27.00 ti makabulan, ngem mausarmo uray sadino ti papanam a rota ti bus. Inyalaandak idi sangsangpetko, sa manen itay para iti Nobiembre. Kunada, tapno isu kano pay a maurnongko, no kas pagarigan. Isuda pay ti makumikom nga agsapul iti nalaka nga apartment wenno balay a sangpentanyonto. Dina kayat a sawen a papanawendakon, ta agyanak kano agingga a sumangpetkayo. Inyumanda payen iti Bishop ken kadagiti dadduma a miembro ti Hunter 10th Ward ti maipanggep iti parikutko a kuarta a masapulyo. Isuda kanon ti agremedio. Dengdenggen da Bart ken Venitta idi agsarsaritata; ni Bart ti nakaawat iti awagmo. Imbagada a diak aw-awagan da Marilou, wenno asino pay, ta isuda ti makaammo a mangrisut iti parikut. Mabalin nga inton Domingo, addanton maurnongda para iti pauna iti kasapulanyo iti tiketyo. Sakbay a malipatak, damagem idiay Rajah Travel Agency no mabalin a bayadan ti tiketyo ditoy imbes nga ipaw-itko dita Pilipinas...*

Awan serrekko iti daydi nga aldaw ti Huebes, Enos Apok, ket intuloyko ti nagsapul iti sabali a trabaho.

Nakisarita ni Bart iti Bishopric ti Hunter 10th Ward tapno tulongandak nga agsapul. Gapu ta awan pay ti trabahok, adda dagidi nangted iti kuarta, kas iti maysa a Sister Peterson, ken dadduma pay. Nangted met daydi Bishop Breinholt iti $100.00.

Inrekomendanak ni Bishop Breinholt iti maysa a sanga ti Deseret Industries idiay Magna. Adu ti sanga ti DI iti Utah. Nakapankan idiay DI, Enos Apok? No nakapankan, ammomon a pagtagilakuan ti DI iti nadumaduma a segunda mano, wenno *slightly used* a kunada. Wenno ukay-ukay a kunada idiay Filipinas. Kas koma iti lupot, sapatos, radio, pinggan, kaldero, baso, sofa, washing *machine, dryer...* uray ania nga idundonar met la dagiti babaknang a miembro.

Ken kadagidi a panawen, Enos Apok, aglakoda pay iti segunda mano a kotse. Adda la bassit matarimaan, mapaut manen nga usaren. Ngem idi napanak nangkita, awan ti nagustuak.

Kas nasaok iti suratko ken ni lelangmo, Enos Apok, $6.50 ti sueldo iti maysa nga oras. Tallo a bulan la ti naited a kabayagko ta kunada a pangalaan la kano iti padas dagiti agtrabaho idiay, tapno adda maipakitada no agaplikarda iti nangato. *Stepping stone* a kuna.

Iti immuna nga aldawko iti DI, Enos Apok, nairanrana a nasapa a nagregreg ti isno, ket di pay nagtapos ti Oktubre. Nagnagnaak a napan iti 3500 South a nagsadaak iti Utah Transit Authority (UTA) a mapan iti Magna. Nausarko idi ti berde a dyaket nga inorderko idi addaak idiay Dhahran. Agarup pagattumeng ti kabengbeng ti isno!

Nagyamanak ta addan trabahok; *assistant lead.* Nobiembre 8, 1996 idi maawatko ti 'First Legal Salary' a $240.00!

Babaen ni Felix Umali ti Lucky Money idiay Rancho Cucamunga, Enos Apok, a nagpawpaw-itak idi, impaw-itak ni lelangmo iti $810.00 nga usarenna iti panangipagnana iti papelda. Nagtaud ti nasao a kantidad iti sueldok ken donasion dagiti miembro ti Hunter 10th Ward. $200.00 ti naggapu ken ni Bart Wiscombe, $100.00 ti naggapu iti maysa a Sister Peterson. Sa $100.00 manipud ken ni Bishop Breinholt. Inkarigatak ti gimmatang iti lalat a pagimengko nga agpateg iti $15.00 ngem inikkandak iti dakkel a diskuento isu a $9.00 laeng ti imbayadko.

Naminsan pay a napaneknekak, Enos Apok, a biddut ni Marilou iti panangipapanna nga awan ti makatulong kaniak no adayoda.

Iti sumuno nga aldaw ti pannakaawatko iti kopia ti libro a *Meditation* a nakairamanan ti daniwko a *Labut: the Wizend Utopia.*

Idi Nobiembre 14, 1996, Enos Apok, nakaawatak iti 'pocket' manipud iti Popkin, Shamir and Golan Law Office a naglaon kadagiti dokumento a kasapulan da lelangmo.

A nakairamanan ti *affidavit of support* a napateg unay a pammaneknek nga adda 'mangtaraon' kadakuada iti isasangpetda.

Isu nga amin dagidi a parabur a naawatko, Enos Apok, kas man nalayet iti dimteng a parikut!

Ngumedngednged ti panawen. Mano pay a lawas?

Nalagipko ni Delia Rochon, Enos Apok. Kunak iti nakemko, dinak ngata met paayen ta am-ammonak unay. Napnuanak iti namnama nga immawag.

Kunak no napigsaak kenkuana. Ngem saan nga immannugot! Adu kano ti tultulonganna a kabagianna.

Nalagipko ni Remi Mataoa. Idi adda idiay Filipinas, intugotna ti sangabukel a pamiliana, a babassit pay idi dagiti annakna. Inyupaan ida ti Simbaan idiay San Juan iti dakkel a balay. Kanayon nga awisenna dagiti translator ti uppat a lengguahe—Tagalog, Ilokano, Cebuano, ken Hiligaynon—a makipangan kadakuada. Mapili pay ti sidada; di kayat daydi Remi ti bangos. Agmusiig pay a makangngeg. Nakasisiit kano ngamin. No agsida iti ikan, pilienna ti salmon. Nangina ti salmon idiay Filipinas, Enos Apok. Dagiti la babaknang ti makagatang ta imported.

Malagipko laeng, diak malipatan, adda daydi maysa a *translator* ti Tagalog a namanugang ti maysa a lider idiay Montalban. Inglisero a napeklan, a kunam la no nakadakdakkel ti inalatna. Nabalbalatongna daydi Remi. No dadduma, isu payen ti agmaneho iti lugan da Remi. Mabulodna payen nga ipan idiay Montalban. Ngem intayab ti angin ti ulona ket awanen ti makaammo no yanna itan; uray dagiti nakaikamanganna.

Isu a daydi Remi—kanayon nga ibagbagak a *daydi*; wen, ta uppat a tawen sa itan a pimmusay—ti insarunok nga inasitgan. Nagsublida idin iti Orem, Utah, ket nagsublin iti COB manipud idiay Filipinas idi nalpas ti panagipatarus a proyekto ti Simbaan idiay Manila.

Saan a nakauni a dagus idi imbatadko ti panggepko. Imbagana idi agangay a kapadesna ti agpaadal kadagiti annakna. Adda pay pagadadalenna iti medesina idiay BYU, a panggepna ti mapan agespesialista idiay, nalipatakon no ania nga unibersidad idiay Eastern United States.

Nupay kasta, ammok a nasakit ti nakemna a mangpaay kaniak. Inkuyognak a napan iti bankona. Bareng kano no aprobaranda ti dawatko.

Nangngegko a mismo, Enos Apok, ti kuna ti banko.

Dakkel kano ti utang daydi Remi ket saan a kualipikado a mangted iti affidavit of support.

Two down!

Asino pay ti asitgak?

Pinadas da Bart ken Venetta ti tumulong.

Ngem nalidem ti resulta. Gapu ta sangsangailiak la iti lugarda, saan a kas idiay Upland 3rd Ward a nagserbiak iti nasurok a makatawen.

Maysa laengen ti napanunotko nga asitgan. Ultimo remedio daydin, Enos Apok.

Daydi Brother John Ball.

Ipalagipko, a namin-adu nga immay idiay Filipinas. Pinasiarnakami pay a grupo ti *Ilokano translators* idiay Montalban—da Lilian San Diego, Grace Baradi (pay la idi, Baay itan), Sister Manlugon, daydi Hernelio Baradi, ken dakami ken ni lelangmo. Malagipmo nga intugotmi iti maysa a panganan idiay sentro ti Montalban? Naggudeng idi a mangan ta saan pay a nakaramraman kadagidi naidiaya a taraon. Ngem pinilit da Lillian. Sa pinakanda iti halohalo. Sada pinainum iti danum a nagadgadan iti yelo. Awan pay idi ti nakabote a danum. Agrubrubuat idin nga agsubli dita COB. Dakes ta naibullaaw ti tianna. Inyes-estretserda kano nga imbaba iti eroplano idi dumsaag!

Kadagidi Puraw nga im-immay idiay Filipinas, daydi Brother Ball ti kapakumbabaan. Mariknam latta ti napudno a panangibilangna iti bagina a pudno a kabsat; awanan iti panangidumduma.

Inawagak daydi Brother John Ball, Enos Apok, nga aglullulok ti riknak iti umag-agibas a negatibo a panunot.

"Can you drop the form in my office?" kinunana idi mailawlawagko ti parikut.

Parikutko no kasano a makapanak gapu iti trabahok iti DI.

Nariknana ti panagduaduak ket isun ti nagkuna a daw-asennanto ti pormas ti *affidavit of support*.

Nakagin-awaak idi maiwakaskon ti kangrunaan a parikutko. Intuonko ti panunotko iti panagsagana da lelangmo.

Nadamagko nga ahente ni Eden Cachola Bulong iti Travelling Agency ni Rene Ragunton nga esponsor ti paspasalip iti sarita ken nobela.

Iti nalaus a pannakakumikomko, Enos Apok, a kasla saanen nga agandar ti utekko, nariknak ti masansan a panagulaw-ulawko. Nalagipko ti nasao ti doktor a nagpakitaak idi ma-medical-ak idiay Toronto, California, a nangato ti darak.

Nalagipko a mangmangan idi daydi Manong Jun Hidalgo iti bawang ta nangato kano met ti presion ti darana. Dimmaw-asak iti tableta a bawang.

Ngem saan kano a kayat da Bart ti angotna; diak impagarup a kasdi ti 'kabanglo' ti bawang, a kasla gayam agatibuor a sabong ti bangar!

Simmaruno ti panangibagada nga agsapulak iti apartment a sangpetan da lelangmo; usaren kano ni Heidi a balasangda ti kuarto a pagturturogak.

Idi pay la ti pannakariknak iti bain. Naamirisko a nabayag met bassiten a nagyanak iti balayda; rumbeng laeng metten nga agsapulak iti sabali a pagyanak.

Ken agpayso ti kunada: isaganak ti pagtarusanto da lelangmo no sumangpetda.

Impabulodda ti kotseda a pagluganak nga agsapul. Nakadkadanonak idiay Magna a nangkitaak iti paupaan a kuarto. Imbagada nga addan nakaala; nagyamanak met ta diak nagustuan ti lokasion. Napanak pay nagimpormar dita West Valley City Hall maipanggep iti *housing project* ti siudad. Inikkandak iti pormas. Ngem mabayag ti panaguray iti agbakante ta *first come first served* kano; kas 'tay pagsasaon, nalaeston ti tokak a mapayatak. Idi naggapuak iti Housing, intarapnosko ti napan nagdamag iti opisina ti Human Resources iti mabalin nga aplikaran a trabaho iti City Hall. Ngem kasla adda manglaplapaped kaniak, Enos Apok, nga 'umadayo' iti Simbaan. Gapu ngata kadi iti inkarik nga iti Simbaan ti pagtrabahuak?

Dandani nasursorko ti sangabukel a West Valley City. Idi, Enos Apok, no saan nga iti *classified ads* ti diario ti pagsapulam, sugodem dagiti kalye nga agsapul iti paupaan nga apartment, ken serkam a trabaho. Karkardayo pay idi ti *website* ti computer; diak pay idi nakaig-iggem iti computer!

Iti panagsursorko, adda dagiti nakitak a paupaan ngem masapul ti makabulan a pauna ti renta.

Nakadanonak iti Lancer Way nga abagatan ti 3500 South. Adu ti balbalay idiay, ammom met, Enos Apok, ket impaspasarakko a pinadaya ti kalye. Sinerrekko ti Yorkshire Road nga agpaabagatan, nagrikusrikosak kadagiti kalye sadiay agingga a nakadanonak iti Harvey Street nga agpaamian a kumamang met laeng iti Lancer Way. Babassit ken daan dagiti dua-kadsaaran nga apartment.

Adda karatola iti ngalay ti Harvey Street iti akinlaud a linia ti kalye: APARTMENT FOR RENT. *Apply Inside.*

Nadlawko dagiti saggaysa a mangsurnad iti Mail Box iti ngalay ti kalsada; langada ti pagduaduaan.

Simkad ti riknak iti naimatangak.

Linabsak ti karatola. Intuloyko ti nagpaamianan agingga a nakadanonak iti Lancer Way a nangrugiak. Kasiksikkok la idi matannawagak ti puraw a pasdek iti amianan ti kalsada: The Church of Jesus Christ of Latter-day Saints.

Nagsubliak iti Harvey Street.

Apagisu a ti manedyer ti nagdamagak. Agarup kataebko ngata ngem mapagtalkan met ti panagruprupana.

Imbagana nga aglalaok ti nasionalidad dagiti agrenrenta. Ruso. Mehikano. Puraw. Nangisit. Indian. Samoan. Tongan. Cambodian.

"No need to worry about those people," kinuna ti manedyer idi dinamagko ti *peace and order* iti lugar. Awan kano ti makaitured a mangirugi iti riribuk.

Ngem uray no dina imbaga ti kasdi, nakaikeddengak idin, Enos Apok. Kas iti panangikeddengko idi alaek ti balaymi idiay Montalban; adayo manipud iti pangisursuruan ni lelangmo ngem gapu iti kaadda ti Simbaan idiay Montaña Village, inkeddengko nga idiay ti pangibatiak kada lelangmo. Isu a gapu ta adda simbaan iti asideg ti Harvey Street, saanak a nagpangngadua nga idiay ti pangisangpetak kada Daddym.

No saan a tumukno iti langit ti presio!

"The monthly rental is $485.00 including water and power. And no down payment," kinuna ti manedyer.

Inulitko ti presio iti nakemko. Mano la ti sueldok idiay Deseret Industries?

Maika-40 a Paset

━◆ •∙∙• ◆━

Harvey Street

DUMNGEGKA PAY, Enos Apok... Nagdedekket ti namagan a binulong daytoy *journal* a sangsanguek gapu iti pannakabbasana dita likud ti Townhouse. Naitawtaw ngata idi nagyakarkami kadagiti gamigammi idi nalayos ti kosina ken ti sirok iti pannakabtak ti tubo ti gripo dita lababo. Inan-annadak a pinagsisina dagiti binulongna. Nagpilkaten ti tinta ti dadduma a binulong ket marigatanak payen a mangbasa iti suratko.

Segun iti *journal,* Nobiembre 21, 1996 idi immakarak iti daydi apartment a 3719 South 3375 West #C, Harvey Street, West Valley City, UT 84119. Huebes idi, 26 a tawen, dua a bulan, ken 24 nga aldawen ti napalabas ita nga isursuratko daytoy. *Leap year* idi!

Rinebbadan dagidi apartment iti Harvey Street ket sinukatandan iti saggatlo kadsaaran a Gerald L. Wright Villa ti intero a ligason.

Adda iti akindaya a sikigan ti Harvey Street ti apartment nga impatuldo ti manedyer nga upaak. Dua a kadsaaran ket addaak iti akimbaba, nga adda sumagmamano a tukad nga ulogan. Maduparmo ti nakanganga a salas a napipia metten a pagpusiposan, ken adda karpetna a natingra a kayumanggi ti marisna nga ad-adda nga nangpalidem iti salas uray no nakasindi ti dakkel a nagtimbukel a bombilia iti sallabawan. No sumangoka iti daya, mawidawidam iti kanawan ti sumangkalildem a bassit a kosina, ken pagpaknian. Mawidawidan iti kanigid ti dua a kuarto a naalpombraan met a kas iti salas. Arigna agsaringgayad iti paraangan iti ruar ti kababa ti saggaysada a desarming a tawa; adda pay la di narunaw a niebe. Adda iti daya ti uppat a paradaan ti kotse dagiti agupa.

Sangaamaan kano nga agkabannuag a Mehikano ti agupa iti ngato;

mangngeg ti arimpadekda, ultimo nga anit-it ti kama iti rabii, a no damo, nainayad, sa in-inut a pumartak.

Siak kano ti immuna a Filipino a nagupa iti daydi Harvey Street, Enos Apok.

Kunak a nagasat daydi nga aldaw ta iti umuna a gundaway a kaaddak iti America, addan upaak nga uray no nanumo laeng nga apartment!

Nagasat, kunak, ngem lussok met ti bolsak!

Da Bart ken Venita Wiscombe ti naanus a nangitulod kaniak. Adda babassit a banag nga intedda, a naimbag la a pangrugiak.

"You need a lot of things," kinuna ni Bart a nangipalawlaw iti panagkitana iti uneg ti apartment. *"You need a Bishop's order."*

Gagangay idi, Enos Apok, a mangted ti Bishop iti order kadagiti agkasapulan a miembro a kaak-akar iti masakupanna a Ward. Dayta nga order ti isakada ti nasao a miembro iti Deseret Industries iti kasapulanna a muebles.

Sakbay a pimmanaw da Bart, insingasingna nga agpakonektaak iti telepono iti AT&T.

Kitaem ti panagsasaganad dagiti pasamak.

Idi Nobiembre 22 , 1996 a nakaalaak iti linia. (801) 982-0428 ti numero a naited kaniak, nga isu pay la ti *landline*-mi ita uray no namitlon nga immakarkami—awan pay ti selpon idi, ipalagipko laeng. Maitugot ti numero iti sadino man nga akaran, ken iti ania man a kompania ti telepono; masapul la nga ipakaammo iti *provider*.

Naipalagip ti imbaga kaniak ti MagicJack itay nabiit a panangpabarok iti kontratak a nagbayadak iti $49.00 ti makatawen. Sangagasut a tawen ti plaso dagiti mait-ited a numero sakbay nga agpaso, malaksid no kayat a sukatan. Isu a ti numero ti *landline*-mi into pay la no 2096 nga agpaso! Laglagipem, Enos Apok, napateg kaniak dagiti orihinal...a kas itoy lelongmo, he-he! Naamirisko man, Enos Apok... sangagasut a tawen? Nabayagton a dimmagaak ta saanak a mamungil a kas ken ni Metosalem!

Idi maiwakasko amin a rikrikititos ti telepono, immuna nga inawagak ni Brother Parayno. Sa ni lelangmo a Mercy. Sa da Bart Wiscombe. Sa ni Fred Rivera idiay Van Nuys, California.

Mano la nga oras ti napalabas, inawagannakon ni Mercy.

"Umayak no Domingo, Manong!" kinunana.

Madamdama pay, immawag met ni Fred Rivera.

"Congrats ken ni Misis," kinunana. "Adda saritana iti Bannawag... *Adda Dios, Joan ti paulona!*"

Nobiembre 11, 1996 ti petsa ti Bannawag, Enos Apok, a rimmuaran ti nasao a sarita.

Iti simmaruno nga aldaw, immawag met ni Marilou, ti kasinsinko, ipalagipko laeng. Singsingiren kanon ni Mico ti utangko!

Simmaruno ketdi ti nasaysayaat a damag.

Idi Nobimebre 24, 1996, a Domingo, immay inyeg ni Bart ti Bishop's Order a naggapu iti daydi Bishop Robert Breinholt ti Hunter 10th Ward a para kadagiti muebles a kasapulanmi. Ken adda pay kuarta a naggapu iti dua a miembro da Bart.

Isu met ti isasangpet ni Mercy ket kinuyogdak da Bart ken Venita a nangsabat kenkuana. Intugotanda iti pagimengna ta ammoda a maibullaaw ta awan ti isno idiay Mecca, California.

Nagsuratak ken ni lelangmo a nangipadamagak kadagiti mapaspasamak sakbay nga inawagak ni Sister Delia Rochon, a nangibagaak iti kuarta.

Makitam, Enos Apok? Kasla tarampo nga agwerret ti utekko. Idi addaak idiay Filipinas, pulos a diak napadpadasan ti nagut-utang, malaksid la daydiay house and lot idiay Montalban a yan da Daddym. Nangnangrunan ti umararaw kadagiti tattao a kurangko payen ti agpalpalama! No ammom la koma ti riknak; kasla trapal idin ti rupak. Ngem awan ti naaramidak no di nangikidem iti kinaawan ti bainko! Nasken nga agbiagak; nasken nga isaganaak ti isasangpet da lelangmo ken da antim a Chichi, ken ni Daddym.

Nasken nga agbiagak iti kasungani ti kinataok! Ti pagdaksanna, daydiay a kasungani, rinuamnak a nangnamnama iti duol; nagganas met ngamin ti rikna ti paduduolan!

Basol dagidiay tattao nga addaan iti balitok a puso a nasagangko bayat ti panagdaliasatko!

Nagasat 'toy lelongmo, Enos Apok, ket dakkel a yamanna iti Mannakabalin.

Ta iti sumuno nga aldaw, Lunes, naawatko dagiti muebles ken kama, ken nabengbeng a blangket, a naggapu iti Bishop's Order; sa adda pay inted dagiti miembro ti Hunter 10th Ward a nalukay ti panagdakdakulapda.

Immay ni Mercy iti DI a gimmatang iti plato ken dadduma pay a gamigam iti kosina a saan a nairaman iti donasion.

Saan a nairaman ti *washing machine* ken *dryer* kadagiti donasion a naawatmi, Enos Apok. Awan ti paglabaan iti apartment ket kapilitan a nagsapulak iti paglabaan. Nakitak ti Century Laundry iti 3500 South a batog ti yanmi iti amianan. Insupotmi dagiti murengmi ket pangwatiwaten ti pinagpagnami a napan naglaba.

No PAMPANUNOTEK ITA, Enos Apok, dagidi panawen a kaaddak idiay Harvey Street, kasla diak patien a naaramidko ti inar-aramidko. Diak impagarup a kasdi ti kaadu ti tao a nabalitokan ti panagpuspusona. No sadino ti nagal-alaak iti tibker ti bagik iti naglalabbet a kulkol ti panunot. Kas man la awan ti adda iti panunotko no di ti pannakaalak kada lelangmo, ni antim a Chichi ken ni Daddym. Bay-am ditan no ania ti masao dagiti tattao nga am-ammok. Ita, agsublisubli iti mugingko ti nasao iti naminsan ni Manang Namnama Hidalgo, nga adda itan idiay Rosales, Pangasinan a nangpanawan daydi Manong Jun Hidalgo. "Dimo la ammo, Loring, nagadu ti umap-apal kadakayo."

Ha, dina la ammo, Enos Apok, no ania ti ap-apalanda!

Malagipko man ketdi ita, a pinadasna met ti mapan idiay New York a yan ti maysa a kabsatna. Isuna laeng ta saan a nakaruar iti interview idiay U.S. Embassy, idiay Manila.

Agsublisubli ti panunotko idi, Enos Apok, iti kasasaadko iti Utah ken ti kasasaad da lelangmo idiay Pinatubo. Insingasingko ken ni lelangmo nga ilakona daydi lotemi idiay Amityville nga inlako ti gobierno kadagidi empleado ti University of the Philippines, idi addaak pay idiay UP Main Library; malagipmo ti nasaokon? Adda daydi a lote iti bakras ti bantay ti Amityville ket matannawagan ti pakabuklan ti Montalban, a Rodriguez itan. Iti ababa a pannao, insingasingko ken ni lelangmo nga itukonna iti daydi Brother Venturina daydi lote. Malagipko laeng, adda simbaan ti LDS iti asideg ti balayda, ken isu ti Branch President; mabigbig nga agindeg iti daydi a lugar.

Diak ammo, Enos Apok, no nangal-alaak iti bengbeng ti rupak kadagidi a panawen, ta uray no awanakon idiay Upland, napanunotko pay la a rinengreng dagiti nasasayaat a miembro ti Upland 3rd Ward, babaen ni Brother Cary Leach. Impanamnamana a makaitedda iti $600.00, ken mabalin a dakdakkel pay.

Nakaawatak met iti surat a naggapu ken ni Brother Delfin, a nangisingasinganna nga umasideg ni lelangmo ken ni Sister Delfin nga adda pay la idi idiay Montalban sakbay ti panangdanonda ken ni Lehi ken ni Brother Delfin idiay Crystal Care Center.

Iti maysa nga aldaw, dimmaw-as da Bart ken Venita idiay DI a nangipaimaanda kaniak iti $100.00. Nagyamanak ta adda innayonko iti renta ti apartment a $480.00. Nairana met nga aldaw ti panagsueldok iti $466.92. Isu nga idi mabayadak ti apartment, adda $586.92 a naidepositok. Idi agawidak, dimmagasak a naggroseria iti pateg ti $12.61.

Kuentado amin ti kuarta a rummuar-sumrek, Enos Apok. No masapul nga agtrabahuak iti sobra nga oras, saan a mabalin a diak agtrabaho. Kas iti naminsan, 12 ket gudua nga oras a nagtrabahuak, manipud iti alas siete ti bigat agingga iti alas otso ti rabii.

Maysa a banag ti diak naliwayan, Enos Apok: ti makimisa, nga isu ti nangal-alaak iti pigsa ti bagi ken panunotko. No agawidak kalpasan ti misa, a kaduak idi ni Mercy, nakalaglag-an ti panagriknak iti bagik.

...Nga agibuat kadagiti imetko, ken agsapul iti trabaho; ken mangawat kadagiti *rejection slips*. Nasaok kenka iti naminsan wenno naminduan sa, nga adu ti trabaho ditoy Utah. Ngem saan met a maikumbiene iti padasko.

Naimbag la ketdi ta adda latta dagiti agsangpet a tulong, nga uray payen no diak ibagbaga. Kas pagarigan idi Disiembre 10, 1996, a pannakaawatko iti dua a tseke nga aggatad iti $255.00 a naggapu kadagiti miembro ti Hunter 10th Ward, babaen ni Bart Wiscome.

Narigat no agdaldalikepkepak lattan nga agur-uray iti iduol dagiti tattao, Enos Apok; ammok a saan nga agnanayon a paduduolanak lattan. Tunggal adda panawenko, diak nagliwat nga agsapul iti trabaho.

Nupay napateg amin a pagteng idi, Enos Apok, daytoy sumaganad ti maysa a nakallalagip.

Inawagak da Herman ken Sadiri maipanggep iti pagplete da lelangmo.

Ni lelongmo a Sadiri ti nagpautang.

Maysa la idi ti manamnama a pangalaanmi iti pagbayadminto: ti *separation pay* ni lelangmo iti 21 a tawen a panangisurona.

Malagipko ita, Enos Apok, a da lelongmo a Herman ken Sadiri ti napagasatan a naaddaan iti dakdakkel a bolsa kadakami nga agkakabsat. Nasaokon, a ni lelongmo a Herman, nga Imman ti awagko idi un-unana, nakastrek idiay Asian Development Bank idi malpas iti Master of Library Science idiay Manuel L. Quezon University. Isu a nakapagbalay iti dakkel idiay Pasig.

Ni lelongmo a Sadiri?

Sekundaria laeng ti nalpasna. Namitlo a nageksamen iti College Admission Test ket namitlo met a natnag. Isu a saan a nakapagkolehio. Ngem nawido; isu ti immala iti daydi Tatang a lelongmo iti tumeng.

Kas ammomon, nangrugi a nagtrabaho iti pagaramidan iti *piggy* bank ni Dencio a kabsat ni Manang Namnama. Idi kuan, isun ti pinangiggem ni Dencio ta immakarda idiay Taguig ket saannan a maasikaso. Idi kuan, nakastrek ni Sadiri iti konstraksion a daytay *curling,* nga agabut sa daydiay. Agingga nga isun ti nagkontrata. Nakadkadanonda pay idiay Baguio nga agkunkontrata. Istoriana, Enos Apok, a no sumarsarungkar iti *jobsite*, bilinenna dagiti trabahadorna a dida ibagbaga ti yanna no adda agsalsaludsod. Ammona ngamin ti ugali dagiti NPA nga agdawat iti 'buis'. Naestoriana pay kaniak, a tapno makaala iti kontrata, masapul nga agpasuksok iti no sadino ti pagal-alaanda. Dakkel ti naganggananiana iti panagkungkontratana.

Ngem naminsan met a nalugi. Masansan a mangal-ala iti subkontraktor no adda agsukot a kontratana. Saan a sinurot daydi subkontraktor ti ispisipikasion a nakasaad iti plano ket pinabaliwan ti akinkukua. Nagpukaw iti 10,000.00 ni lelongmo a Sadiri; dinan inikkan ti kontrata daydi nakalugianna.

Isu a nakapabangon iti dakkel a balayna idiay bantay ti San Mateo, Rizal.

Ngem saan a naala a dagus ni lelangmo ti kuarta ni lelongmo a Sadiri. Sa adda pay parikutko iti singsingiren ti Mountain Fuel, nga inawagak sakbay a napankami nakimisa ken ni Mercy.

Nakaawatak iti surat ni Manolo Naagas idi adda idiay Assir Desalination and Power Plant, Shuqaiq, Kingdom of Saudi Arabia.

Malagipko la ngarud ita, Enos Apok, a ni Manny ti kasingedan a gayyemko idi addakami idiay Dhahran Recreation Library, ta malaksid iti panagkakuartomi idiay Al Munirah High Rise agpadakami pay a miembro ti LDS. Idi nakadanonak idiay Lynwood, California, inyunay-unayna a kontakek no adda napintas a maserkanna. Isu ti tao a nabayag a mangararapaap a makaumay iti America. Ad-addan ti apalna idi madamagna nga addaakon iti Utah. Idi kuan, nadamagko a nagawiden idiay Cabanatuan, Nueva Ecija—impalagip itay ni lelangmo, Enos Apok, nga immay gayam ni Manny idi idiay Montalban.

Kalpasan ti nabayag bassit a panawen, nagungar ti komunikasionmi babaen ti Facebook ken Messenger. Naragsak a nangipadamag nga addan idiay Ontario, Canada, a kaduana ti pamiliana; a naaksidente iti kotse a naglugananna ket dandani natay, isu nga adda lattan iti balay. Di pay napunas ti arapaapna a makaumay iti Utah ket ibagbagana ti essemna a makapasiar ditoy, nangruna idi nadamagna nga agipatpatarus ken agininterpretak kadagiti mensahe dagiti General Authorities ti Simbaan. Idi kuan, ni laengen Merly a kaingungotna ti kakinkinnumostak, a mangibagbaga a *"mabuti naman po siya"* a di nalawag no kasanon ni Manny. Itay laeng nabiit, nadamagko a nagsublin ni Manny iti sidong ti Apo, idi Septiembere 13, 2023, a nairana a kasangay ni Merly a kaingungotna.

Mapawingwingiwingak no maamirisko ti kaadu ti mangar-arapaap nga umay 'agpasaklot' ken ni Angkol Sam!

Nakaawatak iti $50.00 iti daydi Sister Neffsinger.

Inawagak ni lelangmo ngem ni antim a Chichi ti nakasaritak. Napan kano ni lelangmo iti opisina ni lelongmo a Herman idiay ADB a pangalaanna iti kuarta nga ut-utangenna ken ni Sadiri. Intarapnosnan ti napan iti Travel Agency a pangbayadanna iti tiketda.

Kadagidi a panawen, Enos Apok, kasla agtultuloy ti panagsangpet ti parabur ti Apo. Idi 18 ti Disiembre, iti ipapanmi ken ni Mercy iti Job Service, inikkannak daydi Sister Helen Witbeck iti $10.00, sa idi disinuebe ti mabilang, nakaawatak iti $650.00 ken Christmas card manipud iti pamilia ni Brother Cary Leach. Iti sumuno nga aldaw, naawatko ti sueldok a $489.32. a deretso a naideposito iti banko.

Gimmatangak iti dua a pantalon a sagtetres singkuenta ngem adda dies porsiento a diskuento isu a seis trenta la ti binayadak. Indagasko nga indeposito ti iggemko a kuarta a $710.00.

Kadakami ken ni lelangmo, Enos Apok, napateg ti Disiembre 22 ta isu ti anibersario ti maikadua a kallaysami. Malagipmo nga immuna a kinasarnakami daydi Mayor Arturo (Malutluto Maib-ibus) M. Padua iti opisinana idiay Sison, Pangasinan? Maikatlo ti Temple Sealing-mi idiay Manila Philippines Temple idi Abril 17, 1985. Ngem ti beinte dos ti Disiembre ti kanayon a panangselselebrarmi gapu ta daydi ti panagkallaysami iti simbaan nga Aglipayano.

Iti daydi nga aldaw, immawag ni Bart Wiscombe ket impakaammona nga umaynakami sukonen ken ni Mercy iti alas siete ti sumuno nga aldaw ta mapankami umatendar iti Single Adults a pangalaanmi iti surpresa a sagut.

Saan met a nalipatan ni lelangmo ti kimmablaaw iti alas nuebe beinte uno ti sardam.

Iti kabigatanna, gimmatangkami ken ni Mercy iti *washing machine* ken *dryer* nga aggatad iti $317.50. Gimmatangkami pay iti pariok.

Saan pay a naggibus ti panagsangpet ti parabur, Enos Apok. Nakaawatak iti $200.00 manipud iti dua nga agassawa.

Sabali pay ti $393.00 a naggapu kadagiti Single Adults ti Sandown Ward. Adda pay innayonda a lima pakete a *ground beef.*

Inawagannak daydi Nancy Smith, a nangipadamaganna nga adda bakante iti Marriot Library. Diak malagip, Enos Apok, no apay a diak natuloy idiay.

Umay latta ti awis ti kinamannuratko. Iti bisperas ti Paskua, gimmatangak iti IBM typewriter nga aggatad iti $2.50. ken automatic rice cooker a $29.99.

Napintas a damag ti impapaskua kaniak ni lelongmo a Herman, Enos Apok, a rumangrangrang met idin ti bituenna a maysa a mannurat nga Ilokano.

Inyalat ti daniwna nga 1896 Sa *Pag-inog ng Daigdig sa 1996*, ti P10,000.00 ken Certificate of Excellence in Rizaliana Poetry, 1996.

Malaksid iti dayta a daniwna, adda idin dandaniwna a nairaman kadagiti antolohia ti dandaniw dagiti Ilokano. Ken maysa kadagidi *staff member* ti *Rimat Magasin*.

Nagpanggep met idi ni lelongmo a Jose a sumrek iti lubong ti panagsuratan ngem maymaysa a daniw ti naipablaakna iti Bannawag.

Kunak no naggibusen ti panagsangpet ti parabur, Enos Apok, ngem iti karabian ti Paskua, inawisdakami dagiti Wiscombe a nangsarabo iti Paskua iti pagtaenganda. Pinabalonandakami pay iti sangakaban a bagas ken sangasupot a mani!

Kas paset ti panagsaganami iti isasangpet da lelangmo, ni antim a Chichi ken ni Daddym, inggatangak ida iti pagimengda.

Nagsardengak biit a nanglagip, Enos Apok, ket inladawak ti bagik a 'nagasat nga agpalpalama!' Adayoakon iti kadilian ti Timmippang, iti daydi rabii nga idadawatko iti sangapulo a pisos kadagidi dadakkelko a pagpletek a pumanaw. Ngem ania ti pakaidumaak ita kadagidi uulitegko a narimat latta dagiti matada no dumteng ti sardam a naatab ti kadililan ken naslag ti bulan? Naisemda, masango pay daydi Angkel Romeo a kurengrengen ti gitarana ket agduetoda iti daydi Angkel Poling nga agkanta. Sadanto agkatawa iti nasarangsang.

ADU DAGIDI ALDAW nga ibilangko a nakapatpateg la unay kaniak, Enos Apok, bayat ti panagdaliasatko itoy a lubong, ket maysa daydi Disiembre 26, 1996 a maudi a Sabado ti tawen. Pito nga aldaw sakbay nga agpaso ti pawayway ti yaayda. Enero 2, 1997, ti maika-21 a kasangay ni antim a Chichi. No saanda koma a nakadanon iti daydi nga aldaw, diak la ammon no di ketdi koman nagpiangpiang ti lubongko! Awan ti serserbi ti pannakadanonko iti America no diak met maitugot ti pamiliak. Agpukaw a kasla asuk ti adu a panagsakripisiok, ken ti nabuslon nga asi dagiti naimbag a tattao.

Saan la a sisiak ti nasbaalan iti ragsak apaman a nakitamin da Daddym nga umul-ulog iti agdan ti eropuerto nga agturong iti yanmi nga agur-uray. Nakarimrimat met dagiti mata da Bart ken Venita—ammok no apay, Enos Apok: kadagupan dagiti Filipino a nabuniagan ni Bart idiay Filipinas, ti pamiliak ti ibilangna a Golden Family; ulit-ulitek dayta a kinapudno.

Iti panagiinnarakupmi, di mailadawan ti di magatgatadan a ragsak ti tunggal maysa. Iti kamaudiananna, addan dagiti sinegseggaan ti adu a tao.

Ngem anian, Enos Apok. Arigda man ti naangrag a bulong a kasla di nasibsibugan iti adu nga aldaw! Agkukuttongda! Dagiti la gurong ni lelangmo ti kasla di namalbaliw ta dadakkelda latta!

Sakbay a napankami iti yan ti lugan da Bart, intedko dagiti insaganak a pagimengda ta agis-isno idi. Dikami pay nakarkaruar iti pangalaanmi iti lugan, nadlawkon ti tiptipdenda a ngasib.

Immawag ni antim a Lingling, Enos Apok, ket nadlawko ti kinalidayna. Awan pay ni antim a Mimi idiay Montalban ta madama idi nga agmismision idiay Bacolod. Diak malagip no yan idi ni angkelmo a Dondon; amangan no adda iti dormitorio idiay U.P. Diliman ta madama a mangal-ala iti B.S. Physics.

Agsubli man ketdi ita ti lagip-riknak kadagidiay tallo a napanawanmi. Nalpas idin ni antim a Lingling iti Business Administration ket agtartrabahon idiay Department of Trade and Industry. Malagipko ti kinuna ni angkelmo a Dondon:

"Huwag kayong mag-alala, Pa, malalaki na kami."

Agpayso, ngem nasakit latta ti nakemko iti pannakabatida. Nairamanda met ketdi amin iti petisionko ngem gapu ta nasuroken ti tawenda, maud-udida ket diak idi ammo no kaano a makasurotda. Malaglagipko ita, Enos Apok, ad-adu a tawen ti pannakayadayok kadakuada ngem ti kaaddak iti sibayda ket mariknak a kurang ti pammateg a naipariknak kadakuada. Wen, diak naipananam ti pammateg ti ama a naipusing kadagiti annakna iti napaut a panawen.

Nakalamlamiis ti apartment a sinangpetanmi iti daydi Harvey Street. Nakaalaak idin iti kama para iti agsumbangir a kuarto ngem masapulmi ti heater—naipalagip la ket ngarud daydi nagasat a double deck nga imbati kaniak daydi Terry; adda pay la idiay Montalban, Enos Apok, a nagretiron iti bassit nga opisinak a nagipatpatarusak.

Nakabengbengbeng dagiti agsusukot a blangket a nagatangko iti menus presio idiay DI ngem sumarot latta ti lamiis iti desarming a tawa.

Gapun sa ketdi iti pannakakumikomko kadagiti kallabes nga aldaw ket diak inginggina ti bannog ti bagi ken ti panunotko.

Nakapankami pay la nakimisa iti kabigatan ti isasangpet da Daddym ngem madmadi idin ti riknak. Naalay-ayan laeng gapu iti ragsak nga insarabo dagiti miembro ti West Valley 5th Ward.

Saan unay a karkarna ti immuna a kasangay ni antim a Chichi iti America ngem 'tay kunakon, daydi a kasangay ti nangisangpet kadakuada a tallo iti Utah.

Iti sumuno nga aldaw, nangiruarak iti $240.00 manipud iti bankok— impaw-itko ken ni antim a Lingling ti $200.00.

Inimbitarandakami dagiti Wiscombe iti pagtaenganda para iti pangrabii. Adda pay naawatmi a tseke nga aggatad iti $340.00 manipud iti Hunter 10th Ward. Diak ninamnama, Enos Apok, a di pay nagsardeng ti agsangpet a parabur!

Mapmapanak latta agtrabaho uray no madmadi ti riknak. Intutuloyko met ti nagsapul iti sabali a trabaho, ken nagtultuloy met a negatibo ti sungbat.

Simmaruno a napankami iti Department of Motor Vehicles (DMV)— Department of Public Safety Driver License Division itan—a nangalaanmi iti Utah ID dagiti sangsangpet.

Naawat met ni antim a Chichi ti SS card-na. Diak maawatan no apay a saan a naggigiddan a simmangpet ti SS Card-da a tallo.

Nangisaganaak iti mensahek ta iti simmaruno a Domingo, nabagaankami a mangted iti mensahe iti kongregasion.

Iti kabigatanna ti panangkuyogko ken ni antim a Chichi a nangala iti UT ID.

Makitam, Enos Apok, ti kaadu dagiti paspasamak kadagidi damo nga aldawmi kas pamilia bayat ti kaaddami iti daydi Harvey Street? No saggaysaek amin, saan a maputpot! Basta saan a nangliwat nga immawawag ni Fred Rivera, ti gayyemko idiay Van Nuys, California no adda mabasana a gapuanak iti Bannawag, ta awan ti magatang a kopia ditoy Utah. Patulodannak no kua iti kopia.

No dadduma, ag-*family home evening*-kami a sangapamilia. Adda pay daydi naminsan a panangawag kaniak ni President Henderson, malagipmo, Enos Apok, daydi immuna a naam-ammok idiay Dharan Recreation Library? Adda binangonda a pagaramidan iti kosmetiko, daydiay NU Skin ket aw-awisennak nga agahente. Ngem saanko a linia ti agahente ta saan a bagay iti kinamabilbilang ti balikasko; memmem, kuna ngarud daydi Frank Quitasol—malaglagipko latta daydi kabsat a Frank!

Ah, wen gayam, malagipko ni Brother Laifone Tuita a kaduami iti West Valley 5th Ward. Naggapu idiay Tonga ngem nakaasawa iti Puraw. Nasayaat a tao ket agkasungduankami ta agpadakami a saan a Puraw. Nagdamdamag no anian dagiti inap-aplikarak a trabaho. Inawisnak a mapan agapikar idiay Utah Airbase.

Rinugian metten da lelangmo, ken ni antim a Chichi ti nagsapul iti trabaho. Naipastrekko ni antim idiay DI... nalipatak, naipastrekko met idin ni antim a Mercy idiay DI.

Iti met la Classified Ads ti nakakitaan ni lelangmo iti pagtrabahuanna. Naragsakan ta addan trabahona. Mausarna met laeng ti padasna idiay Quirino Elementary School, idiay Project 2.

Intulod da Bart Wiscombe iti West Jordan Child Care ta dina pay ammo ti pappapananna. Naisuro ti pagsadaanna iti Utah Transit Authority a paglugananna nga agawid.

Ngem nagawid iti malem iti umuna nga aldawna iti West Jordan Child Care a saan a naragsak.

"Agaywan met la gayam kadagiti ubbing ti aramidmi," kinunana. "Agsukat iti diaper, agpaturog, agtempla iti gatas... Ay, apo!"

Naminsan, Enos Apok, naladaw ni lelangmo a nagawid. Awan ti naurayna a UTA iti nagkurosan ti Redwood ken 9000 South ta nalibasan daydi maudi a biahe. Naimbag ta adda kakaisuna a bus a pinarana. Dina nabasa ti karatola: GARAGE. Naimbag ta sinardengan daydi drayber. Nasdaaw ni lelangmo ta awan ti pasahero.

"Where yah getting to?" dinamag ti Igoy a drayber.

"W-west Valley..."

"You missed the last trip...Come in.."

Alinduaan ni lelangmo a naglugan.

Naminsan pay a naladaw ta naladaw a simmangpet ti ina ti ubing nga aywanna; naguray ta di mabalin nga ibatina. Immawag ket inawagak da Bart.

Saan a nagbayag sa nagsukat ti Administrator ti *care center.*

"I'm the owner... I'm the administrator!" inyam-ammo ti natangig a babai ti bagina.

Adda pay gayam idi agnagan iti Conrad Valdez a cook ti maysa a restauran ti Pinoy. Inawisnak iti puestoda ngem awan ti luganko isu a saan a natuloy.

Inawagannak met ni Moises Tan Mabunga ket impadamagna nga adda bakante a Custodian iti masakupanna a pasdek ti simbaan. Diak malagipen no kasano a nakapanak; nalabit nga adda nangitulod kaniak, wenno malabsan sa ketdi ti Utah Bus ti opisinada. Ngem gapu iti kaadayo, sa awan ti kotsek, saanak a nakapagtrabaho idiay.

Naamirisko a saanak a makasapul iti nasaysayaat a trabaho no awan ti luganko. Diak met kayat nga agnanayon lattan a mangnamnamaak iti tulong dagiti tattao. Adda pagpatinggaan ti amin ket diak kayat ti paduduolan lattan.

Naammuan dagiti kameng ti West Valley 5th Ward. Naagapad dagidi Sister Little ken daydi Brother Greenhagen a kitaenda no kasano a makatulongda. Agpayso nga adda idi lako ti DI a kotse dagiti babaknang. Ngem lako, saan a padawat. Nababa ti presio, ngem kas 'tay nakunakon, adda deperensiada ket masapul a mapatarimaan.

Pinadasko ti agsapul iti tintinnagak kadagiti pagtagilakuan iti kotse. Ngem saan a mabalin a basta lattan ikkandaka ti tintinnagam. Masapul a kualipikadoka maibatay iti matgedam ken kabayagmon nga agtartrabaho.

Saanak a naaprobaran.

Kasano, wenno ania ti aramidek?

Iti panangpalpalabasko iti Journal-ko, Enos Apok, iti Marso 3, 1997, naisalat dagiti matak iti nagan a Gary ken daydi asul a Beatle a Mazda '83.

Naipalagip daydi panangsukonko ken ni lelangmo idiay trabahona.

"Nakitanak ni Judy itay magmagnaak a sumrek," kinuna ni lelangmo idi. "Dinamagna no apay... imbagak ti problemata."

Nalagipko a kinita iti Facebook ti nagan a Gary ken Judy, agingga a natumpongak ti kompleto a naganda: Gary W ken Judy A. Hakanson iti Utah. Sinuratak a dagus ida:

Judy and Gary, remember Sinamar and Lorenzo whom you gave your blue Mazda 83? It was March 1997. Lorenzo is writing his memoirs, or biographical novel. Upon looking his Journal, he encountered your names and remember everything including the problems Gary encountered upon giving us your car. We are still in West Valley. Lorenzo is serving as Sealer at the Jordan River Utah Tmeple. How are you guys?

Adu ti bannog daydi Gary maipanggep iti panangipadawatda iti daydi pag-ong a Mazda '83. Impadawatda la ngaruden, isu pay ti nagbayad kadagidi buong a sarming ken pondido a silaw a masapul a masukatan. Ken ti pay panangsakami iti *towing*. Sumipnget idin yawidko ket nasarunonak ti istrikto a polis—awan paspasuksok ditoy, Enos Apok, ammom dayta. Pinaulod ti polis nga impan iti diak malagipen. Ni Gary ti rinengrengko a nangiruar. Kinuyognak pay a nagparehisto iti DMV ta masapul ti dokumento a nalipatanna nga intugot.

Iti panangsuratko kadakuada, Enos Apok, iti Facebook ken Messenger, kayatko la nga ipakaammo a dimi pay nalipatan ti bambannogda.

Dakkel ti naitulong daydi a pag-ong a kotse. Dakkel met ti naadalko iti panangtaripato, ta kunak no nayunnayonam latta ti lanana, ngem masapul gayam a sukatam nga intaramente.

KITAEM, ENOS APOK. Dagitoy ti nagsasaruno a nakastrekak a trabaho apaman a naestimarko daydi pag-ong a Mazda '83.

Naawatak iti Teltrust Company a maysa kadagiti customer service nga agawat iti awag. Maysaak kadagidi agsungbat iti reklamo dagiti Filipino. Kaduak da Mercy ken Rosalie Mosuela. Rabii ti batangmi. Nagpakadaak iti DI.

Masansan nga agsusukot ti adda iti mugingko; gapu iti kasta, diak ammo no ania ti unaek. Nakaad-adu ti kayatko nga aramiden. Masapulko ti pagsurotan, synopsis koma no nobela. No dadduma, masingsingaak lattan a diak namanamaen.

Kas iti naminsan. Diak ninamnama nga adda Mike Jensen nga umawag kaniak. Inted kano ni Brother John Ball ti numerok.

Adda kano maysa a guardia iti Utah National Guard nga agsapsapul iti mang-*tutor* kenkuana iti Foreign Language. Inrekomendanak ni Brother Ball. Inikkannak iti manual nga usaren a mangisuro.

Tagalog ti kayat daydi Sgt. Tim Woodbrey nga adalen.

Naimbag ta adda idin daydi pag-ong a Mazda '83, Enos Apok. Ken saanak a narigatan a nangisuro iti daydi Sgt. Tim Woodbrey ta adda met padasko idiay Philippine Normal College, UP Diliman ken Ateneo University, uray no apagbiit laeng. Ken ti pannakairuamko a nakipulpulapol iti nadumaduma a tattao kadagidi liderato a nagpasarak idiay Marikina ken Montalban.

Malabasak ti University of Utah a mapan iti Utah National Guard.

Ngem diak ammo no adda naadal daydi Sgt. Tim Woodbrey ta di pay nagudgudua ti *lecture*, agdungsa metten! Makapadungsaak a *tutor!*

Hanabale, no ti gapu ti panagpa-*tutor*-na makaala la iti promosion a gapu ti panagalada iti Foreign Language, daydi met la kuartana ti ginamgamko!

Diak malagipen no mano a bulan, a mamindua iti makalawas, a nagkitkitakami.

Tapno manayonan ti teggedko bayat ti panag-*tutor*-ko, nagaplayak pay idiay Holiday Oil a *convenience store*, ken gasolinaan. Nainterbiuak, nasanayak, naikkanak iti t-shirt a maris tsokolate. Sa nagtrabaahuak. Richard Goodfellow daydi ubing pay a manager. Return Missionary, diak malagipen no sadino ti nagmisionanna. Naanus a nangiwanwan kaniak. Insurona no kasano ti agawat ken agsupli iti kuarta babaen ti *cash register*. Impakitana pay ti adda kalubna nga abot iti basar a pagikkan iti mabilang a paglakuan; awan ti makaammo a kuarta ti nagyan dita ta kasla laeng outlet ti danum no agdaluska iti baldosa.

Ngem saanak a nagbayag. Ti gapuna? Kitaem daytoy, Enos Apok. Napudnoak unay iti Simbaan ket no saanak la ketdi a masakit, diak kayat ti mangliwat. Mangtedak a regular iti apagkapullok. Tungpalek amin nga annuroten ti Simbaan, pannursuro a saan nga ingkapilitan. Ngem nagkariak idi sakbay a mabautisarankami ken ni lelangmo. Malagipmo a nasoak kenka idin? Ti sao ken karik isu ti rupak. Nakurapayak la ngaruden, diak pay tungtungpalen ti karik, ania pay ti rupak nga isarangko, saan la nga iti tao, ngem kangrunaanna iti Dios?

Kinuna daydi Richard Goodfellow: *"You need to work on Sunday..."*

Saanak a nagpangngadua, Enos Apok. Kinunak: *"I'm sorry, but I can't."*

Inlawlawagna a 24-7 a lukat ti Convenience Store.

Dinak nabior. Nagpakadaak ket saanakon a nagsubsubli. Diak metten insubli daydi t-shirt.

Napaneknekak pay naminsan, Enos Apok, a ti tao, tao pay laeng. No panggepenna ti nasapa nga agbalin a santo, saan a mabalin nga agsardeng ti lubongna tunggal Domingo. Ngem ammuem daytoy: diak pay nagtrabaho iti Domingo a nasuelduanak... sabali ti kasasaadko idi addaak idiay Dhahran.

Isu met nga inawagannak ni Jun Mabunga. Adda kano bakante para iti custodian iti Holiday P.M. Group idiay Winder Stake. As-asideg ngem iti imatonanna. Uppat a pasdek ti Simbaan ti sakupen ti Holiday P.M. Group iti Wasatch nga adda iti bakras ti bantay iti daya a sikigan ti Salt Lake City. Kunada a nabingay ti Utah iti daya ken iti laud. Babaknang ti adda iti bakras ti bantay, ordinario dagiti adda iti baba. Apay a kasdiay, Enos Apok? Kanayon kadi a tangtangaden dagiti nasanikua?

Daydi John Johnson a *lead custodian* ti grupomi ti nakasao kaniak. Nasayaat a tao daydi Jack wenno John, dua ti naganna. Adu ti naitedna kaniak a babassit a banag. Pagimeng, ken dadduma pay. Kanayonkami nga agkuykuyog no umakarkami iti pasdek a dalusan. Adu ti estoriana. Impakitana pay ti ragsakna a nakaala iti pamaruen a Chevy Silverado. Nangina ngem naalana laeng iti $17,000.00. Saan nga aggigiddan dagiti simbaan a dalusanmi. Adda aldaw ti tunggal maysa, ken saan nga aggigiddan a dalusan ti intero a simbaan. Adda aldaw a panagdalus iti sarming, panag-*vacuum* iti alpombra ken panangpasileng iti *basketball* court. Wen, Enos Apok, dadakkel dagiti simbaan a dinaldalusanmi ta adda pay entabladoda.

Nalaka a narigat ti agdalus. Ammom met, nadalus dagiti simbaan no idilig kadagiti dadduma a pasdek.

Ah, wen gayam. Ti agdalus iti *baptismal font* ti simbaan ti maysa a karigatan. Masapul nga espesial ti pannakadalusna sakbay nga adda agbuniag. Masdaaw la ketdi dagiti saan a miembro, Enos Apok, no masaksianda ti panagbuniagtayo kadagiti baro a miembro. Ta adda ababa a programa sakbay ken kalpasan ti pannakaipabatok ti baro a miembro iti danum ti *baptismal font.*

Ngem karigatan ti ag-*spray* ken agnasnas kadagiti sarming ti tawa ken ridaw. No dimo ammo ti kalkalabina, dimo maikkat ti milat nga imbati dagiti dakulap. Nasken nga ammom no kasano nga awan ti makita nga uray no bassit a milat dagiti sarming, nangruna iti ridaw.

Masao a nalaka ti agdalus. Ngem adda maysa a nagdaldalusanmi a nagbannoganmi unay. Ta kanayon nga adu ti wara! Pappapel, ken no ania la ditan.

Dagiti kakabsattayo a Portugiso; kasta ti awag kadagiti taga-Brazil.

Ngem nasasayaatda met a tao.

Wen, Enos Apok, adda bukodda a Ward. Idiay ti pagdudupudopanda amin a Braziliano. Saan a kas kadagiti Filipino a no ania a Simbaan ti asideg kadakuada, idiayda a makimisa. Uray dagidiay Mehikano. Ken Tongan. Dagidiay Samoan ti kasla adda met bukodda a Ward; ta aduda.

Adda diak malipatan a nakaduak, Enos Apok. No dadd(uma idi, patudonennakami lattan daydi John Johnson iti maysa a Simbaan. Siak ti patudonenna a mangiwardas iti daydi kaduak, a diak malagipen ti naganna. Ngem pagattengngednak laeng. Ken ti ket laingnan a manarita. No lalausen ti manao, ad-adu ti saona ngem ti aramidna.

Return Missionary daydi. Insangpetna iti Utah ti asawa ken maysa a bassit pay nga anakda. Naggapuda idiay Minnesota. No dadduma, adu ti ipampambarna ket paitulod iti apartmentda no agawidkami. Masemsemak no kua ngem gapu ta nabiitda pay iti Utah, pinaspasensiaak.

Daytoy ti diak pakalipatan kenkuana, Enos Apok.

Inaldaw nga agbalonak iti pangaldawko. Saan nga agbalbalon daydi John; agawid a mapan mangaldaw ta asideg la ti balayda. Ken adda luganna.

No kasdiayen nga isaganak ti pangaldawko a *chicken noodles* ken no ania ditan nga ipabalon ni lelangmo, mapanak iti maysa a kuarto ket sadiayak a mangaldaw. Madamdama, addan daydi taga-Minnesota a pambarna ti makisarsarita kaniak. Awan ti balonna! Madi ti riknak a mabuybuya a mangan. Idi damo, iparpartakko ti mangan.

Kadagidi dadduma nga aldaw, ibalonakon iti chicken noodles ket isun ti itedko a kanenna.

Idi nabiitak pay, Enos Apok, pagpipinnugtuan dagidi Puraw a kakaduak no kaano nga agdisso ti umuna nga isno ti tawen. No dadduma, no panagmamais, agbalonda iti lingtaenda ket pagsasanguanmi amin.

Naragsakkami man ketdi. Uray no *custodian*-kami laeng, dimi babbabaen ti serbisiomi. Naamirisko, pagtitinnulonganmi a 'dalusan' ti 'balay' ti Apo, a pangtungpalan dagiti Annakna iti karida Kenkuana.

Idi kuan, nasao ni John nga adda Honda Accord a kotse ti anakna, a didan us-usaren. Ilaklakoda iti sangaribu. Adda idin bassit a kuartak, Enos Apok, ngem kurang. Pinasublatannak daydi John iti innayonko.

Addan insukatko iti daydi Mazda '83, a saanen nga agandar idi mabaybayag ta 'tay kunakon, imbes a sukatak ti lanana, ninaynayonak agingga a nakarugrugiten.

IDI NAGSUKAT TI Bishopric ti West Valley 5th Ward, dandani met nagsukat amin dagiti Auxiliary Leaders. Saan a nakalisi ti High Priest Group Leaders, Enos Apok.

Diak ninamnama, siak ti natudingan a 1st Councilor. Daydi Robert wenno Bob Johnson—sabali daydi lead custodian a John Johnson) ti naipatugaw a presidente. Daydi Brother Jerry Greenhagen ti 2nd Councilor. Naammuanda ngamin dagiti napalabas a nagtaktakemak idi tinudingandakami kada lelangmo a nangted iti mensahe iti kongregasion. Malagipmo? Siempre, nangtedak met idi iti bassit a *backgrounder.*

Bayat ti panagbaybayagmi idiay Harvey Street, immadu ti miembro a simminged kadakami. Adda dagidi *priesthood holders* a natudingan a Home Teacher-mi ken ni Daddym; ken kameng ti Relief Society a Visiting Teachers da lelangmo ken Mercy.

Saan met a nagbayag idin sakbay nga immay daydi Tatang a lelongmo iti tumeng, ken ti pamiliana. Napanmi ken ni lelangmo sinukon ida idiay Mecca, namrayanmi nga impakita ni lelangmo iti daydi anti Rosa. Madmadi ti rikna idi ni Marilou a mangpalubos kadakuada ngem dina ida naigawid.

Napekpekkami iti daydi apartmentmi idiay Harvey Street, ngem inanusanmi agingga a nagbakante ti 3717-A a kaarrubami met laeng. Immakarda a dagus.

No an-anagem, Enos Apok, medio 'aggunggunayen' ti pilid ti gasatmi idi. Umuna, napanawanen daydi Tatang ken ti pamiliana ti kuna ni 'Nang Norma nga impierno iti biagna. Maikadua, agaassidegkamin, ken addan trabaho ni Mercy, sa idi makasimsimpada, naiserrekko met ni Muray idiay DI. Ken ni Mildred dita Granger High School—insanudda ti tawenna iti high school. Imbes a 3rd year koman, insublida iti 2nd year gapu ta kurang dagiti *subject* a naalana idiay Filipinas.

Maysa kadagiti nagaget a nangsarsarungkar kada lelangmo daydi Sister Little a nakadlaw iti kasasaad ti aglawlaw ti Harvey Street.

"This is a very dangerous place for you," kinunana. *"You need to look for a better place to live."*

Tinulongannakami a nagsapul iti mabalinmi nga akaran. Nairana idi nga adda balay iti sango ti balayda, a nagbakante. Inawisnakami a napan nangkita. $90,000.00 ti pangilaklakuanda; adda la bassit tarimaanen.

"That's not a problem," kinuna ni Sister Little. *"We can help."* Kayatna a sawen, makatulong dagiti miembro a mangtarimaan, ket mabalin pay koma a libre ti bannogda.

Ngem saankami a naaprobaran a gumatang ta saan a maagpangan ti sueldomi, ken nabiitkami pay iti trabahomi, a mapagduaduaan no agpautkami.

Oktubre 26, 1997, Enos Apok, idi linuktan dagidi Brother ken Sister Johnson nga ilako ti balayda idiay Yorkshire Road. Nabayag kanon a sugsugsogan ti anakda idiay Overton, Arizona nga umakarda sadiay tapno agaassidegda. Ken kumarkaro idin ti sakit ti tumeng daydi Brother Johnson ket marigatan kano nga umuli-umulog iti dua kadsaaran a balayda.

$115,000.00 ti pangilaklakauanda. Siaayatda a mangilako kadakami.

Ngem kasdi met laeng ti parikut.

Dinamag ti ahente no adda am-ammomi a makatulong kadakami; no adda kabagianmi a mabalinmi a kasugpon.

Daydi la Tatang a lelongmo iti tumeng, Enos Apok, ti kabagianmi nga adda iti Utah. Awan ti trabahona. Ngem pensionado ti Second World War.

"Let's try," kinuna ti ahente. Intugotnakami iti opisinada idiay Cottonwood. Adu a pappapeles ti naisagana.

Saan idi nga immapay iti pannotko, ken saan a naag-agapad daydi ahente, ngem malagipko man ketdi ita. Saan ngata a nakatulong ti kinabeterano daydi Tatang iti pannakaalami iti balay a tintinnaganmi?

Arinunos ti Nobiembre iti daydi a tawen idi limsotkami iti abot ti dagum a kunada.

Addan balay a tintinnaganmi iti America, Enos Apok!

Maika-41 a Paset

Yorkshire Road 1: Nobiembre 28, 1997-2002

ITI SUMUROK-KUMURANG a tallopulo a luglugar a nages-estasionan 'toy lelongmo, Enos Apok, kapautan a nakaisagudanna iti unos ti panagbiagna dita 3667 South Yorkshire Road, West Valley City, Utah: sangapulo-ket-pito a tawen. Ammom kadi nga uppat a kalsada laeng ti nagbaetanda ditoy Townhouse nga akinlaud, a yanmi ita? No adda agdamag no yan 'toy lelongmo, ibagam nga unorenda nga agpalaud ti Lancer Way sada agpakanawan iti 3600 West, agsikkoda nga agpalaud iti 3500 South, labsanda dayta Bangerter Highway a naipanagan iti daydi Governor Bangerter, a naigasatak a nakadua idiay Jordan River Utah Temple sakbay a pimmusay. Labasam ti 4100 West, ket maudi ti 4400 West. Iti batog ti Animal Shelter unorenda ti agpaabagatan a bassit a kalsada iti laud ti Townhouse. Ibagam nga addakami iti murdong.

Sublianta 'biit daydi panangrugik a Sealer idiay Jordan River Utah Temple, Enos Apok. Masansankami idi ken ni lelangmo a mapan iti templo agatendar kadagiti *endowment.*

Iti naminsan, nagkitakami ken ni Ben B. Banks nga agdama idi a presidente ti Jordan River Utah Temple. Sigud nga Area President idiay Filipinas nga immuna a nagam-ammuanmi idi *temple ordinance worker*-ak, ken *sealer*-ak idiay Manila Temple.

Isu ti nangisingasing iti First Presidency iti pannaka-*reinstate*-ko a Sealer iti Jordan. Kasta ti awag kadagiti maisubli manen a Sealer. Nagsardengak ngamin a *sealer* idi immayak iti America.

Ala, mabalin a dimo unay matandaanan daydi balaymi idiay

Yorkshire ta ubingka pay idi umakarkami idiay. Isublik daydiay 3667 iti lagipmo.

6,098 kadapan a kudrado ti kalawa ti lote, 1,098 kadapan a kudrado ti kalawa ti dua kadsaaran a balay nga addaan uppat a kuarto ken dua a pagpaknian. Adda garahe iti sirokna a para iti dua a kotse. Adda sangapuon a kayo iti sango ti balay; sumango iti laud. Manipud iti kalsada, maibaga a dakdakkel ngem ti dua a kaabayna iti kanigid ken kanawan ta agarup sumalog ti sementado a driveway a kumamang iti garahe. Iti sikigan ti driveway iti kanawan, adda pito katukad a sementado nga agdan a kumamang iti ridaw, a no sumrekka, adda agpababa a kumamang iti basement, ken agpangato a kumamang iti maikadua a kadsaaran.

No koma palanggana, aglibliibiang ti riknak iti ragsak, Enos Apok, iti damo a panagmattiderko a mangbuybuya iti balay!

Nupay adda bassit idin naurnongmi a gamgamigam a nakairaman dagidi donasion, agkurang pay! Sabali manen a tulong! Iti daydi a gundaway, masapulko ti kaduami nga agibunag kadagiti gargaretmi. Napukaw sa ketdi idin a namimpinsan ti babainak ta awanen ti babainko, wenno nagruamak metten ta kaslaak met la di makagunayen nga awan ti mangkibin kaniak? Nabengbeng unayen ti rupak, Enos Apok!

Asino manen ti inasitgak? Daydi Brother John Ball!

Awan ti reklamona, wen a dagus ta dua met la a kalsada ti nagbaetan ti Harvey ken ti Yorkshire. Truck ti intugotna a nagikargaanmi kadagiti inyakarmi a gamigam.

Dakami ken ni lelangmo ti nagyan iti Masters Bedroom iti ngato. Nagsinsinan da Daddym ken ni antim a Chichi ti akinlaud a dua a kuarto. Daydi lelongmno iti tumeng a Clemente-Minti-Pedro-Illo-Onor ken ti maikadua a pamiliana iti *basement;* pinagbalinko a dakkel a kuarto ti sigud a *food storage* dagidi Johnson, kas panangtungpalda iti bilin ti Simbaan kadagiti miembro, nga agsagana iti di mapakpakadaan a pakasapulan.

Inimasko ti naturog iti immuna a rabiimi iti 'immuna a balaymi' iti America! Panunotem laengen, a, Enos Apok, ti agpapaus nga agbalay— ditoy America!

Ngem idi nagriingak iti kabigatanna, impalawlawko ti panagkitak iti uneg ti balay.

Adu pay ti kasapulanmi. Nangnanggegko idin ti RC Wiley a paggatangan iti masapsapul iti balay. Miembro kano ti Simbaan ti akinkukua.

Nabukel ti plano iti panunotko: idiayto ti paggatangak! Masapul pay a papintasek ti *credit history*-k tapno maikariak a mangala iti tintinnagak.

Napanunotko a tapno sumayaat ti teggedko ket talkendak dagiti pagtagilakuan a lakuan iti matintinnagan a kasapulan iti balay, masapul a mangsapulak iti nasaysaat a trabaho.

Naammuak nga agaw-awat ti Humanitarian Center iti empleado. Panagkunak, nangnangegmon ti HC, Enos Apok. Pasdek dayta ti Simbaan a mangasikaso kadagiti adu a bambanag a donasion iti nadumaduma a kompania iti America. Binulbulto, tinuntonelada ti idundonar ti simbaan kadagiti nadumaduma a luglugar iti lubong a binasnot ti nadumaduma a didigra. Saan nga irakrakurak ti simbaan ti itutulongna kadagiti makasapul ngem saan a palimed dayta kadatayo a miembro.

Tumulong pay kadagiti empleadona a mangidur-as iti kasasaad ti panagbiagda. Nababa laeng ti sueldo. Ngem adu ti benepisio a maited kadakuada. Kas koma ti libre a panangesponsor ti Humanitarian Center kadagiti mayat nga agadal iti panarasan a kurso a kas iti *computer science*. Adda pay libre a pangaldawan dagiti trabahador iti met laengen uneg ti pasdek. Kasta met a no *breaktime*, mabalinmo ti agsursor kadagiti binuntuon a luplupot, ul-ules a nabebengbeng ken nadumaduma a banag ket mangpidutka iti kayatmo a yawid.

Iti panagtrabahok iti Humanitarian Center, adu ti napapateg a banag a nayawidko. Maysa ti maris kudil a *briefcase* a sibibiag pay agingga ita; isu ti pangik-ikkak kadagiti aruatek nga ibatbatik iti *locker*-ko idiay Jordan River Utah Temple.

Isu nga uray no nababa ti sueldo, Enos Apok, insukatko ti trabahok idiay Holiday P.M. kas custodian—naikawakami a dua iti daydi John Johnson idi agpinnakadakami. Ngem naragsak a namalubos kaniak; indawatna pay ti panagballigik.

Nakastrekak dita Salt Lake Community College, dita State Street, saan nga idiay Redwood. Nangalaak iti General Studies, Computer and Office Procedures. Ibagak kenka, Enos Apok. Idi ti damok a makaiggem iti computer! Siguden a nalaingak nga agmakinilia ta nangalaak ngarud iti Steno-Typing iti daydi Samson Technical and Fashion School idiay Quiapo, ket kunak no atiwek dagidi kaeskuelaak a kaduak iti HC. Ngem diak pay nakagudua iti ammoda iti computer!

Ngem nadarasak met ketdi a nakasursuro, a!

No adda idi panawenko kalpasan ti pangngaldaw, itarapnosko ti mapan agkita kadagiti naidonar a daan a computer iti nakaestakanda iti HC. No adda kayatmo, ibagam laeng iti bisor ket mapagsaritaanyo ti panangyawidmo.

Saan la nga agkomputer ti naadalko idiay HC. Nakaadalak pay nga ag-operate iti Forklift. Adda batangko idi nga agi-*forklift* kadagidi kinahon wenno binulto nga agsangpet a donasion, ket ibunagko iti naituding a pakabinsabinsaanda.

Ay ket, yam-ammok met, a, Enos Apok, dagidi kakaduak iti puestok. Limakami. Pasig a Puerto Rican dagidi uppat. Baket, lakay, ken dua a babbalasang. Daydi lakay a Justo ti naganna, di makasao ken makaawat iti Ingles. Daydi baket ti interpreterna no kasaritak. Daydi maysa a balasang, Lorena MacLaughlin ti naganna—nakasuratak iti sarita nga imbatayko kenkuana, daydi *Uray Maysa Laeng* a rimmuar iti Bannawag idi Enero 4, 1999.

A, wen gayam, Enos Apok, ti kaaddak idiay HC ti immuna a pannakagatangko iti selpon. Nabiit pay idi a nagruar ti selpon. Nagpintas daydi nagatangko! Apay, kunam? Awan dumana iti paggadgad iti yelo, ha-ha!

SAKBAY A NAGGIBUS ti 1997, Enos Apok, inkeddeng da antim a Chichi ken ni Daddym ti mapan agmision. Isuda laengen ti di nakapagmision kadakuada a lima. Nalpas idin ni antim a Lingling—idiay Manila Philippines Mission ti nakaibaonanna, a sakupna ti Palawan. Ni antim a Mimi, naibaon idiay Bacolod. Ah, ni gayam angkelmo a Dondon ti naudi. Dandani di immabut iti edad a 26 a tawen dagiti mapalubosan nga agmision. Mayo idi naaprobaran ti aplikasionna ket Hunio 15 ti kasangayna. Mabuteng idi nga agpadentis, a kasapulan sakbay a mapalubosanka. Nangrugi idi 2000 ket nalpas idi 2002.

Saan koma metten a palubosan ti Bishopric ti West Valley 5th Ward ni antim a Chichi nga agmision ta imbagada nga ikkanda laengen iti *calling*-na iti Ward. Ngem impapilitna, nga arig la makasangit ta arapaapna met ti agmision. Isu nga iti kapipilitna, napaannugotna met la dagidi miembro ti Bishopric.

Kadagidi a panawen, Enos Apok, masapul nga adda kuarta a balonmo a pangrugiam. Binulan a patulodan ti Ward dagiti misionario a kurang ti badyetda.

'Tay kunak, adda met idin naurnong ni antim a Chichi a pangrugianna babaen ti panagtrabahona idiay Distribution Center.

Ni Daddym ti agtartrabaho idi idiay Shubers, ket uray kaskasano, adda metten pangrugianna. Masapul koma nga adda met bagi dagiti nagannak, ngem gapu ta yan-anayko met ti gastuenmi idi, manmano a nakaipaw-itkami.

Immuna a rimmuar ni antim a Chichi. Serrek ngata ti 1998 ket nagpaut iti 18 a bulan. Naibaon idiay Oakland California Mission, nga awawaganda iti Death Valley, segun iti pannarita ni antim idi simmangpet kalpasan ti panagmisionna. Adu ti timmabuno idiay West Valley 5th Ward idi despedidana.

Hulio 1998 idi rimmuar ni Daddym, Enos Apok. Dua a tawen a nagmision, ammom metten. Idiay Hawaii ti nakaidestinuanna. Idi despedidana, timmabuno daydi bossna ken dagiti katrabahuanna idiay Shubers. Nasayaat daydi lalaki a bossna uray no isu laeng ti saan a miembro iti pamiliana. Pinabalonanda ni Daddyma iti para gastona.

Saan met a naaw-awan dagiti Wiscombe. Ammom, Enos Apok, paset ti programa ti panagkanta ni Heidi a balasangda. Nalaing nga agkanta dagiti pamilia Wiscombe, ket talaga met a makaguyugoy ti boses ni Heidi—adda idin madmadlawmi a singed iti nagbaetanda ken ni Daddym ngem inungtan ni antim a Chichi ta arigda la kanon agkabsat... nasaok san idi. No isuda ti nagkagasat, awan koma ti Enos, Enoka ken Job ditoy lubong, ha-ha!

Adayo la ngaruden da antim a Lingling, Mimi ken ni angkelmo a Dondon, immadayo pay da antim a Chichi ken ni Daddym! Duduakami ken ni lelangmo a nabati; arigmi ti ul-ulila a tumatayab a naiwawa iti nalawa a law-ang!

Naimbag ta adda idi a kadkaduami daydi lelongmo iti tumeng ken da Nang Norma, Mercy, Moray ken Mildred, nga adda iti *basement*.

Umatras ken umabanteta biit, Enos Apok.

Idi babassit pay da Daddym, nasursuruanda nga agubra iti balay. Adda aldaw a batang ti tunggal maysa a tumulong nga agluto, aginnaw, mangidaulo nga agkararag sakbay a maturog ken apaman a makabangonkami iti agsapa. Kasta ti insuromi kadakuada ken ni lelangmo. Ah, ni Daddym, magustuanna ti agpidut iti naiwawa a pusa. Ni antim a Lingling, awan la ti sangkasaklotna no di ti Journal-na; kasla di mabannog nga agsursurat!

Sublianta man biit, Enos Apok, ti padas dagiti lima iti panagmisionda. No nasaritakon kenka ti padas ni antim a Lingling idiay Palawan a paset ti Manila Philippines Mission a nagmisionanna, bay-am ta taldiapak biit tapno mailadawak ti padasna sakbay a mapanta kadagidiay uppat.

Kasla saan a nayad-adayo ni Lingling ta no dadduma, mapan ti grupona agsesion idiay Manila Philippines Temple. No dadduma, adda dagiti miembro a taga-Montalban a maranranaanda. Iti ababa a saritaan, saan unay a naikawkawa; kasla pay ketdi saan a nagmision no ar-arigen.

Ni antim a Mimi, idiay Bacolod a nagmision. 1995-1997 idi— malagipko ta adda naukagak a suratna ken ni lelongmo a naiturong idiay Montalban a napetsaan iti Disiembre 1996 ngem diak ammo no apay a naitugotko ditoy. Mano a bulan laengen idi sakbay a malpas ti misionna. Iti suratna, pasabsabatna ken ni lelongmo ti maysa a nasuruanda idiay Bacolod ta mapan umawat iti *endowment*-na idiay Manila Temple. Ania ngarud ti ammo ni lelongmo idiay pantalan?

Ni Daddym, dandani nasursorna ti intero a Hawaii ta nayakar-akar. Adda daydi baket nga Ilokana a nasuruanna nga uray idi nakasublin ni Daddym, agsursurat pay laeng. Nagyamyaman ta dakkel kano ti nagbalbaliwan daydi barona. Idiay Hawaii ti nakasursuruanna nga agsao ken agbasa iti Iluko wenno Ilokano ta agkaraiwara kano ti Ilokano sadiay. Uray ita nalaing pay la nga agbasa ken agsao iti Ilokano— pangpanggepek nga isunto ti mangipatarus iti daytoy ta amangan no diakton kabaelan; no saan ninto angkelmo a Dondon.

Adu ti napipintas a nayadal kadakuada. Mabalinko nga ipannakkel iti bagbagik laeng ta nakapanda amin a lima nagmision; ta adda amin essemda nga agserbi iti Apo.

Maysa laeng ti diak maipagpannakkel a bunga ti panagmisionda. Idi malpasda nga agmision, no sumrekka iti kuartoda, sumabat kadagiti matam dagiti agkaraiwara a nagluposan ken gamigamda! Pabasolek no maminsan ti Simbaan ta naasi unay; adda tinudingan ti Mission Home a mangipuspos kadagiti misionario. Nalipatanda ti naisuro kadkauada a panagidalimanek kadagiti aruatenda. Kunak ngaruden, kasda la ulegen a naglupos!

IDI AGOSTO 1999, Enos Apok, dandani dimmapo ti kakaisuna a nagrigrigatak idiay Dhahran, ken nakaigapuan ti ipapanawko idiay Montalban. Napateg unay kaniak daydiay a lote ta isu ti dimmakkelan da Daddym. Idiay ti ad-adda a nakatubayan ti kinataoda ta mano nga addang la ti kaadayona iti Simbaan no ar-arigen.

Ngem gapu iti pannakakumikomko iti baro a lubongmi, Enos Apok, nalipatak ti obligasionko idiay Montalban. Saak la nagbalukattit idi nakaawatak iti surat manipud iti Home Development Mutual Fund Lucena Regional Office, a napetsaan iti Agosto 13, 1999. Diak malagip no kasano a nakadanon iti Yorkshire ta nayadres ti surat idiay Amorsolo, U.P. Diliman. Ngem agyamank ketdi ta nakadanon...

Nailanad iti surat nga adda utangko a P111,000.00 a pisos iti innalak a lote ken balay idiay Metro Montaña Village idi Pebrero 23, 1983.

Agparparang kano nga adda di nabayadan a P156,784.63 iti uneg ti Mayo 1988-Agosto 1999.

Saan pay a nairaman dita ti dadduma a mabalin a maituon a gatad!

Daytoy ti nadagsen, Enos Apok a ballaag ti surat:

We demand for full settlement of your arrearages.

Ngem nainayon met:

...we have thought of giving you the opportunity to settle your account, otherwise we shall proceed with the foreclosure of your property without further notice.

Roberto Dante R. Cortez ti nagan daydi OIC a nagsurat.

Kasano itan?

Kinasaritak ni lelangmo, Enos Apok. Agpadakami iti kapanunotan: masapul a mabayadan ti singsingiren ti HDMF. Ngem sadino ti pangalaanmi iti pagbayadmi? Saan nga ang-angaw ti kantidad a mabayadan.

Adda nakaibaga kadakami a mabalin a yutang ti pateg ti sanikua. Kas koma ti balay ken lote. *Home equity* loan, kunada.

Nagsapulak a dagus. Adu a rikrikititos ti naglasatak, Enos Apok, sakbay a naaprobaran. $20,000.00 ti naipalubos nga utangek. $420.00 ti mainayon iti nasurok a walogasut a pagbaybayadko iti balay iti Yorkshire iti makabulan. Kiraudenmi no kuan ken ni lelangmo ti pagbagasan!

Ngem inkidemko; intonokuan a panunotek ti ngiwat, mabayadak la ketdi daydiay pakalaglagipak iti panag-Saudik.

Inurnosko ti panagawidko, wenno isasarungkarko idiay Montalban.

Ni Sadiri ti kaduak a nagpasukat iti kuarta a pagbayadko, Enos Apok. Adda *dollar account*-na iti bankona, a nangideposituanna; sa nangiruar iti pagbayadko idiay HDMF. Saan a klaro iti lagipko, Enos Apok, no isu ti nangitulod kadakami ken ni antim a Lingling idiay Lucena. Malagipko ketdi nga iti idadagasmi a mangaldaw iti maysa a dakkel a panganan idiay Makati, pagammuan lattan ta kimmapsutak ket mapukawen ti riknak. Naimbag ta adda klinika iti daydi a pasdek a nangitarayan kaniak ni antim.

Diabetikoak idin, Enos Apok.

Kastoy ti paset ti sertipiko ti HDMF a napetsaan iti Disiembre 5, 2000:

This is to certify that Folio 1 account of Lorenzo G. Tabin which was originated by Luzon Develpment Bank was fully paid last December 4, 2000 under PTR No. 16405857.

Kasla kadakkel ti siit ti kandaroma idiay Karayan Parsua ti napag-ot iti barukongko!

Inimasko ti naturog iti tangatang bayat ti panangitayab kaniak ti Philippine Airlines a nangidanon kaniak idiay LAX wenno Los Angeles International Airport a nangalaak iti Delta Airlines a nangisubli kaniak idiay Yorkshire!

NABIIT PAY DA Daddym ken ni antim a Chichi iti *mission field*, Enos

Apok, idi naglusulos ni lelangmo iti daydi West Jordan Child Care. Nagsukat ngamin ti mangimaton ket narusanger ti panangiturong daydi simmukat.

Awan simpakada, pagammuan lattan ta iti naminsan nga iseserrek ni lelangmo, awan metten daydi sigud a direktor.

"I'm the owner and the new director!" kinuna kano daydi nadanon da lelangmo. Awan ti ammo daydi nalaing a direktor iti panangiturong iti Child Care. Ken tudo ditoy, tudo idiay... ti la agitudo ti paglainganna. A ta isu ngarud ti akinkukua!

Iti sumuno nga aldaw, tallon ti naggigiddan a naglusulos kadagidi kadua ni lelangmo. Uray daydi Judy Hakanson, saan metten a nagbayag.

Idi maawat ni lelangmo ti naudi a sueldona, nagpakada metten!

Nakastrek iti ABC Child Care and Learning Center. Asideg idiay Yorkshire ket mapagpagnana no diak mapan maala. Adda dagidi babbaket a nakaduana, kas ken ni Nancy Butcher a taga-Granstville, Utah ken daydi Amelia a sigud a taga-Mexico ken adda kalugaranna a nobiona idi ubbingda pay ngem nagsarakda iti Utah idi baket ken lakaydan ken agpadadan a natayan iti asawa ket intuloyda ti naputed nga innayatda. Ken adda nakaduada a maysa a Filipina/Ilokana ngem diak malagipen ti naganna, Enos Apok.

Adda daydi nasayaat a liderda, nga adda annakna a *grade schooler,* a no dadduma ung-ungtanna kano ida no mapanda mangan iti pangpanganan dagiti *homeless.* Mabalin kano ngamin a mapan mangan ti asino man nga awan ti kanenna.

Sabali la daydi kadua ni lelangmo a mano ti annakna a babassit a saan a maymaysa ti amada ta saan a nakikasar. Ti kano rasonna, dina kayat ti maigalot tapno makaala latta ti abasto dagiti annakna, nga aggapu kadagiti ammada. *Child support* a kunada. Adda maysa a nangngegko, Enos Apok, a lalaki a dina kayat ti agtrabaho tapno adda rasonna a di mangsuporta kadagiti pututna!

Nadumaduma dagiti pamilia nga agibati kadagiti annakda iti ABC tapno makapagtrabahoda. No agpakan wenno agsukatda iti *diaper* dagiti ubbing, adu ti madukduktalan da lelangmo, Enos Apok. Dagiti nangisit nga ubbing ti kadadakkelan ti ap-appoten ti *diaper*-da.

BAYAT TI KAADDAK idiay Humanitarian Center, Enos Apok, babaen ti panagsinsinnuratmi, ken ni Brother Luis Delfin, naammuak a naalanan idiay Crystal Care, idiay Lynwood, daydi Sister Pelagia Delfin, ken ti buridekda a ni Lehi. Naikamakamda sakbay ti maika-beinte uno a kompleanio ni Lehi. Nasao ni Brother Delfin a pangrugianda laeng nga umaddang ti Crystal Care. Nagur-urayda iti gundaway a makapanaw, a makaumay met ditoy Utah. Malagipko la ngarud ti nasaona kaniak, a sisasaganan nga agsubli iti Mannakabalin apaman a maaprosanna ti bakrang ti Salt Lake Utah Temple! Makaammokanton a mangilawlawag, Enos Apok, no adda agdamdamag, no apay a kasta lattan ti panagtamed dagiti miembro kadagiti templo, nga ibilangtayo a Balay ti Apo.

Ni Brother Luis Delfin ti nangestoria iti napaspasamak idiay Crystal Care idi awanakon idiay. Nagpapanaw kano dagidi nakadkaduak.

Ken natay kano daydi Benny a nangrelreliebo kaniak iti diak malagipen no ania a gapu.

Maysa laeng ti di napapanaw.

Ta isu a mismo ti pimmanaw. Wenno naglibas, kunak koma.

Intarayna ti dakkel a kantidad nga intalek kenkuana daydi Emy Canaña.

Ammomon no asino, Enos Apok.

Wen, awan sabali no di daydi nalaing a Mekene Abe a taltalken unay ni Emy a gayyem. Inaganak man laengen: daydi Hilda Macaraeg! A nagkuna kaniak: *"America na dito, Mang Lorenzo!"*

Wen, Enos Apok. America kanon ditoy. Isu nga uray takawam ti gayyemmo, mabalin lattan; aglalo no intugtugotmo dayta nga ugali manipud idiay Filipinas, a *mahal mong tunay!* Isu ngarud nga America ditoyen!

Nagalas nga ugali, 'nia?

Ne, naitawtawkan. Agsublita idiay Yorkshire.

Inawatmi ken ni lelangmo dagidiay Delfin idiay Yorkshire. Ay, ket wen, a, napekpekkami koma no nadanonda da Daddym ken ni antim a Chichi. Da Brother Luis ken Sister Pelang ti nangakopa iti kuarto ni antim a Chichi. Binagi ni Lehi ti kuarto ni Daddym.

Iti isasangpet dagiti Delfin, limmag-an ti binulan a bayadak iti balay.

Sag-$300.00 sa idi daydi Tatang ken dagiti Delfin; imbagak a tulongda iti *amortization.*

Nakatulong met ti bassit a naapitmi a natnateng iti *plot* iti daya ti balay no naisibeten ti Winter ket sumreken ti Spring a mabalinen ti agmula.

Gapu ta naisaw-atko bayat ti panagsinsinnuratmi a mabalin a matulongak ida no umayda iti Utah, Enos Apok, inrekomendak ni Brother Delfin idiay Humanitarian Center. Napalalo ti yamyamanna ta dina la naaprosan ti pader ti Salt Lake Utah Temple, ngem nagsesionkami pay. Uray no nababa ti sueldo iti HC, 'tay kunakon, nalabon ti benepisio a pangabrutan. Ken makapagtrabaho manen iti Simbaan ni Brother Delfin— nagritero a hardinero idiay Manila Philippines Temple sakbay a napan idiay Idaho a yan ni Helen a maysa kadagiti dua nga annakna iti immuna nga asawana a taga-Narvacan, Ilocos Sur, a nagyananda bayat ti panagtrabahona iti maysa a paktoria. Nabalo idi madungpar ti lugan daydi immuna nga asawana.

Ken panggepda idi a pagmisionen ni Lehi. Isu la idin ti di nakapagmision kadagiti tallo nga annakda a lallaki... Panangatur, Enos Apok, apokoda ni Lehi ta anak-iti-biddut ti inauna nga anak ni Brother Delfin. Isuda ti nariingan ni Lehi a dadakkelna... adda bassit ringgor iti pamiliada, ngem bay-antan.

Nalipatak, ket aturek, Enos Apok. Addan ni lelangmo iti ABC sakbay a simmangpet dagiti Delfin; impastrekna daydi Sister Delfin idi agangay.

Idi sisasaganaakon a mangusar iti naadalko bayat ti kaaddak iti Humanitarian Center, rinugiak ti nagsapul iti sabali a trabaho.

Adu ti nagaplikarak... Manen! Inunak ti Distribution Center ti Simbaan a kasango ti HC iti ballasiw ti 1700 South iti abagatan. Insarunok a nangalaan iti eksamen ti Intermountain Health Care iti nagsulian ti Bangerter Highway ken 4700 South, a pakausarak iti inadalko iti Salt Lake Community College. Napintas ti IHC, isu itan ti maysa a kadakkelan a hospital iti Utah. Isu la ti addaan iti Huntsman Cancer Insitute; aggapu pay iti kabangibang nga Estado ti adu a pasienteda, nga iluganda iti helecopter.

"We'll call you for the result," kinuna ti IHC idi malpasdak a kasarita.

Immuna a naawatko ti awis ti Distribution Center. Mangrugiakon iti sumuno a Lunes. Idi sumangpetak iti malem, nasangpetak ti mensahe ti IHC iti telepono.

"This is to inform you that you passed the interview. Come and report on Monday..."

Nagtibnok ti gagarko iti daydi nga aldaw, Enos Apok. Kayatko ida a dua. Warehouse Worker I ti puestok idiay Distribution Center. Office Staff idiay Intermountain Health Care.

Dakkel ti pribilihio nga ited ti IHC. Umuna, ken kangrunaanna, a diak idi ammo: ti health benefit. Siempre, no empleadoka iti hospital, dakkel a banag. Nasaysayaat pay nga amang ti sueldo ngem idiay Humanitarian Center.

Nababbaba ti sueldo iti Distribution Center, ken nadagdagsen ti trabaho ta nakitak idi napanak nagaplikar. Agbagkat kadagiti karton a naglaon iti Biblia, Book of Mormon, ken dadduma pay a liblibro ken magasin nga order dagiti miembro iti nadumaduma a paset ti America, nga aguyas iti *conveyor* sa agalus-os nga agpababa iti pakabagkatanda a maisalansan kadagiti adu nga agur-uray a paleta a naisangrat iti nadumaduma a lugar. No napunnon ti paleta, mangalaka iti *pallet jack* ket ibunagmo a yasideg iti ridaw a pagur-urayan ti dakkel a trak.

Ania ti piliek?

Sigud nga arapaapko ti agtrabaho iti Simbaan iti Salt Lake, a tuloy ti kina-*translator*-ko. Ninamnamak a nalakaak a makastrekak iti Translation Department gapu ta nabayagen nga agipatpatarusak. Ngem awan ti bakante.

Pangrugiak laeng, nakunak iti nakemko. Isu a pinilik ti Distribution Center.

Enero 18, 1999 idi, Enos Apok.

Nagdakkel a babawik!

Narigat dagidi naglabas a trabahok ngem saanak a nagbagbagkat iti nadagsen. Kaslaak la namalmalo idi aggibus ti umuna nga aldawko! Naimbag idi pionak iti Luminar Electrical and Plumbing idiay Evangelista ta gemgemko laeng ti limlimteg a namarmartiliok!

Nakarkaron kadagidi simmarsaruno nga aldaw. Saan laengen a ti bagik ti kasla namalmalo. Nakarkaro ti panunotko. Apay, kunam, Enos Apok?

Pakiaw dagidi kaduak nga annak ti katuday nga ubbing a kawayan a Puraw a *return missionary!* Daydiay la agtututtot nga aggagarakgak ti obrada ket mapunnon daydiay *conveyor* a sangsanguenda. Pengpengdak ti agpungtot ken agtabbaaw.

Nabasa idi ni lelangmo, Enos Apok, iti *classified ads* maippanggep iti anunsio ti Becton Dickinson and Company: *Urgently needed:* Assembler, *no experience needed!*

Maysa ti BD kadagiti kadakkelan a kompania ti teknolohia medikal iti lubong nga agpartuat ken agdiskubre iti kasapulan iti mediko.

Inkeddeng ni lelangmo ti agikkat idiay ABC ta dakdakkel ti sueldo idiay BD. Nabati daydi Sister Pelang, ngem immakar iti Jordan Valley Medical Hospital, a *custodian,* a nagkunaanna kano iti daydi bossna idi dinamag daytoy no mano ti tawenna: *"Why, are going to kick me out?"* Ngem dida maikkat ta age discrimination no kua ti kasoda.

Idi damo, agluglugan ni lelangmo iti UTA a lumabas iti BD; adda la bassit a pagnaenna no makadissaag. Idi kuan, itultulodkon sakbay a sumrekak idiay Distribution Center ta alas siete ti serrekna ket alas otso kaniak.

Pangyur-urayan ni Lehi ti aplikasionna nga agmision, inserrek ni lelangmo iti BD. Nakasarita idin ni Brother Luis Delfin ti bossna idiay Humanitarian Center a dida koma ik-ikkaten ta mapan agmision ti buridekna. Kaaduanna ngamin ti saan nga agbayag iti HC. Kas iti DI, *stepping stone* la ti HC dagiti mayat a dumur-as.

Adu ti Pinay a naam-ammo ni lelangmo idiay BD. Idiay pay ti nakakitaanna iti daydi immuna nga artista a daydi Narda a bassit a Darna nga adda adingna a lalaki.

"Huwag n'yong ipagsasabi na narito ako, ha!" kinunana kano.

No agtutumpongda a Pinay, ti la adda a pagsasaritaanda. Makutkotda amin a buyokda.

Adda daydi agnagan iti Fernanda, diak ammo no yanna, Enos Apok. Inkasar kano ti Ppinoy nga ub-ubing ngem isu. Idi maalanan ti kaykayatna, pati ti papelna, nagpukawen a kasla asuk.

"Salawasaw daydiay a Fernanda," kinuna ni lelangmo iti naminsan a panagawidna.

Sinaludsodna kano iti grupoda: *"Bakit kaya ganoon ang amoy?"* ti iduldulinna ti kayatna a sawen!

Adda pay dagidi agina a Pinay a naggapu idiay California. Agpadada kano a nagatel. Daydi ina, adda nobiona a maskulado ket sarsaritaenna ti ar-aramidenda uray iti salas; adu kano ti naka-eskaparate a paltog daydi lakayna a soldado.

Pagsasaritaan kano dagiti kakaduada, uray pay dagiti saan a Pinay, no manon ti naglasat kadakuada, a pagpangasda pay ti laingda a nagurnong.

"You, how many Xes do you have?" dinamag kano ti maysa nga Eme ken ni lelangmo no mano met ti inabalbalayna a nawalat.

Ngem adda met maysa a bumaketen a nasayaat a kadua da lelangmo.

"Huwag kang makikisawsaw sa mga iyon!" kinunana kano ken ni lelangmo. *"Anduduming mga bunganga!"*

Ni lelangmo, idi bumaybayag bassit, agbaon metten! Inaramidna ti inar-aramidna idi adda pay idiay Pagudpud, idi adu pay ti katulonganna— kas iti naminsan kano nga agul-uldag iti bangko, a binaonna daydi balasitang a katulonganna.

"Diak pay nalpas ti immuna a nangibaonam!" kinuna ti balasitang a nabannog metten.

Di kayat ni lelangmo ti masungsungbatan, bimmangon ket pinungutpungotna daydi piman a balasitang, a saanen a nagbayag.

"No kasta ti ar-aramidem, awan ti agbayag a kaduam!" kinuna kano daydi Apo Paer a Tatangna.

Isu a pinadasna met a minandar daydi Eladio a maysa a Mehikano a kaduana idiay BD.

"Do this after that…"

"You are not my boss!" inkusilap kano daydi Eladio.

Ti ellekko, Enos Apok, idi estoriaen ni lelangmo ti padasna.

Nadaras a nakapagsisinninged da Mercy, Moray, Mildred, ken Lehi. Saan a narigat a kapulapol ni Lehi, Enos Apok, ta nagtrabaho idi idiay

Cubao iti maysa a sanga ti McDonald.

Nangruna a nakapagsinningedda ken ni Mildred. Sakbay a nakapagmision ni Lehi, addan nagkinnaawatanda. Nanglukatda pay iti *joint account*-da iti banko.

Ngem uray no saan a nalag-an ti rikna daydi Sister Pelang iti relasion da Lehi ken Mildred, intultuloyda ti nagsinsinnurat idi addan ni Lehi iti misionna idiay Alaska. Patpatulodan ni Mildred iti kuarta babaen ti *bank account*-da.

1999 agingga idi 2001 a nagmision ni Lehi. Isu man ketdi ti nakaestoria a no kalamiisna idiay Alaska, a no dadduma, umabot iti *60 below zero* ti temperatora. No lalausen ti manao, no agpaturayokka, di pay nakadandanon iti daga (wenno isno) ti paturayokmo, nagbalayen a yelo!

Sinalangad ni Sister Delfin ni Mildred; imbagana a dina singsingaen ni Lehi, kayatna a malpasna ti misionna.

Inggaed ngarud ni Mildred ti nagadal, Enos Apok. Nakaala iti scholarship idi agturpos iti Granger High School ket intuloyna ti nagbasa idiay University of Utah.

Da Mercy ken Moray?

Nakastrekda iti maysa kadagiti pagtagilakuan dita Salt Lake International Airport idi nagikkatda idiay DI. Nagsabat ti dalan da Moray ken David Anderton, maysa a diborsiado, ken agtartrabaho iti Southwestern Airlines. Itagtagiuray met idin ni Mercy ti gundaway a maalana ni Jun Dasalla a nakagraduaranna idiay Santa Maria, Ilocos Sur.

Adda met nakaklasean ni Mildred idiay U of U. Ni Cory Chivers...

*FLASH, ENOS APOK! Rabii ti Sabado, Abril 1, 2023, umuna iti dua nga aldaw a sapasap a komperensia ti Simbaan. Kalkalpas ti nagmalem a panag-**interpret** dagiti miembro ti 82 a pagsasao iti lubong a naangay iti Church Office Building, ammom daytan, iti Salt Lake City. Uppatkami iti grupo dagiti Ilokano. Limakami koma ngem saan a nakaumay ni angkelmo a Dondon ta saan a nakapag-**renew** iti **temple recommend**. Intantantanna ti nagpa-**interview** iti Bishopric sa koma iti Stake Presidency ta impagarupna a di pay nagpaso ti TR-na.*

Impalagip dayta a pagteng daydi panangrugimi nga agipatarus ken ag-*interpret* kadagiti mensahe dagiti General Authorities a mamindua iti makatawen, iti umuna a Sabado ken Domingo ti Abril ken Nobiembre. 1999 idi mangrugikami idiay Tabernacle Building, idiay Temple Square— ne, mano a tawenen? Duakami ken ni lelangmo, ken daydi lelongmo nga Erning a kabsat ni lelangmo, a daydi la a tawen a naisurot, isun sa pay ketdi ti nagipatarus—siakon ti nagipatarus a maysaak kadagiti nag-*interpret* kadagiti simmarsaruno a tawen; kaduami da Floresa Martines Thurston, ken ni Alona Hall. Adda pay dagidi dadduma a kaduami ngem saan a nakaanus.

Maysa ni Glicerio Hernando a taga-Laoag ngem nagindeg idiay Cubao a nagbalinanna a Bishop ti Cubao Ward idi siak ti Stake President, ngem agnaed metten iti West Valley, a naminsan la a naituredna ti simmurot ta inangsab a nangikamat iti patarus ti mensahe ti maysa a dadaulo. Masapul ngamin a sabayam ti agsasao ta live ti panag-*interpret*.

Pinagriterodak idi umuna a tawen ti COVID sadak met la pinagsubli idi Oktubre itay napalabas a tawen.

Estoriaek bassit ti aramid dagiti *interpreter,* Enos Apok, tapno adda pamalpalatpatam.

Kadagidi a panawen, nabiit pay ti internet. Adda umay agyeg kadagiti mensahe a maipatarus iti no sadino ti yan ti *translator.* Umaydanto sublien iti naituding nga aldaw. Kasdiayto manen ti aramidenda no adda *revision* ti orihinal ti mensahe. No dadduma, Biernes la ngaruden adda pay la yegda a revision; saandan a sublien, itugotton ti nagipatarus/nagrebisar dagiti mensahe. Mano a tawen a kasdi, Enos Apok. Idi kuan, in-inut a nagbaliw ti proseso agingga a dimmur-as ti teknolohia, ket ita, nasurok a makalawas laengen sakbay ti sapasap a komperensia isunto pay la ti panagipatulodda iti internet kadagiti mensahe. Makatawen sakbay a simrek ti Covid, didakon pinagpatarus kadagiti mensahe; maysaak laengen kadagiti interpreter. Wen gayam, Enos Apok, siak ti nangidaulo iti grupo dagiti Ilokano manipud idi nangrugi ti panagipatarus kadagiti mensahe iti Sapasap a Komperensia. Agduapulo a mensahe iti Sabado kasta met iti Domingo; ngem saankami a mairaman iti Domingo. Sinuktannak ni angkelmo a Dondon idi kaduami iti grupo. Ah, wen, ni Daddym, nakaduami met iti sumagmamano a tawen. Kasano a nakasursuroda iti Iluko, kunam, ket dimmakkelda idiay Kamanilaan? Nagmision ngarud ni angkelmo idiay Baguio Mission a sakupna agingga idiay Ilocos Norte. Ni Daddym, nakasursuro idiay Hawaii ta kunak ngaruden, adu ti Ilokano idiay. Maysa pay, awan ti libtawko a naggatgatang/nagdawdawat idiay Bannawag iti kopia ket magustuanda a lukiblukiben ti yan dagiti komiks. Ken nasinged kaniak ni Rudy Contillo nga adda idi idiay serkulasion ti Liwayway ket tunggal mapanak agpasiar, ikkannak latta iti kopia. No kua pay ketdi, a, ket adda latta kopia nga agur-uray kaniak kadagiti lawas a diak pannakapagpasiar. Nagsayaat kaniak ni Rudy, nga agpapaimasen a nagritero idiay Narvacan a nagramutan ti pamiliana.

"Ta sika ti presidentek, manong!" kinunana idi. Ti gapuna, nagtarayak a presidente ti GUMIL Metro Manila, ket maysa a puntos la ti nangitarayak ken ni Honor Blanco Cabie a nalatak a propesor iti maysa nga unibersidad idiay Manila; daydi ti immuna ken kakaisuna a panagpresidentek iti GUMIL—addan sa met dua a libro a proyekto ti GM bayat ti panagtakemko—diakon sinunotan, ngem nagbalinak ketdi a *lifetime member!* Awan ngamin iti darak ti 'politika' saan a kas ken ni lelangmo a kayatna koma kano ti agmayor met idiay Pagudpud no di siak ti pinilia! Baluarte dagiti Benemerito, nga asideg unay a kakabagianna, ti Pagudpud.

Ne, kitaem, Enos Apok, aringkabawenak san; ti man la pangipipanak kenkan! Ngem agpayso ti ibagbagak, wen? Uray agsaludsodka ken ni Floresa Martines Thurston nga isu laengen ti maymaysa nga awan ti liwatna a nagin-interpret iti uneg ti dua a dekada ken uppat a tawen; idi la inyanakna ti inauna nga anakna. Ken agsaludsodka pay ken ni Rudy, wenno Eliseo Contillo. Panekenekanda nga awan ti angin 'toy lelongmo!

SAKBAY A MALIPATAK, Enos Apok, diak met nalipatan ti nagsursurat, saan la nga iti Bannawag, ngem nagsursuratak pay iti dandaniw nga Ingles a nairamraman kadagiti libro a *Poetic Voices of America, Meditation, Reflections of Innocence, ken New Millenneum Poets.*

Dayta ti nakaipuonan ti panagsinsinnuratmi iti daydi Manong Alex Hufana a propesor ti Literatura idiay UP Diliman babaen ti email. Malagipko pay laeng, nga adda idi inramanna a saritak iti proyektona a patarus iti Ingles dagiti Ilokano a mannurat adayo pay sakbay a nagpaAmerica-kami; ni Leticia Fariñas ti nangipatarus iti saritak ket dinillawko ta iti panagkitak, saan a patarus no di ketdi kasla aglanglanga nga 'adaw' ti patarusna iti orihinal a saritak.

Daytoy man ti kakaisuna a surat daydi Manong Alex a naagsawko, Enos Apok. Napateg unay ta diak ninamnama a suratannak, isu nga ibinglayko met—saanen a dayta ti email address-ko.

From: **Julita Q. Hufana hufana@juno.com**

To: **Ltabin@attbi.com**

Subject: **PADASMO PADASKO MET**

Date: **Mon. Mayo 20, 2002 12:20:41.**

Dear Loring,

Saanak a naka-email a dagus ta itay napan a dua a lawas a nagpaagasak iti emergency hospital ditoy iti kimmaro manen a COPDik. Napadasam met gayamen ti napadpadasak a kas iti Bukaneg award (tinulongannak a nangyalat daytoy daydi nalatak a gayyem Pel Alcantara) ken kas iti Editor's Choice idiay North American Open Poetry Contest [saanen a nauray daydi Manong Alex ti pannakaited kaniak ti UMPIL Award, Enos Apok, ta pimmusay idi arinunos ti Agosto 2003]. *Kastoy ti sinuratko maipanggep ti iseserrekko iti dayta a salip, para ti inlibro ni Ricardo M. De Ungria ti UP Manila (adda ita ni Ungria a Chancellor iti UP Davao, "A Passionate Patience (Ten Filipino Poets on the Writing of Their Poems": "This began as a poem entitled 'Hunting with Life' which I entered on December 28, 1992 to beat the deadline three days later for the North American Open Poetry Contest I saw advertised in a national magazine and conducted by the National Library of Poetry in Maryland...*

Napintas ti daniw, Enos Apok, nga inrapinna iti suratna. Kasta unay kano ti panangipanamnama ti esponsor ket imbagada pay a libre ti papanna panangawat, ken ti panagmiembro, ket pulos a di immapay iti panunotna ti sabali a pagturongan ti pasamak.

Innayonna: Kasta ti nagbanagak. Linipatak ti amin a North American Open Poetry Contest kalpasanna. Kastoy kadi met ti padasmo? Ala uray ta napadasan metten ti saan nga ugali a mapadpadasan.

Nabasak met ti p[i]nangsangailim kadagiti kakabsatmo a simmangbay dita yanyo, iti p[i]nanguliyo iti saan unay a madandanon a kueba dita

Utah. Diak ngata kabaelan daytan, iti rugi pay laeng nga addang. Komustakay amin. Agsinsinnuratkami ken ni Herman.

Cheers, Manong Alex.

Malagipko ita, Enos Apok, a kasta unay ti panangtangtangadko kadagidi kapadpad daydi Manong Alex idiay UP Diliman; arigda man la tumukno iti langit ti pangipadpadisak kadakuada. Idinto a siak idi, kumkumpesak nga agpapaigid no mailaw-anko ti umasideg iti tartaripnong. Kasta met laeng ti riknak idi napagasatanak a mangala iti masterko idiay UP Diliman—ala, wen, sibibiag pay daytoy singsing nga inkarigatak a pinondar idi agraduarak; ken naikuyogko ditoy daydi tesisko.

Isu nga iti panagsinsinnuratmi iti daydi Manong Alex a maysa nga

adigi ti literatura, nakariknaak iti apagapaman a pannakaital-o iti laksid ti

nakaad-adu a taringgawid iti idudur-as.

IDI NALPAS NI antim a Chichi ti misionna, Enos Apok, nagsubli a nagtrabaho idiay Distribution Center. Ni Daddym, innala ni lelangmo idiay Beckton Dickinson. Nagustuan a dagus daydi Nida a kadua ni lelangmo, daydi kunak a dua ti annakna nga inadaptar ti agassawa a miembrotayo.

"Ay nagguapokan, Jojo!" kinunana kano ket kasta unay ti panangsirsirigna! "Karuprupam daydi lakayko!" Kumkumiapet kano ni Daddym iti ariekna.

Iti naminsan nga iseserrek da Daddym ken ni lelangmo, sibsibet ti isno ket nagalis ti kalsada. Ni Daddym ni nagmaneho ta pulos a di nakasursuro nga agmaneho ni lelangmo—nagbuteng a nangituloy idi imbaga ti nang-test kenkuana: *"You're a very dangerous driver!"* Iti ilalaksid ni Daddym iti I-215, a sumrek iti I-15, dina naaluadan ti manibela ket nagpuligos ti kotse! Naimbag ta awan ti sumarsaruno ken kasinnabatda ta diak la ammon no nangpidpidutanmi koma kadakuada; awanka ket koma ita a kapatpatangko.

Isu nga uray ita, kasta unay ti panangpalpalagip ni lelangmo kaniak no siak ti agmaneho. Naslaanan la unay.

Nangato ti arapaap ni Daddym isu a saan a nagbayag idiay BD.

Diak malagipen no ania ken no sadino ti immakaranna a trabaho; damagemto man ketdi.

Ngem malagipko pay laeng a simrek a nagadal iti daytay computer school dita abay ti Holiday Oil, dita nagsulian ti 3200 West ken 3500 South. Naiparparna la unay ta dita ti nagkinniddayanda ken ni Mommym. Ammom ni Daddym? Adu ti babbalasang idiay Burgos Ward ken nakaklaseanna idiay Rodriguez High School a nakapigpigket ti parimrimda kenkuana. Adda pay daydi kayatna ketin ti sumurot ket dida pay met agnobio!

Ay ket ni Mommym? Diak ammo no ania met ti nakitkitana ken ni Daddym ket nagdakkel ti paggidiatanda iti kudil. Arigda ti singkamas ken ube koma no bunga. Agaasem ta iti naminsan a panangawis ni Daddym ken ni Mommym nga umay mangaldaw idiay balay, awan met ti mikmikkina a nangan iti taraon ti Ilokano.

Dimo patien, ngem inupriseran ni Daddym iti nakamatisan a bugguong a paboritona. Ay, ket diak koma patien no diak nakita. Ngem naimas ti panangideppel ni Mommym iti daydi bulong ti kamotit! Sinipsiputak no agmusiig wenno agdul-o, ngem awan ti negatibo a reaksionna!

Iti sumuno nga aldaw nga idadagsda, napaliiwko nga adda limmabaga iti ngiwngiw ni Mommym.

Nagalergy iti bugguong!

Idi kuan, pagammuan met lattan ta kadua ni Mommym da Dirk ken Labbyn a dadakkelna, nga immay idiay Yorkshire.

Pudno unay, Enos Apok: Immayda dinanon ni Daddym! Makaisisemak a diak ammo.

Ammo ni Daddym ti agiggem iti kuarta, Enos Apok, isu a nakaurnong iti pinagkasarda ken ni Mommym—agsagsaganakami idi ken ni lelangmo a mapan idiay Rodriguez para iti pannakai-*release* ni angkelmo a Dondon nga agleppas met idin nga agmision. Ni Daddym ti nangyabaga iti nagasto iti maysa a restawran dita 3500 South kalpasan ti pannaka-*seal*-da dita Salt Lake Utah Temple—di pay idi naisubli ti pammalubos kaniak ti Simbaan a Sealer isu a daydi Amerikano a sigud nga Area President idiay Filipinas—simro man ti lilipatkon, Enos Apok, diak malagip ti naganna; a George Canon gayam —ti namaglantip kadakuada.

Kalpasan ti *reception,* naghotelda nga immuna dita Salt Lake kalpasanna, nagderderetsodan a nag-*honeymoon* idiay Hawaii. Adu dagidi nasuruan ni Daddym idiay Hawaii ket isuda ti nangsangaili kadakuada.

No adda wayam, basaemto ti salaysayko iti Bannawag nga *Ay, Dinanonda ni Jojo!* Pebrero 10, 2003 idi, mano a bulan kalpasan ti kallaysa.

Paliiwem daytoy surat daydi Agustin DC Rubin a gayyemmi a mannurat, a mainaig itoy:

Loring, et.al.

Hrubin5995aol.com

Hi Loring & Samar,

Ania ti rikna ti maaddaan iti manugang a Puraw? Naragsak, ania? Aglalo ket mannakaawat dagiti abalayanyo, kasta met ti kapisi ti puso ni Jojo. Napintas nga agginnamer ti dara ni Pinoy ken dara ni Kana. Nalinis ti kudilda. Ngem no da Kano/Kana ken Negro/Negra saan a nabaked ti resulta ta napigpigsa ti dara ni Negro/Negra. Ngem ipagarupko nga adaddanto nga agirigda iti kultura ditoy ta ditoy a mayanak ken dumakkelda. Saan a nakadidillaw daytoy. Ngem didanto met malipatan ti puli a nagtaudanda iti agsumbangir.

Kasta no narabrabaw ti irurusing ti bukel ni Cupido. Umuna a nasirig ti pana ni Ayat. Wenno narabrabaw ti panangimutektek ti bukel ni Ayat ket immuna a rimmusing ti naud-udi ngem dagiti immuna a bukel! Kasta ti gasat ni Ayat!

Naragsak-a-naladaw a kablaawmi kadakuada!

Inton Hunio 21 iti oras ti ala una, agdeppelak metten. Idiay Philadelphia, Pennsylvania a mapanak. Naawatko itay napalabas a bulan ti pakaammo. Imbusonko ti aplikasionko idi Enero 28 itoy a tawen.

Komustakayo amin manen dita Salt Lake.

Kastoy met ti sungbatko, Enos Apok. Imalditko ditoy ta kunak man, a no kumitkita ita daydi DC—magustuanna ti kasta nga awagko—kunana met, 'ay ni Loring, dinak met pay gayam nalipatan!' Kitaem:

DC:

Kablaawandaka met iti umadanin a panagdeppelmo (saan nga asin ngem iti tagapulot ni Angkel Sam)! Sabali pay nga innem a bulan, ayabandakanto manen a palutpoten (ingkabesak ti 96 a saludsod nga intedda, ngem up-uppat met ti sinaludsodda!) Iti English test, pinagbasadak la iti ababa a sanganayon ket nairuarko kanon! Ur-urayek pay la ti iskediul ti panagsapata—kunada idi June 20, 2002 wenno July 12, ngem awan pay met ti suratda. Ala ket abutento pay la ngata ti umay a tawen sakanto agsapata. Isu a dimo pay la pampanunoten ni Inang Pinang! Wen gayam, komusta 'ta kanawan nga imamon? Nasaom ngamin naminsan a 'ta kanigidmo ti pagkumkompiutermo.

Ania koma ti rikna ti maaddaan iti Puraw a manugang? Diak man ammo no naragsakkami ken ni Samar, dayta ti pudno. Ngamin, dimo ida mangngeg nga awandaka iti Tatang wenno Nanang (wen sa, isuromin sa ketdi a kasdiay ti awagna kadakami...) Kas man la naragragsak daydiay abalayanmi a babai iti pannakamanugangna ken ni Idek (buridek). Uray dagidiay lelong ken lelang ni Marcella ket naragsakda met—immayda manipud Arkansas. Bareng no di agbalbaliw, ngem kunak man, no koma Pinay met ti naasawa ni Idek, di nakatulong koma iti sabali a pamilia no maalana ditoy 'Paraiso'. Ngem 'tay kunamon, gasatna ti makasaideng, wenno isun sa ketdi ti nabanniitan ti Puraw. 'Payso pay ti kunam nga agkatangkatangton ti kultura a nagtaudan ni Idek no dumakkel dagiti bungada—maysaka kadakuada, Enos Apok. Kasta met ngamin a talaga ti biag. Ditoy America ti nagdudupudopan ti adu a kultura—adun ti ammok a citizen uray no dida ammo ti agsao wenno makaawat iti Ingles. Segun iti pakasaritaan ti America, dagiti Natibo wenno Indian ti puro nga Amerikano, ket dagiti Puraw, naggagampuren ti darada. Dagiti Lebanese ti nakitak a kalinisan ti kudil, idi addaak idiay Saudi.

Ti met la natantanawtawkon ket ne, dandanin panagaawid...

Komustakayo dita DE [Delaware].

Wen, Enos Apok, napan nagtrabaho ni Mommym idiay BD a yan ni lelangmo sakbay nga impasngaynaka. Addada pay la idi idiay Yorkshire. Ken idiay sa pay laeng ti nakaipasngayan ni Enoka sakbay nga immakarkayo iti maysa nga apartment.

AGARUP NAGSUSUKOT DAGIDI pasamak, Enos Apok. Di pay nabayag idi nagawidkami ken ni lelangmo tapno sarabuenmi ti pannakai-*release* ni angkelmo a Dondon. Napanmi sinukon idiay Makati, iti *mission home*. Napukaw daydi maysa a bagahena a yan dagidi dadduma nga aruatenna. Naibaba, wenno dida ammo no kasano a napukaw ket saanen a naisubli.

Impasiarnakami idiay Baguio. Inyam-ammonakami iti sigud a Mission President-da.

Sakbay a nagsublikami idiay Montalban, Enos Apok, inkeddengko a mapan sarungkaran ti Gisit a bassit.

Daydin ti naudi a pannakakitak iti Gisit-a-bassit a nakaipasngayak... nasuroken a sangapulo a tawen ti napalabas. Napanunotko a mapan sarungkaran ti nakayanakak a disso sakbay a nagsublikami ditoy West Valley. Kadua 'toy lelongmo, Enos Apok, ni lelangmo, da angkelmo a Dondon ken antim a Lingling, ken daydi anti Immiang a kabsat daydi lelangmo iti tumeng, a dinagasmi idiay Sto. Domingo a serserkanna a katulong—no malagipmo, dakkel ti akemna iti biag 'toy lelongmo; imbatianmi iti lima gasut a pisos. Nalangto pay la idi ti aglawlaw ngem awanen daydi desdes a namagkamang iti karayan ken lipit. Saan pay a limmawa ti kalsada a kumamang iti San Isidro. Adda pay la dagidi kawayan.

Maigidiaten ti lugar a nasubliak. Ngem dakkel a yamanko ta nakitak pay ti lugar a nakayanakak, iti maudi a gundaway. Nakabengbeng dagiti muyong iti aglawlaw. Awanen ti balay a nangsukat kadagidi dua a... kalapaw ken balay. Gapu iti kalangto dagiti pinuon, diak natan-awan ti karayan ket diak masinunuo no nagtultuloy ti panangkibkibna iti bakrangna, wenno bayat ti panaglabas ti panawen, in-inut met la a naigabur ti kinibkibna ket immababawen ti karayan, wenno napulsot pay ketdi. Mano a dekada ngaminen ti napalabas?

Inasitganmi ti maysa a panglakayen nga agtabtabas iti remmeng. Inyam-ammok ti bagik. Naiturong ti imatangko iti dakkel a marunrunoten a puon.

"Akinpuon iti dayta?"

'Daydi lakay a pakak, sir,' kinunana.

"Pakak? Agpayso?" kasla diak mamati. Iti kasdi a kabayag, adda pay laeng? Nagestoriaak...

Maika-42 a Paset

Yorkshire 2

NO KOMA ADDAAK iti asideg ti tawa a pakatannawagak iti bantay ti Magna, Enos Apok, makitak la ketdi ti umadanin nga ilelennek ti naduyaw nga init.

Ngem diak kayat a panunoten ti kaipapanan dayta ta adu pay a pasamak ti ikarkarigatak a sedseden, a kayatko nga ibaskag iti sangom, a mangted iti naan-anay a ladawan ti kasla awan patinggana a panagdaliasat daytoy lelongmo.

Sumagmamano a lawas itan a marikriknak ti panagrekreklamo daytoy kanawan a patongko a sumuknor iti sanganayon a gurongko. Nabasak iti *Bing* a *sciatica* ti awagda iti dayta nga ut-ot. Diak ammo no bunga ti katutugawko nga agkubkubbo a mangsango iti monitor. Malaglagipko daydi nakatrabahuan ni lelangmo a kapilitan a pinutedda ti gurongna ta nag-*gangrene;* no dida putden as-asideg no kuan ti wangawangan ti tanem.

"Ti la sasawem," kinuna ni lelangmo itay naipasagidko kenkuana bayat ti panangaldawmi.

Diak dinakdakamat ti isasagid no dadduma dagiti nalidem a sirsirmata; pilpilitek a liklikan a panunoten ket ibaisko kadagiti nalasbang a napalabas.

Ala, Enos Apok, isublika iti daydi panawen a masapulen a makisina ti maikadua a pamilia daydi Tatang. Saanen a nagbayag sakbay a napan sinukon ni Mercy ni Jun Dasalia idiay Santa Maria. Childhood sweeatheart-da kano. Nagkaturposanda iti sekundaria iti daydi Santa Maria Agricultural High School, a nagbalin nga Ilocos Sur Agricultural College.

Masapul a sublianta ti panaggayyem daydi Tatang ken daydi Dr. Godofredo S. Reyes. Agpadada a beterano idi maikadua a gubat ti sangalubongan, sa saan nga agaddayo ti pagtaenganda idiay poblasion. Malaksid iti panangsugsugsogko iti daydi Tatang, impatigmaan daydi Dr. Reyes a nasaysayaat no yegna ti pamiliana iti America total benepisio dayta kadakuada a beterano.

"Imbagak ken ni Tatangmo a gundawayanna ti benepisiomi," kinuna daydi Dr. Reyes idi nakapagpatangkami iti naminsan nga isasarungkarko iti yan da Tatang idiay Santa Maria. "Ipagpagapuna iti masakbayan dagidiay babbalasangna."

Kaduami a mannurat nga Ilokano daydi Dr. Reyes, Enok Apok. Masansan idi nga idiay Suso Beach a kukuada ti pakaang-angayan ti tinawen a kombension ti GUMIL Filipinas. Basaemto ti pakasaritaan ti biagna no makapagpasiarka idiay Filipinas... Wenno sapulem ketdi ti naganna dita *website*.

Kasdiay ti puon ti nakayegan daydi Tatang iti pamiliana ditoy America. Sayang laeng ta saan a nairaman daydi Tessie, ni Violy (naaprobaran ti yaayna ngem isu metten a pimmusay daydi Tatang, ken dina kano naawat ti surat ti emigrasion), ken ni Jose a bishop itan idiay Kasiglahan Ward, Montalban Philippiones Stake. Wen, dagidiay tallo...

DAYDI TESSIE TI adda idi panawen a maawagan iti *black sheep* ti pamilia. Nasagsagidkon san bassit ti maipanggep kenkuana. Naulimek, ngem adda iti unegna ti bulkan no bumtak. Saan nga agrekreklamo iti daydi Tatang. Masansan a daydi Nanang ti siuulimek a kuriruenna. Dakami amin, daydi Nanang a lelangmo iti tumeng ti kalakaan nga asitganmi. Siak, Enos Apok, saanak unay a nagrengrengreng; daydi la panagpagatangko iti bisikleta idi addaak idiay CI, malagipmo?

Ngem daydi Tessie? Malagipmo daydi kunak a panangilusotna ti ulona iti buttaw a datar ti balaymi idiay Labut?

Nangrugi a nagrebelde idi nakaaramid daydi Tatang iti maymaysa ken kakaisuna a biddut. Nangrugi kano daydi a biddut idi addada pay idiay Labut, idi addaakon idiay Manila a nagkutkutkotak iti balitok, a kunada. Adda idin madmadlawda a naisalsalumina a tignay daydi Tatang, malagipmo ti naipadpadamgiskon sa idin, Enos Apok? Idi immay daydi Nanang a lelangmo iti tumeng idiay Times, a nagpulong? Daydi a biddut ti nangrippuog iti naannayas a panagtaray ti pamilia nga inlangoy daydi Tatang iti baet ti kinakurapay—malagipmo daydi panagkamangda idiay Old Balara, iti balay daydi Mariano nga immakaranmi manipud idiay Times; daydi isusurot dagiti Alcantara?

Wen, daydi lelangmo a Tessie. Uray no babai nga awan kurangna, ininut a nagiray iti sabali a kinatao. Makita unayen idi addakami idiay Amorsolo... ammomon ti napasamak. Nakasurat pay ni lelangmo iti sarita a naibatay iti daydi Tessie, idi nagpalabas ti sumagmamano a bulan idiay Mandaluyong Mental Hospital. Idi makaruar, nakasarak iti maysa a babai nga insangpetna idiay Pinatubo. Sa idi kuan, pinatakderan ida ni lelongmo a Herman iti barungbarong iti asidegda nga igid ti estero.

Nasayaat ti tunosda idi damo ngem in-inut a nagbalbaliw daydi Vilma iti daydi lelangmo a Tessie. Impapilitna nga agsinadan ket indawatna nga ibati daydi Tessie ti barungbarong. Diak ammo no kasano a napasamak. Insaklang ni Vilma daydi Tessie. Ni manen Herman ti nagremremedio iti imbayadna tunggal bista. Kasdiay gayam, Enos Apok, inranranta daydi abogado nga itantan ti kaso ta tunggal bista, sabali manen a limagasut.

Naminsan met a napankami nagatendar ken ni lelangmo, isu a nasaksiak no kasano ti aramid daydi nga abogado. Bassit la a rikus ti saritaan, nga awan met ti nalawag a nagtarayan ti kaso. Imbagana nga agsublidanto iti inkeddengna nga aldaw.

Adu ti naitulong ni Herman kenkuana, a di ammo ni Mariam. Nagreklamo pay naminsan ni Miriam kaniak ta dina kano ammo no pagipipanan ni Herman iti kuartana. Siempre, Enos Apok, diak metten, a, imbagbaga ti ar-aramiden ni Herman. Nasayaat unay iti daydi Tessie, pulos a di nagreklamo no umasog ti kabsatmi. Uray ni lelangmo a Jose, adu met ti naitultulong ni Herman—nagpulong ni Jose idi addan iti sidongmi ken ni lelangmo. No manganda kano, ta nagyan kadakuada iti diak malagipen no kasano ti kapaut, saan a patakderen ni Mirriam agingga a dina maibus ti sobrada a taraon!

Ni Herman ti kasayaatan ti tegged kadakami ta naigasatanna ti nagtrabaho idiay Asian Development Bank kalpasan ti panaglusulosna iti daydi PCAS (Presidential Comission on Advance Studies). Ti kaaddana idiay ADB ti nakabangonanda iti dakkel a balayda idiay Pasig.

Daydi met ketdi ti nakariingan daydi Tessie iti kunak a dakes a tagtagainepna, kalpasan daydi padasna idiay Mental. Nakapagtrabaho iti sapatosan idiay Marikina ket nagsabat ti dalanda iti daydi Oti a naaksidente iti traysikel iti naminsan a panagbakasion da Sadiri idi addadan ditoy America. Nasaem, Enos Apok, ta nabarikugkog ti lugan ket adda landok a limsot iti matana a simmalpot iti puon ti lapayagna.

Iti panagsarak daydi Tessie, ken daydi Oti, nagtiponda ket nagbungada iti maysa a Jomar a nakatungpal iti arapaap daydi nanangna— nagturpos iti edukasion, ket nairuarna ti eksamen ti gobierno; mangisursuro itan.

"Naragsakakton no makaturpos ni Jomar," kinunkunana idi. Naidalit daydi Tessie iti *breast cancer*. Apagisu nga agraduar ni Jomar idi pumusay daydi Tessie.

Agurayka, Enos Apok, ta sublianta biit ni lelongmo a Herman.

Adda daydi panawen nga inkeddeng ti ADB nga ikkan dagidi nabayagen iti serbisio ti gundaway a mangpili no kayatda ti agretiro a nasapa. Dakkel a kantidad no kua ti awatenda. Diak malagipen no mano a milion ti kuna ni lelongmo a Herman idin, Enos Apok.

Ket ginundawayanna.

Imbaisna iti negosio ti daddduma a naawatna. Nagtulagda iti daydi maysa a mannurat met a manglukatda iti *computer shop*. Ti dadduma, inkeddengna nga ipasiar ti sangabukel a pamiliana iti America. Ti imasna, dida pay nakapagbaybayag iti America idi impadamag ti kinasugponna iti negosio a sinerrek dagiti mannanakaw ti *shop*-da ket innalada amin a *computer*-da. Sayang ti kuarta ni lelongmo a Herman, Enos Apok.

Immuna a nagyanda iti maysa a kabagianmi idiay California. Idi kuan, immayda iti yanmi, ngem di nagbayag ni Mirriam ta nagsubli idiay California ta nakastrek iti trabahona idiay.

Saanen a nagsubli da Herman idiay Filipinas, malaksid ni Lovely a maysa kadagiti uppat nga anakna, a diak malagipen no ania a gapu. Nagyanda iti balaymi idiay Yorkshire bayat ti panangprosesoda iti panagyandan iti America. Nakastrek ni Herman iti maysa a *convenience store* idiay Park City. Intultuloy ni Mirriam ti nagtrabaho idiay California bayat ti panangpagadalda ken ni Jasmin a buridekda iti narsing dita U of U, a nagangayanna, nakastrek idiay St. Mark's Hospital.

Naasawaan aminen dagiti annakda ket nasayaaten ti teggedda. US *citizen*-da met aminen. Immakar da Karen ken ni lakayna a Cris idiay Florida; diak ammo no manon ti annakda. Nagretiron da Herman ken Mirriam iti sigud a trabahoda ditoy Utah, ngem agtartrabahoda pay laeng! Innala ida da Myrrh Lyn wenno Maymay ken ni Richard Heflin a manugangda a Puraw, ken tallo nga appokoda, a kaduada iti balayda idiay Grantsville, Utah, a naudi nga immakaranda.

Ti la imasna, Enos Apok, di metten masango ni lelongmo a Herman ti agsurat; naglatin sa metten ti plumana! Nangabak pay met ngarud iti salip iti daniw maipanggep ken ni Jose P. Rizal. Ken maysa kadagidi nangiggem iti daydi Rimat Magasin.

Wen, Enos Apok. Nagdalan kadakami amin dagiti kakabsatko ken dagiti kakabsat ni lelangmo. Dimi ida natulongan iti pinansial ngem iti sidongmi ti nangrugianda. Dakami ti inayanda sakbay a sinapulda ti bukodda a dalan a nangragpat iti agdama a kasasaadda. Nakapagturpos daydi Erning iti edukasion idiay MLQU, nagsursurat met iti Bannawag, bayat ti kaaddana iti sidongmi. Ken kaduami iti *translation;* sayang laeng ta nasapa a pimmusay. Ni Grace, nakaduami met iti *translation*. Nagturpos met amin dagiti annakna, naasawaanen ti dua, adda ti balasang pay idiay Japan, nasayaaten ti panagtaray ti biagda.

Ay, ket wen, a, Enos Apok. Uray kaskasano, nakaduami met ni Marilou, malagipmo daydi panagkakaduami idiay Coromina ken Buenviaje? Uray ni Miguela, napanna met kinurkuriro ni lelangmo idiay eskuelada no agkasapulan idi iti kuarta. Agassawada idin ken ni Badong nga ultimo a nagnam-ay ta diak nadamag a nagtrabaho; nangnamnama latta iti pension daydi lelongna a diak ammo no naipanagan kenkuana.

Ken lagipem amin dagidi tattao nga immay simmalipengpeng kadakami ken ni lelangmo.

Ay, Enos Apok, aya...

Ket ni Violy?

Nangrugi ni Violy iti College of Fisheries idiay UP Diliman. Idi kuan, nakasarak iti maysa a pammati a nangawis kenkuana iti yanna ita, a nakapagturposanna iti bukodda a pagadalan, nga idi agangay, nakapangisuro idiay Lyceum of the Philippines University, a nangileppasanna iti doktoradona sakbay a nagritero. Kadakami nga agkakabsat, isu la ti nakapagdoktorado. Uray kaskasano, Enos Apok, adda met kabsatko a doktor... dakami ken ni lelongmo a Herman, master laeng... Ngem ni Violy laeng met ti di naestaduan—adda met kunkunada idi nga asideg iti pusona, a kanagnagan daydi Tatang a Clemente ngem diak ammo no ania ti napasamak—nasaona itay nabiit a yaayna ditoy Utah, a dina kayat nga isu ti mangyaruangan iti riknana iti lalaki. Idi nagritero, inusarna ti dadduma a *retirement*-na iti isasarungkarna idiay Jerusalem, sa dimmaw-as ditoy Utah... malagipmo Enos Apok?

Ngem kadakkelan a nakausaran ti nabati iti kuartana a nagritero, ti panangtartarakenna iti daydi Tessie idi naidalit.

Isingitko. Daytoy ti kitaem. Manokami nga agkakabsat ngem duduakami ken ni Jose a buridek; nga agkapammatian. Ni lelongmo a Herman, Iglesia ni Cristo. Da Violy ken Sadiri, diak ammo ti pammatida, ngem agpadada a Christian, nga aggigidiat. Ngem no agdedennakami, dimi pagsarsaritaan ti pammati. Saan a narubsi ti agduduma a pammati ti singensingedmi nga agkakabsat...

Tinulongan kano ni Violy da Sadiri a nangileppas iti balayda idiay San Mateo. Dudua da Violy ken Heidi nga inauna nga anak ni Sadiri, nga aggigian iti dakkel a balayda idiay San Mateo. Naibati da Sadiri ni Heidi idiay Filipinas idi immayda ditoy America. Ur-urayen da Sadiri ti yaay ni Heidi iti America bayat ti panangisursurona iti maysa a nalatak a pagadalan dagiti nasaliwanwan. No matultuloy, maymaysanton ni Violy idiay dakkel a balayda, no saan la a makaumay iti America, a panggep nga ipagna da Sadiri. Di kanon kayat dagiti dua nga annakda a da Herbert ken Hazel ti agsubli idiay San Mateo ta nagturposda iti prestihioso a pagadalan idiay California—Magna Cum Laude ni Herbert, a nakapagpasiar payen idiay Europe, idinto a Summa Cum Laude ni Hazel a buridek.

A, wen, ni Sadiri.

Pinanawanna ti napintas a negosiona idiay Filipinas, Enos Apok. Nakaumayda met ditoy America babaen ti R1 visa; maysa ngamin a Pastora ni Angie a kaingungotna. Imbaon sa ida ti relihionda, ket addadan idiay Pasadena, California. Wenno nin sa ketdi idi, Sadie ti binagaanda a mapan idiay California a mangbangon iti grupo ti pammatida gapu iti padasna a mangtimon iti tattao iti negosiona; ngem saan nga immmanugot no dina isurot ti sangabukel a pamililana.

Duduada laeng iti daydi Tessie a di nakapagturpos iti karera. Ngem isu ti nakatawid iti wido daydi Tatang. Kalpasan ti iseserrekna iti daydi Dencio nga agaramid iti piggy bank, sana sinerrek ti *wall paper*, sa iti grupo dagiti ag-*curing*. Idi kuan, sinerrekna ti agkontrata kadagiti babassit a pasdek. Immadu ken dimmadakkel dagiti kontratana. Adda pay daydi maysa nga Intsik a nagpanggep a mangala kenkuana iti negosiona gapu iti nakitana nga abilidadna, ngem imbaga kano ni Sadiri a panuotenna pay. Idi nagsubli, nagbabawi kanon daydi Intsik ket imbagana a saan laengen ta dakdakkel ti masakbayanna no agsulo. Ti nakaay-ayat, Engineer ti awag kenkuana dagiti trabahadorna uray no di nakadap-aw iti kolehio—nasaok sa idin a namitlo a nangala iti CAT ngem namitlo met a nabitog! Ngem nagbalin a kontraktor nga isu ti rimmang-ayanda ken ni Angie. Malaksid iti napondarda a balayda idiay San Mateo, adu pay ti nagatangda a dagdaga idiay Cavite, ken no sadino pay. Wen, Enos Apok, naestoriana iti naminsan a saan a maliklikan ti panagpasukib tapno maaproboran ti kontratam. Kasta kano ti mapappapagna iti pagalaan ti lisensia idiay Filipinas. Isu a ti ar-aramidenda, pamasmasanda ti presio ti kontrata tapno adda 'ibatida' iti drower ti agpirma. Maysa laeng dayta kadagiti adu nga anomalia idiay Filipinas, Enos Apok. No dimo aramiden ti kasta, dika makaala iti kontratam!

Adda maysa a padasna iti maysa a kontratana idiay Baguio. Naadalna iti nabayagen a panagkunkontratana. No mapan sumarungkar iti jobsite ti kontratana, ibagana kadagiti taona a dida ibagbaga nga adda idiay no adda agsalsaludsod. No maammuanda, sigurado a mapan koriruen dagiti NPA ket agdawatda iti buis a nakairuamanda nga ar-aramiden. No awan idiay ti boss, awan ti maaramidan dagiti NPA.

Insursurotna idi ni Jose iti kontratana. Idi kuan, nakasursuro ni Jose— wenno Joe— agingga a nagsulon, nangruna idi immayen da Sadiri ditoy America.

Nasaok kadin, Enos Apok? Ni la Jose ti saan a namagsisina kadagiti innem nga annakna.

A, wen, agurayka ta sublianta no kasano a nagsabat ti dalanda ken ni Evelyn a tubo ti Cebu.

Idi RM, wenno Return Missionary-n ni Jose ti Baguio Philippines Mission ket addan iti Montalban, nairana nga iti Quezon City Philippines Mission ti pagserserbian ni Evelyn. Sakup ti QCPM ti Montalban. Ni Jose idi ti Ward Mission Leader iti Burgos Branch. Agdamaak idi nga Stake President. Idiay ti nagsabatan ti dalanda.

Nalibtawak sa ketdi nga imbaga, a ni Jose ti nangsursuro iti pamilia daydi Tatang idiay Santa Maria agingga a nabautisaranna amin ida.

Putdenta ta mapanta iti panag-*chat*-mi itay nabiit.

Dinamagko no ania ti nagan ti Ward nga iggemna.

"Kasiglahan Ward, Montalban Stake, Manong... Apay, aya, Manong?"

"Adda sursuratek, a pakasagidak iti *achievement*-yo." Inlawlawagko no ania.

"Napintas ngarud, a, no kasta."

"Idiay Baguio ti nagmisionam?" panangpennekko.

"Wen, Manong, Philippines Baguio Mission, August 1986-August 1988."

"Nakitak ti *family picture*-yo a kinablaawan ni Brother Almosara (sigud a miembro ti Burgos ngem addan idiay Canada) kunak, nasayaat ta sangsangkamaysakayo. Dakami kada Herman ken Sadiri, saggaysakami iti anak a nabati dita Filipinas."

Naibais ti saritaanmi kadagiti annakna.

Innem, tallo a babbai ken tallo a lallaki. Duan a babbai ti naasawaan; maysa daydi inauna a nagmision ditoy Utah. Dua met a lallaki ti nagmision, katurturpos ti maysa iti BS in Computer Science.

Napagsaritaanmi dagiti templo idiay Pinas, Enos Apok. Kunak no sisiam ngem kinorihirrnak.

"Sangapulo-ket-tallon, Manong: Alabang, Bacolod, Cagayan de Oro, Cebu, Davao, Iloilo, Laoag, Manila, Naga, Santiago, Tacloban, Tuguegarao ken Urdaneta..."

"Nagsayaaten!"

"Mayat man ti panagrikriknak 'ti umad-adu a Temple a maipatakder ditoy Pilipinas!"

"Ipadpadamagko kadagiti kaduak a Sealer idiay Jordan River Temple ti yaadu ti templo dita Filiplinas..."

"Saan a talagan a malapdan ti panagadu ti tattao nga umaw-awat iti sao ti Apo gapu kadagiti misionario ditoy Filipinas."

"Dinamagko ken ni Delfin Dumayas idi sakbay a maipakaammo ti Laoag, no apay nga awan pay ti mapatakder idiay. Kunana, amangan no San Nicolas ti sumaruno ta awan kano ti espasio idiay Laoag... Ngem naipadamagen a sumaruno ti Laoag."

Agaasem, Enos Apok, sangapulo-ket-tallo a templo iti Filipinas?

Kunana, Enos Apok, nga uppat kanon a paris ti napagkasar ni Jose, manipud idi napan a tawen, sakbay a nabautisaranda.

Nasurok kano a lima a tawen ni Jose a Bishop idi Abril 18, 2023; nasurok a dua a tawen a nagserbi a Branch Prsident isu a bale walo a tawenen a nagserbi iti agkaarngi a takem. Lima a tawen ti termino ti Bishop isu a nai-*release*-en idi komperensia ti Stake; ngem kalpasan la ti tallo nga oras, natudinganen a maysa kadagiti sangapulo-ket-dua a kameng ti Stake High Council ti Montalban Philipines Stake.

Adda kano plano ti Area nga iti uneg ti tallo a tawen, aramidenda ti Kasiglahan Ward, a sigud nga Amityville Branch ken sigud nga ap-ap idi, a Kasiglahan Stake. No Stake, Enos Apok, ammom kadi a lima ti kababaan a bilang ti Ward wenno Branch a sakupenna? Kuna ni Jose a panggepda a bingayen ti Kasiglahan Ward ken ti Eastwood Ward tapno agbalin a lima a ward a kasapulan ti Stake. Ti kano ngamin Kasiglahan Ward ti kadakkelan ti *attendance* iti tunggal Domingo iti intero a Montalban Stake. Ipagpampannakkel kano ti Stake Presidency. Mayat ti leadership no kasta.

"Good! Congratulations! Keep up the good work!" kinunak.

Pagbalinendanto met a lima a ward ti Montalban isu a dua no kuan ti Stake iti Montalban. Agaasem, Enos Apok, idi agtugawak nga Stake President ti Marikina—1st Councelor daydi Brother Rogelio Canto, sa nagsinnublat a 2nd Councelor dagidi Brother Tan ken Brother Ricardo Chancing—a nangsakup iti Montalban, ti pay la Burgos Branch ken ti San Mateo Ward ti adda sakbay a nagbalin ti Montalban a District idi naisina iti Marikina Stake. Daydi met ti gapu ti pannakai-release-ko ta saanakon a miembro ti Marikina. Daydi Jose P. Gisala ti naipatugaw a District Pressident ti Mntalban District.

Nagdakkel a talagan ti nagbalbaliwan ti panawen! Adu kanon ti pagtagilakuan iti Rodriguez (saanen a Montalban), kas iti Robinson, SM, Hypermart McDo, Jollibee, KFC, ken dadduma pay!

Adu kanon ti awan kadagidi *pioneer* a miembro iti Montalban. Pimmusayen dagidi Venturina, Esquejo, Espiritu, Gisala, ken dadduma pay. Dagidi agassawa nga Esquejo ti nagkuna idi, Enos Apok, a didan mangmangan iti inapuy idiay Hawaii a napanan ken naggapuanda! Mabilbilang kanon dagidi *pioneer* a miembro, kas kadagiti Madarieta, Martos ken Viernes. Diak pay ket malagipen dagita dua a naudi. Dagidi nalawa a pagtatalonan, napunnon iti balbalay. Daydiay kano Carlito Esquejo nga anak dagidi Esquejo ti agyamyaman iti panangsarsarungkar kenkuana dagiti Elders Quorum ken misionario, a nakaigapuan ti panagsublina iti Simbaan...

MAYSA A NAKADAGDAGAN ti yaakar ti pamilia daydi Tatang ti naidaras a panagsimpa da Moray ken ni David Anderton; nasaok kenkan ti maipanggep ken ni David, di ngamin? Wen, diborsiado ni David, ken agarup kagudua ti tawenna ti tawen ni Moray. Ken adda dua nga annakna. Ken Puraw! Diak idi kayat a tagtagibabaen dagiti Puraw dagiti Filipino, nangruna kadagiti Ilokano. Natangken ti sippit ni Ilokano, Enos Apok, masapul nga ammom dayta ta uray no dara laeng ni Ilokano ti naibudi iti daram a Puraw, dimonto mailibak ti tibker ni Daddym. Ken ni Mommym ti ad-adda a nangpalpaludip ken ni Daddym, uray damagem kenkuana!

Nangato ketdi ti saad ni David idiay Southwest Airlines, nga isu pay la ti yanna agpapan ita. Agtartrabaho idi ni Moray iti maysa a pagtagilakuan idiay Salt Lake International Airport a nagsarakanda sakbay nga immakar idiay Beehive Clothing nga isu pay la ti yanna ita.

Simmampitawak idi, Enos Apok, kas kalakayan kadakami nga agkakabsat—uray pay ti agsumbangir a pamiliami, iti *mother side* ken *father side*... Wen gayam, aya? Ala, lakay 'toy lelongmon!

Daydi pannakibiangko, nagbalin a puon ti bassit a nagpingkian ti saritaanmi ken ni Moray. Daydi Tatang, saan lattan piman a simmamsampitaw. Malaksid a di makaawat iti Ingles, no malagipmo, pulos a di nakaang-angot iti ridaw ti pagadalan. Pamrayanna lattan ti agululimek no dagiti annakna ti agsao. Kasla koma kaniak idi imbagak ti panagpa-Manilak, malagipmo? Pulos a didak tinubngar dagidi Tatang ken Nanang.

Ngem dina kayat a sawen a dimi impirpirit daydi Tatang. Bigbigbigek agpapan ita ti naanus a panangisakadna iti pamiliana iti laksid ti sangkatipping a rimer, a nasaokon itay...

Diak malagip no kasano a nagkasar da Moray ken David. Iti simbaantayo, Enos Apok, kas pagaammom, saan a mabalin nga agdenna ti lalaki ken ti babai nga awan ti bendision ti Bishop.

Sakbay a nagkasarda, adda gayam idin sirsirigen ni David a gatangenna a balay iti asideg met la ti Yorkshire.

Saandan a nagbayag sada immakar. Saan idin a makasasao daydi Tatang. 'Tay kunakon, sumursurot lattan iti kayat dagiti tallo; ni 'Nang Norma, makasao met bassit ngem kas iti daydi Tatang, "Kitaenyo latta ngaruden, a, ti pagsayaatantayo, annakko," kunana lattan no dina maipaplilit ti adda iti panunotna.

Kayatko nga isingit ditoy, Enos Apok, nga imbatayko iti daydi Tatang daydi saritak a *Puon* a nangabak iti umuna a gunggona iti Palanca, iti kaaddada iti baro a yanda.

Ti diak malagip no kasano ti isusurot da Brother Delfin kada Muray. Ti la ammok, nagkasurotan daydi Sister Delfin ken ni Nang Norma— nasayaat ti panagtunosda idi addada pay idiay Yorkshire; kasla awan kadakuada ti naunsiami a kinnaawatan da Lehi ken Mildred.

Nakastrek ni Mildred iti University of Utah ket idiay a nagleppas. Nakastrek iti nasayaat a trabaho kalpasanna ket nagtugmok ti dalanda ken ni Cory Chivers, nga idi agangay, na-seal-da idiay Bountiful Utah Temple. Sikanton ti mangilawlawag, Enos Apok, no adda agdamag kenka a ti *sealing* kaipapananna a ti kallaysa iti templo, agtultuloy iti sabali a biag, saan la a *'til death do as part*.

Nagyan dagiti Delfin iti *basement* ti balay da David ken Moray dita Market Street. Ngem adda dakkel a parikutda. Ammom, paborito dagiti Filipino ti agsida iti prito a toyo wenno daing. Daytay dried fish—ibagam ken ni Daddym ta agpritonto iti toyo tapno maramanam. Dayta laeng ta adda naidumduma a banglona a di mairusok dagiti sabali a puli.

Naminsasn, nagprito kano daydi Sister Delfin iti toyo. Daydi met la Sister Pelang ti nakasarita ken ni lelangmo. Simaray-ob iti ngato ket nagbang-ebang-es kano ni David.

"*What's up, Honey?*" dinamag ni Moray.

Nagdardaras ni Nang Norma nga immulog idi mailawlawag ti problema ni David.

"Wadsapani?" ingngiwatna kano ken ni Sister Delfin. Nangato a singsinggit ti panagsasaona ngem dina kayat a sawen a nakarit. Isu ti nangadawak iti daydi saritak a *Wadsapani.*

Saan a nagbayag ni Lehi iti yan ni lelangmo idiay BD. Nakastrek idiay Skywest a flight attendant. Ti la adda a nagtaytayabanna. Di nagbayag, nai-*promote* a manager.

Masansan idi nga adu ti gagayyem da Chichi a single adults nga umar-arog idiay Yorkshire, kas idi addada pay idiay Montaña, idiay Montalban. Mairaman da Herman Buenavista, Rosalie Mosuela, Sara Atterton, Teresa Jiquez a Mehikana, Jamie… ken dadduma pay a Puraw.

Idi damo, nagkinnaawatan da Herman ken ni Jamie. Ngem idi nagkita da Lehi ken Jamie, nagbaliw ti turong ti agus.

Naaddaan da Lehi ken Jamie iti dua nga annak a babbalasangen. Pagpiaanna, nakasarak ni Herman iti maysa met la a Pinay, a nars pay, ket isu ti nagbalin a kasimpungalanna; nag-*adopt*-da iti tallo nga agkakabsat idiay Filipinas ket dadakkelda itan, nakalpasda payen iti kursoda.

Nagasat da Lehi ta nagasatanda ken ni Jamie ti *foreclosed* a balay ditoy met laeng West Valley. Isuda ti kangatuan iti tawar, isu nga isuda ti nakay-*award*-dan ti balay. $90,000.00 ti nagkidaran ti balay, a no saan a foreclosed, umabot iti nasurok a dos sientos mil.

Isu a pimmanawda iti balay da David ken Moray—awanen ti maangangot ni David a nabanglo a toyo!

Idi maisangpet ni Mercy ni Jun iti Utah, ket nakastrekda iti nasayaat a trabaho—immuna a nagtrabaho met ni Mercy idiay Salt Lake International Airport.

Gapu ta nalpas ni Jun iti kinamekaniko, Enos Apok, saan a narigatan a nakastrek iti trabaho. Idi kuan nakastrek idiay Beehive Clothing a paktoria ti Simbaan iti Temple Garment—nagkatrabahuanda ken ni Muray. Isu ti para tarimaan kadagiti agdadael a makina. Idiay pay la ti yanda a dua ken ni Muray agpapan ita.

Masurotannak met laeng, Enos Apok?

Adu ti trabaho a nagakar-akaran ni Mercy. Adu ti nagpasaranna nga operasion isu nga idi agangay, nagawatda iti daiten nga uniporme iti maysa a kompania ket idiay laengen balayda ti pagdaitanda; kaduada ni Nang Norma.intultuloy ni Jun ti trabahona idiay Beehive Clothing. Uppat ti annakda.

Dua met ti annak da Moray ken David.

Ay wen gayam, Enos Apok.

Nakaala da Mercy ken Moray iti saggaysada a balay kadagti kabangbangon idi a balay, sakbay a ngimmina a di nangin-ines ti presio ti balbalay ditoy West Valley City.

Immuna da Jun ken Mercy.

Simmaruno da Moray ken David.

Dida nagtultulagan, wen? Ngem agkaarrubada! Kalsada laeng ti nagbaetanda.

Ni ngarud Mildred, kunam, Enos Apok?

Adda mabalbalin dagiti Chivers a nakaikamanganna a Puraw; wen, ni la Mercy ti Pinoy ti asawana kadakuada a tallo. Ngem adayoda iti yan dagiti kakabsatna... idiay South Jordan. Kunak ngarud, baknang ti nakaikamanganna ket dakkel met a balay ti inregalo kadakuada dagiti katuganganna. Sa nasayaat met ti teggedda nga agassawa; isuna laeng ta maymaysa ti anakda—adda kano problema ni Mildred.

A, wen, a, Enos Apok. Aktiboda amin iti Simbaan. Naragsakkami, ay, -tayo kunak koma, iti panawen ti Paskua ta di masaaw ti Christmas and Family Reunion ti pamilia... Subliantanto dayta. Bay-am ta agsublisublitan; awan ngaminen ti Journal a pagsursurotak, naisardengkon gapu iti adu a sanguek...

KAYATKO A SUBLIAN ti maysa a lagip, Enos Apok, sakbay a simmurot dagiti Delfin iti maikadua a pamilia daydi Tatang. Napateg daytoy ta dandani gimmubang ti immuna a balay a napondarko iti Yorkshire.

Napasamak iti maysa a nagasat nga aldaw a kaawanko. Simmangpetak nga awan ti koriente iti intero a balay.

Bimtak ti *circuit braker* iti garahe iti *basement.*

Iti panagluto ni Brother Delfin iti pangaldawna a *chicken noodles* iti *microwave oven,* kaserola ti inusarna a naglutuan. Imbagbagak a di mabalin iti *microwave* dagiti kasdiay a paglutuan. Agpungtotak koma ngem tineppelak ti riknak, ta di met nagun-unin.

Kapilitan a timmartarayak a napan gimmatang iti pangtarimaanko dita Home Depot. Pinabulodandak pay iti barreta a pangwalawalko iti pangipasukak iti landok nga imbagada a pangikonektarak iti waya ti ginatangko a *converter.* Naimbag, Enos Apok, ta diak pay nalipatan ti nasursurok iti daydi Luminar Plumbing and Electrical Services daydi Angkel Narcing idiay Evangelista... malagipmo pay? No maipanggep iti panagkomponi iti plumbing ken *electrical,* ditoy balay, diak masapul ti agbayad iti umay mangtarimaan.

Ngem imbagada a masapul nga ipakaammok dita City Hall ta paglintegan kano dayta ti Estado ti Utah. Saan a mabalin nga agtarimaan ti awan lisensiana nga *electrician.* Kasuandaka kano. Nagtungpalak met, a, uray ammok nga umno ti *inaramidko.*

Ngem immuna a tinarimaanko sakbay nga inyawagko. Agduadua idi damo daydi immay nangkita. Ngem kinunana met laeng idi malpasna a bidingbidingen ti koneksikon: *"Okay, you're safe."*

"Adda latta bentahe ti adu ti padasna, Baket," kinunak ken ni lelangmo.

Saankon a sinidsidir ni Brother Luis, Enos Apok. Diak imbagbagan no mano ti nagastok. Ken diak imparpariknan ti bannogko. Impagpagapuk iti kinasingedmi.

Sakbay a simrek ni lelangmo idiay Parker Hannifin Corporation, simrek pay iti daydi maysa a planta ti computer idiay pangadaywen a batog ti Beehive Clothing iti laud ti kalsada.

Dakkel ti sueldo da lelangmo idi idiay, Enos Apok. Sa no agobertaimda, triple ti bayadda!

Kaduana idi ni Rosalie Mosuela, nga isu ti mangidagdagas no agawidda iti alas tres ti parbangon. Asideg ti Yorkshire iti sigud a balayda idiay 3600 West.

Naminsan, indissaag lattan ni Rosalie ni lelangmo iti sango ti balay. *Nag-door* bell kano ni lelangmo ngem pulos nga awan ti nakariing kadakami! Piman, agsapan idi malukatanmi nga agkukkukot iti sango ti ridaw. Diak mailadawan ti sakit ti nakemna kadakami. Naimbag ta agararbis la idi, saan nga agis-isno a kas iti naminsan a panangsukonko kenkuana iti maysa a ngalay ti Abril. Pagattumeng ti isno. Daan a puraw a Lumina Chevy Van ti luganmi idi ket agkuyaskuyas pay ti pilidna iti kalsada. No malagipko ita, Enos Apok, babbabalawek ti bagik no apay a diak nakariing. Kaasi met ni lelangyo.

Saan a nagbayag daydi a planta ti computer, isu a nalipatakon ti naganna. Napalaluanda ti nagsab-ok iti kuarta!

Pagsayaatanna, Enos Apok, saan a nabayag a nabakante ni lelangmo. Gapu iti padasna idiay BD, nakastrek a dagus nga Assembler dita Parker Hannifin. Asideg ta dita la 2220 South 3600 West. Dita ti nakaamammuanna iti daydi Mehikano a nangasawa iti Puraw. Nakagatangda iti balay ngem ti la asawana ti nainaganan idinto a daydi Mehikano ti agbaybayad. Idi kuan nag-*gangrene* ti maysa a gurongna agingga a naputed. Insina daydi baketna, sana pay pinagtalaw. Kapilitan a nagsubli kadagidi annakna idiay California.

Nagaplayak met dita Parker; namindua pay. Namindua met a nairuarko ti *written exam. Machine operator* koma ti puestok. Siak ti mangiggem iti flat a nagtimbukel nga agarup gudua ti sangagpa ti pagrikusanna. Awan ti parikut kaniak ti aramidek. Saan met a panangipangas, Enos Apok, ngem nalakaak a makasursuro iti ania man a trabaho.

Ngem ti oras ti dimi nagkatunosan iti daydi kasarsaritak. Kayatna a mangrugiak iti alas tres ti malem; *second shift*. Saan a mabalin kaniak ta alas sinko ti ruarko iti Distribution Center.

Kayatko ti trabaho. Ammok a nalaglag-an ngem ti trabahok idiay DC. Ngem diak mapanawan gapu ta masayanganak iti sueldo a mapukawko. Nakitinnawarak. Di immannugot 'di lalaki.

Sayang, ngem diak tinallikudan ti obligasionko idiay DC. Inyanandingayko lattan iti bagik, nga 'agserserbiak' iti Simbaan.

Pagpiaanna met ketdi, ta nagbakante idiay International Shipping

Department ti Distribution Center. Siak ti napili kadagiti tallo a nagaplikar.

Nalaglag-an ti trabahok iti baro a puestok. Adda iti maikadua a kadsaaran ti Internatilnal Shipping ti yan ti grupomi nga innem. Saggaysakami iti computer a pangkitaanmi kadagiti order ti nadumaduma a pagilian. Siak ti nakaipaimaan ti Southeast Asia, kas iti Filipinas, Tonga, American Samoa, Taiwan, ken dadduma pay. I-*print*-ko dagiti order sakonto papirmaan iti Superisor.

Sabali ti akin-iggem iti South America, Mexico, Europe, ken dadduma pay.

Tallo dagiti naibatang nga agurnos kadagiti nakakahon nga order nga itinnag ti *conveyor* a naggapu iti *order* processing iti bodega. Alaenda iti daydi Tanner a bisor dagiti dokumento a pinirmaanna. Pagkaykaysaenda iti maysa a paleta dagiti mapan iti maymaysa a disso. Ilasinda dagiti mapan iti no sadino a pagilian. Kasta met dagiti FedEx, USPS, DHL, UPS. Urayenda dagiti dokumento nga aggapu kadakami iti ngato sakbay nga ibunagda dagiti paleta babaen ti *pallet jack* ken/wenno *forklift* depende iti kaadu ti order, iti batog ti ridaw a pagurayan dagiti trak a naisangrat a parabunag.

Pagammuan, naklaatkami idi adda riribuk iti dock area. Nagriri daydi Samoan ken daydi Puraw nga agpada a *return missionary.*

Purked daydi Samoan; kawayan daydi Puraw, ad-adu ti ngawngawna ngem ti agtrabaho. Nagaget daydi Samoan.

Napunnuan ngatan daydi Samoan, pinanalteekna ti timed daydi Puraw. Kasla napadata a pilat daydi Puraw. Timmarayen a rimmuar daydi Samoan, saanen a nagsubsubli.

No awanen ti pakamakam nga order a masapul nga idarasko, nanamayakon. I-*check*-ko laengen iti *computer* kadagiti mabalin nga aramiden para iti sumaruno a *shipment.*

Ania payen, Enos Apok, nawayan ti panunotko nga agalimpayang iti no sadino. Ket umad-adu idi ti kayatko nga isurat. Diak maliklikan ti agsurat para iti Bannawag; ken iti Philippines Inquirer ni Ariel wenno Dr. Aurelio S. Agcaoili idi adda idiay California—linuktanna ti *Dateline: Utah* a linawas a rimmuar. Dakami ken ni lelangmo ti nangiggem iti daydi a kolum sakbay nga immakar ni Ariel idiay Hawaii, idi innalada idiay University of Hawaii in Manoa. Iramanko ditoy amangan no malipatakton, nga isu ti makunak a namaglatak iti lengguahe nga Ilokano idiay Hawaii. Nalukatan ti kurso nga Ilokano idiay, ken nangbukel iti Nakem Conferences—Hawaii, California, Canada, Philippines... Idiay pay ti nakayam-ammuan daydi TMI Global a kasinnarakoy ti GUMIL Filipinas, nga inlungalong daydi Terry Tugade nga am-ammo iti naganna a T. Gabriel Tugade gapu iti daydi nobelana a *Puraw a Balitok* a rimmuar iti Bannawag. Dakami laeng ti makaammo a nagtaud kaniak ti paulo ti timpuyog idi indawat daydi Terry no ania ti ipaulomi. Nagsanga idiay Filipinas ket binukel ni Franklin Macugay ti TMIF, nga isu laengen ti sibibiag ita—intugtugot daydi Terry iti tanem ti TMI Global gapu ta diak inannugot ti panangipaimana kaniak idi masakiten.

Ay wen, a, Enos Apok. No saan a gapu iti daydi Terry ken ni Ariel, adayo koma a nadapdap-awak ti Hawaii; namindua, a kaduakon ni lelangmo iti daydi maikadua. Idiay met ti nagkikitaanmi kadagidi kakaduak idiay Coromina. Daydi Terry, ken da Prescillano N. Bermudez, Peter La. Julian, ken Constante Al. Domingo. Adu dagidi gagayyem a nakitami idiay, kas ken ni Manang Pacing Saludes.

Kunakto pay, ti man la napnapananen ti panunotko, Enos Apok.

Sakbay a rikpak ti lubongko iti International Shipping, nagparang iti lagipko daydi Linda a Puraw, a kaduak—nadamagko a natay kano iti cancer. Masansan nga agranranakami iti Mess Hall iti pangaldaw. Ni lelangmo, Enos Apok, no pabalonannak, pekpekenna iti taraon ti dua ligason a plastik a pagbalonan.

Idi damo, nasayaat latta ti patpatanganmi iti daydi Puraw. Mayat pay ti kakatawaanmi no dadduma. Naputed ti katawak iti maysa nga aldaw.

"I wonder how you guys eat a lot," pinakuyoganna iti nalag-an a katawa.

Diak nakasungbat a dagus.

"That's the reason why Filipinos are strong and sturdy... and productive," kinunak. *"You seldom see a Filipino family with less than 3 kids... Kidding aside, that shows how my wife shows her love..."*

Adda napateg nga isilpuk, Enos Apok.

Saan a nababbaba ngem maysa a lata ti soda ti balonko iti maysa nga aldaw.

Daydi ti malagipko ita a kimmaruan ti diabetesko. Zero sugar met daytoy, kunkunak idi. Mangisarsarak dagita sirsiro a sugsugar a sudsoda dita!

Malagipko pay daydi Awardingmi ken ni lelangmo iti American Cittizenship-mi. Idi agreportak iti kabigatanna, nasdaawak ta kasta unay metten ti dekorasion ti opisina iti trabaho.

Nabainanak ket impagarupko nga aramid ni antim a Chichi. Buybuyaendak dagiti kakaduak a nangrabnot kadagiti dekorasion. Awan timtimekda.

Idi dinamagko ken ni antim a Chichi, saan kano nga isu ti napan nagdekorasion.

Ti la babainko, Enos Apok, kadagidi kakaduak. No mabalin, kayatkon ti marunaw!

No malagipko ita, mapadiwigak pay laeng iti bainko.

Saan metten a nagbayag sakbay a pimmusay daydi Tatang. Nakapsut idin yawidda idiay Santa Maria, Ilocos Sur nga isu ti nagpakadaanna.

Napanak nakipamumpon. Sakbay a naitabon, nangtedak iti elehia, a nanglagipak kadagiti amin a nagpaspasaranna, amin dagiti naimbag nga inar-aramidna. Uray pay ti panagserbina iti pagilian kas maysa kadagidi beterano ti maikadua a gubat ti sangalubongan. Diak sinagsagid ti 'biddut' a naaramidna. Malagipko la ita ti paset ti dung-awna idi massayag daydi Nanang: *"Apay a pinanawannak, Inada... ania la unay ti nakabasolak kenka?"* Am-amirisek kadagidi a kanito ti tuok a sinagsagabana. Agaasem, awan sa pay ti lima ni lelongmo a Jose idi pumusay daydi Nanang ket uppat dagidi adda pay la iti poderna a kakabsat, a yabagana. Nagrigaten!

Isu nga idi pumusay daydi Tatang, Enos Apok, ti pannakaamirisko iti sinagabana bayat ti panangyabagana iti obligasion ti ama ken ina.

Iti daydi kanito a pannangtedko iti elehiak, impeksak ti naimpusuan a pammakawanko iti imbagak a 'bassit' a naaramidna.

Daydi Tatang, a lelongmo iti tumeng, maysa kadagiti nakaaramid iti babak, a maysa kadagiti adu a biktima dagiti pasamak—a di naigagara?

Siak pay ti nangted iti kararag idi maiserrek iti naudi a paginanaan ti bagina.

Asino ti makaawat?

Awan timtimek dagiti kakabsatko, Enos Apok.

Ket daydi Nanang?

Babassitda pay idi da Sadie ken Jose ket agduaduaak no nariknada ti kinaimbagna nga ina.

Awan ngatan ti nasasaem ngem iti agpasina, Enos Apok!

ADDA IDI DAYDI panagbaliw ti *customer mailing regulation*. Naigiddan ti panagsukat ti manadyer ti Shipping Department. Naistrikto a nangipaulog, a masapul a lisensiado amin dagiti agiggem kadagiti maiparit a banag. Kayatna a sawen, dakami amin iti International Shipping, masapul a lisensiado ta no dadduma adda dagiti di maliklikan nga ikoreo, kas kadagitoy: *nail polisher, beverages, currosive, flamable, poisonous, cigarette lighter, liquid-cell bateries... ken no ania payen dita. Kanayon a mapigketan iti label* a PROHIBITED dagiti karton a naglaon kadagiti nasao a banag. ASAP ti pannakaipatungpal ti eksamen.

Ti imasna, dudua ti manual a pagsisinnublatan dagiti staff. Pulos a diak nakasublat. Dumdumngegak lattan iti diskusion. Kasano a matandaanak dagiti termino? Idi madanon ti eksamen, siempre, ania ti maisungbatko?

Diak unay pinampanunot. Adda iti panunotko a total manmano met nga adda kakasdi a koreo, agpatulongakton ken ni Ric Crowther, ti Puraw a nasinged kaniak.

Idi kuan, nadamagko nga agaw-awat iti *part timer* ti distribution center ti Deseret Bookstore nga asideg iti Church Distribution Center; mabalin a pagpagnaen no kas pagarigan.

Naawatak. Rummuarak iti alas sinko iti International Shipping. Sumrekak iti alas seis iti Deseret Book.

Sakbay daydi, imbaga kaniak daydi nasayaat a Mehikano a kaduami, nga aglusulosen iti yanmi. Adda kano akaranna a nasaysayaat. Uray daydi Tanner nga ubing pay a bisormi, a kasla adda puraw a pilkat ti buok iti mugingna, immakar iti WalMart a nagbalinanna a manager.

Saan a nagbayag, dimteng ti panawen a diak pulos ninamnama Enos Apok.

Iti daydi nagasat a Biernes, nakaawatak iti abiso manipud iti baro a bisor.

"This is your last day... you are told to report at the Mail Operation."

"What? Why?"

Awan ti nalawag a sungbat. Iti panaunotko, pinabasolko daydi Monica a sepsep. Wenno ti baro a Manager.

Insuratko daydi a pasamak iti kolumko iti *Dateline: Utah*. Natangkenen ti sippitko idi ta ammok a didakon bastabasta kugtakugtaran ta maysaakon a 'kayumanggi nga Amerikano!' Inikkak pay ti kopia daydi Manager ken daydi bisor. Sayang ta diak ammon ti yan daydi kopia ti *Philippines Inquirer*.

Wen, Enos Apok, adu ti di nakappapati a mapaspasamak ditoy America. Nagasat ni Daddym ta nasingpet a Puraw ni Mommym... ngem nagasat met ni Mommym ta maysa kadagiti natangken ti ulona a tao ni Daddym. Agaasem ta rinugianna pay ti doktoradona dita University of Phoenix. Dina la nakun-os ta nagsakit ket nagikkat iti nasayaat a trabahona, a nangipastrekanna ken ni Nathan a lakay ni antim a Chichi. Maysa pay, inlakona daydi balayna ditoy West Valley ket gimmatang iti sabali idiay Ogden a nangpadakkelanda kadakayo a tallo nga agkakabsat a pasig a tiltillayon. Dakkel-bassit ti napagketna iti naglakuanna.

Ay, adda pay gayam nastrekak a trabaho, ngem diak ammo no sadino ti pangiselselak. Malagipko laeng ta adda ita iti sangok ti naukagak nga ID card-ko, #02432—iselselko ditoy ta maysa met a paset ti panagdaliasatko. Maysaak kadagidi Teleservices Agent iti daydi TELTRUST Outsource Solutions. Nakaduak da Mercy, ken ni Rosalie Mosuela a gayyem da antim a Chichi.

Aglalaok ti nasnastrekko a trabaho, Enos Apok! Kas palito, simgiabak iti aniaman a nakaikirasak!

Bay-amon dayta *graduation ring* nga agrimarimat tunggal gumintang!

Adu pay ti nasken a maammuam!

Maika-43 a Paset

Yorkshire 3: 2005-2014

ITI YAADANIN TI init iti lelennekan ti Magna iti laud ti Siudad ti West Valley, Enos Apok, sumlep ti salemsem iti barukong 'toy lelongmo. Spring manen ket mangrugi koman nga agsabong, agsulbod ken agrangpapya, ken agparang dagiti nadumaduma a maris dagiti kasla adda nakemna a mulmula iti aglawlaw, ngem matubeng sa man ta kasla di pay nauma ti Apo a mangibukbukbok iti isno a kuna ti historia ti Utah a daytoyen ti kakaruan. Saanen a kas kadagiti napalabas a bulan ti Winter ngem pagamuan pay laeng ta aggabur ti isno. Nangrugi payen nga agrunaw dagiti arigna bambantay nga isno iti aglawlaw, ket dayta a panagrunaw mangparnuay iti narungsot a layus a kas iti daydi Karayan Parsua a nagramut iti daydi Kimmandela. Naimbag ta di mabannog dagiti tao nga agikabil iti sinupot a darat iti igid dagiti dadakkel a kalsada a saripdada iti sumrek a higante a danum iti kabalbalayan tapno saanen a mapasarutsotan dagiti limmabas a didigra.

Iti dayta a buya, Enos Apok, ipalagipna met ti asideg a panagtunged ti walo a dekada a panagdaldaliasat daytoy lelongmo. Nabannogen a manglaglagip ket kayatnan a gibusan—amangan no nabannogkan a mangsursurot—ngem adda pay nabati a napateg unay a maammuam. Dimo koma pagarupen a nalaus unayen ti panangipampannakkelko kadagiti ipakpakitak a tugot, no maawatan ti kayatko a sawen. Ibagbagak laeng tapno adda pagbatayam a mangwanawan iti aglawlawmo, iti naggapuam ken iti pagturongam; tapno saanka a mayaw-awan.

Adda no kuan umagibas a ngatangata iti mugingko, Enos Apok.

Masansanen nga agkabsiw ti lagipko iti nagnagan dagidi tattao a nakawinwinnidawidko. Napapategda, isu ngarud a kayatko a lagipen ida, ngem kakaasiak metten a manglaglagip iti nagnaganda. Nupay kasta, ilanadko lattan dagiti banag a pakalaglagipak kadakuada; kasta met kadagiti tallo nga agkakaarruba a pasdek a nagpaayan 'toy lelongmo.

Agkakaaruba dagiti tallo a dadakkel a pasdek ti Simbaan, Enos Apok. Ti Church Distribution Center a yan ti International Shipping Department, adda iti abagatan ti Humanitarian Center (HC) a mangtantan-aw iti Deseret Book Distribution Center (DB) iti ballasiw ti rangtay iti laud.

Nagaplikarak idiay DB, iti ballasiw ti rangtay. Idiay Downtown Salt Lake ti yan ti main office-na iti abagatan a sikigan ti Temple Square. Adu ti sanga ti DB iti Utah, Enos Apok. Adda pay sangana dita Valleyfair. No dimo pay ammo, ti DB ti agim-imprinta kadagiti naespirituan a libro ken manual dagiti mannurat a miembro, kangrunaanna dagiti libro dagiti General Authorities. Saan la a dagiti libro ti DB ti iwarwarasda; tumultulongda pay nga agiwaras kadagiti libro ken manual nga imprinta ti Church Distribution Center.

Malaksid iti libro, Enos Apok, agiwarsda pay iti *cassette tapes, eBooks, framed art,* pigurin, ken uray ania a banag nga adda man pakainaiganna iti pammati wenno awan. Adda pay *Deseret News* nga aginaldaw a pagiwarnakda. No dika pay nakapagpasiar iti maysa kadagiti pagtagilakuan ti DB, padasem. Aglalo ita nga agsagsaganaka nga agmision. Adu la ketdi ti mabalinmo a gatangen idiay a mausarmo. Adda diskuento dagiti kabarbaro a misionero.

Iti maikadua a kadsaaran ti Deseret Book Warehouse ti nagaplikarak. Idiay ti opisina ti bodega. Idi damo, nagduaduaak no awatendak ta empleadoakon iti Church Distribution Center. Miembro amin dagiti empleado ti DC idinto nga adu ti saan a miembro iti DB, isu nga inawatdak.

Adda iti sirok ti opisina ti pagrikrikusan ti *belt conveyor* a paguyasan dagiti *bin* a nakaikargaan dagiti naakas nga order manipud kadagiti natatayag a *rack beam* a yan dagiti paleta. Nakakartonda. Adda *pallet jack* a pagbunag dagiti picker kadagiti order manipud kadagiti natatayag a *rack beam* iti bodega. Denumero amin ti puesto dagiti paleta.

Idi mabaybayag, Enos Apok, impadakkelda ti bodega. Nangaramidda iti at-atiddog ken ad-adu a *belt conveyor*. Idi kuan adda innayonda a dua a *walking beam conveyor*. Natatayag dagidi a kombeyor a mismon a makina nga adda la pis-item a buton ket isun ti mangsapul iti order ti agur-uray *picker*. Ikargana iti *bin* nga ipakuyasna iti *belt conveyor* a yan dagiti agururay a *material handler* a mangikabil iti bin a pakaurnongan dagiti order ti maysa a tao. Sa maiturong iti sabali a *belt conveyor* a pagur-urayan dagiti packers, sadanto met iturong iti *shipping department* a pagur-urayan dagiti agipaleta. Dita ti pagur-urayan dagiti *shippers* a mangurnos kadagiti order. No napunnon ti paleta, mangisaganada manen iti sabali a paleta. Kalpasanna bunagenda babaen ti *pallet jack* nga ipan iti yan dagiti trak nga agur-uray a mangibunag. Dita ti kadagsenan a trabaho, Enos Apok. Naimbag ta saanak a pulos naibatang iti *shipping*. Napadasak ketdi ti nag-*packing*. Ken nagsangal iti karton a pakaikargaan dagiti order.

Maysaak kadagiti Material Handler nga agurnos kadagiti order a siak met la a mismon ti mapan agsapul iti sirok ti *rack beam* nga insaganan dagiti bodegero. Naibatangak iti *order processing section* iti akindaya a ligason ti bodega. Sisiak ti lalaki iti grupomi nga innem malaksid daydi bisormi a bangkawas a Puraw, a puraw pati ti ulona; ngem diak ammo no asino ti laklakay kadakami. Dua ti Mehikana, maikadua daydi Margarita Sanchez a para dalus ti kasilia ngem umay tumultulong no nakadalusen. Daydi la Margarita ti malagipko ti naganna ta napasig kaniak. Puraw dagidi dadduma, a pakairamanan daydi April a nasapa a nangulila iti liman sa pay la ti tawenna nga anakna.

Iti akinlaud a ligason ti bodega ti yan ti dakdakkel a grupo, ken adadu ti lallaki. No magaburanda iti order, agpatulongda kadakami.

Kas iti yanmi iti order processing, i-check-da met ti linaon dagiti *bin* a naggapu iti picking area. *Computerized* amin dagiti makina.

Nalaglag-an ti aramidmi iti *order processing*.

Ag-*check in*-kami iti computer. Kitaenmi dagiti nakalista iti order. Mapanmi ibunag dagiti material manipud iti bodega babaen ti *pallet jack*. I-*sort*-mi. No matiempuam ti dadakkel nga order, no dadduma dua, wenno ad-adu pay a paleta ket maymaysa a *title* ti libro ti laonna ken maymaysa ti papananna, nadardaras no kua. Ngem kaaduanna nga agduduma ti laon ti maysa a paleta; saggaysaem met nga i-*check* iti computer. Ikabilmo iti *bin* sa *conveyor* a mangipan iti *packing area* a pagur-urayan ti naibatang a mangkita iti mainayon iti adda iti *rack.*

Saanak a narigatan iti daydi a trabahok, Enos Apok. Nagustuak ketdi. Mangrugiak iti alas sais, sa agawidak iti alas onse. Nasayaat dagidi kakaduak kaniak. Nagustuannak daydi babai a Puraw a lead— malagipko ta agrekreklamo iti sakitna a *soriasis,* a napasaran met ni lelangmo. Imbagana a *lifetime* kano daydiay a sakit. Naimbag ta adda daydi inreseta ti doktor ni lelangmo a sapsapu a nakaagas kenkuana. Uray daydi Bob Johnson a bisormi, nagustuannak met. Malagipko ta diabetiko met ket imbagana kaniak iti naminsan a panagpatpatangmi a naragsak kanon no bumaba iti 150 ti lebel ti AIC-na.

Maysa laeng ti parikut, Enos Apok. Sumsumrekka pay la iti ridaw ti Warehouse, mangngegmon ti karatakat dagiti dadakkel a belt conveyor a sa la agsardeng no mapunnon ti *conveyor* iti *bin* ta di magabenan dagiti *sorter* iti kaadu ti order, wenno no panagaawidanen iti tengnga ti rabii. Diak ninamnama ti maaddaan iti *tinnitus.* Ti agwengweng a lapayag. Amamkek ita, Enos Apok, amangan no siak ti mangtawid iti tutuleng daydi Lelang Simona a nanang daydi Tatang. Pigsaam ti agsao tapno mangngegnaka.

Kunak a nasinged kaniak daydi Margarita Sanchez ta no awan ti makasango a mapan tumulong kenkuana iti *rack area,* ket napunnon ti *conveyor,* siak ti aginnanakem a mapan tumulong. No saan, aginnanakemak a mapan iti *packing area* a mangurnos kadagiti order iti karton sakbay a ma-tape-an sa ipakuyas manen iti kumbeyor a mapan iti *shipping area.*

Malagipko daydi Margarita ta masansan nga aggidgiddankami nga agmerienda. Naes-estoriana dagiti annakna, nangruna ti napagawid idiay Mexico ta natiliwan a nagdroga ditoy Utah. Kasta met ti lakayna a mekaniko a di pulos nagsursuro iti Ingles. Kunana kano man a saan met a ti pannakaammona nga ag-Ingles ti pagtrabahona no di dagiti imana.

Maysa pay a pakalagipak kenkuana ti pannakaoperana iti *tyroid.* Dandani kano nagtinnag a cancer. Idi kaup-operana, impupokda idiay kuartona iti makalawas ket ibatbatida ti kanenna iti apagbingngi a rikep ti kuarto.

Nagangayanna, nadamagko laengen a nagpa-convert iti pammatitayo.

MAPANTA ITI DAYDI panangrugik idiay Church Office Building, Enos Apok. Saan a pulos a napalsian ti taktakderak a pammati ti inaramid daydi kabarbaro a manedier idiay International Shipping Department. Ammok nga adda latta itta.

Nadagsen a talaga ti barukongko iti daydi umuna nga aldaw a panagreportko idiay Mail Operations, iti *basement* ti 27 a kadsaaran a pasdek ti COB. Tinengtengngelko ti riknak ta no mabalin, diak kayat nga idanem ti tao a patiek a nangednged ti paniriganna iti biag. Diak kayat nga isu ti pakadadaelan ti naun-uneg a panangimutektekko iti biag.

Daydi Reese ti naipatuldo a pagpakaammuak. Isu ti *lead.* Naragsak, ludingas ken ipapanko a saan nga agaddayo ti edadmi.

"Glad to have you here!" tinapiknak pay.

Inyam-ammonak kadagidi nadanonko a naragsak met a nangsarabo kaniak.

Imbagana ti akem dagiti Mail Handlers, ken no ania ken sadino ti pakaibatangan ti tunggal maysa.

Adda para bunag kadagiti dadakkel ken babassit a pakete wenno kinarton nga order.

Dua dagiti drayber ti kalalainganna ti kadakkel a trak. Daydi Lyn ti para ala/tulod kadagiti sursurat/pakete iti nadumaduma a babassit a pasdek ti CJCLDS iti lawlaw ti Salt Lake City. Sabali daydi nasapa a rummuar a mapan agala kadagiti koreo dita Redwood Road a Main Postal Office, nga idagasna nga urnosen iti *extention office* ti Mail Center iti ruar ti COB sakbay a maipan iti COB, a pakabinsabinsaananda pay maminsan sakbay a maitulod babaen ti kumbeyor, wenno dagiti mismo a Mail Handlers ti mangikarga iti uppat ti pilidna a kariton a pangisursorda kadagiti pito a kadsaaran ti COB a paset ti Missionary Department, wenno iti Relief Society Building a kaariping ti COB, wenno iti Joseph Smith Building, wenno iti opisina dagiti miembro ti General Authorities.

Dua ti napusgan a mapan agala kadagiti koreo wenno pakete iti nadumaduma a disso.

Adda daydi *sorter/recorder* iti computer sakbay a maikabil dagiti babbabassit a pakete iti bin sa ipakuyas iti kumbeyor a mangidanon iti no sadino nga opisina iti duapulo-ket-pito a kadsaaran. Dagiti daddadakkel a pakete a di umsek iti bin ti ikarga iti kariton nga isursor dagiti mabatangan.

Adda daydi babai a panglukmegen a mangisursor kadagiti koreo a di madanon ti conveyor; kaaduanna a babassit a pakete wenno napateg a sursurat para kadagiti addaan iti saad iti no sadino nga opisina.

Immuna a pinasurotnak ni Reese iti rota daydi Lyn ta siak ti mangreliebo kenkuana nga agisursor kadagiti sursurat ken pakete kadagiti nadumaduma a babassit nga opisina iti ruar ti COB.

Saan a naalay-ayan ti dagsen ti barukongko, Enos Apok, iti kaaddaak iti Mail Operations. Nabayag bassit sakbay a nailiwliwagko. Isu nga iti panagmammanehok iti trak, diak inin-intunaran no umno ti ar-aramidek. Naminsan, iti iruruarko a mapan agitulod iti bagahe, naisagirad ti bakrang ti trak iti dakkel a poste iti ruaran. Iti sumuno nga aldaw, inawagandak iti ngato ket impalawagda ti nasken nga aramidek. Inikkandak ; ti kopia dagiti alagaden ti drayber ti trak. Didak met ketdi inikkat, a diak met kayat no awan ti sisasagana nga akarak.

Idi kuan, saan laengen a daydi Lyn ti riniliebuak; daydi payen drayber a mapan agal-ala iti koreo kada bagahe idiay Main Postal Service, idiay Redwood Road iti alas sinko ti agsapa.

Iti naminsan a panagitulodko iti sursurat/pakete iti maysa a baro a disso, kinuyognak ni Reese tapno ammokton ti papanak no sisiak.

Iti panagdardarasko nga immulog, nga agpupungtotak pay laeng, diak naaluadan ti askawko iti tallo a tukad nga agdan, naitiklebak ket nadunggialan ti kanigid a tumengko. Kinuykuyognak daydi Jim a bisormi a napan iti klinika. Mano nga aldaw a diak nakapagmaneho. Agingga ita, Enos Apok, saanen nga impes daydi bukol iti tumengko; saan met ketdi a nasakiten.

Daydin ti naudi a panagmanehok iti trak. Siakon ti naibatang nga umuli-umulog iti pito a kadsaaran a pasdek ti COB. Agiwarasak iti sursurat, pakpakaete, ken no ania payen. In-inut a naalay-ayan ti dagensen ti barukongko ta adu ti nasasayaat a tattao a naam-ammo ken nagayyemko iti daydi nga aramidko. Ita la nga ibagak Enos Apok: inadawko iti padasko iti COB daydi saritak nga *Adtoyak, ni Tranquilino Takneng: iti 27 a Kadsaaran a Lubong* a nangabak iti umuna a gunggona iti RFAAFIL idi 2005.

Adda daydi naminsan a panangung-unget daydi Jim Balen a bisormi idiay Mail Operations, iti sangomi a mismo, iti daydi kaduami a nasingpet ken maysa a kagagetan, a tinultulongak pay a nagideliber iti kinahon a kuponban iti tunggal Mierkoles. Uray no inungtanna, ngem idiay koma opisinana, saan nga iti sangomi a kakaduana.

Diak nakapagteppel. Kinumprontak daydi Jim.

"You're not supposed to be doing that in front of us," kinunak.

"I'm not talking with you," kinunana.

Napanak nagpulong a dagus iti direktormi idiay 5th Floor. Kalpasan ti tallo a bulan, nayakaren daydi Jim, iti nababbaba a puesto, ken iti sabali a departamento—immay met nakipagpakada idi nagretiroak, Enos Apok.

Intultuloyko ti panagtrabahok idiay Deseret Book bayat ti kaaddak iti Mail Operations. Idinto a nakastrek idin ni lelangmo, Enos Apok, dita Parker Hannifin; duada ken ni Daddym.

Sakbay a saritaek ni antim a Chichi, yunak pay ni antim a Lingling.

Di kadi nabati da Lingling idiay Montalban? Pagammuan lattan ta nadamagmi a nakikasar iti daydi angkelmo a Glicerio Galvan, wenno Glen. Nalpas idin a nagmision.

Ni kano Judge Vivencio Baclig, a taga-Cabugao, ken maysa met a mannurat ken gayyem dagiti taga-Bannawag, ti nangkasar kadakuada, idi Oktubre 12, 2005. Nin sa la lelongmo a Jose ti kaduana, ken dagiti kakabagian daydi Glen. Isu a ni antim a Lingling ti nabatbati idiay Filipinas agingga ita. Adun a kuskos balungos ti mapaspasamak idiay Manila U.S. Embassy kalpasan ti COVID.

Ala, ni antim a Chichi... Nagsubli a nagtrabaho idiay Distribution Center. Bayat ti panagtrabahona, nangala iti Interior Designer dita Salt Lake Community College, dita Redwood. Saan a napukaw dagidi sigud a *gagayyemna, kas kada Rosalie Mosuela, ken dadduma pay a padana a single adults.*

Adda daydi nasingpet a nagarem kenkuana, nalipatakon ti naganna, a Puraw. Isuna laeng ta nagdakkel ti ariringda. Bassit ni antim, dakkel ti bagi daydi nobiona.

Isu met idi a napanunot ni antim a Chichi a pabaruen ti kuarto idiay *basement*. Daydi nobiona ti timmulong, wenno isu pay ketdi ti ad-adda a naturtoran a nagobra.

Sa napanunotko met a paaladan iti sango ti balay ta kanayon a papugiiten ti kaarubami ti asinona idiay.

Saan manen a naaw-awan daydi nagaget a dakkel a nobiona—pannakalipatko ngamin 'ti nagannan.

Idi damo, saan a napampanunot ni antim nga isina.

Ngem naammuan daydi Manang Pacing a nanang ni Sally ti relasion da antim iti daydi nobiona.

"Isinam, Chichi. Nagdakkelan. Saankayo nga agkabagay!"

Piman a nobio. Saanen a nagbayag sa insina ni antim. Ta saan la a gapu iti panangsugsugsog daydi Manang Pacing, Mamas Boy kano. Manipud idin, saandan a nagkitkita; ngem madamdamag kano ni antim a Chichi ti mapaspasamak iti daydi nagaget a tao. Nakarabraber kanon ti barbasna, ken kasla dinan as-asikasuen ti bagina.

Nakasarak ni antim a Chichi iti kuttong.

Ngem saanda met a nagbayag.

Idi kuan, napanunot ni antim ti ag-*apartment* a kaduana dagiti dadduma a kabarkadana. Pinanawannakami a dudua ken ni lelangmo.

Ngem naminsan, nangitugot iti maysa a puraw a kalbo. Return missionary kano met; nagmision idiay Russia.

Idi kuan, simmangpetda a dua.

"Adda kano ibagana," kinuna ni antim.

"I want to marry your daughter," kinuna ni Nathan, iti pay uluanan ti agdan, nga agpadakami a nakatakder.

Simmaruno a pagteng, Enos Apok, idi in-*seal*-ko ida idiay Draper Utah Temple. Ni antim a Chichi ti immuna nga in-*seal*-ko kadagiti annakko.

Ni antim a Mimi? Adu a parikut ti naparnuayna... diakon kayat a lagipen, ammomon no ania. Uray ta naurnos metten ti biagda nga agiina kadagidiay dua a kasinsinmo a da LA ken Lindsay. Ken ni Richard a nagbalin a kaingungotna—isuda ti maikadua nga inseliok iti templo, dita Salt Lake Utah Temple, malagipmo?

ITI NAMINSAN A panangpalpalabasko iti FaceBook, Enos Apok, adda nasalawko, a surat daydi lelongmo a Hernelio A. Baradi, wenno Erning, a kabsat ni lelangmo iti ina—malagipmo pay daydi simmangpet iti balay daydi Mariano idiay Old Balara?

Napateg unay a maammuam ta naipagpagasat la unay kadagiti tawen nga ibasbaskagko kenka.

Ken adda historia nga ipalagipna.

Ken ulitek: daydi Erning ti kasla di idi mabambannog a tumultulong kadakami iti sadino man a balay nga immakaranmi, agingga a nagassawada ken ni Milagrina Sales a Norma ti naganna iti sirok ti latok— malagipmo daydi inramanko ti padasna iti serie a *Kastoykami Ditoy Saudi?*

Nasaok sa idin a mannurat met, ken kaduami idi daydi Erning iti panagipatarus kadagiti pagbasaan ti Simbaan. Kitaem ti sumaganad, ta ammok nga adda maadalmo itoy pangatiddogen a sinnungbatmi.

9/21/09, 3:42 am

Manong, ni Erning daytoy. Komustakayon? Sapay koma ta addakayo a kanayon iti saluad ti Dios. Ditoy, nasayaatkam' laeng iti baet ti adu a pannubok ti biag. Agbasbasa da Bejo ken Lanie ita idiay UPLB. 4th year HS metten ni Maymay, ket Grade 3 metten ni Bin-i. Maika-2 a tawenko metten a mangisursuro sadiay Lagro High School. Permanenteak metten iti trabahok. Bassit laeng ti sueldo, di pay umanay no ar-arigen para iti kasapulan iti panagadal dagiti annakko. Agyamanak laengen ta iti tawenko, naawatak pay laeng iti DepEd a mangisuro. Ala, komustakayo amin dita, ni Manang ken dagitay kaanakak dita. Ditoy, ni Dondon, dumakdakkel kano ti bukol iti tianna, dinan sa met kayat a paopera. Dios koma ti kanayon a mangsaluad kadakayo.

Daytoy ti sungbatko, Enos Apok, a napetsaan iti Septiembre 27, 2009:

Nagsuratak idi ngem diak ammo no naawatmo; aglokoloko ngamin no dadduma 'toy Facebook. Nasayaat unay nupay ti agpagadal ti karigatan a paset ti biag; ngem addanto met supapakna no makalpasda. Adu met ti rigatmi idi... Bareng no makaumayto met laengen da Dondon ken Mimi ditoy early next year... Adda nakitami a surat para kenka a naggapu idiay **translation department.** *Siguro [adda] panggep ti CES [nga ibaga* *kenka], ta kuna ni Grace a dakayon sa ti mangiggem iti translation-da. Wen gayam, ni manangmo, napilitan a nagretiro a nasapa ta inikkatda idiay trabahona, ta apektadoda iti recession; sangsangkabassit ti pensionna iti SS ngem naimbag laengen, a. Inton next year met nga agretiroak; nabannogakon. Ala, komustakayo laengen... Wen gayam, madaman sa ti bagyo dita; sapay koma ta awan ti adu a namsaakanna dita Montalban; dikami pay makaawag kada Mimi gapu iti bagyo. Ala ngarud... wen gayam, ni Remi [Mataoa]awanen iti interpretation, translation laengen...*

Naputed ti suratko ta simrek ni Efren Duaño Baconawa [sigud a kaduami, Enos Apok, idiay Quezon City 1st Ward nga immuna a wardmi]... *ala ngaruden, agan-annadkayo..*

Daytoy ti sungbat daydi Erning:

10/2/09, 11:24 PM

Nakaro ti didigra nga immapay nangnangruna iti probinsia ti Rizal. Ditoy Montalban, adu a subdibision ti linemmes ti naglaok a danum ken pitak, agraman ditoy Montaña. Manipud iti bantay, bimmaba ti danum a nangparnuay iti naapres a karayan iti Montaña. Sangadangan pay sumrek koman ti danum iti balaymi. Napanak iti atep ti balaymi a kasasaaok ti Dios, nga isardengna koman ti napigsa a tudo. Pagalluppo ti danum iti Pinatubo St., pagasellang iti Arayat, iti agturong iti hayway, pagassiket. Iti ballasiw ti hayway, awanen ti makita a balay. Adda dua wenno tallo ti kadsaaaranna a balay iti dua a subdibision iti baba a nagkamangan dagiti agpupukkaw a biktima. Iti igid ti hayway, kasla piesta ti kaadu ti tao nga agpigpigerger iti lammin. Awan ti nasalbada a banag: taraon, aruaten, uray ania a sanikua. Naawan ti koriente, danum, telepono, signal ti selpon. Kasla panangukom ni Apo Dios no ar-arigen. Napakaruan ti Cainta, Marikina, kasla China Sea dagitoy a lugar nga agingga ita di pay nakabangon. Adu a bulan ti palabsen sakbay a makabangon ti probinsia ti Rizal. Naanod dagiti balbalay kadagiti igid ti karayan, agraman dagiti kotse, ayup a kas kadagiti nuang. Ita, kasla bantay dagiti naidaknir a basura kadagiti igid ti kalsada. Malagipko maysa nga aldaw sakbay ti layus, nagbartek ti kayongko a ni Wilson. Simmangpet iti balayda. Kinabkabilna dagiti annakna. Awan ti mabalin nga aganawa ta masakit ti asawana ken ti katuganganna. Naawagan iti selpon ti asawak a napan naganawa. Karabianna, kunak no awanen ti parikut, immawag manen dagiti annak ni Wilson. Matay kanon iti sakit ti tian ti amada ket nasken a maitaray iti ospital. Saan a napan ti asawak agingga a naglawag. Nagtudo iti napigsa. Alisto a ngimmato ti danum. Ti pamilia ni Wilson nga adda iti subdibision iti ballasiw ti kalsada, dumanida nalmes no awan ti immarayat kadakuada. Nagkamangda iti maikadua a kadsaaran ti balayda ngem natinep ti balay agingga nga awanen ti makita. Ita makalawasen nga addada ditoy balay. Kunak man, senial wenno palagip laeng ti Dios ti didigra nga immapay kadagiti kas iti kayongko a nakalipaten iti Dios. Adu ti kasta a tao, a malagipda laeng ti Dios iti kangitingitan ti didigra. Agyamank iti Dios ta dinakami binaybay-an iti dayta nga aldaw ti pannubok. Iti unos ti panagbiagko, idi la a nakaimatangak iti kasdiay a pannubok ti Dios iti tao.

Daytoy met ti sungbatko, Enos Apok:

10/4/09, 10:24 AM

Makipagriknakami... ken kanayon nga isursuratmi ti naganyo amin iti prayer roll idiay Jordan River Temple a pagpapaayak a Sealer; ken ni manangmo met iti sealing office. Manen, makipagriknakami, ket naimbag laengen ta dikay nairaman a napakaruan.

Kinuna daydi Erning:

10/10/09, 5:37 AM

Naimbag a rabiiyo dita, Apo. Manguk-ukom sa ketdin ti Apo ditoy Pinas. Dimteng ti super typhoon a ni Pepeng ket binayona iti 3 nga aldaw ti Ilokos manipud iti Cagayan sa nagsubli ket linemmesna ti Central Luzon. Iti agdama no makitayo iti Internet, kakaasi ti nagadu a tao sadiay. Naperdi dagiti dike a nagayusan ti danum manipud kadagiti dadakkel a dam. Ti poseble nga ibunga ti didigra, dakkel a panagbisin ta dinadael ti layus ti naglawa a kapagayan a dumanin maani. Ditoy Rizal, adu pay la a tattao ti agbibiag babaen kadagiti rasion. Ti simbaan ditoy Montaña, di pay pimmanaw ti adu a kimmamang ta napno iti pitak dagiti pagtaenganda idi dimteng ti bagyo a ni Ondoy. Baka inton bigat awan pay ti Sunday School-mi ta napno dagiti kuarto iti tattao. Narigat a biag ti impagteng dagiti didigra, mariknam a talaga. Agyamankami iti panangiragpinyo kadakami kadagiti kararagyo dita.

Insungbatko, Enos Apok:

10/10/09, 6:18 AM

Wen, nakitami amin ta adda TFC ditoy balay, estasion a Filipino iti tv. Dandani agmalmalem ni manangmo a mangbuybuya, ket sangpetak pay la iti rabii no kua. Wen, uray dagiti Puraw a makaam-ammo a Pilipinoak, idiay trabaho ti kayatko a sawen, damdamagenda no adda kabagiak a nairaman iti didigra. Nagasattayo pay laeng ta uray kaskasano ket diyo dita saparen ti sapsaparen dagiti dadduma; ngem kakaasi a talaga dagiti tattao. Nakitami met ken ni manangyo dayta kunam, ta dandani koman panagaani. Ngem ania pay ti anienda... piman... malagipmo da Elder Stokes? [dua a couple missionaries a kaduami idi iti translation, Enos Apok] Natayen ni Sister Stokes 'tay last year, itay la nabiit a nadamagko... adda kadi maitudo nga agsungbat iti didigra? Gobierno? Wenno asino? Wenno palagip ti Apo... No maminsan, narigat nga awaten, ngem paset dayta dagiti adu a naipadto a sagabaen ti tao. Mapaspasamaken ti adu a didigra iti intero a lubong. Kastoy met ti ibagbagak ken ni manangyo no kua. Maalay-ayan bassit ti rikna no maamiristayo a paset dagitoy ti kaaddatayo ditoy a biag. Awan maaramidantayo no di awaten ti ited (no isu ti mangmangted) ti Apo a palagipna kadagiti annakna. Iti adun a parikut a naglaslasatan, naawatkon ket nalaglag-an ti riknak no kua, ta di metten maisubli ti napalabas/napasamak. Mapagteng amin dagiti banag uray di namnamaen ket ania pay koma no di awaten. Dagiti nadangran unay, mangrugida manen, a, ania ngarud.

Maikawaak ken masayanganak iti nasapa nga ipupusay daydi Erning, Enok Apok. Singkuenta utsona la idi. Adu koma pay ti nasayaat a naaramidanna.

ADDA DAGIDI PANAWEN, Enos Apok, a mapankami mangal-ala iti abasto idiay Food Bank. Ni lelangmo ti kalipikado a maibatay iti matgedan ti tao. No dadduma, agur-urayak iti ruar ta isu la ti makastrek iti pagurayan. Pila no kua ti tao. Napipia la a maksay iti gatangenmi ti it-itedda no kua. Maminduan sa iti makabulan idi a mabalin ti mapan dumawat.

Iti naminsan, sibsibet ti isno idi napankami. Naikaglis ni lelangmo ket nablesan ti gurongna.

Sa nadagnayan idi makapayat iti naregreg a nagango a bunga ti *firetree* iti sango ti balay.

Daydin ti nangrugian ti kanayon a panagsaksakitna, ket masansan metten a mangliwliwat iti trabahona, agingga a nasapa a pinagretiroda idiay Parker Hannifin. Penpensionanda iti sangsangkautting, a nayon ti pensionna iti SS. Kunkunak laengen, a, a napipia la nga igatangna iti pagingatna!

Saan metten a nagbayag saak nagretiro, Enos Apok, idiay Mail Operations ti Church Office Building (COB). Intultuloyko ti nagtrabaho idiay Deseret Bookstore.

Nairanrana unay iti pannakaaprobar ti yaay da angkelmo a Dondon ken da antim a Mimi ken ni LA a kasinsinmo. Nangalaak iti bakasionko idiay DB ket napanmi ida innala.

Sakbay a nagsublikami idiay Yorkshire, inkeddengko pay a sarungkaran ti Gisit-a-bassit nga immuna a nakakitaak iti lawag—naagapadkon sa daytoyyen...

Simmangpetda idiay Yorkshire sakbay ti kasangay ni angkelmo a Dondon idi Hunio 15, 2010. Gapu iti daydi a pasamak, maymaysan ni antim a Lingling a nabati idiay Filipinas, a kaduana daydi Glen ken ti dua nga annakda a da Brigham ken Briget.

Isingitko man ditoy, Enos Apok, a namin-anon a naagapad ni Angkelmo a Dondon a naibaga kano kenkuana nga isu koman ti sumaruno a maikkan iti Teñor wenno mapermanente a mangisuro idiay UP Manila no saan nga immay ditoy Utah. Dina koma kano kayat ti umay no di imbaga ni lelangmo a saan a mabalin ta agungetak kano. Malaglagipko ita, Enos Apok, a siak ti gapu ti nakadadaelan ti arapaapna, nga ita, marigatan a mangala iti trabahona ta agpili metten manipud idi inikkatda idiay Moog a trabahona. Kayatna, sumrek iti prestihioso a trabaho; kayatna, agpili. Malagipko met nga uray siak ket diak met mausar ditoy ti tinurposko a master...

Ngem agsublita iti pangtedko, Enos Apok.

Awan nangipagpagarup nga iti Disiembre 20 iti daydi a tawen, impasngay ni antim a Mimi ni Lindsay a kasinsinmo.

Siak ti nangay-aywan bayat ti panagtrabaho ni antim a Mimi.

Iti maysa nga aldaw nga awan ti matinongko nga aramiden, naituon ti imatangko kadagiti nasalansan a liblibro ken no ania la ditan iti shelves ti lamisaanko. Naawis ti imatangko iti asul a kahita iti igid ti salansan. Nabayagen a diak immanmano daydi a kahita ket nalagipko nga isu ti nakaidulinan dagidi suransuratmi ken ni lelangmo.

"Dagitoy gayam dagidi sursuratta, Ma!" kinitak ni kaingungot nga agipalpalunipin kadagiti linabaanna.

"Siak ti nangikabil dita, dimo malagipen?" kinunana.

Nalagipko ti nabasak a libro a nakaurnongan ti suransurat ti dua nga agassawa a ganggannaet a nalipatakon ti naganda. "Ania ngata no ilibrota met?" kinunak.

"Napintas, a," kinunana.

Inkeddengko a tapno maigidiat iti nabasak, binaetbaetak iti palawag ti tunggal surat, a no asino ti akinsurat, isu ti mangilawlawag no ania ti mapaspasamak, wenno ar-aramidenna bayat ti panagsubsubalitna. Isu a saan la a ti linaon ti surat ti nailanad iti libro ngem adda pay palawag iti tunggal surat.

Rinugianmi ngarud ti natuok a panangurnosmi kadagiti sursuratmi. Adda palawagna a ti *Allon ti Biag* a daniwko nga immuna a gapuanak a rimmuar iti Bannawag ti nangaron iti essem ni kaingungot a mangsurat kaniak... nga isu ti puon ti panagamammomi, a naggibus iti panagkallaysami. Idi mai-*compute*r-ko, ken sisasaganan a maiprinta, inawagak ni Ariel Agcaoili ket dinamagko no mabalin a mangsurat iti kritikal nga introduksion. Saan la a disnudo a nangawat, makaitayok pay iti langit ti panangitag-ayna kadakami nga agkaingungot! Awan ti malagipko a sabali nga agkasimpungalan nga Ilokano a mannurat a nagsinsinnurat, ken nangurnong iti suransuratda, sa naurnos a libro; dakami laeng—bayandak metten, a, a mangbagkat iti bukodko a bangkito, ita met laeng!

Nagsapulak a dagus iti imprinta iti *website*. Adu ti nagppiliak. Pasig a nangingina, agingga a nasulek ti imatangko iti Xlibris. Diak pinampanunot no matalek wenno saan, basta ti adda iti panunotko, mailibro dagiti sursuratmi. Singkuenta porsiento ti diskuentoda.

Kasta ti pakasaritaan ti *Woven Strands of Roses/Naabel a Linabag ti Rosas,* a rimmuar iti imprinta idi Marso 27, 2014.

Kasano nga iladawan ti ragsakmi kadagidi a panawen? Umuna unay, addan libromi, nga iti pay America ti nakaiprintaanna. Sa adda pay patarusna nga Ingles!

Ngem saan a nagpaut ti kasla itatayokmi iti labes ti ulep. Malaksid iti masansan a pannakayus-ospital ni lelangmo, Enos Apok, napasarunuan pay daydi immuna a pannakabtak ti tubo iti kalsada a sango ti balay—nalipatak nga inagapad daydi immuna—ket nalayus ti *basement*. Adu nga alikamenmi ti nadadael, uray pay dagiti urnongko a libro ken manuskrito. Uray ti *washing machine* ken *dryer*.

Kunkunak idi, Enos Apok, addan sa ketdi simmangpet a malas! Ta malaksid iti layus, saanen nga umanay ti sueldo ken pensionko a pagbayadmi iti binulan nga itintinnagmi iti balay.

Isu nga uray no nasakit koma ti nakemko a mangilako iti immuna a balay a nagatangko iti America, awan ti pagpilianmi.

Maika-44 a Paset

Townhouse 1: 4491 W 3500 S Apt. C4 – Nobiembre 27, 2014-

MAKAUTOYEN, ENOS APOK, ti panagdaldaliasatko. Sumagmamano pay a bulan sakbay a makun-osko ti walo a dekada, ngem asino ti makaibaga, amangan no nasurokton no maiwakasmo daytoy ket sisasaganan nga idasarmo kadagiti kaputotan—diak ibaga a nakurang, ta kayatko a saksian ti bunga ti panagdaldaliasat daytoy lelongmo... sapay koma.

Naupalakon a mangsursurot iti patigmaan dagiti dudoktormi ken ni lelangmo, a liklikak dagiti nakairuamak ken paggugustok a taraon; asin ken bugguong, karkarne, aglalo ti baka ta awanen ti aprok, ken baboy ta mangrugin a kalupkopan ti taba ti dalemko... *fatty liver* kunada man. Adda kenka, kuna dagiti tallo a dudoktorko, no kayatmo pay nga umatiddog ti biagmo. Mariakosina dagidiay salawasaw a dudoktor! Diak makakaanen iti *hamburger*, kankanen ti Ilokano, munggo, sorbetes, mais, puraw nga innapuy, ken uray ania a nasasam-it-natataba a taraon. Ken saggabassit kano laeng no manganak iti kada tallo nga oras; saanak nga agbusbussog, saanak nga agas-asin. Ken no mabalin, liklikanmi ken ni lelangmo ti ageroplano—nabayagen a mail-iliwkami a sumarungkar kadagiti nakairuamanmi a luglugar, ken kadagiti gagayyemmi; ngem dikami metten makaawid—baludnakami ti ganggannaet a paraiso, kano! Mariakosina a Dr. Gonzales, ad-addan, a, nga umasideg ti umas-asideg la ngaruden a laud! Aniat' bibiangmo, aya, no kayatko ti agbussog, kunak koma, Enos Apok. Ngem no makitak ti resulta ti *blood test...* adda dita a nangato ti AICk, ti protinak, *creatinine* ken no ania payen dita a nangangato... ay, ket maalak met la ti agdanag, Enos Apok. Ala, surotek dagiti kabaelak a suroten, aglalo ta adda pay kayatko nga iringpas.

Adu unayen ti naibatik a tugot, EnosApok, ket amkek amangan no saanyonton a matandaanan, dakayo nga appokomi, dagiti pagsurotan nga imbatik, siak a paset ti napalabas, ken sika a mangibagi iti agdama.

Diak ammo no malagipmo pay ti pakasarakam iti kurita, laki, sapingan, barutiktik, ragaraga, ampo, butiti a dalusan ken siitan, ariwaiw, munamon, ipon, mayamaya, kappi, dariway, arimbukeng, udang, pasayan, ariyawyaw, kappo, kapis, sittil, marabukakaw, ken no malagipmo pay a maymaysa ti ikan a baraangan/padas/mayubyob...

Kulot, aragan, suyasuya, balbalulang, kanutkanot, ragragutirit...

Al-aloten ken ubet-ubet... a, saan a sinasalawasaw dagita dua a naudi, Enos Apok; pudno nga addada!

Billittuleng, kiaw, pagaw, alimukeng, kali, puek, panal, pugo, maya, susuit...

Kuros, dalag, paltat, iwet, igat, buntiek, tokak, lagdaw, bat-og...

Ikkanka iti dua a bunos, ti ar-aro a dua a lugar ti pakasarakam, iti tangrib ken iti pay-as wenno waig.

Sadino ti pakasarakam kadagita? Idiay Labut? Idiay Abbarit? Idiay Baybayabas?

Diak kalikaguman a surotem amin nga imbagak ta tunggal tao adda kabukbukodanna a pangngeddeng. Laglagipem nga awan ti makabagkat iti ulo ti akin-ulo. Pagarigan, no maikariakto a sumaklang iti pagarian ti Apo a Mannakabalin, awan ti asino man a mabalinko nga itugot nga ipakaasi Kenkuana: **Apo, pastrekenyo koma met ida.** Ad-adda payen dagiti mamati a kalpasan daytoy a lubong agbalindanto amin nga anghel iti pagarian ti Apo ket awan ti mabukel a pamilia, saan a kas ditoy daga. Ngem datayo, no maymaysanto ti turong ti panunottayo, ket maikaritayo amin, ay ket naragsaktayonto nga agdedenna manen a sangapamilia, kastanto met dagiti sabali a pamilia, ta kadatayo, kasta ti Kari. Kunana ngarud: *Families can be together forever!* Ken uray asino nga adda iti laksid ti pammati, ta adda proseso a sanguen ti tunggal maysa inton sumaklangda iti Apo; isu ti kaadda dagiti Templo... A, wen, sapay koma ta maipaawatmonto kadagiti gagayyemmi, Enos Apok, a saanak a mangaskasaba; ammuenda koma a no manokami nga agkakabsat, dakami la ken ni lelongmo a Jose a buridek ti agkapammatian. Ngem dina kayat a sawen nga adda rekka iti nagbabaetanmi kadagiti dadduma a kakabsatmi. Agpipinnategkami amin nga awan surok ken kurangna.

Kalikagumak a kas paset ti agdama, nga agbalinto met a napalabas, surotemto koma ti ipaltiing ti rikna ken panunotmo a pangsurotanto met kenka ti buklem a kaamaan, a surotento met koma dagiti sumarsaruno pay a kaputotan. Iti kasta, mayaddangto iti nangatngato a tukad ti nanumo a pakasaritaan ti kaputotantayo: siak a napalabas ken sika nga agdama, nga ituloyto ti masakbayan.

Adda la maysa nga ilawlawagko, Enos Apok.

Imbagak a pinanggepko nga itarayan ti rigat a nakaisangolan ti kaputotantayo.

Ngem daytoy ti nalawag: awan a pulos iti arapaapko, wenno iti planok, ti agpabaknang. Awan iti panunotko ti agakup iti linaklaksa a balitok wenno ginumpo a sanikua, dagdaga man wenno kuarta. Ti la adda iti panunotko: luumg-aw.

Ngem makunak ketdi a riniwriw a balikas ti naurnongko, nga isu ti kakaisuna a nagtaltalaytayak a nagdaliasat, a nangsapul iti maymaysa ken kakaisuna a lelangmo, a pinaneknekak ti kinapategna babaen ti namitlo a panangilantipko kenkuana—ulitek, namitlo. Wen, namitlo, Enos Apok! Agsapulka iti intero a lubong no adda masarakam a kas kadakami!

Idi makitak daytoy Unit #C4 nga adda iti ungto ti Townhouse iti 4491 W 3500 S, a naudi nga impakita ti ahente, diak inikkan ti kaipapanan ti kaaddana iti ungto. Ungto, maudi... Ita man la nga agpayso a makitkitak ti mabalin nga ipasimudaag ti *ungto*.

Ta adu dagidi immuna a naipatuldo kaniak, nga adda pay daydi pannakaisurot ni lelangmo, ngem awan ti naigasatanmi. Adda daydi napintas dita Magna a kabaelanmi koma ti presiona, a pangibautanmi iti pakatdami iti nangilakuanmi iti *immuna a balaymi iti America* ngem nagatang met a dagusen idinto a kaipakpakaammo ti pannakalukatna a lako.

Isu a naituding ngata, aya, a daytoy ti gasatko?

Tallo a tukad la ti askawen ket masangon iti kanawan ti ridaw. Saan unay a nalawa ti salas, a masango iti daya ti ababa a pasilio a kumamang iti kosina, a mawidawidan iti kanawan ti umuna a pagpaknian. Sakbay a makamang ti sarming a ridaw iti likud a pakakitaan iti bassit a patio, mawidawidan pay nga umuna iti kanigid ti agdan a sagdudua katukkol a kumamang iti maikadua a kadsaaran, ken ti kumamang iti sirok.

Tallo ti kuarto iti ngato. Akinlaud ti *Masters' bedroom,* akindaya ti dua. Nagbaetanda ti banio.

Iti *basement,* nalawa ket mabalin nga aramiden a dua a kuarto. Adda iti bangirna ti laud ti sabali pay a banio iti kanawan ken ti *laundry* iti kanigid.

Pulido ti pannakaisagana ti Unit #C4 ti Townhouse. Naawisna a dagus ti riknak, Enos Apok!

Manen, Enos Apok, gapu ta nairuamakon a tultulongan ti Simbaan, kinontakko ti Bishopric ti Oxford Ward. Dagidi agama a Clawson ti alisto a naibaon a timmulong kadakami a nagibunag kadagiti— no lalausen ti manarita—di la 'sangabagon' a kurkurantongmi ngem nadadagsen pay. Agparis a baro pay a *washing machine ken dryer* a naisukat kadagidi nalmes a gamigammi iti basement ti Yorkshire. Sa ti Queen Size a kamami ken ni lelangmo. Ken kinarton a liblibro a nakairamanan dagiti Ilokano a libro nga urnongko. Ken adu la ditan a naurnongmi iti uneg ti sangapuloket-pito a tawen a panagnaedmi idiay Yorkshire.

Napunno a dagus ti impagarupko a nalawa a Townhouse a naalami. Napilitanak, Enos Apok, a nangbangon iti Shade iti likud ti Unitmi. Kuatro por kuatro ti sekkegna ngem dandani pay di immanay a nagikkanmi kadagiti di naikabil iti uneg ti Unit. Isu a di mapilaw ti kaadu ti naurnongmi kadagiti saggabassit a nagatgatangmi, kangrunaanna idiay DI—malagipmo ti Deseret Industries, wenno Thrift Store?

Wen, Enos Apok, agaasem? Idiay Yorkshire ti kapautan a 'nagestasionan' 'toy lelongmo iti agarup walo a dekada a panagdaldaliasatna iti kasla di maputpot a luglugar. Malagipmo daydi sirok ti pakak? Daydi ngay dakkel a balay a kasla napno iti marmarna? Ti pay ngay kataltalonan idiay Abbarit a napno iti nadumaduma a natnateng ken naglawlawinak iti dalag, paltat, ken nagbambanniitak iti ar-aro? Malagipmo daydi Bantay Baybayabas a tinartaraymi iti daydi

Insan Erwin a sinangsang-at ken sinalsalogmi, sa no kuan, agtakderak iti amianan a pispis ti bantay ket pangiliwliwagak iti iliwko kadagidi Tatang ken Nanang, tannawagak ti arigna inyuged a Karayan Parsua a kas man la ipus ti Burayok Kimmandela? Naglasbang man ketdi, Enos Apok, dagiti nalangto nga agallo-allon a kapan-awan. Daydi la unay Pangasaan Elementary School iti gayadan ti Bantay Cordillera...

Wen, Enos Apok, ti la pinangay-ayok iti bagikon, a, ket ti ilalag-an ti binulan a bayadak iti *mortgage.*

Agingga a nakaawatak iti surat a naggapu iti West Hampton a mangsingsingir iti bayadko iti Homeowners Association wenno HOA. Inutilak iti banag a diak nangnangngeg idiay Yorkshire. Namaysaannak daydi ahente ta dina dinakdakamat ti maipanggep iti HOA. Diak met nagdamdamag, a, ta awan ngarud ti ammok!

Idi damo, $125.00 ti makabulan. Para kano iti umay agal-ala iti basura tunggal Lunes ken Huebes, ken ti agpukis iti ruot ken mangdalus iti aglawlaw... ken agkarudkod iti isno. Idi kuan, nagbalinen a $150.00.

Sa kellaat a nagbalin a $200.00! Ti gapuna, intaray kano daydi agigiggem iti kuarta ti pundo ket dakami nga 'agtagikua' iti Townhouse ti manglitop. Saan koma a kasdi ngem diak ammo no apay ta saanak a maysa kadagiti opisial ti Homeowners Association. Ti pay adatna, ti met laengen umay agal-ala iti basura ti regular. Awan ti makitkitak nga agdaldalus. Awan payen ti mangtarimaan iti kalsada a binuttawan ti isno; ken ti plastik a pader iti abagatan a kalkalay-aten dagiti *homeless* nga agdidian iti nalawa a karuotan a solar iti abagatan, idi damo, agingga a linussokdan ket wangwang itan, a panglinlinteganda a mapan dita 3500 South.

NANGRUGI TI RIKRIKNAEN ni lelangmo, Enos Apok, idi mangisursuro pay idiay Quirino Elementary School. Tinawen nga adda tsek-apda a mangisursuro. Naduktalanda nga adda arasaas ti pusona, daytay kunada nga *atrial fibrillation.* Dina inginggina ta awan ti panawenna nga agpakita iti doktor, ken awan ti kuartana. Addaak pay la idi idiay Dhahran ket pulos a dina naag-agapad. Panagkunak, Enos Apok, ket nagtanoy ti bambannogna a nanguk-ukkon kadagidiay antim ken ni angkelmo a Dondon nga ipan iti eskuela sananto manen yawid; kaaduanna a pagsisinnaklotenna ida tapno makamenusda iti plete, nga idi kuan, didan kayat ti agsisinnaklot. Ni Daddym ti nagbasan idiay Burgos, idiay Montalban. Maysa pay, adda dagidi lakulakona a *crispy dilis* idi damo, sa idi kuan, nasumokanna ti agangkat iti itlog ti pugo nga ilakona idiay eskuelada. Ilakona iti sagsasalapi, no dadduma, agorder pay dagiti *coteacher*-na sada ilako iti doble presio. Nasaok sa ketdi idin kenka, nga inaw-awaganda pay iti Misis Pugo. Nagsardeng idi naammuan ti prinsipal ti ar-aramidenda, ket ti prinsipalen ti nangmanehar iti panaglakoda iti kantina.

Inaramid ni lelangmo amin dagidi, Enos Apok, tapno adda pangalaanna iti pangsupusopna iti pagkurangan ti *allotment* nga ipawpawitko. Tumultulong kano met idin ni antim a Chichi, nga isu ti nakatawid nga aglutuluto. Nasaritak dagitoy idin, di met?

Isu nga idi addadan ditoy America, saan a nagbayag sa naduktalan ti *atrial fibrellation*-na. Addaakon idiay DMBA nga *insurance* ti Church. Ngem sakbayna, ti Oquirrh Medical Clinic ti pappapananmi. Idi kuan, idiayen Intermountain Health Care. Dakkel a nakabang-aranmi, Enos Apok, ti kaadda ti *medical insurance*. Adda mangtartarabay kadakami a mangyabaga iti kasapulan ti salun-atmi, saan a kas idiay Filipinas. Nakuna ngarud ni Dra. Gonzales iti naminsan, a '*pasalamat kayo at nandito kayo sa America; kung sa Pinas kayo, tigok na sana kayo ngayon!*'

Immuna a nakaduktal iti kaadda ti sakit ti puso ni lelangmo, Enos Apok, ni Dr. Kathryn Casull nga immuna a Primary Physician-mi. In-*refer*-na ni lelangmo iti daydi Dr. Zabrack a maysa a nalaing a *cardiologist* idiay Intermountain Health Care. Isu ti nangireseta iti agas ti puso. Imparparipiripna idin a sooner or later, masapul a maopera ni lelangmo.

Adda dakkel a pasamak a nalibtawak nga inagapad iti immuna a bersion daytoy, Enos Apok. Ti pannakayospital ni lelangmo idiay Intermountain Health Care idiay State Street. Adda naireseta nga agasna, ket impatudon daydi nangasistir a doktor iti *assistant*-na a mangted iti agas ni lelangmo bayat ti kaaddana iti klinika. Napuyatanak idi ket rummuarak koma a mapan mangala iti pamedpedko idi pagammuan ta nadlawko ti panagan-anagsab ni lelangmo. Pinis-itko ti buton ti *emergency* ngem awan ti nangikaskaso. Nagpukkawak a rimmuar.

"*Your patient is dying!*" kinunak.

Apagisu a simmangpet ti doktor ni lelangmo. Kinitana no apay.

"*You're killing your patient!*" kinunana.

Nalipatan daydi *assistant*-na nga impatomar ti dua koma nga agas ni lelangmo. Maymaysa ti intedna.

Idi imbagak kadagiti gagayyemmi ti napasamak, ken uray ken ni lelongmo a Herman, imbagada a mabalin koma nga insaklangko ti hospital. Ngem diak met ammo ti kakasdi idi; diak nalagip dagidi dodoktor idiay Philippine Heart Center a nagsasarita maipanggep iti ag-agas.

Adda daydi panawen a nagsukat ti *insurance provider*-mi a kasapulan nga agsukatkami met iti hospital ken doktor. Isu a daydi naudi a *check-up* ni lelongmo, nagriri daydi a doktor, ta apay kano nga agsukatkami iti doktor? Masapul ngamin a kasdiay ta adda dagiti doktor a pilien ti *insurance provider.*

Uray ni Dr. Casull, sinukatanmi met ta immakar iti sabali a hospital. Ni Dra. Rachell Gloria Gonzales a Filipina ti insukatmi. Kalpasan ti sumagmamano a tawen, nagsubli met la ni Dra. Casull iti Granger Medical Clinic, ngem saanmin a sinuktan ni Dr. Gonzales nga isu pay la ti Primary Physician-mi. Isun ti nangi-refer ken ni lelangmo ken ni Dr. Steven A. Roqeach a cardiologist nga Israelita.

NO KALIKAGUMAN A mayatiddog ti biag nga impabulod ti Apo a Mannakabalin, Enos Apok, awan ti adayo. Diak koman inayon daytoy sumaruno a lagip, ngem kayatko la a makitam ti rugi dagiti amin a sumaruno a pasamak.

Irugita iti daydi panangtuntonmi iti klinika ni Dr. Steven A. Roqeach.

Pinadayami ti 4700 South a kumamang iti I-215 nga agpadaya sa sumiasi iti I-15 nga agpaabagatan a kumamang iti Exit 118 a sumirokanmi nga agpadaya sakaminto agpaabagatan iti State Street agingga iti 11800 South a pagpadayaanmi a kumamang iti Lone Peak Hospital—nalaka met ketdi a sapulen ti papanan ditoy Utah ta no ammom la ketdi ti laudamianan-daya-abagatan, nangruna no adda GPS-mo, adayo a mayawawanka. Ngem ammom metten, Enos Apok, a masapul a surotem ti naipaskil nga *speed limit* kadagiti kalsada; tiliwennaka ti agsisiim a police patrol ket tiketannaka, a saan a nababbaba ngem *hundred dollar* ti multam.

Eksakto nga alas onse idi makadanonkami iti maikadua a kadsaaran, iti pagawatan ti sangaili. Kinuyogko ni lelangmo iti *receptionist* ta siak ti agbayad. Siakon ti nakisarita ta napalpallikawkaw no ni lelangmo. Imbagak nga adda appointment ni lelangmo ken ni Dr. Roqeach. Dinamagna ti naganna.

"*Date of birth?*"

"*4-20-45.*"

"*Your co-pay is $45.00.*" 25 laengen ita, Enos Apok.

Tallo pay la idi ti visa cards-ko. America First Credit Union, Deseret First Credit Union, ken ti Cyprus First Credit Union. Adda pagtarusan ti binulan a pensionko iti SS, sabali ti papanan ti bayad ti patarusko, sa ti papanan ti sueldok iti part time. Ti laengen AFCU ti aktibo ita.

Malagipko gayam, no siak ti agpakonsulta, dagiti visa cards-ko ti usarek. Ti visa card ni lelangmo ti mausar no isu ti agpakonsulta.

"Ikarkararagko a nasayaat koma ti resulta ti eksamen," madanagan ti ayug ni lelangmo bayat ti panaguraymi iti batangna.

"Sapay koma," kinunak. Diak imbaga ti mabalin a negatibo a resulta, ket diak met kayat a panunoten. Dakkel a kantidad ti maibaut no kua; beinte sinko porsiento met la ketdi ti *co-pay*-mi ngem uray pay.

Kasla rinibu a darikmat ti panagurayko idi addan ni lelangmo iti opisina ni Dr. Roqeach. Namrayak a sinipsiputan dagiti agruar ken agsangpet a pasiente. Ubbing a beterano ti Iraq, Iran, ken dadduma pay a pagilian; lallakay-babbaket a retirado a maat-atibay; agin-iniin a kasla dina mabagkat ti arigna lubo a bagina; kasla maiparsiak iti sangkabassit a pitik. Kdpy! Agaasem dagita a panguartaan dagiti dodoktor, Enos Apok, a kapautan ti kinse minutos laeng a panangamirisda iti maysa a pasiente? Agaasem dagita a paggastuan ti Medicare? Ah, ti panagrikus ti biag!

"*Please come with me,*" nasinga ti panagpampanunotko idi nagtimkannak ti naisem a babai a nangikiwkiw iti tammudona.

Naisem ni Dr. Roqeach a nangpastrek kaniak. Nalawag latta ti rupana, Enos Apok, a makisarsarita. Malagipko daydi naminsan a panangestoriana iti padasna idiay California. Adu kano ti Filipino nga amammona idiay. Imbagana a tartaraknen ida ni patay; ta agdaldalayudoy a taba ti baboy ti ngusngusabenda! Daydi Tatang, nagdadakkel ti subona no makayawid iti nagbebengbeng a taba ti baboy!

THE GOOD NEWS is this," insungbat ni Dr. Roqeach iti saludsodko iti sumuno a panangrekoniserna ken ni lelangmo, Enos Apok. Saanen a mabalin ni lelangmo ti agmaymaysa a kasaritana; daydin ti rugi ti kanayon a kaaddak. *"The result of the electrocardiogram is not that bad. But the surgey needs to be done, not sooner but not later. It's up to you. A month from now, or three."*

Dua a balbola ti apektado. Daydiay aortic valve, masapul a masukatan. Daydiay maysa a kumamang iti bara, mabalin a singsingan tapno makontrol ti iseserrek ti dara. Daydiay kano *aortic valve,* saan unay a makalukat isu a limitado ti panagayus ti dara ket apektado ti bara. Dayta ti gapuna a kamkamaten ni lelangmo ti angesna, Enos Apok. Wenno daytay *shortness of breath.* Masapul a masukatan daydiay dakkel a balbola.

Dua kano a klase ti mabalin nga isukat. *Metallic* wenno *tissue.* Napapaut ti biag daydiay metaliko ngem ad-adu ti rumbeng a liklikan. Ti *tissue,* a balbola ti baboy, agpaut iti 10-15 a tawen sakbay a sukatanto manen. Ad-adda kano a maibagay ken ni lelangmo ti *tissue* gapu iti edadna.

Cardiologist ni Dr. Roqeach ngem saan a *surgeon.* Isu a sabali ti manglukat iti barukong ni lelangmo! Dua a sistema ti pagpilian. Mabaliln a luktanda nga agpababa iti tengnga ti barukong wenno iti sirok ti kanawan a paragpag. Ti *surgeon* ti mangeddeng.

Nalagipko ti nakuna naminsan daydi Sister Pelang Delfin a nungka nga agpasagid iti puso. At-atiddog kano ti biag no di masagsagid.

Ngem no dinto met la maliklikan ti pannakaopera ni lelangmo, napanunotko, Enos Apok, naim-imbag laengen a maisapsapa. Dakkel ti tibbayok, diak la impadpadlaw ken ni lelangmo.

"Don't worry," kinuna ni Dr. Roqeach, *"I'll give you the best surgeon."*

Bayat ti pannakaisagana dagiti dokumento ti operasion, ken ti petsa, ken dagiti nasken nga aramiden ni lelangmo sakbay ti operasion, nagkallautang iti mugingko ti kinuna ti doktor iti naudi a paset ti palawagna: uppat wenno lima a porsiento ti posibilidad a di agballigi ti operasion. Maysa a gapu ti *stroke.*

Namak payen no ti lima a porsiento ket maipatang ken ni lelangmo? Diak imbagbaga kenkuana ti adda iti panunotko, Enos Apok.

PETSA: MAYO 20, 2015.

Lugar: Saint Mark's Hospital.

Doctor: Shreekanth Karwande, MountainStar Cardiovascular Surgeon
Oras: 6:45 A.M.

Dayta ti nakallalagip a petsa, lugar, doktor, ken oras para ken ni lelangmo, Enos Apok. Isu ti pannakaoperana iti puso, dua nga aldaw sakbay ti kasangayko.

Iti napalabas nga aldaw, nakaawatkami iti instruksion manipud iti opisina ti doktor, daytay aw-awaganda iti *pre-procedure visit with the doctor.* Maiparit a mangan ken uminum ni lelangmo kalpasan ti alas dose ti rabii sakbay ti operasion. Masapul nga agkawes iti nalawa, daytay awan ti siperna iti likud.

Adda dagidi katulongan daydi Dr. Karwande: anesthesiologist, nurse *anesthetist* ken dagiti nars iti pagoperaran. Inlawlawagda ti maipanggep iti *anesthesia* ken ti operasion. Adda inkapetda nga *intravenous* (IV) iti takiag ni lelangmo. Adda impainumda a pangpakalma.

Kalpasan ti operasion, maipan iti *recovery room.*

Natingra a kayumanggi ni Dr. Karwande. Agtayag iti agarup innem a kadapan, immatiddog ti rupana, medio panadulen dagiti matana, kasla sagapa a naibaledbed ti buokna a nagbuteng sa ketdi a nagtubo iti tuktokna. Nagroba iti puraw, maong ti pantalonna a naparisan iti nangisit a degoma a sapatos. Patanor ti India, Enos Apok.

Sumirip ketdi dagiti napudaw a ngipenna no umisem.

"How are you?" narimat dagiti mata ni Dr. Karwande a nangkablaaw ken ni lelangmo idi napanko intulod iti *operating room.* Siak laeng ti napalubosan a simrek; naguray da Daddym, antim a Chichi, ken dadduma pay, *iti waiting area.*

"I'm okay, Doc," apagasngaw ti sungbat ni lelangmo. Naipakadaywan a kasta ti sungbat dagiti mapagsaludsodan uray no kasungani ti riknada.

Didak pinagbayag iti operating room, Enos Apok. Tinipedko ti riknak idi agpakadaak ken ni lelangmo nga isagsaganada a sukatan. Pinetpetak ti dakulapna ket kasla diak kayat nga ibbatan. Idi aginnibbetkami, diak naipaut dagiti matak kenkuana ta agmaratubbogda met lattan.

"Agan-annadka, Pa," impakamakamna.

Apo koma, simngaw iti bibigko idi agsubliakon iti snack room a pagur-urayanyo kada Daddym, Mommym, antim a Chichi, ken... asinoda pay idin?

Makatektek ti aguray. Nadlawmo met ngata a no manen mapanak agtakder iti sango ti sarming a diding a mangtannawag iti napanayag a kabalbalayan iti labes ti Saint Mark's Hospital iti amianan. No manen agpagnapagnaak iti kadaklan ti waiting area. Manipud dita, masango iti laud ti ridaw a nakaisuratan ti ONCOLOGY.

Agin-innagaw dagiti negatibo ken positibo a pampanunot.

Masapul a pagturayek ti pammatik iti kabaelan ti doktor nga akintengngel iti biag ni lelangmo.

Namrayak a pinalpaliiw dagiti sumrek-rumuar iti *elevator.* Dagiti naem-em ti bibigda. Dagiti nalidem ti rupana. No dadduma, adda agdardaras a mangidurduron iti *stretcher* a naglaon iti pasiente a mairuar wenno maiserrek iti Cardiac Care Unit (CCU) iti adayo a kanigid.

Ala onan idi naipakaammo a mabalinmin a kitaen ni lelangmo iti CCU.

Iti maikadua nga aldaw ni lelangmo, Enos Apok, nagtutulag da Daddym kada antim a Mimi, Chichi, ken angkelmo a Dondon a nangisangpet iti taraon iti *waiting area.*

"*Happy birthday,* Papa!" nagdadanggaykayo a nangkablaaw kaniak.

"*Thank you,*" kinunak, a saan la a para kadakayo ti nagyamanak, ngem ad-adda payen iti pannakalasat ni lelangmo iti operasion nga awan ti komplikado a napasamak.

Iti maysa a rabii bayat ti panagtrabahok idiay Deseret Book, Enos Apok, pagammuan lattan ta nagkapsutak iti rabii nga isagsaganak ti maysa nga order. Pinagawidnak ti bisorko ta aginanaak kano.

Idi napanko kinita ti doktorko, a ni met la Dr. Roqeach, imbagana a masapul a maoperaak iti puso! Masapul a masukatan ti maysa a balbolana.

Ania metten, aglubbon a tawen ti pannakaoperami ken ni lelangmo, agpada pay a puso!

KARISGUAN A PANNAKIGASANGGASATKO, Enos Apok, ti sumaruno a masaksiam. Nobiembre 30, 2015 idi. Alas siete ti bigat.

Inlugannak ti nars iti *wheel chair.*

Intag-ayko ti kanawan a takiagko kas pammakadak kadagiti dua nga annakko a da antim a Mimi ken ni Daddym, ken ni lelangmo a nabati iti pagurayan ti sangaili.

Ni la antim a Chichi a sarunuen ni Daddym ti napalubosan a mangitulod kaniak iti *operating room.* Isu ti nagpirma iti pammalubos ti pannakaoperarko.

Induron ti nars ti *wheel chair* iti nailet a pasilio iti amianan nga igid ti pasdek. Idi matangadko, Enos Apok, ti karatola nga *Operating Room,* adda immapiras iti barukongko.

Sabali a nars ti nangipaidda kaniak iti pagsukatan. Inlawlawagda ti aramidenda. Nakisamsampitaw ni antim a Chichi.

Pinauksob ti nars amin a pagan-anayko. Inikkannak iti puraw a roba a napattupattokan iti babassit a sinansabong nga asul.

Saandan a pinalubosan ni antim a Chichi a simmurot iti pakaipaiddaak a maoperar. Intugotna nga inruar dagiti naisupot a nagsukatak a bulon ti panagpakadana.

Kas man la maudin a panagpinnakadami.

Simmiplot iti panunotko daydi pannakaopera ni lelangmo. Kunkunak idi iti nakemko, dua a banag laeng ti mabalin a mapasamak: makalasat wenno saan. Diak kayat a panunoten ti maikadua; kayatko a pagturayen ti pammatitayo nga adda maikadua a biag. Sa maysa, saan a maliklikan no kayaten ti Mannakabalin nga ipulang ti binulod a biag.

Ni lelangmo idi, Enos Apok, ket siak met ita.

A diak ninamnama.

Agpada a balbola ti puso.

Dua kenkuana, maysa kaniak. Adda *gout*-na, diabetiko, ken angkitna.

Diabetikoak laeng. Kinunkunak, al-alisto ngata met nga operaendak.

Immabut iti walo nga oras ni lelangmo, siguro, lima la kaniak.

Ngem napanunotko, kas pagarigan ta diak malasatan, kaasi met ni antim a Lingling ken ti dua nga annakna a da Brigham ken Brigette, ken ni Glen [sibibiag pay idi]. Nabayagen nga agur-urayda iti iruruar ti visada tapno makasurotda kadakami. Isuda laengen ti nabati idiay Filipinas. Saandan a makaumay no kua.

"Are you going to hook me up with those wires?" dinamagko iti nars a pinangandingayko iti riknak. Adu a babassit a tubo a plastik ti naikonekta iti nikilado a landok a poste iti makusayak a sikigan iti kanawan.

"Yes, so that you cannot get loose," inyisem ti nars a nalawag ti rupana. *"I will give you two shots of anesthesia in your spinal cord."*

"Is that to make me sleep?"

"To make you feel nothing. Oxygen in your nose will make you asleep."

Sakbay a simmamay ti pammibineg ken ti pammaturog, nagwerret ti panunotko iti sursuratek...

Maudi a Paset

─◆ ┄┄┄┄┄┄┄┄┄┄┄┄┄┄┄┄┄┄┄┄ ◆─

Townhouse 2: No Lumneken ti Init

NAMATAAK TI ARAGAAG a nalitem a puraw a bobeda, Enos Apok. Aragaag met dagiti arigna agkarkarayam a berde a lawag iti sikigak, uray dagiti aggargaraw nga anniniwan.

"Welcome back!" kasla adda iti tubong ti timek. In-inut a nagtagilanga ti naggapuan ti timek iti kusayak. Naka-gown iti nakusnaw a berde ken nagtapungor iti puraw. Naisem.

Limmawag ti panunotko. *"Am I done?"* kayatko a saludsoden ngem nabalud ti dilak; adda dakkel a plastik a tubo a naipasngat iti ngiwatko. Sabali pay ti plastik a naikamang iti agongko. Saanak a makagaraw.

"Yes... and congratulations..." kasla naawatan ti nars ti ibagbaga dagiti matak.

"Komusta'ng pakiramdam mo, pa?" ni antim a Chichi ti adda iti asideg ti ridaw.

Pinilitko ti nagtung-ed. Nagtulid dagiti matak.

Isu la kano ti napalubosan a simrek. Agur-uray da lelangmo, Enos Apok, iti *waiting area*. Pinadasko nga inwaras ti panagkitak.

Sumagmamano a nakapuraw a lallaki ti simrek. Nailasinko ti maysa, daydi Dr. Shreekanth Karwande a nangopera kaniak.

Diak naintonaran ti nagsasaritaanda, Enos Apok. Napalalo ti kapsutko. No manen agkidemak.

Madamdama pay, pimmanawda. Ti la nars ti nabati. Namataak a

mangisimsimpa iti nadumaduma a plastik a tubo ken sinanbarut nga atitiddog a naikoneka iti nadumaduma nga aparato iti nikelado nga IV a naitudok iti takiagko. Sabali pay ti aparato a naibitin iti sabali pay a nikilado a poste iti asideg ti uluanak. Naammuak idi agangay a pangmonitorda iti *vital signs*-ko.

Adda simrek a lalaki a nars a nagbitbit iti dua a bag a dara; *practitioner* kano.

"You need blood transfusion," kinunana.

Naadasanak kano iti dara bayat ti operasion.

Naammuak nga addaak iti Cardiac Care Unit (CCU), Room 2527. 6:00 p.m. kano idi inyakardak manipud iti *operating room.* Nagpauten? Kunak no lima nga oras laeng!

Inyawiddak iti maikapat nga aldaw kalpasan ti operasion, Enos Apok. Adda nars a naibatang a sumarsarungkar kaniak.

Iti maikalima nga aldaw, Disiembre 5, 2015, nga isasarungkar daydi nars, naduktalanna a di pay nagsardeng ti dara iti likudko. Diak malagip no apay nga adda operasionko iti likud idinto nga iti sirok ti kanawan a kilikilik ti nanglukatan ni Dr. Karwande idi operaennak.

Agawid koman daydi nars idi nariknak a kasla aglulupoyak. Pinakamakamko ket idi nagsubli, insingasingna nga itaraydak idiay Saint Mark's Hospital.

Gapu ta awan ti *appointment*-ko, pinaguraydak iti nabayag bassit. Kasla diak kabaelan idin, Enos Apok, ti bagik. Nakakapkapsutakon.

Idi sanguennak ni Dr. Karwande, insingasingna a dagus a maipanak iti *emergency.* Naduktalanda nga adda sabali a sakitko.

Apro! Masapul a maoperaak a dagus. Kalmado la dagidi nangasikaso kaniak. Kasla awan am-amakda no matay man ti pasienteda wenno saan.

Diak ammo ti kapateg ti apro. Diak pay ket malagipen no kasano, ngem pinagtugawdak laeng, adda ingkabitkabitda. Iti likudko ti nadlawko a nangkutingtinganda, a diak narikrikna ta pinakaptandak iti pangbibineg.

Ni Daddym ti nangkuyog kaniak, Enos Apok.

Nabiit met.

Ngem nangngegko ti imbagada ken ni Daddym. Naimbag kano ta naipandak a dagus iti hospital. Naderder kano gayamen ti aprok. Ket masapul a maikkat.

Nangato kano ti *white blood corpuscle*-ko. Duapulo. Onse la kano koma. Pagilasinan kano ti mangrugrugi a kanser.

Isu a kalpasan ti operasion, inderetsodak iti Oncology Department.

Nagyanak idiay agingga iti Disiembre 23.

Nakarkaro ti riknak iti daydi a gundaway ngem idi naoperaak iti puso, Enos Apok. In-inut ti panagkapsutko. Awan ti sumrek a taraon, pasig a mainum. Awan pay ketdi ti raman amin a maipalubos a kanek. No mapanak idi iti pagpaknian, pasig a danum ti rummuar, nangisit pay. Ken kaslaak la tumtumpaw iti angin. Awan a pulos ti pigsak.

Ngem natalna ketdi ti panunotko. Nasangok pay la ti agpakatawa; ngem awan ti nadlaw a ragsak dagiti adda iti sibayko. Daydi lelangmo, Enos Apok, dinak pulos pinampanawan; dina impadpadaw ti utoyna.

Idi kuan, marikriknakon nga asideg ti panagsublik iti nakautangak iti biag. Gapu iti kaadu ti mapanawak nga obligasion, pinaalak ti laptopko ta panggepko idi ti agsurat ken ni Bishop Dennis Stone, nga ibilinko dagiti mapanawak.

Adu nga agas. Adu a taraon a di met sumrek. Imbalonandak pay iti taraon ti Ilokano.

Idi pumipiaak, ket rugiandak a papagnaen, kaslaak la tumtumpaw ket dagiti sakak kasda la di agdisdisso iti daga.

No manen, damagek kadagiti sumarsarungkar a dodoktor no kasanon ti darak. In-inut met ketdi a bimmaba.

Dinamagko pay no makaawidakto met la no Paskua.

Depende kano no kasano ti kapartak a bumaba ti *white blood corpuscle*-ko.

Kaasi ni Apo Dios, Enos Apok, napababada met la iti 12.

Inlugandak pay la iti *wheelchair* nga intulod iti kotse nga agur-uray kaniak idi Disiembre 23, 2015. Ket naselebrarantayo ti Paskua ditoy Townhouse.

Kadagiti simmaruno a tawen, Enos Apok, napanunotko a

mangaramidkami pay iti libro. Nangpiliak kadagiti saritami ken ni lelangmo ti ilibromi, a kas iti daydi *Woven Strands of Roses/Naabel a Linabag ti Rosas*. Nagsapulak iti saritami kadagiti a naikuyogmi iti Utah, iti mismo a Bannawag ken kadagiti nairaman kadagiti antolohia. Idi nakaurnongkami iti tallopulo-ket-dua a sarita, nangpanunotak iti ipaulomi iti libro. Namin-adu a sinukatsukatak ti paulona agingga a natinongmi nga *Ubbog ti Sirmata/Wellsrping of Foresight* ti ipaulomi. Kalppasanna, rinugiakon nga in-computer amin a napili a saritami idinto a rinugian metten ni lelangmo nga impatarus dagiti saritana. Idi malpasak, isu pay la ti panangrugik a mangipatarus met kadagiti saritak. Diak pinampanaunot ti operasionko, ta malaksid iti panagipatarusko, siak pay ti nagi-*computer*.

Idi nakompleton ti manuskrito, dinamagko ken ni Ariel Agcaoili no adda panawenna a mangisurat iti kritikal nga introduksionna; a dinagdagusna met nga inayonan.

Duan ti libromi!

Ngem naikarin sa ketdi a kanayon nga agpengpengget ti ragsak ken liday.

Idi 2018, tallo a pagteng ti napasamak iti biagmi.

Umuna ti pannaka-*stroke* ni lelangmo, a nangrugiananen ti ikakapsut ti bagina.

Maikadua ti pannakalayus ti kosina ken ti basement ti Townhouse ta bimtak ti tubo iti kosina ket diak ammo no yan ti pangrikepak iti danum. Nagmakabulankami iti hotel, a binayadan ti insurance, ngem nanggapuanda metten a nangpessat iti kontrata ta ti met la addan a sinuksukatan dagiti nangtarimaan sada intantantan ti aramidda.

Maikatlo ti panangselebrarmi iti *Golden Wedding Anniversarymi*— agan-andar pay la daydiay sinanlubong a relo a regalomi, a dimi ammo no asino ti nangted, ta dina met imbaga ti kinasiasinona. Adu ti sangailimi idiay simbaan, daydi ti karagsakan a paskenmi kas agkasimpungalan, ta saan la a ti sagana ti pamiliami, timmulong pay ti Simbaan.

Maikapat, ti pannakadungpar ti Camryk idi napankami ag-*temple* ken ni lelangmo paset ti panangselebrarmi iti maika-50 a tawenmi nga agkasimpungalan. *Total reck* ti bakrang ti lugan. Nagbiddutak ta inawatko ti innem a ribu nga imbayad ti insurance sada innala ti kotse. Pinatarimaanko koma; dakdakkel ken napimpintas ti Camry ngem ti naisukat a Nisaan Versa. Ngem naimbag laengen ta saankami a nadangran.

Naalay-ayan bassit ti pulkokmi idi rimmuar iti imprinta ti *Ubbog ti Sirmata/Wellspring of Foresight* idi Mayo 29, 2019.

Inkeddengko nga isarunok ti *Adtoy, Siak, ni Jesus Crisostomo: Dramaturgo/Behold, I Am, Jesus Crisostomo: Playwright.* Naipagpagasat ngata ketdi ta naitugotko ditoy dagidi kopia ti Bannawag a rimmuaran dagidi Dakami Met a yan ti sursurat dagiti agbasbasa, nga innayonko iti libro. Kasta met nga innayonko dagidi dua a paset a rinagas ti Bannawag. Rimmuar iti imprinta idi Mayo 7, 2021.

Tallon ti libromi!

DAYDIN TI NANGRUGIAN ti panagkusukos ti paspasamak iti biagmi ken ni lelangmo, Enos Apok.

Naseleberan ti maika-78 a kasangay ni lelangmo idiay *KPOT Korean Barbecue,* idiay Taylorsville, iti Sabado a dua nga aldaw kalpasan ti petsa a pannakayanakna. Nasaksiam ti napasamak, Enos Apok. Nagbiddut ni lelangmo iti askawna ket dina natembeng ti bagina idi agawidkayon kalpasan ti selebrasion, ket napaparintumeng ti kanawan a tumengna. Ni kano antim a Mimi ti mangkibkibin kenkuana bayat ti iruruaryo. Diak ammo no yan ni angkelmo a Dondon....

Sakbay a napasamak daydiay, namin-ano nga imbaga ni lelangmo kaniak, sakbay a pimmanawak, nga innak alaen ti wheelchair-na idiay kotsek, ngem diak intaltalek ta kuna met ngamin ni antim a Mimi a saanen a masapul.

Pabasolek koma dagiti kakaduayo, Enos Apok, ta dida la ketdin kinibin. Ngem ad-adda a pabasolek ti bagik ta diak dinengngeg ti panangpaalana iti *wheelchair*-na, a maamirisko ita a ballaag ti agur-uray a pasamak. *Premonition* a kunada... ken no koma nangliwatak iti opisiok idiay temple, ket diak binaybay-an ni lelangmo, nalabit a saan a napasamak ti napasamak.

Idi sumangpetak iti rabii, nadanonko ni lelangmo nga agur-uray iti tugawna no mangaldaw ken mangrabiikami. Nakalanlanay dagiti matana a nangkita kaniak. Impulongna ti napasamak.

Dagitin sopa iti salas ti nagturoganmi agingga iti rabii ti Domingo, a nagliwatak payen a napan nakimisa iti aldaw. Umuliak no dadduma, no adda asikasuek iti kuartomi, saak met la umulog a mangbantay kenkuana.

Pasarna nga alas kuatro media iti parbangon idi nagpatulong a mapan iti pagpaknian. Narigatan a tumakder, ken narigatanak met a nangtulong gapu ta kasla awan pigsana a tumakder; naisalsalumina ti kadagsenna. Marigatan a magna, inat-atibayko agingga iti sango ti ridaw ti pagpaknian, a nagkunaanna:

"ANG SAKIT!"

Immapay iti panunotko iti daydi a kanito a saan la a ti naiparintumengna a tumeng ti nasakit; panagkunak adda pay sabali a nasakit.

Ngem daydin ti naudi a balikasna, Enos Apok.

Pagammuan lattan ta naglusdoy ket awanen ti pigsana a kumamang iti uneg. Inkarkarigatak nga impatugaw iti kalub ti iniduro, a sangkakunak:

"Ma, ma, ania ti riknam? Kabaelam met laeng?"

Ngem dinakon sinungbatan, Enos Apok. Salungaygayen ti ulona. *Apo, Apo, kaasiannakami!* Madandanaganak a nangidawat iti Apo.

Kayatko ti umawag iti uray asino ngem nabatik ti teleponok iti sopa.

Inawagak ni Richard a manugangmi iti basement, namin-adu. Impukkawko pay, namin-adu. *Help! Help! Help!* Inraedko payen bareng adda makangngeg kaniak iti ruar.

Nabayag, diak ammo no mano a minuto. Agingga nga agkurkuridemdem ni Richard a nagparang iti ridaw ti kasilia; naka-*garment* laeng. Pinaawagak da antim a Mimi ken angkelmo a Dondon, nga apagisu met idin nga agpatpatarayda nga agawid manipud iti trabahoda. Pinaawaganda ti **911**.

Napan nagpelles ni Richard. Makasangitakon iti agparpariknan a dakes a mapasamak.

Adu pay la a salsaludsod, no mano a minuto... sa no mano a minuto pay a naguraykami sakbay a simmangpet dagiti tao ti **911**.

Inasistiranda ni lelangmo, Enos Apok. Tinulongak pay ida idi iruarda babaen ti pangbalkot.

Simmangpet da angkelmo a Dondon, naggigidddankami a napan iti Valley View Medical Center.

Sinabatdakami, imbilinda nga aguraykami iti maysa a bassit a kuarto. Idiay nga immaynakami kinasarita ti babai a doktor, inlawlawagna ti mabalin a mapasamak. Idi pay laeng, Enos Apok, nagparikna kaniakon nga adda dakes a mapasamak. Diak unay inkaskaso ti imbagbaga ti doktor, addan ti panunotko iti sadino man maipanggep ken ni lelangmo.

Nagsasaruno a simmangpet da antim a Mimi, antim a Chichi, ken da Daddym ken ni Mommym.

Idi kuan, impakaammo daydi doktor nga ar-aramidenda ti amin a kabaelanda a mangsalbar ken ni lelangmo. *Amin a kabaelanda!*

Agingga a nagpadespensar ti doktora, ket dinamagna no kayatmi ti sumrek iti yan ni lelangmo, a mangkita iti ar-aramidenda.

Adu ti naikapet a tubo iti agong ken ngiwat ni lelangmo, a nakataltalnan. Naibaga kadakami a ngumato-bumaba ti presion ti darana, a kumapkapsut ti pulsona.

Dinamag ti doktor no ania ti kayatmi nga aramiden.

Ammok nga awanen ti maaramidan dagiti mangas-asistir ken ni lelangmo. Imbagak laengen nga aramidenda ti kasayaatan a maaramid.

Idi kuan, nagpadespensdaren ti doktora. Simmangpet payen ti tao a mangasikaso kadagiti sumaruno a mapasamak, kas iti *authopsy.*

6:15 ti agsapa, Abril 24, 2013, idi maiproklama a napanen ni lelangmo, Enos Apok.

Naginnarakupkami ken ni angkelmo a Dondon ket impeksami ti leddaangmi. Uray da antim a Mimi, ken antim a Chichi a simmangpet ti sangabukel a pamiliana manipud idiay Orem, didan natengngel ti riknada. Uray ni kasinsinmo a Lindsay, idi la a nakitak a nagsangit. Ni Daddym, Enos Apok, a di basta aglua, nasiputak met ti panagluana.

Immay nagtakder iti likudak, a mangsangsango ken ni lelangmo.

Dakami amin, nariknami ti saem ti ipupusay ni lelangmo.

Padpadasek nga andingayen ti riknak, Enos Apok, iti pananglagipko, a napagserbiak ni lelangmo iti amin a kabaelak, a siak ti nakangngeg iti naudi a balikasna, *"Ang sakit!"*

Wen, nasakit, Enos Apok. Awanen ni lelangmo, ngem agtalinaedto iti lagipko.

Adtoy ti patarus ti Ingles nga elehiak ken ni lelangmo, Enos Apok, iti naaramid a serbisio ti ipapanawna.

SAAN NGA UMDAS ti elehia wenno un-unnoyko, Ma, a mangpalag-an iti barukongko iti pannakapukawko kenka. Ngem aramidek latta a pangipeksak iti umukuok a liday a kas man mangpirpirsay iti aminko. Nadanonen ti pagtungedan ti panagdaliasatmo ditoy a lubong, ket rugiamon a taluntonen ti dana nga agturong iti Pagarian ti Nailangitan nga Ama. Naaramidmon ti naindaklan a pagrebbengam. Umuna, sakbay nga inawatta ti ebanghelio nga inyam-ammo ni Bart Wiscombe a misionario idi, dinamagko kenka, ania, kayatmo? Insungbatmo a di nagpangadua: wen, a. Awan ti makapagsina kadata a kas man la siping a saba uray iti panangtungpalta iti pagrebbenganta, siak idi kas Stake President, ken sika, kas 1st Councilor ti Stake Relief Society Presidency. Uray idi ipatpatarusko ti Tripple Combination kaduadaka dagidi nangbasa ken nangkita kadagiti mabalin a sukatan wenno korihiren, kasta met a kaduaka kadagiti interprete dagiti nagited iti mensahe bayat ti maminduai ti makatawen a sapasap a komperensia ti Simbaan. Uray idi insaganata ti pannakailibro ti nakatipunan ti sursuratta a 'Naabel a Linabag ti Rosas' a nakatiponan dagiti suransuratta, ken ti 'Ubbog ti Sirmata' a nakatiponan dagiti 32 a saritata. Wen, Ma, uray pay ti awan umasping a panangipategmo kadagiti annakta a da Lingling, Dondon, Mimi, Chichi ken ni Jojo—isuda amin nagserbida iti mision. Sika ti ina ken amada bayat ti pannakaipusingko kadakayo iti lasag ngem saan iti panunot ken rikna. Wen, nakaladladingit, Ma, idi agaaddayotayo, ngem pinagtalinaedta ti karinkarita a natibker babaen ti suransurat. Ngem itoy a gundaway, ay anian. Adu kadagiti kakabagian ken gagayyemta ditoy ken iti sadino man; dagiti kamaestraam iti 21 a tawen idiay Filipinas, ken kadagiti mannurat ken kameng ti GUMIL.. impariknada ti panagraem ken pannakipagriknada iti ipupusaymo. Uray dagiti kakaduak a Sealer, kanayondaka idi a damdamen. Sika ti bituen a bagnos ti amin a tao iti aglawlawmo.

Ni Grace, nangipatulod met iti lumansad a leddaangna iti pannakapukawna iti inauna a kabsatda gapu iti di magatadan a panangtartarabayta kadakuada idi agkasapulanda, agingga nga inyamammota ti ebanghelio a nangted kadakuada iti silaw a nagsadaganda a nakadanon iti agdama a yanda.

Uray ni Jose a buridekmi, Ma, a bishop itan, nangipatulod met iti mensahe ti panagdayaw. Kinunana: Manang Samar, naaramidmon dagiti pagrebbengan nga impakumit kenka ti Nailangitan nga Ama ket nakasaganakan nga agsubli iti Pagarianna. Patpatgennaka unay ti pamiliak. Dimi masubsubadan ti kinaimbagmo kadakami idi agkasapulankami.

Bay-annak, Ma, a mangtaliaw—uray no ulit-ulitek—ti di mapekka a pinnategta, a nangrugi iti 'Naabel a Linabag ti Rosas.'

Idi rimmuar ti umuna a daniwko nga 'Allon ti Biag' iti bilang ti Bannawag a Disiembre 10, 1962, pinatulodannak iti surat a panagdayaw. Ngem diak naawat ket napagbiddutannak a napannakkel ken di mangipirpirit idi dika sinubalitan. Makitakto la dayta a Lorenzo, a! Kinunam. Ngem nasebseban ti guram idi makitanak ta kaslaak met nagkeppet a bulong ti baimbain, a kunam a nagkunaan daydi Frank Quitasol a nangtartarektek met kenka: "Daydiay memmem ti pagpampannakkelmo?"

Ulitek, Ma, ti maudi a binatog ti daniw:

Dagitoy ti allon ti biag:/ No dakes ti liklikam, surotem ti naimbag;/ Adaywam ni sulit tapno masurotmo ni linak/ Tapno maililikanto iti ragsak,/ Dinto agati, dinto maumag ti inka maragpat!

Ngem daytoy suratmo iti Editor, Ma, maipanggep iti immuna a nobelak ti nanglukat iti atiddog ken agsikkusikko a dana ti panagdaliasatta. Kastoy man:

Apo Editor, babaen daytoy a benneg, kayatko nga idanon ti naimpusuan a kablaawko ken ni maipagtangsit ti Kailokuan a mannuratna, ni Apo Lorenzo G. Tabin, gapu iti makaay-ayo ken dinto maumag a sinuratna, 'Ti Imetda nga Impierno.' Sapay koma ta agnanayon a tarabayen dagiti nasidap a sirsirmata tapno iti kasta napimpintasto manen dagiti sumaruno nga isagutna kadatayo amin.— SINAMAR A. ROBIANES.

Nabayag nga inar-arapaapko a makita ti agtagikua iti kapintasan a nagan kadagiti amin a babbai a mannurat nga Ilokana. Sinamar, raya ti init a sumingsingising iti daya!

Dayta ti nanglukat iti pakasaritaanta ken narikpan iti namitlo a *kallaysa. Umuna, idi kinasarnata daydi Mayor Arturo M. Padua idiay Sison, Pangasinan, idi Agosto 1968. Maikadua daydi kasarta iti*

Aglipayano a simbaan idiay Cabugao, idi Disiembre 22, 1968. Sa ti maikatlo, ken kapatgan, daydi pannakaseliota idi Abril 17, 1985 idiay Manila Philippines Temple, a kaduata dagiti pito nga annakta, a nakairamanan dagidi Lorimar ken Arvin Salaknib a nasapa a pimmusay. Ay, Ma, aya, naturposta ti lima a dekada ken uppat a tawen ken uppat a bulan a panagtinnakunaynayta iti laksid ti adu a pannubok a nagpasaranta, ket pangpanggepenta a kun-osen ti limapulo-ket-lima a tawen.... ngem itan, ay!

Pinanawannak nga agmaymaysa, Ma, nupay adda dagiti annak ken appokota a mangan-andingay iti pannakaipusingmo kaniak. Marikriknak latta ti kaaddam, makitkitaka iti sibayko, mangmangegko ti timekmo, a mangipalpalagip nga orasen ti panagtudokko iti insulin, a mangdawdawat iti panangpapagnak kenka iti sango ti computer a pangsidawsidawak iti biograpikal a nobela. Adu a rabii a no madlawmo a maymaysa ti nakasindi a silaw iti masansan nga isasarungkarmo iti pagpaknian, ibagam a sindiak ti karangrangan ta dimo makita ti pagnaam. Ibagbagam a lukatak ti paboritom a programa iti YouTube wenno iti damdamag iti TV, wenno kunam, 'agkantaka man, da' a kayatmo a sawen yakarko kadagiti kankanta nga Ilokano,' a no dadduma dagdagusek met a kantaen ti mangsursurdo a potarko a 'ti ayat ti maysa a baket,' a dagus a pasardengennak a makasursuron. Ket yad-addaka met a surduen, agingga a kunak, agingga ita kalpasan ti agarup di mabilangen a tawen a panagkibkibinta a nangtalunton iti agiwet-iwet a kalsada a napno iti pannubok, dinak pay am-ammo? Wen, Ma, inar-aramidko ti kasdi kayatko la a palag-anen ti im-imetenta. Kanayon nga ipalpalagipko ti panagannadmo no kasdiay nga agdungsaka iti sango ti puzzle-mo ket kurang la a maidungpar ti rupam iti paradipad ti kama. Ket manen, ken manen, sublianta a katikaten ti adu a laglagip iti panagkibinta a nangdaliasat iti adu a pannubok. Salsaludsodek no dadduma: nakaaramidta kadi met laeng iti naimbag? Nakaan-anuska, ken pulos a dika nangngegan a nagreklamo wenno nangunget kadagiti agsumbangir a kakabsatta, a data a dua ti inaunaan iti agsumbangir, bayat ti panangrugida a mangtunton iti kaipasanganda itoy a biag. Agingga a nasaksianta ti pannakagun-odda ti nasimpa a pagtakderanda, ket kunkunata no kua, kitaem man ida... ket wen, a. Ket agrimrimat dagiti matam, Ma, a tumangad. Umangesta iti nauneg.

Nakaragragsakka a nangbuybuya iti panangkanta da Gabriel ken Serena iti Happy Birthday, Gramma, iti video nga impatulod ni Chichi, para iti kasangaymo, a diak ninamnama a maudin!

Wen, Ma, kanayon nga ipalpalagipmo kaniak a kitaek no napanen naturog ni Lindsay; no simmangpeten ni Dondon iti naladawen a rabii; nga awagak ni Lingling idiay Filipinas—nakunam itay nabiit, diak sa metten ida mauray...

Bayat ti papanko panangpaburek iti saggaysata nga itlog, isimsimpam met dagiti masapsapulta a mamigat iti kuartota ta kaykayatta a ditoy ti pamigatanta kalpasan ti panangalata iti rukod ti dara ken ti asukarta...

Ipalpalagipmo ti diak panagbaybayag no rumuarak a mapan mangala iti agpaay kadata, ta kunam nga awan ti kaduam...

Agsublisublida a mangduddudog iti kaunggak, Ma!

Ammok a temporario daytoy a leddaang; dumtengto ti panawen nga aglukat ti langit... Bayat ti panangur-urayko iti naituding a panawen a panagdennatanto manen, masapul a tumangadak ket idawatko ti naananay a pannarabay ti Apo. Tulongannak koma, Ma, a kumamang iti Ama a Nailangitan babaen ti Anakna a ni Jesucristo. Maikawaaak unay iti kaawanmo, Ma, ngem urayennak iti bangir ti belo ket agdanggaytanto manen gapu ta agnanayon ti pamilia. Patpatgenka unay-unay. Dios ti kumuyog, Ma...

NALPASEN, ENOS APOK. Rikpak, babaen daytoy bendision nga impaayko iti tanem a paginanaan ti bagi ni lelangmo, ken pakaitanemakto met, ta, laglagipem dagitoy a numero, Enos Apok: **3.54.4.1.** (3 a kallaysa agraman ti temple sealing, **54** a tawen ken **4** a bulan a panagtinnakunaynay, ken 1 a paginanaan para iti dua). Adtoy:

Amami a Nailangitan, babaen ti bileg ti Melchizedek Priesthood a naiparabor kaniak, idaton ken konsegrarak daytoy a tanem a lugar a paginanaan ti bagi ni Sinamar Robianes Tabin.

Ikararagko a maikkan-pateg ken masaluadan daytoy a lugar agingga a makasaklang ni Sinamar.

Ikararagko a nakasagana koma ti imayo a mangkibin kenkuana nga agturong iti pagarianyo, a dagiti anghel agdadanggayda nga agkakanta; kasta met a dagiti dadakkelna a Rafael Robianes ken Elena Alos Baradi, ken dagiti annakmi a Lorimar ken Arvin Salacnib, kasta met dagiti dadakkelko a Clemente ken Crispina, ken amin a miembro ti pamiliami nga addan dita, aglaplapusananda koma iti ragsak a mangabrasa kenkuana.

Apo, liwliwaenyo koma daytoy a pamilia, isuronakami a manglagip a ti ipupusayna ditoy daga temprorario laeng ta addanto panawen nga agtitiponkaminto manen a sangapamilia. Ikkandakami iti naan-anay a kired a mangyabaga kadagiti pagrebbenganmi ken mangtungpal kadagiti karimi kadakayo ket maikarikaminto met koma a sumaklang dita pagarianyo, a kadennaminton ni Sinamar ingga't inggana; ta mamatikami iti kinaagnanayon ti pamilia. Ikararagko nga iwanwan ken tarabayendakami koma. Iti nagan ni Jesucristo nga Anakyo. Amen.

Saan pay a nalpas, Enos Apok.

Kalpasan ti sumagmamano nga aldaw, idi nadanon ti Aldaw dagiti Inna, idi naggaputayon a nangsarungkar iti tanem daydi lelangmo sakbay a sinangotayo ti naisagana a taraon, idi dandanitayon agpipinnakada, adda impudno ni Daddym a nangsagid iti luluaan ti tunggal maysa kadatayo. Kinunana:

"Natungday ti tagtagainepko, no makuna a tagtagainep daydi, iti awag ni Manang Mimi. Iti tagtagainepko, adda kano da Papa ken ni Mama iti igid ti baybay; kaduada kampay idi dagidi Manong Lorimar ken Arvin Salaknib. Nagbadoda iti puraw. Idi kuan, manipud iti taaw, adda simmungad a puraw a paraw wenno bangka.

'Ne, umunaakon, a?' kinuna kano daydi lelangmo, Enos Apok. Nakaal-alisto kano a napan naglugan iti paraw, a kasla awan ti ananayenna. Idi kuan, in-inut a nabalkot iti puraw ti taaw ket nagpukawen daydi lelangmo ken daydi paraw. Napasardeng ni Daddym a nagestoria, ta agbaningroten, a nakaisursurotanmi amin. Idi la a nakitak a nagsangit ni Daddym, Enos Apok.

Iti daydi nga estoria ni Daddym, Enos Apok, naipalagip kaniak, ket inestoriak... manen, kadakuada, ti napasamak kadakami iti daydi lelangmo idi inatibayko nga inturong iti pagpaknian. Malagipmo ti kunak a naudi a balikasna?

"ANG SAKIT!"

Kunami iti daydi a panangestoria ni Daddym iti tagtagainepna, a dagidi dua a naudi a balikas daydi lelangmo, nalabit a ti kayatna a sawen ket ti kinasaem ti ipapanawna...

Awanen daydi lelangmo, Enos Apok, ngem mabatiak a mangnamnama, nga uray no kasano ti saem ti ipapanawna, addanto koma nalawag a pagbanaganna. Aginanan ni lelangmo iti adu a sakit a sinagsagabana. Andingayennak koma ti Apo a Mannakabalin ta uray no ammok nga addan ni lelangmo iti naasi nga Imana, nasaem latta ti mapanawan; mabayagto sakbay nga aglunit ti sugat.

NAWATIWAT TI INUNORKO a dana iti walo a dekada a panagdaliasatko. Kayariganna ti sumalog-sumang-at a bakras ti naursa ken kasabawilan a Bantay Baybayabas; ti naapres ken kakandarumaan a Karayan Parsua; ti kabaggiingan a pantar ti kadilian ti Labut; uray pay dagiti marmarasiksik nga allon iti bibig ti tangrib ti Timmippang; sa iti siudad a pagkukuyamkuyaman ti agduduma nga igges ti panawen. Namurumoran ti langit iti bitbituen, kasta met dagiti siudad... yan ti biteunko?

Adda impaspasakbay daydi daniwko nga *Allon ti Biag:* ditoy kadin nga aggibus ti walo a dekada a panagdaliasat? Kalpasan ti sumurok-kumurang tallopulo a panagakar-akar, daytoy kadin ti maudi, ditoy kaarruba ti Magna a ti bantayna ti pagtabonan ti init?

Bayat ti panagpaspasanaangko, Enos Apok, liwliwaek ti bagik iti pananglagipko kadagiti adu a tattao a nangtartarabay kadakami ken ni lelangmo bayat ti panangunormi iti nawatiwat a dana iti uneg ti agarup walo a dekada a panagdaliasatmi. Ammok ita a tartarabayennak ti Sagut ti Espiritu, a no masnebanak, adu dagiti tao a mangatibay kaniak. Balonkonto iti tanemko ti kinaimbag daydi Manong Juan S. P. Hidalgo, Jr. iti panangtarabayna kaniak iti panagdur-asko a mannurat, babaen ti Bannawag. Utangko met ken ni Manang Namnama Prado Hidalgo iti panangipastrekna kaniak nga agtrabaho iti UP Main Library, ken ti panangsugsogna nga ituloyko ti adalko agingga a nagturposak iti masteralko... Kasta metten daydi Manong Viring Lazo a nangiserrek kaniak iti immuna a trabahok idiay California.

Ken maysa pay a dakkel ti akemna iti biagtayo, Enos Apok, ti panangyam-ammo ni Bart Wiscombe kadakami ken ni lelangmo iti pammati nga insaksaknapda idiay Filipinas. Nalabit nga awantayo koma ditoy no saan a gapu kenkuana.

Adu dagiti tattao a nakatulong kadakami ken ni lelangmo, a sinagid, ulitek manen, ti Sagut ti Espiritu, ket diakto masubsubadan ti kinaimbagda.

Aduda... aduda! Diakto malipan dagiti nabalitokan a puspusoda.

Nagballigak kadi a nangtunton iti sapsapulek?

Saan a natungpal ti naudi a tarigagay ni lelangmo nga agsubli iti daga a nakayanakanna; ta naitanem iti ganggannaet a daga.

Kastaakto met, Enos Apok, ta agur-uray ti maymaysa a tanem nga agpaay iti dua. Nagtugmok ti dalanmi manipud idi punganay ket aggibusto iti tanem, kas ipalnaad ti ababa a nobelana a *Tungpal Tanem*. *Tallo* a *kallaysa*, *limapulo-ket-uppat* a *tawen* ken *uppat* a *bulan* a *panagtinnakunaynay*, *ken* *maymaysa* a *paginanaan ti dua! (3.54.4.1)*. Mangnamnamaak nga agkitakaminto manen ket ituloyminto sadiay ti naputed a pinnategmi.

Nabannogakon, Enos Apok; igibuskon daytoy naunday a panagdaliasatko. Inton maungpotmo a katikaten dagiti paspasamak nga intalekko kenka, pagarupek a saanto met ngatan a nakurkurang ngem walo a dekada ti panagdaldaliasatko. Sakbay nga agkidem ti maudi a sardam, ibatik daytoy kenka ket sapay koma ta makapudnoka a mangipatungpal iti pagrebbengan nga impakumitko kenka. Laglagipem: pasetnak ti napalabas idinto a pasetnaka ti agdama, nga agbalinto met a napalabas, nga ipus ti masakbayan. Agrikusrikos ti biag a kasla ruedo. Di maliklikan dayta a kinapudno.

Iti panaggibus ti maysa a napalabas agbukar koma ti baro nga agsapa kadagiti mapanawan ket masursuroda nga ipateg dagiti rissing ti namnama a naibudi iti tunggal linabag. Sakbay nga agkidem ti maudi a sardam, ibatik, Enos Apok, ti maysa a binatog: pasetnakami ti napalabas idinto a pasetnakayo ti agdama, nga agbalinto met a napalabas, nga ipus ti masakbayan.

Kabayatanna, matdaak a sumangsango iti laud, iti daydiay bantay iti likud ti Magna. Ur-urayek daydiay nalabaga nga init nga agpasaklot iti nalitem a lelennekan.

Iti likud ti lelennekan, a paggibusan ti walo a dekada a panagdaliasat a kabulig ti allon ti biag, addanto koma agur-uray a sinamar. Sapay koma!

(GIBUSNA)

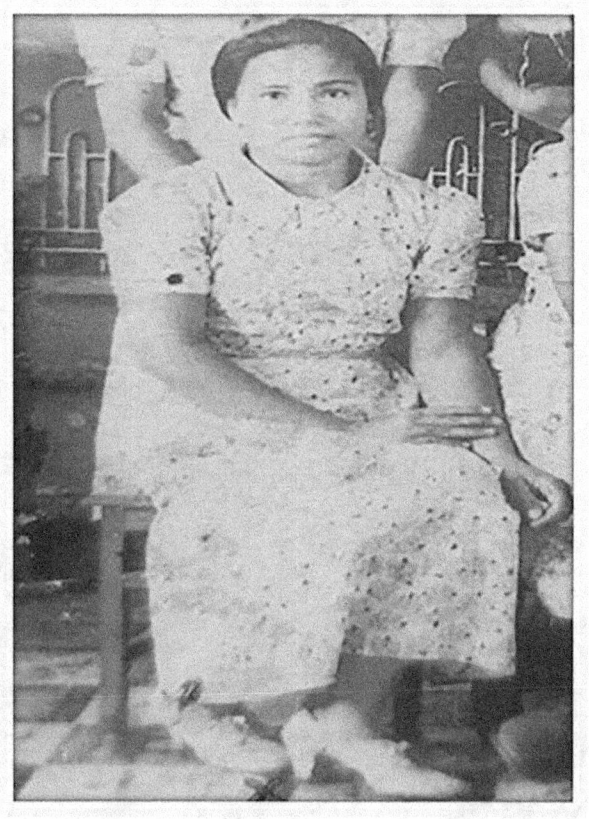

Ni Crispina Garcia Tabin nga ina ni Lorenzo, Sr. idi balasang pay.

Ni Clemente Ramos Tabin nga ama ni LGT Sr.

Dagiti agama: Marlo Bagnos (Jojo), Naomi (Mimi),
Sinamar II (Chichi), Ken Lorenzo II (Dondon).
Adda iti likud ni LGT Sr.

Maikadua iti kanigid ni Milagrina Sales Baradi, biuda daydi
Hernelio Alos Baradi. Kaabayna dagiti nagsaruno a
Salvacion Baradi Aliga ken Grace Baradi Baay, a kakabsat
dagidi Sinamar ken Erning. Kaduada dagiti annak ken
mamanugang ken appoko daydi Erning, iti naminsan a
Panangsaraboda iti Baro a Tawen idiay Montalban, Rizal.

Dagiti *interpreter* iti naminsan a Sapasap a
Komperensia ti The Church of Jesus Christ of
Latter-day Saints. Adda iti sango ni Melchor
Dungan; iti likud da LGTSr., Sinamar ken Lorenzo
II, kaduada ni Floresa Thurston.

Ti Pamilia Tabin idi Paskua 2023, West Valley City,
Utah. Adda ti ladawan daydi Sinamar iti likud.

Dagiti agiina a Grace
(kabsat daydi Sinamar),ken
dagiti babbalasangna a
Karen, Sheryl Joy ken
Kristine Graciel idiay Japan.
Awan ni Jason iti ladawan.

Pamilia Tabin iti umuna a Baro a Tawen (2024) a kaawan ni Sinamar. Kadua ni LGT Sr. Dagiti uppat nga annakna ken ti pamiliada. Iti sango: Lindsay Jan Miona ken Lorimar Enos. Maikadua a batog: Lorenzo II, LGT Sr., LeGrand Aaron Nathanael a saklotna ni Job Enzo, ken ni Enoka Ethan. Iti likud: Naomi ken Richard Hansen, Marlo Bagnos ken Marcella Tabin; kaabay ni Gabriel Arvin ni Nathan Tolman a tatangna ken ni Sinamar II a nanangna a nangubba ken ni Serena. Iti baba, ti pamilia ni Loumarie Linglingay nga inauna nga anak ni LGT Sr., a kaduana da Brigham ken Bridget ken daydi Glen a kapisina; i laengen Lingling ti nabati kadagiti lima nga annak ni LGT Sr. iti Filipinas. Iti maysa a ladawan, kadua da Saddie ken Angie ken da Herbert ken Hazel Tabin ni Violy Tabin a simmarungkar kadakuada idiay Pasadena, CA. manipud iti Filipinas.

Ti pamilia ni Jose Tabin a buridek a kabsat
ni LGT Sr. Ken ti pamiliana idiay
Rodriguez, Rizal. Da laengen Jose ken
Violy a kakabsat ni LGT Sr. ti ti adda iti
Filipinas Kadakuada nga agkakabsat.

Daytoyen ti pakabuklan ti Pamilia Tabin ken sangsangana iti
panagtitiponda iti maysa a Paskua iti West Valley City, Utah iti
panangyuna (pioneer) ni LGT Sr. Nasuroken a tallopulo ti bilangda,
ken umad-aduda pay! Adda iti tengnga da Lorenzo ken Sinamar,
Herman ken Mirriam, saan a nagabay da Saddie ken Angie, ken
dadduma pay!

Ni LGT Sr. a
mangbuybuya iti
agus a kumamang i
ti rangtay.

Ti pamilia dagiti tallo a kakabsat ni LGT Sr. iti maikadua a pamilia daydi Clemente Ramos Tabin. Manipud iti kanigid: Norma Andres Tabin, Mildred Tabin Chivers a kaabay ti balasitiangna ken adda iti likudna ni Cory Chivers; Cole Anderton a kaabay ni Moray Tabin Anderton a kaabay ti balasitangna, a ni David Anderton a lakayna iti likud; agabay dagiti agama a Jaden ken Jun Dasalla nga adda iti sangoda da Mercy Tabin Dasalla ken tallo nga ubbingda.

Dagiti tallo a ladawan: da Mirriam ken Herman Garcia Tabin;
dagiti innem nga agkakabsat a Herman, Lorenzo, Sadie, Mercy,
Muray ken Mildred, ken ni Norma a nanang dagiti tallo nga 'M';
ken da Jose, Violy, daydi Tessie, ken ni Herman a kakabsat ni LGTSr.

Da Lorenzo Garcia Tabin, Sr. ken Sinamar
A. Robianes Tabin

www.ingramcontent.com/pod-product-compliance
Lightning Source LLC
Chambersburg PA
CBHW071130130626
46553CB00004B/1317